海外中国研究丛书　——　到中国之外发现中国

中国乐书
从战国到北宋

The Chinese Pleasure Book

[美] 戴梅可 著
何剑叶 译

江苏人民出版社

图书在版编目(CIP)数据

中国乐书：从战国到北宋 /（美）戴梅可著；何剑叶译. --南京：江苏人民出版社,2025.3 --（海外中国研究丛书 / 刘东主编）. -- ISBN 978 - 7 - 214 - 28844 - 8

Ⅰ. B215

中国图家版本馆 CIP 数据核字第 2024AM7013 号

The Chinese Pleasure Book by Michael Nylan
First published in the United States by Zone Books in 2018.
Simplified Chinese edition copyright © 2025 by Jiangsu People's Publishing House. All rights reserved.

江苏省版权局著作权合同登记号：图字 10 - 2018 - 577 号

书　　名	中国乐书：从战国到北宋
著　　者	［美］戴梅可
译　　者	何剑叶
责任编辑	解冰清
装帧设计	陈　婕
责任监制	王　娟
出版发行	江苏人民出版社
地　　址	南京市湖南路 1 号 A 楼,邮编：210009
照　　排	江苏凤凰制版有限公司
印　　刷	江苏凤凰扬州鑫华印刷有限公司
开　　本	652 毫米×960 毫米　1/16
印　　张	38.25　插页 4
字　　数	430 千字
版　　次	2025 年 3 月第 1 版
印　　次	2025 年 3 月第 1 次印刷
标准书号	ISBN 978 - 7 - 214 - 28844 - 8
定　　价	148.00 元

（江苏人民出版社图书凡印装错误可向承印厂调换）

序 "海外中国研究丛书"

中国曾经遗忘过世界,但世界却并未因此而遗忘中国。令人嗟讶的是,20世纪60年代以后,就在中国越来越闭锁的同时,世界各国的中国研究却得到了越来越富于成果的发展。而到了中国门户重开的今天,这种发展就把国内学界逼到了如此的窘境:我们不仅必须放眼海外去认识世界,还必须放眼海外来重新认识中国;不仅必须向国内读者迻译海外的西学,还必须向他们系统地介绍海外的中学。

这个系列不可避免地会加深我们150年以来一直怀有的危机感和失落感,因为单是它的学术水准也足以提醒我们,中国文明在现时代所面对的绝不再是某个粗蛮不文的、很快就将被自己同化的、马背上的战胜者,而是一个高度发展了的、必将对自己的根本价值取向大大触动的文明。可正因为这样,借别人的眼光去获得自知之明,又正是摆在我们面前的紧迫历史使命,因为只要不跳出自家的文化圈子去透过强烈的反差反观自身,中华文明就找不到进入其现代形态的入口。

当然,既是本着这样的目的,我们就不能只从各家学说中筛选那些我们可以或者乐于接受的东西,否则我们的"筛子"本身就可能使读者失去选择、挑剔和批判的广阔天地。我们的译介毕竟还只是初步的尝试,而我们所努力去做的,毕竟也只是和读者一起去反复思索这些奉献给大家的东西。

刘　东

目 录

序 *1*

致谢 *1*

概述 *1*
    历史背景 *8*
    更大的寓意 *19*

第一章 即将开始的预览 *21*
    关于"乐"的词汇 *22*
    何为有益之"乐"? *34*
    生理学角度的"乐" *38*
    "乐"的政治意义 *45*
    "温故" *50*

第二章 兴:音乐和友情的共鸣 *54*
    音乐:理论之趣与实践效用 *69*
    关于音乐力量的观点变化 *84*

音乐与友谊：共鸣　95

友谊的本质　100

交游　111

亲密友谊　130

交友有益　136

友谊作为一种社会模式　141

结论　165

第三章　孟子的主张：与民同乐　168

《孟子》首篇：进入乐国　172

《梁惠王》以外：《孟子》的其他篇章　195

快乐、政治与共同利益　211

第四章　荀子："重明以丽乎正"　221

欲望与慎思　226

安乐的理想王国　246

"诚"：终极、不可侵犯之乐　258

第五章　人生要义：庄子的至乐　268

展示场景　272

何谓至乐？　285

不确定原则　289

笑与忘　317

附　关于《庄子》的编纂年代与篇章结构　324

第六章　扬雄："诗人之赋丽以则"　328

扬雄在早期写本文化中的著者地位　340

扬雄时代的文学素养与写作主张　368

对古人作品的沉迷　377

　　阅读与古典学问之乐　401

　　附　好古运动的简要背景　405

第七章　"半独立屋"：陶渊明与苏轼　407

　　陶渊明的世界　416

　　"归家"的意义　446

　　苏轼与陶渊明的精神契合　466

　　回归之乐　550

后记　554

征引文献　556

索引　557

序

当我告诉一位童年时代的朋友,我在写一本关于寻找幸福与安享人生的书,她说:"哦,我知道了,你在写自救书。"其实,这并不是一本自救书。不过,如果读者发现生活于另外时空的思想家有助于他们思考如何过得充实丰盛,而不是苟且偷生,他们会想当然地认为这是一本自救书。当今世界,除了巨大的技术发展,人们所面临的进退两难的生活处境实际上并没有多大改变,也许沉浸在过去的智者们对人生的问答中,还可能得到有益的启示,无论智者是庄子,还是蒙田(Montaigne,1533—1592)(或者二者兼而有之)。正如一位哲学家这样说道:"我们的观点改变,大多是通过潜心于其中。"① 生活经验中的共

---

① 见夏威夷大学方岚生(Franklin Perkins)的专著 Heaven and Earth Are Not Humane: the Problem of Evil in Classical Chinese Philosophy(Indiana University Press, 2014),p. 3。换句话说,我们有了根本的改变,是因为我们花了重复的时间和精力在我们所做的事情上。这可能就是为什么赚钱对很多人来说是新宗教和最关心的事。要意识到这种想法有多荒谬,只需要回顾一下《庄子》中盗跖与孔子,或者"无足"与"知和"的争论。财富没有带来心灵的平静,首先因为人们总是很快适应享受更多的财富;其次,巨大的财富也带来了全新的烦恼(如何保有并使它最大化)。

同压力在不同文化中以不同的方式表达出来,而其相异之处则令人着迷。

我想大多数美国人会把"乐"与自私或者更坏的品性联系起来。① 但我们没有必要人云亦云。的确,也没有理由这样做。我们仔细审视服务于现代工业文明的视觉与文学形象,它们将盲目的乐观主义与个体的结合视为自由。加州大学伯克利分校有所谓"乐之科学"的研究项目。与之相对,本书认为,如果我们要弄清如何在文明的废墟边缘过上体面的生活,最根本的就是要更好地理解社会相关性。虽然对于表现主义、虚拟现实和高度媒介化的后现代的关注转移了我们的视线,但我们仍然能从更多地了解自己的社群并进行最有效的互动中获得一种深刻的幸福感。此外,我认为,甚至勇敢地面对不愉快的经验,也能让我们引以为乐。②

当我重读上面这段文字的时候,我的头脑里闪过了几句话。第一句是文森特·梵高(Vincent Van Gogh,1853—1890)说的,他认为"从现实中获得新鲜的活力是了不起的事"。第二句出自弗吉尼亚·伍尔芙(Virginia Woolf,1882—1941),她说:"未来是黑暗的,我认为这是最棒的事。"③这句话是伍尔芙陷入自杀性抑

---

① 参见美国作家麦德琳·兰歌(Madeleine L'Engle,1918—2007)的书 *Glimpses of Grace: Daily Thoughts and Reflections* (New York, N. Y.: HarperOne, 2007)。
② 韩裔德国哲学家韩炳哲是一位让我们意识到自己面对负面经验越来越无能为力的重要哲学家。

如果我们可以相信美国小说家玛丽莲·罗宾逊(Marylinne Robinson)的话,我们是第一代认为没有历史和文化仍然可以自在生活的人。在面对困难的时候,人们会更多想到"救治"(healing)的好处,而不是"治疗"(curing)。

我记得塞莱斯特·巴伯(Celeste Barber)在她 2015 年的一本书中这样描述长颈鹿:它们成群结队地移动,但是很少有互动,就像人类一样。
③ 伍尔芙的这段话,被美国作家丽贝卡·索尔尼特(Rebecca Solnit)所引用,见 *Men Explain Things to ME* (Chicago, Illinois: Haymarket Books, 2014), p. 85。

郁症十年以前写的。它揭示了一个颇为乐观的看法:因为我们没有机会预料未来,就注定了绝望是失败主义和非理性的。我们可以尝试善待这个世界,使它生生不息。正如菲丽丝·多萝茜·詹姆斯(P. D. James,1920—2014)小说中的虚构人物戴立许探长(Adam Dalgleish)所说的:"使我们有存在感的,不是行动,而是乐。"①

当西方历史学家旅行到古代中国这样与现实迥异的遥远时空时,很容易表现得像人类学家。英国哲学家伯纳德·威廉斯(Bernard Williams,1929—2003)在他的著作《羞耻与必然性》(*Shame and Necessity*)中这样论述道,古希腊的伦理思考比康德和后康德时代的道德家们做得更好,古代人的思想体系基本上缺少后者的"道德"概念,是"一种截然不同的理性与需求",与之相关的是,"无论是在社会还是在更私人的背景下,一个人与他人的关系如何被界定,都与'什么是有意义的人生'这样的问题分不开"。②

这也同样适用于古代中国。我相信,与想象的人们——无论是活着的还是死去的——进行不断的对话,可以使我摆脱通常的假设。他们不仅令我们认识到,当代生活是如此奇特,而且也令我们理解了法国哲学家布鲁诺·拉图尔(Bruno Latour)所说的我们"从来没有成为现代人"的论断。③ 所以虽然这本书既不是

---

① 见 P. D. James, *The Children of Men*(New York: A. A. Knopf, 1993), p. 101。
② 见 Bernard Williams, *Shame and Necessity* (Berkeley: University of California Press, c1993), p. 20, 251。
③ 米歇尔·福柯(Michel Foucault,1926—1984)用来指称被"至理名言"掩盖的我们生存基本事实的术语是"真理制度"。一个很好的关于古代世界的例子就是"奴隶制是合理的",而关于当代生活的一个好例子则是"个体是自主的合理的存在",据称人们可以"在无知的面纱背后"理性地行事。

关于道德的书，也不是一本关于自救的书，它唯一的主题是关于"什么是美好生活"以及如何实现它的方法，这是最早和最持久的道德话题。这些早期中国的思想家探讨道德的本原，同时他们也是高明的发问者，激发人们进行更深刻的思考。①

"现代科学只是让我们认识世界，而不是让我们知道如何生活。"二十一世纪的无形碎片化让我们感到精疲力尽：没有回复的电子邮件；没有打印的家人照片；别人在"脸书"上不断更新的生活片段；更多培养孩子的压力；几乎每15分钟就要查看手机的冲动；这些似乎永无休止。② 本书所探讨的内容提供了可能的疗治之法，即如何增强活力，使我们的人生更有意义。简单地说，我所选取的这群中国早期思想家阐明了伯特兰·罗素（Bertrand Russell，1872—1970）所提出的哲学的核心关注点，即"如何在一个没有安定感的世界中生活，而没有被麻痹"。③

与现代西方的某些理论不同，中国古代经典中提出的关于乐的计算与行为经济理论并不把严格的"自我控制"与"自我关心"等同起来，也不假设"一切最终都会让我们疲惫不堪"。④ 中国的理论从来不断言儿童像"白板"一样，而是有着天赋秉性，但是他

---

① 参见弗吉尼亚大学马修·克劳福德（Mathew Crawford）的书 *The World Beyond Your Head: On Becoming an Individual in an Age of Distraction*（New York: Farrar, Straus and Giroux, 2015），p. 7.
② 参见旅法美国女作家帕梅拉·德鲁克曼（Pamela Druckerman）的书 *There Are No Grown-ups: A Midlife Coming-of-Age Story*（Penguin Press, 2018）。
③ 参见 Bertrand Russell, *Human Society in Ethics and Politics*（New York: Simon and Schuster, 1955）。还有美国科技史专家席文（Nathan Sivin）的 *Science in Ancient China: Researches and Reflections*（Aldershot, Great Britain; Brookfield, Vt., USA: Variorum, 1995）。
④ 这是十八世纪的一位瑞士医生蒂索（Samuel August Tissot，1728—1797）的话，加州大学伯克利分校的历史教授托马斯·拉奎尔（Thomas Laqueur）在他的专著中引用了，见 *Solitary Sex: A Cultural History of Masturbation*（New York: Zone Books, 2003），p. 205.

们所生长的环境和他们对环境的认知会调整早期的倾向。按照中国的理论,所有情感都可以刺激敏感的神经末梢,缓和、保持或者刺激、消耗来自我们五官的能量。其结果是,有些过程有益身心,而另外一些则有害健康。不过,学会以人性来对抗破坏性的行为,并非易事。它需要自律、卓越的导师和反复的思考。①

本书试图运用一系列的研究方法来阐明人生的方方面面。顺理成章地,此书将追溯古代思想家们对于人生意义的寻求。如果它是成功的,那么就像美国诗人威廉·斯坦利·默温(W. S. Merwin,1927—2019)对自己作品的评价那样:"将引导你思考并不断地回归到美的本源。"②归根结底,令我好奇,甚至着迷的是,人性在过去和现在不可预测的轨迹,以及人们如何一直在调整他们对于人性不同的观点。我们必须意识到,对研究早期中国的学者来说,最重要的挑战是,我们只有少数古代精英(大多是文臣)所留下的数量很少的文献,而他们并不能代表绝大多数人。尽管如此,这些遗存的文本表明了对人性的细致思考,回避了一些现代的陷阱。我相信他们言之成理。

---

① 加拿大小说家斯蒂芬·马尔凯(Stephen Marche)是这样说的:"在一个没有面孔的世界里,同情是一种需要自律的实践,甚至想象力。社交媒体似乎太容易了,它的乐趣完全在于其随意的熟悉感……神经学的研究证明了,移情不仅仅是一种人为的文明建构,也是生物学不可或缺的一部分……新的面孔下隐藏着怪物与受害者的人性。"见他发表于 2015 年 2 月 15 日《纽约时报》上的文章"The Epidemic of Facelessness"。
② 见 W. S. Merwin, *Unchopping a Tree* (San Antonio: Trinity University Press, 2014)。

致 谢

这本书的写作花了我近20年的时间。在此过程中,我得到了无数朋友的帮助。他们或者向我推荐一本书,或者为我提供了可以专心写作的地方。在我心情沮丧的时候,也是他们给了我热情的鼓励。我无法一一感谢所有的朋友,但我还是十分乐意在此表达我由衷的谢意!

首先我要感谢几位好友,因为他们不厌其烦地阅读了本书的某一章或数章,尽管我数易其稿。在这些好友中,第一个要感谢的是内奥米·理查德(Naomi Richard),这本书也是献给她的,因为她几乎审阅、编校了全部章节(只有一章除外),而且她总是能提出真知灼见。弗雷德里克·蒂贝茨(Frederick Tibbetts)阅读了全书,并帮助我斟酌字句,尤其是第七章中苏轼的"和陶诗"的英译。密歇根大学的裴志昂(Christian de Pee)、哥伦比亚大学的姜斐德(Alfreda Murck)多次阅读了第七章,并和我分享了一些相关的研究文献。他们的帮助和鼓励支持我度过了心情低落的时候。当我在巴黎的时候,很荣幸地得到了巴黎第七大学(Paris

Diderot University)教授、苏轼研究专家费飏(Stéphane Feuillas)对第七章的指点，他的帮助令我获益匪浅。普林斯顿大学荣休教授浦安迪(Andrew Plaks)与哈佛大学李惠仪教授(Li Wai-yee)的阅读洞烛幽微，本书第六章的修改充分吸取了他们的宝贵意见。在我疲惫的时候，韩涛(Thomas Hahn)帮助我审读了概述和第一章、第六章。任职于 Zone 出版社的纳达夫(Ramona Naddaff)，也是加州大学伯克利分校修辞系副教授，她是一位非常细致的读者，本书得以顺利出版与我们的完美合作是分不开的。牛津大学的麦笛教授(Dirk Meyer)、美国法界佛教大学的马丁·维何文(Martin Verhoeven)与耶鲁大学的篠原亨一(Koichi Shinohara)两位学者以及就读于伦敦大学亚非学院的音乐学者李霭宁博士(Eleanor Lipsey)分别对本书的第六章、第五章和第二章提出了中肯的意见。我有幸参加了为几位荣休的师友举办的学术纪念活动，他们是剑桥大学的鲁惟一(Michael Loewe)和劳埃德(Geoffrey Lloyd)教授、宾州大学的席文教授(Nathan Sivin)和布朗大学的罗思文教授(Henry Rosemont, Jr.)。本书部分章节的内容就是在当时发表的，相关论文收录在由爱丁堡大学的耿幽静教授(Joachim Gentz)、科罗拉多大学博尔德分校的柯睿教授(Paul Kroll)和华盛顿大学的康达维教授(David Knechtges)所主编的纪念论文集中。他们三位曾敦促我把本书第六章的内容扩展为一部专著，每个人都给了我很好的建议。郑文君教授(Alice Cheang)是一位潜心研究苏轼的学者，她不惜花费时间阅读了本书第七章的倒数第二稿，虽然我们只是因为与布朗大学的包筠雅教授(Cynthia Brokaw)共同的友谊才认识了彼此。

其次，我要感谢两位加州大学伯克利分校的同事汉斯·斯卢加(Hans Sluga)和罗秉恕(Robert Ashmore)。我很珍惜与他们的友情,也感谢他们对于本书构思的启发和不吝指正。汉斯·斯卢加还把他所藏的叔本华著作借给了我。罗秉恕对于本书中的所有中文引文都仔细核对,并把我的英译与之相对照!还有,Zone 出版社的两位匿名审稿人也帮助我更正了一些错误。(如果书中仍有不当之处,我愿意承担责任,因为他们曾提醒过我。)芝加哥大学的苏源熙教授(Haun Saussy)写信鼓励我,为我提供了美国有关音乐的"阴谋论"的资料。我的研究生孙宁远(Nicholas Constantino)和魏德伟(Trenton Wilson)给我提出了一些意见,使我对某些问题的讨论更加深入。尹衡送给我王叔岷的《庄子校诠》,我把它视为我们惺惺相惜的珍贵礼物。唐巧盼(Lucia Q. Tang)和夏威夷大学的西德尼·莫罗(Sydney Morrow)帮我核对引用的参考书目。斯科特·戴维斯(Scott Davis)不辞辛劳地查找了关于庄子研究的英文文献,从中找到了庄子最爱用的比喻,我也在此表达对他的谢意。与卡洛斯·诺雷尼亚(Carlos Noreña)在加州大学伯克利分校共同教学的经历让我学习了如何用一种轻松的方式来表述文献,更不用说罗马史了。

感谢很多同行给我机会和他们分享我的相关研究,如伦敦大学亚非学院的傅熊教授(Bernard Fuehrer)和我谈论葛瑞汉的《庄子》英译。苏黎世大学的丽萨·因德拉科洛(Lisa Indraccolo)和毕鹗教授(Wolfgang Behr)与我交流关于友谊的古老观念。伯尔尼大学(University of Bern)的理查德·金(Richard King)和马切克教授(David Mechek)听我谈论古代中国负面情绪的作用。夏威夷大学的安乐哲教授(Roger Ames)和我探讨《论语》和《庄子》。天主教鲁汶大学哲学系的斯特凡·库贝教授(Stefaan

Cuypers)对于享乐主义的话题给了我很大启迪。包筠雅教授是一位富有洞察力和钻研精神的倾听者,她向我推荐了一些朱熹的著述。斯坦福大学的李耶理教授(Lee Yearley)谈论的《庄子》中的困惑和赫伯特·芬格莱特教授(Herbert Fingarette)关于音乐欣赏的谈话与建议都令我深受启发。两位好友罗伯特·利茨(Robert Litz)和杰里·博斯韦尔(Gerry Boswell)数年来一直耐心地听我漫谈关于"乐"(pleasure)与"喜"(delight)的话题。

本书的写作得到了许多机构的支持,最直接的支持来自加州大学伯克利分校,还有巴黎高等研究院(Institute for Advanced Studies in Paris),在那里我可以专心写作和修改书稿。高等研究院的学者和工作人员给了我莫大的鼓励。在我的致谢名单中还有:巴黎第一大学白鲁诺教授(Bruno Belhoste)、法国科学研究中心蒲芳莎研究员(Françoise Bottéro)、巴黎第七大学林力娜(Karine Chemla)和罗逸东(Beatrice L'Haridon)两位教授、法兰西学院中国思想史教授程艾兰(Anne Cheng)、法国东方语言文化学院华雷立教授(Valérie Lavoix)、哥伦比亚大学苏珊·萨义德教授(Suzanne Said)、法国高等研究实践学院风仪诚教授(Oliver Venture)。我在此也要特别感谢我的四位密友:凯特·奥弗顿(Kate Overton)、皮埃尔·尼古拉斯(Pierre Nicolas)、邓肯·加力(Duncan Gallie)和马汀·加力(Martine Gallie)。此外,我得到的间接支持来自古根海姆基金会(Guggenheim Foundation),否则我不可能每天花八小时致力于研究我的古根海姆项目(重构汉代的《尚书》),同时还能有余暇写作此书。在普林斯顿大学,格尼尔·尤尔达库尔(Gonul Yurdakul)、何义壮(Martin Heijdra)和艾思仁(Soren Edgren)给我提供了帮助。一位当时在东亚系的研究生杨治宜和我共读苏轼诗。回到加州大学伯克利分校校园,我从近东研究教授丹尼尔·博亚林(Daniel Boyarin)、几位历史系同仁和哲学系教授卡塔琳娜·凯萨(Katharina Kaiser)那里获得了不断的支持。我还要感谢东亚图书馆的周欣平博士、何剑叶、鲁德修(Deborah Rudolph)、魏立博(Bruce Williams)、Toshie Marra 和薛燕。黛安·斯普罗斯(Diane Sprouse)帮助把相关内容放到网站上,苏珊·斯通(Susan Stone)为本书编制了索引。

Zone 出版社的执行编辑梅根·盖尔(Meighan Gale)耐心、谨慎、睿智、宽厚待人。纳达夫(Ramona Naddaff)的意见细致翔实,而文案编辑巴德·拜耐克(Bud Bynack)的评论则很有趣,也很具启发性,采取了一种激进主义的编辑法。朱莉·弗赖伊(Julie Fry)的封面设计基于纳尔逊艺术博物馆所藏的原画,其效果令人称奇。我的老朋友玛丽安·格雷(Marianne Grey)、台大艺术研究所的陈葆真(Chen Pao-chen)、台北故宫博物院的张湘雯(Anne Chang, aka Hsiangwen Chang)、弗瑞尔美术馆的简·斯图尔特(Jan Stuart)、乔治梅森大学的卡玛·欣顿(Carma Hinton)、阿德里安·戈登(Adrian Gordon),还有郑玉华(Yukwah Cheng)和其他的朋友帮助我找到了最好的插图,她们是故宫的张碧凉(Biliang Chang)、张淑惠(Shuhui Chang)、凯伦·麦克莱恩(Karen McLean)。

2017年的夏天,格拉齐亚(Ami de Grazia)邀请我和她一起在纳克索斯(Naxos)住了两个星期,使得我顺利完成本书的写作。她的好客令我十分感动,因为她也在忙着自己的写作计划。我们共进三餐,促膝交流。我无法忘怀她的热情拥抱和无数令我深受启发的时刻。

翻译一本面向英语世界的读者的英文著作从来都非易事,尤其是翻译为现代汉语。在本书的翻译过程中,我们得到了几位学者的热心帮助。第一位是加州大学伯克利分校音乐系的助理教授胡渚清(Lester Hu),他帮助我们校订了第二章中有关音乐术语的翻译。上海财经大学朱舒然(Isabelle Chu)博士在繁忙的工作之余为我们提供了她自己试译的第五章,供我们参考和取舍。还有陕西师范大学的何如月教授,在忙碌的学期当中专门抽出时间仔细阅读了全部书稿,更正了一些错误,并对一些翻译中的难点和有疑问之处提出了修改建议。

在此,本书的作者和译者对以上这些好友和同事的慷慨相助表示衷心的感谢!

概 述

本书追溯了"乐"之理论在古代中国一千五百多年中的不断演进,时间涵盖了公元前四世纪至公元十一世纪。很多那些时代的思想家用一个汉字"乐"表示寻找、安享和赋予乐,这些字义可以被自由借用,虽然有时候是为了指出人类生存状态最多样的方式,但借用这些字义总是有同一目的,①即都基于这样的双重假设:第一,"乐"对大多数人来说很重要;第二,一个人如何寻找、安享和赋予乐是对其性格最真实的考验。

为什么我选择"乐"作为研究对象? 起初是因为汉学家们长期以来回避了这个话题,②后来也因为近年来这一课题进入了伦理与美学的研究范围,尤其是早期和现代欧洲研究领域。③ 不过

---

① 比如荀子所谈的"周道"(见《荀子》5.6),就是汲取了其他思想家著作的精华。何艾克(Eric L. Hutton)在翻译《荀子》时,把"周道"译为"周朝之道"(Way of Zhou),而不是"周全之道"(comprehensive way),见 *Xunzi*: *The Complete Text* (Princeton University Press, 2014), p. 36。这样的翻译破坏了《荀子·强国》中的对比,见 Hutton(2014),p. 277。扬雄也说"老子之道德,吾有取焉耳"。(见《法言》4.6)
② 我从 2000 年开始关于"乐"的写作,除了我,原加州大学洛杉矶分校教授史嘉伯(David Schaberg)也有这方面的文章,如: "Social Pleasures in Early Chinese Historiography and Philosophy," in *The Limits of Historiography*: *Genre and Narrative in Ancient Historical Texts*, ed. Christina Shuttleworth Kraus (Mnemosyne Supplement 191, Leiden: Brill, 1999), pp. 1 - 26。该文的第 6—7 页关于统治者行为的公共性的论述很精彩。
③ 见 Veit Erlmann, *Reason and Resonance*: *A History of Modern Aurality* (New York: Zone Books, 2010)。

更主要的是,我发现对于"乐"的话题的思考令我感到十分愉快。对这一概念的理解让我关注到古代文明的独特方面,以及中国与其他传统所共有的观念。我们要考虑到不同文化的相对性,以及如何把内在状态概念化。比如在德语中有很多词接近"快乐"的含义(如 die Freude，die Lust，das Vergnügen，das Behagen 等),①但是没有一个单词能抓住古代汉字"乐"之精髓。同样令人感到好奇和有趣的是,汉语里"乐"的反义词是"不安",而不是西方主流传统中常用的"痛苦"。

在古代文献中,动词"乐"的宾语不多,但它们都能给人带来更深刻的满足感。② 这些"乐"的对象包括好友(乐友),音乐(乐乐),职业和传统(乐业),活力(乐生),学习与模仿(乐学),还有家庭(乐家)。为了充分论述关系之乐,本书的七章讨论了古代人是如何得其所乐和予人以乐的。

第一章"即将开始的预览"("Coming Attractions"),有两个目的,一是介绍一些古代谈论"乐"的关键词与概念,为后面章节的展开奠定基础;二是把中国的乐感理论与古希腊、罗马以及现代哲学中的对应理论区别开来。

第二章"兴:音乐和友情的共鸣"("Good Vibrations：The

---

① 德语里没有一个词与"乐"对应。人们可能会用意思大致相关的词,如 Genuss,它源自 Nutzen,表示"用处",所以快乐就包含"有用"的内涵。有一个词 lust,意味着"欲望",它的反义词是 Unlust,意思是没有欲望或者动力,冷漠。还有一个词 Vergnügen,它源自 genug,因而快乐又有"令人满足"的意思。此外还有 Spass 一词,它指的是"笑话"。看起来似乎所有的德语单词所指的"乐",要么表示在快乐的经历之前,要么表示在此之后。的确,莱茵兰(Rheinland)方言中有一个表示"乐"的词,但是它来自法语,Pläsier。
② 当然,我们发现这个一般规则总有一些例外,因为每种语言都是活生生的,通过接触和语言的融合而发生变化。"乐"的很多早期独特性的表达在现代汉语的词组中已失去了。

Allied Pleasures of Music and Friendship in the Masters"),讨论了早期共鸣理论中关于音乐与友情的类比。它们都假设有一个看不见的同理心把宇宙与社会联系在一起。对君子来说,同理心可以塑造他们的性格,影响他们的态度和行动,甚至寿命。在理想的状态下,音乐与亲密友谊都显示了关系建立过程的内在价值,因为完美的音乐和友情取决于不断的协调。为了更好地展示这一点,本章将社交性与亲密友谊进行对照,然后,转向古典文学中数量众多的"离别"之作。

第三章"孟子的主张:与民同乐"("Mencius on Our Common Shares of Pleasure"),着重研究公元前四世纪最著名的儒家善辩大师孟子。他的说教常常被简化为口号式的"性本善"。我们把"性本善"置于《孟子》首章,发现孟子对各诸侯王的劝谏有一条主线,即:与民同乐的君王会想像他人如己,对"乐"和安全有着同样的需求。[①] 本章对孟子和荀子进行比较,部分的原因是希望给他们应有的评价,另外的原因是,试图说明在多大程度上孟子的对话有赖于激发君王的享乐本能。

第四章"荀子:重明以丽乎正"("Xunzi on Patterns of Brilliance"),论述了荀子把对乐的演算(pleasure calculus)运用于人类本性和治国方面,即身体与政体理论。[②] 他的阐述十分精

[①] 当然,孟子只是在劝说,而不是做理论总结。其实分享也是有限的,如我在这一章里所论述的,孟子是不可能要求诸侯王分享他们的妃嫔的。在这一点上,朱迪·法夸尔(Judith Farquhar)对"需求"和"乐"的区分对我很有启发。她认为"需求"是"不变,且不可避免的",而"乐"是"变化的、偶然的、稍纵即逝的"。见:*Appetites: Food and Sex in Post-Socialist China*(Durham, NC: Duke University Press, 2002), p.477。研究某些行为所获得的乐,不同于用人类需求来解释这些行为。

[②] the "pleasure calculus",也称为the "felicific/pleasure/hedonic calculus"(即"幸福/享乐演算"),一般认为是功利主义哲学家杰里米·边沁(Jeremy Bentham,1747—1832)提出的一种算法,用于计算特定行为可能引起的快乐程度。但是显然荀子和亚里士多德都描述了人类特定行为方式的动机,他们也强调短期之喜和长期之乐。按照这三位思想家的想法,所有人在作出决定和权衡利弊之前,都会计算需要花费多少精力、金钱和时间才能达到某种目的。关于荀子的论述,请参见本书第四章。

妙,是古代至公元四世纪左右有关"乐"的理论基石。不过,荀子大胆提出一个更令人注目的问题,如果臣子忠君善谏,辅佐政令教化,而君不能正确接受,该如何处之?荀子的回答是,"从道不从君""不用则去"。而且,即使不再为官,也可以享受美好人生并影响他人,"君子豹变,其文蔚也"。①

第五章"人生要义:庄子的至乐"("Vital Matters: The Pleasures of Clear Vision in the *Zhuangzi*"),试图解释为什么我要拒绝所有对《庄子》的主流诠释,也即它教导人们以自发的宇宙为榜样,或者鼓励人们"拥抱自由"和逃避现实的说法。《庄子》的《至乐篇》和《德充符》两章说服读者注意保持生命的活力,以便颐养天年、安然终老,而不是徒劳地追求更完美的生活。庄子"人间世"思想的要点是:世间生物,无论大小,都所知有限,所以没有人可以确信"全知",因此要避免让不必要的忧虑耗尽我们的生命,就必须以顺势疗法②的微小剂量来面对死亡。

第六章"扬雄:诗人之赋丽以则"("Yang Xiong on the Allure of Words Well Chosen"),主要研究一个标志性的人物扬雄。③他是西汉末年的哲学家和宫廷诗人。他认为,最深刻、最神圣的乐是"潜心于圣",阅读与古代圣人相关的经典。他也把书喻为美人,"女有色,书亦有色乎"?扬雄爱读孟子、荀子和庄子的著作,但是他的作品更接近古希腊著名诗人卡利马科斯(Callimachus,

---

① 这句话来源于《易经》"革"卦中的象辞。意思是君子要循序渐进,才能慢慢地蜕变成一个有高尚品质的人。
② 顺势疗法(homeopathy),又称同质疗法,1796年由一名德国医生山姆·赫尼曼(Samuel Hahnemann)所创,是替代医学的一种。其理论依据是,如果某个物质能在健康的人身上引起某种病症,将此物质稀释处理后就能治疗该病症。有些研究会将顺势疗法跟安慰剂比较,指出该疗程带来的正面感觉。
③ 扬雄生活的年代是公元前53年至公元18年。

约卒于公元前 240 年),他们都是著名的古代诗人,也都对校雠学作出了很大贡献。他最关注的,不是孟子主张的分享乐,也不是荀子谈论的追求艺术化的人生,或者庄子所说的安度现世人生。他强调,像他那样有学问和才能的人,必须"温故",通过学习古代经典创作出新经典,使自己成为一个经学大师。他的作品以一种自娱自乐的自问自答方式,反映出一种新的戏谑风格。由于文辞艰涩,他不得不谨慎地捍卫自己的作品。因此,我们可以称他为历史上第一位有着完全自我意识的作家。本章总结了扬雄进入天禄阁校书后的非凡成就,其中包括他编纂的语源词典《方言》。他希望自己那些包含了很多古代典故的作品能够成为研究远古时代的门径。

第七章"半独立屋:陶渊明与苏轼"("Semidetached Lodgings:The Pleasure of Returning Home in Tao Yuanming and Su Shi"),[1]转向研究两位历史上最著名的诗人。陶渊明(365?—427)以其创作的辞官归隐后的田园组诗而备受推崇。而苏轼(1037—1101),这位宋代文人在人生的最后数十年内遭遇了三次贬谪,一次比一次失意,他把陶渊明的诗作为精神寄托,甚至几乎遍和陶诗(除了四首诗外),并以陶渊明自况。虽然苏轼笔下的陶渊明是那样不合时宜,但他很清醒地认识到,他可以效仿陶渊明。本章试图讨论的一个更重要的问题是,追拟一位早期的诗人是否足以安慰自己人生经历的不幸和孤独?就苏轼的例子来看,答案是否定的。

当我还是一名研究生的时候,德国汉学家鲍吾刚(Wolfgang

---

[1] "semidetached lodgings",中文意思是半独立屋,是欧美国家一种常见的建筑形式,指一排房子,分为各个单户,每个单户看起来都是一样的,房子与房子之间共享一堵墙。这里"半独立屋"是一个双关语,比喻陶渊明与苏轼似同实异。

Bauer,1930—1997)出版了《寻求幸福》。① 我对这一问题的思考受到他的影响,但我发现"幸福"(happiness)与"乐"是不一样的概念。我的分析建立在对众多相关文献(包括传世文献和出土资料)的再翻译和深入探究上,力求不落俗套。比如,我对《庄子》的解读就不只是局限于人们所熟知的《内篇》,而是通读所有的33篇。我对苏轼和陶诗的研究,也是要努力揭示当代人眼中超然物外的苏轼洒脱形象背后的复杂性。

为了让读者对古代关于"乐"的理论有初步的了解,下面我先引用两段春秋时期郑国大臣子产的话。这两段话都涉及有关早期享乐的主题。第一段出自《左传》,子产对来自强大晋国的使臣士文伯谈到往昔辉煌时代的有效外交:

> 以敝邑褊小,介于大国,诛求无时,是以不敢宁居,悉索敝赋,以来会时事……侨闻文公之为盟主也,宫室卑庳,无观台榭,以崇大诸侯之馆……百官之属各展其物;公不留宾,而亦无废事;忧乐同之,事则巡之,教其不知,而恤其不足。宾至如归,无宁灾患;不畏寇盗,而亦不患燥湿。今铜鞮之宫数里,而诸侯舍于隶人……②

---

① 鲍吾刚此书的英译本是 China and the Search for Happiness: Recurring Themes in Four Thousand Years of Chinese Cultural History, trans. Michael Shaw(New York: Seabury Press, 1976)。

② 见《左传·襄公三十一年》。英译可见 The Chinese Classics, trans. James Legge(Oxford: Clarendon Press, 1893‒1895), vol. 5, p. 564; Zuo Tradition = Zuozhuan: Commentary on the "Spring and Autumn Annals", trans. Stephen Durrant, et al. (Seattle: University of Washington Press, 2016), p.1281。苏源熙在与我的交流中,认为我最好很清楚地表明这里的"主"与"宾"处于危机四伏的关系,不亚于生物学意义上的"宿主"与寄生生物。读者请注意,我们今天所知道的《左传》与汉代流传的《左传》是有很大区别的。也请参见 Pauli Tashima, "Fragments Speak: Reexamining the Rejected Pre-Du Yu Commentaries on the Zuozhuan," Chinese Literature: Essays, Articles, and Reviews(CLEAR), 38(December 2017): 1‒39。

接着,子产对这个话题作了进一步的发挥,"无欲实难。皆得其欲,以从其事,而要其成",①即:要令人完全没有欲望是很难的,只有让人得其所欲,他们才能专心其事,达到成功。

随着子产观点的逐步展开,我们明显看到他处理政事的手段是基于对乐的计算。他说,所有人都充满了欲望,虽然欲望的类型和动力与每个人的性格和倾向有关。压制人的欲望是徒劳无益的。只有想方设法最大地满足人们的欲望才是有效的,至少使每个人都能对乡里有益无害。同时,如果一个人见贤思齐,可能会改变其随心所欲的冲动,改善其性格和倾向。② 子产的言论让我们清楚地看到,要改良统治者与平民的欲望,并不是一件对君臣来说无关紧要的事情,而是他们的要务。

研究古代的学者可能会联想到"乐"在实用性方面的相似之处。出土材料和传世文献,包括正史、医书、子书,还有色情的笑话,到处都有"乐"的描述,它们把施乐和享乐的生理过程与宇宙联系起来。对现代读者来说,当他们初次了解到早期文本中关于"乐"的论述时,可能会感到吃惊。子产的话语只是冰山一角。当我们深入思考时,就能理解这一现象的普遍性,因为几乎每个存世的古代文本都反映了统治精英的想法。他们认为"如果权力是'乐',那么对待'乐'的方式对权力本质有着直接的影响"。③

近年来有不少关于乐、生命力、仪式、修养、视觉、景观等的学

---

① 见《左传·襄公三十年》。
② 如郭店楚简《性自命出》中"人而学或使之也"之句。
③ 我从詹姆斯·戴维森(James N. Davidson)和金仕奇那里借用了他们的话语,它们显示了两个影响很大的古代文本《左传》和《国语》关于外交、政治和医疗的话语如何互相交织在一起,在这两个文本中,自我克制成为长寿和强国的关键。见 James N. Davidson, *Courtesans and Fishcakes: The Consuming Passions of Classical Athens* (London: St. Martin's, 1997)。还有金仕奇的论文《晋平公病案钩沉》,《国立政治大学历史学报》,2009 年 5 月第 31 期,第 1—50 页。

术研究。本书是我在吸取了这些成果的基础上，为开拓新的研究方向而作的初步尝试。为了有助于深入探索，我提供了历史性的论述，其中有一部分是必要的推理。我想发现为什么"乐"的主题出现在特定时间的古代文献中。

历史背景

早在战国时代，谋士纷纷向国君谏言，要保障百姓安居乐业，但他们的建议都是难以付诸实践的。他们主张国君要专心追求单一目标：减少他们的欲望以及减少对别人意见的依赖，①这样才能降低由无数诱惑带来伤害的可能性。要得到"乐"就要与人同乐，因为这样才能减轻嫉妒和怨恨。② 统治者通过与民同乐，与社会成员紧密联系在一起，从而使自己的享乐得到较大的保障。更紧密的联系也许能激励更多社会成员以社群的名义去思考和获得"乐"，比如通过共同的冒险、公共节日、游行等。这最后一个理由，无论是明说的，还是暗示的，为许多政治决策提供了坚实的基础。

为什么在公元前的几个世纪突然强调谨慎的持久之乐？我

---

① 《荀子》的第一章《劝学》篇特别强调专注于单一、恒定目标的重要性。但是，目标单一不足以确保统治者的道德和安全。在《晏子春秋》第一卷《内篇谏上第一》中记载了一则轶事，齐景公"不乐治人，而乐治马"，因此被晏子批评为"惟图耳目之乐，不修先君之功烈"。

② 《孟子·梁惠王上》是讨论这个问题最知名的文本。《晏子春秋》5.14.44.11。还有《说苑》卷十四《至公》和卷十九《修文》都有同样的论述。见《说苑逐字索引》，香港：商务印书馆，1992，14.6.113.6—14 和 19.35.169/9—12。只有当"乐"是"自私的"的时候（即它造成稀缺资源的挥霍浪费，具有破坏性，或者因为它让人沦为商品或仅成为商品提供者），享乐才是错误的。当人们谈到"同乐"时，这样的分享是有其局限的。孟子谈到，统治者要提供机会让他的百姓得到安乐，但统治者并不是真的与他的臣民分享其乐，比如他的妃嫔们。

怀疑在那个时期,大规模、空前的社会政治和经济变化带来了两个问题:哪种形式的资源公平分配可以更好地确保国家的稳定?哪种统治方式最容易融合新征服的人口?

关于公平分配的问题,存世文献里只谈论抽象的道德用语。早期文本令读者相信,在公元前八世纪周王朝的政治秩序衰落以前,向王朝的先祖们敬献的祭牲,在祭礼之后被再分馈给献祭者,这在当时被认为是公平地分配商品和特权,至少当时的统治精英是这样认为的。在他们看来,这些祭牲都是内心虔敬的表现,让参与祭祀的宗族或者政治团体结合在一起,尽管他们可能有着不同的利益。① 但是当许多贵族权力下降或特权被剥夺时,相关的祭祀秩序不再足以支持社会的凝聚力。如果政治精英想为朝廷吸引人才,他们必须设计出新的、可靠的和公平的分配方法。渐渐地,集体宴饮提供了新的奖赏模式,其重要性等同甚至超过了国君的祭牲。宴会的好处是不太可能造成巨大的生命损失,②与此同时,崇拜祖先慢慢地服务于更大的社会,乃至"天下"的理想。

---

① 《管子·事语》中有一段关于不同等级祭品的描述,"俎豆之礼不致牲,诸侯太牢,大夫少牢"。它成为普通人所渴望了解的统治精英庞大系统的一部分,即使他们为此被迫做好战争的准备。见支伟成《管子通释》,上海:上海书店,1996,第 2 册,第 12、35 页。也可参见《管子》英译本: *Guanzi: Political, Economic, and Philosophical Essays from Early China*, trans. W. Allyn Rickett(Princeton, NJ: Princeton University Press, 1998), p. 319。在《荀子·乐论》中有一段话,"故乐在宗庙之中,群臣上下同听之,则莫不和敬;闺门之内,父子兄弟同听之,则莫不和亲;乡里族长之中,长少同听之,则莫不和顺"。荀子认为,从旧的、基于血统的宗族祭祀到新的、更大的社区祭祀,有着明确的连续性。
② 《左传》提供了大量关于牲礼旧制度崩溃的证据。《左传·宣公二年》和《史记·宋微子世家》都记载了一个同样的故事:宋国的主帅华元杀羊犒劳士兵,但他的车夫羊斟没有吃到,与郑国交战的时候,羊斟出于私怨,驱车进入郑军,结果宋军战败。《史记》14.612《左传·襄公二十八年》还有一个故事,在齐国正卿庆封主持的一次公宴上,厨子用鸭子代替了鸡,汤代替了肉,引起两位公子之后子雅、子尾的愤怒,结果引发了一系列阴谋与反阴谋的斗争,最终导致庆封的流亡。

国君需要找到新的措施来确保新征服人口的归顺,维护王权的统治。刻在青铜器上的各种"命"表明了西周王朝与结盟者的盟约。① 理论上,春秋的歃盟将更多的贵族与他们的下属结为临时同盟。但到了公元前五世纪的战国时代,任何决定要征伐的国家都必须在社会、政治、军事和经济范围内建立更大的(甚至重叠的)忠诚关系,以动员各类人才,使他们各尽其才。征服者的理由非常简单:统一的天下最能保障所有社会单位的稳定,无论它们是公共的,还是家族的;没有统一的天下,百姓就不能安居乐业,无论其身份贵贱。

最终,利用武力无法达到统一和安定。只有当所有统治精英保留了其特权,并满足了自己的利益和享乐需求的时候,他们的焦虑和不满才能得到平息。"故平不肆险,安不忘危。"② 在一个社会快速变革的时代,有效的劝谏必须能打消成功者的恐惧与不安,减轻他们的忧虑。③ 将享乐转化为可以延续的"乐"的理念,在古代如此深入人心,正是因为这样的劝谏恰好符合了统治者自己的经验和希望:"道高益安,势高益危。"

朝廷的辩论者对于"乐"的话题侃侃而谈,他们的理论基于一个显而易见的事实,即乐似乎是自相矛盾的:无论我们多么享受人世的快乐,它都是昙花一现。即使我们正在享受一种特殊之乐,我们也不免感到悲伤,因为想到它可能是短暂易逝的。此外,对享乐的渴求不可避免地让人们竞相逐乐,而随着年岁的增长,人们对乐的追求将会变得更加困难和令人沮丧。那些致力于建立有序社会的人们希望功成名就。但不幸的是,他们意识到,自

---

① 我与别人合译并将要出版的《尚书》会阐明很多这样的"命"。
② 见《汉书》37B.3563。
③ 见《史记》127.3221。

己需要年轻的体魄才能继续与对手进行血腥的竞争,争夺土地和财富。① 只有那些一直努力减少和改善自己的欲望的人,才有希望安乐一生。人们有充分的理由相信,"乐"可以被用作一种手段,来消除人们的生活之忧,对于那些拥有财富和权力的人来说尤其如此。战国时代的国君常问的两个问题是:"作为国君,如果不能随心所欲地发号施令,且无人能反对,那么何乐之有?""国君如何做到不仅享乐,而且其乐超过所有天下人之乐?"他们期待身边的顾问作出回答。②

在朝廷之上论"乐",需要观点实用,贴近现实。③ 通常劝谏者只略讲几句关于人性和立志的话,然后会给国君或者尚在学习中的世子讲述现世的智慧,治国之策,或者修身与社会教化的益处。几乎所有现存的早期文献记录都略去了关于"乐"的起源和特性的系统论述,虽然劝谏者为了反驳对手,可能对此有过深思熟虑。④ 无疑,一些思想家提出了这样的问题,"乐"的感觉是否更多地存在于外物、行为中,或是存在于拥有者或表演者获得"乐"的能力中。一定有人注意到了乐的体验和身体的痛苦一样,都是无法形容的。劝谏者不得不放弃过多的论述,以免让国君感

---

① 启蒙思想家非常清楚这一点,我借用了约翰·洛克(John Locke,1632—1704)和阿历克西·托克维尔(Alexis de Tocqueville,1805-1859)精辟的总结,见 Andrew Delbanco, "Are You Happy Yet?: If Not, the Problem May Lie in How You Define the Term," *New York Times Magazine*, May 7, 2000, pp. 44-48。

② 见《论语·子路》第15章(《论语》13/15),这一段鲁定公与孔子的对话,表达了对假设的"言能丧邦"的感慨。上面的第二个问题引自孟德斯鸠,我简洁地归纳如下:"如果我们只想快乐,那会很容易;但是我们若想比别人更快乐,那几乎总是很难的,因为我们总是认为他们看起来比实际上更快乐。"

③ 我并非不知道一些皇帝努力想要获得永生,王朝也把他们塑造成降临到这个世界的神明,但我相信这些受到了那个时代的思想家的驳斥。这些思想家的著述正是我研究的主题。

④ 见《庄子》第十七章《秋水》关于庄子对游于濠水之鱼的感受。我在第五章还会专门讨论,《荀子》也有相似的话语。

到厌烦,失去了谈话的主线。因此,保存下来的关于"乐"的篇章,是为了推动统治者改善政策和个人行为,使他们更加知足和富有远见而作的。这样做也有助于保护统治者及其财产,不被那些不满现状的民众所损害。

为了提出最佳的实施方案,战国、汉及以后的许多思想家并没有超越几个"论点":1. "幸福"的源头不难找;2. 大多数人类活动的目的都是追求幸福的机会最大化;3. 当人们错误地认定什么会给他们带来快乐时,他们会在不经意间给自己带来痛苦。① 通过这种推理,他们得出结论,如果统治者想要保持身体和政体的健康,关键是要区分消耗资源的乐趣和维持甚至增加资源的乐趣。他们强调,"持久"的关系总是会产生比冲动的即时享受更大的满足感。因此,治国顾问们在制定和实施政策时,充分考虑到特定之乐,以及由期待、体验和回忆所引起的诸乐的持续时间和强度。

假定君主和人民共享普遍的"人性"或者"人情",劝谏者要说服统治精英利用这一点在他们和下层之间建立一种社区意识。换言之,分析人性只是确立有效激励机制的前提。就像人们的身体有好恶,王国的赏罚机制也要分明,这样才能权衡轻重。② 由于暴君往往不知道最能鼓舞人心的奖惩比例,古代的著作和学者们对这个问题作了广泛的讨论。墨子(前470—前390)等人已经看到,追求"幸福"和"欲望"是人类的基本点,即使只有极少数人

---

① 换句话说,这些思想家不必满足于现代哲学真相的标准。
② 见《吕氏春秋》第二十一卷《开春》,祈奚对范宣子说"闻善为国者,赏不过而刑不慢。赏过则惧及淫人,刑慢则惧及君子"。见《吕氏春秋引得》21/4。

能"必得其所欲焉"。①

在古代政治话语中所讨论的享乐,与统治者统一国家的计划有关。他们要提倡的美德(如公平行为和自律)取代了旧的贵族美德(如战争中的英勇行为、孝敬祖先以及精明能干)。一个明智的统治者会根据一个人对社会的贡献,通过仪式来分配他获得的"幸福"的合适份额。这样的仪式是用来确认政治精英的地位的,无论他们是否有着世袭的特权。但明智的统治者也知道,除非低级臣民认为治国的举措有利于他们,否则不能够用抽象的理念来强迫他们支持王朝统治。在我看来,整个古典时代的社会各阶层者都竭力把自己置于相互的义务关系中,以获得安全感。通过礼物、贡品交流和祭祀,可以证明、巩固其身份地位。② 在仪式形式发生变化的时期,这样的交流更加明显,人们向潜在的朋友、联盟者和自己表明,义务关系中的人都可以得到可靠的保护。③ 同时,地位尊贵者通过公开或者半公开的行为再次确认自己受保护的地位,提醒那些存在于关系网络之外者,要想伤害任何一个可以动员社会网络集体力量的人,将是非常愚蠢的。很显然,频繁的仪式需要巨大的支出,但是地位和安全很少是通过武力或者耗费财力而获得的,而是更多通过家族成员、盟友和下层人士周期性的公开效忠表现。因此那一时期的著述都不断重申,一个人的安全感主要来自他人。人们可以获得名誉与荣耀,但这种奖励会

---

① 见 A. C. Graham, *Later Mohist Logic*, *Ethics and Science* (Hong Kong: Chinese University Press, 1978), A75。
② 见香港中文大学蒲慕洲(Poo Mu-chou)教授的专著 *In Search of Personal Welfare: A View of Ancient Chinese Religion* (Albany: State University of New York Press, 1998)。
③ 《春秋繁露·楚庄王第一》谈到了"服色之改,受命应天制礼作乐之异","所以明天命也"。见:苏舆撰《春秋繁露义征》,北京:中华书局,1992,卷一,第 19 页。

被统治者迅速而无情地收回。司马迁《史记》和《周易·系辞》的传统都已经证明了这一点。①

形成于上层社会并公开展示的信任网络,把生者与死者,尤其是不同社会地位的人联系在一起。通过它,几乎所有社会阶层都直接或间接经历过公开交流和展示之乐。现存的古代著述显示,君王有意以直观的方式显示统治社会的保护性关系。考古学的证据则无疑记录了当时宫廷盛大的狂欢、乐队的表演、王权的显赫、大型的建筑项目和景观。在此仅举一例,公元前二百年前汉帝国初年,丞相萧何准备大规模兴建宫殿、军火库、仓库和门楼,而在都城之外战争依然在激烈地进行着。萧何为自己辩解的理由是:"如果真正的天子没有住在富丽堂皇的地方,他就无法显露权威,或者为他的继承人奠定基础。"②也许考古学记录下了最令人注目的变化,即,只为少数观众举行的有限仪式,逐渐转为向更多观众展示的壮观场面。③ 据说威权存在于仪式的四个方面,即:官位标志(官印、笏、兵器等)、官服(冠、冕等)、风范(泰然自若

---

① 见《韩诗外传》第十九章"患生于忿怒,祸起于纤微"。见《韩诗外传逐字索引》,香港:商务印书馆,1992,9.19/69/11。
② 见《史记》8.285—286。另见史嘉伯的一段话:"研究《左传》和《国语》的史学家们对一般人的特殊建筑选择和强大统治者的奢华项目特别感兴趣。"见其专著 *A Patterned Past: Form and Thought in Early Chinese Historiography*(Cambridge, MA: Harvard University Press, 2001), p. 227。
③ 出于好的初衷的劝谏,最终以韵文形式成为表面的消遣。一旦帝国统一,只有一个朝廷可以提供建议,同时,从皇帝的专断意识来看,他不太可能接受公开劝谏。这种状况是赋的作家们所感慨的。例如,扬雄认为,战国是一个才士们拥有更大自由的时代,如果在一个朝廷没有得到赏识,还可以转到别处施展才华。要了解更多内容,可以参考康达维翻译的龚克昌《汉赋研究》:*Studies on the Han Fu*, trans. David R. Knechtges(New Haven, Conn.: American Oriental Society, 1997)。还有《汉书·扬雄传》(《汉书》87B.3570)和《司马相如传》(《汉书》57B.2582)。那些不敢冒犯皇帝的才士选择以赋代替劝谏。在东汉,间接讽谏的理由倍增。在此,我推荐一本关于"设论"的书,Dominik Dclerq, *Writing Against the State: Political Rhetorics in Third and Fourth Century China*(Brill, 1998), Chapter 1。

的仪态)和修辞(谈吐与演说)。

直至公元140年左右,这种将奖励公共服务与对家庭之乐和个人利益的追求融为一体的社会展示文化似乎是确保王朝稳定统治的最佳方式之一。① 但不知何故,到东汉末年(约公元140年),社会精英不再相信广泛的关系网络可以保护自己和家人免遭伤害。他们开始远离朝廷,转向自己的庄园,声称要探询自己的内心。王朝覆灭的迹象随处可见。例如,专门的、私人军队代替了王朝募征军。② 由于朝廷无权进行适当的地籍调查,土地税不再公平。当农民逃离战争与税吏时,他们不得不寻求当地豪族的保护,成为佃农或大庄园的士兵。对郡守、县令及其行政人员的监督不力,加速了帝国举荐制度的崩溃。朝廷再也找不到好的官吏人选,因为地方豪族在争夺最优秀的人才和最肥沃的农田。③ 朝廷的日常事务难以维持,治水的失败是王朝灭亡的征兆。朝廷无法动员人民,也无法从郡县筹募经费。当地方豪强无视中央王朝的命令时,边境的入侵事件就呈指数级增加。甚至在公元184年以前,帝国被强大的农民起义所动摇时,每个有识之士都意识到朝廷无力应对危机。出生于匈牙利的法国汉学家白

---

① 根据鲁惟一教授的研究,在公元147年以后,东汉王朝只有过两次封爵,分别是公元168年和215年,但不清楚是否在封爵的同时也封赏了"公田"。参见 Michael Loewe, "Land Tenure and the Decline of Imperial Government in Eastern Han," forthcoming in *Technical Arts in the Han Histories: Tables and Treatises in Shiji and Hanshu*, eds. Michael Nylan and Mark Csikzentmihalyi (Albany: State University of New York Press, 2021)。
② 陆威仪(Mark Edward Lewis)有一个经常被引用的观点,即认为东汉没有应征军,鉴于当时的地方现实情况,这一观点很难立足。见其专著 *The Early Chinese Empires: Qin and Han* (Cambridge, MA: Belknap Press of Harvard University Press, 2007), pp.138-139。
③ 这发生在公元132年汉顺帝时代。见《东汉会要》27.292。相似的故事可以从应劭的《风俗通义》中找到。

乐日(Etienne Balazs,1905—1963)发表的早期论文《汉末的政治哲学与社会危机》(Political Philosophy and Social Crisis at the End of the Han)指出,公元150年至250年的这个时期与公元前三世纪一样重要。① 两个时期似乎都是无序的,不公平的,贫富悬殊,危机感不断加重,人们提出了各种挽救局势、振兴国家的建议。战国的思想家已经预见到了帝国的统一,并为之谋划。到了东汉末期,最敏锐的思想家已经对官僚制度治理国家的能力失去了信心,把注意力转向了设计更严格的社会控制。②

现在看来,乐之理论和展示文化的实践产生了许多实际问题。一方面,对奢侈品的竞争超出了国家的控制,导致当地豪强越来越多地剥削他们附近的贫困农民。这破坏了视觉展示文化满足不同社会层次需求的可能性。于是,"名"(官衔、职位、声望、社会地位)与"实"的差距越来越大。这就是为什么东汉王朝抱怨"名实难副"的原因。③ 令统治者感到可悲的是,封建时代的地方势力与民间宗教可以如此轻易地挪用王朝的展示机制,破坏皇权和权威。与此同时,东汉豪族过着王侯般奢华的生活,这让人们更加意识到社会和政治上的不公,也酝酿了农民起义的发生。道

---

① 见白乐日专著的英译本:*Chinese Civilization and Bureaucracy: Variations on a Theme*, trans. H. M. Wright(New Haven, CT: Yale University Press, 1964), p. 188。
② 在这里,我想到了大多数劝谏者的著作中对惩罚的关注,包括那些由白乐日所列举的。我也想到了确保世袭贵族地位的"九品中正制"。
③ 见《后汉书》61. 2032。还有《中论·谴交第十二》,亦可参见《中论》英译本:*Balanced Discourses: A Bilingual Edition*, trans. John Makeham(New Haven, CT: Yale University Press, 2002), p. 14。令人惊奇的是,荀子没有预想到这一问题,因为他假设人们会成为他们选择的角色。这就是为什么我不同意梅勒(Hans-Georg Moeller)和德安博(Paul D'Ambrosio)所说的一段话,"如果'名实相副'是儒家对于古代中国道德话语的主要贡献之一,那么他们最大的担心之一就是名实不副"。见他们的合著书:*Genuine Pretending: On the Philosophy of the Zhuangzi* (New York: Columbia University Press, 2017), p. 49。

教在这一时期形成,填补了王朝权力的真空,分化了民众对王朝的忠诚,这并非巧合。① 公元316年北方平原陷落后,佛教得到了广泛传播,质疑享乐的现实和后果,更加剧了这样的趋势。

但这并不是说,"在我之后,将是洪水"(Après moi, le déluge)。② 当生活重新变得令人厌恶、残酷而短暂,"幸福"的前景似乎更加渺茫。但对某些人来说,可能变得更有价值。东汉王朝以后的人仍以早期典籍、诸子著作和史书为鉴。因而,战国、秦、汉诸子关于"乐"的看法得以在后世保存下来,并被付诸实践。

尽管战国至北宋的文人对"乐"的基本假设略有改变,但一千多年里关于"气"的主线理论并没有受到很大影响。读者继续想象长期可靠的交流——官方与非官方、公共与家庭,作者与读者。这种延续感,有助于文人培养良好的人际关系,③同时,也确认了人们生活于其中的宇宙结构之美。④

---

① 钱钟书在《论快乐》一文中引用了两段公元四世纪的作品,来提示道家追求永生的最深层的思想。第一个是一个问题:"天上比人间舒服快乐吗?"第二个是一个事实陈述:"对永生的追求实际上是基于我们对于人间事物的留恋。"二者都代表了要尽可能延长人间之乐的欲望。见艾朗诺(Ronald Egan)的译著: *Limited Views: Essays on Ideas and Letters by Qian Zhongshu*, trans. Ronald Egan(Cambridge, MA: Harvard University Asia Center, 1998), pp. 332 - 333。当然,佛教的天堂被设想为人间之乐可以永存的地方。
② "Après moi, le deluge."据说是法国国王路易十五说过的一句话,英文意思是"After me, the flood."。一般认为表达了对于一个人死后发生的事情的漠不关心,中文常常被译为"在我死后哪管洪水滔天"。但实际上,它表达了对毁灭的更直接的预测。
③ 关于这一点,可参见:Stéphane Feuillas, "Un lieu a soi?: Construction de l'espace et de soi chez Su Shi(1037 - 1101)," in *Esthétiques de l'espace: Occident et Orient*, eds. Jean-Jacques Wunenberger and Valentina Tirloni(Paris: MIMESIS, 2010), pp. 27 - 46。
④ 傅君劢(Michael A. Fuller)曾经概述了苏轼的美学立场和意义,参见 Michael A. Fuller, *Drifting among Rivers and Lakes: Southern Song Dynasty Poetry and the Problem of Literary History*(Cambridge, MA: Harvard University Press, 2013), p. 329。

但是当朱熹(1130—1200)与理学支配了传统的时候,几乎所有关于"乐"的话语都要发生变化。因为朱熹要去除任何可能阻碍他地位上升的旧传统。① 早期的思想家期待后世博学的读者能不断地"温故",以便推动其发展,朱熹和他的弟子则强烈反对奇谈异说。(这大概解释了为什么朱熹推崇《四书》,转移人们对《春秋》《尚书》等经典的兴趣,因为《五经》描写了混乱的人事。)② 朱熹声称,像他这样的圣人具有完美的本质,身心纯正,天地古今,无所不知。他要求追随者们尽可能把目光转向那不可言说的

---

① 哈罗德·布罗姆认为,许多现代作家对于他们的前辈有一种俄狄浦斯情结。比如,扬雄及其追随者认为,即使最有见识的人也只能通过部分或模糊的直觉来理解宇宙的秩序,或者生死的意义,那是人类无法参透之玄。对此,扬雄、苏轼和其他思想家、作家都有共识。但朱熹则贬低这样的观点。他把"理"(内在规律)与气(物质性)分开,但仍然认为古代圣人的思想完全可以为后世所理解,无论处于什么时代,因而无视时间及其不可避免的流逝,或轻视其影响。关于朱熹的观点,祝平次在他的博士论文中引用了朱熹之语:"学圣人之道乃能知圣人之心",见 Chu Ping-tzu, "Tradition Building and Cultural Competition in Southern Song China(1160 - 1220): The Way, the Learning, and the Text," PhD dissertation (Harvard University, 1998), pp. 111 - 112。
② 朱熹,就像儒家的新教徒路德,他强调自我克制和自我修养,以新的方式将其置于社会教化之上。在此无需举很多例子,但可以提到朱熹对"慎其独"的再诠释,这一短语原本在《中庸》里指的是"在家庭和社会关系中的谨慎行为",而朱熹则解释为"慎重对待(早期文本)中最深层的思想",他强调文本的"清"和"敬"。关于"清",可参见 The Classic of Changes: A New Translation of the I Ching as Interpreted by Wang Bi, trans. Richard John Lynn(New York: Columbia University Press, 1994), p. 235。"敬"在汉代文献(包括《尚书》)中似乎指的是"敬事",而不一定是"虔诚",虽然敬重和虔敬常常含有"敬事"的意思。我对弗雷德里克·詹姆逊(Frederic Jameson)关于内省和自我批评是旧的宗教习俗的变异的说法,很感兴趣,他认为在救赎论中,这是一种缺乏自信的个人救赎的尝试。但我不想讨论朱熹的心理学,有学者对此有更好的著述。见 Learning to Be a Sage: Selections from the Conversations of Master Chu, Arranged Topically, trans. Daniel K. Gardner (Berkeley: University of California Press, 1990); Roger Darrobers, "La Grand Etude dans les memoires du Zhu Xi adresses aux empereurs Xiaozong, Guangzhong, et Ningzong entre 1162 et 1194," in Lectures et usages de la Grand Étude, eds. Anne Cheng and Damien Morier-Genoud(Paris: College de France, Institut des Hautes Etudes, 2015), pp. 65 - 104。

整体性,而不是沉迷于特殊的多样性。他在十二世纪写道:"盖通天下只是一个天机活物……夫岂别有一物,拘于一时,根于一处而名之哉!"①根据朱熹的理论,敬畏抽象的规律取替了享受日常的"幸福"。他认为,追求幸福,②或者偷偷寻"乐",更容易让人犯错。因此,本书阐述古代有关"乐"的理论,止于朱熹及其追随者的理论成为主流思想的时候。

更大的寓意

一系列二分法在汉学领域引起了太多的关注,包括内在与外在,主观与客观,功利与道德,事实与言辞,自然与文化,情感与理性,心灵与身体等。对我们来说,其他领域的研究指南可以提供更好的指南,包括人类学家杰克·古迪(Jack Goody,1919—2015)的《偷窃历史》(*Theft of History*)一书。③ 如果说这本书具有开创意义,那是因为作者翻译了人们熟悉或不熟悉的文本,打开了以前未知的有趣的领域,并暗示了与长期关系相关的满足感。但我并不想断言这其中的"关联性"。我相信历史学家的任务就是"揭示不可预知的人类经验",并试图恢复可能"被借来的

---

① 《答张敬夫四》,见朱熹撰、陈俊民校编《朱子文集》,台北市:德富古文教基金会,2000,第3册,卷三十二,第1243页。也可参见 Fuller(2013),p.337。
② 朱熹的说法进一步影响了一种倾向,即杨晓山所说的:"总之,后世作家从描述所见转变为表达心中所想。"见其专著 *Metamorphosis of the Private Sphere: Gardens and Objects in Tang-Song Poetry*(Cambridge, MA: Harvard Press, 2003),p.22。他举了王粲作为后世诗人的例子,但这一观察也适用于许多其他后代文人。
③ 可参见 Jack Goody, *The Theft of History* (Cambridge: Cambridge University Press, 2006)。

外衣遮蔽了"的事件和思想。① 要是我们能摒弃某些"文明的冲突"的说法,那就更好了。

回到早期的中国文学是有益的。这样就可以解决英美哲学家们的棘手问题,即如何从"是"到"应该"。② 因为古代文献反映了现实的世界,可以指导实践,规范人们的行为。它们不提倡无法验证的主张,因此今天的读者可以接受它们而不会造成理论的混乱。有些人认为,古人比现代人更思虑周到,因为他们在考虑现实问题时没有排除道德。因此,让我们携手并进,一起探索古代"乐"一词的独特可能性。③

---

① 参见 Paul Veyne, *Did the Greeks Believe Their Myths*? trans. Paula Wissing (Chicago, IL: University of Chicago Press, 1988), p. 33。
② 参见鲁惟一教授发表的论文:"Liu Xiang and Liu Xin," in *Chang'an 26 BCE: An Augustan Age in China*, eds. Michael Nylan and Griet Vankeerberghen (Seattle: University of Washington Press, 2015)。
③ 如果像李泽厚这样的思想家是正确的,他们就会唤醒我们回归更好的本性,不管我们是不是中国人。一般来说,本书中所评论的早期思想家认为,每个人都具有独特的个性和才能,正如下面的章节将要展示的。

第一章　即将开始的预览①

十九世纪英国美学家奥斯卡·王尔德(Oscar Wilde)曾说过:"快乐,是唯一值得言之成理的东西。"现代法国小说家安德烈·马尔罗(André Malraux)在他的《西方的诱惑》(*The Temptation of the West*)一书中反问道:"有没有一个想法比乐更能揭示一个人的感觉?"②我们可以想象中国古代大师们也有过相似的表述,因为他们都认为"乐"是激励正确行动的最有效手段,也能用来辨别一个人的性格。从战国到公元十一世纪几乎所有的思想家们都谈到,要把耗费财富、时间和精力的纵乐转化为能够有助于修身、齐家和治国的长久之乐。③ 绝大多数人认为,社会政治领域应该设法把人们天生对于"乐"的欲望转化为行善的动力,并鼓励人们不要满足于即时享乐。对于君王及其臣子来说,第一要务就是要制定恰当的政策,以获得民心。他们意识到,对于特定之乐的追求可能会有益于或者妨害身体健康和社会政治,使人民对于统治者更加忠诚或者怨声载道。由于健康往往意

---

① 译者注:这是一个双关语。在美国,每当电影放映前,屏幕上都会显示"coming attraction",即新片预览。本章预告了后面(coming)的篇章,那些篇章描述了古代思想家相信什么会引起人们的欲望(attractions)。
② 参见 André Malraux, *La tentation de l'Occident* (Paris: Grasset, 1926), 75-76。
③《史记·秦本纪》中由余对秦缪公言道:"一国之政犹一身之治",把疗治身体与治理天下作了类比。

味着安定和持久,特定之乐的相对价值大致是被其延续的持久性决定的。因而在阐述恰当的享乐方式时,思想家们不仅要设计出能延续快乐的方法,而且也想借此巩固王权统治。①

本章有两个目标:第一,在选择"乐"的恰当译义前,对"乐"的字义进行汇释,以古汉语的相关概念为背景,强调"乐"之理论的特殊性;第二,探讨中国古代医学和宇宙学理论所阐述的"乐"的生理学意义。因为我所引用的英文词汇有其漫长的历史,在论述中我尽量把古汉语中关于"乐"的理论与更广为人知的古希腊、罗马和早期现代哲学的理论区分开来。这些都是为了后面的六章内容作铺垫,每一章都是讨论不同思想家关于予人以乐和得其所乐的观点。

关于"乐"的词汇

我把英文里的 pleasure 翻译为"乐",表示一种行动,寻"乐",或者享"乐",而不是一种诸如"欢乐"的状态。下面我会有更多的论述。为了描述情感、冲动和感觉,古代思想家用了一系列术语,

---

① 关于延长某种特定之乐的方法,芝加哥大学的夏德安(Donald J. Harper)有这样一段典型论述:"[性]快感的关键在于延缓而持久。"参见其专著 *Early Chinese Medical Literature: The Mawangdui Medical Manuscripts* (New York: Kegan Paul, 1998), p.438。一些讨论乐之理论的严肃作者已经想到了"延续快乐"可能是一种陷阱和妄想,虽然这个想法从远古时代开始已诱使人类"忍受许多痛苦"。参见钱钟书的《论快乐》一文,《写在人生边上》,《钱钟书集》,生活·读书·新知三联书店,2001,第12卷,第14—18页。谁属于统治者阶层,古代文献中常常没有具体说明,而通常翻译为"人民"的词语有时指的是平民,有时指的是统治者的下属,如《尚书》注疏所显示的。

从"欲"到"喜",从"悦"到"嗜"。① 通过特定的术语,他们从逻辑上区分了能带来深刻、丰富以及持久满足的"乐"和转瞬即逝的情绪,或者被认为是"过度"和"放纵"的冲动。

因为他们的劝告很少说明赋予乐与享乐现象之间的不同,②所以,他们认为不存在纯粹是感觉上的,或者心理上的快乐的情绪。③ 在相对直接的感知之上,思想家们又加上了关系之乐(relational pleasures),他们认为这种"乐"需要感受者更持久、更深刻的知觉,比如,通过适当的选拔方式招纳贤才;培养社交艺术;以行善或享受音乐为乐;以职业或者家庭传统为乐;以顺应道德律令或者宇宙规律为乐等。④(认为"乐"主要或最重要的意思

---

① "乐"被认为是所谓"六情"之一,如《荀子·天论篇》所列举的"好、恶、喜、怒、哀、乐"这六种"天情"。请注意,"奇"不在这六情之中。加拿大麦吉尔大学方丽特(Griet Vankeerberghen)谈到,由"乐"组成的复合词或词组常常带有预设的词语色彩,见 Griet Vankeerberghen, "Emotions and the Actions of the Sage: Recommendations for an Orderly Heart in the *Huainanzi*," *Philosophy East and West* 45.4(1995): pp. 527 - 44。挪威汉学家何莫邪(Christoph Harbsmeier)用默认的语言学理论对这些词语变化作了长篇大论的分析。参见 Christoph Harbsmeier, "Eroticism in Early Chinese Poetry: Sundry Comparative Notes," in *Das andere China: Festschrift für Wolfgang Bauer zum 65 Geburtstag*, eds. Helwig Schmidt-Glintzer and Wolfenbutteler Forschungen(Weisbaden: Harrassowitz, 1995), pp. 323 - 80。在我写作本书的时候,我还没有读过布鲁克·霍姆斯(Brooke Holmes)的书 *The Symptom and the Subject: The Emergence of the Physical Body in Ancient Greece*(Princeton: Princeton University Press, 2010)。我推荐此书,因为它的题目与我的研究相关。
② 古代的思想家提到了大量的享乐对象或纵欲的人。
③ 下面我的大部分相关论述中,只用"心"这个字,因为它在古汉语中足够表达心和思想的功能(巧合的是,在笛卡尔之前的欧洲话语中也是如此)。
④ 关于"乐德",可以参见《论语·雍也》(6/9)、《论语·季氏》(16/5)和《孟子·告子》(6A/16)。在另一则轶事里,孔子谈到"君子食无求饱,居无求安,敏于事而慎于言,就有道而正焉"。(《论语·学而》)(1/14)。还有颜回的"一箪食,一瓢饮,在陋巷,人不堪其忧,回也不改其乐"。[《论语·雍也》(6/11)]。另参见陆威仪(Mark Edward Lewis)的专著 *Writing and Authority in Early China* (Albany: State University of New York Press, 1999), p. 232。关于"乐天",请看《周易引得》40/Hsi A/4(15)。还有《孟子·公孙丑下》(4B/20)的相关内容。

是"浪漫之爱",那是现代的观念。)① 关系之乐远远不只是感性的满足,或者占有的骄傲,它预设了一种辨别事物、状态和人的长远价值的能力。在关系之乐中,包含了相当的好奇心、想象力、敏感性和自我克制,更不用说还有奉献与勇气。有时候,为了获得一种关系之乐,人们必须要延迟或者遏止想要得到即时满足的强烈冲动。美酒佳肴可以满足一个人的口腹之欲,但是人们不能过度放纵欲望,而是要保持谨慎的行为。

虽然古代作品中对于"乐"的用法并不完全一致,随着时间的推移,辩士们越来越多地把"乐"作为动词,后面的宾语有"友""天""德"或"业"等。② 很有意味的是,最常与"乐"匹配的字是"安",如"安 X",或者"以 X 为安",X 可能是指一种状况,或者行动。而"乐"常见的反义词是"忧""危"和"哀"。③（见下文）这些

---

① 这种爱可能第一次以哲学的方式由意大利西西里和托斯卡纳的诗人们（还有后来的但丁）探讨过,他们是普罗旺斯吟游诗人传统的继承者。这种情绪更具有心理性、冥想性。参见 Prue Shaw, *Reading Dante: From Here to Eternity* (New York: Liveright, 2014), p. 99. 许多早期诗歌把爱视为人类生活中具有破坏性的激情。在但丁之前,很少有人讨论关于爱是一个人陶醉于对另一个人强烈感觉的主题。

② 这个词汇表远没有穷尽,比如,还有"乐道"。君子所孜孜以求的,主要是关系之乐,还有修身。见《贾谊新书逐字索引》（香港:商务印书馆,1994) 3.68.15, 1.2/4/9。我们也发现了"乐"最早作为形容词的用法,如《毛诗·魏风·硕鼠》中的"乐土""乐国""乐郊"。早期的动词用法,可见《论语·宪问》(14/13),"乐然后笑,人不厌其笑"。

③ 关于早期与"乐"关联的词的例子,请看《荀子·王霸》中的"将以为乐,乃得忧焉"。《荀子引得》39/11/51)止忧也可以视作一种形式的"乐"。圣人们据说乐于揭示人生中可怕的事,这样普通百姓也许可以面对它们,让恐惧心理得到缓解。见《左传·宣公三年》:"昔夏之方有德也,远方图物,贡金九牧,铸鼎象物,百物而为之备,使民知神奸。故民入川泽山林,不逢不若。螭魅罔两,莫能逢之。用能协于上下以承天休。"根据定义,"乐"超过一定程度就会导向"爱"。见《晏子春秋逐字索引》（香港:商务印书馆,1993) 11.5.11。问题是欲望会"伐性短年"。(见《汉书》卷六十,第2669 页,这可能出自《毛诗·国风》和《吕氏春秋·本生》。)详细内容请参考陈奇猷《吕氏春秋校释》,学林出版社,1984,第一册,第 21 页。显然,"忧"是不好的,除了在现代新儒家的理论中,比如徐复观的《中国文学论集》(台北:民主评论社,1966)一书,把"忧患"作为君子对荒谬世界所持的独特立场。

词汇揭示了中国古代的理论更倾向于把"不安"与"乐"相对,而不是像西方那样把"痛苦"与"乐"相对。(当然,古代汉语里关于身体疼痛和精神痛苦的对应词是存在的,但是关于乐的论述并没有特别强调它们,因为有些痛苦被认为是不可避免的)许多思想家认为,如果人们要充分享受传统的欲望对象,就必须知道,在当下和可预见的未来,他们的行为不会威胁到自己的生命、生活或者社群。因此,稍纵即逝的快感并不能带来真正的"乐"。

在写作本书的早期阶段,我考虑过"乐"的三种可能的翻译,pleasure, happiness 和 joy。我认为"乐"不该翻译为 happiness,这令好几位同行感到惊讶。但我的决定是出于以下四个理由:第一,对于一些美国人来说,那些到处可见的"笑脸"表情图标,已经破坏了这个词的意义。更糟糕的是,它确认了快乐与社会心理常态之间的联系。其次,对于大部分欧美历史来说,"happiness"意味着"好运",而这个含义非常不适用于中国的语境,这一点在下文的讨论中会很明确。另外,在 1725 年以前,爱尔兰哲学家弗兰西斯·哈奇森(Francis Hutcheson,1694—1746)和他以后的作者总是认为"happiness"是表示"最大多数人的最大快乐"的功利主义概念。可是这样的理论在早期中国几乎找不到,就连墨家的论述中也没有。① 最后,也是最重要的理由是,"happiness"指的是一种状态,而汉字的"乐"则暗示着行动:寻找、赋予和安享乐。

然而我有更充分的理由把"乐"翻译为 pleasure。我记得,中国当代最重要的美学家李泽厚已经很雄辩地指出,古代中国的文

---

① 参见 Perkins(2014)。方岚生在他的书中反对墨子功利主义的观点。

人生活在一种"乐感文化"中。① 英语单词"pleasure"包含很多感觉：愉快、喜悦、欣慰、感官的或性的满足、刺激，甚至兴高采烈，等等。② "Pleasure"是对眼前或者脑海中的某事、某人的一种反应。早期的思想家们争辩说，最敏锐的"乐感"来自长期的关系之乐，要体验这样的乐，需要不断的实践和对于人世间认识的逐渐积累。比方说，美国心理学家米哈里·契克森米哈赖（Mihaly Csikszentmihalyi）提出的"涌流"（flow）概念和美国诗人唐纳德·霍尔（Donald Hall）在他的《回忆录》（*Life Work*）中所建议的，充分享受某种活动常常会令人全身心投入。③ 重要的是，"pleasure"也是唯一的广义词，它包含了与感觉、情感，以及敏感的心灵和理性的头脑相关的各种复杂的身体体验过程。

早期思想家关于"幸福/享乐"的演算（pleasure calculus）的

---

① 李泽厚曾经坦然接受了我的批评，同意"乐感文化"不能被贬低为通常翻译的"乐观文化"，因为他的专著描述了一个无比复杂又可能实现的设想。而 Optimism 通常就是指"乐观"。参见李泽厚《〈论语〉今读》，香港：天地图书有限公司，1998；还有我发表的相关论文：Michael Nylan, "Li Zehou's *Lunyu jindu*," *Philosophy East and West* 66.3(2016): 739–756。
② 虽然许多思想家会将"一般的好心情"称为一种类型的快乐，我却不敢苟同，因为好心情并不能预设一种关系之乐。如多伦多大学教授托马斯·赫卡（Thomas Hurka）谈道："一个人的情绪是很难控制的，因为看起来似乎有一种先天与后天混合的气质强烈地影响着我们每天的心情。神经科学解释了大脑中的电波活动分布，'快乐的人'显示左脑额叶有更多的活动，也许是因为它们具有更高水平的神经递质血清素。"见 Thomas Hurka, *Best Things in Life: A Guide to What Really Matters*(Oxford: Clarendon Press of Oxford University Press, 2011), Chapter 1。
③ 参见 Mihalyi Csikszentmihalyi, *Flow: The Psychology of Optimal Experience* (New York: Harper Perennial, 1990); Donald Hall, *Life Work* (Boston, MA: Beacon, 1993)。

论述通常会考虑到"乐"的不同阶段(对乐的期待、体验和事后回想),①"乐"的持续时间和强度,以及一个人的社会归属感和身份变化。快乐的计算不会在"感官快乐"(感知、经验或感觉)与"快乐态度"②(即以某事、某人为乐的意识)之间作出武断的区分。相反,关于身体的生理活动的古代理论被构建为宇宙中无数情感共鸣的一个核心,往往包含现实社会和想象中的感官经验、自觉态度、自主运动和有意识的知觉、动机与行动。

这些理论把每一个人深置于一系列的关系中,在理想的情形下,其中的成员都努力维持关系,也在改变彼此。所以在本书的结尾,我希望能够说服读者,本书真正的主题是"乐"(pleasure)以及与之相关的最好的生活:即最有意义、最持久和最令人满足的生活。③

然而,在英语中,如果我们接受享乐主义的中心论点,即所谓"好的生活"就是充满了乐感的生活,那么这一论点至少传达了五

---

① 十八世纪思想家约瑟夫·巴特勒(Joseph Butler,1692—1752)提到,"乐"是事后的感觉。道德的认可与滞后的满足感即源于此。见 Joseph Butler, *Fifteen Sermons Preached at the Rolls Chapel*(London: Thomas Tegg, 1729)。但康德(Immanuel Kant,1724—1804)居然坚持认为过去的"乐"(记忆中的"乐")是"空洞的"。我不同意他的看法。关于"pleasure calculus",请参见概述,第3页,注释②。
② 也是"建议的人生态度"。
③ 苏格拉底、柏拉图和亚里士多德似乎都认为,充满思考的生活高于一切,即使它不是最愉快的。斯多葛学派和康德说过,最高尚的生活就是最好的生活。马克思认为,最好的生活就是可以让人们自由发挥创造力的生活。尼采则认为,最好的生活是我们可以有自由意志行使权力的生活。当然,后果论者(consequentialist)认为,"道德上正确的行为"是能给所有人带来最大利益的行为。见 Hurka(2011),5,12。

种不同的看法:其一,"好"就是道德上的"善"(似乎这是显而易见的!);①其二,"好"是指"善因有善报";其三,"好"意味着审美的愉悦或者美,虽然含有悲剧或痛苦的成分;其四,"好"体现在典范人物身上;其五,"好"只是"自得其乐"(无论一个人为了"个人利益"会多么不择手段)。此外,对于地方与世界、现实与假想的不同偏好,也会产生潜在的冲突。② 那么,我们如何看待对于美德、欢乐、知识、成功和正义的不同观点? 或者,如何看待个体的"欢乐人生"与大众利益呢?③ 要理解其答案,我们需要深入探索欧裔美国学者依然本能地采用的词汇。

乐(Pleasure),而非幸福(Happiness)或喜悦(Joy)

一位十九世纪的美国幽默作家坚称:"不要把'乐'误解为幸福。他们就像是不同品种的狗。"④当然,初读之下,"乐"也许听上去有点不体面,⑤而"幸福"在道德上是可以接受的,因为《独立

---

① 奥地利哲学家路德维希·维特根斯坦(Ludwig Wittgenstein,1889—1951)对英国哲学家摩尔(G. E. Moore,1873—1958)所谓"好的,就是美的"的论断作了尖刻的评论,认为它在哲学上是说不通的。可参见 David Edmonds & John Eidinow, *Wittgenstein's Poker: The Story of a Ten-Minute Argument between Two Great Philosophers*(New York: ECCO, 2001)。此外也可参见 Timothy Chappell, *Knowing What to Do: Imagination, Virtue, and Platonism in Ethics*(Oxford: Oxford University Press, 2014),Chapter 1。

② 亚里士多德的《尼各马可伦理学》提到,"善"就是 eudaimonia,见 *Nichomachean Ethics*,1095a,15-22。但我们对于 eudaimonia 到底是什么,还是有不同看法。

③ 见 Derek Parfit, *Reasons and Persons*(Oxford: Clarendon, 1984),"appendix 1", "What Makes Someone's Life Go Best"(《什么让我们的生活变得最好》),特别是最后一段。还有 W. D. Ross, *The Right and the Good*(Oxford: Clarendon, 1930),Chapter 5。托马斯·赫卡也谈道:"道德要求你照顾别人,但也不要忽视自己。"见 Hurka(2011),7。伊壁鸠鲁(Epicurus,341—270 BCE)和杰里米·边沁(Jeremy Bentham,1748—1832)会告诉你,能给你带来最大乐感的,就是你最好的生活。

④ 出自美国幽默作家比灵斯(Josh Billings, 1818—1885,本名 Henry W. Shaw)。

⑤ 我们的学术传统(东方和西方)倾向于把"乐"作为一个不适合严肃思考的话题,这是根据我从亚洲、欧美的同行那里得到的反应,那是在我告诉他们此书稿的写作计划之后。

宣言》中那段有名的论述:"生命、自由和追求幸福的权利。"① 也许由于《独立宣言》的宏伟蓝图,很少有人考虑"乐"和"幸福"两个词的内涵。② 金钱不能买到足够的满足,不丹的国民幸福指数背后蕴含着一种理念,即金钱买不到足够的满足感,这种理念推动了加州大学伯克利分校的"乐之科学"项目,③还有现象学研究的复兴。但显然,现代人对幸福的关注是正在工业化和已经工业化的世界的表现。今天有些思想家常常把"幸福"等同于"对生活的满足"(一种状态,而不是对刺激的反应)。④ 早期思想家的答案是:追求这样野心勃勃又无法实现的目标,可能只会招致失望和更多的不幸。的确,过度的追求也许已经让现在的欧裔美国人陷入悖论。最常谈论幸福的国家是最常使用抑郁症药物的国家。⑤更令人不安的,是近年来带有种族主义和文化主义色彩的"幸福计划"的假设,即认为所有文化中的人们都具有和美国公民同样的情感及其激发因素。读者会发现,美国观念中的"欢乐"(如

---

① 为了回应他的批评者,杰斐逊(Thomas Jefferson,1743—1826)并没有把"快乐"等同于"获得财产"。他很可能借鉴了弗格森(Adam Ferguson,1723—1816)关于公民社会的著作:*An Essay on the History of Civil Society*(Edinburgh, A. Millar & T. Caddel, 1767)。在书中,弗格森这样说:"在现实中,如果勇气与为人类谋福利的心是人类幸福的组成部分,那么,感到幸福的是那些以仁爱待人者,而不是得到仁爱者。人类拥有坚韧和慷慨品质的最大益处,就是可以使他们的同伴也获得同样的幸福。因为个人之善,也是人类之善,美德也不再是勉强自己向别人行善,而是我们可能拥有的最高程度的幸福状态,它是我们要努力向这个世界提倡的。"
② 这些也是对希腊语 eudaimonia 拙劣翻译的例子。
③ 即加州大学伯克利分校"The Greater Good Science Center"的"Happiness Project"。其网址是:https://greatergood.berkeley.edu。我对"乐之科学"项目持反对意见的原因是,那些参与其中的科学家和社会学者想象人类都是像现代英美模式的单一生物,不受文化的约束。
④ 见 Hurka(2011),21—22。
⑤ 例如,法国哲学家米歇尔·奥弗雷(Michel Onfray)强调,努力消除感性人生中的痛苦是人类的强烈道德需求。为什么我们认为消除痛苦(而不是不必要的痛苦)是可能的?

cheerfulness)在中国并不存在。虽然文献证据的缺乏并不能证明"欢乐"(cheerfulness)在古代日常生活中的缺失。①

古代的思想家们充分认识到噩运、乱世或者复仇之力可能伤及无辜,为了提供公平的机会,减少厄运,他们谏言统治者制定并实施计划。虽然人们的平常生活会受到灾难的困扰,可是每个人都可以学会施乐于人和得其所乐。而且,这样幸运者的福报也会不断增多。② 现代的比喻把自足与"乐"联系起来。早期思想家有着与之相似的表达,即不为他人和外物所役的决心。这种观念排除了盲目的乐观主义,与美国人所谓的积极思维大相径庭。③因此,本书中提及的思想家会嘲笑关于"被幸福绊倒"的天真想法。④

在宗教中,"joy"(喜悦)意味着 sublime(崇高)和 transcendent(超然)。在英语中,"乐"表示 disembodied(脱离肉体)、detached(超脱)、elevated(提升)的意思。同时,"joie de vivre"(喜乐人生)这句话非常符合古代文言文的修辞。"joy"作为动词,从中获得喜悦(take joy in)不能与"丰富的食物""安静的微笑"这样普通的对象联系在一起。而"乐"则并非如此。

---

① 见 James Barr, *The Semantics of Biblical Language*(Oxford: Oxford University Press, 1961)。
② 如契诃夫在他的短篇小说《醋栗》中写道:"在每一个快乐自满的人的门口,站着一个人,拿着小锤子,经常敲门提醒他:世上还有不幸的人;不管他现在多么幸福,生活迟早会对他伸出利爪,灾难会降临——疾病,贫穷,种种损失。到那时谁也看不见他,听不见他,就像现在他对别人视若无睹,充耳不闻一样。"
③ 见 Barbara Ehrenreich, *Bright-Sided: How the Relentless Promotion of Positive Thinking Has Undermined America*(New York: Metropolitan Books, 2009)。
④ 这是美国作家丹尼尔·吉尔伯特(Daniel Gilbert)一本畅销书的标题:*Stumbling on Happiness*(《被幸福绊倒》)。中国思想家总是认为由幸运而赢得的福气是有问题的,因为它可能很轻易地因为坏运气而失去。

乐,并非"痛苦"的反义词

无论某个特定的人生如何长久、令人满足或充实,每个人的生活中总会遇到重重烦恼:在欢乐的晚宴当中突发的坐骨神经痛;一个最亲近的同事、亲戚或者朋友的患病和离世;遭遇车祸的宠物猫;报纸上充斥的关于贫困、破坏和仇恨犯罪的报道。对于一个认为自己是世界的一份子,而且对他人的困境敏感的人,这样的事件不仅带来身体的疼痛,也不可避免地带来抑郁的情绪。早期的思想家已经充分注意到这一点,但他们并不主张回避痛苦,尽管医疗可以减轻它的程度。这是英美与中国在理念上的一个至关重要的区别。

第二个区别是:现在的西方哲学家意图描述普遍性,他们以"痛苦"作为涵盖性术语,对现代生活的无常进行可预见的反应。他们把"痛苦"解释为下面其中之一:

令人不愉快的体验或感觉:疼痛(ache)、激动(agitation)、苦恼(agony)、担心(angst)、伤心(anguish)、烦恼(annoyance)、焦虑(anxiety)、不安(apprehensiveness)、无聊(boredom)、懊恼(chagrin)、沮丧(dejection)、抑郁(depression)、苍凉(desolation)、绝望(despair)、沮丧(despondency)、不适(discomfort)、困扰(discombobulation)、不满(discontentment)、不快(disgruntlement)、厌恶(disgust)、讨厌(dislike)、灰心(dismay)、不平(dissatisfaction)、迷惑(disorientation)、忧虑(distress)、恐惧(dread)、敌意(enmity)、倦怠(ennui)、惧怕(fear)、忧郁(gloominess)、悲伤(grief)、内疚(guilt)、仇恨(hatred)、恐怖(horror)、烦躁(irritation)、憎恨(loathing)、神经质(melancholia)、恶心(nausea)、反胃(queasiness)、悔恨

31

(remorse)、怨恨(resentment)、悲哀(sadness)、羞耻(shame)、悲痛(sorrow)、苦楚(suffering)、执拗(sullenness)、悸动(throb)、恐怖(terror)、不安(unease)、恼怒(vexation)，等等。①

如前所述，早期的中国思想家认为"乐"的反义词并非"痛苦"，而是"忧"（"焦虑"和"不安"）。如一个早期文本这样写道："人之情，不能乐其所不安，不能得于其所不乐。"②因此，经典的文本把缺乏安全感作为乐之体验的主要障碍，而把"安"作为最大幸福的主要先决条件。我们常常发现，在出土和传世文本中，"不安"的含义往往跳转为"不乐"，还可以引申指那些"无德"的人。显然，这种联系是很平常的。③ Pleasure 是"乐"的贴切英译词，不仅因为它与负面的感觉，如"恶化""绝望"和"恶俗"等形成鲜明的对比，而且也因为它的吸引力不只存在于当下，要获得它也离不开感觉以及心与脑。④ 如果我们不再认为"乐"只是没有痛苦，就会看到"乐"更有参与性，也更具有选择性。

---

① 见 Andrew Moore，"Hedonism"，in *Stanford Encyclopedia of Philosophy* (Stanford, Calif.：Stanford University, 2004)。这篇文章的修订版发表于 2013 年 10 月 17 日，网络版请见：https://plato.stanford.edu/entries/hedonism/。
② 见《吕氏春秋》卷四《孟夏纪·诬徒》。也许早期的思想家会同意吉尔伯特·赖尔 (Gilbert Ryle, 1900—1976) 下列书的观点，见：Gilbert Ryle, *Dilemmas*, The Tanner Lectures on Human Values (Cambridge：Cambridge University Press, 1953)。他认为所有痛苦的感觉都有能感知的位置，而"乐"则感觉不到这样的位置。这对快乐—痛苦的二分法或二元性提出了严峻的挑战。
③ 例如，出土的郭店和马王堆"五行"文本，可参见 Mark Csikszentmihalyi, *Material Virtue: Ethics and the Body in Early China* (Leiden：Brill, 2004)。
④ 相似地，最常见的"喜"的反义词是"怒"，但我们也看到还有"惧""悲""哀""憎"或"恨"，所有这些感觉都会消耗一个人的身体活力。

乐,并非享乐主义

许多研究中国的学者对"乐"感到不适,也许是因为贯穿英美传统的道德纯粹主义强大的压力:肉体之乐是走向毁灭的主要之路。尤其是英国人和美国人,对"可耻的""本能的"欲望感到烦恼。① 但如果只提及"葡萄酒、女人、音乐",是无法传达最复杂的英美哲学中的享乐主义理论的。② 在西方传统中,自伊壁鸠鲁以来的思想家将"身体的痛苦"与"灵魂的骚动"结合起来。③ 著名的思想家——伊壁鸠鲁、边沁和密尔(John Stuart Mill, 1806—1873)都认为:"每个人的天性都只想寻求快乐,逃避痛苦,因此快乐是唯一的固有之善,痛苦是唯一的固有之恶。"④这让那些探求"乐"之涵义的学者们认真思考过去和现在有关享乐主义的观点。

中国古代文献中"乐"的内涵与西方享乐主义理论有分歧,主

---

① 比如,英国哲学家摩尔(G. E. Moore, 1873—1958)谈到对于"永远放纵兽性"的担忧。关于摩尔的这方面论述,请参见 William H. Shaw, *Moore on Right and Wrong: The Normative Ethics of G. E. Moore* (Dordrecht: Kluwer Academic, 1995)。

② 弗雷德·费尔德曼(Fred Feldman)这样写道,"没有精致的享乐主义者会坚信,'乐事'本质上是好的。他们想要相信,是我们从令人愉快的事物中得到的'乐'的本质是好的。在感冒之后冲个热水澡几乎算不上'本质上是好的',尽管它当然是一种乐事。在早期中国,《毛诗·山有枢》中有这样的诗句:'何不日鼓瑟? 且以喜乐,且以永日。宛其死矣,他人入室'"。见 Fred Feldman, *Pleasure and the Good Life: Concerning the Nature, Varieties, and Plausibility of Hedonism* (Oxford: Oxford University Press, 2004), 23。

③ William K. Frankena, *Ethics*, 2nd ed. (Englewood Cliffs, NJ: Prentice-Hall, 1973), 84. 还有伊壁鸠鲁《致美诺西斯的信》(*Letter of Menoeceus*),其英译见于: Brad Inwood & L. P. Gerson, *The Epicurus Reader: Selected Writings and Testimonia*, Indianapolis(IN: Hackett, 1994), p. 30. 伊壁鸠鲁蔑视"挥霍无度的快乐或者……消费"(同上, pp. 30 - 31)。我们现在所知道的伊壁鸠鲁的言论也包括一些引用他人的和他去世后不久的一些评论,所以没有办法确认他引用的公元三世纪古希腊思想家狄奥根尼(Diogenes Laertius)的 *The Lives of the Eminent Philosophers*, book 10 是否准确。

④ 参见 Feldman(2004), p. 4。

要是因为它对前面提到的快乐—痛苦的二分法完全没有兴趣。但是当代西方哲学中的享乐主义已经失去了它本来的道德要旨,现在它包罗万象,在哲学上是支离破碎的,妨碍了分析。《斯坦福哲学百科全书》提到了知足(contentment)、喜(delight)、狂喜(ecstasy)、兴高采烈(elation)、享受(enjoyment)、欢欣(euphoria)、兴奋(exhilaration)、欢乐(exultation)、喜乐(gladness)、满足(gratification)、感激(gratitude)、喜悦(joy)、喜爱(liking)、爱(love)、轻松(relief)、满意(satisfaction)、幸灾乐祸(Schadenfreude)和安宁(tranquility)。相对而言,在大多数情况下,①翻译为pleasure的汉字"乐"有着非常狭隘的含义,它指的是长期的"关系之乐"。如果一个人不断地投入时间和精力追求有价值的目标,成为君子,就可以增加满足感。在古代经典中,"乐"不包括任何反社会或者有破坏性的冲动,如幸灾乐祸、自私和虐恋等。② 由于即时的冲动可能突破谨慎的欲望,早期思想家常常以坚持无私和关怀他人为乐,而把反对自我放纵作为维持和增加个人快乐的最佳方式。

何为有益之"乐"?

如果把"pleasure"(乐)与和它最接近的同义词"delight"(喜)相比较,我们就会理解古汉语修辞中的"乐"是十分独特的。而几乎所有与"乐"相关的例子都指向同样的意义,即通过长期有益

---

① 考虑到"乐"字也指音乐,我们不可能通过数据库查寻每个"乐"的例子。我阅读关于"乐"的论说超过十年了,也在寻找特例。我发现,除了在有些双音词中"乐"的含义趋向减弱或淡化,很少有例外。
② 见《左传·昭公二十五年》:"哀乐而乐哀,皆丧心也……魂魄去之,何以能久?"

的、能激发深度满足感的实践而获得的"关系之乐"。"喜",并不总是用来指有益的行为。因为"喜"表示短暂的感觉,也许这本身并没有错,但它意味着沉迷于一时的情绪,可能最终会给人带来伤害,因为它只是令人们精力耗散,得不到补充。

理论上,"喜"(short-term delight),"短暂的感觉",是一个中立的状态,只有在计算了一个人为了某个目标而消耗的资源以后,才能评估其好的或者坏的影响。"喜"是直接表现在脸上的。它经常被简单描述为"享受做X的乐趣",这里的"X"可以代表任何东西或者活动:剑术、舞蹈、赋诗、劳累后的小憩、在辩论中难倒对手,甚至参战。"喜"是人们在宴会上对美酒佳肴的感觉,是对其他任何顺境的反应。"喜"与得到财富和奖赏相关,也与占有奢侈品、奇珍异宝的得意或者新奇感相关。"喜"也是一种自夸。① 根据大师们的理论,"喜"不一定代表对外部刺激有节制的、合理的反应。"喜"的行为会扰乱人们的感觉,使他们无法为了好的理由而推迟即时的满足感。

当然,无论是喜悦,还是短暂性,在本质上并没有什么错误,这也就解释了为什么应该认为喜"在道德上是中性的"。在许多事物和活动中,我可以感到天真的喜悦。古语有言:"小得其所好则喜,大得其所好则乐。"②"喜"并不蕴含深刻的转变或道德承诺,因为同样可以带来"喜"的心情的,包括享受晴好的天气,逃脱正义的惩罚,暗算敌人等。在文本中,"喜""怒"总是相对的,因为一种情绪可以

---

① 一篇早期文本将其描述为"内在与外在的对应关系",它对生理的描述符合我们的期望。这令我感到困惑,但它可能只是意味着内部反应符合外部的刺激,或者身体是融合为一的。
② 见《逸周书》卷一第一篇《度训解》。

很容易地转化为另一种,就像从硬币的一面翻转到另一面。① 所以,"喜"经常被用来描述"过得很愉快",或者"自得其乐",不管它是否有助于一个人的教化或成熟。古代文献中多次出现这个主题,比如《法言》所说的"吉人凶其吉,凶人吉其凶"。② 因为只有傻瓜才会因意外的好运而喜出望外,以为这是伟大的自己所应得的。相反,智者不相信运气,唯恐自己变得自负而漫不经心。③ 玩弄他人,随意对别人品头论足,或者把配偶和子女视为宠物或财产,这些也可能给某些人带来短暂的喜悦。更恶劣的是,当对自身有利时,有些人会因他人的痛苦、失败和堕落喜出望外。最后,"喜"还与逢迎巴结的企图有关,而这样的行动迟早都会招致祸患。换句话说,"乐"往往带来好的、有益的结果,而"喜"却并非如此。

一时之喜提醒我们一个相关的问题:短暂易逝的感觉是无法与一系列原则或履行社会责任联系在一起的。仅就此而言,普通人所感到的"喜"常常与彬彬君子的不一致。同时,不可忽视的结果是,身体感官与所喜之物的接触需要消耗身体大量、多样的"运动",并且无法得到可靠的补偿。一个人追求短暂喜乐的贪婪欲望会损害甚至消耗他的身体资源。对于统治者来说,贪婪是最严重的问题,因此他要树立好的典范,免得他的臣民模仿他的恶习。

---

① "怒喜"似乎是指一个人对身体内激荡的气流引起的内心反应的临时外在表现,而"忧乐"似乎意味着心灵、思想和身体的持续的状态。例如《淮南子》卷八《本经训》里的一段话:"人之性有侵犯则怒,怒则血充,血充则气激,气激则发怒,发怒则有所释憾矣。"
② 见《法言》卷六《问明》(6/12)。
③ 如《左传·昭公五年》中所言:"难易有备,可谓吉矣。"

第一章 即将开始的预览

但是"乐"和"喜"并没有穷尽古汉语里与"思"和"行"的感觉相关的丰富词汇。很多词汇都与"乐"有关,如欲、爱、①酖或溺、②淫、悦、好、舒、③玩、欣、④娱、婉、愉、恺、⑤康、怡、斁、晏/燕、殷勤、饗⑥,等等。总而言之,这些词汇证明了早期思想家对这一话题的兴趣,每个词都表示对某一特定环境的不同反应。

令人注目的是,这个冗长的词汇表里的词被用作动词的时候,它们所表示的不同道德评价常常取决于其直接作用的对象,而且,很多词也暗示了乐的体验的特定持续时间。⑦ 不

---

① 爱也意味着为了自己的幸福而"宽恕"他人,但这个含义在这里不是很相关。
② 溺,淹没,沉迷,在英文里的意思是"to drown in"或者"be mired in" a pleasure。
③ 举例来说,"舒"表示身体放松、舒适或释放,这是上层人物所享受的特权,对比之下,他的下属只能忙于听从上司的差遣。"舒"也可以形容音乐的起伏。毫不奇怪,这个词经常用来描述贵族的外表,但有些文本中指鉴别力,这是一个有修养的人的标志,它需要更多的自律。如果再引申一下,"舒"通常与"伸"(to extend, uncurl, unfurl)之类的词相结合,作为"放"或"肆"(to let loose, be without restraint, indulge)或"缓"(to slacken)等词的同义词。"安而不舒"是理想的状态,因为轻慢的行为,即使不是可恶的沾沾自喜,也流露出对他人的傲慢。理想的情况下,一个人"安而不舒",因为过度的行为是对他人尊严的无视。但根据《礼记·玉藻》,君子也可以放松("舒")。《淮南子·氾论训》(卷十三)有"舒之天下而不宽"之句,"宽"指的是"不自满"。《诗经》中也有"匪交匪舒"一词。当然,明智的统治者通常被认为宽容或者宽舒,而不是纵容。
④ 这个词常常被错误地翻译为 cheerfulness。
⑤ 这可能是与古希腊语的"伟大的灵魂"或"宽宏大量"的美德最接近的汉语对应词。
⑥ 我无法在这里列出所有可能的双音节词。
⑦ 早期中国文本往往指定乐之体验的时间范围,它们几乎总是表明一种反应是否可能维持或消失。可能后来的文本采纳了关于"乐"的时间范围的说法,因为它们并不倾向于特别指定时间。同样值得注意的是,原本指无忧无虑,甚至是漫不经心的活动的一些词汇,到了西汉末年,它们与圣贤行动所带来的崇高之"乐"联系在一起。我在一本关于扬雄与读书之乐的专著中对于"乐"与"玩"作了专门讨论。请参见 Michael Nylan, *Yang Xiong and the Pleasures of Reading and Classical Learning in Han China* (New Haven: The American Oriental Society, 2011)。

用说,"乐"来自三个时间段:对未来之"乐"的预期、现在的感官体验、事后的美好回忆。回忆,即使是错误的记忆,可能是三者中最强大的感觉。因为事后有充分的时间回想,也可以对行为的社会建构形成深思熟虑的感悟。古代的思想家认为,对一个行动或者文本的集体反应对一个人的记忆起着决定性作用,想必他们是对的。既然人是社会性的存在,关于"乐"的记忆可以从社会认可中获得额外的力量。

生理学角度的"乐"

关于有益之乐的经典理论激发了两个主要的新理论,第一个是感应理论(指共鸣,而不是刺激反应),[①]第二个是关于人类本性的理论。因为后面的第三章和第四章会对此有专门论述,这一节就重点介绍与生理乐感相关的共鸣理论。

早期的共鸣理论所描述的作用者与被作用者之间持续、复杂的互动形式,更接近量子纠缠或蝴蝶效应,而不是一个简单、机械的直线式模型。在共鸣理论中,万物是一个不可分割的整体(宏观世界)的一部分,而且整体的任何部分的运动会以隐性或显性的方式影响到其他部分。因此,人类没有"本质的自我",而是总

[①] "感应"经常被误译为"反应"。"感应"并不是机械的因果理论。可以参见我发表的关于《隋书·五行志》与感应理论的讨论:Michael Nylan, "The *Suishu* 'Wuxing zhi' and Resonance Theories," in *Monographs in Tang Official History*, eds. Karine Chemla, Damien Chaussende, and Daniel Patrick Morgan(Berlin: Springer, 2018)。还有我 2015 年一篇没有发表的关于"精神"的论文。"感"倾向于表达最初与"知觉"的不期而遇,"应"则是对结果的反应,但"感"和"应"都是相同的共鸣过程的一部分。

在不断地变化。① 一个经常被用来证明共鸣理论"真实性"的证据是,当一个弦乐器上的一根琴弦被拨动后,会听到一定距离之外其他弦乐器的回响。②

这一现象引起了其他难以证实的想法:简单地说,与外部事物、人、环境或者事件的接触,激发了感觉,而由感官系统快速评估这些外部感觉和意向,这样的交流被称为"动""感"和"应",无论它们是否可见,但一切都已经发生了变化。因为无论是作为第一波感受的一部分,还是第二波的涟漪效应,身体记录了所受的情绪刺激,这些情绪价值个体是否能意识到,取决于感受到的"情绪"有多强烈。比如,我在房间里看到苹果,我喜欢吃苹果,但是我不饿,所以我主要的注意力停留在别的地方。或者,我看到托马斯和杰米在一起,我喜欢和他们在一起,但是杰米看起来生病了。"哦,不!"我很注意地观察她。一些与过去的经验相关联的

---

① 这是我在2001年发表的一篇论文中的强烈主张,详见:Michael Nylan, "Legacies of the Chengdu Plain," in *Ancient Sichuan: Treasures from a Lost Civilization*, ed. Robert W. Bagley (Seattle, WA: Seattle Art Museum; Princeton, NJ: Princeton University Press, 2001), pp. 307-28。席文通过引用孔子弟子曾申的话来确认这一点,请参见 Nathan Sivin, *Health Care in Eleventh-Century China*, Archimedes: New Studies in the History and Philosophy of Science and Technology 43 (New York: Springer, 2016), p. 17。我们将看到,这些概念在不同的文本中有不同的表现。以孟子为例,他似乎想象人的本性的"四端"有一个更稳定的基础。而在我看来,荀子想象世界是一种"气"的交流,因而他认为身体具有渗透性。庄子把看到这一点的人理想化为"至人无己"(《庄子·逍遥游》)。关于身体及其构造完全具有渗透性的论述,参见我的专著,Nylan (2011)。当一个人把社会角色内化并赋予其美德和价值,他的"自我"或个体身份就建立了。可参见 Hans-Georg Moeller and Paul D'Ambrosio, *Genuine Pretending: On the Philosophy of the Zhuangzi* (New York: Columbia University Press, 2017), p. 120。作者谈到了"万物的无常和虚空"。我同意前者,但不同意后者,因为后者接受了佛教徒的理解。我也把这个可渗透性和变化的身体的概念归功于好的"儒家"文本。
② 笛卡尔也对此着迷,他的思想不能被简化为"我思故我在",这是德国学者法伊特·厄曼(Veit Erlmann)理论的出发点。参见他的专著 *Reason and Resonance: A History of Modern Aurality* (New York: Zone Books, 2010)。

神秘的过程触发了一种对于"乐"的预期或者记忆。

基于更充分的理由,大多数早期的思想家认为,"乐"是人生的基本需求,就像食物与空气一样,①并认为享乐和赋予乐的独特方式把人类与野兽区分开来,让人类成为万物的灵长。② 由此引申出两个重要的观点:第一,"乐"从来没有被认为是一种奢侈,更不用说是一种恶之诱惑;第二,体验复杂的"乐"的能力定义了人类最高的成就感,完全而自在。

如果我们进一步探求产生"乐"感的原因,就会注意到"心"在这些讨论中的核心作用。因为根据早期思想家的理论,人生来具有五种感官,眼睛可以看,鼻子可以嗅,耳朵可以听,身体表面可以有触觉,而"心"可以直接或者间接识别和评估感知的信息,然后决定人的行动。因此在一个人的一生中最重要的就是掌控"心",任何触摸(即感知到的接触)都可能刺激它。③

一个人一旦离开子宫后(如果不是在此之前),他自然而然地通过感官系统不断地与外部事物、他人和环境接触。在接触时,相应的感官受体首先记录所遇对象固有的、可感知的特点(最简

---

① 孟子著名的"食,色,性也"之语,认为人对食物和性的欲望是自然的,也是必需的。参见 Douglas Wile, *Art of the Bedchamber: The Chinese Sexual Yoga Classics Including Women's Solo Meditation Texts* (Albany: State University of New York Press, 1992), p. 44。因此,只有极少数的早期思想家认为欲望和冲动可以被根除。例如,刘向特别提到,如果一个人过多地遏制自己的欲望,就会削弱他的"气"。见《论衡·本性篇第十三》:"长大之后,禁情割欲,勉励为善矣。刘子政非之曰:'如此,则天无气也。阴阳善恶不相当,则人之为善安从生?'"
② 我在另外一篇论文中讨论了,不能把人类早期阶段的"野蛮人"推测为野兽。请参见:Michael Nylan, "Humans as Animals and Things in pre-Buddhist China," *Religions*, 10, no.6(2019): 360。https://doi.org/10.3390/rel10060360。我认为人类比动物有更多的"精气",早期的文献里并没有阐明其原因。在这篇论文里,我研究了"成人"(成为一个全面发展的人)这一概念。
③ 在《荀子·非相篇第五》中,荀子对于"心政"有长篇大论。应劭的《风俗通义》原本有一章讨论这个话题,但是现在已佚。

单的例子,比如"黑或白""酸或咸")。然后该器官受到心和大脑的影响,对感官接触的物体或人的价值作出评价(比如"美丽或丑陋""尖锐或浑厚""美味或难吃")。当外部现象刺激感官,就会产生("起"或"兴")感觉、倾向与情感。一个人对于某种目标或行为的追求或者回避,取决于他的价值观。① 在古代汉语里,由"心"而引发了"思",由"思"导向"志"。与易感的儿童一样,成人也是由过去的记忆所塑造的,即使特定的接触和共鸣形式是全新的,如"他看起来聪明而善良,有点像格里"。简单、不加思索的反应("应")与鸟兽的没有什么不同,但是"志"意味着持续专注于一个特别的目标。第二层次需求的关键是模仿的欲望(mimetic desires),包括想拥有别人所拥有的东西,或者效仿显赫的权威。这种模仿的欲望产生于各种社会环境下人对安全的本能需求,可能转化为具有破坏性的或者建设性的结果。因此,根据这些欲望给个人、家族和社会带来的后果,赋予它们相应的道德价值。而第一层次的需求对所有生物来说都是共有的,第二层次需求则定义了人类的"心"。

每个人的经验都是独特的,经验不可避免地对一个人的习惯性反应方式产生潜移默化的影响。对于被习惯、记忆和教育所强化的经验,"心"继续不断地添上新的标记。② 随着时间的推移,几乎每个行动、人或者物都带有预定的标记,这些习惯变得根深蒂固,形成了"第二性"(second nature)。③ 所以认知失败或者判

---

① 这是现代有关刻画个体性格的神经通道的说法。
② 如《性自命出》。
③ 译者注:在汉语中,second nature 常常被翻译为"后天",但在英文中,这样的翻译有问题,这个词强调了人性所经历的变化演变。而且在《易经》和别的早期文献中有不同的意义。

41

断失误常常会发生,可能是因为被习惯阻碍,感知有缺陷,或者受到各种欲望的影响。对此,孟子的表述十分贴切:"耳目之官不思,而蔽于物。"①被蒙蔽的头脑总是作出错误的判断,而人类的痛苦就是这种错误不可避免的结果(即"蔽于物",blinded by things)。而且,外物、感官和心之间的互动需要连续的协调,才能找到恰当的方式使人得到完全的满足。

幸运的是,在感官及其相关部位的刺激下,心与大脑可以并且的确在思考。它们倾向于在三个前提下正确地评估事物、人和事件,即:器官系统在分类联系方面得到训练和实践;物质条件有助于冷静思考;具有努力思考的意愿。要让人们改写经验型标记,转变固有的倾向,改变对生活的看法,需要慎重的,有时候是艰苦的体力和智力的付出。因而,君子的第一要务就是立"志"(aspirations and commitments),培养更有益和持久的志趣,希望能够通过同理心来去除障碍,达到至高的"通"或"明"的境界。根据这些理论,当人们在这个过程中的第一步体会到更强烈、更令人愉悦的"相乐"状态,那么,最初的自律和顾及他人的要求就不会那样令人难以接受。

作为推动共鸣反应与感性交流形式的介质"气",常常被翻译为"精神"(spirit)或"生命力"(vital energy)。据说万物都是由"气"构成的,所有的现象,包括人类,都在不断的交流中,尽管某些联系对于普通人来说太微妙,很难以常识来理解。这种来回的交流就是"动"。很重要的是,和英文一样,在古汉语中,"志"(motive)和"情"(emotion)都有"感动"和"被感动"的词义。第二个相似的类比就是把推动这些交流的内部驱动力与"御"联系在

---

① 见《孟子·告子上》(6A/15)。

一起,一段有名的文字把流动的"气"比喻为御者。① (在英文里,我们可以说被一个想法或冲动所"驱使"。博学的读者可能会想起柏拉图描绘的御者形象。)所有的感知都来自"气"的交流感应。比如,一个人看到、听到、闻到或者触摸到另一个人,他的气必须散发出来,被另一个人接受,二者之间"气"的交流要通过他们皮肤和重要器官传递。虽然这些理论很少特别指出,是否每一种"气"(比如,带有"喜"或"怒"色彩的"气")从一开始就以一种独特的方式开始其交流。它们坚持认为只有被称为"精"或"神"的精妙之"气",才能发生最微妙的感应。(请注意:有些欧美哲学家认为,因为这个缘故,中国人无法区分事实与价值。众所周知,在西方哲学中,事实与价值之间存在着对立。在"气"的理论中,"心"用来判断事实与价值,二者有一个单一的来源。)

　　早期的文本在描述这种"气"的流通模式时,提醒人们注意到过度泄气会产生不当的欲望。古代医书也提到了泄"精"(最强之气)是导致疾病、虚弱和死亡的主要原因,仅次于报复性的鬼神的攻击。② 毕竟气是不断流动的,不仅在体内,而且也流出体外,从身体的核心器官系统反复流出的气,不可避免地会消耗血液与气的系统。每次泄气都会减少一个人生来被赋予的有限精气数量。一旦耗泄了,固有的精气就再难恢复了。在极端的情况下,古代文本也警告人们,泄气可能会对我们自身造成无法弥补的损害

---

① 因此,被描述为"乐"的感觉与疲劳和沮丧相对立,正如谚语所说:"乐预示着一种痛苦。"
② 我在已出版的扬雄《法言》译著中对"泄"一词作了较多讨论,请参见:Michael Nylan, *Exemplary Figures: A Complete Translation of Yang Xiong's Fayan* (Seattle: University of Washington Press, 2013)。除了《淮南子》第七章,中国早期有关"泄"的概念的最佳文本是《黄帝内经》第一章《素问·上古天真论》,它提出了一些基本的前提:"恬淡虚无,真气从之,精神内守,病安从来。是以志闲而少欲,心安而不惧,形劳而不倦,气从以顺,各从其欲,皆得所愿。"

("失真"),阻碍我们的"全性"。(身体的泄气还被用来类比削弱王朝统治的毁灭性支出和王朝秘密的外泄。)①

我们知道,分泌物会伴随着性兴奋和一系列其他的状态。"淫"(excess)与"侈"(indulgent)会进一步损耗"气",直到身体疲惫得永远无法恢复。太多的心悸,或者太多的气外流,使得心脏系统很难保留足够的气。因此,圣人这样警告人们:"是故五色乱目,使目不明;五声哗耳,使耳不聪……"②一位讽刺诗人也评论道:

> 纵耳目之欲,恣支体之安者,伤血脉之和。且夫出舆入辇,命曰蹶痿之机;洞房清宫,命曰寒热之媒;皓齿蛾眉,命曰伐性之斧。③

显然,某些形式的流动对于维持身体状态是很必需的。比如,体内正常的循环流动对于身体健康是很重要的。甚至体外的运动也能有益于人,例如,饥饿时候的寻食,或者以性爱来平息身体的欲望。④ 令人好奇的是,动物的本能并不被认为对人类是坏事。毕竟,激情和欲望对于生存来说是十分重要的,它们也同样驱使人们与外界接触,为标志着高度文明的人类交流创造了可能性。对食物和性的欲望,事实上为所有身体参与的重要活动提供

---

① 比如,《逸周书·小开解》中有"谋泄,汝躬不允"之语。可参见译著 Yegor(Georgiy) Grebnev, "The Core Chapters of the *Yi Zhou Shu*," PhD dissertation, (Oxford University, 2016, 94)。关于身体的泄"气"与朝廷泄密的类比在这一文本和其他早期医经中是很明确的。
② 见《淮南子·精神训》。
③ 见枚乘《七发》,严可均辑《全上古三代秦汉三国六朝文》,上海:中华书局,1958 年,卷一,第 449 页。还有《郭店楚墓竹简》的《缁衣》,Ⅱ.7-9。
④ 见《淮南子·齐俗训》(卷十一):"人之性无邪,久湛于俗则易,易而忘本……夫纵欲而失性。"

了良好的模式。一个人可以从食物与性中得到满足,但是如果没有伙伴,他很难享受长期的"关系之乐"。因此,宴乐仪式是最好的享受食物和酒的场合。①

根据早期思想家的讨论,一个人为了满足即时的欲望(比如对爱妾或者熊掌的食色之欲),会造成频繁的冲动和"气"的外泄,使他处于危险之中。提倡"文"和"礼",可以创造出一个更加和平的社会,但即使是这些活动也不能保证追求的过程不会导致"气"的外泄。② 一个人要注意调整和升华自己的冲动,避免身体受到伤害。这种思考方式特别古老,反映在各种早期文本里,包括《论语》,比如孔子说:"君子有三戒:少之时,血气未定,戒之在色;及其壮也,血气方刚,戒之在斗;及其老也,血气既衰,戒之在得。"③换句话说,当身体发生变化时,为了保持安康,智者会不断地调整自己对待外部世界的方式。

"乐"的政治意义

在治国谋略方面,理论家们都会借助于对"乐"的计算(pleasure calculus)来维持政治权力。他们分析外交关系和朝廷的核心事务时,突出地使用了表达"忧"或者"不安"的词汇。统治者有太多享乐的机会,所以贤君面对那些可能存在的对于自己安

---

① 《汉书·五行志》卷二十七上言及"饮食有享献之礼"(27A/1318),除此以外的饮食是不祥的。古代的大师们提到,在适当的条件下,繁多的物品或物欲化的人可能会让人惊喜,包括:宏伟的宫殿、楼台苑囿、声色犬马、滑稽弄臣、锦衣玉食、琼浆玉液、靡靡之音、雄辩之辞和"玩好珍怪"(《淮南子·主术训》)。从以上列表来看,许多奢侈之物被认为带来了即时的感官满足,或者我们称为"占有欲"的炫耀感。
② 因此,《论语·雍也篇第十八》有"文胜质则史"一说(6/18),反对过分夸耀文章,除非文化形式服务于明确的、有价值的目的。
③ 见《论语·季氏第十六》(16/7)。

全和心智健康的威胁，会不断地作出自我评估。他是否完全配享某种乐，并纵情享受呢？如果答案是否定的，那么正义之士或者嫉妒者就有可能剥夺他的"乐"。因此，至关重要的是，身居高位者不要在（自己的）好恶上犯错。无论他们的爱憎是好是坏，总有很多居于其下者模仿他们。《郭店楚墓竹简·缁衣》（约公元前300年）第六章论说："上好仁，则下之为仁争先。"第八章又继续讨论："下之事上也，不从其所以命，而从其所行。上好此物也，下必有甚焉者矣。"还有一章概述了统治者与臣民之间的共生关系："民以君为心，君以民为体。心好则体安之，君好则民欲之。故心以体废，君以民亡。"① 有远见的统治者必须考虑，如何在日常的国家治理中实践"乐"的理论。比如，荀子设计了一个著名的悖论，使臣子为君王不惜战死沙场，好处是臣子能过上安逸的生活，至少可以使亲友得到升迁。②

那些早期治国之策的天才之处，就在于它们深刻地认识到，强迫的禁欲主义只会适得其反。明智的统治者或者谋士可以既充分满足人们的欲望，又造福社会。让我们看看荀子以及他的后世弟子是如何论述圣王制乐的：

> 夫民有血气心知之性，而无哀乐喜怒之常，应感而动……先王耻其乱也，故制雅颂之声，本之情性，稽之度数，制之礼仪，合生气之和，导五常之行，使之阳而不散，阴而不集，刚气不怒，柔气不慑，四畅交于中而发作于外，皆安其位而不相夺也，足以感动人之善心而不使邪气得接焉。③

---

① 见《郭店楚墓竹简·缁衣》第五章。
② 这是《荀子·礼论篇第十九》开头的论点。
③ 见《礼记·乐记》。《汉书》卷十一《哀帝纪》（11/1037）和《史记》卷二十四《乐书第二》都有相似论述（24/1206）。

因此，虽然最放纵的"乐"被看作吞噬生命的"蠹虫"，有很多办法可以补救"放任"的灾难。① 一个乐观的理论是这样的："五音入耳，使耳不聪，五味乱口，使口生创……夫人所以不能终其天年者，以生生之厚。夫唯无以生为者，即所以得长生。"②

荀子利用当时的律令（sumptuary regulations），限制过度的欲望，以达到三个目标：褒奖优秀者，宣传效仿典范的好处，以及确保财富的公平分配。不过，考虑到"乐"只有在得到充分保障的情况下才能被完全享受，人们对于未来可能的损失仍然感到畏惧。那么，除了仪式和音乐，还有什么能够保障权力拥有者的地位呢？四种有力的激励措施可以保障资源的合理利用，激发位卑者参与到有益的社会政治活动中：节体养心，③尚贤使能，严明赏罚，还有限制奢侈。有了这些前提，生于贫贱之家或者未能跟从名师的平民也能入学，见贤思齐，以品行正直为荣，并从中获得满足。④ 理想社会的凝聚力意味着每个人都各得其所，但这是一个崇高的理想。即使为了实现最低程度的目标，也需要精心计算的方法和手段，⑤因为统治者对于更多财富的欲望，总是与他希望得到臣民坚定支持的迫切要求相矛盾，而后者是要通过宽松的赋税和慷慨的恩赐才能获得。

---

① 这是《韩非子·五蠹》中坚持的观点。
② 见《文子·九守》，其中引用了《老子》第十二章的内容。
③ 见《荀子·正名》："心平愉，则色不及佣而可以养目，声不及佣而可以养耳，疏食菜羹而可以养口，麤布之衣，麤紃之履，而可以养体。局室、芦簾、稿蓐、敝机筵，而可以养形。故虽无万物之美而可以养乐，无执列之位而可以养名。"
④ 加州大学伯克利分校哲学系教授汉斯·斯卢加有这样一段话："人类有能力判断是非，即使他们缺乏这样的判断标准。但是，这种判断始于普遍的偏见，我们并不需要特别弄清楚如何消除偏见，而是如何在此基础上对'真正现状'有更好的理解。"参见他的专著 *Politics and the Search for the Common Good*（Cambridge: Cambridge University Press, 2014), p. 166。
⑤ 我把这些与现代"成本—利益"分析区分开来，后者纯粹用于财务计算。

我们对早期文献越深入研究,就越能明显地看到一条贯穿于"乐感"理论的忠告:"君子役物,小人役于物。"(《荀子·修身第二》)一个典型的早期经典文本让人联想到与其他更依赖于奴隶经济的古代文明的对比。如果我们过多考虑到"外物",感觉就会"役于物"。①因而,称一个人"愚",无异于说他"无主",就是说他缺乏真正的贵族品格和充分的勇气。② 由此,"诱于人"是应该不惜一切代价避免的,因为人们明白,让别人为自己做事,不如亲力亲为。③

在本质上,为欲望所左右就是忘记了外物和人之间的关系的真正效用,即它们有可能使人们增加享乐的机会。人们要努力避免由欲望所带来的冲突,否则会对身体造成伤害,也会增加对世间丰富之乐的不满足感。毕竟,有效的方法可以控制本能冲动,来对抗引起无数欲望的各种现象。当然,由于"乐"之理论是针对社会上层,早期文本中的论述没有假设无条件的平等或自主(不像当代那些拙劣的理论)。尽管如此,早期的思想家还是显著地讨论了予人以乐与享乐的互惠和相对自足。

以为早期的思想家有着一致观点的想法是荒谬和虚伪的。比如主张"无欲"者与提出"改善的欲望"者之间的争论。④ 一些

---

① 见《性自命出》首章:"凡人虽有性,心亡奠志,待物而后作,待悦而后行,待习而后奠。喜怒哀悲之气,性也。及其见于外,则物取之也。"
② 关于"无主"的概念,见《庄子》卷二《齐物论》:"其有真君存焉。"
③ 见《韩非子》第三十五篇《外储说右下》:"此明夫恃人不如自恃也,明于人之为己者不如己之自为也。"
④ 为了辩论的目的,或出于真实的信念,一些思想家采取了有争议的立场,即享有更少资源的平民百姓可能比那些有权势者更容易明智地选择他们的快乐。例如,《列子·黄帝》有这样极端的观点:"其民无嗜欲,自然而已。不知乐生,不知恶死,故无夭殇,不知亲己,不知疏物,故无爱憎;不知背逆,不知向顺,故无利害;都无所爱惜,都无所畏忌。"见《列子逐字索引》(香港:商务印书馆,1996),2.13-14。关于平民百姓的这种"无嗜欲"状态(坦率地说,许多人觉得这是令人厌恶、难以置信的)的想象,最初可能只是针对无节制的统治者而形成的,用来抵消这样顽固的想法,即当"乐"的资源是有限的时候,所有人都会去争夺。

思想家认为,荣誉、正直或尊严是获得至"乐"的先决条件。也有思想家不这样认为。不用说,逻辑上的反驳可以用来反对维护本能享乐主义的理由,也使劝说者回避了杨朱关于劳损肉体以成就名声的严峻含义。① 但是绝大多数的思想家们都不会鲁莽挑战旧说常谈。② 他们只是提出,充分考虑到个人、社会和宇宙的谨慎行为,更可能导向有着最大快乐和最少痛苦的生活。一旦这一说法的智慧得到认可,劝说者可以很容易地让他们的倾听者接受类似的观点,即:明智的统治者可以通过各种手段来鼓励他人选择正确的行为,尤其是把自己塑造成值得效仿的典范。他们幻想着,自己行动的倍数效应会在一个十分宏大的范围内得到回响。因此,"自爱与爱社会合而为一"。③

许多早期文本作出了或隐或显的承诺:社会中的个人(从未被诠释为"自主的个人")在活着或者死去的导师帮助下,有可能达到完善,尽管偶尔过度、不当的欲望会导致"气"的"转移"和"耗泄",引起身体内部的冲突,使人具有两面性,身体虚弱或者处于更糟糕的状态。但是按照定义,一个"完整的人"("全",或者一个有价值的人,或者圣人)已经达到了那样的理想状态,自尊、自足,对发生的情况有着最敏锐的接受力。他随时准备与别人有效沟通,他的感觉与经验世界的现实相吻合。在最常见的比喻中,君

---

① 我们是从杨朱的对手的文章中了解他的。根据那些文章,杨朱注意到一心追名逐利者的行为悖论,他们希望能够无忧无虑,这让他们有时会选择死亡或者沦为下层,即使这些充满勇气的行为意味着完全失去了"乐"。
② 在此我认为,与现代西方哲学家们正在寻找普遍的绝对性相对照,这些中国古代的思想家更加明智。
③ 这是引自英国十八世纪诗人亚历山大·波普(Alexander Pope,1688—1744)关于"自爱"与社会的一句话。但是它也适用于早期中国人,只要我们把"自爱"理解为一种"嵌入式的爱",即对于处在社会关系中的个人之爱。

子就像一个熟练的弓箭手,他的箭总是能命中目标,[1]但其他暗示了高度可靠性的比喻也是常见的。带着高贵和自然,君子在必要时巧妙地调整他的典范形象和承诺。根据这些理论,精致生活的完美艺术在于两方面:"全面看待事物"和"谨慎行动"。然而,在身体和身体政治中灌输秩序的非凡能力常常需要经过漫长而艰难的准备期。

众所周知,尽管谨慎行为可能有时会带来很多麻烦,但从长远看,它可以确保两种最深刻的"乐":安全和名声。对那些不再犹豫不决的人来说,他们利落的行动、良好的判断和道德的勇气,加上面对困难的高贵能力,可以为他赢得别人的敬仰。因此,贤明的劝谏者教促统治者扪心自问:"在何种情况下,可以享受何样的'乐'?这样的享乐能维持多久?"如果君臣可以被他说服,找到并提升自己的趣味,那么他们可能会发现,"从心所欲"的行动,远非严重消耗稀缺资源,而是让他们自己与他人"悦心"的安全方式。那么,毫不奇怪地,战国、秦、西汉、东汉和汉以后时代杰出的社会设计者不断地融合"乐"之理论,细致分析人类的冲动、动机和公开展示,并发展成一套包罗万象的理论。他们旨在把互惠引入一种他们所支持的等级制度,传播精英的理念,改良贵族规范。

"温故"

在古典时代及之后的理论探讨与大众实践中,"乐"的话语是

---

[1] 亚里士多德在《尼各马可伦理学》中使用了相同的比喻。

无处不在的。① 但是本书中所讨论的"乐"的思考者绝对不是强调每个人享受的乐都是相同的。自然地,道德主义者常常把重点放在对社会"有益"的需要上。个人长期实践的回报是获得令人羡慕的地位,或者结成可靠的同盟。古代思想家们(比如孟子是一个典型的例子)显然相信,人类天生具有道德直觉的能力,而且不难得到发展。② 许多人对此不以为然,认为改善习惯是成功的关键,免得"小恐惴惴,大恐缦缦"。(请看第四章和第五章关于荀子和庄子的论述。)有人想知道众神是否存在,如果存在,他们是如何与人互动的?他们与那些愿意享受生活奥秘的人(例如传说中的庄子和历史上的扬雄,本书第五章和第六章的主角)认为,一个人并不总是"知其所以然",甚至并不"知其然"。他们强调,无论一个人如何持之以恒地探求更大的确定性或者渊博的知识,他对于更大语境的理解不可避免地会是局部的、有缺陷的。(现代神经科学确认了这种见解,然而最现代的西方哲学家还把"完全的意识"和"自由"作为真正快乐的先决条件。)③ 早期的中国思想

---

① 到公元前323年为止,所有曾经承认周天子地位的诸侯国君都通过封王的方式承认自己有过"一统天下"的意图。他们认为,战争会结束,文明社会将在新的基础上重建,这一信念也激发了关于"乐"的雄辩之辞。出于某些历史的原因,我把公元316年作为中国古典时代的终结,因为那时旧都洛阳和长安,连同整个华北平原一起,都已沦陷于北方半游牧民族之手。但就关于"乐"的话语创新而言,古典时代结束得更早。从公元140年起,我们开始看到社会控制机制得到强化,几乎可以确信的是,当时的帝国正在崩溃。
② 孟子会赞同这样的论点:"正如蝙蝠有声纳,人类有他们特殊的道德能力。"见Thomas Nagel, "What Is It Like to Be a Bat?" in *Mortal Questions* (Cambridge: Cambridge University Press, 1979), pp. 165 – 180。还有Roger Crisp, "Sidgwick and the Boundaries of Intuitionism," in *Ethical Intuitionism*, ed. Philip Stratton-Lake(Oxford: Clarendon Press of Oxford University Press, 2002), pp. 56 – 75。特别是第57页的内容。
③ 见罗思文教授的专著 *Against Individualism: A Confucian Rethinking of the Foundations of Morality, Politics, Family, and Religion* (Lanham, MD: Lexington Books, 2015)。

家认同这一点:生活本身是美好的,有价值的,所以一个人应该充分利用生命和活力,这样不仅可以"延长寿命",而且也"增加了生活中得到的快乐"。显然,这样的共识意味着,把可能会缩短或减少的快乐与那些可能会扩展或增强的快乐区分开来。告诫过度放纵(利己主义、自私、片面、怯懦和玩世不恭)和阐述将消耗乐与维持乐区分开来的理论构成了下面章节的主题。

所有古老的乐之理论都值得人们深刻思考。尽管技术取得了巨大进步,人类仍然面临着一个古老的难题,如何从有限的生命中获得意义。著名的印度学家谢尔顿·波洛克(Sheldon Pollock)说过,任何一部经典的意义,都不能简单而论,因为每一个权威的文本都有不少于三个不同的逻辑"意义":它对于创作文本的作者、编纂者以及它所针对的对象的意义;它通过时间的推移和传统的沿袭所获得的意义;还有它对今天的人们的意义,最后一点往往与前面两点的意义大相径庭。

  在文本分析的时候,可以看得到三分法,历史主义、传统主义、现代主义……例如,一个人也许可以谈论荷马史诗最初的"真正"本意是什么;从古希腊到现在的诠释者们是如何理解他的;现在荷马对我意味着什么。但是三分法的观点是一样的。文字没有单一的真理。三者中,任何一个都不会比其他两个"更接近现实"。一个观点或者文本的"意义"只能是许多关于它的研究的总合……兼顾三者,保持平衡,认识到它们都是真实的,有意义的,不互相抵消。思考我们想要做的事,所要理解的生活方式,于是我们把三分法的每一个都视为真理。①

---

① 这是我与谢尔顿·波洛克在2016年1月27日的私人通信内容。

毫无疑问，一定会有人对我在后面的章节中展开的文本解读持不同意见。但我写作本书的主要动机一如《论语》中说的"温故"，希望古典的传统能够得以复兴，重新指引并照亮我们的普通人生。本书后面的篇章描述了古代的思想家认为的理想人生。虽然我们常常犯错，但是仍然值得不断实践。

第二章　兴：音乐和友情的共鸣[1]

> 人道交。——扬雄《法言·修身卷第三》
>
> 乐以嘉友。——《焦氏易林·大有之》
>
> 乐以和神，仁之表也。——《汉书·艺文志》
>
> 余日怡荡，非以风民也，其何害哉？——傅毅《舞赋》引宋玉语

古代人不仅仅是以不同的方式感知世界，而且他们看到、听到并触摸到了不同的东西，[2]其中包括音乐，还有从好友那里得到的感性体验。本篇将音乐与友谊相提并论，是出于几个相关的原因。相同的共鸣理论是早期思想家们理解友谊和音乐的基础。因此，此二者经常被视为相辅相成。此外，音乐演奏与欣赏往往是友谊最具感染力的隐喻，也是让人们彼此吸引的最明显表现。（图 2.1）作为优雅的关系之乐，音乐与亲密友谊使参与者得到完美的提升。有识之士相信音乐和友谊对个人成长的非凡潜在价值，因而他们努力培养这些艺术修养，并且留下了描述他们早期

---

[1] 译者注：本章的英文题目是"Good Vibrations: The allied pleasures of music and friendship in the master"。这里，good vibrations 是一个双关语，它的意思是人们在音乐和友情中感到愉快。同时，它又是美国一个流行乐队 Beach Boy（海滩男孩）于 1966 年 10 月创作发表的一首流行歌曲的歌名。

[2] Daryn Lehoux, *What Did the Romans Know? : An Inquiry into Science and Worldmaking* (Chicago, IL: University of Chicago Press, 2012), pp. 6-7.

第二章 兴:音乐和友情的共鸣

图 2.1 《友与乐》,传为宋代刘松年所作,册页题为"听琴"。该画约创作于公元 1150—1225 年,绢本设色,原画大小为 23.8 厘米×24.6 厘米,装裱后为 33.3 厘米×40.5 厘米。该画现藏美国克利夫兰艺术博物馆,是用小伦纳德·C.汉娜基金会(Leonard C. Hanna Jr. Fund)的经费购买的,藏品编号为 1983.85。

这幅画捕捉到了人物与趣味的优雅,表现了音乐表演(如图中所绘的在私人庭院的古琴演奏)对于形成亲密友情的重要作用。

体验的丰富例证。反过来,音乐表演和友谊也成为对他们最好的宣传。最后,本篇将音乐与友谊合而论之,是因为众多早期存世文献(如《诗经》)在谈论"乐"的时候不断地将此二者联系在一起,分而论之则会影响对它们的理解。①

根据古老的吸引力法则,人们并不常常以机械的因果关系来看待环境,而是较多地通过微妙动人的同理心、密切关系和共感。(见第一章)音乐表演为人类借友谊而发展的美学与和谐理论提

---

① 《毛诗·关雎》谈到幸福的夫妇"琴瑟友之",强调两种乐器的合奏。

供了基础,这早就体现在《诗经》里了。① 例如,《荀子》中有不少关于音乐和友谊的段落,它们都预示了可感之心把宇宙和人世交织在一起,这样的可感之心对于谦谦君子的性格、态度、行为,甚至寿命有着很大影响。② 在公元前300年第一个年代可考的出土文本里,与音乐相关的一个神秘效应强烈地吸引了早期思想家:即琴弦总是通过振动与某个相隔一段距离之外的弦乐器同声相应。③（至少不晚于汉代,对于磁铁属性的探索似乎只是验证了这种看不见的力量。）④因为人被认为是在更宏观的世界中具有跨时空感知力的微观缩影,早期的思想家开始推测外物与人所固有的内在冲动,它让人们求其所同,厌其所异,同样的冲动让君子在借助于艺术的有益社会关系中找到个人与社会表达的最佳

---

① 读者也许会想起《诗经·小雅·伐木》里"嘤其鸣矣,求其友声"的主题,其中"求其友声"成为重复的副歌和相关的注解。荀子关于宴饮的讨论启发了本章有关宴会之乐的部分,在第四章还会继续讨论。值得注意的是,早期的希腊音乐主要是通过两种表演场所而闻名:一是私人宴会,主要的表演是吹奏长笛,另一种是由城邦赞助的大型合唱表演。

② 一些动物,通常被认为代表了他们同类中的完美者(比如《法言》6.6中所提到鸟类中的凤凰和野兽中的麒麟),具有敏锐的感知力,卓越于凡物,因而被类比于人类中最完美的圣人。德国学者叶翰(Hans Van Ess)指出:"音乐甚至也对动物有吸引力。"可参见他的论文:"Preliminary Notes on the Authenticity of the Treatise on Music in *Shiji* 24," *Oriens Extremus* 45(2005-2006):48-67。如《尚书·舜典》中所提到的"典乐"之夔。

③ 见《春秋繁露》卷十三《同类相动 第五十七》:"试调琴瑟而错之,鼓其宫则他宫应之,鼓其商而他商应之,五音比而自鸣。"另见《庄子·杂篇·徐无鬼第二十四》:"鼓宫宫动,鼓角角动,音律同矣"。还有《史记》卷二十四《乐书第二》:"声相应,故生变;变成方,谓之音;比音而乐之。"(《史记》24.1235)现代的理论只是对此论述稍作了修改,正如本章的其他地方所提到的。

④ 关于磁铁,请参见 Joseph Needham, *Science and Civilisation in China* (Cambridge: Cambridge University Press, 1954), Volume 1。《鬼谷子》可能是最早提到磁铁的参考文献,但是这本书的成书时间可能是公元前四世纪或者汉代,该书和《韩非子》都明确谈到了"司南"(指南针)。西汉早期(如果不是更早的话)的罗盘就是根据磁铁的属性制造的。

来源。①

  音乐是表达这种相互吸引的艺术典型,因为许多歌曲,包括歌于庙堂之上的"雅""颂"和歌于民间的"国风",都是用来反复吟唱的。② 只要音乐触发了最深的内心感受,它就能推动拥有如此感知力的人们之间的交流。③ 并非巧合的是,在古代,悦耳的音乐是通过构成音程的两个音的和协振动比率来表示的,如1∶2、2∶3,或者3∶4。④ 不过,如果音乐和友谊不是基于不同元素的相互吸引,它们的联系就无法形成,用四个字来概括就是"和而不同",⑤或者也可见有关"埙篪"的表述。⑥ 需要强调的是,无论是音

---

① 读者应该注意到,我尽量避免使用"自我表达",研究文学的学者很容易把它引用到古代文本的阅读中。我怀疑古代的作者会关注"自我表达",也相信他们的写作不是为了追求这一想法。请见下面有关"自我表达"的第59页注释①。
② 柯马丁(Martin Kern)强调了这一点。不过,他认为《史记》卷二十四是借用了《汉书》相应内容的说法,我并不赞同。参见他的论文:"A Note on the Authenticity and Ideology of *Shih-chi* 24,'The Book of Music,'" *Journal of the American Oriental Society* 119.4(1999):673-77。
③ 关于音乐作为人文标志的观点,请参见本章开头所引的第三句,还有《礼记·乐记》《史记》24.1203。如剑桥大学胡司德教授(Roel Sterckx)所指出的,汉或距汉不久的《禽经》是通过西晋张华(232—300)的注而为人所知的,张华指出,"鹊以音感而孕""鹤以声交而孕"。其他的文字提到雄性昆虫与鸟"雄鸣上风,雌承下风而孕"。因此音乐的一个必然结果是让物与人"交",这是相互共鸣和感知的自然标志或结果。
④ 关于《管子》中五度循环的讨论,可以参见 W. Allyn Rickett, trans. *Guanzi: Political, Economic, and Philosophical Essays from Early China* (Princeton, NJ: Princeton University Press, 1998), p. 263。十二律吕也许首次出现在《吕氏春秋》中。至少有些音乐史学家认为"吕"(音调)与侣(陪伴)之间存在词源关系。见:Lothar von Falkenhausen, *Suspended Music: Chime-Bells in the Culture of Bronze Age China* (Berkeley: University of California Press, 1993), 433, note 3。
⑤ 许多文本都提到了品性不同的朋友,包括《汉书》卷九十二《游侠传·陈遵》中所言"操行虽异,然相亲友"。(《汉书》92.3709)
⑥ "埙篪",出自南朝梁诗人刘孝标所作《广绝交论》中的"心同琴瑟,言郁郁于兰茝;道叶胶漆,志婉娈于埙篪"。"心同"一词在早期中国文学中很常见,在《尚书》中出现了两次,《楚辞》中出现了一次,《战国策》中出现了一次,等等。根据郑玄《尚书注》,"同"有时候表示"酒杯"的意思,因为酒可以为宴会助兴。

乐还是友谊,都不仅仅是彼此的隐喻。当它们碰巧重叠的时候(就像故友相逢,同奏一曲,或者共享音乐),情感的呼应此起彼伏,可能会达到高潮,其激发的共鸣远远超出了表演者,可以影响到周围的一切。

一个人与他人结为好友,或者只是交际,都是建立在像对待家人般敬重对方的基础上。它使一个人的社会联系远远超越了其家庭。音乐,作为一种主要的艺术形式,只有在通过熟习礼仪后,才可以真正领略。① 现存的文献记录明确指出了音乐的政治效用(有时是礼的一部分,但也常常与礼互补,或者高于礼)。比如,不止一部诸子之书用弹琴来比喻治国有方。也有其他的文献把友谊描绘成把朝廷与王国统合在一起的"粘合剂"。② "私人的"或者"独自的"乐往往被认为是"恶"的,低俗的,甚至反社会的,③但音乐和友谊奇迹般地避开了这种危险,打破了公共与家庭之间的界限。在一个空间所养成的习惯和品味,通过自律、同感和修养直接施展于另一个空间,为服务于大众利益做最佳的准备。例如,以宴乐招待朋友和客人可能是"公开的",因为广泛的交游意味着在这样的过程中学习并从中获得启发,即使实际被邀请的客人寥寥无几。同时,早期的音乐和诗歌(最初只是乐曲,后来才有了歌词)表达了朝廷之外的广泛生活,因为这些表面上更"私人"的音乐形式被反复地吟唱和流传,对社会产生了最深远的

---

① 关于最初提到的超越家庭的社会联系和通过习礼来修德的内容,请参见《论语·学而》。《晏子春秋》卷二《景公欲厚葬梁丘据晏子谏 第二十二》。
② 把弹琴比喻为治理国家,可以参见《新序·杂事二》。关于友谊像"漆"一样把朝廷与王国统合在一起的内容,可参见《荀子》和扬雄《法言》有关论述。
③ 请注意,效忠王朝并不总是反对结交好友。《列子》卷四《仲尼篇》有一段话描述了一位因病而受到困扰的男子,"固不可事国君,交亲友,御妻子,制仆隶"。它没有谴责"私人关系",大概因为疾病使他无法事君。

影响。① 对音乐和诗歌的共同兴趣把那些属于不同社会群体的人聚集在一起。② 音乐与友谊有助于调和人与人之间明显的差异,包括更广义的社区意识以及不同群体的共同目标,"上自天子,下至百姓"。③ 音乐和友谊甚至为跨越性别界限提供了便利(这样的跨越在早期和中古时代更具有渗透性)。④ 歌女公开地与醉酒的顾客讨价还价,恋人之间的异性恋和同性恋行为,统治精英成员的同性社交,所有这些以及更多类型的关系都可以在与音乐和友谊相关的文学与绘画中找到。⑤ 这两种关系之乐的推崇者重视这种关联的过程,而不是任何预设的目的或目标,他们认为在音乐和友谊中完美传递的东西取决于由文化传统所带来的不断的调整或者协调。

理论家详细阐述了音乐与友谊之间的进一步联系。比如,在很多情况下,音乐和友谊都有接触的需要,它们是即时自发的,几乎是仪式性的。朋友们手拉手,通宵达旦轮流唱歌,不需要对自己或他人

---

① 加州大学尔湾分校的胡缨教授谈道:"在中国文人语境中,诗歌一直是一种社会化的自我实现的手段,也是私人自我表达的手段……在作者对观众的期待中,一首诗(在中国)更像一封信,或者甚至是集体信件,而不是一位孤独的诗人独自沉思的浪漫形象。"参见其专著 *Burying Autumn: Poetry, Friendship, and Loss*, Harvard East Asia Monographs 391(Cambridge, MA: Harvard University Press, 2016), pp. 11 - 12. 也请参见前面的第 57 页注释①。
② 顾浩华(Howard L. Goodman)在他的一篇文章中谈到宫廷乐师与"社会规范的革命者和嘲笑者"之间的联系时提出了这个观点,参见他的论文:"A History of Court Lyrics in China during Wei-Chin Times," *Asia Major* 19. 1 - 2(2006): 57 - 109.
③ 见《史记》的"乐者为同,礼者为异"之句。(《史记》24. 1187)
④ 从一些中国文本来看,跨越性别界限在中华帝国晚期比早期和中古时代更"具有违法性"。可以参见郭安瑞(Andrea Goldman)的专著 *Opera and the City: The Politics of Culture in Beijing, 1770 - 1900*(Stanford, CA: Stanford University Press, 2013). 不过,这样的图景远远不是同一的。其他古典文明的编年史家坦城地谈到了性。参见 Craig A. Williams, *Reading Roman Friendship* (Cambridge: Cambridge University Press, 2012).
⑤ Paul Rouzer, *Articulated Ladies: Gender and the Male Community in Early Chinese Texts*, Harvard-Yenching Institute Monograph Series 53 (Cambridge, MA: Harvard University Press, 2001), Chapter 1.

运用激烈的行动就可以恢复和谐与平衡,"精神的表面"下是深藏的情感。① 同样的,乐器如果要传播音乐家最令人难忘的情绪,需要通过细腻感性的碰触。② 对朋友或某种音乐的倾心欣赏构成了一种迷狂的沉思,它对美与纯粹的感知是基于不可言喻的、稳定可靠的关系之上。③ 两颗心的意"气"相通,合而为一,成为"无声之乐",其互相呼应的力量可以"遍及四方",打破或者超越通常的界限。④ 与此同时,音乐与友谊在不同的背景下呈现许多即兴的形式,产生多样的变化,并通过交融的最佳方式提供了一种任何理论和抽象论述所不能达到的"原初的新意"。作为丰富的情感宝库,音乐与亲密友谊的相互交融可以理想化地导向真正令人向往的"自得"状态,即人们能够实现最佳自我的意识状态。⑤ 达到了这一状态,人们才可以与他人保持一致、摆脱有害且不必要的欲望,并从中得到最大程度的个人满足。⑥

---

① 原文可参见《列子·汤问》中的"其民孳阜亡数,有喜乐,亡衰老哀苦。其俗好声,相携而迭谣,终日不辍音"。
② 见《孔丛子·记义》所载闵子与曾子谈论听孔子鼓琴之感(《孔丛子》3.10,《孔丛子逐字索引》A23b5)。
③ 《左传》中有《季札观乐》篇,宋程大昌(1123—1195)在《考古编》卷一中也对"观乐"有详细引述,见此书的中华书局 2008 年版,第 11—12 页。我们也联想起英国小说家和哲学家艾丽丝·默多克(Iris Murdoch, 1919—1999)的有关论述,见 Iris Murdoch, *Metaphysics as a Guide to Morals* (London: Penguin Books, 1993), Chapter 1。她谈到,由于人类的偏好和自我意识,假定和渴望连续性是人性的本能。
④ 《民之父母》(《上海博物馆藏战国楚竹书》,第 2 辑,上海古籍出版社,2002)中谈到"无声之乐,无体之礼"。这种悖论曾被认为最早出于六朝的"清谈",现在我们可以把它追溯到更早的朝代。比如,《汉书》卷八十七《扬雄传下》引扬雄《解难》篇中"客"之语曰:"画者画于无形,弦者放于无声。"
⑤ 关于我们实现最好的"自得"状态,见《汉书》"盖圣人之教化如此欲自得之;自得之,则敏且广矣"。(《汉书》75.3160—3178)
⑥ 《太平御览·时序部卷一》引《易是类谋》曰:"圣人兴起,不知姓名,当吹律听声以别其姓。"《汉书·京房传》也有类似的例子。《庄子·内篇·齐物论第二》想象"气"通过"窍"在天地人之间流动,发出各种声音,如"激者,嗃者,叱者,吸者,叫者,嚎者,宎者,咬者"。《荀子》和《诗经·秦风·车邻》的《毛诗正义》认为,上自天子,下至百姓,每个人都需要友谊和音乐来完善。

无论是否只是偶然的经历,最初被某一特定的乐曲、乐器,或者伴奏吸引不可避免地会反映和强化心灵的某种习惯。① 而平庸的音乐或者乏味的朋友可能会弱化一个人对修养的投入和他身体内的精气循环。② 由于一个人的出身背景通常要求其选择合适的婚姻伴侣和职业,对特定朋友和音乐类型的选择也显示了他的倾向和品味。因此,对音乐和友谊的选择也构成了一个人性格形成的预设标准。③ 并非巧合的是,友谊和音乐表演(常常在同样公共或半公共场合)提供了为数不多的社会认可的场域之一,在这里人们可以宣扬自己的爱好和成就。根据普遍的共识,

---

① 因此,传统的二分法的表达把"师与友"联系在一起。建立和保持社会交往的过程给人们的身体带来了影响,无论交往的对象是好人还是坏人。《论语·乡党第十》提到了与君子相称的姿态,包括揖、鞠躬、趋进、退等。而《荀子·修身》篇提到了对待虚伪的朋友的态度:"故君子隆师而亲友,以致恶其贼。好善无厌,受谏而能戒,虽欲无进,得乎哉?"亦可见 Hutton(2014),8。

② 请注意,我在用词上尽量避免使用现代语言,它们与早期和中古汉语相比带有更多的个人自主意识。关于这一点,可以找到很多故事,也许最著名的就是晋平公和卫灵公想听与商纣有关的濮水之曲的例子,在故事的结尾,晋国遭遇了大旱,晋平公也得了疲弱之病。参见《韩非子·十过》第五节。这一典故也被多个文本引用。一位匿名的读者向我建议,这个故事的要点在于音乐被作为刺杀赵盾的托词。但是该故事来自汉代的文本,它主要揭示的是演奏错误的音乐所导致的灾难性后果。

③ 一个人选择怎样的朋友,也清楚地标识了他是怎样的人。语见《大戴礼记·文王官人第七十二》:"省其出入,观其交友;省其交友,观其任österreich。"其意思是,一个人必须具有辨别力,相反,朋友众多反而是缺乏鉴别力的标志,因为一个人不可能与很多人亲近,并向他们学习。《说苑·奉使》中有"欲知其子,视其友;欲知其君,视其所使"之语。《吕氏春秋·贵当》谈到,根据一个人结交的朋友来判断他,比观相术更可靠。参见 Knoblock and Riegel(2000),621。《论衡·累害篇第二》谈到谨慎择友是构成一个人性格的最好标准。"知音"一词(见于下)典型地用于指通过一个人的歌声或演奏的乐器来判断他的性格。慕尼黑大学研究员夏玉婷(Maria Khayutina)根据对青铜器铭文的分析,认为这些推断适用于西周时期。她认为"一个人与他的朋友的关系也常常引起周朝统治者的注意"。请参见她的会议论文:"'Friendship' in Early China," Paper presented at the Thirteenth Conference of the Warring States Working Group(Lehigh University, Bethlehem, PA, October 1999)。关于"超越选择的需要",可以参见《法言·吾子卷第二》,它对"择"的主题作了阐发。王绩(589—644)在他的自传性散文《五斗先生传》中形容自己"绝思虑","有以酒请者,无贵贱皆往,往必醉,醉则不择地斯寝矣",令人联想起《庄子》中的某些段落。

一个声名不显的人可能会责怪他的朋友和自己在交友上的不慎。① 精英的学习需要经过三个考验：对于比自己高尚的人（指真正的或潜在的朋友）的忠诚；对知交好友（一般认为是同龄人）的忠诚；以及高雅的社会行为。最后一项可能包括诵读、歌唱和了解雅乐，还有在演奏和聆听器乐方面的鉴赏力。② 但是佳乐与好友的有益影响对那些不具有辨别力的人毫无作用，以至于像孔子这样的圣人也很难把深思熟虑的修身计划付诸社会和政治生活。③

从音乐和友谊中获得的实在的乐趣可能会让一些读者感到这是可以普遍共享的。④ 关于乐与友之间令人愉悦的共鸣从古至今都一直存在着。首先可以举的例子是曾侯乙编钟，它显示了中国古代的十二音系统中的两个音的音阶关系恰好对应于标准的西方系统的中央 C 和 A 音的音阶关系。⑤（见图 2.3）

汉字"乐"有不同的读音，它分别表示音乐和快乐的意思，让人联

---

① 见《春秋谷梁传·昭公元年》："心志既通，而名誉不闻，友之罪也。"这段话被广为引用。《梁书》中提到任昉在赠答陆倕《感知己赋》时言道："余获田苏之价，尔得海上之名"，这里他丝毫不想掩盖自己的诗会让朋友成名的事实。见《梁书》27.402。田苏的典故来自《左传·襄公七年》："与田苏游，而曰好仁。"
② 见《论语》1/3—7 和《论语》12/23—24。
③《史记》中提到秦二世尤其沉溺于不好的音乐中。见《史记》24.1177。
④ 看起来在早期中国，友谊的表演(performance of friendship)发生在不同的（更公共的）场所。近年来在欧裔美国学者的文史哲研究中，非常关注仪式作为思想的"表演性"舞台。这方面的文献有很多，比如最近刚出版的一部史学新著：Zvi Ben-dor Benite, Stefanos Geroulanos, Nicole Jerr, *The Scaffolding of Sovereignty: global and aesthetic perspectives on the history of a concept* (Columbia University Press, 2021)。
⑤ 见普林斯顿大学荣休教授贝格立(Robert Bagley)关于最古老的中国古代编钟的有关论述，"Percussion," in *Music in the Age of Confucius*, Edited by Jenny So (Washington, DC: Smithsonian Institution, 2000), pp. 35 - 64。音符通过比例、音程而呼应，这是根据振动的空气柱的物理特性和五度循环原理，而它们所对应的绝对音值并不是一成不变的。感谢我的同事罗秉恕副教授的提醒。（一个十六世纪的 C 音可能会是今天钢琴的 B 音。）所以我在这里说的是非专业人士所注意到的古代中国的音乐。

想起英文单词"glee",它也同样兼有两重意思。① 此巧合令人难以置信,研究古代中国的历史学家们强调中西之间巨大的概念差别,以区分中华帝国与那些现代民族国家,他们是正确的。② 举一个例子:音乐在政治中的作用远比现代人所想象的要大得多,因为今天的人们很难相信,统治者会认为音乐能对国家和社会产生巨大的影响(如 Tipper Gore),或者传奇的音乐大师们会成为处理国内外严肃事务的顾问。③ 由于早期中国所构想的友谊的作用与今天欧美的认识有很多相似之处,音乐与友谊在人们得其所乐中的理想化作用,可以解释关于"行有余力,则以学文"的早期观点,如果

---

① Glee 有两个意思,一个是指快乐,一个是指合唱曲。科罗拉多大学博尔德分校(University of Colorado, Boulder)的李孟涛教授(Mathias L. Richter)提出:"这两个重要单字的区别从未引入汉语的书写体系,甚至直到现在,原因可能是音乐与情感反应之间有着不可分割的联系,并且在仪式中至关重要。"参见他的专著:*The Embodied Text: Establishing Textual Identity in Early Chinese Manuscripts* (Leiden: Brill, 2013), 41。同样重要的是,有两个不同的字都用"圣"来表示,在一些早期文本中它的意思是"圣人"和"听",如上海博物馆藏战国楚竹书《民之父母》。
② 参见 Frederick W. Mote, "The Cosmological Gulf between China and the West," in *Transition and Permanence: Chinese History and Culture*, eds. David Buxbaum and Frederick W. Mote (Taipei: Cheng Wen, 1972), pp. 3 – 21; David N. Keightley, "Clean Hands and Shining Helmets: Heroic Action in Early Chinese and Greek Culture," in *Religion and the Authority of the Past*, ed. Tobin Siebers (Ann Arbor: University of Michigan Press, 1993) pp. 13 – 51。两位作者都倾向于强调巨大的差别,而我并不认同。
③ 人们会想起下面这本书:Wendell Berry, *Standing by Words: Essays* (Berkeley, CA: Counterpoint, 2011),它谈到了艺术家在现代生活中弱化的作用。远远超过了蒂珀·戈尔(Tipper Gore)对音乐的关注的,是关于 A=440 Hz 的阴谋论,有人声称洛克菲勒基金会通过"强加"的音调标准,对"自由"意识开战。有关的报道,请访问 https://medicalveritas.org/musical-cult-control/或者 https://www.thedailybeast.com/are-we-all-mistuning-our-instruments-and-can-we-blame-the-nazis,他们实际上推出了总统候选人。

一个具有那样复杂性的计划不需要自我省察的话。① 不过,音乐或友谊涉及一连串转瞬即逝之乐,都依赖于沉默的效果,就像它们同样依赖于音调、运动或者姿态一样(参见下面的内容)。已知的论述永远无法勾勒出一种将"音乐史的朦胧轮廓"与社会细节相联系的方法。②

在《论语》里谈及友谊的话题就有近 30 条评论,始于《论语》开卷之句"有朋自远方来,不亦说乎?"最后是孔子弟子曾点讲述他的愿望:"春服既成,冠者五六人,童子六七人,浴乎沂,风乎舞雩,咏而归。"③但是早期的作者和编纂者很少需要注解,④因为他们面对的是很少的文本读者。所以很多早期文献中记录下来的

---

① 罗思文(在和我的私人通信中)一再评论不同文化间的隔阂,比如早期中国的思想家倾向于注重变化和过程,而不是人类在互动中所模仿的宇宙本体论。参见 Roel Sterckx, "Transforming the Beasts: Animals and Music in Early China," *T'oung Pao*, 86, no. 1/3(2000): 1-46,特别是第 46 页。
② 关于"朦胧的轮廓",参见 Goodman(2006),58。
③ 读者可以查阅《论语》1/11、1/14、4/25、4/26、5/1、5/25、6/20、7/16、7/22、7/32、7/37、7/38、8/2(在这一段落中,"君子笃于亲"的"亲"指的是松散意义上的"亲密",无论是否有血缘关系)、9/12、9/30、9/31、10/22—23、11/26、12/5、12/24、13/28、16/5、17/25、19/19、19/23 和 19/25。还有《论语》13/20 章和 12,都提到了友谊是通过努力实现的,而不是命中注定的。在《论语》2/9、9/11、9/20、11/4、11/7—11、11/19 等篇章中,颜回看起来是孔子的知己。"浴乎沂,风乎舞雩,咏而归"见于《论语》11/26。相似地,在扬雄的《法言》中有不少关于友谊的论述,比如《法言·学行卷第一》谈到交友的目的是"朋友之磨之"(《法言》1.6)。另外,《史记》中比较了听"武"乐的九种感受,孔子赋予了音乐巨大的道德说的力量(《史记》24.1226—1230)。《孝经》卷六也引用了孔子所说的 "移风易俗,莫善于乐"(《孝经》6/18b)。
④ 亚历山大·内哈马斯(Alexander Nehamas)指出,正如他所知,并不是任何社会(古代或现代)都有着关于友谊的丰富词汇。他在 2016 年的吉福德讲座(Gifford Lectures)中多次重复了这一观点。

朋友间的对话具有"破的"①的效应,或者是朋友间"造膝"(促膝)②的情景。他们互相调侃,或者同歌一曲,同席而坐,举杯同庆,或共食一桃。如魏文帝曹丕(187—226)在悼念一位友人的信中所回忆的往昔时光:

> 昔日游处,行则连舆,止则接席,何曾须臾相失!每至觞酌流行,丝竹并奏,酒酣耳热,仰而赋诗,当此之时,忽然不自知乐也。③

如果把这一看似枯燥乏味的段落与《诗经》和《周易》一起阅读,就会得其深意,新割的一捆青草象征着真诚、简朴和谦逊。④一个四言短语"悬榻留宾",包含了一种特殊的亲密关系。⑤不用说,教好友一首自己心爱的乐曲就是给知己一个表示亲密的信号。⑥进一步阅读更多文献就会发现,最微小的行为也可以为友谊和音乐增添生动的色彩,并可以维持很久。⑦现代历史学家在收集材料的时候,需要考虑的是与"音乐"和"友谊"相关的话题可

---

① "破的"一词见《世说新语·品藻第九》王长史之语:"韶音令辞,不如我;往辄破的,胜我。"(《世说新语》9/48),亦可见马瑞志(Richard B. Mather)的《世说新语》英译本: *A New Account of Tales of the World* (*Shih-shuo Hsin-yü*)(University of Minnesota Press,1976),p. 262。
② "造膝"一词见《世说新语·品藻第九》:"郗嘉宾道谢公:'造膝虽不深彻,而缠绵纶至。'"(《世说新语》9/62),也可见 Mather(1976),p. 265。
③ 曹丕《与吴质书》,收入魏宏灿《曹丕集校注》,安徽大学出版社,2009,卷五。
④ 《诗经·小雅·白驹》:"生刍一束,其人如玉。"
⑤ "悬榻留宾"出自《后汉书》53. 1746,《徐稚传》谈到陈蕃在交友上十分在意,只与徐稚亲近,"在郡不接宾客,惟稚来,特设一榻,去则悬之"。也可见《后汉书》66. 2159。《世说新语·德行第一》中也重复了这则轶事。
⑥ 据说嵇康在被杀前,后悔早先拒绝了袁准要向他学习《广陵散》的请求,结果《广陵散》"于今绝矣!"见《世说新语》6/2,亦可见 Mather(1976),p. 180。
⑦ 《韩非子·难难》讲述了"余桃之罪"的故事,弥子瑕在受宠于卫灵公时,曾把没吃完的桃子给了卫灵公。后来弥子瑕得罪了卫灵公,却因给卫灵公吃"余桃"而获罪。在这个故事中,桃子先是作为亲密的表现,后来成为冒犯的罪状。又,《汉书》22. 1043 有"凡乐,乐其所生"之语。

以延伸到多广的范围。

但是,早期音乐发出的究竟是怎样的声音?什么样的音乐编排会给当时的鉴赏家们带来最强烈的"乐感"?音乐表演又是如何将音乐与歌、舞和手势相结合?还有,什么样的音阶和序列是最经常被采用的?无论我们已经收集了多少文献与考古的证据,这些问题无疑会继续令我们感到迷惑不解。① 同样的困惑也阻碍了我们对古代友谊的理解。古代的友谊如何结成、维持或者动摇,以及特定的社会结构赋予亲密友谊更大的力量,把可感知的世界结合在一起,这些对我们来说还是相对未知的世界。② 因为即使是令人难忘的、描述性的文本也无法精确地描绘稍纵即逝的社会现实,而存世的文本仅仅是曾经流传过的文本的一小部分。③

我们所能做的,是依据可靠的证据粗略地勾勒出过去的轮廓。比如,在谈到强大的文明影响方面,很多早期文本认为,音乐的作用高于仪式。据说,传说中的古代圣王完全是通过音乐和舞蹈来治理天下的,而在夏商周时代他们的继承者则勉力以礼治国。④ 早期的文献描述了宫廷宴会或社交聚会上表演的音乐和

---

① 现存最早的乐谱来自公元六世纪左右,可参见:Bagley(2000),55, note 12。
② 当然,最好的音乐家应该是盲人,因为他们的听力反而更加敏锐。
③ 我们的文本既不是未经加工的言论,也不是对社会实践的透明反映,它们不是要被"揭示"、分析和拼凑的现实的片段。我怀疑是否存在"未经加工的言论",因为随意的言论也包含了很多典故。但这个词"unmediated speech"来自巴赫金,他区分了"第一种"文类(即未经加工的言语交际,如沙龙谈话类、闲谈类、亲友间的亲密对话,等等)和"第二种"文类,如小说、科学论文、评论等。相关内容可见下面的两种资料:Peter Schäfer, "Research into Rabbinic Literature: An Attempt to Define the *Status Quaestionis*," *Journal of Jewish Studies* 37(1986): 139–52; Craig A. Williams, *Reading Roman Friendship* (Cambridge: Cambridge University Press, 2012), "Introduction"。尤其令人遗憾的是,我们缺乏希腊和罗马的喜剧。
④ 见《史记》99.2722,叔孙通告高祖言曰:"五帝异乐,三王不同礼。"

歌曲,或者在宗庙中向祖先献祭时庄严的钟声、鼓声与人声。① 随着时间的推移,人们对于小范围音乐表演有着更大兴趣,这样的表演场所是在私宅或者邻近的地方,往往是为了几位密友或者权贵而举办的。琴或瑟是典型的独奏乐器。② 关于友谊的话语也发生了变化:渐渐地,越来越多的作品开始批评平庸小人,因为他们不能理解真正友谊的价值。③ 至交或泛泛之交所带来的或好或坏的影响会遗留在记忆里,一直延续到死后,所以人们需要格外谨慎地交友,以免陷入破坏性关系之网。

我们可以从文本里追踪几个世纪以来变得越来越繁复的有关音乐和友谊的理论,④"也更敏锐地感受到音乐在缔结社会与政治关

---

① 参见 Oliver Sacks, *Musicophilia: Tales of Music and the Brain* (New York: Knopf, 2007)。在该书的第 6 页有一段话,认为音乐是听者的运动反应,正如"我们预料节拍,训练自己建立模式或者样板"。
② 到公元前五世纪,出现了关于琴与瑟的记载。琴,一般放置于表演者的膝上弹奏,在汉代它成为一种七弦乐器(在此之前,曾经是五弦或者十弦乐器)。汉代的瑟是一种典型的弹拨乐器,有二十五根弦和用来调音的可移动桥柱。筝有十二弦到十六弦。瑟是一种打击乐器,常常是以两手并用的方式演奏的。到了汉代,琴被主要认为是一种独奏乐器,而瑟则是用于伴奏或者合奏的乐器。
③ 关于后者,见《史记》24. 1178。也可参见 James N. Davidson, *Courtesans and Fishcakes: The Consuming Passions of Classical Athens* (London: St. Martin's, 1997), p. 119。金钱的某些特征总是让人们把它与淫乐、奴役人的欲望、无足轻重或者稍纵即逝的关系相联系,因而导致古代人对友谊的背叛。见笔者发表于 2015 年的关于《史记·货殖列传》的一篇论文:"Assets Accumulating: Sima Qian's Perspective on Moneymaking, Virtue, and History," in *Views from Within, Views from Beyond: Approaches to the* Shiji *as an Early Work of Historiography.* eds. Olga Lomova and Hans Van Ess(Weisbaden: Harrassowitz Verlag, 2015), 131-69。也可参见斯坦福大学周轶群的专著 *Festivals, Feasts, and Gender Relations in Ancient China and Greece* (Cambridge: Cambridge University Press, 2010), Chapter 2。
④ 可以把《史记》卷二十四《乐书第二》《礼记·乐记》与《汉书·律历志》和《后汉书·礼乐志》相比较。

系方面的作用"。① 随着音乐概念的变化,以及音乐的广泛传播,②那些把宫廷表演视为唯一的、最有力的治国手段的早期统治精英越来越感到不满足,也开始关注音乐在更亲密的环境中对文人雅士所产生的变革性影响。③ 因此,至少音乐所倡导的友谊价值观(包括个人的,社会的,政治的)把精英们联系在一起。在探讨了这些话题后,接下来就是研究古代友谊的本质,包括友谊如何建立、友谊的性质、友谊如何裨益朋友和社会秩序,以及友谊怎样成为一般社会关系的模范和宇宙万物秩序的反映。④

  本章对两个错误的观点提出了挑战,一是认为代表尊卑的

---

① 我尝试提出这一观点,但它可能只是我们所掌握的文本的产物。
② 宾州州立大学钱德樑教授(Erica F. Brindley)2007 年发表了一篇相关的文章:"The Cosmic Power of Sound in the Late Warring States and Han Periods," *Journal of Chinese Religions* 35.1(2007):1-35。该文章断定,从把音乐看作一种人为的文化现象,到把音乐视为没有人类干预的宇宙现象,有一个过渡过程。请见第 82 页注释③。钱德樑认为,汉代思想家相信,如果把音乐看作宇宙(而非人为)现象,那么它的发展就会受到限制,因为人类要顺应它,而且也无法对它的塑造起到什么作用(见该文的第 20 页)。不过,我认为在汉代的文化与宇宙观逐渐交融后,两者都是人为作用的结果。钱德樑还描绘了一幅图景,即声音在理论上具有重要意义,是因为作为宇宙呼吸的"气"的概念得到了发展,声音与风相关联,风也常常用来占卜,声音也传达了人类真实的情感。我不同意下面的说法:和音的数学关系成为主要的关注和奇迹的来源,音乐表演越来越被认为对治国修身并不重要,这是由"至乐无声"的六朝音乐的事实所启示的。钱德樑试图论证音乐的历史发展,但是仅靠为数寥寥的战国文献,我们无法探讨音乐随着时间的变化。孟姜女哭倒长城的传奇就是一个例子,其故事可参见伊维德(Wilt L. Idema)的专著:*Meng Jiangnü Brings down the Great Wall: Ten Versions of a Chinese Legend* (Seattle: University of Washington Press, 2008)。
③ 这里我想到了墨子反对宫廷音乐表演,《盐铁论》中关于音乐渺小作用的论述,还有汉元帝时解散宫廷乐师的决定。参见《汉书》9.280。
④ 这里,我试图避免使用公—私二分法,因为在早期文献中无法找到例子,相反,我们在文献里看到宫廷—家庭二分法,平民常常是被同情的对象,而不是被称赞的典范。

君—臣、夫—妻、老—少关系比"横向"的友谊重要,①二是认为在早期和中古时代礼仪的地位比音乐重要。关于音乐和友谊的丰富的论说与图像让这样的陈词滥调无法立足。

音乐:理论之趣与实践效用

最早对古代音乐表演的描绘可见于公元前五世纪的青铜器,上面铸刻了一排排舞者,还有四类乐师,他们分别是:击鼓者、编钟演奏者、编磬敲打者和吹笙者。(见图 2.2)②

---

① 例如,孟子认为尧帝"友"舜。这与徐道邻(Hsu Dao-lin, 1906 – 1973)和柯启玄(Norman Kutcher)的观点不同。两位的相关论文分别是:Dao-lin Hsu, "The Myth of the Five Human Relationships of Confucius," *Monumenta Serica* 29 (1970 – 1971): 27 – 37; Norman Kutcher, "The Fifth Relationship: Dangerous Friendships in Confucian Context," *The American Historical Review* 105: 5 (December 2000): 1615 – 629。他们很有影响的观点也许更适合中华帝国晚期。文青云认为,友谊在人类关系的列表中排在末尾,不是因为它最不重要,而是因为它是最高级的。举例来说,汉代"丧服"的服制中就包括朋友。同时,"丧服传"提出了亲友或亲属的原则。"丧服四制"谈到了"恩"(因亲密关系而产生的义务)。我们发现汉代越来越不重视把亲属关系作为社会关系的唯一指导原则,正如爱丁堡大学耿幽静教授的两篇文章所讨论的,它缓和了本来可能太僵化的人类关系。这两篇文章是:"Exegesis of the 'Mourning Garment' chapter. Commentarial Forms and Contents on Burial Rites in the Ancient Chinese Ritual Books with Focus on the Sangfu Zhuan," in *New Research on Confucianism in the Two Han Dynasties*, ed. Watanabe Yoshihiro (Tōkyō: Kyuko-shoin, 2008), 231 – 256; "'Living in the Same House': Ritual Principles in Early Chinese Reflections on Mourning Garments," in *Ritual Dynamics and the Science of Ritual*, eds. Lucia Dolce, Gil Raz and Katja Triplett (Wiesbaden: Otto Harrassowitz, 2010, vol. I, section 2, pp. 371 – 396)。
② 见 Helene Dunn Bodman, "Chinese Musical Iconography: A Study of Musical Instruments Depicted in Chinese Works of Art in Twenty Western Museums," PhD dissertation (American University, 1982)。该博士论文的图 2(第 12 页)、图 4(第 13 页)和图 6(第 14 页)。这件青铜器就是有名的"战国宴乐渔猎攻战纹图壶"。

图 2.2 战国宴乐渔猎攻战纹图壶,战国晚期的青铜壶,高 31.8 厘米,壶口直径 11 厘米。原为杨宁史(Werner Jennings)所收藏,现藏北京故宫博物院。

这一青铜酒器常常被认为是中国人物画历史上的一个早期里程碑。数个图像场景紧凑排布于铜壶的三大区,每一区之中又被细分为数个小区,中央区占据了铜壶的上半部分,上面有三个场景:带有丝绳的短矢所射向的鸟和下面的游鱼;亭榭上有一人在准备食物,其他人在檐下乐舞;还有上图所示的站在一排钟磬之下的乐人,钟磬悬挂在由鸟形柱托起的钟架上。

早期的理论文献往往包含更广泛的音乐话题,吹奏管乐、律吕、声响和动物的叫声—基本上任何包含"气"的有节奏的运动,有规律的呼吸或者充沛的精力使所有生命富于生气,无论显或隐,无论人类或神灵。① 少数文献把器乐分为两部分:一类是钟鼓乐,它们主要是用于宫廷的仪式表演、重要宴饮、祭祀祖先等;另一类是管弦乐,主要在非正式的场合演奏,如在旅途中或者在家中。② 反过来,"八音"对应"八风"(实际上代表整个宇宙),每一种声音和乐器对应四方之一和它们的中点,尽管后来"八音"受"五行说"影响,分为"五音"(四方加中心),被认为代表了所有的时空。③ 因为音乐与声音都是由风的振动产生和传播的,音乐在很大程度上被认为是一种微妙的,但又可理解的媒介,只有具有非凡洞察力的专业者才可以理解其效果。④ 由于自古以来人们

---

① 参见 Kenneth DeWoskin, *A Song for One or Two : Music and the Concept of Art in Early China* (Ann Arbor: Center for Chinese Studies, University of Michigan, 1982), p.37。
② 应劭的《风俗通义》著录了20多种乐器,包括它们的构造和尺寸的细节。现代学者主要是依据霍恩博斯特尔·萨克斯(Sachs-Hornbostel)的乐器分类法,它是基于声学原理,把乐器分为四类。吹奏乐包括陶笛、各种管乐器和口琴类乐器。
③ 相同的音阶理论描述了一个八度音从四声音阶变为五音音阶。见:Robert Bagley, "The Prehistory of Chinese Music Theory," *Proceedings of the British Academy* 131(2005): 41-90。在该文的第53页注11中解释了四声音阶盛行于公元前九世纪到公元前七世纪,但是现存的文献显示西周以后它不再被提及。
④ 笔者在2015年的一篇论文中谈到"神明"兼有"天地之神"与"神明的洞察力","神明"是达到内外交流的媒介。请参见"Structure and Anti-Structure, Convention and Counter-Convention: Clues to the *Exemplary Figures* (*Fayan* 法言) Construction of Yang Xiong 扬雄 as Classical Master," in *Literary Forms of Argument in Early China*, eds. Dirk Meyer and Joachim Gentz (Leiden: Brill, 2015), pp.201-42。一些相对较晚的理论认为音乐与声音是由"气"传播的。风占是早期流行的占卜形式的一种,据推测,某些乐器会导致"阴气"或"阳气"的聚散。比如,《吕氏春秋·仲夏纪·古乐》谈到了"士达作为五弦瑟,以来阴气,以定群生",还有"令伦……制十二筒",以减少多余的阴气。也可见 Knoblock and Riegal (2000), 146。

对"气"的广泛兴趣,几千年来,对音乐的讨论总是与一系列关于道德和社会政治的问题息息相关。

因为音乐不可见也不可触摸,与其他形式的快乐体验相比,音乐被认为直接、迅速和强烈地作用于想象和情感,而其他快乐体验则刺激了某些较为粗糙的身体部位。① 如一句名言所说:"故听其雅颂之声,志意得广焉。"②音乐的理想化效果是可以使人"志意得广",不像礼仪,强调慎重的行动。③ 因为"君子之听音,非听其铿锵而已也,彼亦有所合之也"。④ 关于行动(motion)与感动(moving)的联系(前面第一章已经有所论述),在关于音乐的讨论中尤为突出。因为音乐不仅可以"动人",使人产生强烈的情感,而且也确实驱使他们付诸行动,⑤激励他们向前。如拖灵柩者、伐木工和纤夫们成群工作,在歌声中协调推拉进退。念咒者、巫师和其他宗教专职者通过歌舞来寻求神灵的帮助,有时候他们把鸟鸣解释为神灵意志的启示。⑥ 最好的车夫用车铃声来激励拉车的四马步调一致,并驾齐驱。⑦ 鉴于这种强烈的效

---

① 见《史记》24.1220。
② 见《史记》24.1176。"雅""颂"在英文里常常翻译为 Elegantiae 和 Hymns。
③ 见《史记》24.1202,"礼义立,则贵贱等矣"。
④ 见《史记》24.1225。
⑤《周礼注疏》22.1b 描述了音乐的效果,"每奏有所感,致和以来之"。
⑥ 参见 Sterckx(2000)。该文第 38 页谈到两个与动物有关的故事,一则是在《左传·襄公元年》中记载了师旷报告晋侯,乌鸦之声预示了齐国军队的溃退;另一则是《韩非子·解老》中关于詹何听到门外牛鸣而预测其为黑牛白角的典故。
⑦ 见《荀子》第十九章《礼论》:"和鸾之声,步中《武》《象》,趋中《韶》《护》,所以养耳也。"还可以参考《尚书大传》1:32—33 和《韩诗外传》1/16 的有关内容。后者可参见海陶玮(James Robert Hightower)英译的《韩诗外传》: *Han Shih Wai Chuan: Han Ying's Illustrations of the Didactic Application of the Classic of Songs*, Harvard-Yenching Institute Monographs 11. (Cambridge, MA: Harvard University Press, 1952), pp. 24-25。

果,音乐也令圣人们得其所乐("乐者,圣人之所乐也")。①

一个迷人的故事讲述了两个人通过音乐达到浑然一致,并成为至交,故事的中心人物是生活在公元前221年以前的伯牙和钟子期:

> 伯牙善鼓琴,钟子期善听。伯牙鼓琴,志在高山,钟子期曰:"善哉,峨峨兮若泰山!"志在流水,钟子期曰:"善哉,洋洋兮若江河!"伯牙所念,钟子期必得之。伯牙游于泰山之阴,卒逢暴雨,止于岩下,心悲,乃援琴而鼓之。初为霖雨之操,更造崩山之音。曲每奏,钟子期辄穷其趣。伯牙乃舍琴而叹曰:善哉,善哉! 子之听夫志,想象犹吾心也。吾于何逃声哉? 子期死,伯牙谓世再无知音,乃破琴绝弦,终身不复鼓。②

伯牙觉得这位挚友聆听他的乐曲的方式一下子打动了他的内心。钟子期不只是倾听旋律,对他而言,音调和音乐表达方式揭示了伯牙的愿望与情绪,正如伯牙在演奏过程中会偶尔停顿和沉默。

伯牙和钟子期的生死之交令人感动,两千多年来,"知音"(knowing the tone),一个偶尔与同音字"至音"(ultimate sound)联系在一起的词汇唤起了人们对美妙音乐和至深友谊的独特满足感。③ 音调与人类的表达和对社会的理解是密不可分的,"知"他人之"音"就是要寻找灵魂的知己。因而,成功得意的百里奚与失散多年的妻子重聚,也是因为他们从对方的乐曲中辨别出了对

---

① 见《汉书》22.1036。
② 见《列子·汤问》。或参见:Graham(1960),109 - 110。
③ 《后汉书》36.1230 中有"夫至音不合觽听,故伯牙绝弦"之句。"至音"一词暗喻的地位含义是显而易见的。下面两种资料对伯牙和钟子期的典故作了阐释:《潜夫论》8.31引用《诗经》之语"鸣鹤在阴,其子和之"来形容通过声音与音乐来寻找真正的知己;《风俗通义》6.236描述了钟子期听出伯牙琴音中表现的高山流水。

73

方的声调。① 他们的声音和情感十分鲜明,因为"对音乐的领会不仅仅在于个人的音调,而且在于一种音调与另一种音调之间的关系"。② 这表示朋友和恋人们彼此呼应和感受对方。历史学家司马迁在他论音乐的文章中对于"知音"作了进一步的论述:

> 是故知声而不知音者,禽兽是也;知音而不知乐者,众庶是也。唯君子为能知乐。③

按照司马迁的叙述,人类作为最善于模仿的生物,一旦获得了独具魅力之"音",④就会在努力让自己成为更好的君子的修养过程中得到真正的乐趣。

那么,根据"知音"理论的雏形,交友的才能和对音乐的欣赏,表明了人们渴望沉浸于某种事物,或者期待有人能够激发并强化

---

① 这个动人的故事记载于《风俗通义·艺文·情遇》,收录于《太平御览》572.1a—1b 和《乐府诗集》卷六十。
② 见 DeWoskin(1982),11。该书的第 44 页谈到五音并没有固定的音值,而是"可移动的音阶"。这五音虽然没有固定音值,但是有音程。同书的第 96 页指出,音调与声音不同,表现在两个方面:一是音调不是单独发声,而是存在于一个动态的排列中;二是音调是智性理解的对象、智性的创造,或者二者兼而有之。《左传·襄公二十九年》记载的季札观乐的见闻显示,"知音"也是"知人",因为季札为他的同时代人提供了关于如何防止公共生活的危险性的正确建议。
③ 见《史记》24.1184 和 24.1220。《礼记·乐记》和《史记·乐书第二》都谈到禽兽"知声而不知音"。后者还暗示了声—音—乐之间的递进关系。郑玄的《礼记正义》对此作了引申,但只是简略地谈到禽兽"不知其宫商之变也"。(见《礼记》37/7b—8a,阮元《十三经注疏附校勘记》,中华书局,1980 重印本)以上的陈述看起来是战国和汉代的"官方文字"。《庄子·外篇·至乐第十八》里谈到栖于鲁郊的海鸟不能欣赏鲁侯祭祀之乐似乎也与此有关,见:郭庆藩《庄子集释》,北京:中华书局,1961,第 621 页。不过,有些文字显示,禽兽也能知音。比如《银雀山汉简》的简 2436,"奏古(姑)洗。精列登堂",即如果奏姑洗之音,蟋蟀就会入室。(可参见《诗经·蟋蟀》)关于这段话的翻译,参见麦吉尔大学的叶山教授(Robin D. S. Yates)的文章:"The Yin-Yang Texts from Yinqueshan: An Introduction and Partial Reconstruction, with Notes on their Significance in Relation to Huang-Lao Daoism," *Early China* 19(1994), 129, no. 2436.
④ Oliver Sacks, *Musicophilia: Tales of Music and the Brain* (New York: Knopf, 2007), pp. 268–269.

自己的感性。要充分理解这一论断的说服力,一个人只需要想到孔圣人如何通过反复练习单曲来了解并效仿他的英雄——比他早五百年的周文王的精神。①

> 孔子学鼓琴师襄子,十日不进。② 师襄子曰:"可以益矣。"孔子曰:"丘已习其曲矣,未得其数也。"有间,曰:"已习其数,可以益矣。"孔子曰:"丘未得其志也。"有间,曰:"已习其志,可以益矣。"孔子曰:"丘未得其为人也。"有间,有所穆然深思焉,有所怡然高望而远志焉。曰:"丘得其为人,黯然而黑,几然而长,眼如望羊,如王四国,非文王其谁能为此也!"师襄子辟席再拜,曰:"师盖云文王操也。"③

最终,音乐成为文王在礼仪大师孔子面前再现的媒介,他们的邂逅激励了这位后来的圣人对大道的不懈追求。④ 因为强大的张力有可能让聆听者产生双重感受,即他从音乐中体会到的情感与他从艺术作品中所感知到的音乐创作者的情感。⑤ 因此,一

---

① 见《史记》47.1925,可以与《论语·子罕篇》相比照。
② 关于师襄指导孔子学琴的故事看起来是来自司马迁的同时代人韩婴的《韩诗外传》5.7。可参见 Hightower(1952),167-168。《庄子》第二十七章《寓言》提到孔子"行年六十而六十化"。见:Watson(2013),235-236。
③ 引自《史记》47.1925。这段话令人联想起《论语·泰伯篇第八》"立于礼,成于乐"之语。
④ 见《史记》47.1936。另一个例子见于《左传·襄公二十九年》,它记载了季札在各国观"风",能够从中准确判断出每个地方的道德现状和命运。《孔丛子》卷三里的故事则是孔子白天在室内鼓琴,闵子在外面听到了,告诉曾子说,乐声听起来有"幽沉之声",而以前的声音听起来是"清澈以和,沦入至道"。他们于是当面问孔子,他回答说,他是为了怂恿猫去捕鼠才作此声。孔子表扬了闵子如此敏于听音,是一位真正的行家。人们可以从一个人演奏的音乐中了解他的情绪。可以比较一下《孟子》中所记载的孟子对伯夷的称赞:"目不视恶色,耳不听恶声。"(《孟子》5b.8)也可参见刘殿爵的《孟子》英译本:Mencius. Harmondsworth(Penguin, 1970),158。
⑤ 参见 Ai Kawakami, "Why We Like Sad Music," *York Times Sunday Review*, September 20, 2013。作者是日本科学技术机构情感信息项目主任,该论文介绍了发表在2013年9月20日的 *Frontiers in Psychology* 杂志上的研究。我借用作者的思考,不是因为我确信它适用于所有的聆听者,而是因为它似乎与孔子的故事相呼应。

个人聆听和演奏音乐,无论是在朝廷内外,都可以提高想象力,直到心灵开始感知到不可言喻之妙。① 毕竟,在某些极具感染力的情况下,音乐"只是把音调的结构展示在我们面前:没有画面,没有对象,没有事实"。② 一个早期文本是这样论说的:

> 凡音者,产乎人心者也。感于心则荡乎音,音成于外而化乎内。是故闻其声而知其风,察其风而知其志,观其志而知其德。盛衰、贤不肖、君子小人皆形于乐,不可隐匿。故曰:乐之为观也,深矣……故君子反道以修德;正德以出乐;和乐以成顺。乐和而民乡方矣。③

因而我们就不会感到奇怪,早期的故事描绘了孔圣人通过长期的音乐实践才体会到周文王的崇高品质。④ 因此,音乐在宇宙和社会中所经历的变化过程使人们成为向善的推动者、主体和对象。的确,只要音乐的发生是通过共鸣,而不是机械的因果,它就显示了主体与对象,或者主体与被作用者的现代二分法所无法展示的相互转化过程。在一篇题为《声无哀乐论》的文章中,嵇康(223—262)描写了一位不知名的对话者"东野主人"试图反驳关于

---

① 见《吕氏春秋》卷五《仲夏纪·适音》和《仲夏纪大乐》(《吕氏春秋逐字索引》2.1,2.4)。
② 见 Susanne Langer, *Philosophy in a New Key: A Study in the Symbolism of Reason, Rite, and Art*, 3rd ed. (Cambridge, MA: Harvard University Press, 1957), p. 209; Lawrence Picken, "The Shapes of the *Shi Jing* Song-texts and Their Musical Implications," *Musica Asiatica* 1(1977): 85 - 109。在第二篇文章的 109 页有这样一段话:"必须强调的是,音乐基本的和最显著的特征既不是方式上的,也不是节奏上的……而是形式上的。"
③ 见《吕氏春秋》的《音初》篇:"正德以出乐,和乐以成顺。乐和而民乡方矣",(《吕氏春秋》6/3—5)强调君子只有端正品行后,人们才会被他的音乐所吸引,因为它是和谐的。
④ 参见笔者与魏德伟合著书 *Lives of Confucius* (New York: Random House/Doubleday, 2010), Chapter 1。

"哀乐之情必形于声音"的说法。① 嵇康的对话仍然揭示了音乐具有无限的表达力、打动人心和沟通的力量的看法是如此普遍。

这样的音乐理论对于早期华北平原的社会有着很多现实意义和影响。一方面,由于音乐的力量绝不亚于礼教,它被认为是"最高级的"或者"终极的"体验和社会修养的最高形式,正如"至音"一词所表明的,也是礼仪大师孔子所领悟到的。因此,只要音乐有助于模仿和增强凝聚力,它的文化意义是无与伦比的,因为在音乐中"同声相和""类者应焉",并且可以"通神明之德"。② 在接近人类情感的源泉或"岩床"的地方,③音乐充当了礼仪的坚实基础。然而,这些礼仪只是社会建构,尽管他们也许根植于人类的爱和尊重这样的基本情感。④ 因

---

① 参见 Robert G. Henricks, *Philosophy and Argumentation in Third-Century China: The Essays of Hsi K'ang* (Princeton, NJ: Princeton University Press), 1983, 86 - 87; "The Controversy Over Music and 'Sadness' and Changing Conceptions of the *Qin* in Middle Period China," *Harvard Journal of Asiatic Studies* 57.1(1997):5 - 66.《世说新语·文学篇》里也提到了王导对嵇康《声无哀乐论》的关注:"旧云,王丞相过江左,止道声无哀乐、养生、言尽意三理而已。"另外,嵇康作《琴赋》,对音乐的美学意义作了探讨,这也是高罗佩(Robert van Gulik, 1910—1967)对该赋进行翻译和研究的专著的主题,参见他的专著 *His K'ang and His Poetical Essay on the Lute* (Tokyo: Sophia University, 1941). 此外,《文心雕龙》中也有很多章节讨论了这一话题。
② 分别出自《尚书大传》卷一(《尚书大传逐字索引》1:33),《韩诗外传》卷一(1/16),或参见: Hightower(1952),24,《汉书·艺文志》(30.1723)。
③ 显然,《史记》卷二四《乐书第二》把音乐置于第一位,礼仪置于第二位。(见《史记》24.1187—1188,24.1191)"凡音之起,由人心生也。人心之动,物使之然也。感于物而动,故形于声;声相应,故生变;变成方,谓之音;比音而乐之,及干戚羽旄,谓之乐也。"《史记》24.1177《史记》进一步探讨了不同的音调会激起人心不同的感受,哀、乐、喜、怒、敬、爱,"六者非性也,感于物而后动。是故先王慎所以感之"。《史记》24.1179下面一段话进一步澄清了司马迁的意思:"感于物而动,性之颂也。物至知知,然后好恶形焉。"《史记》24.1186即人心感于外物而引发情感,这是天性的外部表现,外物到达身体外部并被感知,一个人用知识或意识来了解它们,然后心里才会形成好恶之情。
④ 这也许可以解释为什么司马迁有两篇专门讨论音乐的文章,而不是像后来的史书那样把仪式和音乐混为一谈。《汉书》把二者相提并论,某种意义上认为音乐表演次于礼仪。然而,《汉书》的"志"中包括一篇专门讨论音乐的技术方面的文章。

为"唯乐不可以为伪"。① 音乐的"乐"的象形字与快乐的"乐"是一样的。音乐成为提升自己与他人的最高"人性之道",有意识地培养对音乐的品味是人格养成的最有效方法之一,②也是通向所有重要的社会修养艺术的铺垫。③

悠久的传统把音乐的另外两个方面与友谊紧密联系在一起。因为只有人类才能学会欣赏音乐,这种能力的发展不仅将人类社会与其他社会区别开来,而且使贵族精神卓尔不凡。令人好奇的是,只有音乐与友谊才能在困境中弥补彼此的不足。普通人可能在听到一段音乐的时候感到激动,但只有特异者才能完全体验乐曲中的某种乐器或某种人声的独特效果,如嵇康所称许的"处穷独而不闷者,莫近于音声也"。④ 也没有什么像友谊那样,可以使简陋的社会环境转化为心灵与思想的合一。因此,音乐与友谊可以互为对方缺失时的"灵丹妙药"。当我们为失去知己好友而沮丧的时候,惟有音乐聊慰心灵:

> 谢太傅语王右军曰:"中年伤于哀乐,与亲友别,辄作数

---

① 《史记》卷二十四《乐书第二》引《礼记·乐记》(《史记》24.1214)。
② 《法言》卷四:"圣人之治天下也,碍诸以礼乐……吾见天常为帝王之笔舌也。"见《法言注》,中华书局,1992,第12页。《风俗通义·愆礼》引《诗经》中"不愆不忘,帅由旧章"之句来佐证。(见《风俗通义逐字索引》3.7)《荀子·大略篇第二十七》谈到,"故礼之生,为贤人以下至庶民也,非学成圣也,然而亦所以成圣也"。见《荀子引得》27.89,或 Hutton(2014),313。荀子对音乐的看法几乎是相同的。也可参见《诗经·伐木》和班固《东都赋》,后者描述了音乐强大的感化效果。可参见康达维的英译 Wen Xuan or Selections of Refined Literature, trans. David Knechtges (Princeton, NJ: Princeton University Press, 1982 - 96), v. 1, p. 167,《汉书·礼乐志》认为礼乐表演对于完善"大道"十分重要。(《汉书》22.1070)
③ 我认为,在古代中国,"修养"一般意味着"社会修养",而佛教和南宋理学的"修养"则主要指内心与个人的过程。
④ 戴明扬《嵇康集校注》,人民文学出版社,卷二,第83页。

日恶。"

王曰:"年在桑榆,自然至此,正赖丝竹陶写,恒恐儿辈觉损欣乐之趣。"①

从来没有人后悔过拥有真正的知己,哪怕对方后来杳无音信或者生死相隔。人们总能找到可以共饮的泛泛之交,但只有与好友共处的经验或者记忆可以一直陪伴一个人直到生命的最后一刻,哪怕见不到知己而渴慕思念("增用抱蕴")。② 失去身边的朋友,文人雅士可以长啸以舒怀,聊以自慰。一如西晋成公绥(265—313)《啸赋》所述:

是故声不假器,用不借物。近取诸身,役心御气。动唇有曲,发口成音。触类感物,因歌随吟。大而不洿,细而不沈。清澈切于竽笙,优润和于瑟琴。玄妙足以通神悟灵,精微足以穷幽测深。③

---

① 引自《世说新语·言语第二》,见:杨勇《世说新语校笺》,中华书局,2006,第62页。在苏轼看来,最后的几句话有点感情过度,改为"正赖丝与竹,陶写有余欢"。我在这里省略了这则轶事的悖论之处,翻译为"我一直担心儿辈会察觉我只是用音乐来表达内心的悲伤,因而损害了欣乐之趣"。与我同校的罗秉恕在与我的私下交流(2017年5月)中认为,应该是说儿辈们觉得扫兴。而马瑞志的翻译则认为,王羲之担心他的欣乐之趣被破坏了。

② 见刘程之(354—414)给僧肇(383—414)的信。也可参见 Antje Richter, *Letters and Epistolary Culture in Early Medieval China* (Seattle: University of Washington Press, 2013), p. 98。还有晋代的赵至写给堂兄的《与嵇茂齐书》,表达了远离彼此的思念:"悠悠三千,路难涉矣,执手之期,邈无日矣。"表达思慕之苦的佳句有梁元帝萧绎(508—555)给释智藏(458—522)信中的"未因抵掌,我劳如何?"还有梁简文帝萧纲(503—551)的《与萧临川书》中的"林月初黄,登舟已积,殊足劳止。"以上可参见 Richter(2013), p. 103,121。

③ 见《文选》卷十八《啸赋》。英译可参见 Knechtges(1982—1996), v. 3, p. 317。《世说新语》包括了几则关于"啸"者的轶事,他们中的不少人善于应对。见 Mather(2002), p. 52, 354-355,406,423,429。(见《世说新语》原书的1/40,18/1,23/17,24/1,24/14)阮籍无疑是最有名的"啸"者。而谢万的例子则表明,"啸"可能意味着粗鲁和傲慢,而不是名士的放旷。

虽然随着时间的推移，人性、修养和音乐在社会关系中的地位的观念以微妙和重要的方式发生了变化，对于读者来说，这种音乐与文人交往之间的密切联系自然而然地启发了对音乐的政治功用及其在创造社会关系中的作用的认识。① 在公元前221年秦统一前，荀子曾经评论过："乐者，天下之大齐也，中和之纪也，人情之所必不免也，是先王立乐之术也。"② 司马迁也以一种

---

① 见黄怀信，《逸周书汇校集注》，上海古籍出版社，2007，卷二，《大武解第八》，第106页。它提到了"戚"与"政"的重要关系，"友朋"被专门列为四"戚"之一。而在卷三的《大开武解第二十七》中，刘师培对应《大武解第八》也列举了"四戚"，用"官同师"（同门）代替了"朋"，这里的"师"几乎可以确定是指官僚恩主或者上司，而不是普通的老师。
② 见《荀子·乐论》，杨倞注，《荀子集解》，中华书局，1988年版，第462页。我知道学术界对于荀子是否是这篇《乐论》的作者还是存在争议的。比如日本学者板野长八的论文：《荀子の乐论篇》，广岛大学文学部纪要，1960年第18号，第1—23页。不过，我并不觉得他的观点很有说服力。更没有说服力的是迈阿密大学的哈克斯（Aphrodite Alexandrakis）的论文，因为她似乎强调荀子与柏拉图不同，忽视了她所谓的音乐的"形式"（节奏、韵律、和声等，她称之为"客观的"结构），只专注于感性的、主观的情感内容。可参见她的论文："The Role of Music and Dance in Ancient Greek and Chinese Rituals: Form versus Content," *Journal of Chinese Philosophy* 33(June 2006): 267-78。这是对《荀子》令人失望的解读。至于《史记·乐书》的年代，请看第57页注释②和下页注释①。其实柏拉图关于身体文化（主要是舞蹈与摔跤）与荀子的观点的相似性比差异性更多一些，因为柏拉图关注"具有诗意灵感并保留尊严与礼仪的作品意在表现身体的健康、高贵和美，保持适度的弯曲和张力……赋予它们运动的优雅，偶尔延伸到各种形式的舞蹈，并渗透到所有的亲密关系中"。而且，像荀子一样，柏拉图这样说："节奏与和声能通向最深刻的灵魂，并被强烈地感知，带给它们优雅……因为粗劣的东西的不足和无美感很快就会被有识之士所识别。"还有，"判断音乐的标准是它能给人们带来的愉悦感……我们可以认为最好的音乐是能让最优秀的人感到娱心悦耳的"。见 Plato, *Laws*, 795; *Republic*, 401d-e and 658e-659c。《荀子》在《修身篇》中说道，"见善，修然必以自存也"。见：《荀子集解》，第20页。

语带双关的方式解释了其原因:"凡作乐者,所以节乐";①毕竟治定国策是为了向人们灌输一种节制感,以及享乐与赋予乐的分寸感。音乐激发了人们自我约束的愿望,以保持与他人的"一致"与合作。司马迁写道,如果鸟兽都为音乐所感,那么,人们怀五常之性,有爱憎好恶,也是很自然的。② 既然音乐能把普通人以有益的方式聚合在一起,它在与灵异的鬼神建立联系方面则更加有效,某些鬼神曾经如人类一样在地球上行走过。③ 因此,音乐对于有效管理十分重要,为了娱乐大众,一些表演可以利用乐伎(比如,在宫廷与庙堂里举行的大型音乐表演),但是为了达到音乐的道德教化作用,卿大夫需要负责其他类型的表演。④

《汉书》成书于约公元一世纪,大概比《史记》晚了两个世纪,它从不同的角度看待音乐,认为宫廷音乐重要性的逐渐淡化与宫廷礼仪有关。⑤ 它显示了西汉晚期和东汉的宫廷更具有自觉的

---

① 最初,"作乐者"也许指圣王的制礼作乐,但是我认为副词"凡"把这一论述扩展到所有具有美德的人,他们重复同样的效果。叶翰在他的一篇论文中引用了这段话,并表示赞同,因为他把它翻译为"Generally speaking, to make music ..."他把"节"翻译为"restrain",而不是与音乐相关的"modulate"。见 Van Ess(2005—2006)。我知道有人相信这篇《乐书》是后来的伪作,而不是公元前一世纪的原作,但基于其他原因,我相信《史记·乐书》是比《汉书》有关篇章更早的一篇作品。
② 见《史记·乐书》。司马迁写道:"及其调和谐合,鸟兽尽感","而况怀五常,含好恶,自然之势也?"(《史记》24.1176)英国已故著名精神分析学家、作家安东尼·史托尔(Anthony Storr,1920—2001)强调,音乐主要的功能是集体性与社会性,把人们连结在一起。可参见其专著 *Music and the Mind* (New York: Free Press, 1992)。另一位已故的英国著名神经病学专家奥利佛·萨克斯(Oliver Sacks)也同意,强调节奏可以同样地内化。他把节奏的特征概括为"原始的""有恢复作用的"。见 Sacks (2007), p. 166, 380, 382。
③ 音乐据说对于听者来说是"令人着迷"的,对于人世以外的群体来说也是如此。
④ 司马迁在《史记·乐书》中提到了音乐的核心,"礼以导其志,乐以和其声","知乐则几于礼矣"。(《史记》24.1204, 24.1219)
⑤ 这样对音乐重要性的贬低也许是针对乐府的批评。要了解更多关于这方面的内容,请参见鲁惟一的 *Crisis and Conflict in Han China* (London: Allen & Unwin, 1974), Chapter 6, pp. 193–210。

古典风格。《汉书》在体例上没有包含单独的乐志。①《汉书·礼乐志》②以礼仪为其重点,也许因为几种新的艺术,包括优雅的文辞和书法,挑战了音乐作为个人与社会修养的主要标志。③

虽然《汉书》有好几个段落是照搬《史记》的,④但它微妙地偏离了《史记》的语言。《史记》宣称,音乐和它所唤起的情感都不是人性所固有的,它不同于人们对于食、性和友情与生俱来的欲望,而是当感知遇到外部刺激时涌现的反应,《汉书》把这些情感重新置于基本的人性中。根据这一逻辑,演奏圣人之乐可以调节人体,促进与宇宙神明的交流,通过微妙而活跃的媒介,或者"精髓之气"(精)而接近"神明"。⑤ 因此,与点缀外在行为的礼仪相反,

---

① 同样,成书于公元五世纪的《后汉书》的"志"的作者是司马彪(卒于公元306年),但他没有撰写专门的"乐志",只有"律历""天文""五行"等志,虽然在该书中有几卷篇幅较长的关于礼仪和祭祀的"志"。没有证据表明"志"是由专门人士撰写的,"志"的读者,绝大多数是博学多闻者,而不是职业音乐家或者专家。一些令人印象深刻的短语,一堆难懂的数字,足以建立起乐书作者的声誉。

② 另一篇《汉书·律历志》主要是关于音律和天文历法的,就像许多经典化的作品一样,它着重于音乐与天体和谐的精确数字比例。(《汉书》21A.956—959)在一个相当长的段落中,《汉书·律历志》里谈到黄帝使泠纶从"昆仑之阴,取竹",这一神奇的东西吹出的声音成为第一律"黄钟",它成为其他音律的基础。一个钟的比例通过简单的数学公式产生了其他的音律,而每个音律反过来促成了万物的协调生长。因此,音律立刻进入人为的世界,因为它是由圣贤创造的,反映了宏观的秩序,阴阳之气在其中对称地交替作用。见 Ho Peng Yoke, *A Brief History of Chinese Medicine* (World Scientific Pub Co., Inc., 1996)。在《汉书》中,所有音乐、数学和天文的计算来自数字"九","黄钟之数",九寸或者九十分长。"寸"常常被翻译为"inches"(英寸),"分"在这里指十分之一英寸。

③ 一些早期的古典学家(如扬雄)是有名的音调不辨者。另一种可能性是,音乐在篡位者王莽及其顾问刘歆共同主导的"假古典主义"时期受到了太多牵连。本来乐府被认为在王莽统治下可以"复兴",因为据称他支持恢复古代的仪式和音乐。

④ 比如《汉书·礼乐志》中的一段话"夫民有血气心知之性,而无哀乐喜怒之常……而民淫乱"(《汉书》22.1037)就是直接来自《史记·乐书第二》的"夫人有血气心知之性……而民淫乱"。(《史记》24.1206)

⑤ 《汉书·礼乐志》有"感天地,通神明"之句。(《汉书》22.027)"神明"在汉代的中国有两个不同的意义:一个是代表天地神灵、宇宙;一个是指"神圣的洞察力",比如,《法言》卷八中这样描述孔子,"仲尼,神明也"。(《法言》8.12)

音乐成为与看不见的过程保持一致最好的、唯一的工具。① 在后来的文本中,音乐被重新诠释为对秩序的直观感受,它打动人心,引起人们情感的激荡,虽然它的表现力不能代替更加深思熟虑的行为。如《汉书》中所说,和谐亲密的喜悦感是很难形成或定型的,但最终人们以歌词、歌曲、吟唱、钟磬和管弦将它表达出来。②不用说,这种令人愉悦的感觉包括即刻的内心安全感,它令人敞开心灵,并且与外界保持一致。③

值得注意的是,绝大部分的乐师们因为地位低下,不能从音乐的精华中获益。而司马迁与其他先秦大师一样,把职业家的自我修养与教化他人的能力视为理所当然。《汉书》关于音乐的篇章较少关注演奏的音乐类型,而是更多关注演奏者或者鉴赏家,因为他们具有用音乐影响人性的能力。④ 根据《汉书》的逻辑,只有像那些任职于乐府的专业人士才可能知道如何歌唱和演奏乐器,但很少有人真正理解乐理和其中所蕴含的意义。⑤ 修养良好的统治精英有着必要的、与生俱来的优雅,并经过了长期的学习,所以,只要他们拥有能被音乐深刻改变的心灵和情怀,无论是否会演奏乐器,都可以理解"乐艺"的理论框架。⑥ (大概《傲慢与偏

---

① 《汉书》22.1027。显然,较少强调音乐使人自然向善的重要性,而更多强调约束的必要性。
② 见《汉书·礼乐志》"和亲之说难形,则发之于诗歌咏言,钟石筦弦"。(《汉书》22.1028)我把"难形"翻译为"hard to form or shape"。
③ 见杨倞注《荀子集解》中所谈到的"中和悦",见前引该书卷一,第12页。
④ 很多《史记》的故事始于《五帝本纪》,吸取了较早的文献的内容,在那些文献里,乐师们在宫廷中也充当了谋士的角色。《史记》中的第一个故事引用了《尚书·尧典》,见《史记》卷一中关于尧的传说。
⑤ 见《汉书·礼乐志》(22.1073)和《汉书·艺文志》(30.1756)有关音乐功能的段落。(《史记》1.39)
⑥ 见《汉书》22.1031—1033。关于东汉晚期对于乐府的争论,参见 Loewe(1974), chapter 6, pp. 193—210。据说沉默的美德是由孔子在《礼记》中描述的:"无声之乐,气志不违……无声之乐,日闻四方。"见 Legge(1885), vol. 1, p. 280。

见》中的凯瑟琳·德布尔夫人对此也会表示赞同的!)①因此在颜之推的时代,有名望者特意教导他们的儿子,不要过于擅长音乐演奏,免得以此扬名,不得不被达官贵人所驱使。②

关于音乐力量的观点变化

关于音乐或者音乐哲学的完整历史远远超出了本书的范围,我只是着重讨论早期有关"乐"的理论。不过,下面我从音乐在创造社会关系中的作用角度来概述一下宋代及其以前的音乐欣赏与表演,以便进一步讨论有关至交的理论。

对于人类历史的大部分时间来说,在唱片机、晶体管收音机、MP3播放器等被发明以前,音乐通常是当人们聚集在举办仪式的场合或者闲暇时候才会有的一种共同听觉体验,而这也常常成为对一个共同目标的信任的基础。一般来说,早期的"音乐"倾向于指乐师与歌舞者一起表演的管弦乐曲,所以当诸子们辩论对音乐的合理利用以及音乐的种类的时候,他们的评论往往局限于宫廷里的音乐演奏。墨子几乎所有反对"音乐"的长篇大论,都是出于对耗费巨大财力的宫廷表演的不满,因为很多平民百姓还生活在贫困中。③ 墨子分析,如果音乐表演从简,所节省的资源可以用来帮助那些真正需要的人。此外,相貌俊美的男女表演者会让统治者沉迷其中,疏于朝政,这使得精心排练的音乐表演具有不

---

① 喜爱简·奥斯汀的读者会想起来,凯瑟琳·德布尔夫人说过,她的女儿会成为一个很好的音乐家,只要她努力尝试。
② 《颜氏家训》卷七《杂艺第十九》:"然而此艺不须过精。夫巧者劳而智者忧,常为人所役使,更觉为累。"见:王利器《颜氏家训集解》,北京:中华书局,1993年,第354页。
③ 《左传》描述了季札的"观乐",即音乐景观。参见程大昌《考古编》,第11—12页。

第二章 兴:音乐和友情的共鸣

确定的道德效用。

图 2.3 曾侯乙墓编钟,铸于公元前 433 年,1977—1978 年在湖北省擂鼓墩出土。
　　这套编钟的钟体与木架共重约 2500 公斤,它被发现于曾国统治者曾侯乙墓的四个椁室的中央位置。华丽的错金铭文提供了两套音高标准,证实了弱小的曾国与其强邻楚国之间曾经有过密切的关系。

要了解墨子的批评观点,我们只需要看看曾侯乙(约前 477 年—前 433 年)墓中央墓室的一套编钟,共由 65 件组成。(图 2.3)这套编钟至少耗费了约 2500 公斤的铜和木,上面刻有错金

85

铭文,需要 20 位专业乐师同时演奏。① 曾侯乙墓还出土了全套石制编磬,共 41 枚,这是为了墓主死后的盛大表演。通过这种方式,统治阶层计划利用乐器来证明他们的地位,装点其死后的荣耀。

荀子对音乐作品作了合理的辩护,强调了社群成员在观赏某个音乐表演时,随着音乐的节奏和旋律控制他们的情绪和动作,会产生一种和谐、平衡的感觉。荀子认为,任何花费都是必要的,只要人们可以获得参与到更大社群的满足感。

> 故乐在宗庙之中,君臣上下同听之,则莫不和敬;闺门之内,父子兄弟同听之,则莫不和亲;乡里族长之中,长少同听之,则莫不和顺。故乐者,审一以定和者也。②

在荀子看来,真正"和"的价值远远不只是"一致性"。因此当墨子批评耗费巨大的宫廷盛大表演时,他的观点是不合逻辑和错误的。荀子认为"和"提出了一种更美好的交融状态,它是无数次"损有余,益不足"调整后的结果。③ 而且,如果没有节俭与奢侈、

---

① 参见 Bagley(2005), p. 41。还有 Lee Yuan-yuan, "An Amazing Discovery in Chinese Music," *Chinese Music* 2(June 1979):16-17。
② 《荀子·乐论》。也可参见 Hutton(2014), p. 218。
③ 见《荀子》19.10。Hutton(2014), p. 209。《老子》第七十七章也有"天之道损有余而补不足"之语。另见《左传·昭公二十年》:"和如羹焉,水、火、醯、醢、盐、梅,烹鱼肉,燀执以薪,宰夫和之,齐之以味;济其不及,以洩其过。君子食之,以平其心。"但请注意,"和"与"一"在中国是一个十分复杂的概念,它不仅表示一种统一的律动。关于"和而不同",请看第 57 页注释⑤。如研究《中庸》的学者所了解的,"和"在《中庸》里是一个中心概念,很明显,它指的是由社会关系的内在平衡投射到外在世界而达到的"天下之大道",它滋养了万物。要了解更多相关研究,请参见 Michael Nylan and Thomas Wilson(2010)。

形式与内在、奋斗与成就之间的平衡,①就不可能达到理想的共同目标,即社群互动的最终目标。

关于这个话题,荀子有更多的看法。他认为,音乐激励了人们与他人交流的自觉愿望,促使人们采取行动,为情感与感觉提供必要的释放途径。对音乐表演感到赏心悦目,强化了一个深刻的真理,即阶层与秩序、谦卑与克制对于文明秩序下的成功社会互动的根本重要性,就如移情能力的重要性一样。音乐可以提升和扩展一个人的情感、想象力和智力,音乐和舞蹈的训练,可以增强活力和表演者的感染力,有节奏的动作,可以让人们愉快地感受到时间的流逝(而不是激发人们的恐惧)。"音阶一旦失去,琴弦就会跑调,听吧!刺耳的噪音随之而来!"②就像音乐的声音可以飘荡到某个不知名的地方,品性高尚者身上所散发出来的深刻的、令人回味无穷的影响,也通过音乐得到了表现和强化,无论他是演奏者、欣赏者或者作品的创作者。(在荀子以前,音乐也被认为是一种很好的预测工具。③ 荀子暗示了这一说法,虽然他觉得无需赘述。)因此,荀子用音乐的表现来"使其声足以乐而不流"④是完全可能的。

---

① 因而,荀子反对墨子的观点,这也是《荀子·乐论》中的主要话题之一。在该篇的后面部分,荀子把音乐描述为可以"穷本极变"。见 Hutton(2014), p. 218, 221, 223。《吕氏春秋·大乐》也专门讨论了"和"与"适"是健康的身体与政体的基础。见 Knoblock and Riegel(2000), pp. 136 - 139。
② 见莎士比亚悲剧《特洛伊罗斯与克瑞西达》第三幕"希腊营地之前"(Troilus and Cressida, 1.3)。
③《管子·霸形》中记载了一则生动的故事:齐桓公与管仲一起赏钟磬之乐,并赞叹钟声悦耳动听。而管仲则回应说,只有国家安定,钟声才会令人感到欢悦。但当时齐国仍有兵革之忧,所以钟声听起来令人悲哀。齐桓公听从了管仲不失莽撞的话语,砍断了悬挂钟磬的丝线,不再听乐。他励精图治,推行改革,使国家和平安定。在得到管仲的认可后,他重新悬列钟磬,恢复宴乐。见 Rickett(1985), pp. 350 - 351。
④ 见《荀子·乐论》,Hutton(2014), p. 223。

至少荀子的两个观点值得认真思考：第一，他推断音乐气氛与看不见的能量之"气"之间有着紧密的联系，它不仅延续着人们的生命，而且也维持了人类文明行为的可能性。第二，荀子认为音乐是宇宙中更大吸引力的缩影或升华。在荀子看来，好音乐会激起美好的氛围或者精神状态—形成一种让人耳目更加敏锐，平和人的气质，调整人的偏好的环境。① 因而，依据这个理论，音乐可以使每个参与者更接近美的目标（见第四章），表演者和听众留下了强烈的满足感，而忘却了生活中还有其他的羁绊。

鼓大丽，钟统实，磬廉制，竽、笙、箫和，筦籥发猛，埙篪翁博，瑟易良，琴妇好，歌清尽，舞意天道兼。鼓，其乐之君邪！故鼓似天，钟似地，磬似水，竽笙箫和、筦籥似星辰日月，鞀、柷、拊、鞷、椌、楬似万物。②

因此，在荀子的讲述中，音乐是"中和之纪也，人情之所必不免也"，③它是一系列成功激发整个共振秩序的不可言说的声音，也是许多后来的文人所关注的主题。

荀子认为，音乐完全有教化统治者的能力，并能使臣民心甘情愿地效忠他们。两部与荀子相关的秦与西汉的作品更强调音乐的宇宙维度，一部是编纂于约公元前239年的《吕氏春秋》，其中有八篇是关于声乐与"乐"的关系的；另一部被认为是荀子弟子与再传弟子所作的《礼记·乐记》，它在谈到音乐的宇宙维度时提出了以下主张，如果音乐没有同时构成"永恒运动"和"基本秩

---

① 通过这种方式，音乐可以类比于人类的"精神"，这可以解释音乐表演对动物行为和人类举止的非凡影响。参见：Sterckx(2000)。该论文的第35页描述了一个根据音乐表演的效果而分级的世界。
② 见《荀子·乐论》，Hutton(2014)，p.222。
③ 见《荀子·乐论》，Hutton(2014)，p.219。

序",那么就无法达到下文所描述的理想社会。

> 是故清明象天,广大象地,终始象四时,周还象风雨。五色成文而不乱。八风从律而不奸。百度得数而有常。大小相成。终始相生。倡和清浊。迭相为经。故乐行而伦清,耳目聪明,血气和平,移风易俗,天下皆宁。①

然而,并不是所有关于音乐在社会政治秩序中的作用的论述都强调同一点,即它基于宇宙秩序来调和统治者与被统治者关系的能力。作为对墨子和荀子追随者之间激烈争论的回应,《吕氏春秋》尤其关注"其乐不乐"的悖论。根据《吕氏春秋》,当历史上主要诸侯国的统治者一掷千金购买大型成套乐器时,很大程度上是因为他们犯了常见的错误,即"以大为美"。平民百姓的怨恨因这些乐器所演奏的音乐而加深了。它们太张扬,太令人兴奋,太引人注目。这样的情绪消耗了统治者及其臣民的精力,破坏了冷热、劳逸、饥饱的习惯性平衡。这样的不平衡弱化了身体的天然防御能力,使得不断增多的嗜好和欲望变得越来越难以控制,②特别是因为音乐不能抵制这些负面的诱惑。

更糟糕的是,怨恨、狂喜和凝神妨碍了耳朵听到合宜的音乐。因此,理想的圣君与他们的乐师必须始终注意恰当的比例——乐器的大小、旋律长短与管弦乐编曲的类型、乐器支出的多少等等。

---

① 见《礼记·乐记》。
② 见《吕氏春秋》卷五《适音》:"夫音亦有适。太巨则志荡,以荡听巨则耳不容,弗容则横塞,横塞则振动。太小则志嫌,以嫌听小则耳不充,不充则不詹,不詹则窕。太清则志危,以危听清则耳谿极,谿极则不鉴,不鉴则竭。太浊则志下,以下听浊则耳不收,不收则不(特)〔抟〕,不(特)〔抟〕则怒。"可参见 Knoblock and Riegel(2000),pp. 143 - 44。

而且他们根据季节和场合细心地调整音乐,来纠正其主旨和氛围。① 由此可见,"至乐"只能通过有序的统治来实现,即通过自然的共情把人们与社会和宇宙联系起来,并消除那些使人短寿和令王朝灭亡的令人不安的灾异。②

随着时间的推移,音乐本身发生了变化,因为对于流行歌词和外来旋律的想象,超过了庄严的音乐表演。这些表演被认为是宇宙和社会和谐的典范。从早期帝国开始,一些学者曾争论过,"雅乐"被认为可以唤起永恒的真理,大约在公元三世纪晚期,不知何故与"俗乐"混为一谈,尽管有人认为很容易区别"雅""俗"音乐在音调、歌词和道德意蕴方面的不同。③ 作为一种现代风格,汉代的俗乐不再引起责难或者鄙视,因为宫廷成员已经不知不觉地接受了它,把它视为"一种无名的雅乐"。④ 因为他们坚信,那些有争议的说法往往是被歪曲的,并且选择性地相信异见者的观点。⑤ 很可能,没有几个朝廷谏臣或者专业的乐师会很在意"雅"与"俗"、⑥旧与新之间的理论区别。

汉高祖的一时兴起似乎是战国和汉代的一些音乐进入宫廷演奏曲目的典型方式:当高祖在观赏角抵戏时,受到其伴奏乐曲

---

① 关于每个时代对应的音乐,参见《吕氏春秋·古乐》;关于每个月份对应的音乐,参见《吕氏春秋·音律》。
② 《吕氏春秋·制乐》"欲观至乐,必于至治"。参见 Knoblock and Riegel(2000), p. 163。
③ 到公元六世纪《文心雕龙》成书,这一理论得到了充分的阐述。
④ 参见 Goodman(2006), pp. 57 - 109。
⑤ 如班固的一系列论说,或者郑玄对于远古的描述,但最近的研究表明,它们都是有问题的。
⑥ 在曹操的宫廷里,吟唱《诗经》的诗句并不会被认为是"雅乐",而是"俗乐"。见:Goodman(2006), 72, note 39。在这篇文章里,作者提到了对于铸钟的争论。而罗伯特·贝格利的论文则引导人们思考,早期的争议可能集中于对预铸钟的选择,请参见:Bagley(2000)。当然,不同的发音和文字转录可能已经被保存在与古代经典相关的材料中,成为常见的文化符号。

的激昂情绪的感染,他适时地让宫廷乐师们用心学习这些曲子,而不要去了解它们是否来自异域。① 当汉代的扬雄(前53年—前18年)向弟子询问那些乐曲的来源时,素来敬慕他、执弟子礼的桓谭(前43年—前28年)也有点不屑地说,扬雄对音乐实在知之甚少。② 总之,正如王朝的历史所表明的那样,秦汉宫廷的仪式音乐对当时已经广为流传的旋律和歌词作了重新定义和改编,③创作出那些乍听起来是"原创"的音乐,而实际上只不过是简单重复的作品。同样,在汉以后的几个世纪中,"俗乐"的支持者总是在帝国和皇族的宫廷里表演它们,根据需要重新命名那些被改造的旧曲。④

汉武帝时期,以及后来的西晋与东晋的乐府基本上是同样的情形。尽管人们坚信,《乐经》的确曾经存在过,但在两汉王朝及其后继的曹魏时期(220—266)都没有发现它被"恢复"过。显

---

① 参见德国学者卫德明(Hellmut Wilhelm,1905—1990)的论文:"The Bureau of Music of Western Han," in *Society and History: Essays in Honor of Karl August Wittvogel*, ed. B. L. Ulmen(The Hague: Mouton, 1978), 124, note 9; 130, no. 10。鲁惟一教授提到了汉武帝时代的音乐家演奏的除了商乐,还有郑风之音乐,并不加以区分。见 Loewe(1974), Chapter 6。
② 参见捷克汉学家鲍格洛(Timoteus Pokora,1928—1985)翻译的桓谭《新论》的第51节和122节(对应于《太平御览》卷十五,11b,和卷五六五,5b),*Hsin-lun (New Treatise) and Other Writings by Huan T'an (43 bc -28 ad)*, *Michigan Papers in Chinese Studies* 20 (Ann Arbor: Center for Chinese Studies, University of Michigan, 1975)。
③ 叔孙通效仿秦礼。武帝时代的吹奏乐借用了流行乐曲。根据《文心雕龙》,傅玄(217—278)、张华(232—300)和杜夔(活跃于公元180—255年)更正了曹操"错用"的乐调。徐幹(171—218)《中论》也记载了相似的内容。可参见 John Makeham, *Balanced Discourses* (New Haven: Yale University Press; Beijing: Foreign Languages Press, c2002), pp. 89 - 93, 155。
④ 《汉书·礼乐志》列举了几个例子(22.1044)。

然，每个时代的音乐足以满足当时的精英听众的需求。① 所以虽然《汉书·礼乐志》提到了几次"恢复古乐"的尝试，但都是徒劳的失败。可悲的是，没有什么恢复的"古"乐可以带给这个王朝尊严和不可侵犯的荣耀。② 同样，我们读到了晋代宫廷的专门文人向同时代的音乐家求教的例子，尽管人们仍然坚信，王朝的合法性取决于所构建的与古代的联系是否紧密。③ 意外发现的真正古代乐器④和王朝兴替合法性的传统激发了关于以乐治国的争论，但是争论一直没有达成共识。

当"古"一词被用来谈论音乐的时候，并不一定指"西周"，更不用说在此以前的时代了，而许多现代历史学家们似乎已经忘了这一事实。⑤ 南宋（1127—1260）的朱熹与他的弟子决定采用唐或宋的十二首曲子来演唱一种新创设的宴饮仪式饗酒的十二首

---

① 1936年12月12日《西京民报》报道了陕西旬邑县（今咸阳）发现《乐经》的经过，有人据此谈到了《乐经》的复原问题。我非常感谢卡梅隆·摩尔（Cameron Moore）在我们的私人通信中分享了这一信息。
② 见《汉书·礼乐志》。其中提到的改革者有贾谊、董仲舒、王吉、刘向以及其他人。关于《汉书》所采取的襃扬的态度，参见 Anthony E. Clark, *Ban Gu's History of Early China* (Amherst, MA: Cambria Press, 2008)。
③ 晋王朝继承了"恢复的"蜀汉王朝的音乐。参见 Goodman(2006), p. 66。在该论文的第67页，作者提到了音乐学家关注早期音乐的范例，以及频繁的曲名变化。也请参见 Charles Egan, *Clouds Thick, Whereabouts Unknown: Poems by Zen Monks of China* (New York: Columbia University Press, 2010), p. 69。
④ 《汉书·礼乐志》提到了汉成帝（前33年—前7年在位）时曾经发现了古磬十六枚。（《汉书》22.1033）
⑤ 如果是谈论汉代的事，"古"可能指的是"秦朝"。如《史记·乐书》中魏文侯与子夏所谈论的"古乐"。（《史记》24.1175）

颂歌。饗酒仪式可以追溯到秦统一六国以前的时代(请见下文)。① 具有革新意识的理想主义者把权宜的、幻想的,甚至是彻头彻尾伪造的"复古"归咎于轻率的"行家"身上。为了有助于验证古老的和声,十二律吕不断被重设,乐钟不断被铸造。甚至宫廷乐队与演奏曲目都通过添加或减去各种乐器而作出调整。② 随着恢复古乐的前景转向黯淡,一个相关的倾向慢慢呈现出来,即"乐感"的逐渐"个人化"和音乐体验的不断深入,导致了乐师地位的下降(见上文)。从现存的文献来看,一旦挥金如土,恣意享乐的权贵与豪门也以豪奢的场面来与宫廷的表演相媲美,即使训练有素的专业宫廷乐舞表演者也难以表现超越常人的精致与高雅。私人的表演往往越来越被吹捧为真正的文化符号,尤其是当专门的乐师所敲击的钟磬被大大小小的琴瑟所取而代之的时候。爱好音乐的统治精英们对于华丽的宫廷表演不以为意,加上对所聘请的表演者身份的担忧,于是推崇"无声之乐",认为那是音乐的极致,而且只有品味精致的少数人才能欣赏。③(无疑,无声之乐的好处是:对于君子来说,可以轻易获得声誉而无需勤习苦练。)

---

① 参见 Achim Mittag, "Change in Shijing Exegesis: Some Notes on the Rediscovery of the Odes in the Song Period," *T'oung Pao* 79.4-5(1993): 204. 英国音乐家兼生物学家劳伦斯·毕铿(Laurence Picken,1909—2007)认为这些乐曲是唐代的,但是其他专家认为是宋代的。宴饮仪式即"饗",字形上看是两个人面对面,边吃边听音乐,"饗酒"只是在后面加了一个"酒"字。根据复旦大学朱渊青教授在普林斯顿召开的关于《尚书》的国际会议(2013年5月18日)上的发言,这是甲骨文与西周铭文研究专家的解释。
② 从钟鼓到弦乐文化的逐渐过渡显然意味着从强调绝对音高标准向专注于与律历、天文相关的音程的转变。
③ 请注意"无声之乐"一词可以追溯到公元前三百年(虽然很少见),一个较早的例子是出现在《老子河上公注》中的"无声之声"。请参阅第84页注释②《颜氏家训》的例子,那是从家长的角度对于宫廷音乐表演可能会降低统治精英地位的担忧。

从对乐曲的评价转向对歌词的评价，这一缓慢的变化过程也促成了对于俗乐的偏好倾向。这样的转换很可能是出于当时迟到的认识，即没有什么学问能使古乐原音重现。这让人们联想到经常被谴责的"郑卫之音"。在司马迁的时代，这句话毫无疑问指向两个小国的乐曲，据信它们是伤风败俗的，因为那里多用管乐而非钟磬，吹出哀怨之声，时常流于（可能受到异域影响的）小调。① 人们最初对"音"的注意力逐渐转移到"文"上。最终，朱熹（1130—1200）抨击《国风》的一些诗为淫诗，其看法引起了强烈的争议，被认为是对早期有关音乐的文献的误读和主观臆断。② 如郑樵（1104—1162）曾力争"《诗》主在乐章不在文义"。③ 但是赞同郑樵观点的人也承认，也许最初的《诗经》音乐在公元316年北

---

① 参见《史记·乐书》(24.1222—1224)。最初，郑、卫并不是被指责产生靡靡之音的仅有的两个小国，虽然最终"郑卫"成为"道德上可疑的音乐"的指代。比如，司马迁在解释了郑、卫之乐特别的弱点（"郑音好滥淫志""卫音趣数烦志"）后，也指出宋、齐两国音乐的缺点，"宋音燕女溺志"，"齐音骜辟骄志"，"四者皆淫于色而害于德，是以祭祀不用也"。班固《汉书·礼乐志》有很多关于音乐的轶事，又增加了几种不良之乐，如"桑间、濮上、郑、卫、宋、赵之声并出，内则致疾损寿，外则乱政伤民"。(22.1042)关于"濮上"之音，也可参见《史记》卷二十四《乐书第二》(24.1235—1236)。对郑卫之音的严厉指责可能来自孔子所说的"吾自卫反鲁，然后乐正，雅颂各得其所"。(《论语·子罕第九》，《汉书》卷二十二也引用了）同样地，也提到郑卫之乐优于其他诸侯国之乐。如《汉书·礼乐志》载，魏文侯最为"好古"，但是他一听古乐就昏昏欲睡，"及闻郑、卫，余不知倦焉"。据《汉书·礼乐志》，汉武帝时立李延年为乐府协律都尉，"采诗夜诵，有赵、代、秦、楚之讴"。(《汉书》22.1044)
② 德国图宾根大学的闵道安教授(Mittag Achim)有专门讨论朱熹《诗集传》的论文，"Change in *Shijing* Exegesis: Some Notes on the Rediscovery of the *Odes* in the Song Period," *T'oung Pao* 79.4-5(1993)：197-224。在这篇论文的第208页，作者认为朱熹并没有谈到《诗经》的吟唱，虽然他让弟子们"熟读"和"讽诵"。
③ 章潢(1527—1608)与郑樵一样，认为一旦《诗经》成为学术争议的话题，其音乐特征就被人们遗忘了。翰林学士们对于《诗经》的文词争论不休，因为他们对于音乐一无所知。见章潢"乐以声歌为主议"。(《图书编》，景印文渊阁四库全书，第972册，卷一一五，2660页)

方都城沦陷于"蛮人"之手时失传了,①这让许多人回避郑樵的观点,特别是当朱熹提出如此雄辩的说辞,认为"讽诵"可以"弥补"失去的古乐效果。② 许多古典学者,比如朱熹,倾向于接受没有依据的,甚至是荒谬的理论,对《诗经》作牵强附会的解读。

《诗集传序》有助于汉学家们理解郑卫之音的破坏性特征,也可能令普通读者感到信息量过大,但是从着迷于音乐的力量转向关注淫佚之辞带来的后果,这是朱熹所带来的巨大变化,它承认了无法挽回的古代圣王时代文化的遗失。

音乐与友谊:共鸣

音乐不只是友谊的比喻,或者范式。它为人类提供了独特的乐趣,激发了人们的动作与情感。③ 在早期和中古时代的话语中,社会修养,而非自我修养,似乎是可以通过不断的实践和音乐达到的最高目标,特别是俗乐对于增进亲密的,甚至仅仅是友善的人际关系起着重要的作用。④ 根据当时通行的理论,有什么是这样的音乐所能赋予而其他途径做不到的?

---

① 我指的是北方都城长安与洛阳分别在公元311年和316年落入北方蛮族之手,而令整个华北平原都置于外族的统治之下。
② 见朱熹《诗集传》对《诗经·关雎》的注释。
③ 现代神经学也印证了:"十多年前,我们研究小组用大脑成像技术显示,人们认为具有高度情感性的音乐与大脑深层的奖励系统相关——它能激活大脑皮质下的细胞核,已知该细胞核对人类所感觉到的奖赏、激励和情感有十分重要的作用。我们随之发现,人们在倾听音乐时的'高峰情感时刻'——即人们听到某段音乐时感到战栗的乐感——引起神经递质多巴胺的释放,这是大脑中十分重要的信号分子。"参见 Robert J. Zatorre and Valorie N. Salimpoor, "Why Music Makes Our Brain Sing," *NewYork Times*, June 9, 2013。
④ 人们认为,社会修养是在家庭环境中的个人日常修养实践中形成的。

音乐表演可以包含并传达逻辑思维所不能、也无法更好表达的复杂性,它可以充当表现圣人成就的"象征",①它也可以体现好友之间难以言传的亲密关系。然而音乐是被用来"点缀"情感的,使其呈现出一种节制的、平和的状态。② 当时人们普遍认为:"乐者,德之华也。"③与之相关的是,对音乐的热爱使一个人形成了一种特别的聆听习惯,使他可以屏气凝神倾听并领略情境的微妙之处,并自觉伴随着音乐的展开而投入更宏大的主题中。

赫伯特·芬格莱特曾经概述了特别富于感染力的音乐征服听众的一个多重阶段的过程。起初,一个感受敏锐的听众在进入状态以前可能会只是听到有序的音符,但最终进入凝神倾听状态,并能听出音乐的结构模式,包括它的停顿,激起他对音乐如何展开、升华的好奇心,并期待和渴望全然忘我地进入到音乐的节奏速度和对称性中。最后有一种令人震撼的美与秩序的对话,当一群热爱音乐的人一起分享的时候,更是影响巨大。

罗兰·巴特(Roland Barthes,1915—1980)说过,倾听是一种

---

① 南卡罗来纳大学的亚历山大·比科洛福特(Alexander Beecroft)解释说这是《礼记·乐记》的论点,见他的论文 *Authorship and Cultural Identity in Early Greece and China: Patterns of Literary Circulation* (Cambridge: Cambridge University Press, 2010), p. 347。法国史学家皮埃尔·诺拉(Pierre Nora)发表过关于记忆的文章,"Between Memory and History: Les Lieux de Memoires," in "Memory and Counter-Memory", special issue, *Representations* 26(Spring 1989): 1-22。在该文第9页有相似的观点:虽然"历史严格限定于时间的连续性、进展和事物的关系",记忆"只扎根于东西、实在之物、空间、手势、图像与物体"。有人也许会比较《诗大序》之语,"故正得失,动天地,感鬼神,莫近于诗"。(《文选》卷四十五,21a)
② 《史记·乐志》:"乐者,心之动也;声者,乐之象也;文采节奏,声之饰也。"(《史记》24.1221)也参见杜克大学王大卫教授(David B. Wong)的学术报告:"The Authority of Moral Beauty," presented at the "Meaning in Life" Lecture Series, Agnes Scott College, Marietta, GA, April 9, 2015。
③ 见《史记》24,1214。

心理行为,而非生理的。① 它依据所贮存的知识,重述了过去,也预测了未来。是的,音乐的魔咒,使人们与音乐、作曲家、其他听众一起体验超越时空的感觉,但一旦听者试图对其加以描述,就可能会打破这一魔咒。因为对一个人来说可能是"它让我想起妈妈唱歌",而对另一个人而言则可能是仿佛"艾拉在卡内基大厅表演",但是深刻的意识或者残留的群体沉浸感常常使人们在音乐结束后试图记录下个人的体验,②传递一种延续感与满足感。③

最著名的曾侯乙编钟则提醒我们关于音乐的另一种特征。刻在青铜编钟上的错金铭文音位体系总是用相应的音位标准来描述所发出的声音,一种来自曾国,一种来自其邻国楚国,它们相互关联,所有的音位都可以互相对应。这是为何呢?两组不同的音位体系适用于不同的音程,表明了两个邻国之间的密切关系,暗示这些编钟是在可依赖的盟友的交流中形成的。音高标准的规定被认为是和反复出现的关系相辅相成的,其中的变奏产生了令人愉快的共鸣,而不是静止的、不相关的点,让人马上联想到两个描述音乐与友谊的词:"和"与"节"。在古希腊和拉丁语中,harmonia(和声)与 nodus(节)是联系在一起的,意思是"加入"

---

① 罗兰·巴特的原文是:"Hearing is a physiological phenomenon; listening is a psychological act."。它被引用于 Veit Erlmann, *Reason and Resonance: A History of Modern Aurality*, New York: Zone Books, 2010, p. 21, note 28。
② 关于此,赫伯特·芬格莱特与我在 2017 年 5 月 4 日曾经有过一次交谈。比较《论语·八佾》里孔子对鲁国乐官谈论演奏音乐的道理时这样说:"乐,其可知也。始作,翕如也;从之,纯如也,皦如也,绎如也,以成。"也参见 Erica F. Brindley, *Music, Cosmology, and the Politics of Harmony in Early China* (Albany: State University of New York Press, 2012), p. 149。
③ 叔本华谈到了审美经验中的"个性化消解"。参见 Arthur Schopenhauer, *The World as Will and Representation* (1819), trans. E. F. J. Payne (New York: Dover, 1969), pp. 31-34。(因为中文没有在相同程度上突显个性化,我用接近的语言来表达,但会造成一点差别。)

"束缚"或"绑定"等,在古汉语中也是如此,听觉运动配合某些完美比例的间隔,虽然是张力的产物,但可以给时间的无形流动增添美感。只要节奏与和声的结合很好地平衡了音乐的即兴与瞬间特征,它就可以控制,甚至重构颤抖的感觉、紧张与情绪,推动人们和整个社群认同共享的行动与价值。这种动能来自音乐的原动力,即"人类精神与宇宙本身的原始现象"。①(请注意假定的事实与价值、目标与效果、规律与变化的深刻相互渗透,是随着音乐的共鸣由里而外发生的。)

节奏与和声一起提供了把天地之间的微观世界与宏观世界联系起来的理想方法,就像社会关系中的友谊一样。这样的方法搁置了发送者—媒介—接收者之间线性联系的简单模式,或者对生物—文化的简单划分。随着奇妙的打击节奏所引起的共鸣,聆听的耳朵成为"形而上的中心器官",令人猜想音乐的愉悦感是来自音调的连续性,听众的兴趣,还是来自生者之间,或者生者与死者之间深刻的交流。② 无论如何,就如一段中国古代的文字所说的那样,和他人一起感受到世间的祝福和美好的情感。③ 因此,音乐表演是最重要的、行之有效的"滋养身心"的方式,④因其

---

① 参看德国浪漫主义代表人物之一奥古斯特·威廉·施莱格尔(August Willelm Schlegel,1767—1845)对于"节奏"的理解,正如吕讷堡大学(Leuphana University of Lüneburg)历史系教授在她下列专著中所讨论的,Janina Wellmann, *The Form of Becoming: Embryology and the Epistemology of Rhythm, 1760–1830*, trans. Kate Sturge(New York: Zone Books, 2017), p. 20, note 28。
② 关于德里达的解读,请参阅厄曼 *Reason and Resonance: A History of Modern Aurality*(New York: Zone Books, 2010), p. 60。
③《焦氏易林》卷一《蒙卦》:"蒙之同人,所受大喜,福禄重来。乐且日富。"
④ 东汉时代一篇关于古琴的文章(见严可均辑《全后汉文》卷一五)有"古者圣贤玩琴以养心"之句。《史记》有一段话可能是引自《荀子》,即"乐在宗庙之中,君臣上下同听之,则莫不和敬;在族长乡里之中,长幼同听之,则莫不和顺"。(《史记》24:1220)此外该篇还有一句相关的表达:"正声感人而顺气应之。"(《史记》24.1206)

超凡脱俗和无拘无束而远远超过礼仪规范。音乐是令人不可忽视的恩赐,它具有使人愉快的对称性,寓示着"解释部分宇宙的方式也可以用来解释其他部分"。因为宇宙中无数的东西在组成部分与维度上都是对称的,为建立伦理、神学和物理秩序之间的联系提供了可能,也消除了对于不可预测的偶然性的恐惧。①

亲密的友谊也是如此。偶尔机智的对答或者揶揄("疾节"),轻松,连贯,得体,和谐,也使人生变得更美好。② 碰巧的是,在音乐中,最令人愉悦的和音也是来自最简单的音程的比率。③ 这也同样应用于真正的友谊:关系越自然,满足感越高。一位西方的权威认为:"人类的声音似乎最让我们感到愉悦,因为它直接打动我们的灵魂。同样,一位亲密朋友的声音格外令人高兴,也是因为情感的共鸣。"④友谊为生活增添了滋味,用一句中文来表达,

---

① 这段英文文字参见 Daryn Lehoux, *What Did the Romans Know？: An Inquiry into Science and Worldmaking* (University of Chicago Press, 2012), p.178。内容只有微小的改动。在该书的第 199 页,作者这样写道:"和谐,似乎是对众多现象的一个很好的解释,它结合了至善与最高理性:宇宙、神、灵魂、愉悦与道德义务。还有什么比它更好的解释呢?" 这本书的第八章《终极理论之梦》启发了我的思考。
② 也许有人会把我的观点与 Jane Brody 于 2017 年 6 月 12 日发表在纽约时报(New York Time)上的一篇文章中的评论作比较。她这样写道:"数十项研究表明,那些有着令人满意的亲情、友情以及社群关系的人们总是更快乐,更少有健康问题,并且更加长寿。"请见该文章的网络版:https://www.nytimes.com/2017/06/12/well/live/having-friends-is-good-for-you.html。
③ 参见 Bagley(2000),61。
④ 请看音乐史学者厄曼翻译的一位 15—16 世纪意大利学者吉罗拉摩·法兰卡斯特罗(Girolamo Fracastoro, 1478—1553)的著作 *De sympathia* 的英译本:*Reason and Resonance: A History of Modern Aurality* (New York: Zone Books; Cambridge, Mass.: Distributed by MIT Press, 2010), p.45。《纽约时报》(New York Times) 发表了一篇关于亲密好友在神经方面的相似性的文章:Natalie Angier, "You Share Everything with Your Bestie. Even Brain Waves," *New York Times*, April 16, 2018, www.nytimes.com/2018/04/16/science/friendship-brain-health.html。还有同样作者的另一篇文章:"Why We're So Nice: We're Wired to Cooperate," *New York Times*, July 23, 2002, www.nytimes.com/2002/07/23/science/why-we-re-so-nice-we-re-wired-to-cooperate.html。

即它能"滋润心灵",并且"精妙微纤"。①《尚书·说命下》记载了武丁与傅说的一段对话,他说:"尔惟训于朕志,若作酒醴,尔惟麹糵;若作和羹,尔惟盐梅。"②在几乎所有流存的故事中,受到历史观影响的个人感知,把几乎所有流存故事中没有逻辑关联的话题交织在一起。③

友谊的本质

绝大部分人认为,明清时代的家庭关系是所有人与人之间关系的最重要的范例,无论是典型的五人小家庭,还是由婚姻和丧葬纽带编织而成的更大的网络,将最好的朋友变为准亲属。④ 但实际情况恰好相反。多数现存的早期文本描述了多样的友谊,这些友谊被认为随着亲密程度的增加而带来更大的满足感。亲密关系定义了一个人的感受力,并且把欲望、能量和智性融合在一起,使人们持续"在特定的关注目标之间游移、作出反应,形成吸

---

① 《吕氏春秋》卷十四《孝行览·本味》中伊尹对汤谈论"至味"的时候,这样描述道:"鼎中之变,精妙微纤,口弗能言,志不能喻。"这里"鼎"可能代表社会。见:Knoblock and Riegel(2000),309。

② 这里的《尚书·说命下》的文本不是新"发现"的清华简本。可参见理雅各(James Legge,1815—1897)的英译:*The Chinese Classics* (Oxford: Clarendon, 1865—1895), v. 2, p. 259。

③ 这里我想到了美国华人地理学家段义孚关于"空间"的专著:*Space and Place: the Perspective of Experience* (Minneapolis: University of Minnesota Press, c1977)。他总结了"空间"的三种含义:一是事情发生的物理空间;二是"气"与空白的空间和地点的关系;三是个人经验的范围。一个人必须使用知觉(味觉、嗅觉、视觉、触觉和听觉)来体验这些事物,而一个人的知觉会受到他或她的历史感(对于生活经验的想象)的影响。在我看来,音乐与友谊都与这三种含义的"空间"相关。

④ 之所以这么说,部分地是因为在《诗经》的部分章节和《论语·为政》中,兄弟姐妹被指代为"友"。

引力,将我们与世界联系在一起,使它变得更好或者更坏"。① 在其中起作用的,主要是各种吸引力和把人们与家人以外的人连结在一起的承诺,以及人们表达情感和义务的方式。不可否认,一些家庭成员如妻子、兄弟姐妹,甚至父亲,也可能像亲密朋友一样,正如早期文本所显示的,但是家庭成员却不是一成不变的"可以信任的"灵魂伴侣。② 甚至师生也可能互为朋友。③

据我所知,没有一个早期中国的思想家们会认同塞内卡(Lucius Annaeus Seneca,公元前4年—公元65年)所宣称的"智者自足""无友亦乐居"。④ 中国的思想家们似乎更亲近亚里士多德,他说过,友谊"是我们的生活中最必需的",并且他坚持认为"没有人会选择无友而居,即使他拥有其他一切",比如财富、权力、名望、舒适和美丽。⑤

---

① 参见 Murdoch(1993),p.496。
② 阿瑟·韦利(Arthur Waley,1889—1966)写道:"对欧洲诗人来说,男人与女人之间的关系是十分重要又神秘的。对于中国人来说,这是很平常又显而易见的事——身体的需求,而不是情感的满足,后者完全为了友谊而保留的。"参见 Arthur Waley, trans. *Hundred and Seventy Chinese Poems* (London: Constable, 1918), p.5。许多诗歌和书信证明了这一泛泛之论的荒谬,如《文选》中收录的潘岳的《悼亡诗》、陆机的《叹逝赋》以及哀叹亡夫的诗歌作品。见 Knechtges(1982—1996),v.3, 177, 183-92。本章试图用更普遍的术语来描述具有深刻情感的亲密友谊。
③ 见《后汉书》67.2217,68.2227。
④ 请看塞内卡的 *On Philosophy and Friendship*(《关于哲学与友谊》)一文,收录在迈克尔·帕卡鲁克(Michael Pakaluk)主编的书: *Other Selves: Philosophers on Friendship* (Indianapolis, IN: Hackett Publishing, 1991)。当然,塞内卡的观点迥异他人,包括他同时代的人。参见 Craig A. Williams, *Reading Roman Friendship* (Cambridge: Cambridge University Press, 2012), Chapter 1。
⑤ 见亚里士多德的 *Nicomachean Ethics*(《尼各马可伦理学》)1155a4—6。西塞罗有着相似的观点,他强调,"没有友谊的人生了无生趣"。见他的《论友谊》(*De amicitia*)一文,也收录在 Pakaluk(1991),110。对亚里士多德来说,"完全的友谊是良善者的友谊","性相近者,志趣相投"。见亚里士多德的 *Nicomachean Ethics*, 1156b7—8,1157a11—12。慕尼黑大学汉学所研究员夏玉婷(Maria Khayutina)谈到,西周与东周铭文证实了"人不知则愠"。她的未发表的论文数处引用了《诗经》中的作品。

不过，如音乐一样，友谊被认为很难用语言来描述，它可以是先验的，也可以是后知后觉的（见下文），有着强烈的个性色彩，甚至是怪异的，易变的。① 所以，当人们阅读古人的友谊时，你只有设身处地才能理解在那种场景下他们的心意相通和默契。② 早期和中古时代的人们认为，与值得钦佩的、令人愉悦的朋友相交是人生至乐。也就是说，最令人满足的状态通常融合了友情和音乐，而孤独则易使人忧郁、压抑和患病。虽然官场上和私底下的交友在背景和类别上确有不同，早期文献关于亲密关系的描述却是相似的。③ 友谊被描述为"帮助友人施展其才华"，也就是我们所说的让他们达到"事业的成功"。故事中的名人是否具有历史的真实性，都是无关紧要的，因为这些传奇人物个性化的亲密友谊一直千古流传。

要寻找知己相交的例子，人们首先自然想到的就是伯牙与钟子期（见上文），其次就是管仲与鲍叔牙。关于他们的传说出现在许多大同小异的故事中。④ 在春秋时代，管仲是齐国最有名的贤

---

① 参见 Picken(1977)。
② 请参见：Nehamas(2016), lecture 3。下面我会选取一些关于关系破裂的例子来讨论。每个例子都试图解释其合理性，让我们看到曾经田园诗般的友谊的暗淡的一面，它们证明了，想要确定或者预测人们之间强烈吸引的本原似乎是绝无可能的。
③ 虽然有人会试图把一些故事贴上儒家、道家或法家的标签。用这样的宗派观来看待远古的历史是不合时宜的。
④ 很多关于管仲与鲍叔牙关系的故事情节取自埃里克·亨利(Eric Henry)下面这篇论文的精辟的概括，"The Motif of Recognition in Early China," *Harvard Journal of Asiatic Studies* 47(June 1987): 5-30。其他早期的友情故事很明显不是发生在亲属之间，如《左传·襄公 26 年》中的伍举与声子，他们的父亲是朋友，还有《左传·定公 4 年》中的伍举之子伍子胥与申包胥。显然，它们反映了春秋时代存在非亲属间的亲密关系。感谢李惠仪和夏玉婷给我提供了这些故事。

相。① 他得到齐桓公的重用,为他称霸诸侯铺平了道路。管仲厥功至伟,以至于孔子感叹说:"微管仲,吾其披发左衽矣。"② 然而,管仲后来面对的是晚年昏庸的齐桓公统治下的最后时光。在齐桓公死后,尸体因内乱被搁置了数月,后来才被草草"敛葬",很多人都责备管仲(而不是齐桓公)浪费了齐国的道德、政治和财政资源,让曾经国力强盛的齐国沦为"笑柄"。③ 也有很多人批评管仲为相不够"大忠",只是"次忠",因为他辅佐齐桓公未能做到"以道覆君而化之",因而没能让齐国长治久安。④

虽然管仲为相称不上典范,但他与鲍叔牙的深厚友情为他在历史上赢得了一席之地。在齐桓公还是公子小白的时候,管仲是他的王权竞争对手公子纠的坚定支持者,他曾经试图杀死公子小白。但是幸运的是,他的箭射偏了,只是射中了公子小白袍子上的带钩。公子小白不仅在这次刺杀中幸免于难,而且出人意料的是,他发愤图强,击败了竞争对手,包括管仲辅佐的公子纠。齐桓公一即位,就立刻任命鲍叔牙为相。在管仲袭击公子小白的时候,鲍叔牙已经认识管仲了。尽管发生过这样的事件,鲍叔牙还是在他任相的早期就决定推荐管仲作为他的继任。⑤ 鲍叔牙推荐说,他的朋友管仲在五个方面都比他优秀,无论从某一方面还是综合来看,管仲都是相位的更好人选:"臣所不如管夷吾者五:

---

① 郑国的子产(?—前522年)也是声名卓著,但是与齐国相比,郑国要小得多。
② 见《论语·宪问》。
③ 见《论语·八佾》:"子曰:'管仲之器小哉。'或曰:'管仲俭乎?'曰:'管仲有三归,官事不摄,焉得俭?''然则管仲知礼乎?'曰:'邦君树塞门,管氏亦树塞门;邦君为两君之好,有反坫。管氏亦有反坫,管氏而知礼,孰不知礼?'"
④ 见《韩诗外传》卷四。当然,管仲对齐桓公的影响从未被怀疑过。在《韩诗外传》卷四中,还提到"子胥之于夫差,可谓下忠也"。英译参见 Hightower(1952), pp. 125–26。
⑤ 见《国语》卷六《齐语》。也可见《左传·庄公九年》。

宽惠柔民,臣弗如也;忠信可结于百姓,臣弗如也;①制礼约法于四方,臣弗如也;决狱折中,臣弗如也;执枹鼓立于军门,使士卒勇,臣弗如也。"②

鲍叔牙热忱为管仲辩护,与晚年的管仲不同的是,鲍叔牙不会仅仅因为政治恩怨和个人得失,而忘记自己作为人臣的责任,尤其是当他热爱的齐国处于危难之中的时候。所以管仲最终被任命为相,而且至少在辅佐齐桓公的初期,他励精图治,特别是在外交和财政方面谨慎从事,使齐国富强。鲍叔牙如此坚定地支持管仲,令人惊奇,因为根据故事的记载,管仲在与鲍叔牙的早期交往中有过多次不光彩的行为,按照传统标准,即使是一个稍微有点原则的人也会与这样的人断绝所有关系的。

在一个冗长的故事中,提到了与管仲有关的五件事:一是当他们合伙做生意的时候,管仲获取了超出他本钱的红利,鲍叔牙对此并不介意,因为他知道朋友穷困潦倒。二是管仲曾为鲍叔牙出谋划策,而后来事败后,鲍叔牙从未责备过他,相反,鲍叔牙认为是由于时机尚未成熟。三是管仲曾经三次为官并三次被免职,鲍叔牙不认为是因为他无能,而是认为管仲还没有找到与其才能相称的职位。四是管仲三次打了败仗,从战场逃走,鲍叔牙也从没视他为怯懦之人,因为知道他有老母要侍奉。五是公子纠失败后,管仲登上囚车受辱,没有随公子纠赴死,鲍叔牙认为管仲这样做是明智之举,因为他知道管仲决不甘心在功成名就前死去。从以上的每一次事件中,鲍叔牙总能看出管仲隐藏于潦倒外表背后的本色。因而,管仲在晚年发出这样真诚的感慨:"生我者父母,

---

① 由于在不同的版本中,有时候是"忠信可结于百姓",有时候是"忠信可结于诸侯",在这里的英文翻译中,我用了"others"来泛指管仲以忠信结交的对象。
② 见《韩诗外传》卷十。见 Hightower(1952), p. 319。

知我者鲍叔也。"①对于朋友性格与能力的敏锐洞察力是友谊(也是人生)的真正基础,也是贯穿了古代文学的一个主题。②

因而,鲍叔牙比管仲更广受好评。在一次想象的对话中,孔子告诉他的门人子贡,鲍叔牙对齐国的崛起功不可没,因为是鲍叔牙把管仲推荐到至高的权位上。"知贤,知也;推贤,仁也;引贤,义也。有此三者者,又何加焉?"③

桓谭在谈到辅佐之术时,提到"三难""二止善"。其中包括了君臣之间的疏离与不信任。不出所料的是,桓谭把管仲、鲍叔牙与齐桓公之间的关系视为理想的例证。他说:"非君臣致密坚固,割心相信,动无间疑……则难以遂功竟意矣。"④与鲍叔牙相反的是那些"诸邪背叛之臣,皆小辨贪饕之人也",他们挑起事端,试图阻碍才能非凡的君子。⑤ 在关于管仲和鲍叔牙友谊的官方记载中,鲍叔牙显示了对他的朋友的惊人预见力、远见卓识和宽广胸怀,而管仲则是这位好友的幸运受益者。

人们可能会比较三对传奇人物的故事,他们的友谊是私人的,也是互惠的。这三对人物是:伯牙与钟子期(上文已提及)、庄子与惠施,还有《庄子·内篇》中提到的好友。无疑,庄子与惠施是最奇怪的一对。史书记载的惠施,是一位法律制定者和智者,⑥一个遍游诸侯国、书富五车的"智囊",一位喜爱名辩思想的

---

① 见《列子·力命》。在这里举的不少例证见于 Eric(1987)。
② 可参见司马迁的《报任安书》中的评论。相关英译可见 Stephen Durrant, Li Wai-yee, Michael Nylan, and Hans Van Ess, *The Letter to Ren An and Sima Qian's Legacy*(Seattle: University of Washington Press, 2016)。
③ 见《韩诗外传》卷七。也可见 Hightower(1952), p. 247。
④ 见《新论》,严可均辑《全上古三代秦汉三国六朝文》,台北:世界书局,1961,卷十三,5a—6a。
⑤ 同上。
⑥ 据说,惠施代表魏惠王起草了魏国的法律。见《淮南子》第十二篇。

人和悖论的创造者。他意图说服同行不要用狭隘的眼光看世界,因为逻辑可以轻易被颠覆,他的同仁用"卵有毛""轮不碾地""火不热"等说法来回应他,但这些智趣游戏究竟能带来何种启发,却始终不得而知。而另一方面,逻辑大师庄子运用这些智趣游戏来终止这样的活动,他认为这样的游戏很少能解决生活的难题,也不能鼓励人们改善行为。庄子敏锐地看到,惠施从未努力获得平静或愉悦。他更像虻一样飞来飞去,而不是像一个实践智慧的寻求者。庄子因此在一首打油诗中写了这样一句有讽刺意味的诗:"天选子之形,子以坚白鸣。"

91 《庄子》一书提供了其他关于完美友谊的动人图景,强调好友就像"道"本身,以独特的方式自然而然地得到。

> 子祀、子舆、子犁、子来四人相与语曰:"孰能以无为首,①以生为脊,以死为尻,孰知死生存亡之一体者,吾与之友矣!"四人相视而笑,莫逆于心,遂相与为友。
>
> 俄而子舆有病,子祀往问之。曰:"伟哉,夫造物者将以予为此拘拘也。"
>
> 曲偻发背,上有五管,颐隐于齐,肩高于顶,句赘指天,阴阳之气有沴,其心闲而无事,跰(足鲜)而鉴于井,曰:"嗟乎!夫造物者又将以予为此拘拘也。"
>
> 子祀曰:"女恶之乎?"
>
> 92 曰:"亡,予何恶!浸假而化予之左臂以为鸡,予因以求时夜,浸假而化予之右臂以为弹,予因以求鸮炙,浸假而化予

---

① "无"(字面意思是"没有"),在佛教文献出现以前常常被错译为"不存在",在早期关于宇宙起源的文本中,它指的是"无形"或者"不可见"。而"有"(字面意思是"拥有"),指的是可见的事物、关系、人与事件。

之尻以为轮,以神为马,予因以乘之,岂更驾哉!且夫得者,时也;失者,顺也。安时而处顺,哀乐不能入也,此古之所谓县解也,而不能自解者,物有结之。且夫物不胜天久矣,吾又何恶焉!"

俄而子来有病,喘喘然将死。其妻子环而泣之。子犁往问之,曰:"叱!避!无怛化!"倚其户与之语曰:"伟哉造化!又将奚以汝为?将奚以汝适?以汝为鼠肝乎?以汝为虫臂乎?"

子来曰:"父母于子,东西南北,唯命之从。阴阳于人,不翅于父母。彼近吾死而我不听,我则悍矣,彼何罪焉?夫大块以载我以形,劳我以生,佚我以老,息我以死。故善吾生者,乃所以善吾死也。今大冶铸金,金踊跃曰:'我且必为镆铘!'大冶必以为不祥之金。今一犯人之形而曰:'人耳!人耳!'夫造化者必以为不祥之人。今一以天地为大炉,以造化为大冶,恶乎往而不可哉!"成然寐,蘧然觉。①

而当一个人意识到自己未能结成亲密的友谊,却为时已晚,无法纠正错误,那么他将痛悔不已。我想,这样的悔恨也反映在司马迁的《报任安书》中。这封信通常被草率地解读为司马迁为了完成《史记》这部皇皇巨著而没有自杀。尽管遭受宫刑之辱,且"身残处秽"。② 诚然,无论这封信是出自司马迁之手,还是有后人为明其心志假托司马迁而作,这封信遵循了当时标准的修辞手

---

① 见《庄子·大宗师第六》。可参见:Watson(1968),pp. 48-49。
② 张瀚墨在他的博士论文(2012)中对这封信及《史记》卷一百三十的真伪提出了争议,但是他的推理并不令人信服。我的观点是,这封信是一篇即兴的文学作品,但是尝试在当下来考证什么是真实的情形,可能注定是要失败的,而这也不是一个特别有趣的问题。要了解更多的信息,可以参见 Durrant et al. (2016)。

法,确实提供了预料中的理由。但在这封冗长的信中,理性的部分只是占了很小的比例,还有其他更多的内容。这里的"更多",包括结交和维护友谊价值的警世故事。

司马迁开门见山,谈到任安"教以慎于接物,推贤进士为务"。然后紧接着,提出了许多官吏都会面对的难题:虽然深厚的友谊带来了一定的风险,不向朝廷推荐人才可能也同样有风险。因为如果在朝廷上与他人保持疏远,那么,就可能找不到支持者。

其中的道理不言自明:那些受益于道德教化者,以帮助别人为乐(此乃"仁之本原");他们以适当的予取为己任。这就是有德行的人的成名之道。在回顾了为朝廷效力的二十年人生后,司马迁托名于他的文学人物承认,他的作为微不足道,既不能安邦,也不能定国。年少时的司马迁,不甘心困于"乡曲",一心希求得到主上汉武帝的荣宠。这封信的作者的遣词用语令人好奇:"日夜思竭其不肖之材力,务一心营职,以求亲媚于主上。"

在《史记》显著的段落中,司马迁指出,热恋中的人愿意为对方做任何事,如果需要的话,甚至甘死如饴。司马迁把他与武帝的关系误解对彼此坚信不疑。[1] 这就是为什么司马迁误以为,他可以抗议朝廷对李陵,这位与士兵共患难并得到他们效忠的最杰出将军的不公正处置,而不必顾虑自身的安全。但是汉武帝和他的朝臣无视李陵(显然还有司马迁)的忠诚,只有当李陵在战场上获得一次又一次胜利的时候才表示了赞赏。一旦李陵因请求增

---

[1] 众所周知,根据古老的中国文学传统(至少可追溯到《楚辞》),臣被喻为与君相恋的女子。李惠仪和我认为,司马迁的《报任安书》把这一比喻推到极致,他对汉武帝的爱就像女子对恋人的绝对忠诚。由此信可见,这就是为什么司马迁看到汉武帝的反应后感到震惊。可参见 Stephen Durant, Wai-yee Li, Michael Nylan and Hans Van Ess, *The Letter to Ren An and Sima Qian's Legacy* (Seattle: University of Washington Press, 2016)。

第二章 兴:音乐和友情的共鸣

援不得而失败,那些薄情寡义的朝臣们又忙不迭地谴责他,因为让李陵成为替罪羊有着双重目的:既掩饰了朝廷在李陵战败中的责任,也让自己脱了干系。为了在朝廷讨论中获得更多的支持,司马迁不顾一切地"推言陵之功",结果招致最严厉的报复。在朝堂之上没有一个大臣为司马迁辩护,显而易见的原因是他从未与什么朝臣结交,甚至他那些富有的亲戚也无意解救他。

因此,他只有两个选择:要么自杀,这是像他这样身份的人通常会选择的保全名誉的方式;要么,完成父亲未竟的工作,希望以此挽回部分家族的名声,就像不幸失败的古代贵族,"恨私心有所不尽"。在他当时的情况下,司马迁感叹自己"虽材怀随和,行若由夷,终不可以为荣,适足以发笑而自点耳"。

在遭遇宫刑之前,司马迁是有机会与他的同僚们结交的,但在受刑之后,他对此不再抱有任何幻想,哀叹此生缺少至交好友,只能寄希望于作品得到后世读者的共鸣:死后是非总有定论!如果所著之书,能藏于名山,流传到能读懂它的人手上,那么即使备受屈辱,身体被损伤,也无怨无悔!

从被遗弃到被问罪待死,这封信几乎是关于断交(见下)的可怕故事。无疑,亲友才是令人永远依恋的所在。而司马迁可能相信,每一个知交都带来了最持久的人生乐趣,而只有当友谊使人们通过互相学习而心智成熟,并远离放纵和伤害的时候,才有美好的结局。

另一对有名的知己可以追溯到西汉初期的魏其侯窦婴与太仆灌夫,他们的故事被见证者记载于《史记》中。[1] 故事的梗概是

---

[1] 见《史记》卷一〇七《魏其武安侯列传第四十七》(《史记》47.2839—2856)和卷一〇一《袁盎晁错列传第四十一》(《史记》47.2747);《汉书》卷五十二《窦田灌韩传第二十二》(《史记》22.2375)和卷六十二《司马迁传第三十二》(《史记》22.2733)。

这样的:汉景帝统治末年(公元前141年),窦婴(窦太后之侄)身居多个要位,尽管早年他也曾激怒过太后。经历了"七国之乱"后,汉景帝求贤若渴,希望在值得信赖的刘、窦家族中选拔才能出众者,并看中了窦婴,认为宗室中"无如婴贤"。尽管窦婴几次推辞不就,汉景帝还是封其为大将军,并赐金千斤。窦婴告知属下军吏,这些赏金,有用辄取之,他自己则分文不取。

窦婴攻下战略要点荥阳,并继续东征齐、赵。由于迅速平定"七国之乱",窦婴与另一位将军周亚夫一起,在后来的景帝统治时期共同辅佐朝政。但窦婴固执又骄傲,继续回绝景帝与太后的恩赐。不久,窦婴的自以为是和一意孤行已经远近闻名。事实上,窦婴更喜欢把时间与精力花在最亲密的朋友灌夫身上。灌夫是一位曾在征战南方时多次负伤、军功赫赫的英雄。如窦婴一样,灌夫以对下属的正直大方而闻名。他们相得甚欢,情同父子,只恨相知太晚。

窦婴与灌夫的深厚交情使他们毫不掩饰对田蚡的不满,而后者新近被任命以国家的最高官职宰相。他们之间持续的嫌隙与争执终于导致汉武帝派遣御史以裁决。灌夫,三人中最缺乏人脉者,很快就成了替罪羊,而窦婴后来也被软禁。窦婴意识到自己对朋友的失势负有很大的责任,因此决意为灌夫出头,据理力争。他带着汉景帝给他的遗诏,来到朝堂之上,希望能单独面见汉武帝。但是由于尚书处找不到此遗诏的副本,窦婴被弹劾伪造诏书,被斩首于市。公元前131年和公元前130年,窦婴和灌夫分别以最惨烈的方式被处死。"两人相翼,乃成祸乱。"①

---

① 见《史记》卷一〇七《魏其武安侯列传第四十七》末节。(《史记》47.2856)

尾生的故事也有着悲剧性的结局。① 尾生与一女子相约见于桥下,女子没有现身,可能是路上因暴雨所阻,而河水却不断上涨。为了信守诺言,尾生决意留下来。他环抱桥柱,很快被上涨的河水淹没。历史已经谴责了他,认为他"离名轻死"。② 的确,"士为知己者死"。③ 但是亲密之交意味着发掘和增强一个人的能力,而不是混淆是非,导向死亡。

交 游

古代的作者了解他们同时代读者的想法。下面文献中所引用的段落向我们展现了在遥远的过去人们是如何结交的。我们可以先看一些寻常的交往形式,它们旨在通过美好的举止和相互的尊重而培养精英的社交能力。④ 赠送礼物,一种赋予馈赠者和接受者荣誉的行为,⑤是远古传统社会交流的核心特征之一。如《左传》有关记载所示:男子相见的礼物,大的是玉帛,小的是禽

---

① 见《庄子·盗跖第二十九》,"尾生溺水,信之愚也"。参见:Watson(1968),257。
② 同上。
③ 《史记·刺客列传第二十六》引豫让语。《战国策·赵策一》中也同样引用了(《战国策》18:4/617),看来这是一句谚语。
④ "美好的举止"和"相互的尊重"(休谟语)与正义的规则有着相似的目的:它们赋予弱势者权力和平等的地位,增强互相的脆弱感和稳定的依存感。它们甚至可以增加非正式的权利与义务。强者之间的合作才能使权利与礼仪得到尊重。见 Annette C. Baier, "Trust," two lectures presented at the Tanner Lectures on Human Values, Princeton University, Princeton, NJ, March 6 – 8, 1991. 该书的第131—132页引用了休谟(David Hume, 1711 – 1776)的话。原文见 David Hume, *Enquiries*, eds. L. A. Selby-Bigge and P. H. Nidditch(Oxford: Clarendon Press of Oxford University Press, 1978), p. 261。
⑤ 例如,《左传》认为晋国最明显的成功标志就是郑国送给晋国的战车、乐师、编钟和石磬。见《左传·襄公十一年》。亦见《左传·庄公二十四年》。这段话本来特指聘礼,但是这段话让我们感到,希望彼此结交的精英互相馈赠礼物是如此普遍。

鸟,往往以数量多寡来表明自己的身份。① 万章,孟子的弟子,反复要求孟子指明,是否或者在什么情况下一个人可以适当地拒收礼物(礼物可能是一条活鱼,可能是一处封地,也可能是一个王国)。孟子淡淡地说,在一个理想的时代,贵族用放有黑、黄色丝绸的篮子迎接君子,平民百姓携带装满干粮美酒的篮子欢迎周王的士兵。② 但是万章进一步追问,恳求能得到关于民间社会交往方面的实际事务的更多指点。因此,孟子告诉他,所有社会关系必须反映一种根深蒂固的尊重,如果询问馈赠者礼物是否通过诚实途径得来,那是对他的一种贬低。令我们十分惊奇的是,孟子坚持认为,一个值得效仿之人如果希望建立有尊严和富有成效的社会关系,也许任何情况下都不该拒收礼物,哪怕心里并不情愿。没有一种礼貌的方式可以开脱对他人慷慨大方的不信任,或者故意蔑视应有的礼仪,即使有人持有不当礼物的凭据向接受者暗示赠与者的不合礼法。

孟子想起《论语》中的孔子总是能找到合乎礼仪的聪明方式,避免公然拒绝别人的礼物,以免断绝某种社会关系。《论语》中的孔子几乎从来不反对介入到康德可能会认为在道德上令人起疑的行为,敦促他的追随者保持广泛的社会关系,因为与那些声称拥有良好出身和教育背景的人交往,很可能帮助孔子达到他的双重目的:个人的自我实现,还有更广范围的社会教化。③ 正如孟子所说,孔子要施行其道。关于赠送或者赐予礼物的适当方式的论述从不缺乏,而志在治国的智者不敢破坏这种交流的合理性,

---

① 见《左传·庄公二十四年》:"男贽大者玉帛,小者禽鸟,以章物也。"
② 原文见《孟子》卷六《滕文公章句下》:"其君子实玄黄于匪以迎其君子,其小人箪食壶浆以迎其小人。"也可参见刘殿爵(D. C. Lau)的《孟子》英译: *Mencius* (Harmondsworth, Penguin, 1970), p. 115.
③ 例如,尽管孔子的门人质疑他与南子见面是否得体,孔子还是愿意与她相见。见《论语·雍也》。

第二章 兴：音乐和友情的共鸣

尽管也有人在这方面行为不端。在日常生活中有时要解决对待他人的气度、礼仪、审慎和善意等的冲突，可能会很困难，特别是当人们对旧友故交觉得责无旁贷的时候。尽管如此，一个人最好还是不要标榜自己"太过纯洁"，无法参与寻常的社会关系。①

有一个传说谈到孔子帮助老友原壤埋葬了其母，原壤居然对尸而歌，孔子假装什么也没有听到。他的门人惊讶于原壤行为的不当，要求孔子与他绝交。而孔子反驳说："我听说亲属之间不会忘记他们的血缘关系，而老朋友也不会忘记他们历经时间考验的友情。"②另一个例子记载于《孟子·滕文公下》，讲述的是当权者阳虎意在通过赠送礼物，强迫孔子与他结成恩主—门客关系，而孔子故意选择阳虎不在家的时间去他家致谢，这样既合乎礼仪，又可以保全自己不易为人收买的名声。对于这种讨巧的两可行为的批评，通常会打击儒家把"横向"的友谊置于"纵向"的上下等级关系之上的倾向，但是文学记载证明了，在儒家圈子内外，特别重要的是谦恭地遵从社交形式，包括交换礼物。③ 如一个东汉的

---

① 这与老子对孔子的教诲是同样的。见《史记·孔子世家》。
② 见《礼记·檀弓下》："夫子曰：'丘闻之，亲者毋失其为亲也. 故者毋失其为故也.'"（《礼记》10B. 24）也可参见 Legge(1885)，vol. 1, 198—99。关于人们可以依靠"旧友"的想法至少可以追溯到《尚书·大诰》，周公对旧臣说，"尔惟旧人"。《左传·桓公二年》有"公及戎盟于唐，修旧好也"之语。《汉书》卷五十《张冯汲郑传第二十》谈到"一死一生，乃知交情；一贫一富，乃知交态；一贵一贱，交情乃见"。（《汉书》50. 2025 页）
③ 墨子批评那些追随孔子的好古之师，因为他们高估了诸如夫妻之间的横向关系。请见《墨子·非儒下》。马硕(Maxim Korolkov)发表在《通报》的一篇关于早期中国的名帖的文章谈到了一些禁忌："Greeting Tablets in Early China: Some Traits of the Communicative Etiquette of Officialdom in Light of the Newly Excavated Inscriptions," T'oung Pao 98. 4–5(2012): 295–348。礼物通常伴随着那些名帖。马硕把这些名帖与礼物视为必要的社会润滑剂，保证行政官僚机构可以运作。尹湾墓主东海郡功曹师饶曾经培植了一个庞大的联系网络，它覆盖了三郡，也许达到了长安。见海德堡大学纪安诺教授(Enno Giele)的文章："Signatures of 'Scribes' in Early Imperial China," Asiatische Studien/Études Asiatiques 59. 1(2005): 353–87。

113

文本所言,"郡中豪族多以奢靡相尚"。①

虽然这里可以提到很多古代贵族社会的背景和社交活动,包括"存问""问疾""问起居",以及在特定场合出示一个人的名帖和礼物,也许最能有效证明早期帝国精英交往的两个主要背景分别是礼经和《左传》中关于男子饮酒仪式②的描述(许多这样的宴饮都不免混乱③),以及精心设计的重申亲属和友谊关系的丧礼。④绝大部分汉学研究都忽略了宴饮,其实乡饮酒礼与丧礼有一个共同的重要功能,即早期"身份剧场",它是用这样的场合来培训贵族男子,使他们通过优雅的姿势与语言成功地显示身份,无论他们是醉酒还是清醒。关于社会修养,有两个最大的考验:人在饮酒的时候是否仍然亲切,值得信赖?他会不会仍然在意自己欠了别人的债,哪怕那些人再也不能向他索取了?为此,生者的乡饮与纪念死者的葬礼宴饮主导了关于中国友谊的讨论。参与者可以预测其他人将来会如何行动,他们之间的信任也支持了一种社群感,一种朋友与他们的家人之间互相帮助、互相安慰的承诺。

这样的场景为勾画古代的朋友关系提供了典型的背景。读者们会记得,结成密切的关系需要的远远不止是社交能力。这就解释了为什么真正的亲密感如此频繁地与那些普通礼仪相提并论,而亲密关系也在或多或少的表演中展现出来。从外表看,忠

---

① 据《后汉书·王畅列传》,王畅为山阳人,曾任南阳太守。王畅最初不赞成结党营私,后听从建议,对此事的态度变得较为宽容,减轻惩罚,因而"教化遂行"。(《后汉书》56.1824)
② 将乡饮与射箭比赛进行比较,是因为二者的参与者都有一套仪式。一个记录乡饮的重要文献是《荀子·乐论》。可参考 Hutton(2014),pp. 222-23。
③ 我特别提到了《左传》(而不是《公羊传》和《谷梁传》),是因为"享"在描述好与坏的社会关系时起着更大的作用。
④ 这些活动在尹湾汉简中得到了证实。

实的朋友也许看起来有点天真、木讷，或者十分怪异。① 在非常情况下，知己好友必须要做好违背社会传统或者法律的准备。如果必要的话，为了救助遇险的好友，也要接受巨大失败的可能性。只注重责任和礼仪，最终永远不足以建立亲密的友谊。因而，许多早期文献所论述的真正知己关系的品质可能会被抵消，甚至削弱，因为许多建立在不同寻常的承诺之上的友情似乎会招致鲁莽的行为。

乡饮作为友谊的表演场所

正式的宴饮与古典形式的音乐自先秦以来就是相关的话题。根据《礼记》所言，那些最接近人类情感的礼仪并不是那些向祖先奉献的最高祭品。② 相反，它们是诸如乡饮这样的活动，因为愉快地参加这样的仪式表明了一个人愿意与非亲非故者在一起。其前提是要具备谦卑的美德、相互的尊重，以及愿意放弃优越感。当我们追溯乡人凝聚力文化时，这样公开的象征性活动给了我们一种明示。③ 在构建的社区空间里，参与者都遵从一个精心设计的等级仪式，它体现并强化了群体价值与规范。在大多数早期社会，饮酒仪式是训练家族以外年轻男子的主要场所，让他们最终效力于国家（这里我联想到古希腊的会饮）。乡宴或乡饮，可以使

---

① 在柳宗元关于宋清的故事中，宋清就被人认为"异""妄""谬""执其道不废"。见柳宗元《宋清传》，《柳宗元集校注》，北京：中华书局，2013，第4册，1161—1172页。
② 见《礼记·礼器》："礼之近人情者，非其至者也"。(《礼记》10.24)亦可参见 Legge (1885), vol. 1, 406, paragraph 6. 卜德(Derk Bodde, 1909—2003)的论文专门讨论了一种特别的仪式，"Entertaining the Aged", *Festivals in Classical China: New Year and Other Annual Observances during the Han Dynasty, 206 b.c.-a.d. 220* (Princeton, NJ: Princeton University Press, 1975), pp. 354-372. 荀子关于"乡饮"仪式的评论似乎是对《礼记》的思考。这些有助于提醒我们对于音乐概念的了解以及和古"乐"之间的距离。
③ 可参见 Lisa C. Nevett, *Domestic Space in Classical Antiquity* (Cambridge: Cambridge University Press, 2010), p. 4.

统治精英的年轻成员与权威的年长者愉快地互动,后者可以充当他们的"师友"。① 这些社区中更高级的成员精通文雅的社交,他们也高兴地发现,同样的盛宴提供了充分的机会来表达他们对社区的忠诚,从而加强或者扩大必需的社会网络。② 我们可能会感叹缺乏关于古代自发的表演或者随意对话的真实记录,但是充满高度自我意识的文本,无论是图像,还是文字,都描述了统治精英成员如何表演他们自身的角色,有的拙劣,有的生动。(见图2.4)③

中国的乡饮,和地中海地区的会饮一样,提供了很多有关男性友谊的场景,虽则乍看二者几无相通之处。它们有三个简单的不同点:一是古地中海的精英们斜躺在长椅上饮酒,而早期中国人是席地而坐;二是早期中国的乡饮不常有妓女助兴;三是两个社会的男性性行为截然不同。只有超越了这三个简单的比较,我们才会注意到二者之间的共同点。比如,这样的男性活动主要发生在指定的场所,或者远离通常的家庭空间。大概是因为这样的

---

① 《仪礼》包括一章《乡饮酒礼》,它与"sym+pot"(表示分享葡萄酒)一样,强调畅饮,而不在意食物。更有名的《礼记》篇章阐明了相关礼仪。许多思想家都发现这一礼仪非常重要,而荀子只是其中之一。
② "家人"一词指的是生活在同一屋檐下的一群人;"家庭"指的是通过(过去或现在)的血缘关系而彼此相关的人。在古代的精英阶层中,家人常常包括一些没有血缘关系的人,比如朋友、门客、仆人或者奴隶,尽管与古希腊、罗马相比较,中国的奴隶制度是很有限的。丽莎·奈维托曾讨论过古代"家庭中不同社会角色的复杂分层",可参见 Nevett(2010), p. 19。
③ "美言谄笑"适用于这样的聚会,那里的人们"如脂如韦",迫不及待地要对权贵阿谀奉承。参见隋代诗人卢思道(535—586)的《劳生论》。古希腊、罗马的精英也差不多。正如戴伦·勒乌所论述的,公开露面是"形式化的罗马社会关系的重要部分,就是庇护与联谊",见 Lehoux(2012), p. 7。关于一场盛大婚宴因参加者不能遵循礼仪而演变为醉酒斗殴的详细描述,请参见《史记·魏其武安侯列传》的"夏,丞相取燕王女为夫人……"段落,根据其叙事,婚宴的参加者被问罪和处决,其中包括灌夫和窦婴。

图 2.4 《夫妇宴饮图》细部。此墓室壁画出自河南洛阳近郊朱村的一座东汉晚期或三国时代早期的墓。完整的壁画全长 4.76 米,宽 3.3 米,距离地面 1.1 米。此图可见于黄明兰、郭引强编著的《洛阳汉墓壁画》(北京:文物出版社,1996)第 190 页。此细部的复制得到了文物出版社的授权。

这一壁画的细部展现了一个理想化的场景,主人(可能是墓主人或他们的亲属)接待乘坐华丽的马车而来的贵宾和盟友。该细节可能表现的是宴饮或者隆重的葬礼之前的迎接场面。

饮酒活动起源于远征和打猎凯旋(这与那些礼仪性歌舞表演的确有着很多相似的特点)。[1] 这些专门场所的饮酒活动重现了一些家庭生活的舒适,因而模糊了亲属与非亲属的界限。欢乐的交流可能会巩固政治联盟,也让那些地位显要者因为有机会和同等地

---

[1] 在古希腊,男子专用的房间被称为 andron。在中国,那是一间单独的屋子,类似于社区活动中心。见 Nevett(2010), p. 49。《左传·隐公五年》提到了"饮至"礼。见 Chen Zhi, "The Rite of *Yinzhi* (Drinking Celebration) and the Poems Recorded on the Tsinghua Bamboo Slips," paper presented at the International Symposium on Excavated Manuscripts and the Interpretation of the *Book of Odes*, University of Chicago, IL, September 12-13, 2009。依据 2008 到 2011 年的《文物》与《光明日报》,李学勤先生讨论了清华简的《耆夜》篇,据说它记载了武王征服黎国后在文王宗庙举行"饮至"礼。此事发生在武王八年,不过,它常被错认为发生在文王时期。

位的人在一起并受到瞩目而感到满足。① 这些集会有意突出的重点是饮酒,虽然宴饮中也会提供部分食物,以免发生因醉酒而引起的越礼行为,但饮酒的男人往往最容易坦露他们的真性情,无拘无束。据说最有修养的男子只有在自在放松的时候才能成大事(所以有不少流传的关于孔子与苏格拉底的故事)。两种文化都找到了将美好生活的传统特征(包括令人满足的性关系)与推崇美德联系起来的途径。公务与家庭责任之间的严格界限对于享受贵族特权的人来说并不重要,也无法帮助那些"劳心者"更好地了解人,或者加强社会合作与凝聚力。② 因此,用形式化的饮酒活动来弥补家庭生活与公务之间的隔阂乃是天才之举。③

当然,因为早期中国没有古希腊式的男风教育,乡饮仪式主要是 homosocial,而不是 homoerotic。④ 如果参加者发生性行为,就会令他们分散注意力,无法体验群体的共同感受。这可能会分散他们对更大的公共关系的注意力。⑤ 在这样的聚会上,盛

---

① 请参看笔者发表的一篇关于"注视与被注视"的社会价值的论文:"Beliefs about Social Seeing: Hiddenness(*Wei* 微) and Visibility in Classical-Era China," in *The Rhetoric of Hiddenness in Traditional Chinese Culture*, ed. Paula Varsano (Albany: State University of New York Press, 2016), 53–78。
② 这是孟子著名的关于"劳心者"与"劳力者"的分别。见《孟子·滕文公上》。
③ 见 S. Kent, "Partitioning Space: Cross-Cultural Factors Influential Domestic Spatial Segmentation". *Environment and Behavior* 23(1991): 438–73。一个很好的例子就是关于圣王舜的故事,它展示了舜是如何通过和谐治家而显露其才能,并被选为圣王的。关于在宋代是如何看待舜的,请参见伊沛霞(Patricia Buckley Ebrey)的英文译著:"The Book of Filial Piety for Women Attributed to a Woman Nee Zheng(ca. 730)," in *Under Confucian Eyes: Writings on Gender in Chinese History*, eds. Susan Mann and Yu-Yin Cheng(Berkeley: University of California Press, 2001), pp. 47–69。
④ "homosocial"指男性之间的社会关系,它常常但并不总是有"homoerotic"(刺激性欲)的意味。
⑤ 见 Paul Rouzer, *Articulated Ladies: Gender and the Male Community in Early Chinese Texts*, Harvard-Yenching Institute Monograph Series 53 (Cambridge, MA: Harvard University Press, 2001),尤其是第一章。

装的男子会玩弄外交辞令。有时候这样的表演发生在作为竞争对手的邻国之间的祝酒词上。有一篇长赋这样描述了这些职业外交家参加宴饮的情态,"剧谈戏论,扼腕抵掌"。对于宴饮的场面,则有更多生动的描写:

> 吉日良辰,置酒高堂,以御嘉宾。
> 金罍中坐,肴槅四陈。
> 觞以清醥,鲜以紫鳞。
> 羽爵执竞,丝竹乃发。
> 巴姬弹弦,汉女击节。
> 起《西音》于促柱,歌《江上》之飙厉。
> 纤长袖而屡舞,翩跹跹以裔裔。
> 合樽促席,引满相罚。
> 乐饮之夕,一醉累月。①

一篇最近"发现"(而非发掘)的清华简也谈到了娱乐活动是巩固联盟的主要场合,引起了对《诗经》和《尚书》中有关内容的再讨论。② 而传世文献《左传》直截了当地告诉我们,有正式的"享宴之礼","享以训共俭,宴以示慈惠"。③

---

① 左思《蜀都赋》,《昭明文选》,中华书局,1985 年第一版,第 900 页。也可参见 Knechtges(1982), vol. 1, pp. 361–63。
② 注意《尚书·无逸第十七》与清华简的《耆夜》(第 117 页注释①已经提到了)的相关内容。《诗经·蟋蟀》托为周公所作,内容是关于胜利的庆典。"蟋蟀在堂,岁聿其莫。今我不乐,日月其除。无已大康,职思其居。好乐无荒,良士瞿瞿。"《诗经·凫鹥》也是关于宴饮之乐的诗篇。
③ 见《左传·成公十二年》。

119

103　　在关于男性饮酒的几篇有趣的古代记事中,酒、音乐与友谊引发了一系列机智的、富于刺激性和有着高度教育意义的文化交流。因为在饮酒时保持礼节绝非易事。据说,正式的饮酒仪式始于当地官吏邀请所有乡中具有贵族身份的人,一旦宾客赴宴,他们就会被导引着登上台阶,进入宴饮大厅,对着主人三鞠躬。鞠躬后,赴会者按照等级依次就位,见证祭酒礼,然后洗手和洗净酒器。接着,在有教化意义的礼仪展示中,来宾们一起举杯,品尝像蜂蜜酒或者清酒等酒类,其颜色象征着简单、洁净和显赫。

　　祝酒词被反复诵读,对于来宾来说,共饮美酒似乎与祭礼结束后分享的烤肉同样重要。当然,关于礼仪的经典都认为,所有的一切,"宾主都可以共享"。在某个时间,主人准备的食物从东厅被送到了饮酒厅,而且主宾们又一次共同分享。主人应接不暇,可是在执行了更隆重的洗手礼后,照顾主要宾客的责任也落在了他的身上。主人在热情待客的时候,感受到了上天的恩赐,也是我们所知道的古代圣贤所"达到的真正的自在"。在敬酒的时候,他也注意长幼有序。理想的情况下,每个参与者在品尝食物和美酒以前,都会赞美主人的完美安排。为了表达相互的尊重,客人也会奉还一些肉和调味料给主人,并坐在席子的边缘,好像随时为主人服务。根据《礼记》中的理想化记述,在这样的仪式中所获得的荣耀远远超过了彰显财富,由此激励那些地位较低的人们效仿优越于他们的人。

104　　根据地位与资历的惯例规定,六十岁以上的人可以在饮酒厅就座,而年轻的男子则一直站立着,耐心等候长者的指令。六十岁的长者面前摆放了三个盘子,七十岁长者面前摆放了四个盘子,八十和九十岁的长者面前则分别摆放了五个和六个盘子。这是"明上下之大义"。此外,席位有尊卑,献酒有先后,肴撰有多少,这些都是用来表明贵贱有别的。① 通过这些描述,我们看到乡饮的礼仪与政治等级制度,参与者们在其中各司其职。② 在穿插娱乐表演之前不久,主人会询问并确保每一位宾客是否还有其他共同参加的家庭成员,无论他们是坐着还是站着。这些仪式一旦完成,受雇的男女表演者就会登上台阶,进入大厅,在那里他们将演唱三首曲子。表演结束后,主人会对他们表示感谢,并为他们每人斟满一杯酒。接下来,一支长笛表演队在大厅吹奏三首曲子,并获得应有的奖赏。歌手与长笛吹奏者又轮流表演三组曲子,然后一起合作表演三个附加的节目。到此,穿插的音乐节目就宣告结束了,专业音乐家们安静地离开大厅,以免打扰那些还在饮酒的宾客。

紧接着,主人任命的司仪举起酒樽,并轮流为宾客斟酒。这意味着可能有人会喝醉,而司仪则要保证没有任何混乱的行为破坏宴会之乐。在宴饮结束前的相当长的时间里,有人脱掉了鞋子,年轻人也坐到了席上,那里是指定的客人与他们的随从开怀畅饮的地方,只要饮酒不会影响第二天的职责。每位客人都喝得酒意醺然,最终兴尽而归。但是晚宴的主人要确保每一位步履蹒跚的客人被护送离开,保证礼节周到,善始善终。

理想的情况下,当地的精英男子必须坚守乡饮仪式的四个原则,它们对统治者维护自己的地位尤为重要。③ 这四个原则是:

---

① 见《礼记·燕义》:"俎豆、牲体、荐羞,皆有等差,所以明贵贱也。"英译参见 Legge (1885), vol. 2, p. 457, paragraph 5。
② 某些《礼记》篇章颠倒了(或者至少是混淆了)品行教育的通常秩序。首先是在家庭中,然后是在更大的世界里。据说孔子说过,一旦尊敬长者的原则被人们牢牢记在心中,就可以很容易地教导他们"孝"与"悌"。
③ 正如《吕氏春秋》卷二十二《慎行论·壹行》中谈到十种关系(其中之一就是"朋友"),"凡人伦以十际为安者也"。可参见 Knoblock and Riegel(2000), p. 575。

一、根据身份等级区别对待;二、谨慎避免无序行为,保持和谐的气氛;三、敬奉长者;四、在饮酒的过程中,精英们要营造轻松友好的气氛。① 只要这些社交原则得到体现,纯粹的欢乐场景就会吸引君子参与由圣王们所创造的文明秩序中。因此孔子坚信,通过得体地参加乡饮仪式,就能很容易实现王道。通过饮酒,予人以乐与得其所乐以重要的方式得到了强化,互惠互利和平易近人为巩固等级制度带来不小的益处。② 主人用饮食招待客人,表明"礼无不答,言上之不虚取于下也。上必明正道以道民,民道之而有功,然后取其什一。故上用足而下不匮也,是以上下和亲而不相怨也"。③

根据定义,每位君子都长于社交活动,他们和蔼可亲,能超越单纯的礼仪,寻求亲密的关系与社群,而作为回报,他也从中得到了欢乐和益处。④ 轻松的友谊有可能把世界的中心从自我转向他人。而这个有益的"去我"的过程⑤使每个人能够看到、尊重并珍惜彼此。如上所述,饮酒仪式为这些精英男子同时提供了一个安全空间。在那里他们"观察参加者的举止风度与可能的天命",

---

① 见《礼记·檀弓下》。参见 Legge(1885), vol. 1, p. 442。
② 保罗·卢泽(Paul Rouzer)强调:"友谊誓言的阴暗面可能是对等级地位的斗争。"见 *Articulated Ladies: Gender and the Male Community in Early Chinese Texts*, Harvard-Yenching Institute Monograph Series 53 (Cambridge, MA: Harvard University Press, 2001), p. 25. 我想他也有点言过其实了。
③ 见《礼记·燕义》。见 Legge(1885), vol. 1, 456, par. 4。
④ 当然,这就是《礼记·礼运》所提倡的孔子的最高理想,尽管他强调"仁",而不是博爱。见《论语·学而》:"子禽问于子贡曰:'夫子温、良、恭、俭、让以得之。夫子之求之也。'"这种思维方式并不局限于儒家著作中,同样的观点也经常重申于其他著作中。
⑤ "去除自我的过程"(process of unselfing)一词是艾丽丝·默多克(Iris Murdoch)喜欢用的。可参见 *Metaphysics as a Guide to Moral* (London: Penguin Books, 1993), p. 17。

第二章 兴：音乐和友情的共鸣

从而衡量从这个群体中可以获得信任的程度。① 在这样放松的状态下，酒使人变得侃侃而谈，他的男儿本色在他的举手投足之间以及被他吸引的同伴那里得到了表现。② 对于君子来说，从这样轻松高贵的环境中所获得的价值远远超出了从市场所获得的商业利益。③ 正当友谊的"回报"是自愿的、有情有义的奉献，而非依据"债契"或者"义务"。人们相信，"朋党比周"应该受到谴责。而且，这样的关系会令人精疲力尽，而不是给双方带来活力。有情有义的奉献并不会沦为"利他主义"，因为朋友的进步也会使自己得到明显的提升。④ 理想的情况下，在乡饮仪式上，音乐与萌发的友谊结合在一起，可以消除任何参加者之间巨大的差异，

---

① 见《左传·襄公二十三年》："祸福无门，唯人所召。"在一个理想世界中被评估的学问的两个方面是："视论学取友"，如果他们通过了这些评估，就有了"小成"。见《礼记·学记》，也可参见：Legge(1885), vol. 2, 83, paragraph 5。《吕氏春秋·不苟论·贵当》中谈到一位善相人者对楚庄王说，"臣非能相人也，能观人之友也"。也可参见：Knoblock and Riegel(2000), 621。

② 济慈说过："想想男人的荣耀从哪里开始，在哪里结束？/我的荣耀是有友如斯。"关于早期中国的情况和评价官吏的场景，可参见 Matthias L. Richter, *Guan ren: Texte der altchinesischen Literatur zur Charakterkunde und Beamtenrekrutierung*, [Early Chinese Texts on Characterology and the Recruitment of Officials](Bern: Peter Lang, 2005)。在评价男子的品质时，交友与选择音乐被认为尤其重要。正如《郭店楚墓竹简》"性自命出"简所言："喜怒哀悲之气，性也；及其见于外，则物取之也。"

③ 皮埃尔·布迪厄(Pierre Bourdieu, 1930—2002)谈到了对礼物的"误识"，认为它不是"即时的""残酷的"市场交易会。见 *The Logic of Practice*, trans. Richard Nice (Cambridge: Polity Press, 1990)。

④ 这里我想到司马迁说的"士为知己者死，女为悦己者容"。（《史记·刺客列传·豫让者》）然而友谊不可避免地受到其他类似关系的影响，例如浪漫之爱或者政治联盟。我们也要深究，女性的友谊与男子的是否一样。爱情与友情之间最常见的类比似乎并不适用于浪漫爱情本身，这与一般的看法相反，但仅适用于一种特殊类型的浪漫爱情，即男性伴侣在女性身上除了感到情色的诱惑，还看到一些特别的价值。关于性爱倾向更多的探讨，请见：Christoph Harbsmeier, "Eroticism in Early Chinese Poetry: Sundry Comparative Notes," in *Das andere China: Festschrift für Wolfgang Bauer zum 65 Geburtstag*, eds. Helwig Schmidt-Glintzer and Wolfenbutteler Forschungen(Weisbaden: Harrassowitz, 1995), pp. 323-80。

并在这些本来可能完全不同的一群人中灌输一种共同的目的。①

重现古老的饮酒场景总是免不了突出男子交往的即兴氛围。据说,那些精英出于对主人的敬意,会礼貌地注视着表演者,但是宾客们在表演期间都严格地与表演者保持距离,只有在表演者离开后,才开始真正地饮酒。作为长期的参与者,这些贵族们的重要资历是他们对于君子行为守则的忠实践行,而不是任何在此过程中得到的技巧训练。但是他们对于这个更大社群的忠诚与深厚的修养,必须要通过展示才能获得完全的价值。因此,优秀的男子在普通的社交仪式中所体现出来的是一种宽容气度("宽")②和体谅别人的能力("恕"),还有他"兼容"别人的平易近人的风格。③ 他们饮食注意礼节,不"嚃羹"(饮羹不加咀嚼而连菜吞下),④也不让自己显得高高在上,与众不同。当一个有着良好出身和教育背景的男子到了成年的时候,普通的礼仪已经成了习惯,但是具有高超社交技巧的人学会了"贵处可否之间"。他们明白,想要任何时候都行为完美无缺可能表明了一种"独为君子"

---

① 见《史记》卷二十四《乐书第二》:"乐者为同,礼者为异。"(24.1187)上面引用的那段话所指的人,包括"从天子到平民"。

② "宽"被认为是"五教"中最重要的,可参见《后汉书》中张纲上奏汉顺帝的一段话。(《后汉书》56.1824)也可参见嵇康《与山巨源绝交书》。信中他谈到自己"促中小心"(心胸狭隘)而不是心胸宽广。见:夏明钊《嵇康集译注》,哈尔滨:黑龙江出版社,1987,第 2 册,270—284 页。也可参见 Classical Chinese Literature: An Anthology of Translations, vol. 1, From Antiquity to the Tang Dynasty, eds. John Minford and Joseph S. M. Lau (Hong Kong: Chinese University Press, 2000), pp. 463-67。

③ "兼容"可以避免让别人觉得不舒服,其重要性也可参见前注。请注意,虽然"恕"最通常的解释是"共鸣",它的另外一个释义是"己所不欲,勿施于人"。

④ 嚃羹,见《礼记·曲礼上》:"饭黍毋以箸。毋嚃羹,毋絮羹……"郑玄注:"嚃,为不嚼菜。"孔颖达疏:"人若不嚼菜,含而欲吞之,其欲速而多,又有声,不敬,伤廉也。"也可参见 Legge(1885),vol.1, 81(renumbered as 13.54)。

的渴望,这种冲动可能会破坏与他人建立的友谊或者结盟。① 与性情各异的人合作是一种需要通过不断的努力而磨炼的技能。因此,就连最迂腐的道德主义者也敦促统治精英成员利用欢乐的环境,来缓和他们惯常的傲慢态度,增强与他人合作的意愿。孤独少友比容忍他人的失败更可耻,也更影响一个人的成功。② 只要仔细阅读早期文本,就能理解什么是古代的礼仪。

《左传》《国语》,还有《说苑》这些古代文本提醒我们,宴饮是竞技的残存。当幼稚无能或者傲慢的权贵们纵酒并结交朋党的时候,现实的后果就随之而来。古代的精英为了等级和地位而争斗(有些是致命的)。③ 下面是三个经常引用的例子,恭顺与形式上的礼节被置于特定的情境之中,揭示了一个不可否认的事实,即权贵很少真正了解教养与礼仪的作用。我们从《左传》中所读到的故事是:

> 秋九月,晋侯饮赵盾酒。伏甲,将攻之。其右提弥明知之,趋登,曰:"臣侍君宴,过三爵,非礼也。"遂扶以下。公嗾

---

① 见《后汉书·王畅列传》(见第114页注释①)。就是在这样的语境下,联想到庄子所说的话(或者庄子借孔子之口所说的话):"彼游方之外者……假于异物,托于同体;忘其肝胆,遗其耳目;反复终始,不知端倪;芒然彷徨乎尘垢之外,逍遥乎无为之业。"(《庄子·内篇·大宗师第六》)这里,我要提一下艾丽斯·默多克的相关评论:"一个恭顺的人可能会满足于琐屑之事,只是恪尽职守,遵守规则,而没有想到成为一个完满的人还需要其他的东西。"见Murdoch(1993),p. 494。
② "多可少怪"一词出自嵇康的《与山巨源绝交书》。见第124页注释②。我们可以把它与尼采所概括的马其顿国王回应雅典哲学家的话作比较:"我尊重这位独君的骄傲,但如果他把朋友看得比自己的骄傲更重要,我应该更加尊重他的人性。"见Friedrich Nietzsche, *The Gay Science: With a Prelude in Rhymes and an Appendix of Songs*, trans. Walter Kaufman(New York: Vintage, 1974), p. 124。关于礼尚往来重要性的论述可见于《礼记·曲礼上》:"太上贵德,其次务施报。礼尚往来,往而不来,非礼也;来而不往,亦非礼也。"
③ 见《全汉文》卷五十《上书言王凤专擅》。

夫獒焉。明搏而杀之。盾曰："弃人用犬，虽猛何为！"斗且出。提弥明死之。①

《诗经·小雅》中的一篇《宾之初筵》描写了宴饮的场面：

> 凡此饮酒，或醉或否。既立之监，或佐之史。彼醉不臧。②

诗里又提到，已经醉酒却不离席的，就是破坏友情交流的聚会。"醉而不出，是谓伐德。"③

晋代王嘉的《拾遗记》也讲述了主人与宾客或者娱乐助兴者醉后乱性的故事。

> 帝盛夏避暑于裸游馆，长夜饮宴……宫人年二七已上、三六已下皆靓粧而解其上衣，惟着内服。或共裸浴西域……每醉，迷于天晓。④

因此，现存的文献中充满了不断的训诫："古之为享食也，以观威仪、省祸福也。故《诗》曰：'兕觥其觩，旨酒思柔。彼交匪敖，万福来求。'今夫子傲，取祸之道也。"⑤"无已大康，职思其居(4)。

---

① 见《左传·宣公二年》。这与下面紧接着的故事相对照。"（敬仲）饮桓公酒，乐，公曰：'以火继之。'辞曰：'臣卜其昼，未卜其夜，不敢。'"（《左传·庄公二十二年》）
② 见《诗经》的《小雅·宾之初筵》最后一节。其他与饮酒有关的《诗经》的篇章还有《小雅·鹿鸣》《小雅·常棣》《小雅·南有嘉鱼》《小雅·頍弁》《大雅·行苇》《大雅·既醉》和《大雅·凫鹥》。关于《诗经·小雅·宾之初筵》，可参见 George A. Kennedy, "A Note on Ode 220," in *Studia Serica Bernhard Karlgren Dedicata: Sinological Studies Dedicated to Bernhard Karlgren on His Seventieth Birthday, October Fifth, 1959*, eds. Soren Egerod and Else Glahn (Copenhagen: Munksgaard 1959), 190-98。
③ 朱熹认为此诗是卫武公"自悔之作"。据朱熹《诗集传》，卫武公是一个改过自新的醉汉，因而极力反对饮酒。但是，只要宾客举止得体，饮酒还是一大乐事，即朱熹所说的，"酒既调美而饮者齐一"。
④ 见齐治平，《拾遗记校注》，中华书局，1988，卷六，第144—145页。一个很相似的关于宴饮醉酒的故事出现在《左传·宣公二年》。
⑤ 见《左传·成公十四年》中所引《诗经·小雅·桑扈》。

好乐无荒,良士瞿瞿。"①

葬礼作为友谊的表演场所

早期与中古的贵族十分重视丧仪。葬礼也是建立、延续或者中断友谊与盟约的主要场所。与现代社会一样,古代的葬礼往往是很正式、耗时的。主宾在葬礼仪式的一系列阶段的执行过程中出现任何微小的偏差,都可能意味着失去特权、官职,或者更多。

如果现存的记录可信的话,哀悼仪式中的现场时常会发生一些令人震惊的古怪行为。第一个例子来自刘义庆的《世说新语》:

> 王仲宣好驴鸣。既葬,文帝临其丧,顾语同游曰:"王好驴鸣,可各作一声以送之。"赴客皆一作驴鸣。②

在生活中,曹丕曾是王粲的恩主。但是王粲是著名的山阳望族王氏的后代。曹丕的举动公开表明了他与王粲的亲密友情。他自称最了解王粲,因为只有他能卜知什么可以安慰九泉之下的王粲之灵。因此,尽管没有什么会比一群人摹仿驴叫更亵渎仪式的了,曹丕还是毫不犹豫地为他的朋友献上最后的礼物。批评家也许会疑惑,欣赏如此粗俗声音的王粲可能是一个庸俗的贵族,缺乏真正的"知音"所具备的精致品味。③ 如果是这样,它如何能说明这位恩主有能力结交有价值的朋友呢?

但不是每个人都对仪式要求如此严格。实际上,当亲密好友处于危急时刻,一个人往往有着不可遏制的冲动,要宣示最佳友谊的排他性和亲密性,对此,很多人并不以之为怪。

第二则轶事来自《后汉书》:

---

① 见《诗经·唐风·蟋蟀》。
② 见《世说新语》卷十七《伤逝》。
③ 这段评论引自《驳顾道士夷夏论》,《弘明集》,大正藏 2102;52.45c。

127

> 良少诞节,母喜驴鸣,良常学之,以娱乐焉。及母卒,兄伯鸾居庐啜粥,非礼不行,良独食肉饮酒,哀至乃哭,而二人俱有毁容。或问良曰:"子之居丧,礼乎?"良曰:"然。礼所以制情佚也。情苟不佚,何礼之论!"①

这则轶事表明,表面上疏忽礼节的戴良与谨慎守礼的伯鸾实则都伤心憔悴,这是典型的居丧表现。

当然,这些并非悼念亲人的唯一方式。东汉末年应劭的《风俗通义》描述了更多的精英葬礼,哀悼者们的行为非同寻常,其情感的爆发完全是自发的,即使经过了认真的演习。应劭对其中的一些人表示了称许,而对另外一些人则不以为然。② 应劭谈到的一个故事是关于徐稺的,他因为拒绝朝廷辟召而名扬天下。尽管如此,徐稺依然长途跋涉到墓地去悼念曾经举荐他的太尉黄琼。

> 有死丧负笈赴吊。常于家豫炙鸡一只,以一两挠絮渍酒中,暴干以褒鸡,径到所起冢隧外,以水渍挠使有酒气,斗米饭,白茅为藉,以鸡置前,醊酒毕,留谒则去,不见丧主。③

紧接着的下文中描述了人们对徐稺行为的反应,"众怪,不知其故"。我们则从中明显看出了徐稺的动机。只有当他的举荐人再也不能诱使他出仕时,徐稺才觉得可以向这位发现他纯良品质的人表示永远的感激。虽然我们可能会疑惑,与那些典型的吊丧

---

① 见《后汉书》83.2772—2773。
② 我的博士论文讨论了很多这样的故事。"Ying Shao's *Fengsu Tongyi*: An Exploration of Problems in Han Dynasty, Political, Philosophical, and Social Unity", PhD dissertation(Princeton University, 1983)。
③ 见《后汉书》李贤注引三国谢承之《后汉书》语。(《后汉书》53.1747,夹注)《后汉书·徐稺列传》也谈到徐稺为郭泰(郭林宗)母亲吊丧,"林宗有母忧,稺往吊之,置生刍一束于庐前而去"。(《后汉书》53.1747—1748)

者比起来,他表达忠诚友情的方式对死者有什么好处,不过,我们还是不要轻率下结论。在没有社会期望、压力,或者契约义务的情况下,通过承认对这位有可能成为自己恩主之人深怀感激,徐穉履行了悼念好友的最高责任:公开宣布与死者的关系,从而给他以应有的荣耀。① 徐穉同时也在郑重发问:"何为栖栖不遑宁处?"②徐穉奇特的悼亡风格在中国早期文献中并不是唯一的。③

虽然还可以列举很多相似类型的故事,在这里,重要的只是领悟那些文本的意义:通过真正的尊重交友,而结交者或早或晚都想要表明他们对彼此的欣赏,即使这可能意味着违反惯例和冒犯他人。在亲密好友(死去的或者活着的)面前,其他的世界都黯然失色了。真正的朋友眼里只有彼此,因而行动全然不在意他人。但对于那些与自己关系不太亲密的人(同事、邻居、盟友等等),则是要充分保持"礼貌和优雅",使日常生活正常运转,"使那些与之交谈的人变得轻松愉快"。④ 而且,寓教于乐,人们对社交

---

① 《荀子》第十九章《礼论》强调,虽然普通人相信丧礼可以使死者得飨酒食和安慰,真正的君子则意识到,在没有压力、惩罚或者契约的情况下,丧礼可以表达他们对他人的亏欠。
② 新西兰已故哲学家安奈特·拜耳(Annette C. Baier,1929—2012)认为,ego 或 self 是"很流畅、有界限的东西……它容易与他人纠缠,并且陷入其他生物的外部边缘"。见 Baier(1991), p. 143。我对于早期中国文本也有同样的观点。参见我的论文"Legacies of the Chengdu Plain," in *Ancient Sichuan: Treasures from a Lost Civilization*, ed. Robert W. Bagley (Seattle, WA: Seattle Art Museum; Princeton, NJ: Princeton University Press, 2001), pp. 307 - 28。此外,德波拉·萨莫斯(Deborah Sommers)也有相似的论述:"Boundaries of the *Ti* Body," *Asia Major* 21.1(2008): 293 - 394。
③ 一位匿名的读者向我指出,徐穉的举动在《史记·刺客列传》(卷八十六)中可以找到回响。
④ 英国哲学家约翰·洛克把礼仪定义为"外貌、声音、言语、动作、手势及整个外在举止的礼貌和优雅,它让一个人接纳他人,并使那些与之交谈的人感到轻松愉快"。见 John Locke, *An Essay Concerning Human Understanding* (Menston, England: Scholar Press, 1970), section 143。洛克也强调了教导儿童这些礼仪的重要性。

的了解会通过实践而增进,否则就会缺失。①

亲密友谊

社交关系的目标只是把社会中的建设性关系最大化,同时减少可能导致破坏性的或者反社会的行为。不过,亲密友谊比普通的社交活动具有更强大的吸引力和责任感。比如,《说文解字》与《礼记》描述了亲密朋友之间的共享,从而提出比共同的品味、经验或者兴趣更高的标准。② 这些很少可以持续一生。③ 朋友在结识的初期,可能会注意一些礼节,比如不自大,不疏忽大

---

① 我是受到德国学者阿尔伯特·赫希曼(Albert Q. Hirschman,1915—2012)的启发。他这样谈论道:(在其他"道德资源"中)"信任的指数可能会通过实践而增加,而不是减少……就像说外语或者弹钢琴的能力一样,这些道德资源如果不使用,可能会消耗甚至萎缩。"
② 《说文解字》说"同志为友,从二,又相交"。《太平御览》也引用了(卷406,1a)。《白虎通》引用《礼记》所言"同门曰朋,同志曰友"。(《礼记》卷八)后者描述了所有主要关系的特征,包括君臣、父子、夫妇等,尽管《白虎通》把"友谊"放在另一类重要关系中。有很多例子谈到朋友们一旦发现他们的目标与责任不一致,就决定分手。我也想到了嵇康与山涛的例子(见下文)。《孔丛子》第二十二章《连丛子》也谈到了孔子建与崔义,"幼相善,长相亲",后来因为崔义"以富贵为荣"而分手。唐纳德·布莱克利(Donald N. Blakeley)讨论了朋友分享的共同人生观。见"Hearts in Agreement: Zhuangzi on Dao Adept Friendship," *Philosophy East and West* 58 (July 2008):329。《国语·晋语》谈到那些有亲缘关系的人,可能具有相同的德,或者性格,而具有相同性格的人,也会具有同心。见:《国语》卷十《晋语四》。安奈特·拜耳认为:"信任就是让另一方考虑并采取行动来保护和推进自己所在意的事,让信任的朋友也关心自己所关心的事。"见Baier(1991),p. 120。
③ 见《论语·卫灵公第十五》"道不同,不相为谋"句。中文文本不断引起人们对有趣问题的关注,即友谊是建立在共同兴趣的基础之上。到了北宋的时候,我们知道有关李清照与赵明诚的传奇故事,他们早期的夫妇之乐缘于对收藏书籍与写本的共同兴趣,但最终关系转向不合。如我们从李清照的自述中所了解到的,赵明诚对金石收藏的痴迷使她少了许多相伴读书之乐。有着共同的兴趣并不一定是真正友谊的关键。司马迁这样描述他的"知音"李陵:"趣舍异路,未尝衔杯酒,接殷勤之余欢。然仆观其为人,自守奇士,事亲孝,与士信,临财廉,取予义,分别有让,恭俭下人,常思奋不顾身,以殉国家之急。其素所蓄积也,仆以为有国士之风。"

意,不向他人过多索取,等等。但要成为好友通常需要通过一系列微妙的语言和身体形式而增进默契,最终朋友之间亲密无间,不拘通常的社会礼节(正如庄子所言,要人们"得鱼而忘筌")。

值得注意的是,已有的研究并没有特别关注亲密友谊的自愿性质,这与其他几乎所有现代哲学对这一主题的处理是不一样的。相反,知己总是庆幸彼此的相遇,尽管知道命运对人并不总是那么仁慈,但觉得人生还是很值得度过。此外,对好友的倾慕和承诺,不可避免地暗示了处于密切关系网络中的人可能会身不由己。[1] 友谊,与冲突相似,似乎更多作为义务而不是预想而"发生"的。[2] 分析友情的缔结,会发现选择与辨别是建立、维持亲密关系的神秘吸引的要素,但是这样的理想状态难以阐明。当然,仅仅是通过遵守一系列的正式礼节,是无法达到亲密关系的,更不用说现代的道德化往往把友谊与相关的准法律义务联系在一起。根据定义,牟利的"市场化"(唯利是图或者自私自利)是被友

---

[1] 如两位欢宴者的"心期",表现他们在目不转睛地互相注视。这也意味着,就时间方面说,即使当时没有时间,以后也会有发生性关系的约定。(现代汉语中有"眼意心期"一词。)
[2] "及"这一连词,常常出现在对一段亲密友谊发展过程的叙事中。在很大程度上是因为早期的叙事总是注意时间与环境变化可能会对亲密友谊造成的影响。钱锺书说过:"同心合志,求声投契,以至于略名位而忘形骸,发乎情而永为好。"见钱锺书《管锥编》,生活·读书·新知三联书店,2010,第 1575 页。(我很感谢魏德伟推荐这篇文章给我。)不过,这样的友谊不应该与"容悦偶合"混为一谈。安奈特·拜耳也谈到"信任很少是我们决定要做的事",Baier(1991), p. 123。

谊排除在考虑范围之外的。① 据说令人钦佩的桓谭，没有出卖友谊（"不卖交"）。② 热衷于利益关系的酒肉朋友，他们被形容为"把臂捩腕，扣天矢誓。推托恩好，不较轻重"。③ 不过，这些短语成为一长串固定词汇的一部分，表示欺骗与冷漠。④ 相比之下，亲密朋友之间的关系被认为是低调的、朴素的，因为它故意淡化对于彼此的感激。⑤ 因此，至交好友被认为是罕见的，不一定适用于每一个人。

重要的是，在某种意义上，亲密友谊就像音乐一样，是一种先

---

① 托马斯·斯坎伦（T. M. Scanlon）提出了一种"契约论"的道德观，即"福利对于理性决策并不重要"，而早期和中古时期的经典学家们则认为很重要。见其专著 *What We Owe to Each Other* (Cambridge, MA: Harvard University Press, 1988)。当然，在古代中国，友谊常常是反对基于"亲属关系、公民身份或商业活动"的社会强制力，与古希腊相似。可参见 David Konstan, *Friendship in the Classical World*, Key Themes in Ancient History Series (Cambridge: Cambridge University Press, 1997), p. 6。《说苑·立本》记载了一个好父亲为了儿子的性格发展所作的事："子年七岁以上，父为之择明师，选良友，勿使见恶。"

② 《汉魏六朝一百三家集》，卷八十一，27b，引王均语。也可见吴均《初至寿春作》。

③ 见徐幹《中论·谴交第十二》。也可参见 John Makeham, *Balanced Discourses: A Bilingual Edition* (New Haven, CT: Yale University Press, 2002), pp. 168-69。还有更多对虚假友情的相似描写，包括左思的《蜀都赋》（请见下注）。也可参见《后汉书》82.2705。

④ 在那些列出的描述性词组中，还可以加上"剧谈戏论""高谈大语""扼腕抵掌"，或者"搦目扬眉"。最糟糕的可能就是有"婢妾之态"。"抵掌""扬眉"发生在阿谀者更加趋炎附势以后。我感谢魏德伟向我提供了这些词汇。值得注意的是不同寻常的"弹冠"一词，它常常用来形容统治精英之间的友谊，但这里的用法却是矛盾的。据我们所知，这个词首次出现在《楚辞》中，表示为官不同流合污，正如楚辞中用"弹冠""洗耳"来表示坚定地拒绝那些热衷功名的机会主义者。但是同样的词组很快被用来表达朋友对彼此成就的满足感（通常是指仕途），以及愿意迁就他人的意愿。这个词组的含义是，"弹冠振衣"的人反过来会通过新的权贵朋友而很快被拔擢。这种态度在两个西汉的亲密朋友王吉与贡禹的故事中得到了体现。见《汉书》72.3066。

⑤ 皮埃尔·布迪厄强调，真正的朋友什么时候、在哪儿可以互赠礼物是很不明确的。的确，礼物的重要性在于它所附带的不精确性，因为货币交易本质上是精确的。见 Bourdieu(1990), p. 98, 107。

第二章 兴：音乐和友情的共鸣

于语言的关系。① "先于语言"并不意味着我相信原始人的某些特征会先验地存在于更高级的物种身上。"智人"沿着一条单一的进化轨迹顺利成功地生存下来。相反，我用"先验"来同时指古代的作者们所注意到的人类经验的几个关键方面。"先验"一词，是承认了人类的很多方面是无法用言语来表达或阐明的，这与智力无关。同时，它指的是一种相关的现象，即人们在互相开口说话以前，就会感到彼此亲近。不过，一旦建立了亲密的友谊，人们往往会通过动作、笑声，或者微微耸肩、共用垫子或分享水果来表达和维持友谊，而非通过语言。如一位古代人所说，一来一往的声音听起来像即兴的对唱。②

不用说，朋友互相分享一首乐曲或配乐诗，是运用完美的媒介来表达完美的亲密感。③ 确实，享受没有文字陪伴的最美比喻就是"自由地尽情歌唱"（"虚咏濠肆"）。④ 如一个文本中所言，音乐创造了"一个让每个身在其中的人都能感受到欢乐的兴致与相互爱慕的光芒的整体"。⑤ 亲密朋友对彼此的情绪和感情的感受非常细腻，常常可

---

① 尼采写道："语言永远不足以表现音乐的宇宙象征意义，因为音乐代表原初的统一性中与矛盾和痛苦之间的象征性关系。因此，它象征着一个超越的、先验存在的范畴。相反，所有的现象与之相比，仅仅是符号。因此，语言作为现象的器官和象征，绝不能透露音乐的内心。"见 Basic Writings of Nietzsche, trans. Walter Arnold Kaufmann(New York: Modern Library, 2000)。
② 在《庄子·内篇·大宗师第六》有两个故事是关于四个朋友没有回答对方提问，但是重要的是，他们本能地"相视而笑，莫逆于心"。请看下页注释②。
③ 汉代的申培(前239—前135)这样注《诗经·卫风·木瓜》："朋友相赠之诗，赋也。"
④ "虚咏濠肆"见于《晋书》83.2167—2168，是袁乔给朋友褚衰的信中所语。英国威尔士大学的托马斯·詹森(Thomas Jansen)在他的一篇论"绝交"的文章中提到了这封信，但是他对于这个语言学上很晦涩难懂的词没有作出解释。见"The Art of Severing Relationships(Juejiao) in Early Medieval China," Journal of the American Oriental Society 126(July-September 2006), 362。
⑤ 见《礼记·乐记》"其喜心感者，其声发以散……其爱心感者，其声和以柔"。这段话也同样为《史记·乐书第二》所引用(《史记》24.1177)。

133

以互相预见。因而他们往往不需要多少言语，就可以彼此相通。①［见王羲之给友人的信，科罗拉多大学的安特耶·瑞奇特（Antje Richter）的英译十分出色动人。］或者他们会保持沉默，为亲密关系的感性直觉而激动得不知所措。② 一位唐代的著名文人在信中写道："与足下情义，宁须言而后自明耶？"③同样重要的是，早期与中古时代的思想家认定宇宙结构与身体和政体结构之间具有同源性，这使它们之间产生共鸣，成为统治艺术的基础。④

友谊既可以是后知后觉的，也可以是先验的，因为语言交流的主要目的是为了建立和保持对友谊的信任，而如果默契已经存在，就没有必要确保对彼此的信任。尽管言语和逻辑可能对于中

---

① 托马斯·库恩（Thomas S. Kuhn，1922—1996）谈到了他与斯坦利·卡维尔（Stanley Cavell，1926—2018）的友谊对他的价值："他是唯一可以听懂我不完整的句子并帮助我深入思考的人。"见 *The Structure of Scientific Revolutions*, Chicago, IL: University of Chicago Press, 1970, xi。
② 这是夏威夷大学的布莱克利（Donald N. Blakeley）的观点。见"Hearts in Agreement: Zhuangzi on Dao Adept Friendship," *Philosophy East and West* 58 (July 2008), 320。一些根本的不同，诸如生与死，高兴与不快，容易有误导性，但是语言是建立在二分法之上的，所以当它们被遗忘的时候，人们就会有点不知所措。《庄子》中的孔子故事谈到四位朋友知道他所不知道的事，不过，他也能明白，而不需要采取行动或者付之言语。
③ 见韩愈的《与崔群书》，"诚知"对方，是不需要言语或者预设的。见 Anna Shields, "The Limits of Knowledge: Three Han Yu Letters to Friends, 799 - 802," *Harvard Journal of Asiatic Studies* 22(2004), 71。此外，人们在笑声中达成共识，确认真正友谊的纽带，而无需求助于普通言语的解释。
④ 同源性指的是具有相同或相似的关系、相关的位置或结构的状态。关于统治的艺术，可以参见我与齐思敏教授（Mark Csikzentmihalyi）主编的新书 *Technical Arts in the Han Histories: Tables and Treatises in Shiji and Hanshu* (Albany: State University of New York Press, 2021)。

国历史上少数传奇性的友谊(如庄子与惠施)十分重要,①古代经典与经典化的文本谈到最亲密的友情时总是语气谨慎。②"书不尽言,言不尽意。"③那么,当一个人有好友相伴时很快乐,而因朋友离开感觉忧郁的时候,他是否会用普通的言语来表达呢?确实,在文学或者视觉艺术中表现友谊的困难在于,那些形成或者促进亲密关系的琐碎又短暂的行为很难产生令人激动的故事,但总的来说,它们把友谊变成了一种事后看来必然的东西。④ 因此,友谊的美学与随之而来的冲动是去解读言内与言外之意。就像音乐中的寂静,绘画和建筑中的留白,友谊具有"隐蔽性""内敛"和沉默的特点。安静的陪伴可以折射出非常强烈的能量,并导向更深入的关系。因此,圣人决定要避免雄辩。⑤ 正如孔子在《论语》里所说的"辞达而已矣"。⑥

---

① 庄子与惠施并不是唯一一对对友谊很执着的朋友。不过,在《全汉文》中有一封孔臧给儿子的信《与子琳信》,信中提到:"闻汝与诸友讲肄《书传》,滋滋昼夜,孜孜不怠。"人们也应该注意到收到朋友来信时候的兴奋,如东汉马融在给窦章的信《与窦伯向书》中写道:"见手迹,欢喜何量。"此信收录于《类文类聚》卷三十一《人部十五》。另,臧嵘的《中国古代驿站与邮传》一书(中国国际广播出版社,2009)的第 51 页也引用了。"谈交"可以视为一个完整类别,像陆贾等人就归入其中,更不用说东汉晚期和魏晋南北朝的"清谈"人物了。
② 举例来说,孔子很注重谨言慎思,相关内容可见《论语·里仁第四》《论语·公冶长第五》《论语·颜渊第十二》和《论语·阳货第十七》。因而,关于自我表达带来亲密关系的现代假设,在早期关于友谊的叙述中或多或少是缺失的。
③ 见《周易·系辞上》,托为孔子所言。这句话在汉代的文献中经常被引用。
④ 这里我重申一点,早期的经学家们把友谊某种程度上看作一种注定的缘分。毋庸置疑,人类也许永远也不会对于注定的结局采取行动。亚历山大·内哈马斯(Alexander Nehamas)在第六届吉福德讲座的报告中已经强调过了。
⑤ 芬格莱特用"强烈的沉默时刻"来描述。见"The Music of Humanity in the Conversations of Confucius," *Journal of Chinese Philosophy* 10(December 1983), 34。
⑥ 见《论语·卫灵公第十五》。

交友有益

礼节的目的,一是增进好的人际关系,二是去除坏的人际关系,准备入仕和谋生需要人际交往,而构建有意义的生活("治生")则需要亲密的友谊。① 那些罕见的关于至亲好友的故事,比如上文描述过的奇特葬礼,还有无数的文本段落中记录的"相感",都体现了神秘的吸引法则。大概这样的共鸣对人们的生活产生了巨大的影响,虽然它的体现主要是"维持现状",而不需要说明。如上所述,音乐被认为是关于微妙的"物类相感"最恰当的例子,它通过我们所未知的过程,"精义入神",并发生深刻的转化。② 读者们也许还记得,人与人之间最深的亲密感是通过"无声之乐"相连的。③

关于亲密友谊对于复杂的自我转化和社会变化的重要性,即"教化",可以参考《论语·子路第十三》,它提到,"士"与朋友在一起的时候,相互关注,相互批评;与兄弟们在一起的时候,和睦相处,即"朋友切切、偲偲,兄弟怡怡"。桓谭说除非"割心相见",否则"难以遂功竟意矣"。④ 同样,东汉经学家郑玄(127—200)说:

---

① 见《史记》卷一二九《货殖列传第六十九》。也可参见我关于范蠡的一篇文章:"Assets Accumulating: Sima Qian's Perspective on Moneymaking, Virtue, and History," in *Views from Within*, *Views from Beyond: Approaches to the Shiji as an Early Work of Historiography*, eds. Olga Lomova and Hans Van Ess (Weisbaden: Harrassowitz Verlag, 2015), pp. 131 - 69。
② 见《韩诗外传·诗外传卷一》,同声相应之义也。诗云"钟鼓乐之"。"精义入神"出于《周易·系辞下》,在"相感"之后。
③ 见上博简《民之父母》。如果这些上博简是可信的,那么这样的悖论比我们通常认为的要早得多。
④ 见严可均辑《全后汉文》卷十三所收录之《新论》,5a—6a。见 Pokora Timoteus, "The Life of Huan T'an." *Archiv Orientální* 31(1963): pp. 16 - 18。根据《风俗通义·愆礼第三》,这段话与《周易集解》的一段话十分近似。

"自天子至于庶人,未有不须友以成者。"①最重要的友谊是独特的人类潜能的发展。一些早期文本声称,友谊是成熟的人类形成他们第二天性的要素。其他的文本则主张,只有朋友才能让人类去粗取精。② 古语曰:"智可以砥砺,行可以为辅檠者,人友也。"③一个家庭或者社会也许可以培育孩子的早期性格,但其实是关心"最亲密的朋友"(unqualified friends)才最终使孩子在成年以后获得内心的自信,使他可能会成为最好的自己。④"夫人之相知,贵识其天性,因而济之……盖不欲枉其天才,令得其所也。"⑤的确,在亲密关系中,朋友所赠送的最高礼物就是:在对方的身上看到尊严和价值;像仁道一样,帮助对方实现独特的潜能。⑥ 因而,"个体性"(与众不同或者独特的个人特点)在早期关于友情的故事中占有重要地位,尽

---

① 见《毛诗正义》卷九(9.3/142C)。
② 关于第一类文本,见《庄子》卷二十四《徐无鬼》,庄子谈到死去的惠施时慨叹道:"吾无以为质矣,吾无与言之矣。"第二类文本,请看《法言·吾子卷第二》。
③ 见《韩诗外传》卷八。
④ 关于"unqualified friends",亚里士多德用这一词来描述一个完全依赖的人,与这样的朋友的友谊是最有价值的。请参见 *Nicomachean Ethics*, 1157b4。
⑤ 嵇康《与山巨源绝交书》,见第 124 页注释②。
⑥ 关于尊严,请看英国政治哲学家迈克尔·罗森(Michael Rosen)的专著 *Dignity: Its History and Meaning*(Cambridge, MA: Harvard University Press, 2012)。也可参见乔治·卡代布(George Kateb)的书 *Human Dignity* (Cambridge, MA: Belknap Press of Harvard University Press, 2011)。还有我的一篇相关论文"Feminist/Confucian: A Search for Dignity," *Journal of World Religions* 11(2012): 1-20。根据现代理论家关于友谊的理论,"当人们从爱的角度来诠释孤独的体验的时候,它可以转化为对我们独特身份的认识。一位真正的朋友会接受并确认这一身份"。见威廉·萨德勒(William. A. Sadler)编著的 *Personality and Religion: The Role of Religion in Personality Development* (New York: Harper & Row, 1970), p. 201。"朋友必须作为一个独特的自我而被欣赏,而不是一群普通人中的一个特例。见美国社会学家杰拉德·萨特尔斯(Gerald D. Suttles)的论文:"Friendship as a Social Institution," in *Friendship as a Social Institution*, eds. G. J. McCall, M. M. McCall, N. K. Denzin, G. D. Suttles, and S. B. Kurth. Chicago(IL: Aldine Publishing, 1970), 100。

管现代意义上的"个人主义"(即一种独立存在感)是显然缺失的,缺少关于自我与他人,或者自我与社会的截然二分法,意味着体贴他人的行为很少被认为是"无私"或利他的。① 朋友互相帮助、以彼此为乐,通过赋予对方一种令人注目的个性,可以合理增强彼此的自信。因此,有这样一句格言:"人能弘道,非道弘人。"②

重要的是,只有好友才能洞见彼此的特点和性格,因此只有他们可以确定彼此的需要和不言而喻的承诺。因为在他们的亲密接触中,朋友对彼此的过错会互相劝勉,并认真倾听,从而易于

---

① 理解友谊会提醒人们注意人与人之间的差别。而且,友谊也是一种个性化的机制,和艺术一样(音乐是早期中国的主要艺术)。友谊使我们有不同的感觉,对于行动也有着不同的解释。我们认为朋友比自身更加非凡和重要,也从朋友的行动中看到我们自己。芬格莱特宣称,在现代意义上的孔子身上不存在"自我""培养自我"或者"征服自我",只是"依照礼仪去努力发展",而礼仪是"自我"以外的东西。这种观点为后来的追随者奠定了基础。见:Fingarette(1983),332。《论语》中的孔子与其他先秦诸子最注重社会自我。我反对在古代文献中寻找"个人主义",罗思文也是如此,这与埃丽卡·布林德利(Erica Brindley)不一样。见我的论文"Confucian Piety and Individualism," *Journal of the American Oriental Society* 116(January-March,1996): 1-27。Jr., Henry Rosemont, *Against Individualism: A Confucian Rethinking of the Foundations of Morality, Politics, Family, and Religion* (Lanham, MD: Lexington Books, 2015). Erica F. Brindley, *Individualism in Early China: Human Agency and the Self in Thought and Politics* (Honolulu: University of Hawai'i Press, 2010).

② 见《论语·卫灵公第十五》。友谊提供了目标和行动的动机。一个人需要被激励,才能实现这一英雄式的愿景。与之相对照,我们经历的考验显示,我们采取行动,是因为我们相信别人会如此。孔子认为最明智的人懂得"仁""恕",大概是好友促成了这一了不起的转变,它包括培养最好的自我,一并渐渐地向这一目标靠近。这种状态或者条件通常会促使其他事物或人朝着他们的自我实现目标而进取。

完善自己。① 除了至交,很少有人际关系能让人坦承自己的缺点,因为纯粹的社交代之以容忍与宽容。人们期望好友会通过帮助和安慰来对自己提出批评或者质疑。因此,密友可以帮助彼此改善人生,主要是因为他们认识到各自的不足,并且督促自己改正。② 亲密的朋友不一定要了解彼此的一切,也不需要分享所有的东西,但是亲密友谊的维系最终是通过对某些品质的热忱欣赏而维持的,这些品质让朋友们彼此自豪或者关切,③他们也渴望看到朋友展现突出的能力与才干。因此,早期中国的文本强调友谊是通向"知己"和"自得"之路,即,对自己有着充分的了解,因而有益的行为可以带来极大的个人满足感。因此,古代的文本认为,如果缺少诸如亲密友谊这样可以让人转变的关系,就是错过了人类经验中最奇妙的形式,人就是不完整的。

显然,能结交好友是最幸运的。真正的朋友总是相互认为幸运地遇到了彼此,这种不可抗拒的吸引力把两个或者更多的人紧紧结合在一起,并能终其一生,在现代意义上,这种亲密友谊则几

---

① 见《论语·子路第十三》子路所言:"朋友切切、偲偲、兄弟怡怡。"关于朋友间的忠告,请参见安乐哲与罗思文下面合著书的第三章:*Confucian Role Ethics: A Moral Vision for the 21st Century?* (Taipei: National Taiwan University Press), 2016。关于告诫朋友的责任,请看谭苏宏(Tan Sor-Hoon)的论文:"Mentor or Friend?: Confucius and Aristotle on Equality and Ethical Development in Friendship," *International Studies in Philosophy* 33.4(2001):99-121。还有罗思文的专著:*A Reader's Companion to the Confucian Analects*(New York: Palgrave Macmillan, 2014)。中国人以一种温和得多的方式达到了尼采用愤怒所达到的结果。正如尼采在他的《道德的谱系》(*Genealogy of Morals*)中的观点一样,他们认为,在一系列行为的总合背后或者之外并不存在一个人(一个能动的主体)。荀子只是众多阐明这一点的思想家之一。他认为:人们所宣称的欲望与意图不是"真实的",除非在行动中得到证实,无论成败。我们也常常对于自己的行为自欺欺人,也对他人的行为视而不见。
② 《潜夫论》卷三十《交际》中谈到,交际被认为是交友的一种基本"人性"倾向。
③ 见《论语·子路第十三》。毕竟,令人信服的君子可能无法理解许多事,但他们"于其言,无所苟"。

乎不能算完全"自愿的"。① 举一个很好的例子：我们今天的许多人会拒绝由父亲为儿子择友，但古代的早期读者并不觉得这是非典型的或者矛盾的。如大卫·康斯坦(David Konstan)这样怀着敬意谈到古地中海地区的友谊："交友并不一定意味着它本质上取决于自由或者个人的选择。"虽然现代的叙述普遍地坚持选择在友谊中的作用，但是它似乎有过历史性的变化。② 如许多现代杰出的哲学家们所指出的那样，③人们一般认为很多（如果不是全部）"好的"行为是"自由选择"的，这与每个历史时代所显示的证据相矛盾。中国古代的作者明智地认为，不能把亲密友谊视为一种可以占有或者抛弃的"私人关系"，否则就会损害一个人的自我意识和归属感。他们更喜欢把它想象成信守承诺以及从社会行为中得到乐趣。典范人物，无论男女，通过相互吸引而产生了千丝万缕的联系，并不断地强化这种联系。他们可以达到一个理

---

① 与很多人不同，我认为"友"不"需要一定程度的个人自主权"。见 *The Changing Face of Friendship*, ed. Leroy S. Rouner(Notre Dame, IN: University of Notre Dame Press, 1994), p. 1. 对于友谊的强烈渴望得不到实现，成为中国古代文学中许多著名诗歌的主题，也成为大多数的"假说"。关于后者，请参见 Dominik Declercq, *Writing against the State: Politics and Rhetoric in Third and Fourth Century China*(Leiden: Brill, 1998). 传统与道德都要求人们忠于统治者。

② 见 Konstan(1997), p. 1. 根据康斯坦的介绍，有人认为友谊在文艺复兴前的西方（或者其他地方）甚至并不存在。本章与康斯坦的书一样，会质疑这个事实。约翰·库珀(John M. Cooper)在他的论文中表示赞同，他说："但是很明显，在友谊发展的过程中，第一次会面很可能是很偶然的，而后续性的阶段则是动机不明的……从亚里士多德的观点来看，显然公民关系，而不是个人友谊在繁荣的人类生活中是十分重要的组成部分。"见 John M. Cooper, "Aristotle on the Forms of Friendship," *The Review of Metaphysics* 30.4(1977), p. 645, 648. 亚里士多德认识到许多人际关系并非源自刻意的选择（见 *Politics* 1252a）。当然，米兰多拉(Pico della Mirandola, 1463—1494)在他著名的演说"关于人的尊严"(De Dignitate hominis)中为大多数现代的论述定下基调，声称使人与万物不同的是他的自由意志。人的命运是出于自己的"选择"。

③ 比如，英国哲学家吉尔伯特·赖尔、伊莉莎白·安斯康姆(Elizabeth Anscombe, 1919—2001)和芬格莱特的相关论述。

想化的状态,感到自己与好友的交流是畅通无碍的,直至死亡。①

更高层次的友谊代表了朋友间高尚品行的交融。随着好友间信任的增进,他们会向对方暗暗发誓:"我把未来托付给你,而我相信你不会滥用它,或者以任何方式轻视我。"这样的信任代表着持久的友谊约束力。为此,人们甚至可以不顾礼仪或者地位,也不考虑家庭或者社会利益。② 古代的深厚友情与现代世界中的"浪漫之爱"有着某些相似的强度。确实,在我们讨论的古代文本中,浪漫之爱只是亲密友谊的一种形式。③ 问题是,友谊的特征和结交原因可能有很大的不同,因而友谊本身不能被分类或者限定。

友谊作为一种社会模式

当然,这些都是宏大的观点,但是我认为,我们所掌握的大量早期和中古时代的文本对它们作出了预设。在此,我还可以加上

---

① 我尽量避免使用"债务"和"义务"这样的词,它们都源自市场关系和货币交易。
② 一个好的例子来自汉代的《白虎通》。它提到,如果父母已亡故,一个人不仅可以和朋友分享财产,而且可以为朋友而死。见《白虎通德论》卷七《三纲六纪》:"朋友之道,亲存不得行者二:不得许友以其身,不能专通财之恩。"也可参见 Po Hu T'ung: The Comprehensive Discussions in the White Tiger Hall, trans. Tjan Tjoe Som (Leiden: Brill, 1949-52), vol. 2, pp. 562-63。"许友以死"来自《礼记·曲礼上》。要了解更多内容,可以参见:Kutcher(2000),1620。在东晋时代(317—420),傅咸坚持与鲁庶叔的友谊,后来鲁迁尚书郎,作《感别赋》以赠。见《全晋文》卷五十一《傅咸一》。《世说新语·任诞》讲述了一个不顾礼节的鲁莽友谊的故事:"卫君长(卫永)为温公(温峤)长史,温公甚善之。每率尔提酒脯就卫,箕踞相对弥日。卫往温许亦尔"。见:Mather(1976),410。
③ 芝加哥大学的冯珠娣(Judith Farquhar)指出了这一点,见 Appetites: Food and Sex in Post-Socialist China (Durham, NC: Duke University Press, 2002), p. 255。关于早期中国的有关论述,请参见我的另一篇文章"On the Antique Rhetoric of Friendship," Asiatische Studien/Études asiatiques 68.4(2014):125-65。

另外两个推论:在早期和中古时代,每当其他社会关系变得非常亲近,它们往往更多采用友谊模式,而不是家庭模式。但是友谊包含了如此强烈的社会与政治秩序概念,断交会带来不少问题,特别是在精英阶层当中,以及社会与政治的变革期,它不仅会影响到个人,而且还可能使昔日的朋友和他们的家人陷入危险之中。

友谊与亲近的社会关系

117　　扬雄说,朋友如果不能交心,那只能是一个有着肤浅交情的熟人而已。("友而不心,面友也。")①在古汉语中,"友"的最早含义是一种经久和持续的关系,"亲密"或者"密友"最能体现其本质。② 比如,在青铜器铭文中,"友"一词更多指那些定期参加普通宴饮活动的人,在这样的活动中,食物盛放在刻有铭文的礼器里。③ 这些礼器与供奉祖庙的礼器是一样的。④ 亲密友谊被一种神圣的气息所围绕,因为"友"字第一次出现的文本背景是祭祀,它被认为是为了未来的帮助而提供的及时献祭。⑤ 到西周时期,"友"的含义"友善"与"兄弟之爱"已经成为最重要的道德原则之一。⑥ 当然,与他人分享共同的愿景,

---

① 见《法言·学行》。

② 见:Konstan(1997),"Introduction",它谈到了古典学系的人类学转向。

③ 见于省吾《商周金文录遗》,北京科学出版社,1957,第89页。郭沫若《两周金文辞大系考释》,东京:文求堂,1957,第68页,123页。

④ 见朱凤瀚《商周家庭形态研究》,天津古籍出版社,1990,第308页,他引用了"师克盨""辛鼎""师询簋"。关于出现在青铜器铭文中的"友"的内容,我很感谢夏玉婷提供了她写于1999年的未发表的论文,"Friendship in Early China"(《早期中国的友谊》)。她谈到,"朋友"有时候与"婚友"相提并论(如柞伯簋、师克盨的铭文),但是并没有提到其他活着的亲属。她说,"其他的亲属,如叔伯与兄长,在春秋或者西周晚期铭文中也许与'朋友'相提并论"。

⑤ 见查昌国《友与两周君臣关系的演变》,《历史研究》,1998年第5期,94—109页;朱凤瀚(1990)。

⑥ 夏玉婷引用了"墙盘",见《殷周金文集录》,四川人民出版社,1984,第197页。还有"世浮簋",见《三代吉金文存》,12.14.2。

为过于脆弱的人类生命赋予了一种力量,①而这样的分享可能是那些胸怀大志、离家出仕的精英成员所更加渴望的。②

随着时间的流逝,"友"(常常以复合词的形式出现,如朋友、僚友、友生)的含义往往被扩展并冲淡,直到它可以包含很多纯粹可亲的关系:同僚、同学、同盟,甚至仅仅是同伴,在古汉语中,"友"最初与"朋"或"交"组成复合词。这也许解释了为什么在东汉末年,因为与范氏不同寻常的友谊而闻名的张劭,很谨慎地在不合格的"死友"与纯粹的"生友"之间作出了鲜明的区分,他认为后者是明显不如前者的。③ 重要的是,在彼此完全信任的友谊之外,社会关系不是吸引与同情法则的产物或作用,而是由一方或双方有意构建的,并且有着潜在的风险。④ 仅举一个词的变化,"士友"(同僚)在现存

---

① 如第 130 页注释②,《说文解字》解释说:"同志为友。"
② 虽然春秋时期只有很少数的政治家穿越各国边界去寻找更好的仕途,到战国时代这样的现象已经很普遍了。
③ 见《后汉书》卷八十一《独行列传·范氏》。我在此感谢瑞士日内瓦大学的左飞教授(Nicolas Zuffery)提醒我这一传记资料,它的开头以其简约而吸引读者,并以奇迹结尾。如果我们借用中世纪欧洲哲学家大阿尔伯特(Albertus Magnus,约 1200 年—1280 年)的话,我们与"死友"的关系是不合格的友谊。见 Stanley Cunningham, *Reclaiming Moral Agency: The Moral Philosophy of Albert the Great* (Washington, DC: Catholic University of America Press, 2008), pp. 242 - 244。
④ 总的来说,古代中国的文本谈到男性之间的政治联盟,将其作为一种不同于泛泛的模式的友谊。关于这一点,保罗·劳泽(Paul Rouzer)说得很清楚,可参见他的论文 "The Life of the Party: Theorizing Clients and Patrons in Early China," *Comparative Literature* 58.1(2006): 59。但是他过分强调了政治联盟的负面含义,与其他大多数中国学者关于友谊的论著相似。一个人的"朋"(同伴或同事)可能会欺骗自己,但根据定义,一个人真正的朋友是不会的。如果友谊仅是达到目的的手段,成为"功利性友谊",人们会怀疑它倾向于串通或者拉帮结派。亚里士多德把"功利性友谊"归结为三种典型友谊之一。与他相反,中国人承认有这种联盟关系的存在,但它们可能会因为受自身利益的驱使而突然被打破,所以他们并不认为"功利性友谊"令人满意或可以丰富人生经验,不能成为人生至乐。安德鲁·诺里斯(Andrew Norris)在他的专著中也接受了亚里士多德的观点,见 *Becoming Who We Are: Politics and Practical Philosophy in the Work of Stanley Cavell* (Oxford: Oxford University Press, 2017)。

的汉代以前的文本中并没有出现过。它出现在公元五世纪和六世纪,据我们所知,最令人难忘的是七世纪的《梁书》。该书中谈到了任昉(460—508)交游广泛,他把士大夫拉进自己的圈子,主要是为了积聚个人财富,扩大政治资本。① 令人疑惑的是,文学传统应该准确反映社会现实,可是,因为现存的古代文本更多是说明性的,而不是描述性的,甚至那些声称忠实地描述外部世界的著作也是非常有选择性的,因而歪曲了对于早期和中古时代精英现实的反映。②

许多早期和中古时代的文本,尤其是《周易》,有两个重要的主题,即信任与时间,二者都与如何缔结至交这一首要的问题相关联。这些文本认为,互助和安慰只能从经受过时间考验的"故"交那里得到。③ 除了极少数的例外,只有至亲的"故"交才会有英勇的担当,因为对真正友谊的"考验"是看到它的升华,通过人生的逆转

---

① 见《梁书》14.254,27.401—402。"士友"第一次出现在五世纪的《后汉书》。刘孝标(462—521)是任昉的批评者之一,称他"早绾银黄,夙招民誉"。田晓菲也指出了《南史》中的一个相似段落,见 Beacon Fire and Shooting Star: The Literary Culture of the Liang (502 - 557), Harvard-Yenching Institute Monograph Series 63(Cambridge, MA: Harvard University Press, 2007), p. 115。
② 如上所述,我们只有很少量的现存文本持实证主义的态度,把历史发展视为有勇无谋的冒险。
③ 关于《白虎通》,见第 130 页注释②。根据班固的叙述,公元 79 年的白虎观会议基本上采纳了董仲舒的"天人感应"理论,它为统治者赋予了最高的宇宙权力。根据董仲舒的观点,"三纲",即君为臣纲,父为子纲,夫为妻纲;"六纪",即诸父有善,诸舅有义,族人有序,昆弟有亲,师长有尊,朋友有旧。见《白虎通疏证》卷八《三纲六纪》。也可参见 Tjan(1949—52), vol. 2, 562 - 63; Michael Lowe, "Ban Gu, Copyist, Creator and Critic," Bulletin of the School of Oriental and African Studies(2015): 1 - 23。

来培育友谊,①相比之下,纯粹的同僚与熟人,可能是危险的。②《诗经》的许多篇章都是庆祝朋友和夫妇携手终老之乐。③ 早期帝国及其以前,任何事物都会与曾经的辉煌"时代"相提并论,新鲜事物的诱惑只是间接地被提及。我们可以比较当时对于新旧音乐的态度。如曹丕(187—226)在《典论·论文》中明白地告诉我们的:"常人贵远贱近。"④

在公元前221年秦统一六国之前,还有一些重义气的社会关系被类推为友谊。很多研究早期中国的学者[澳大利亚学者文青云(Aat Vervoorn)是一个值得称许的例外]假设友谊的"横向"关系,特别是没有功利性的友谊,不如"纵向"的等级关系和功利性的社会关系,如父子、君臣、兄弟姐妹和夫妇关系。据说友谊被认

---

① 《风俗通义》有这样一段话:"一死一生,乃知交情。一贵一贱,交情乃见。"(《风俗通义》7.11)《逸周书·官人解第五十八》也有"省其交友观其任廉"之语。《礼记·学记》则说,一个人要学习七年才能知道如何明智地择友,"七年视论学取友"。参见 Legge(1885), vol. 2, 83。《中庸》把对朋友诚信作为君子实用智慧的四道之一。《新书》卷九《大政下》指出,"故不肖者之为身也,不可以接友"。
② 《梁书·范缜传》批评范缜:"好危言高论,不为士有所安。"
③ 描写夫妇终老之乐的有《毛诗》,Ode no. 31,《诗经·邶风·击鼓》:"死生契阔,与子成说。执子之手,与子偕老。"还有 Ode no. 82,《诗经·郑风·女曰鸡鸣》:"弋言加之,与子宜之。宜言饮酒,与子偕老。"英译可见:Legge(1865—1895), vol. 1, 49, 135。在古汉语中"说"并不常常指"发誓",更通常指"说",这里引文中的"说"也许是"悦"的意思。有人认为,"成说"应该读为"说成",因为在《诗经》中这样的倒置关系是常见的。
④ 见《全后魏文》卷八所引《典论·论文》,《全后魏文》,北京:商务印书馆,1999,第82—84页。

为会给其他可以预料的人际关系带来更大的威胁。① 不过,就我所知,很少有早期文献支持这一观点。文青云认为,友谊经常出现在社会关系列表末端的原因,不是因为它最不重要,或者最有问题,而是因为它是建立于其他关系之上的人类经验的最高点,对于那些关系的范围与义务都有着明确的规定。《礼记·学记》把择友看作通往"君子之道"的倒数第二个阶段。② 有人认为,家庭优先于朋友,但也有许多人并不这样认为。③ 然而,多篇文本

---

① 见文青云(Aet Vervoon)的论文"Friendship in Ancient China," East Asian History 27(June 2004):1-32。柯启玄基于中华帝国晚期的文献,认为友谊天生就是有犯罪倾向的。见 Kutcher(2000)。保罗·卢泽(Paul Rouzer)也同意柯启玄的观点,他还补充了一点,即真正的友谊可以提供"反政治联盟模式",有不稳定和暴力倾向。库彻关于早期中国的讨论是过时的,因为《白虎通》列出了"三道"与"三纲":朋友、父子和君臣。在这里,我与几位著名的汉学家有不同观点。比如,郝大维(David L. Hall)与安乐哲认为"所有关系最终都是按家庭规则构建的",并已经认定这是一种事实。见他们合著的论文"Confucian Friendship," in The Changing Face of Friendship, ed. Leroy S. Rouner(Notre Dame, IN: University of Notre Dame Press, 1994), 90, note. 27。周轶群强调:"亲属关系为所有在周代的社交意识形态中被描述为'关爱和友善'的牢固关系提供了范式",认为没有词汇可以描述亲密的友谊。见 Festivals, Feasts, and Gender Relations in Ancient China and Greece(Cambridge: Cambridge University Press, 2010), p. 154。这听起来是一个无力的论证。但亚历山大·内哈玛斯谈到,如他所知,关于友谊的词汇在任何社会都不是特别发达,无论是古代还是现代。《诗经·大雅·皇矣》的"友其兄"是一个例子。罗伯特·纳普(Robert Knapp)认为,罗马帝国的"隐形"臣民很少被夫妇、亲子关系等困扰,因为除了最有特权的社会成员,对于普通男人或女人来说,他们别无选择。对于早期中国来说,可能同样如此。

② 见《礼记·学记》。见 Legge(1885), vol. 2, 85。根据《大戴礼记·五帝德》,友谊与沉浸于学习礼仪和音乐有关,这一点不亚于孔子。

③ 见《礼记·学记》,同上。还有《诗经·小雅·棠棣》中有"良朋永叹"之句,认为朋友在自己危难之际不愿意提供帮助,尤其是当这样的危机会持续很长一段时间的时候。在同首诗的下一段,又说"虽有兄弟,不如友生"。因为上面所说的危机可能带来危险,因而涉及家庭的决定,而不是个人的决定。因此,这里并没有语言的前后矛盾。《论语》中引用的这首诗突出了这样的信息,即除了被延长的危难时期,朋友比亲属更有价值。比较一下《诗经·唐风·杕杜》中的"岂无他人,不如我同父"之句。另外一首诗《诗经·小雅·頍弁》提到为兄弟保留酒食,这说明在同一社会有另一种社会规范的并存。我在这里只是引用几首周轶群没有纳入讨论的《诗经》作品。

强调，亲密友谊体现忠诚、诚实、有想象力等美德，还有维系它所需要的灵活性，代表了一种令人羡慕的、真实的世界运行方式。

那么，我们就不应该感到惊讶，友谊作为一种理想，在其他关系（包括政治关系）的论述中占有重要地位。① 最终，友谊将成为早期帝国君臣关系新的范式，强大的社会政治纽带不再仅仅基于血缘关系。② 同时，友谊被扩展到用来描述兄弟姐妹间的良好关系，③以及夫妇、师生关系，只有父子关系不易用友谊来类比，④尽管"友"总是与"孝"组成复合词"孝友"。朋友的帮助和安慰可以

---

① 对于统治精英来说，可以说没有什么称得上现代意义上的"私人的"东西。"隐私"基本上确定是现代的概念与价值。甚至在家庭的范畴，古老的贵族式的理想贯穿了我所要讨论的时代。
② 例如，郭店楚简的《语丛三》有"友，君臣之道也"之语。而《语丛一》也提到"君臣，朋友，其择者也"。见《郭店楚墓竹简》，第87简，179页；第6简，209页。相似地，《说苑》卷一《君道》曰："王者之臣，其名，臣也，其实，友也。"（《说苑》1.20）
③ 《孟子·告子下》："尧舜之道，孝弟而已矣。"也许是最早把"弟"作为名词的文本。
④ 比如，《诗经·大雅·皇矣》中"友"指的是王季与泰伯兄弟之间的友谊。而《诗经·小雅·小宛》中把爱侣表现为朋友关系。尤锐（Yuri Pines）讨论说，在公元前221年秦统一六国后的时代，秦朝皇帝逐渐恢复了训诫臣下的权力，而不是接受臣下的劝谏。结果，被推崇的君臣友谊慢慢消失。见"Friends or Foes: Changing Concepts of Ruler-Minister Relations and the Notion of Loyalty in Pre-Imperial China," *Monumenta Serica* 50.1(2002): 35-74。《白虎通》用同样的语言谈论友谊，作为把君臣、父子和夫妇关系连结在一起的重要关系。见《白虎通疏证》卷八《三纲六纪》。也可参见 Tjan(1949—1952), 559-63。伊维德（Wilt Idema）描写了杞良之妻因为失去丈夫而哭泣。见: *Meng Jiangnü Brings Down the Great Wall: Ten Versions of a Chinese Legend* (Seattle: University of Washington Press, 2008)。

帮助孝子更好地孝敬父母。①

对于荀子来说,友谊据说是构成良好秩序的三大关系之一。② 尤锐把战国时代的言论归类,得出了理想的君臣关系,并且将其等同于"真正的友谊"。③ 贤明的君王对他最好的谏臣的忠告作出充分回应,并慷慨地回馈后者,赏赐他们金钱与爵位。④

---

① 这里举几个例子:《礼记·祭义第二十四》:"朋友不信,非孝也。"(《礼记》25.35)也可见 Legge(1885),vol. 2,226。《吕氏春秋》卷十四《孝行览第二》。见 Knoblock and Riegel(2000),306。《韩诗外传》卷九称"有友可助"是君子所知"三乐"之一。见 Hightower(1952),313-14,《释名》卷四把"友"解释为"有也,相保有也"。文青云阐明,早期中国的友谊主题是谈论超越亲属之外的个人行为的方式,也是思考对社会和国家额外道德义务的基础。不幸的是,在一个错误的步骤中,文青云把友谊误解为选择的关系;而选择不是主要的前现代意识。如芬格莱特在谈论《论语》时所说的,尽管它着重解释现代自治概念。正如文青云所说明的,早在商代的甲骨文中,"友"指上天对商王朝的相助。《东观汉记》卷二《纪二》把"孝乎惟孝,友于兄弟"作为圣人和贤君的最基本的特征。《东观汉记·传四·邓训》提到邓训对朋友"视之如子"。相似地,《晏子春秋》把守信于朋友作为孝道的一部分。(《晏子春秋》2.22)张衡(78—139)的《司空陈公诔》谈到了"入孝出友"。见《全后汉文》卷五十五。
② 见《荀子》"择良友而友之,则所见者忠信敬让之行也"。(《荀子》23.14)或参见 Hutton(2014),257。君主的好友是他成为霸主的关键。也可见《荀子》32.2,Hutton(2014),339。不过,《老子》从来没有提到过"友"。《礼记》把"睦友"作为良好秩序的四个条件之一,其他的还有"孝弟"、"明父子之义,长幼之序",见《礼记》6.8—11。
③ 见 Pines(2002)。
④ 见 Pines(2002)。《说苑》卷八《尊贤》中,紧接着伯牙与钟子期的故事,刘向说,"虽有贤者而无以接之,贤者奚由尽忠哉!"一个好的君王就该"友故旧"。(《国语·晋语四》)此外,还有很多例子,包括《说苑》卷十三《权谋》、《荀子·王制篇第九》等。《郭店楚墓竹简》"语丛"(209,197,第 97、179 简)说,"友,君臣之道也"。《说苑》卷一《君道》也说:"王者之臣,其名,臣也,其实,友也。"《吕氏春秋·离俗览·上德》包含了孟胜的故事,他说他与阳城君的关系是:"非师则友也,非友则臣也。"可参见 Knoblock and Riegel(2000),pp. 487-88。在我看来,与这种表达最接近的古希腊传统是 *Phaedrus*《斐德罗篇》,其中,斐德罗表明,他希望成为柏拉图的朋友,只有朋友之间才能对话或辩论。忠告是一个人可以给予朋友的恩惠,因为来自一个"了解"自己的抱负和品性的人的忠告更容易被倾听,而不会感到受冒犯。见《淮南子》卷十一《齐俗训》所说"朋友不相怨德"。《说苑》卷一《君道》和卷二《臣术》描述理想的君王是和善而尊敬臣下的。

此先王取士官人之法也。故其民莫不反本而自求,慎德而积小,知福祚之来不由于人也。故无交游之事,无请托之端,心澄体静,恬然自得,咸相率以正道,相厉以诚悫,奸说不兴,邪陂自息矣。①

明君通过某些措施(主要是分享他的财富、责任或者危险)可以在他和自己的下等臣民、兵卒(不仅仅是尤锐所讨论的卿相们)之间形成一种对等感。② 作为回报,感恩的臣子被君王如此亲切的纡尊降贵而感动,会立誓效忠,如早期军事文本所解释的(请见本书的第三章)。③《左传》告诉我们,有朋友帮助治理国家,是很值得欣慰的事。④(当然,庄子会嘲笑如此乐观的故事。)⑤我们知道,"友"是复合词"兄友"的一部分,表示亲如兄弟般的关系。在西方传统中,友谊是迷狂欲望的苍白外表,而与之明显不同的是,在古代中国,当同床伴侣感觉到他们同时也是知己好友的时候,夫妻之爱特别被推崇。这种知己之爱提供了更强大和更复杂的承诺,⑥甚至理想的师生关系有时候也被类比为亲密好友。《说苑·杂言》中孔子说:"回之信,贤于丘",可能是因为传说中孔子

---

① 这段话摘自徐幹《中论·谴交第十二》。可参见 Makeham(2002), pp. 152-73。徐幹与蔡邕(133—192)是同时代的晚辈,之所以写这篇文章,是因为他认为结成恰当的关系对于仕宦和平民生活都是非常重要的。
②《尚书·召诰》谈到了"友民",虽然这里的"民"也许指的是君王的随从。
③ 如《说苑》卷十五《指武》提到晋智伯称赞齐田桓"爱其民,内同其财,外同其勤劳"。这样的支配方式不存在友谊中,因为"占有支配地位"意在打倒或挫败企图与他/她平等的人,甚至利用他们达到自己的目的。见 Eliot Deutsch, "On Creative Friendship," in *The Changing Face of Friendship*, ed. Leroy S. Rouner(Notre Dame, IN: University of Notre Dame Press, 1994), p. 20。
④《左传·昭公十三年》中提到孔子说:"子产,君子之求乐者也。"
⑤ 见《庄子·杂篇·渔父三十一》。
⑥ 见《诗经·邶风·匏有苦叶》,其中"友"指的是恋人。还有潘岳《悼亡诗》三首之三的诗句"孤魂独茕茕,安知灵与无"。英译见:Knechtges(1982), vol. 3, 183-92。

在所有门人中唯独偏爱颜回。① 文青云敏锐地注意到,"友"指一种关系,或者友谊的性质,而不是一类特定的人,或者角色,因而"友"和"亲"不必是互相排斥的关系。②

让我们简要看一篇迷人的早期作品,来作为小结,即《诗经·小雅·伐木》,诗的吟诵者在寻找一位"至友"(相当于伴侣或灵魂伴侣)。当谈论友谊不期而至的时候,有一段诗句常常被引用:

> 相彼鸟矣,犹求友声。
> 矧伊人矣,不求友生。
> 神之听之,终和且平。

诗的其余部分描述了为招待朋友和其他社会关系成员而陈列的美酒佳肴和丰富食物,使得这样集体性的聚会之乐有了双重功能,一是对社会责任的郑重实践,③二是享受盛宴之乐,这样的盛宴使社群关系更加密切,充满活力。

当人们进入到可能互惠互利,但又十分脆弱的友谊关系时,从来没有固定的规则可循,也无法知道何人可信。同时,在防备同事、邻居与合作者的时候,人们也会付出很高的个人代价,而紧随陌生人的代价则更高。在社交场合中增进信任,对于维持丰富的人生是十分重要的,即使信任很容易被破坏,并且难以修复。

---

① 《东观汉记》卷十六《传十一·班彪》提到大将军窦融对班彪"深相敬爱,接以师友之道"。《礼记·学记》论道:"独学而无友,则孤陋而寡闻。"见 Legge(1885), vol. 2, 85。《荀子·修身篇第二》谈到"师"与"友"的角色不同,但是如果是合适的类型,都可以对人有启发,"故非我而当者,吾师也;是我而当者,吾我也"。可参见 Hutton (2014), p. 9。《论语·先进第十一》也谈到孔子称赞颜回:"回也,视予犹父也。"
② 正如文青云所意识到的,家庭是主要的,只是因为它是社会化最早发生的环境,因此,家庭有助于道德发展。但是孔子全力关注相互关怀的情感可以延伸到家庭以外的其他人身上。
③ 见周轶群的论文(2010), p. 139。

关于绝交

虽然亚里士多德认为,有时候一段友谊是不可能轻易结束的,但如果一个人可以确信他的朋友并非善类,他还是劝告追随者们要努力绝交。① 相比之下,早期的礼仪会要求人们,尽可能避免与一个曾经是密友的人公开绝交,这是基于两个非常实际的理由,即:如果与品性不良的人长期相处或者有着密切的联系,将会使一个人受到很坏的影响,乃至很难作出绝交的决定;另一方面,也会影响这个人与君子交往的机会。在"匿名"的科举考试推行以前的时代,一个人是否有出仕的资格,很大程度上取决于地方权贵对他们的品评,这一初步的鉴定是尤其重要的。② 这会有助于解释,为什么文明的社会交往以圆滑的退让和邀请作为先决条件,模棱两可成为一种令人钦佩的演说形式,可以发挥很大的功用。古代的思想家们希望,遵从礼仪规定可以避免在昔日的朋

---

① 见 Rouner(1994),71。关于友谊的现代概念,无论是东方的,或是西方的,都是来自亚里士多德对于友谊的三种分类:一是以互相取乐或者互相利用为基础;二是保留了一定程度的以自我为中心,尽管友谊的前提是朋友中的一方为了自己的缘故也希望另一方安好;三是理想的情况下,基于相互尊重朋友的良好品格而建立的友谊,也意味着对朋友"学其所长"。对于亚里士多德来说,只有第三种以善意对待朋友是"完美"或者"完全"的友谊。关于亚里士多德所说前面两种以自我为中心的友谊,约翰·库珀认为,这三种友谊,只要朋友的一方关注另一方的真正美德,都会真心为对方着想,他说:"友谊,至少需要为了对方(包括他的利益和快乐)而表示某些真正的关心。"否则,他们就不算是朋友,而只是性伙伴,或者商业交易中的合伙人。以上内容可参见 Cooper(1977), p. 625, 640, 641, 644。也可参见 Katherine Evans, "Friendship in Greek Documentary Papyri and Inscriptions: A Survey," in *Greco-Roman Perspectives on Friendship*, ed. (John T. Fitzgerald, Atlanta, GA: Scholars Press, 1997), pp. 181 – 202。
② 因而,我们会经常读到关于评论某人的性格与品性的"乡里"故事。如《前汉纪》卷二十一《孝元皇帝纪》记载了王阳因妻得邻家枣而去妻、后又因邻人固请而复妻的故事:"里中为之语曰:'东家有树,王阳去妇。东家树完,去妇复还。'其励节如此。"(《前汉纪》21.369)

友离去时留下很不愉快的记忆,①也避免在友谊显然要破裂时,让情谊由浓转淡。一个文本这样告诫人们:"古之君子,交绝不出恶声。"②酒肉朋友的友谊常常会突然破裂,但那些对于陷入困境的朋友置之不顾者,只不过在宣扬他们自己的缺乏人性罢了。有一篇文章谴责了这样的自私自利的"朋友":

……有势则宾客十倍,无势则否,况众人乎! 下邽翟公有言,始翟公为廷尉,宾客阗门;及废,门外可设雀罗。翟公复为廷尉,宾客欲往,翟公乃大署其门曰:"一死一生,乃知交情。一贫一富,乃知交态。一贵一贱,交情乃见。"③

此后,"门可罗雀"成为形容"被自己误以为是好友的人所冷落的经历"的常见比喻。④ 第二个故事也是来自《史记》,它传达了同样的信息,这次故事的主人公是有点传奇性的孟尝君,一个有着成千上万支持者的政客。当孟尝君感叹他的随从不辞而别的时候,冯骥,也是后来孟尝君的门客之一,指责他所谓的恩主——门客关系更像市场交易,而不是可信任的朋友关系,所以门客们的离去是很正常的事。⑤ 真正的错误在于孟尝君自己不能对于

---

① 钱钟书在《谈交友》中言道:"交友而甘退居交际者有之。"见《管锥编》,北京:生活·读书·新知三联书店,2010,第 1575 页。
② 见《史记》卷八十所载乐毅《报燕惠王书》所言。《颜氏家训》卷四《文章》亦有"君子之交绝无恶声"之语。可见邓嗣禹的英译:*Family Instructions for the Yen Clan* (Leiden: Brill, 1968), p. 123。
③ 见《史记》3113,3114。翟公初次为廷尉是在公元前 130—前 127 年。他的复职没有年代记录。根据鲁惟一的研究,这位"翟公"不是翟方进(前 53—前 7 年)之父,虽然他们可能是有关系的。见 Loewe(2000),p. 671。
④ 见《隋书》卷五十七中引用的卢思道(535—586)的《劳生论》"忽值罗人设网,虞者悬机"。《隋书》57.1400。
⑤ 见《史记·孟尝君列传》,冯骥对孟尝君说:"今君失位,宾客皆去,不足以怨士而徒绝宾客之路。"《史记》57.2362)

第二章 兴：音乐和友情的共鸣

他的门客们作出合乎实际的评价。①

对于野心家来说，"养交安禄"在帝国时代以前就已经是陈词滥调。他们也都意识到这样的社会交往代表了虚假的友谊。②数世纪中，由市场驱动模式结成的自私关系所冒充的友谊一直不断地受到人们的攻击，如王符（76—157）的《潜夫论》和柳宗元（773—819）的《宋清传》中所昭示的。③ 同时，由古代君子所撰写的凄美动人的文章与书信深深吸引了读者们。作者的写作初衷是要与从前的"朋友"公开绝交。这也给他们自己带来了相当大的风险。从那些名篇中所选取的少数例子，表面上看是属于"个

---

① 比如，《战国策》中一个相似的早期故事显示了孟尝君田文的门客把功利性的友谊与市场相比较："孟尝君逐于齐而复反谭拾子迎之于境，谓孟尝君曰：'君得无有所怨齐士大夫？'孟尝君曰：'有。'……谭拾子曰：'……富贵则就之，贫贱则去之。此事之必至，理之固然者。请以市谕：市，朝则满，夕则虚，非朝爱市而夕憎之也。求存故往，亡故去。愿君勿怨。'"见《战国策·齐策四》。

② 见《史记》23.1160。《管子》卷十五《明法篇第四十六》："小臣持禄养交，不以官为事。"（《管子》15/46）《韩非子》16.2 和《荀子》13.1 也用了同样的短语"持禄养交"。《荀子》的内容可参见 Hutton(2014)，pp. 313 - 14。《庄子》以孔子之口把"交游"等同于"乱群"，并谴责这样的行为。（《庄子》20.4）关于这样的交游，人们可以看看美国的电视节目 *Parks and Recreation*（"公园与娱乐"），其中的一个角色就被描述成这样："他是一个游客。他把人们的生活当作自己的休假，为他们拍照，并放入剪贴簿，然后继续下去。他只是对故事感兴趣。本质上，他是自私的。"

③ 见柳宗元《宋清传》，《柳宗元集校注》，中华书局，2013，第 4 册，1161—72 页。王符，一个与朱穆、蔡邕差不多同时代的人，是一个自诩的隐士，总是喜欢大声抱怨他的朋友不能提携他。如果我们相信他所说的话，那么他的同时代人是倾向于喜新厌旧的，他们的理由是，穷困潦倒与无依无靠的人只会在损害一个人的声誉的同时，又耗散其财富。王符也是家境贫困，他对于人情冷暖感受尤为敏锐。"俗人之相与也，有利生亲，积亲生爱，积是生贤，情苟贤之，则不自觉心之亲之，口之誉之也。"可是，穷人与他人交际的时候，"不候谓之倨慢，数来谓之求食。""内见谪于妻子，外蒙讥于士夫。"更糟糕的是，当品性高贵的朋友需要帮助的时候，权贵们却很少有资源可以伸出援助之手，因而即使最有权势的人也会发现他的友谊免不了支离破碎。那些没有原则的人每天都在算计别人，只为了能从"友谊"中有所得。如果无利可图，那些没有辨别力但老实的朋友可能会质疑他那看似无可指责的朋友的品质和效用。"是故富贵虽新，其势日亲；贫贱虽旧，其势日除。"见王符《潜夫论笺校正》卷八《交际第三十》。相关内容可参见 *Chinese Civilization: A Sourcebook*, ed. Patricia Buckley Ebrey(New York: Free Press, 1993). pp. 69 - 71。

153

人的",但其实是显示了对于一个问题的广泛回应,即:如果必要,什么时候以及怎样才能以最佳的方式断绝关系?①

当然,一些有志之士会变得心灰意冷,他们宁愿不再结交新朋友。但是,如应劭的《风俗通义》和其他的文本所显示的,这种不妥协的行为通常会受到很多的指责。② 相比之下,其他正直的人会预见到绝交的必要,认为延迟的绝交很可能对双方造成更大的伤害。提出绝交的一方,为缓解对另一方的打击,认为关键是要强调发自内心的遗憾。一封精心构思、情真意切的"绝交"信,可以使提出中止亲密关系的作者免于责难,就像我们从《晋书》记载的袁乔故事中所看到的。袁乔与褚裒,另一位品行高尚的人,是多年的好友。而当褚裒的女儿成为皇后之后,③袁乔担心,自己虽为司马之职,也许有一天会因为纯粹的粗心大意而对皇后之父不敬,他在给褚裒的信中这样说道:

> 故友之好,请于此辞。染丝之变,墨翟致怀,岐路之感,杨朱兴叹,况于将军游处少长,虽世誉先后而臭味同归也。平昔之交,与礼数而降,箕踞之叹,随时事而替,虽欲虚咏濠肆,脱落仪制,其能得乎! 来物无停,变化迁代,岂惟寸晷,事亦有之。夫御器者神,制众以约,愿将军贻情无事,以理胜为

---

① 我们应该记住,表面上看起来是"私人"的书信,也是流通的。芭芭拉·史密斯(Barbara. H. Smith)提醒我们,不要把任何写作都作为"私人的冥想"。见 *Poetic Closure: A Study of How Poems End* (Chicago, IL: University of Chicago, 1968)。
② 见《风俗通义》第四章《过誉》:"隐以为义,柱以为厚,伪以为名,此众人之所致誉,而明主之所必讨。"
③ 褚裒的女儿褚蒜子是晋康帝之后,公元357年她成为太后,当时很多朝臣认为,褚裒"宜秉朝政"。见《世说新语·言语第二》。对于褚裒品性的赞美可见《世说新语·德行第一》。见 Mather(1976), p. 59, 16。

第二章 兴:音乐和友情的共鸣

任,亲杖贤达,以纳善为大。执笔惆怅,不能自尽。①

《晋书》的这篇传记告诉我们,当时所有读过此信的人,都认为这完全与"礼"相合,也许是因为它表达了命运不寻常的转折让曾经的好友无法再坦诚相对的遗憾。

尽管很少会发生因为担心冒犯对方而正式绝交的事,而风险却是的确存在的,这已经从文献中得到了证实。到了早期帝国时代,一个流传的故事让权臣们有机会思考其中的道德寓意。这个故事的主人公是卫灵公与他的男宠弥子瑕。传说弥子瑕曾与他的国君在花园散步,他咬了一口桃子(在那个时候是少有的奢侈品),发现它特别甜美多汁,就把它递给卫灵公。出于对弥子瑕的情爱,当时的卫灵公将它视为弥子瑕对自己的忠心。但是当弥子瑕失去了卫公灵的宠爱后,卫灵公再回想起这件事时,却认为那只咬过的桃子是对他的侮辱,并重惩了弥子瑕。②

正式的绝交信预示了,当基于隐性的、准平等之上的亲密友谊在双方的权力与地位变得不平等或者发生变化的时候,如何继续维持下去才是真正的挑战。并非巧合的是,在许多情况下,绝交信是由处于弱势的一方写给更强势的另一方,试图重申双方之间平等的诚意。尽管这种动机并不普遍,但如果写信人设法通过追求更高的价值(特别是更重要的信任形式)来避免自我否定的话,写信人对于不平等地位的坚拒可能会有损收信人的名声。③

到了东汉时期,文学家与书信作者开始讨论他们的同时代人

---

① 见《晋书》83.2168。托马斯·詹森也提到了这封信,但没有评论。见 Jansen(2006),p. 362。
② 弥子瑕的故事在很多文献中有重复记载,包括《说苑·杂言》。
③ 举例来说,嵇康认为,他在很多方面都十分信任山涛,但是他并不认为山涛能有助于自己的发展。在信任的等级中,最高的信任是相信另一个人可以帮助自己进一步实现独特的潜能。嵇康告诉我们,山涛没能做到这一点。

155

在对待友谊和朝中同僚(无论亲疏)时所面临的尴尬境地。在后来的关于绝交的文学作品中,作者也哀叹大众对于"真实"和亲密友谊本质的高度期望导致了它们的衰落。① 许多文本坦率地暗示了,当作者与其他有一定社会地位者显示自己值得信赖并善于交际的时候,他们感觉有点不安。而另一方面,他们也算计到失败后自己或家人所要付出的很高的代价,担心夸耀美德会让人们对自己的动机产生怀疑。②

另一个看待东汉"绝交"事例的观点来自汉顺帝(125—144年在位)时的朱穆(100—163)写作的《崇厚论》中的分析。③ 朱穆的文章指出,儒家关于"敦厚"处世和不"臧否"他人的训诫,可以使一个人与他的家人免于危险,但无法与"美刺"的儒家传统相调和,很显然,那些被批评者总是易于被别人的意见激怒。朱穆的另一篇文章《绝交论》讨论了一个相关的问题,一位不知名的对话者问朱穆,如果拒绝维持与他人的平常关系,是否会激起他们的怨恨,妨碍他的前途。朱穆坚定地回答,至少他不畏"受疾"。因为当时的臣子只知"窃誉",既没有忠实地履行职责,也没有对自己的君王表示应有的敬畏。因此,朱穆的结论是,如果与这样的"无行"者交游,他本人的品性也会受到损害,并最终影响到他未

---

① 见 Ancient and Early Medieval Chinese Literature: A Reference Guide, eds. David R. Knechtges and Taiping Chang(Leiden[Netherlands]; Boston: Brill, 2010-2014), p. 230。
② 我在一篇论文中对此有所论述,见"Confucian Piety and Individualism," Journal of the American Oriental Society 116(January-March, 1996): 1-27. 也可见 Baier(1991), p. 112。
③ 关于朱穆的《崇厚论》,请看 Jansen(2006), pp. 352-355, 361-362。朱穆的文章,采用设论的形式,篇幅很短。现存的版本也许只是最初全文的部分。这篇文章可能写作于公元 150 年左右,当时朱穆已经任冀州刺史。刘峻(464—522)撰写了《广绝交论》,被收入《文选》卷五十五。朱穆来自门阀士族重镇之一的南阳,这也许并非偶然。

来的宦途。换句话说,随波逐流并结交有缺陷的人实际上会导致礼仪的废除和共同利益的损害。在找到真诚可靠的朋友之前,他只能设法弥补自己的缺点。朱穆指出,"古人"满足于在朝廷和集体宴饮的正式场合中展现"威仪棣棣"。(这里朱穆也许想到了孔子的例子,他虽然热切期待能效力于国君们,但还是被迫四处游走。)① 这篇《绝交论》文末以一首充满怨恨的诗作结尾,它表达了朱穆要与一位从前的朋友绝交的意图。在诗中,朱穆将其比喻为一只贪婪的猫头鹰,"饕餮贪污,臭腐是食"。在这首诗中,一只贪婪的猫头鹰谴责凤凰缺乏美德,并说,凤凰向往另一个世界,而它会飞下来捕获猎物。有人猜测,朱穆是否是在朝廷上被人诽谤之后写作此诗的。

蔡邕,一位比朱穆稍晚的朝臣,是朱穆的热忱仰慕者,也怀有同样的不满。传说中,他曾在朱穆过世后去其家中探望,在那里抄录了朱穆的手稿。据我们所知,蔡邕曾经写过一篇文章,扩充了朱穆的观点。② 他的《正交论》强调明智"善良"者在结交时,要特别小心谨慎,以免后来反悔,因为像孔子这样谨慎有美德的人,"贫贱不待夫富贵,富贵不骄乎贫贱",从来不担心自己没有朋友。他只是躲避那些在危难之时易于"抛弃旧友"的卑鄙之人。③ 蔡邕认为,克制有另外的好处:如果他的观察是客观的,那么他对别人的评价很可能更为准确。他希望避免虚假的友谊,或者至少在

---

① 朱穆的《绝交论》,请见《后汉书》43.1468,《全后汉文》28.630。朱穆与他的旧友刘伯宗绝交的原因,可能是因为当朱穆为丰令的时候,他的旧友刘伯宗在其母丧期间脱掉孝服去丰寺见他。托马斯·詹森在他的论文中提到了这封信,见 Jansen (2006), p.353。他谈到,这是他所知道的唯一的在信末附录诗的"绝交"信。
② 见《后汉书》43.1474:"蔡邕以为穆贞而孤,又作正交而广其致焉。"
③ 《蔡中郎集外集》卷二《正交论》。也可见《论语》1/15—16,4/14,12/23,14/13。

亲密关系让事情变得复杂以前,悄悄地结束一段不合适的交往。① 蔡邕认为,只有在君子之间建立的友谊才是值得传播的,② 这是他在责备同时代人轻率的性格时所得出的结论。③ 但是统治者如何可以把真正的君子与那些阿谀奉承者和朋党之辈区分开来,是他们治理国家的主要问题之一。这是早在蔡邕的时代以前就被意识到的问题。(见本书第一章)④

在政治动荡的时期,绝交尤其不同寻常。在与曾经的好友断交时,就连最正直的人也会感到沮丧,因为他知道自己不能表现得愤世嫉俗,而是要在恰当的时机以理想的方式为朝中同僚和后辈树立典范。否则,他会损害自己卓尔不凡的声誉。朝臣之间的正式绝交永远不可能是真正私人的事情、个体的行为或者自由的选择。但是书信和故事作为一种讨论或者公共空间,可以让旁观者有机会观察到当时所发生的事件。⑤ 为此,嵇康(223—262)有名的《与山巨源绝交书》被认为"志高而文伟"。据说,这封信正是在嵇康临刑之前寄给山涛的,当时嵇康年仅40岁。嵇康几次回

---

① 见《战国策》卷三十《燕策二》乐毅复燕王书曰:"臣闻古之君子,交绝不出恶声。"《战国策》30.1108《史记》80.2433也引用了同样的文字。
② 见《论语》1/6和15/20。只有与行为高尚、有修养的人缔结的友谊才被称扬。
③ 这样的性格特征分析最有名的例子是刘绍的《人物志》(大约编写于公元230年)。不过,这些分析在东汉时大量出现,包括《风俗通义》第三章至第五章,还有《潜夫论》。我们知道,人物品评也包括在各地选拔官员候选人的记录中。
④ 与蔡邕同时代的晚辈徐幹,在他的《中论》一文中把这同一主题更推进了一步,因为正当的交际对于官场和日常生活都是至关重要的。《庄子》中的"吮痈舐痔"这四个字,可能是对于阿谀奉承者最令人恶心的形象的描述。
⑤ 如一些中世纪欧洲史学家,特别是阿尔德霍夫(Gerd Althoff),见他的代表作 *Medieval Concepts of the Past: Ritual, Memory, Historiography* (Washington, DC: German Historical Institute, 2002)。我认为,在早期和中古中国已经有了高度发达的"公共空间"意识,虽然"空间"往往是以书信和故事的形式,而不是宫廷、厅堂和广场。在书信和故事中,事件以一种思考的方式演进,这意味着即使是极端情绪的展示也是被精心设计的交流的工具。从这个角度,人们很容易联想到"民意法庭"。

避出仕,意识到他与曹氏家族的姻亲关系会让他在后来的篡位者司马氏统治的朝廷处于危险之中。① 山涛在进退两难的时候,曾经邀请嵇康成为其属下。嵇康直率地指责山涛:"足下故不知之!"②按照嵇康的说法,古代的典范人物只有一个共同点:"能遂其志也。"嵇康承认,甚至有点自矜,自己有很多性格上的缺陷:傲慢自大、不修边幅、鲁莽草率。此外,他不能保持沉默,并且习惯于对传统模式和同时代那些野心勃勃的"新人们"评头论足。依照嵇康的叙述,这些缺点使他不宜为官,因此他宁愿过着平静、"方外荣华"的生活,避免可能的极端行为和场合。③ 特别是他意识到洁身自好的人,只要能够得到有权势者的保护,还是可以安然无恙的。④

嵇康绝交信的最后声明是阅读此信的关键之处,也是特别令人难以揣摩的。它可能流露出讽刺意味,相信朝中无高士;它也可能代表对司马氏赤裸裸的最后请求;或者它也许仅仅是为了申明与山涛绝交的理由。在他们相识之初,嵇康曾经把对方视为朋友。作为朋友,山涛觉得应该帮助嵇康仕途上进,共享富贵。但嵇康的态度是:可能你坚持推我为官,是为了能同享富贵,时时欢聚,但有一天你会发现我被这样的压力逼得发疯。只有对我有着深仇大恨的敌人才会如此害我!

嵇康真的认为山涛已经堕落到"流俗"、一心想得到他的恩主司马氏的青睐吗?这个问题困惑了数千年的读者。几位学者,比

---

① 这样的评价出现在《文心雕龙·书记第二十五》。
② "足下故不知之",一般认为"之"是嵇康自指。这里可能指"情况"更贴切些。
③ 我采纳栗山茂久的建议,把"无为"翻译为"避免极端"或者"对立的"行为。这是基于我们2013年1月26日的谈话。
④ 嵇康特别提到,阮籍得到司马昭的保护,是他所无法期望得到的,而他又得罪过钟会(225—264),一位成功的将军和司马氏的顾问。

如吕立汉、托马斯·詹森和王毅,①曾经对嵇康的绝交信及他临刑后不到一个世纪出现的《文心雕龙》中关于绝交传统的理解,表示了疑问。读者如何看待嵇康表面的自我贬低以及对山涛的蔑视?嵇康真的是决心要侮辱山涛吗?② 如果是这样,嵇康为什么在他临刑前不久向他的儿子保证:"巨源在,汝不孤矣"?③ 嵇康是不是并非没有预料到自己很快会被指控犯了死罪,所以要设法不让他的好友受到牵连?还是嵇康急于避免成为山涛的属臣,因为他预见到山涛想要让他保持沉默的笨拙企图(无论是出于善意还是其他目的)并表示强烈反对?或者,嵇康主要是想以此提高自己作为清高隐者的名声,"岩岩若孤松之独立",④而无视未来可能对自己和山涛产生的影响?嵇康的信充满了语义模糊的观点,如果我们仔细推敲,就能找到解读的线索。

也许这可以解释为什么后世读者对这封信如此着迷,而嵇康的第二封信却没有引起人们多少关注。⑤ 我们是否可以从另一

---

① 见吕立汉、托马斯·詹森、王毅与傅晓微的相关论文:吕立汉,《论嵇康〈与山巨源绝交书〉的写作意图和讽刺艺术特色》,《丽水学院学报》4(1996):17-19。Jansen (2006). Wang Yi, and Fu Xiaowei, "Sincere Treatment or Severing Friendship? The Chinese Original Value in Ji Kang's Letter to Shan Tao," in *The Yields of Transition: Literature, Philosophy, and Art in Early Medieval China*, eds. Jana S. Rošker; Nataša Vampelj Suhadolnik (Newcastle upon Tyne: Cambridge Scholar, 2011), 241-60. 还有田安(Ann Shields)的专著 *One Who Knows Me: Friendship and Literary Culture in Mid-Tang China*, Harvard-Yenching Institute Monograph Series 96(Cambridge, MA: Harvard University Press, 2015)。
② 吕立汉推测,嵇康的自我贬低是为了免于责备,一旦山涛身居高位,就可以保护自己的亲属。詹森认为,嵇康是为了不让朋友为难,那封绝交信可以成为一种"免除任何怀疑山涛对于司马氏政权忠诚的预防措施",而嵇康本人对于司马氏政权则是公开反对的。
③ 见《晋书》43.1223。
④ 这一比喻出自山涛之口,见《世说新语·容止》。也可参见 Mather(1976), p.331。
⑤ 詹森认为,嵇康的第二封信《与吕长悌绝交书》,缺少历史典故,也使之对于后来的读者来说没有那么引人入胜。

则有关嵇康的轶事中找到一些蛛丝马迹呢？那是嵇康在临刑前的晚上，他平静地弹奏起《广陵散》，准备从容就死，拒绝将此曲传授给任何人，因而这一闻名一时的乐曲从此与他同时在世上消失了。① 当然这则轶事夸大了嵇康对于某些人的冷漠无情的态度，那些人把他标识为一个习惯了"自私"的生活方式的孤独者，认为那是以结交高尚之士（无论是活着的，还是死去的）为荣的古板的儒士们所厌恶的。②

阅读任何关于绝交的文章和书信，人们都不禁会被友谊的高风险所触动。想象一个人在没有好友的帮助下，也可以独自面对世界，并成就一切，这是十分愚蠢而且常常很危险的想法。而增进友谊也同样危险，因为一个人面对另一个朋友的不当行为时会感到十分为难，人生际遇也可能受到影响，很多传记已经证实了这一点。③ 我们也会注意到政治生活中的变化不可避免地改变

---

① 见《世说新语·雅量》，嵇康在曲终后感叹的一句话是"广陵散于今绝矣！"关于理想化的嵇康形象，可见梁庄爱论（Ellen Johnson Laing）一篇论文中的插图："Neo-Taoism and the 'Seven Sages of the Bamboo Grove' in Chinese Painting," *Artibus Asiae* 36 1-2(1974): 5-54。（插图 1-2）还有奥黛丽·斯皮罗（Audrey Spiro）的论文：*Contemplating the Ancients: Aesthetic and Social Issues in Early Chinese Portraiture*(Berkeley: University of California Press, 1990)。在一次私人交流中，音乐学家李霭宁指出，这则轶事中并没有说《广陵散》的曲子是嵇康所作的。是否有其他的文献提到与我们所知相矛盾的说法，也无人知晓。

② 见《论语·述而第七》第五章："子曰：'甚矣吾衰也！久矣吾不复梦见周公。'"《孟子·滕文公下》阐明了理想的"以史为友"，即在想象中让自己沉迷于历史上那些典范人物。很多人提出，只有中国才可能会出现"以史为友"的现象，一个人深深地沉浸于对名篇的作者或者典范的历史人物的想象中，这塑造了他的性格与思维，即使这样的人物也许早就作古。尽管这种理想在中国文化中更为普遍，我发现它也存在于其他文化（比如拉丁文化）中。

③ 请看扬雄和刘歆的往来书信，它们暗示了扬雄因曾经举荐过蜀地同乡刘棻而卷入了丑闻，并受到了牵连。丑闻的细节不是很清楚，但是书信看起来是真实的。见 David R. Knechtges, "The Liu Hsin/Yang Hsiung Correspondence on the *Fang yen*," *Monumenta Serica* 33(1977): 309-25。关于司马迁的《报任安书》的最完整可靠的研究，请见 Durrant et al.(2016)。

了朋友之间的关系,而且很少是正面的影响。考虑到好友、熟人和同僚之间的模糊界线,也许"离别诗"是表达与朋友分离的唯一一类文学体裁。即将到来的离别成为友情破裂的方便掩护。①这是否有助于解释为什么成百上千的离别诗,自古以来一直被创作、吟诵或者传唱?

古代有关绝交的戏剧性故事,以细腻的语言描述了希望破灭的情形,注意到它们的并不是只有我们这些现代人。到公元三四世纪,断交已经成为笑话,正如一个关于管宁与其友华歆的有趣的"割席"故事。在这个故事中,可能破裂的友谊导致了对于身份和财富的普遍焦虑:

> 管宁、华歆共园中锄菜。见地有片金,管挥锄与瓦石不异,华捉而掷去之。又尝同席读书,有乘轩冕过门者,宁读书如故,歆废书出观。宁割席分坐,曰:"子非吾友也。"②

对于这则故事,有评论者坚持认为,管宁只是在开玩笑,因为他是以调侃的方式嘲笑华歆的缺点。如在本书第六章所讨论的,"玩"不仅表示一个光滑圆润的东西在手里转动时所得到的触觉快感,还有在脑海里翻来覆去考虑什么东西的时候所得到的精神

---

① 如《先秦汉魏晋南北朝诗·汉诗卷十二·古诗》第十一首。根据安奈特·拜耳的看法:"信任的重要变化形式……是无论对方在身边,或是隔着遥远的距离。"见:Baier(1991),144。
② 见《世说新语·德行》。也可参见 Mather(1976),4。

第二章　兴：音乐和友情的共鸣

快感。它描述了与志趣相投者交流思想后所带来的愉快释放。①在这里，管宁似乎在戏弄华歆，虽然这个故事很容易被解读为古板的、伤感情的责备。我们不能判断故事的真假，因为朋友间的习惯难以辨认，除非我们亲眼看到他们最细微的动作，亲耳听到他们的交谈。这些都无关紧要。只有当朋友做了什么不恰当的、结果令人不快的事情时，人们才会感到被利用，或者被出卖。②在那个时候，共同的兴趣、观点，或者共同的经验不再令人满足，因为友谊再也不能激发信任。不信任的疑云围绕着发生过的事情和感觉，过去共同构建的友好关系可能被终止。③ 因而，许多曾经亲密的友谊事后回想起来似乎都免不了背信弃义的感觉。

　　最后一个值得提出的关于友谊破裂的问题是：在断绝关系时，对曾经的朋友表达憎恨或显示冷漠是否更糟糕？让我们简单地看看西汉的两个证据，一是出自杨恽（？—前54年）的一封有名的信，还有一个是关于张耳与陈馀之间的关系史，他们的绝交对于身体与灵魂来说，都是灾难性的。杨恽的信（写于公元前60年），是与他从前的朋友孙会宗的断交信，人们通常认为这封信显示了无益的忠告会在现实生活中破坏友谊。杨恽一度身居高位，家境富足，后来被贬为平民百姓。表面上是因为他在朝廷上煽动

---

① 人们认为一个人皮肤上的油脂会残存在书上，留下不可磨灭的"湿气""光泽"和一个人的气味。《礼记·玉藻》中有这样的说法："父殁而不能读父之书，手泽存焉尔；母殁而杯圈不能饮焉，口泽之气存焉尔。"也可参见《孟子》卷四《公孙丑下》。重要的是要意识到，早期中国与古希腊一样，感官，特别是视觉，被视为典型的对于触摸的反应。要了解更多相关的内容，可以参见我的一篇论文："Beliefs about Seeing: Optics and Moral Technologies in Early China," *Asia Major* 21.1(2008): 89-132.
② 这是亚历山大·内哈马斯(Alexander Nehamas)在他的第六次吉福德讲座中的观点。
③ 问题是一个人是与一个群体的断交，还是个体间一对一的断交。很可能是后者。

163

了对一位同僚的敌意,但更有可能是因为他惯于用无礼的方式提醒王朝统治者的失败。杨恽隐退于乡下,继续过着表面上奢侈的生活。过了一段时间,他的好友孙会宗写信给他,敦促他生活节制有度。只有杨恽对于过去的错误行为表现出痛改前非的努力,他才有可能重新获得皇帝的信任,从而也重新获得他的官位与权力。

杨恽给孙会宗的信,以自谦开始,这也是一般不太相熟的精英们在写信时通常采用的方式。但是杨恽的文字哪怕是按照现在的标准来看,也是显得太言过其实:

> 足下哀其愚,蒙赐书教督以所不及,殷勤甚厚。然窃恨足下不深惟其终始,而猥随俗之毁誉也,窃自念过已大矣,行已亏矣,长为农夫以末世矣。是故身率妻子,戮力耕桑,灌园治产,以给公上夫人情所不能止者,圣人弗禁。故君父至尊亲,送其终也,有时而既。臣之得罪,已三年矣。田家作苦,岁时伏腊,烹羊炰羔,斗酒自劳。家本秦也,能为秦声。妇赵女也,雅善鼓瑟。奴婢歌者数人,酒后耳热,仰天抚缶而呼乌乌。其诗曰:
>
> "……人生行乐耳,须富贵何时?"是日也,奋袖低昂,顿足起舞。诚淫荒无度,不知其不可也……"故道不同,不相为谋。"今子尚安得以卿大夫之制而责仆哉![1]

在畅谈了对于辞官以后田园诗般生活的向往后,杨恽在信的

---

[1] 要了解更多杨恽《报孙会宗书》信的内容,可以参考克罗尔(Jurji L. Kroll)的相关论文:"Yang Yun's 杨恽 Biography, His World Outlook, and His Poem," in *Chang'an 26 bce : An Augustan Age in China*. Eds. Michael Nylan and Griet Vankeerberghen(Seattle: University of Washington Press, 2015), pp. 411 - 40。

结尾毅然提出与孙会宗断绝关系:"于今乃睹子之志矣!方当盛汉之隆,愿勉旃,毋多谈。"

杨恽对于社会道德的漠视所带来的后果,不仅是他与孙会宗友谊的破裂,汉宣帝(前74—前48年在位)在听说了杨恽给孙会宗书信的内容后,被杨恽的讽刺性言论所激怒,对其处以腰斩极刑。因此,无论孙会宗在收到杨恽这封短信后经历过什么样的痛苦,杨恽的正式断交信实际上也是给自己签署了死亡判决书。

让我们再回到陈馀与张耳的故事,就会看到这对曾是"刎颈之交"的好友最终被仇恨所吞噬,相互恶意攻击,想置对方于死地。在毁灭陈馀后,张耳在汉高祖的庇护下也只活了不到一年。当我们对照杨恽的例子来看张耳与陈馀的故事时,会得出怎样的结论呢?朋友间的忠诚被认为对道德发展是至关重要的,它让每一方窥见自己和朋友身上某些令人钦佩的潜能,而最终放大假装的冷漠,或者彻底的仇恨,哪一种是更具破坏性的情感呢?漠视可能是更糟糕的,因为它让人们的精神受挫,磨灭对生活的热情。不过,从一个更日常的角度来看,医学专家警告说,仇恨会吞噬人们的要害器官,导致早亡,无论是以"自然"的方式还是通过暴力的手段。

结　论

与很多重要的现代概念一样,友谊的现代哲学范畴是通过规范二分法被设定,如公共与私人、因与果、施动者与受动者、被迫与自愿等,而音乐的话题属于"审美"和"非功利的"的一类。现代学术所要求的清晰的总结、整体的综合和明确的假设,无法捕捉古代汉语修辞在定位亲密友谊或者引起共鸣的音乐的本质时的微妙结构,它们通过类比体现对宇宙秩序与美的理解,并以独特的修辞来表达。① 统治精英们认为"天地之间"的人世间不亚于众神之域,是一个固有的领域,其最深层的结构对于能够思考和感觉的人们来说是明白易懂的,尽管不乏偶然性与混乱的变化。古老思维的优势之一,就是在判断特定人群的行为时,通常避开了一般规则,或者系统论。相反,它更注重研究在历史背景下的特定社会关系中所采取的行动的过程及其背后的可能动机。在判断典范人物的魅力和忠诚时,通常会注意想到的各种方法和标准。② 在这种情况下,社会政治联盟暗藏的危险会变得一目了然,如同与不良之伴一起听了错误的音乐后道德品质会变得脆弱一样。相比之下,亲密友谊与音乐影响的对立模式似乎马上变得奇妙、不可言喻,对人类的发展至关重要。

在本书的开头,我把音乐与友谊相提并论,不仅因为我相信二者不可分隔,而且因为许多古代文献里的理论总是与汉字"乐"相关。③ 我也有意把一些现在看来似乎并不关联的文本放在一起,这些文本来自史书、经学、诸子之书以及其他官方文献,因为这样的文本对话在古代远比现在要普遍。我拒绝在关于音乐与

---

① 学者们常常感叹,修辞为我们提供了无用的"数据"。关于这个话题的讨论和与之相关的方法论,可以参见 Schäfer(1986); Moises Silva, *Explorations in Exegetical Method: Galatians as a Test Case*(Grand Rapids, MI: Baker Books, 1996)。

② 比如,《风俗通义》第七章是由一系列由贤人所采纳的对待主—客关系义务的一系列对立的方法所组成的,两种方法在应劭的时代都得到了相当的支持(如河内太守周景与司徒韩演对待举荐的官吏的态度)。应劭明确地谴责了他们的方法都是不妥当的,"周景不综臧否,而务蕴崇之,韩演不唯是务,越此一概。夫不择而疆用之,与可用而败之,其罪一也"。

③ 《礼记》是西汉晚期对许多早期文献(包括《荀子·乐论》)的模仿。很多人错误地认为《礼记》是先秦时期的"五经"之一。关于《礼记·乐记》的深入综论,可以参考埃丽卡·布林德利(Erica F. Brindley)的相关论著和论文:"Music and Cosmos in the Development of 'Psychology' in Early China," *T'oung Pao* 92.1-3(2006): 1-49; Brindley(2007) and (2012)。

友谊的政治性评论和崇高理想之间划清界限,因为我认为古代文本可以在不同的话题之间自由连接。①

一位我最喜欢的美国作家温德尔·贝里(Wendell Berry)曾描述了一个关系密切的社区,其特点与早期中国的故事中出现的亲密友谊大致相同。在贝里的小说中,那些角色们后来了解到,他们只是"一个指定地方的一部分""一个很久以前就开始并继续发展的故事的一部分"。他们在那个地方和故事中历经"幸福与艰辛、渴望与满足、死亡与悲伤,还是设法重新变得纯真"。因为他们发现,"爱,就是从所爱之物中得到安慰"。这些邻居、朋友和恋人们"希望能获得可以持久的东西",他们也看到,"在那样的地方,人们勿庸多言"。在我看来,这一点体现了亲密友谊的品质,它使空谈成为多余,因为"对于特定的东西、地方、动物和人的特别的爱,需要人们显示立场,采取行动,以展示……实际的或者可见的效果"。②

---

① 正如我的前言中所提到的,伯纳德·威廉斯认为,古人比我们做得更好,因为他们在实际的考虑中没有把道德排斥在外。一位匿名的读者建议,窦婴的故事被归入"政治失利"类别,但是汉代的读者只是将其作为一个关于慎重交友的故事。
② 见温德尔·贝里的小说:*Hannah Coulter: A Novel*(Washington, DC: Shoemaker & Hoard, 2015), 33、42、54、107、46、47。还有他的另一部书:*Standing by Words: Essays*(Berkeley, CA: Counterpoint, 2011), 60。

第三章　孟子的主张：与民同乐[①]

> 与人和者,谓之人乐。与天和者,谓之天乐……故知天乐者,无天怨,无人非,无物累,无鬼责。——《庄子·外篇·天道》

> 所以我一遍又一遍地重申:快乐是共享的。——卢克莱修(Lucretius, De Rerum Natura)《物性论》

至少自公元三世纪初以来,所有读过《孟子》首篇的人都会接触到其中专门讨论"乐"之主题的哲学观点。在此篇中,孟子虽声称自己不"好辩",却发起了一场微妙又复杂的讨论,话题是关于"乐"在一个服务于大众利益的社会政治结构中的关键作用。[②]

[①] 在欧美传统中,理论家常常探讨什么是国家或社会对个人和家庭应该承担的义务。孟子主张君王应该"与民同乐"(common share),无论每个人的社会身份如何,君王对于他的百姓都负有责任。

[②] 也可参见《孟子》3B/9。通行的《孟子》文本是赵岐(？—公元201年)注本。要进一步了解相关内容,可参见鲁惟一所编撰的 Early Chinese Texts: A Bibliographical Guide, Early China Special Monograph Series 2(Berkeley: Society for the Study of Early China, and the Institute of East Asian Studies, University of California, 1993), pp. 331-336。最好的《孟子》英译本是由刘殿爵翻译的,见Lau(1970)。在此,我也要对黄则彰(Harrison Huang)表示感谢。以前我曾经与他一起合写了本章的早期版本。他提供了很多关于文学理论的讨论,特别是关于《孟子》与"赋"之间的"类别相似性",还有关于《孟子》中的"语言游戏"的关键思考。用他的话来说(根据2016年6月16日他与我的私人通信),对古典主义和早期传统的宏观视野的讨论,是我的"任务"。我从他那里获益良多。

第三章　孟子的主张：与民同乐

孟子与统治者展开了一系列的对话，他含蓄微妙的辞令出于三个主要的动机：第一，不管遇到的国君是谁，他都想方设法让他们相信，同情百姓符合他们的自身利益；第二，他要国君把他当作可依赖的"朋友"，以维持他的朝廷顾问身份；第三，他要建立评价未来国君的标准，即他们是否服务于大众利益。在《孟子》首篇中，孟子竭力反对当时普遍的看法，即国君都向往穷奢极欲的生活。他指出，贤王反而善待地位最卑微的百姓，因而臣民都愿意与他同甘共苦。

图3.1　《孝经图》画卷（细部），26.4厘米×71厘米～139.4厘米，绢本设色，藏于台湾故宫博物院。传统上认为是宋代画家马和之（活跃期1131—1189）所绘，而画卷的题名为高宗（1107—1187）。

此图是一幅经典的教学图，画中弟子们围着老师孔子而坐，以得到其口头教诲。坐在孔子右侧的曾子是学生中的典范，他跪对着坐在讲台正中的孔子。我们应该可以想象，在写本文化的时代，孟子、荀子、扬雄也是以同样的方式教导学生的。山东诸城汉墓出土的画像石也描绘了几乎同样的教学场景，主人坐在学生们的中间，不同的是教学场景发生在屋内，而不是屋外。

169

孟子对国君的屈尊态度也许令现代人觉得反感,但孟子要想说服那些比他强大得多的统治者作出有益的改变,如果采用责备、强迫或者威胁的方式,结果只会适得其反。相反,他必须通过对话、劝诫和寓言,在那些统治者心中唤起我们所谓的"社会良知"。这对于劝谏者来说绝非易事。而且在战国时代,这样的劝谏任务可能更为艰巨,因为那个时代的诸侯国处于全面的混战中,残酷的武力往往会转化为威严的王权和敬畏。我们注意到,对话的形式非常适合于孟子的劝谏,因为这可以让他以小见大,从看似无关紧要的议论引导到他所设计的方向上来。同时,在对话中,孟子也会把自己描述为一个观察敏锐的朋友,可以洞察与他交谈的国君的灵魂,揣度其性格(所谓"他人有心,予忖度之"[1])。

对于《孟子》的现代研究很少涉及"乐"与"欲望"的话题,[2]本章试图还原这一经典的最初全貌。一般学者认为,抽象的人性和道德理论才有价值,根据《孟子》的对话,孟子基于战国时代的现

---

[1] 此语出自《诗经·小雅》的《巧言》篇,《孟子·梁惠王上》中也引用了。
[2] 这可能是因为自从17世纪早期的利玛窦时代,西方人带着对变化的欧洲哲学与宗教的关注来阅读"四书"。利玛窦是最早把"四书"翻译为西方语言的人。要了解更多的内容,可以参见孟儒卫(D. E. Mungello)的论文"The Seventeenth-Century Jesuit Translation Project of the Confucian Four Books," in *East Meets West : The Jesuits in China*, 1582 – 1773, eds. Charles E. Ronan and Bonnie B. C. Oh (Chicago, IL: Loyola University Press, 1988), pp. 252 – 72。对《孟子》最细致的解读者是信广来(Shun Kwong-loi),参见其专著 *Mencius and Early Chinese Thought* (Stanford, CA: Stanford University Press, 1997)。不过,信广来在他的书中也没有提到"乐"或"欲望"的话题,虽然它们出现在《孟子》的每一篇中。读者可以参考王安国(Jeffrey Riegel)的论文:"Eros, Introversion, and the Beginnings of *Shijing* Commentary," *Harvard Journal of Asiatic Studies* 57. 1(June 1997): 143 – 77。他应该是把关于"乐"的话题引进早期中国研究的学者。

实,认为"乐天"(知命)和"恕"是至善,最明智的国君能获益最多。① (读者们也许会联想到,在《论语》中孔子两次提到"恕",这是贯穿了他全部说教的线索。)②

孟子关于"乐"与"欲望"讨论的所有重要部分,都呈现在《孟子》首篇中。因此,在分析此篇与《孟子》其他篇的关系前,我会详细展开对该篇的讨论,特别是孟子关于分享、同理心和怜悯作为所有仁善行为的基础的观点。如果"乐"是孟子的出发点,那么《孟子》采用的"对话体"并不是巧合,因为对话最适合把个体的注意力引导到特定的观点和问题。③ 孟子的对话与苏格拉底的不同,苏格拉底在对话中不断地追问:"什么是 X?"而孟子的对话几乎总是围绕着"你喜欢什么"和"你需要什么"这样的问题。他试图帮助国君(还有后代的读者)发现日常与高尚的欲望之间的区别和关系。孟子在对话中引导对方,让国君意识到自己最基本的需要——如食、色、音乐、伴侣、安全和尊重——是人类共有的,这是道德的第一步。④ 不过,"知之者不如好之者,好之者不如乐之者",如果国君做到了这一步,那么他会感到真正之乐的力量,不怕臣民的怨恨,自在地乐其所好。

---

① 关于《论语》中的引用内容,还有关于"乐"的讨论的历史背景,请参见我的论文:"The Politics of Pleasure," *Asia Major* 14.1(2004):73-124。
② 见《论语·里仁第四》和《论语·卫灵公第十五》。后者对"恕"的解释是"己所不欲,勿施于人"。
③ 因为《孟子·梁惠王上》中的对话不像《论语》中那样,发生在"师"(上)、"生"(下)之间,而是在劝谏者(或娱乐者)与统治者(或恩主)之间,对话关系的成功取决于对话者与统治者在交流中的感觉。《孟子·梁惠王上》也以其失败的开端而引人注目,即尽管统治者向孟子发问,他却避而不谈。比如,《孟子·梁惠王上》第七章。
④ 论述欲望的轻重缓急的最重要段落也许是《孟子·滕文公下》第十章。

《孟子》首篇：进入乐国

在《孟子》首篇中，我们会看到，孟子的目的是鼓励与他交谈的国君认识到他们所有欲望背后的人性根本，然后"推而广之"，使它们得到最大程度的实现。①"君子"（可以表示"国君"，也可以表示"高贵者"）"推己及人"，承认他人有着和自己一样的人类欲望，而且在共有的同理心的基础上，使他人也能得其所欲。这样，所有的人都可以得到安乐和满足。② 该篇所记录的对话过程，其目的旨在使"君子"多得其乐，而且懂得努力使他人能与己同乐。③ 承认欲望在人类生活中的重要性，可以帮助人们接受人性失败的责任。④ 反过来，承认人类共同的追求和人性的失败，

---

① 关于这样的讨论，可见《孟子·梁惠王上》第七章："古之人所以大过人者，无他焉，善推其所为而已矣。"还有《孟子·梁惠王下》第三章的内容。关于墨家逻辑中"推"的原始出处，可以参见 David S, Nivison and Bryan Van Norden, *The Ways of Confucianism: Investigations in Chinese Philosophy* (Chicago, IL: Open Court Publishing Company, 1996), pp. 40-41, 96-101。

② 见《孟子·告子上》："欲贵者，人之同心也。人人有贵于己者……所以不愿人之膏粱之味也……所以不愿人之文绣也。"理查德·桑内特（Richard Sennett）在谈到意大利文艺复兴时期的诗人卡斯蒂利奥内（Baldassare Castiglione, 1478—1529）的观点时写道："礼仪，不仅是个性特质，也是一种交流，交流双方都对彼此的见面感觉美好……这是一个双赢的交流。"孟子是知礼仪者。

③ 一位研究人类情感的现代哲学家认为，推己及人是通过提升内在修养达到的："想象一下，我们每个人都生活在一组同心圆中，最近的是我们自己，最远的是整个宇宙的生物。我们道德发展的任务就是使那些同心圆越来越靠近其中心，这样我们就可以视父子如己，视亲属如父母，视陌生人如亲属。"参见 Aaron Ben-Ze'ev, *The Subtlety of the Emotions* (Cambridge, MA: MIT Press, 2000), p. 260。孟子希望我们能接纳更多需要照顾的人，从而真正提升自己的修养。

④ 如我们所见，这是《孟子·梁惠王上》的几个段落文本所暗示的，但表述最清楚的，是在其他两篇中，见《孟子·离娄下》第十九章："舜明于庶物，察于人伦，由仁义行，非行仁义也"和《孟子·梁惠王下》："乐民之乐者，民亦乐其乐；忧民之忧者，民亦忧其忧。"

是通向自我完善道路的关键第一步,因为它使道德想象成为可能。① 根据孟子的逻辑,万物之中只有人类发现很难追求"全身"(诚)。坚持不断地实践,就可以毫不费力地得其"诚"。② "诚"有几种含义:首先,它指的是在"全身"的状态下使自己免受伤害;第二,它意味着对于"诚其意"的坚定意志。身心合一赋予一个人"克里斯玛"(charisma),吸引他人追随于他。③ 孟子还有一个更大的主张:即,一个人在"诚其身"的过程中,会扩展他的同情心与整个宇宙之间的联系,因为孟子曰:"万物皆备于我矣。反身而诚,乐莫大焉……求仁莫近焉。"④

在《孟子》首篇中,开头段落看起来似乎与"乐"关系不大,只是提到梁惠王按照惯例对孟子客套说,劳驾他不远千里而来。然后,他又用一种礼貌的方式问孟子,有没有什么对他的王国有利的高见。孟子随即开始了长篇大论,对梁惠王提出意见,认为他应该为自己的臣民树立榜样,乍看之下,似乎很不合理。如果梁惠王问:"何以利吾国?"那么,他的臣民们就会开始问,怎样才能对自己有利,这样的话,就会发生弑君之事。孟子的理由是,臣子若把利益置于道义之先,除非篡夺,否则他们的欲望就不会得到

---

① 最清晰的表述见于《孟子・离娄上》。
② 见《孟子・离娄上》第十二章:"诚者,天之道也;思诚者,人之道也。"阅读古汉语的读者应该注意到,"全"和"诚"在早期文献中常常是相关联的,因为它们都指的是一种完整的、整体的和完好无损的状态。正如我前面提到的,刘殿爵出版于1970年的《孟子》英译本被认为是标准的版本,尽管他对孟子观点的分析需要进一步阐述和修正。孟子是一位立论严谨的一流辩手。这就解释了为什么他的观点远比刘殿爵,或者比他更早的亚瑟・威利的更具说服力。埃里克・亨利(Eric Henry)的观点启发了我们对《孟子》的解读。见 Eric Henry, "A New Take on *Ren* 仁," paper presented at the Association for Asian Studies Conference(San Diego, CA, March 2004)。他认为,与平常智慧相反,"仁"和"智"都含有从"近在咫尺"(个体自我)向"远方"(他人)外推的意味。
③ 有人把 charisma 翻译为"魅力",但并不是特别准确。《孟子・离娄上》第十二章。
④《孟子・尽心上》第四章。

满足,因为统治者对他欲望的表达会影响他的臣子们的欲望。"仁义而已矣,何必曰利?"①

在这段话中,孟子的回答被认为是无力的,因为古汉语中的"利"与现代英语中的"profit"一样,都有"利益"(benefit)的意思。虽然如此,这些批评意见完全误解了孟子的观点。孟子确切地知道自己在做什么。如他在别处提到的:那些诸侯国君的臣子们吹嘘,"能为君约兴国,战必克",但"今之所谓良臣,古之所谓民贼也"。② 孟子这么说,是鉴于那些臣子的盛气凌人。③ 政治顾问很少思考如何养民,尽管这一主题对于每一个人都很重要。④ 因此,孟子的第一次对话旨在使他的听众或读者立即置身于问题的核心,而读者也很自然地像梁惠王那样作出反应,对这位劝谏者的迂腐感到吃惊。⑤

评论家们没能辨别出孟子话中的讽刺意味。与其他先秦诸子一样,孟子对于非"中性"的描述性词语表现出深度敏感。概念塑造人类行为,乃至社会政治领域。在现实中,孟子在一次短暂的对话中大有收获。他严格区分对于社会具有建设性和破坏性的享乐,表明一心逐"利"很容易演变为反社会的行为,因而无论对于统治者还是个人的行为来说,都不是可以维持的目标。同时孟子表示,追求"义",一个与社会接受度密切相关的词语,可以确保为统治者带来同样的好处,而避免由于对利益短视的贪婪引起的负面后果。他巧妙地把话题从对于"利"和其他人生欲望的讨

---

① 《孟子·梁惠王上》第一章。
② 《孟子·告子下》第八章。
③ "贼"在早期法律中总是指暴力的、严重的犯罪。
④ 《孟子·告子下》第八章清楚地表明了这一点。
⑤ 请注意,在《孟子·尽心下》第一章里梁惠王显然被描绘成缺乏美德之君。

论,转向对于几个需要进一步阐明的严肃道德话题的认真考虑:比如约束我们行为的可行性、我们与他人的欲望的紧迫性,还有道德与身体的真正危险,即当我们宽于律己,严以待人的时候,就会忽略某些政策可能造成的实际的人类代价。安然躲在看似"客观"的成本效益分析背后,是不够人道的。突然出现不公正、报应和社会混乱的幽灵,是因为统治者"视民如犬马",或者"土芥"。①如果这样一意孤行,国君就会很快死于暴乱。然而,在这一篇的首章,孟子已经提出了更加可以接受的愿景。如果统治者能从过去的错误中吸取教训,他就可以"生于忧患,死于安乐",这成为一个反复出现的主题。②(请记住:威胁统治者会让孟子的计划适得其反。)此外,孟子潜移默化地,同时很关键地,在聆听者或读者、全知的记录者或观众,还有孟子的对话者中创造了一个共同身份,它模糊了时间、空间和性格。③

由于探讨这样的话题通常只有通过更公开的关于"乐"的演讲,因此在下一个对话中(第二章)我们会发现,这位思想家又陪伴在梁惠王的身边,后者正悠闲地在他的乐园中欣赏风景。宫苑的环境很重要,不仅因为苑囿为人们的郊游和盛宴提供了传统的场所,而且因为它象征着至高的地位、非凡的特权、极度的奢华和巨额的财富。梁惠王想知道,一个有着真正美德和智慧的贤者是否能感受到那种平常的快乐,一种我们可以称之为"拥有的荣

---

① 见《君子·离娄下》:"君之视臣如犬马,则臣视君如国人;君之视臣如土芥,则臣视君如寇雠。"
② 《孟子·告子下》。
③ 在虚拟的文学中,这种演绎可以与电影中的"表演"相比较。要了解更多内容,请参见 Edward Branigan, *Point of View in Cinema: A Theory of Narration and Subjectivity in Classical Film*(New York: Mouton, 1984), 73; Sandy Flitterman-Lewis, *To Desire Differently: Feminism and the French Cinema*(Urbana: University of Illinois Press, 1990), p. 13。

耀"。言下之意,梁惠王并不认为自己是"贤者",因为他的想法并不是特别高尚。孟子赶忙纠正梁惠王,他坚持道:"贤者而后乐此,不贤者,虽有此,不乐也。"孟子说,如果梁惠王是一个不道德的暴君,就得不到平常的快乐,更得不到真正的快乐,因为真正的快乐只有当一个人与他人分享的时候才能得到,关于这一点,孟子将会用历史的"证据"来表明。

很久以前,周文王在都城附近建有一个巨大的建筑群,其中包括灵台、灵沼和灵囿。根据《诗经·大雅·灵台》,工匠们营建这些景点,"不日成之"。① 他们没觉得修建苑囿和灵台是沉重的负担,因为他们可以出入这些传说中的建筑,接触其中的居住者。孟子引用了这首《诗经》中的诗,因为它证实了一个观点,即只要这样的公共设施是可以共享的,统治者就能为人们提供长久的安乐。结果,"文王以民力为台为沼,而民欢乐之"。众所周知,文王的胜利是对最后一位商王的拨乱反正,后者的荒淫残暴也体现在苑囿。传说中,这位商纣王以酒为池,悬肉为林(据说有些肉取自正直的臣子)。而周文王作为与商纣王完全相反的典范,很生动地浮现在孟子的脑海里,他可以用自己的例子说服梁惠王:"古之人与民偕乐,故能乐也。"古代最贤明的君王明白,他们可能永远也不能真正"自"得其乐,因为自私的行为会激起臣民的嫉恨。通过泽及天下,他们可以确保得到臣民的忠诚,从自己的小块领土发展到统一的国家,从而避免了社会分裂和因进一步的暴力而造成的严重危害。② 孟子让梁惠王去思考,什么样的"乐"是不能共

---

① 《毛诗序》对这首诗的评论指出,对于文王,"民乐其有灵德"。"灵"现在更常被翻译为"精神上的",但这样的翻译可能对许多读者来说难以理解。
② 《孟子》的听众或读者可能不知道文王的反面典型商纣王,据说他在自己的"乐园"中有过各种暴力的行为。

享的。像苑囿这样宏大又耗费财力的项目,一般被认为是导致统治者垮台的主要因素,如何使它强化而不是削弱他的王国。

在《孟子》首篇的第三章和第四章,梁惠王继续谈到极其有限的资源:粮食储备。当粮食极度匮乏的时候,可能会造成"夺人之食"的严重情形。梁惠王抱怨说,当发生灾害的时候,他愿意付出巨大的代价把农人从受灾的地区迁移到另一个地区,这样,他们也许可以果腹,但孟子认为他还不能算作贤君。为什么不行呢?孟子再次根据梁惠王的好恶,以看似不合逻辑的推理回答了他,他用战争作比喻,因为知道这会让好战的梁惠王对此话题很感兴趣。孟子接着问,从战场上逃了五十步的士兵是否可以嘲笑那些逃了一百步的呢?① 当然是不行的。这里有两个不言而喻的含义:一是梁惠王本人的行动是不彻底的;二是梁惠王也不知道如何恰当地利用掌握的资源。"庖有肥肉,厩有肥马,民有饥色,野有饿莩,此率兽而食人也。"②孟子两次谈到,统治者需要"尽心"地解决面临的问题,主要是照顾穷困潦倒、处于困境的人。③

孟子然后想到了国君管理其资源的更好的方法:

不违农时,谷不可胜食也;数罟不入洿池,鱼鳖不可胜食也;斧斤以时入山林,材木不可胜用也……是使民养生丧死无憾也……五亩之宅,树之以桑,五十者可以衣帛矣;鸡豚狗彘之畜,无失其时,七十者可以食肉矣;百亩之田,勿夺其时,

---

① 《孟子·梁惠王上》第三章。
② 见《孟子·梁惠王上》第四章。在《孟子·梁惠王下》的第四章中,孟子说服了齐宣王,不能容忍官吏们疏忽职守。《孟子·公孙丑上》第八章和第九章,还有《孟子·离娄上》第一章,孟子都劝说统治者不要容忍不必要的过失。为此,《孟子·离娄上》第十四章中的观点是反对战争,虽然孟子可以设想,在例外的情况下战争是可以被容许的,也是必要的。
③ 《孟子·梁惠王上》第三章和第七章。

数口之家可以无饥矣……七十者衣帛食肉,黎民不饥不寒,然而不王者,未之有也。①

因为"人亦孰不欲富贵",或者获得利益?② 有贤君治理的国家,才是百姓的幸运,尤其是当他们到了暮年的时候,可以坐在暖融融的火堆前,穿着丝绸做的衣服,吃着鲜美的肉鱼。百姓们最终得到了满足,并且出于感激,他们一定会支持自己的国君,使他有所作为。可是,如果统治者不能为他的百姓提供他们需要的物质享受,这样的国君怎能称自己"为民父母"?③

梁惠王保持了沉默。他没有上当,相反,他开始想到自己的伤心事。他的王国在东方、西方和南方都遭遇了挫败。他的长子也在征战中丧生。在他年迈的时候,只希望通过军事上的胜利一雪国耻。但是他如何才能在短暂的有生之年完成如此重任呢?孟子回答说,即使统治一个小国,国君仍然"可以王"。如果梁惠王实行仁政,减轻刑罚,减轻赋税,让百姓可以休养生息,赡养父母家人,梁国就可以获胜。因为那些别国之君"陷溺其民",罔顾其利益,让他们的百姓在农忙季节无法劳作,也无法满足家人的需要。如果去征伐那些国家,就可以"仁者无敌"。④ 在与另外一位梁国国君的对话中,孟子把百姓比作稻禾,建议他好好考虑这

---

① 见《孟子·梁惠王上》第三章。《孟子·梁惠王下》第七章和《孟子·公孙丑上》第五章谈到了厚葬其亲。关注埋葬死者是基本的人类需要之一,近年来,西方文化中忌讳让活人见到死者,因为不愿见到尸体的腐烂。
② 见《孟子·公孙丑下》第十章,看起来与《孟子·梁惠王上》的内容相关。
③ 令人惊奇的是,"为民父母"在《孟子》中出现了39次。很明显,孟子认为它浓缩了统治者的职责。
④ 见《孟子·梁惠王上》第五章。同时,对于一个重要的条件,孟子把"乐人之所乐"与取悦所有人鲜明地区分开来:"故为政者,每人而悦之,日亦不足矣。"(见《孟子·离娄下》第二章)换句话说,国君或者执政者必须对于大众利益有着全面的考虑,而不是只考虑一些全然不同和极其特殊的个人利益。

样的类比。(见《孟子》首篇第六章)要让百姓忠诚可靠,需要给他们足够的"恩泽",即国君的文明教化、恩赐与关怀。百姓若能得其所需,即使所得甚少,也会感到满足。那么对于国君来说,"民归之,由(犹)水之就下,沛然谁能御之?"①孟子说完这段话以后,接下来又是一段沉默。

突然,场景转换到齐宣王气势恢宏的王廷之上。齐宣王让孟子描述一下数世纪以前的春秋时代霸主齐桓公时代(前685—前643年在位)的鼎盛景象。② 孟子拒绝讨论这个话题。他说:"仲尼之徒,无道桓、文之事者,是以后世无传焉,臣未之闻也。无以,则王乎?"③齐宣王有点不安地问:"德何如,则可以王矣?"孟子回答说,按照定义,任何可以给他的人民带来和平的国君才是真正的王。齐宣王也可以成为这样的王。齐宣王想知道,孟子为何如此肯定,于是孟子向他报告了自己所听闻的在朝廷上发生的故事:一天,齐宣王看到一头将要被宰杀的牛经过堂下,于是命令手下放了它,因为他"不忍其觳觫,若无罪而就死地"。于是又命令宫仆改用一只羊来祭祀。基于该故事,孟子得出的结论是,王具

---

① 见《孟子·梁惠王上》。郑贵利(Currie Virág)试图分析《孟子·告子》中告子所谈论的"水"的比喻,但遗憾的是,她推测告子知道《尚书·洪范》。这一推论几乎可以肯定是没有根据的,因为在孟子的时代,《尚书》不太可能流通。见 Curie Virág, *The Emotions in Early Chinese Philosophy* (Oxford: Oxford University Press, 2017), chapter 3, p. 113. 关于这一点的详细讨论,可以参见我的《尚书》英译,即将由华盛顿大学出版。
② 根据礼仪文本,齐桓公的谥号"桓"有开疆拓土的意思,"辟土服远曰桓"。见《读礼通考》卷六十四。
③ 当然,孟子是在掩饰。如果《孟子·告子下》有所暗示,他应该知道很多关于春秋霸主的掌故。在《论语·述而第二十一》中,孔子被认为"不语怪力乱神"。

有同情心,这是成为贤君的前提:即面对百姓之苦无法视而不见。①

齐宣王仔细考虑了一下,说"反而求之,不得吾心。夫子言之,于我心有戚戚焉。此心之所以合于王者,何也"?② 孟子坚持认为,齐宣王只需要把对牛产生的同情心推展到他的人民身上,就不会把"不为"与"不能"混为一谈。

> 老吾老,以及人之老;幼吾幼,以及人之幼,天下可运于掌……言举斯心加诸彼面已……古之人所以大过人者无他焉,善推其所为而已矣……权,然后知轻重;度,然后知长短。物皆然,心为甚。王请度之!③

孟子让齐宣王想象,他对家人的责任与他的臣民对家人的责任是一样的。那么,只有当强大的国君帮助他卑微的臣民体会到尽忠职守的责任感时,才是正确的。孟子追问,为什么齐宣王所欲的却并非如此呢?于是他接着指出,"以若所为求若所欲,犹缘木而求鱼也"。

这段话很好地阐明了本书第一章中的一个观点:早期哲学比绝大多数现代伦理学理论发展得更好,主要是因为它不像康德式哲学那样,劝说人们在慎重思考的时候,把道德与利益的考虑区分开。而且,由于现代伦理学理论通常是普遍性的,因而忽视了

---

① 古罗马政治家、哲学家西塞罗(前106—前43)的著作 *De Finibus Bonorum Et Malorum*(通常英译为 *On Moral Ends*,《论道德目的》)中有一段话说道:"野兽……缺乏深谋远虑的聪明,并且会因为痛苦或死亡而发抖。"[出自古罗马悲剧诗人帕库维乌斯(Pacuvius,前220年—前130年)之口。]可参见 Cicero(106 - 43 bce), *De finibus bonorum et malorum*, trans. H. Rackham, Loeb Classical Library 40 (Cambridge, MA: Harvard University Press, 1914), 5, 31。
② 《孟子·梁惠王上》第七章。
③ 同上。

个体所受到的道德心理的确切影响,它们看不到杀死一头牛与一只羊有什么不同①。同时,孟子从梁惠王的行为中找到了劝说他的理由,梁惠王天生的同情心的萌芽源于特定的背景或者环境(孟子在后面的对话中会重提这一点),而不是取决于偶然的事情,或者利益计算。② 由此推论,任何行动的道德性都不能由抽象的原则来决定,而是通过复杂的决断,要考虑到各种因素,特别是考虑到行动的表现将如何影响当事人自己和他人的未来。③因为无论一个人何时行动,都会给所有相关者带来新的变化,从而成为关注民生的新起点。④

孟子非常成功地促使梁惠王反省自己的动机,明显表现就是梁惠王第一次为当时梁国的状况而感到自责,他承认了自己的失败("吾惛"),⑤但没有明确表示自己的主要错误是他无原则的野心:他认为,他必须要发动战争,使他的臣民陷入危险之中,并招致其他诸侯长期的敌意,才能实现他的目标。为了反驳他,孟子问道:

---

① 让人惊讶的是,古希腊的思想家们对于中国古代经典用"乐"来解释行动或行动的动机,没有表现出多少兴趣。希腊人认为,避免过分自作主张和自我放纵这两个极端。而相比之下,早期中国文本通常把这两者视为同一硬币的两面。
② 如果我们由此推断梁惠王希望节省开支,或者只是想当然地"见牛未见羊也",这是合乎"逻辑"的。一位匿名的读者把孟子的这段辞令的动机比作"非逻辑的逻辑"。行动的背景对于道德决定至关重要,这是《孟子·告子上》和其他篇章中对话的主题。
③ 见 Timothy Chappell, *Knowing What to Do: Imagination, Virtue, and Platonism in Ethics*(Oxford: Oxford University Press, 2014)。特别是前面的简介。
④ 如科学报道记者雪伦·贝格利(Sharon Begley)所解释的,"像沙滩上的沙子,大脑保留了我们作出的决定、学过的技能和采取的行动的足迹"。这段话被引用在下面的专著中:Antonio Damasio, *Looking for Spinoza: Joy, Sorrow, and the Feeling Brain*(Orlando, FL: Harcourt, 2003)。还可以参见 Richard J. Davidson with Sharon Begley, *The Emotional Life of Your Brain* (New York: Hudson Street Press, 2012); Sharon Begley, "The Brain: How The Brain Rewires Itself," Time, January 19, 2007; Sluga(2014)。
⑤《孟子·梁惠王上》第七章。

曰："为肥甘不足于口与？轻暖不足于体与？抑为采色不足视于目与？声音不足听于耳与？便嬖不足使令于前与？王之诸臣皆足以供之，而王岂为是哉？"

曰："否。吾不为是也。"

曰："然则王之所大欲可知已。欲辟土地，朝秦楚，莅中国而抚四夷也。以若所为求若所欲，犹缘木而求鱼也。"

王曰："若是其甚与？"

曰："殆有甚焉。缘木求鱼，虽不得鱼，无后灾。以若所为，求若所欲，尽心力而为之，后必有灾。"

······

曰："······盖亦反其本矣······其若是，孰能御之？"①

可是，孟子所指的"本"是什么呢？他列举了两点，一是以自己的需求与欲望来推己及人；另一个是愿意承认更大的社会秩序中的基本事实，包括"恒常"（行动可以预期的结果）和当下不太理想的状况。

今王发政施仁，使天下仕者皆欲立于王之朝，耕者皆欲耕于王之野，商贾皆欲藏于王之市，行旅皆欲出于王之涂，天下之欲疾其君者皆欲赴愬于王。②

---

① 《孟子·梁惠王上》第七章。这是《孟子·梁惠王上》的最后一段对话。关于"仁"的解释可参见 Eric Henry(2004)。关于孟子语言的修辞特点和模式，可参见黄则彰的硕士论文 Harrison Tse-Chang Huang, "Desire and the Fulfillment of Integrity in the Mencian Dialogues," MA thesis(University of California at Berkeley, 2002)。这段话的末句"孰能御之"中的代词"之"包含了几种可能的宾语，因而该短语可以同时表示："谁能阻止各地百姓涌向梁国？""如果百姓都臣服于您，还有其他哪位诸侯可以阻挡您？""谁能阻挡您实现内心的愿望？"以及，"谁能阻止像您这样的贤王？"从某种意义上说，这些不同的答案表示了同样的理想目标。
② 见《孟子·梁惠王上》第七章。下面这段话提出了同样的观点。

孟子的语言是具有高度的模式化和韵律感的,其措辞是最具有说服力的(这可能是修辞学家们所公认的)。它们通俗易懂,善于运用寻常的逻辑,所以听起来合乎常理。① 孟子为自己说服他人的能力感到自豪,这是可以理解的,不过在他看来,相应的风险也很高。因为,国君在认识到人类状况的基本事实后很可能会采纳谏议,至少可以纠正对于劝说者最恶劣的谩骂和侮辱,以正确的态度相待,这会使劝谏者处于比其他对手们更加有利的境地。

孟子继续分析说:"无恒产而有恒心者,惟士为能"。② 如果平民百姓的生活得不到保障,他们就不能保持一贯的美德。那样的话,国君对一个不守法的平民百姓的惩罚,其实只是给这些可怜的人设下陷阱,因为他们在绝望中就会像野兽一般被驱赶着陷入"法网"。而明君则是"制民之产,必使仰足以事父母,俯足以畜妻子"。只有这样,明君才能使百姓"驱而之善,故民之从之也轻"。

为了使"本"的内涵更为具体化,孟子又建议国君"反其本","本"的具体内涵就是使"五十者可以衣帛""七十者可以食肉"。要达到这样的目标,国君就不能在农忙季节强征徭役,也不能让头发斑白者"负戴于道路"。"老者衣帛食肉,黎民不饥不寒,然而不王者,未之有也。"孟子所说与《论语》中的两段话甚为接近:一是(君子)"修己以安百姓";二是"躬自厚而薄责于人,则远怨矣"。③

---

① 参见 Daniel Kahneman, *Thinking, Fast and Slow* (New York: Farrar, Strauss & Giroux, 2012), p. 53. 他认为,这样有节奏的段落不会引起认知的压力,因此它们的逻辑似乎不需要特别的注意。重复对于喜好的影响是强烈而真实的。见该书的第 67 页。
② 见《孟子·梁惠王上》,这段话可以与《孟子·滕文公上》中孟子说的"有恒产者有恒心,无恒产者无恒心"相对照。
③ 见《论语·宪问第十四》和《论语·卫灵公第十五》。

让我们回过头来再欣赏一下孟子如何让自己的策略成功实施。除了开头故意的情感爆发，孟子在对话之初并没有吹毛求疵，也没有进行关于抑制欲望和远离享乐的道德说教。他委婉地得出结论："以善服人者，未有能服人者也。"① 孟子在国君与其臣民之间构建了一个单一的利益群体，国君从自己厌恶被斥责、被侮辱、被说教和被劝诫的心理，联想到百姓也对此同样厌恶。② 毕竟，孟子的主要任务是"与不仁者言"，因为他意识到这些人"安其危而利其灾，乐其所以亡者"。③ 孟子巧妙地说明了梁惠王本人对于"乐"在治国中的真正作用有所误解，以及不能区分即时享乐与长久之乐的错误，他把后者称为共享之乐。孟子以亲切的方式结束了与梁惠王的对话，激励他泽及天下，教化百姓。

孟子知道，如果他总是指出统治者的过失，那么永远也不可能达到他的目的，反而只会让那些被劝谏者更难相信孟子的道德理论。④ 人心难测，但所有人，包括国君、他的顾问和身份最低微的臣民，都对不可知的事物有着共同的好奇，甚至异乎寻常的反

---

① 见《孟子·离娄下》第十六章。这一观点推动了《孟子·梁惠王上》中的讨论。
② 这里我用了"diplomatically"（"圆滑地"）一词，并不是指"虚伪地"，或者"漫不经心"的意思，而是想到了十九世纪的外交官弗朗索瓦·奥尔良、儒安维尔亲王（François d'Orléans, Prince of Joinville, 1818—1900）所提到的一种称为对话中的"重新配对"的理想状态：这是一种防止或者减轻冲突的表达，使涉及的各方可以想象他们是对等的。维特根斯坦的规则是，对于不能用简洁明了的语言表达的事物保持沉默；而儒安维尔的观点则是"听错"部分的对话内容，在对话者之间提供沟通的工具。
③《孟子·离娄上》第八章。
④ 西奥多·泽尔丁（Theodore Zeldin）认为，"对话"是指一个好的倾听者从另一方的想法，而不是言谈中发现了更多的一致性。见 Theodore Zeldin, *Conversation: How Talk Can Change Our Lives* (London: Harvill, 1998)。

应。① 显然,孟子认为,没有必要马上确立让所有人都认同的定义。② 反而,孟子旁敲侧击的间接修辞方式有助于使倾听者或读者发现道德与寻常欲望之间的真正联系。

出于同样的伦理和修辞的原因,孟子并不试图压制统治者的欲望,即使传统把那些欲望标记为瑕疵、过失和缺点。每个阶层的人都有对"富贵荣华"的渴望(我们今天所谓的基本人类尊严),特定的愿望可以成为道德行为的主要动力,只要一个人认为自己能够按道德行事,并实践之。③ 最重要的是,人类情感与想象能力的发展有两个基础:第一,想象别人具有与我们相似的能力;第二,想象我们将来会改变现在的意向状态。④ 换句话说,人类需要勇气和好奇心,还需要社群和自主。⑤ 正如孟子在别处所说:"欲贵者,人之同心。人人有贵于己者,弗思也。"⑥要成为尊贵的人,还需要得到他人高度的评价。一个内心高贵的人,会努力行善,哪怕受到别人的蔑视。"待人以同情和宽恕,在社会关系中寻求共同的人文意识,没有什么比这更完美的事情了。"⑦因此,当

---

① 理查德·桑内特有这样的诗句:"我们各不相同,因为我们内心分裂:让我们谈谈吧!"见:Sennett(2012)。
② 桑内特让我们思考柏拉图式的对话,其中苏格拉底通过重复"换言之","他的谈论者所宣称的,但与他们实际上所说的话,或者真正想说的话,并不完全一致",证明了他是一个"非常好的倾听者"。
③ 见《论语·颜渊第十二》:"子曰:'出门如见大宾,使民如承大祭。己所不欲,勿施于人。'"
④ 不过,神经科学家、哲学家和人文学者都同意,一个丰富的人类社会环境绝对需要绝大多数社会成员的这种道德发展。
⑤ 心理学家埃里克·埃里克森(Erik Erikson)的观点是:合作是发展的基础,我们在采取更有批判性的立场之前,要学会如何建设性地共存。在埃里克森看来,当一个孩子能够自我批评,而不是依赖权威人物的暗示时,他就是被赋予了"个性"。与普遍的观点相反,早期的文献表明,具有共同性格的人,都具有各自独特的个性构成。
⑥《孟子·告子上》第十七章。
⑦ 更确切地说,"在对待所有事情的时候,有意识地努力从对方的立场思考,没有什么比寻求人性化更有效的了"。

统治者似乎不知道他自己能够展现这样的威严时,他必须要有更好的导师,比如孟子。① 正如孟子直言不讳地指出,不值得与一个"不诚""不信于友"的人交流。②

在《孟子》第一篇上半部的结尾,孟子确定了关于圣君的定义:他找到了一种既能实现君主自身的抱负,同时又能满足其理想政治的途径。他把对无助的动物的自然同情心外推到所有臣民的身上,这样,那些"下层"的百姓也能安居乐业,实现自己本能的需求。③ 在孟子接下来的对话中,他把一般人认为是人类痛苦和耻辱来源的最大欲望,视为统治者实现王道的最佳途径。孟子相信,圣人是能够用他超凡的魅力来建立自己的威望和社会秩序的(即成为"转祸为福、报怨以德"的人),他对此作了充分的阐述,并且在较后的篇章中,从一个更广阔的视野将其与欲望、善行和王道联系起来。

  可欲之谓善。有诸己之谓信。充实之谓美。充实而光辉之谓大。大而化之之谓圣。④ 圣而不可知之之谓神。⑤

---

① 见《孟子·告子上》第九章。孟子谈道:"不专心致志,则不得也。"相反,如果一个人全力以赴,就可以得到。但是"人之患,在好为人师"。(《孟子·离娄上》第二十三章)为了避免我们现代人认为自己是一个更有逻辑的现代性的继承者,我们可以看看教皇亚历山大所说的话:"受过适当教育的人们会发现,追求享乐可能有助于普遍的社会凝聚力和利益,自我之爱与社会之爱是一样的。"见 *Pleasure in the Eighteenth Century*, eds. Roy Porter and Marie Mulvie Roberts(New York: New York University Press, 1996), 14, note 38. 显然,我们在启蒙哲学中发现了与《孟子》中同样的认识上的飞跃。
② 见《孟子·离娄上》"不信于友,弗获于上矣……反身不诚,不悦于亲矣"。
③ 可以比较《孟子·滕文公下》第九章的内容。
④ 《说苑·权谋》中,管仲劝说齐桓公不要攻打鲁国,并以伐山戎所得宝器献于周公之庙,所以孔子曰:"圣人转祸为福,报怨以德。"
⑤ 这段话见《孟子·尽心下》第二十五章。虽然孟子在本章中也敦促统治者要"寡欲",在他大部分的著作中还是强调他们必须要认识到自己的欲望,并把这种认识扩展到对待他人的欲望上。

《孟子·梁惠王上》的第二部分重申了这些主题,更加突出了关于"乐"的论述,正如下面的引文所示:

> 庄暴见孟子,曰:"暴见于王,王语暴以好乐,暴未有以对也。"
>
> ……
>
> 曰:"王之好乐甚,则齐其庶几乎!"①

另一天,当孟子又去见梁惠王,并问他是否真的喜爱音乐。梁惠王脸红了,并坦承:"寡人非能好先王之乐也,直好世俗之乐耳。"孟子的回答不仅让梁惠王,而且也让后世的读者们感到惊讶:"今之乐由古之乐也。"②于是梁惠王想听到孟子更多的阐释:

> 曰:"独乐乐,与人乐乐,孰乐?"
> 曰:"不若与人。"

基于这一看似不重要、但又关键的让步,孟子试探着对梁惠王进行耐心的开导:

> 臣请为王言乐。今王鼓乐于此,百姓闻王钟鼓之声、管籥之音,举疾首蹙頞而相告曰:"吾王之好鼓乐,夫何使我至于此极也,父子不相见,兄弟妻子离散。"
>
> 今王田猎于此,百姓闻王车马之音,见羽旄之美,举疾首蹙頞而相告曰:"吾王之好田猎,夫何使我至于此极也?父子

---

① 《孟子·梁惠王下》第一章。
② "由",也作"犹",这里依《十三经注疏》校勘本作"由"。当然,后世读者会对孟子这样把古乐等同于今乐的刺激性言论感到震惊,但是我怀疑这一说法在孟子的时代是否具有煽动性。毕竟,后世的圣人可以创制音乐,而且他们的作品新颖,并且能得古代圣王之"精神"。

不相见,兄弟妻子离散。"此无他,不与民同乐也。

今王鼓乐于此,百姓闻王钟鼓之声、管籥之音,举欣欣然有喜色而相告曰:"吾王庶几无疾病与,何以能鼓乐也?"百姓闻王车马之音,见羽旄之美,举欣欣然有喜色而相告曰:"吾王庶几无疾病与,何以能田猎也?"此无他,与民同乐也。①

根据以上的假设,孟子得出了结论:"今王与百姓同乐,则王矣。"

在孟子的时代,"乐"指的是钟鼓管籥的"合奏表演"。读者会想起来,表示"音乐"和"欢乐"意义的两个字的字形是完全一样的(见本书第二章),在文言文中,它们是多音字。音乐表演的比喻可以使孟子的倾听者或读者得到一次关于群体之乐和共享其乐的一系列重要说教。遵循诸如《左传》这样的文本中的标准修辞,孟子把音乐表演中的和谐与君子所表现出的性情的平和联系在一起。② 孟子安慰梁惠王,对"今之乐"的爱与对"古之乐"的爱一样,鼓励了一种更为宽容的态度。孟子的对手墨子所谴责的盛大音乐表演,并非关乎乐曲或者歌词,而是因为人们对音乐,以及所暗示的对于每种娱乐场合的共同回应。(这一点,可以比较本书第四章中荀子的有关论述。)除了乐盲,所有人似乎都喜欢某种形式的音乐,它们表明了我们所具有的共同人性。与他人一起,我

---

① 《孟子·梁惠王上》第一章。
② 见王力编《古汉语字典》,中华书局,2000,第 519 页。《左传·襄公二十九年》,西周的乐舞传统据说保存在鲁国,季札访鲁,得以观看周乐。季札在每首乐曲表演结束后,都给予了评论,指出每首作品的时代,并把它们与道德—情感的发展阶段相联系。对于喜爱的音乐用"×而不×"的句式(比如"乐而不荒")来突出历史主体的平和。在代表最高水平的最后一首乐曲表演完毕时,季札说,他已经觉得叹为观止了,虽然可能有其他之乐,他不会再有所要求了。音乐,如同享乐,应该停留在完美的和谐点上,不再追求。可以参见 Schaberg(2001), pp. 86–95。

们才能最好地欣赏音乐表演,这提醒了我们,人类是社会的存在。咏叹调迅速变成欢乐颂,音乐向我们表明人生是多变的,最乐观的情况下,它是不确定的,最坏的情况下,它充满了危险,因此需要认真思考什么是人生最重要的事。"今之乐由古之乐",这句话同样适用于音乐与欢乐,都是指振兴传统("温故")并使之更具有吸引力。① 最后,孟子巧妙地转向老生常谈,"独乐"可能会更加危险,因为对人们来说不存在自然的社会约束。因此,尽管所有中国思想家都认为是统治者对臣民施加影响,而孟子认为二者之间的影响完全是相互的,因为在心理上、政治上和经济上,人民与统治者都依赖于王国的繁荣,双方应该能够在"互乐的经验中"愉快地合作,而这种合作只能通过个人信任,从头开始建立。② 只有在强调统治者地位可危的时候人们才会采用这一类的话语,孟子悄悄地提醒统治者注意灾难的可能性,但并没有把这作为核心话语,以强硬方式来劝谏。

作为修辞大师的孟子想方设法激发国君的热情,使他关注自己的良心,就像他在听宫廷音乐演奏时所感受到的那样。③ 为了

---

① 一位不知名的读者提出不同意见,认为"由"应该是"犹",他的理由是,考虑到汉及其以后的读者心目中的"古乐"与"今乐"绝不相同,孟子不可能说出那样的话。我认为最好是阅读原文,因为不管后来的读者想法如何,孟子只是将二者等同以利于其劝谏。
② 见 Sennett(2012),p. 5。我对"合作"(cooperation)的理解与塞内特的是一样的:"(它是)一种交换,参与方会从中受益……他们合作完成自己独自无法完成的任务"。关于信任,请参见 Annette(1991);Steven Johnstone, *A History of Trust in Ancient Greece*, Chicago(IL: University of Chicago Press, 2011)。史蒂文·约翰斯通(Steven Johnstone)谈到,在现在世界里,不断有人会要求我们以没有人情味的信任来代替个人信任(比如美国人与在孟买的公司的销售代理的交谈),往往会招致灾难性的结果。更不用说,要在地位、成就和性情各异的人们之中建立信任关系,就更加困难了。但是"自然的合作始于我们无法独立生存的事实"。见 Sennett(2012),p. 71。
③《孟子·梁惠王下》。

使传统与讨论的话题息息相关,并拉近有着很多缺点的梁惠王与古代圣王的距离,孟子让梁惠王想象自己也属于被公认的圣贤之一。① 他又敦促梁惠王将自己明显的缺点(喜好酒、女人和音乐)看作其道德力量的主要来源。梁惠王与他的人民有着共同的弱点,所以他听到他们的呼声,就像听到自己的一样。聆听到这些声音后,梁惠王可能会发现,百姓关心他的安康,这反过来又使他更加引以为乐。为了进一步吸引梁惠王,孟子有条不紊地推进了自己的论点,谈到了国君之乐的三个源头:兴建乐苑;抵御外侮,捍卫尊严;还有欣赏冬天宫殿外的美景。它们分别代表了物质、精神和审美之乐。孟子是这样总结的:

> 人不得,则非其上矣。不得而非其上者,非也;为民而不与民同乐者,亦非也。乐民之乐者,民亦乐其乐;忧民之忧者,民亦忧其忧。乐以天下,忧以天下,然而不王者,未之有也。②

孟子再次赋予国君及其人民尊严与人性。为此,即使国君的巡狩通常被认为是浪费有限的资源,它造成了"流、连、荒、亡",但如果举措得当,它也能成为治理国家的机会。"春省耕而补不足,秋省敛而助不给。"

> 吾王不游
> 吾何以休?
> 吾王不豫,

---

① 《孟子·万章下》第八章:"以友天下之善士为未足,又尚论古之人。"
② 见《孟子·梁惠王下》第四章。这里暗示的是,"乐"是短暂的,而"忧"则是长久的。在许多其他的文本中,那些短暂之乐被称为"喜",而不是"乐",如本书的第一章所讨论的。但在这里,孟子精心设计,想让国君认识到比"喜"更实实在在的真正之"乐"。孟子在解释乐曲的时候显示了"畜"(抑制)与"好"(爱)之间的密切关系。

> 吾何以助？
> 一游一豫，
> 为诸侯度。①

显然，同样会消耗人们精力的活动也可以起到教育和激励臣民的作用。只要国君利用一切机会想到百姓的福利与他本人的同等重要，并积极采取相应措施，或者在他所过之处，打开粮仓，让乐师们演奏音乐，他的力量就不会被削弱。

然而，具有讽刺意味的是，孟子到此为止所提出的一切建议就是，国君无需对自己有任何实质性的约束，他的叙述也没有提到什么是国君实现其最大愿望的障碍。通过这种方式，孟子说服他的君主不仅要命令他的音乐家们创作出更好地表达"君臣和谐"的音乐，而且要接受孟子的命题——"约束统治者就是表达对他的爱"（畜君者，好君也）。②《孟子·梁惠王下》的第五章记载了齐宣王向孟子热切寻求关于其他棘手问题的建议。在谈到有关约束的话题时，孟子不得不小心翼翼，迂回婉转。他指出，除了那些过度的"纵乐"，没有什么"乐"本身是有害的。任何努力使百姓安居乐业的国君，不仅可以自得其乐，而且也可以实现他统治一方的最大野心，就连国君耗费的支出也有利于合理的治国。这无疑是一个双赢的局面。③

孟子在与齐宣王的另一段对话中传达了深刻的，或者过分乐观的信息。在《孟子·梁惠王下》第五章中，齐宣王告诉孟子，他所有的谏臣都建议他毁掉明堂，一个举行仪式和聚会的堂皇之

---

① 《孟子·梁惠王下》第四章。这里孟子引用了齐国之相晏子与齐景公的对话。
② 见《孟子·梁惠王下》第四章。
③ 《孟子·梁惠王上》第七章最清楚地构建了双赢局面，不过孟子在其他章节中也同样擅长。齐宣王对于双赢的局面感到满意。

所。齐宣王吝惜钱财("好货"),而要维持明堂这样的建筑则耗费巨大。孟子认为齐宣王的"爱货"不算是什么问题。因为,很久以前,贤人公刘也是"爱货"的。他让粮仓装满了丰收的粮食,并把制成的干粮装满了大大小小的口袋。所以孟子安慰齐宣王说:"王如好货,与百姓同之,于王何有?"齐宣王随即又指出了自己其他的缺点:"寡人好色。"孟子于是举了另一个古代的例子来回应,谈到周文王的祖父太王古公亶父也爱美色,他曾带着太姜一起迁移到岐山,所以他又安慰说:"王如好色,与百姓同之,于王何有?"①

孟子确实使这一切听起来很易于接受。② 在他看来,齐宣王可以享受宫殿、苑囿、池塘、金钱、狗,甚至诱人的美女,只要他能够使百姓的基本生存和礼仪需求也得到满足。但是当孟子间接暗示齐宣王忽略了自己的责任时,后者在紧接的对话中明显感觉很不舒服,于是"顾左右而言他"。在接下来的孟子与齐宣王的见面中,孟子又重新回到令齐宣王感到不安的源头,以免他继续漠视自己的责任。孟子并不是让齐宣王摆脱困境,而是提出了两个不同的路径:要么齐宣王是一位能让百姓安居乐业的明君,要么他是贼(破坏仁之人)、残(破坏义之人)和一夫(独夫)。③ 在通过鲜明的对比确立自己的观点后,孟子暂时将国君的责任搁置一边,而是集中谈论国君该如何惩罚王国里的为恶之徒:孟子建议,

---

① 《孟子·梁惠王下》第五章:"昔者大王好色……《诗》云:'古公亶父……至于岐下,爱及美女……王如好色,与百姓同之,于王何有?'"
② 可以参见裴德生(Willard J. Peterson)的论文和杨(1992)一书的第二章的总结,他们把孟子的论点与《易大传》作了比较,见 Willard J. Peterson, "Making Connections: 'Commentary on the Attached Verbalizations' of the *Book of Changes*," *Harvard Journal of Asiatic Studies* 42(1982): 67-116。
③ 《孟子·梁惠王下》第七、八章。

恶人由"国人杀之",君民要共同参与其中。他用训诫的语气提醒齐宣王,国之要务在于听取智者的建议来达成共识,而孟子就是这样的一位智者。

因此,孟子拒绝直截了当地回答迫在眉睫的问题,即齐国是否应当入侵邻国燕国,或者弱小的滕国是归服北方的齐国还是南方的楚国,或者如果邻国巩固边防要塞应该如何应对。孟子懂得,真正的贤君无论征战何处,总是被所征服者视为拯救者。齐宣王抱怨不忠的臣民太多,无法一一惩处。为了让齐宣王对他的百姓所遭受的最大伤害和侮辱承担更多的责任,孟子最终作出了严厉的批评:"凶年饥岁,君之民老弱转乎沟壑……君之仓廪实,府库充,有司莫以告,是上慢而残下也。"道理都是一样的,尽管孟子把大部分的责任归咎于齐宣王的官吏们,而不是齐宣王本人,但他认为百姓们只是报复他们从国君和官吏那里所受到的不公正的对待。(第十二章)①

《孟子·梁惠王下》以鲁平公的一个令人好奇的故事终篇。鲁平公本来是要听取孟子意见的,但是因为身边的宠臣臧仓从中作梗而打消了见孟子的打算。孟子评论说,鲁平公来看我自有来的原因,不来看我也有不来的原因,来与不来皆非人力所能决定的,我与他不得相见,就是天命。(第十六章)

终究,是命运或是人力决定了孟子的失败?是国君不为,还是不能?对于孟子来说,答案是很明显的,因为孟子之前已经对此作了区分,但他过于礼貌和谨慎,没有说出来。

虽然孟子在其他章节中又再次回到这样的问题,不过,每个

---

① 在《孟子·公孙丑下》第四章和第五章中,孟子告诉我们,国君如果视百姓不如牛羊,他就是玩忽职守的。如果国君或者他的官员不能照顾自己的百姓,那么国君就应该罢免其官吏,甚至自己引咎下台。

主要观点都已经在《孟子·梁惠王》的总结性对话中得到了展示。孟子把"贤君"等同于"与民同乐"的统治者,而且劝说与他对话的国君们视己如人,哪怕只是短暂地。人性也许是一堆相互矛盾的欲望,但治国良策完全是可行的,因为它依赖于一系列不违背人性的有意识的决定。① 拒绝让他人的欲望得到满足被认为是"专制""苛政"。被传统视为缺点的爱好(如热衷于狩猎、武器、宫苑、金钱、音乐和美色)也可能造就贤君,因为这些喜好需要在社会活动中互动,通过"同乐"来显示与人共享的愉快。治国之术主要是看一个人的行动及其对家人可能的影响之间的联系。有些物品可以直接共享(如丝绸、鱼,或者壮观的景象)。其他的则需要国君创造条件,使其臣下也可获得美色、音乐和教育等。最重要的是,人民渴望贤明的统治,因为这样才能有最多的机会来得其所乐和予人以乐。通过贤明的统治,国君可以使自己成为臣民们爱戴的对象。"行仁政而王,莫之能御也",只不过是因为"王者之不作,未有疏于此时者也"。② 换句话说,当无数人渴望统治者实施仁政,而所有人类的欲望驱使人们经历同样的道路时,统治者就很容易制造出他所需要的效果,以实现自己最大的抱负。重要的是有德行的人教化那些品行不佳的人("中也养不中")。③ 因为当权者意识到,"民为贵,君为轻"。④

---

① 人性之体验往往是相似的。"口之于味也,耳之于声也,鼻之于臭也,四肢之于安逸也。性也,有命焉。君子不谓性也。"(《孟子·尽心下》第二十四章)《孟子·滕文公上》第一章解释了为什么"好色、富、贵无足以解忧"。《孟子·告子上》第六章则明白地提到,人是"可以为善"的,这就是他所说的人性为善的意义。
②《孟子·公孙丑上》第一章。
③《孟子·离娄下》第七章。
④《孟子·尽心下》第十四章。

《梁惠王》以外:《孟子》的其他篇章

至此,我对《孟子·梁惠王》的内容作了详细的总结,因为作为《孟子》首篇,它为后面各篇中关于道德的讨论奠定了基础。关于"乐"的机智话语使我们更能领略到传统所偏重的《孟子》相关篇章的微妙之处。

让我们首先看一下孟子对于"浩然之气"令人印象深刻的描述,君子在遇到危机的时候就应当唤起它。一位弟子问孟子,什么是"不动心"。孟子这样回答:

> 夫志,气之帅也;气,体之充也。夫志至焉,气次焉。故曰:"持其志,无暴其气。"
>
> ……
>
> 曰:"志壹则动气,气壹则动志也。今有蹶者趋者,是气也,而反动其心。"
>
> ……
>
> 曰:"我知言,我善养吾浩然之气。""敢问何为浩然之气?"曰:"难言也。其为气也,至大至刚;以直养而无害,则塞于天地之间。其为气也,配义与道;无是,馁也。是集义所生者,非义袭而取之也。行有不慊于心,则馁矣。"[①]

这样的应答是没有意义的,除非读者们能理解,"气",作为一种形式的能量,具有物理的、伦理的维度,欲望会引起身体内的变化,反过来,又作用于我们与现象世界的互动。因而,道德意志,

---

[①]《孟子·公孙丑上》第二章。

即为善的愿望,作用于一个人,就像一个坚定的战士在战场上感受到肾上腺素的激增:一旦一个人意志足够坚定地执行某个特定的行动,他就能完成看似不可能的壮举。实践道德的坚定意愿,与其他欲望一样,推动正直的人追求大道,安居乐业。① 但是,正如在战斗之前勇士需要强身健体一样,当我们在人生中遭遇道德危机时,不断运用我们的道德能力来自发地、坚决地、有效地选择取舍,是我们自发反应的前提。②

为什么"仁",在《论语》中是推崇备至的最高美德,而《孟子·公孙丑上》第二节关于"仁"的讨论却是轻描淡写的?"仁"的推己及人的能力在这一章中被降低为人的"四端"之一,其他三者为"羞恶""辞让"和"是非"。③ "仁"是以道德的理解为前提的,"见近知远,以己心知他人之心"。④ 无疑,"仁"是很重要的,但是对孟子来说,衡量他人与其他事物的相对价值,并与他人同甘共苦,是相对容易的,因为这样的判断主要运用头脑和心灵,但不一定需要集中的意志。⑤ 具有挑战的是,人们如何能够每一次、每一件事都做对,就像战斗中最好的士兵,不在意其他参与者的社会地位。⑥ 绝大多数情况下,一心向善的人不需要重新思考所有道德重点,以便确定恰当的行动过程。⑦ 他们需要勇气去做认为该

---

① 见《孟子·离娄下》:"君子深造之以道,欲其自得之也;自得之,则居之安;居之安,则资之深;资之深,则取之左右逢其原。故君子欲其自得之也。"
② 《孟子·离娄下》第二十八章。
③ 正如孟子所说:"夫物之不齐,物之情也。"而"心之所同然者,何也? 谓理、义也"。见《孟子·滕文公上》第四章和《孟子·公孙丑上》第七章。
④ 要了解更多的例子,请参考 Henry(2004)。
⑤ 孟子注意到,人们通常会在进一步深思熟虑后,改变他们先前的判断。例如,都城的宫苑并不大(大概方圆 40 里),但是如果它夺走了农人的生计,那么对于住在都城附近百姓来说,它就是一个陷阱。在这种情况下,宫苑虽小犹大。
⑥ 《孟子·公孙丑上》第二章。
⑦ 《论语·雍也第六》。

做的事,"他人有心,予忖度之","持其志,无暴其气",①"不动心"。② 这种道德的勇气首先来自为善的渴望;其次,来自坚定的信心,相信善行在一个公平世界里会得到赞许,而在一个不公正的世界中也会有助于建立良好的秩序。③

在《孟子·公孙丑上》第六章中,孟子提出了反直觉的主张,"人皆有不忍人之心"。(当齐宣王决定要救那头将要被杀了用于祭祀的发抖的牛时,就是显示了这样的"不忍心"。)孟子所举的最好的例子就是一个人看到将要落入井中的孩子时的反应。孟子相信,此人一开始肯定是富有同情心,不是因为他想通过结交孩子的父母和乡党朋友,或者让孩子停止哭声来使自己从中受益。但是,孟子并没有承诺,这位男子会真的继续去救那个孩子,他没有那么冲动。切身利益也许会干预并阻止他采取行动。此人也许不喜欢他的邻居,或者更想讨好这个孩子父母的仇人。也许他懒惰,或者怯懦。换句话说,孟子并没有过分夸大此人的善意。孟子所说的与他在《孟子·梁惠王》中的分析是一致的,认为人们具有减轻他人痛苦的冲动的"道德潜能"。是否起初的冲动会转化为行动,取决于这个人的经济状况,他的国君的榜样和干预,以及其他外部条件,最后还有他先前的决定所积累的压力,这些压力强化或者削弱了他达到完全人性化的能力。④ 但是孟子的事例暗示了,最初要救孩子的冲动牵涉情感和理性,信念和欲望,而

---

① 见《孟子·梁惠王上》第六章和《孟子·公孙丑上》第二章。
② 相似地,出土文本《性自命出》说,虽然所有人都有"性",他们的心缺乏稳定之"志"。
③ 正如孔子所说:"知之者不如好之者。"(《论语·雍也第六》)另一段强调道德选择简单化的文字,见《孟子·尽心上》第三十五章。
④ 如果此人不想破坏自己的潜能,他就必须"在自己内心找到原因"。

197

预想这种境况的时候,这些通常都是不可分割的。① 孟子补充说,造箭者一开始并不比造盔甲者更绝情。日常的工作环境使他更热衷于见证死亡,而不是保护生命。② 习惯将在一个人决定如何应对情况时起着重要的作用。

理解孟子关于"乐"的基本观点也可以帮助我们解开文本中令人费解的段落,比如,第四篇中相关的箴言。

> 居下位而不获于上,民不可得而治也。获于上有道,不信于友,弗获于上矣。信于友有道,事亲弗悦,弗信于友矣。悦亲有道,反身不诚,不悦于亲矣。诚身有道,不明乎善,不诚其身矣。是故,诚者,天之道也;思诚者,人之道也。至诚而不动者,未之有也;不诚,未有能动者也。③

初读时,这段话的晦涩之处在于一些意义不明确的地方:比如,对待父母的方式如何成为一个人与朋友关系的决定性因素?仔细观察就可以发现,予人以乐与得享其乐的关系可以从履行更重要义务的相对坚定性中预见到。正如孟子在其他地方所解释的:"尽其心者,知其性也。知其性,则知天矣。存其心,养其性,所以事天也。夭寿不贰,修身以俟之,所以立命也。"④也就是说,一个人必须先具有稳定的欲望、坚定的向善追求和自我改善的决

---

① 这一例子暗示了"良知"被激发。我不认为"良知"等同于"良心",虽然标准的翻译是这样的。这可以与那些认为每个信仰都是出于欲望的说法相对照。比较谨慎地说,不能将二者分开。而且,信念和欲望可以发挥规范的作用。
② 《孟子·公孙丑上》第七章。
③ 《孟子·离娄上》第十二章。这一段话的内容让人想起《中庸》。浦安迪曾经翻译了《中庸》,*Ta Hsüeh and Chung Yung : The Highest Order of Cultivation and On the Practice of the Mean* (New York: Penguin Books, 2003)。"诚"(英文中常常被误译为 sincerity),它的声旁部首的意思是"完整""完全"或者"完美"。对于孟子来说,自我修养保存了一个人最初的完美。
④ 《孟子·尽心上》第一章。

心,然后才能恰当地外推到为他人谋福利,改善他们的状况。① 否则,具有破坏性的不信任,最终会削弱各方利益。② 因此,明智的领导者坚持对至诚的渴望,并通过不断地辨别、温习和记录不同事物、人和动机的相对价值来实现。

> 人之于身也,兼所爱。兼所爱,则兼所养也……体有贵贱,有小大。无以小害大,无以贱害贵。养其小者为小人,养其大者为大人……其一指而失其后背,而不知也……饮食之人,则人贱之矣,为其养小以失大也。③

尽管行正义之事需要有绝对的勇气,那些能让一个人获得最多、最好的美好生活体验的欲望有程度之分,而这需要通过一个对突发事件作出慎重反应的过程,此过程是人类最复杂的任务,

---

① 《孟子·告子上》第七章列出为善的三个条件:一是必须有向善的愿望(天生的,或者后天获得的);二是社会环境必须激励良好的行为;三是人们必须付出大量的时间和精力来实现目标。孟子提出的条件远比其他理论家所提出的要复杂得多。汉斯·斯卢加认为:"我们所说的……行为是由生理决定的行动模式、后天的条件反射、儿童期的定型、习惯、有意识的学习和选择,还有适当的描述性语言等等的奇特综合体……行为不是基本的现象,而是复合的过程,它通过各种先天的和后天养成的因素而成为可能。"见 Sluga(2014), p. 66。
② 见《孟子·告子上》第十章。"生亦我所欲,所欲有甚于生者,故不为苟得也。死亦我所恶,所恶有甚于死者,故患有所不辟也……一箪食,一豆羹,得之则生,弗得则死,呼尔而与之,行道之人弗受;蹴尔而与之,乞人不屑也。"根据韦伯的理论,当主人发号施令,其下人可能因无法选择而感到羞耻,更糟糕的是当主人无视下人的尊严时。当平等无法期望达到的时候,结构性的不平等(等级)本身不会破坏信任。从美国的经验来看,最难接受的是部落主义者对普遍人性,而不是对实际不平等的否认。正如德瓦尔(de Waal)在他对黑猩猩群落的研究中所指出的:"等级是一个有凝聚力的因素,它限制了竞争和冲突。"见 Frans De Waal, *Chimpanzee Politics: Power and Sex among the Apes* (Baltimore, MD: Johns Hopkins University Press, 1982), pp. 208 - 209。互惠在早期中国同样重要。见: Yang Lien-sheng(杨联陞), "The Concept of Pao as a Basis for Social Relations in China," *Chinese Thought and Institutions* (Chicago, IL: University of Chicago Press, 1957), pp. 291 - 309。
③ 见《孟子·告子上》第十四章。

也是最令人满意的努力。① 为了努力获得至诚,就不只是"独善其身",②而且也让自己在所有人眼中变得更优雅可亲。幸运的是,这种粉饰形式只对我们中的极少数人有用。"求则得之,舍则失之。是求有益于得也,求在我者也。"③

在这一关于"乐"的阐述语境下,现代读者可以开始揣测,为什么孟子对于告子和公都子认同的人类天生的本性有这样极端的反应？孟子接受告子的观点,"食、色,性也",但是他拒绝了告子提出的其他建议:承担社会义务并不违背自己的本性;人之本性不会天然向善或趋恶;它因人而异;与同情心不同,人必须在社会环境中产生责任感,它并不是与生俱来的,等等。孟子的论点在某些方面显得很单薄:各种公共仪式可以唤起一个出生于特定时间、地点和文化的人不可避免的责任感,这些承诺的责任来自(或萌芽于)早期的同情、羞耻、尊重和明辨是非的决心。④ 孟子希望说服与他对话的另一方,坦诚待人、值得信赖和善解人意这些几乎都不是人性以外的品质,因而也不可能与人性疏离。

常识和日常经验告诉我们,孟子错了。难道我们不应该被教导去行善而不是为恶吗？难道没有本性卑劣、具有破坏性的人吗？在下面延伸的对话中,孟子拒绝承认这一点:

任人有问屋庐子曰:"礼与食孰重？"

---

① 当齐宣王承认"好勇",孟子并没有劝阻他,而是劝他不要只是有"匹夫之勇",而是要"大之"。
② 见《孟子·离娄上》第十章、第十二章。
③ 见《孟子·尽心上》第三章。还有《论语·述而第七》:"子曰:'仁远乎哉？我欲仁,斯仁至矣。'"
④ 在此,人们会回想起罗兰·巴特的提醒,不要倾听很大程度上已被"文明"麻木了的感官的微弱"波动"。孟子与荀子与他不同,他们认为,文明(礼仪性的接触)会使感官得到发展,正如它会使这些微弱的"波动"麻木一样,是可能的。

曰:"礼重。"

"色与礼孰重?"

曰:"礼重。"

曰:"以礼食,以饥而死;不以礼食,则得食,必以礼乎?亲迎,则不得妻;不亲迎,则得妻,必亲迎乎?"

屋庐子不能对,明日之邹以告孟子。

孟子曰:"于答是也何有?不揣其本而齐其末,方寸之木可使高于岑楼。金重于羽者,岂谓一钩金与一舆羽之谓哉?取食之重者,与礼之轻者而比之,奚翅食重?取色之重者,与礼之轻者而比之,奚翅色重?"往应之曰:"紾兄之臂而夺之食,则得食;不紾,则不得食,则将紾之乎?逾东家墙而搂其处子,则得妻;不搂,则不得妻,则将搂之乎?"①

孟子发问,在什么时候这样的行为会越过道德界线,有"良心"的人对这条线不会感到心安理得。② 为了支持他的论点,即我们的向善潜能是天生的,不是后天习得的,孟子讲述了牛山的故事:这是一座邻近都城的小山,山上的树木因为人们不停的砍伐而变得荒芜。孟子认识到,绝大多数人会大大低估他们自己向善的能力,因而不为正道,他于是让其潜在的跟随者想象他们可能实现的人生,而不是生存现状。就以牛山来说:

人见其濯濯也,以为未尝有材焉,此岂山之性也哉?其所以放其良心者,亦犹斧斤之于木也,旦旦而伐之,可以为美乎?③

---

① 《孟子·告子下》第一章。
② 孟子在《孟子·告子上》第八章以牛山之木为喻谈到了"良心"。参见第 198 页注释①。
③ 《孟子·告子上》第八章。关于美与道德文化的联系,请见《孟子·公孙丑上》第十九章。

在孟子的描述中,牛山是一个处于压力之下的系统,一个被耗尽或剥夺了资源的系统,很快就无法有足够的资源维持下去。① 他的结论是:如果牛山的故事有什么启示的话,那就是,尽管人性的面孔有时候可能看起来很丑陋,但每个人生而具有行善的潜能,也有可能会成为美好的人。正如孟子所说:"夫物之不齐,物之情也。或相倍蓰,或相什伯,或相千万。"②孟子承认,在某些情况下,一个人可能比他人好两倍、五倍,或者无数倍,但这只是因为其他人没能充分发挥他们自己的天赋秉性。③"若夫为不善,非才之罪也。"因为每个人都被上天赋予了受人尊敬的高尚生活的能力,包括价值权衡和自我约束。④ 对于孟子来说,重要的启示是:为善的起点不只是享乐的能力,比如欣赏山冈上郁郁葱葱的风景,或者品尝烤肉(耆炙)的美味,也不只是坦承所有人都会设法寻求满足他们的乐趣,⑤还有对长久之"乐"的有意识追求,因为"践形"⑥使人们可以欣然接纳自我。

---

① 人们也许会把"牛山"的故事与罗伊·鲍迈斯特(Roy Baumeister)的"自我损耗"理论相对照。根据他的说法,早期阶段的情绪控制留下的"自我损耗"使人们更容易屈服于放弃的冲动,削弱了自制力。丹尼尔·卡尼曼(Daniel Kahneman)对罗伊·鲍迈斯特的这一发现作了很好的综述,见 Kahneman(2012),pp. 41-44。
② 见《孟子·滕文公上》第四章。"或劳心,或劳力。劳心者治人,劳力者治于人。治于人者食人,治人者食于人,天下之通义也。"在孟子的理想国中,一个人向善愿望的强弱与社会政治的等级是完全对应的。不幸的是,许多人,一旦"饱食暖衣",就会"逸居而无教,则近于禽兽"。这就是为什么贤君任命司徒,教民人伦的原因。
③ 《孟子·告子上》第六章:"或相倍蓰而无算者,不能尽其才者也。"
④ 见《孟子·告子上》第六章、第十六章。很奇怪的是,方岚生在他的一本通俗有趣的书里认为"性"不是指"人性"。见 Perkins(2014),p. 129。方丽特对于"权"提供了最好的论述。见 Griet Vankeerberghen, "Choosing Balance: Weighing (*Quan*) as a Metaphor for Action in Early Chinese Texts," *Early China* 30(2005-2006): 47-89。
⑤ 《孟子·告子上》第二至四章。
⑥ 见《孟子·尽心上》第三十八章。刘殿爵将"践形"翻译为"move this figure [properly]",认为是指孟子自己的"践形"。

孟子这些惊人的观点要得到认同,并非易事,尽管他在著作中一次又一次地作了阐发。他认为,每个人都有成为圣人的天赋。比如,他这样评价舜:"舜何人也,予何人也,有为者亦若是!"①统治者与他的臣民在评价他们的成就时,也许会假定在过去与现在、高贵与低贱之间存在着本质上的平等。就国君而言,在顾念到他的每一个百姓的时候,最好提醒自己,"彼丈夫也,我丈夫也"。因为这些思考总是会让人们想到一个更重要的问题:"予何人哉?"②

用孟子的话说:"人无有不善,水无有不下。"③任何人都有能力变得更好,尽管人们也可能因为管理不善和缺乏安全保障而被导向错误的本能倾向。这就是孟子所说的"人无有不善"。孟子坚持说:"恻隐之心,人皆有之;羞恶之心,人皆有之;恭敬之心,人皆有之;是非之心,人皆有之……非由外铄我也,我固有之也,弗思耳矣。"④因为统治者与人民都有着共同的追求和享受"乐"的喜好,还有对痛苦后果的厌恶(无论是因为自己的,还是他人的原因),孟子从中发现了人皆平等。

如果在具有充分的道德潜能方面人人平等,孟子的制度又如何可以证明统治者在为善和尽职方面要比与他们平等的臣民们做得更多呢?答案很简单:统治者及其臣子们理应做得更多,因为只有他们"劳心",决定什么是对大众来说最好的利益,而不是

---

① 见《孟子·滕文公上》第一章。另外,也可见《孟子·离娄下》第三十二章,孟子说:"尧舜与人同耳"。还有《孟子·告子上》第七章:"故凡同类者举相似也。何独至于人而疑之? 圣人与我同类……心之所以同然者,何也? 谓理也,义也。圣人先得我心之所同然耳。"
② 见《孟子·滕文公上》第一章。
③ 见《孟子·告子上》第二章。
④ 见《孟子·告子上》第六章。两个动词暗含在"弗思耳矣"这句话里。

"劳力"。那些朝臣为了获得这样的资格,必须预想到不同身份的人们的诸多需求(这是没有受过教导的普通百姓无法做到的),并制定政策来帮助其他人实现他们的目标,为那些地位低下的人树立正义和诚实的榜样。在理想的情况下,因为他们应用广泛的职业技能,就应该得到更大的补偿。①(当然,同样的论点对于当今的CEO们来说也是充分的,甚至只需要更少的理由。)

与那些最激烈的批评者的指责相反,孟子并没有幻想,他所进言的平庸统治者们会突然成为"汤武"那样英明智慧的贤君。②孟子说,很明显,一个人的欲望对象会自然地随着他的教育、家族背景、过去的经验和现在的机会而改变。尽管如此,如果激发国君为善的愿望,其回报可能是无限的,只要正义的统治者向民众承诺,会让他们生活在一个充满安乐的世界里,每个人都能享受与自己地位和性情相称之事。

> 尊贤使能,俊杰在位,则天下之士,皆悦而愿立于其朝矣……天下之商,皆悦而隐藏于其市矣……天下之旅,皆悦而愿出于其路矣……天下之农,皆悦而愿耕于其野矣……天下之民,皆悦而愿为氓矣……如此,则无敌于天下。③

在可能的最美好的世界中,人们会自然地被欢乐的音乐所围绕,"金声而玉振之"。④

要,要,还要!孟子唤起了人们一连串的欲望。有德行的人

---

① 详见《孟子·滕文公下》第四章、第五章。
② 《孟子·公孙丑下》第十二章。
③ 见《孟子·公孙丑上》第五章。请注意本段落与《孟子·梁惠王上》第七章的相似之处。
④ 《孟子·万章下》第一章。

一生都有"所欲",因为他从来没有停止过感受"人之所欲也"。①孟子反问道:"在什么情况下需要假装喜欢呢?"②孟子对于统治权和合法性有着不同的看法,但他向我们确认了一件事:对于人类关系中所有道德合法性的向往,为奋斗者赋予了比地位和财富更多的福佑,尤其是在世俗中总有人无功受禄,并且一切都可能因不当行为而失去。根据孟子的说法,孔子本人成为典范,正是因为他是一位怀着向善希望的无与伦比的圣人。他热衷于中庸之道,而且,渴望在身体上和道德上都能返本。③ 关于孔子,我们知道,当他想辅佐国君的主要目标无法实现的时候,他并没有停止追求,只是希望有下一个最完美的人能实现他对于一个公平美好国家的愿景。("孔子岂不欲中道哉?不可必得,故思其次也。")④如果进一步追溯历史,舜同样是最杰出、最高尚的为人之子的典范,年届五十,仍然思念已经故去的父母。("舜其至孝矣,五十而慕。")⑤为善,意味着乐此不疲地做好事,而令人钦佩的毅力源自人们看到了向往的目标与如何实现它之间明显的联系。⑥一般来说,圣人可能是曾经犯过许多错误的人,⑦但他们从来不缺乏仁慈和对更深层次理想秩序的向往。圣人夜以继日,不懈追求,终于使自己得以完善,并成为大众的典范。"此之谓大丈

---

① 《孟子·万章上》第一章。
② 《孟子·万章上》第二章,"故诚信而喜之,奚伪焉?"
③ 关于孟子返本的见解,请参见 Huang(2002)。
④ 《孟子·尽心下》第三十七章。
⑤ 《孟子·告子下》第三章。
⑥ 《孟子·尽心上》第二十五章:"鸡鸣而起,孳孳为善者,舜之徒也。"另见《孟子·梁惠王上》第七章。
⑦ 见《孟子·公孙丑下》第九章。

夫。"①孟子从来没有怀疑过自己具有圣人之资，②正如他曾说过："万物皆备于我矣。反身而诚，乐莫大焉。强恕而行，求仁莫近焉。"认识到共有的人性，会令人们举止合宜。③

对于那些愿意听信的人，孟子巧妙地说明了，一个人所犯的最大道德错误就是把人类社会看作是一场零和博弈，即认为"为富不仁矣，为仁不富矣"。④ 因为"人伦明于上，小民亲于下……子力行之，亦以新子之国"。⑤ 而且，"爱人者，人恒爱之；敬人者，人恒敬之"。⑥ 建立于互惠基础上的道德极易理解："无为其所不为，无欲其所不欲，如此而已矣。"⑦

孟子并不是不知道，坏事常常发生在好人身上。于是，他描述了一个具有高尚美德的人如何受到他人粗暴的对待。当此人发现自己对他人总是以德报怨后，很悲哀地得出结论，他无法做到最好的自己。"仁人之于弟也，不藏怒焉，不宿怨焉……亲爱之而已矣。"⑧他甚至爱那些伤害过他的人，不是因为古代中国对于贤人有类似于基督教博爱的要求，而是因为他对共同的人性有着高度的认同感，能够感觉到那些人恶行之下隐藏的痛苦和困惑。孟子说："仁者爱人"，因为他"以仁存心，以礼存心"，但是他会避

---

① 见《孟子·滕文公下》。
② 比如《孟子·告子上》第七章中，孟子说道："圣人与我同类者。"
③ 《孟子·尽心上》第四章。
④ 见《孟子·滕文公上》第三章中引阳虎所言。
⑤ 《孟子·滕文公上》第三章。
⑥ 《孟子·离娄下》第二十八章。另见《孟子·尽心上》第十三章、第十四章："霸者之民驩虞如也，王者之民皞皞如也。杀之而不怨，利之而不庸，民日迁善而不知为之者。夫君子所过者化，所存者神，上下与天地同流，岂曰小补之哉？""善政得民财，善教得民心"。
⑦ 《孟子·尽心上》第十七章。
⑧ 这是《孟子·万章上》第三章中关于舜对其弟象以德报怨的例子。在孟子的言论中，贤人对待所有恶人也都能如此。

开那些由自我主义所引发的所有蛮横无理的行为。① 如此宽容的胸怀自有其回报,它简化了行动的决策过程。"舜,人也,我亦人也……如舜而已矣! 若夫君子所患,则亡矣。"②问题在于人并不乏力,只是"弗为耳","尧舜之道,孝弟而已矣。子服尧之服,诵尧之言,行尧之行,是尧而已矣"。③

在孟子看来,一个人对于周围世界善意的反应,只要遵循先王之法度,就不会有错。④ 孟子关于公共利益的说教很容易让我们联想起《论语》中的相似内容,尤其是下面这两段:

> 子路问君子。子曰:"修己以敬。"曰:"如斯而已乎?"曰:"修己以安人。"曰:"如斯而已乎?"曰:"修己以安百姓。修己以安百姓,尧舜其犹病诸!"(《论语·宪问第十四》42)

> 子曰:"出门如见大宾,使民如承大祭;己所不欲,勿施于人。"(《论语·颜渊第十二》2)

鉴于孟子与他的典范孔子之间广泛的共通之处,如果我们把孟子的学说与另一位晚于他一个世纪的儒家大师荀子(见本书第四章)相比照的话,也许我们会有更多领悟。毕竟,自南宋(1127—1279)以来,所有修习中国历史的学生都被训练成认定了孟子是孔子最著名的追随者,而与荀子针锋相对。对于推崇"道学"者来说,孟子是唯一的"真儒家",荀子的巨大影响被严重轻视。他们过分强调孟子与荀子对于人之本性的不同阐释,并展开

---

① 《孟子·离娄下》第二十八章:"其待我以横逆,则君子必自反也。"
② 同上。
③ 《孟子·告子下》第二章。
④ 《孟子·离娄上》第一章:"遵先王之法而过者,未之有也。"

了激烈的辩论,其实只是根据现存文本,而对早期文本缺乏考察。① 孟子与荀子两个对立的主张,分别是"人性本善"和"人性本恶"(请注意:早期文本中所谓"恶"就是"不美"的意思),据说这足以概括他们的观点。② 初入门的学生们很快会发现,孟子闻名于世是因为在他看来,统治者施仁政很容易,而且很"自然"。(当然,孟子很少泛泛而论所有人的道德状况,而是专注于讨论统治者及其重要谋臣们。)尽管如此,这两位思想家的共同点远远超出了大多数人的认同,因为他们都相信人类有可能实现人性之善。最终,孟子与荀子都同意,如果人类没有欲望,就没有共同的社会或道德基础,更谈不上追求共同利益的方法。一些现代的二手文献认定了这是荀子的观点,然而在宋明理学的影响下,很少有人能认识到孟子在这方面的观点几乎与荀子完全相同。我们也应

---

① 可以参见我关于荀子接受史的论文:"Xunzi: An Early Reception History, Han through Tang," in *The Dao Companion to the Philosophy of Xunzi*, ed. Eric L. Hutton(New York: Springer, 2016), pp. 395 - 433。从现存的资料来看,荀子关于这个话题的论述只占了他所有著作的一小部分,直到佛教出现,而且它的传播没有得到多少关注。也许这是因为扬雄关于"人之性也善恶混"的表述被认为已经解决了孟子与荀子之间的论争。

② 这里我用了"据称",是因为考虑到从早期中国到宋朝之间一些激进的校书活动使我们不能确定这两个口号确实是孟子和荀子所言。见 Susan Cherniack, "Book Culture and Textual Transmission in Sung China." *Harvard Journal of Asiatic Studies* 54.1(1994): 5 - 125。Michael Nylan, *Yang Xiong and the Pleasures of Reading and Classical Learning in Han China* (New Haven, CT: American Oriental Society, 2011)。我非常反对把"恶"翻译为"evil"(邪恶)或"bad"(坏),因为荀子不是在讨论人类的本体论(类似于原罪),而是指人们如果未能得到"大道"的教化,其行为所具有的破坏性倾向。荀子一次又一次地强调了人之本性的转化,成为改善了的"第二性"(也称为"性"),所以"evil"(邪恶)或"bad"(坏)是容易误导人的翻译。荀子在别的地方称人性是"不美"的[郑贵利(Curie Virág)翻译为 unlovely]。

该注意到二者之间更多的共同点,比如,荀子把"咸"卦解释为"感",①然后进一步认为,所有高尚的社会情感都可以在恩爱夫妇的两情相悦中找到其基础。夫妇之间对于拥抱和性的自然欲望可以发展出精致的对于社交意识的一些不同表达,包括对统治者的爱戴和忠诚。②

那么,孟子与荀子学说上的差异在何处呢?

孟子满足于让统治者代表人民来制定治国之策。根据孟子的言论,谨慎的统治者该向他这样的出色谋臣请教,以引导自己走向道德自觉之路,哪怕不是出于完全的自觉。鉴于孟子经常与统治者交谈,因而我们并不感到奇怪,他的言辞突显了统治者决定采取道德行动的英勇之处,孟子把他们的决定比喻为善战的骑士们为了战斗而运筹帷幄。当然,他也是见机行事,对统治者投其所好。(孟子会不谦虚地说:"我知言。"而国君们也对他精心构想的比喻和事例予以称赞。)特别是谈话的开始和结束,从谈论起初的个人决定到决定追求可能的共同利益,构成了孟子主要的思路。孟子也许会说,"恻隐之心,人皆有之!"而荀子则强调通过终身的学习过程,一个人可以逐渐意识到自己作为"完全"的人的全部潜能,而且能够作出独立判断。

也许由于这个原因,孟子出奇地很少分析历史上的事件,也反对把它们作为研究人性倾向的强大经验性证据。孟子对历史

---

① 正如研究早期中国文本的学生所了解的,汉字的表意字符常常是缺失的,所以汉代把"咸"与"感"相通。荀子写道:"《易》之咸,见夫妇。夫妇之道,不可不正也,君臣父子之本也。咸,感也。"(《荀子·大略篇》)该段落的后面几句是:"以高下下,以男下女,柔上而刚下。"
② 同上。也可见《荀子集解》,中华书局,1988,第495页。认为夫妇之间的爱与性是所有其他富有成效和建设性的社会关系之始的说法在《礼记》和其他汉代文本中屡屡出现。

的兴趣,使他常常描述遥不可及的文化英雄,以及他们如何表现为极为令人难以置信的英雄主义典范。荀子对于长期的道德修养更加感兴趣,他努力展示了良好的社会制度和出色的教导者,如何使一个人从实际利益或者效果(即,某一特定主体的客观利益)中看到道德正义的映射,目的在于王国能得到妥善的治理。因此,荀子注意从并不遥远的过去的实际历史情形中发现普通的行为模式。他希望利用这些合理的推论来说服那些会认真考虑的理智之人。

孟子也许会在个人道德和社会风俗之间建立牢固的联系,但是他的叙述以国君为中心,几乎没有超出这样的论断,即国君的仁爱或者残酷统治模式对于其臣民的思想和动机产生了巨大的影响,①而后者的集体行为反过来也影响了国君的精神和状态。孟子在敦促统治者制定有利于民众的政策,但是归于他名下的著作却对制定一贯可靠的激励机制没有表示出多少兴趣,而荀子则把实施这样的制度作为把人们引向道德行为(即具有社会建设性的行为)的关键。荀子对于依赖于道德直觉主义和理想主义的孟子没有耐心,他详细地讨论了好的制度与统治者在创造合适的环境、帮助和激励每个人发现并寻求稳定的、渐进的道德和社会进步方面的作用。

孟子满足于以上天作为道德的根本来源。因此,在与告子讨

---

① 如《孟子·尽心上》第十三章:"霸者之民驩虞如也,王者之民皞皞如也。"对于孟子来说,国君对于臣民的影响是强大的、无处不在的。孟子然后继之以不可置信的论断,臣民们"杀之而不怨,利之而不庸,民日迁善而不知为之者"。

论人性和内外之别时,①他的注意力集中在区分什么是天生的,因而不易改变的(比如,一个人的日常生活);什么是"外部"的,也就是说,在后天习得或者受社会影响的,因而是可能会改变的。《孟子》中的内外二分法与西方哲学是不同的。它重点不关心表面与现实的关系,而是关心什么会和不会为外部所改变,包括命运的轮回。② 与孟子形成鲜明对比的是,荀子把人类福祉作为判断人类道德的唯一标准。与之相关的,孟子对于道德和权利的解释对他来说是绝对真理,是上天的制裁和宇宙的原则,而荀子致力于建立社会政治制度,它会使人们确定什么是他们最好的个人利益,什么是更大的社会利益。孟子与荀子在"乐"之理论上有何不同,这是下一章关于荀子的讨论主题。

快乐、政治与共同利益

表达出来的或者被扼杀的想法,都会对现实世界产生影响。现在让我们来看看孟子的主张以及有关共享的想法吧。在很大程度上,由于孟子的说教,人们往往用三个主要标准来评价早期统治者们:他们的行动是否有益于社会秩序,从而在臣民中慢慢

---

① 我与另一位美国学者简·吉尼(Jane Geaney)都强调缺少一种强烈的西方风格的内外之分,因为身体的自我是如此易渗透、多变,并且容易受到影响。见 Michael Nylan, "Boundaries of the Body and Body Politic in Early Confucian Thought," in *Boundaries and Justice: Diverse Ethical Perspectives*, eds. David Miller and Sohail Hashmi(Princeton, NJ: Princeton University Press, 2001), pp. 112 - 35; Jane Geaney, "Self as Container?: Metaphors We Lose By in Understanding Early China," *Antiquorum Philosophia* 5(2011): 11 - 30.
② 与之相反,方岚生强调"只有在遇到糟糕的情况时,上天才被求助"。他也引用了陈大齐和庞朴的话,他们认为,上天只是人世间的别名。但是陈大齐与庞朴的分析告诉我们的,更多是关于中国共产党所强调的世俗人本主义,而不是《孟子》文本。参见 Perkins(2014), p. 123,127.

建立了信任；农民（在孟子的时代占人口的十分之九）是否可以在赋税的压力和土地使用权的限制下过上体面的生活；以及统治者是否为弱势群体，包括老人和鳏寡孤独者，以及受自然灾害影响的难民们，提供了一定程度的安全保障。①

孟子几乎向滕文公承诺，他的小国可以在诸侯国之间不断的征战中幸存下来，只要他的臣民一心效忠（"归"），②并相信他可以为民谋福利，滕国甚至可以打败更大的强国。孟子的推论是合理的，因为滕文公需要他的臣民在征战中表现忠诚，并在社会安定时生产大量的粮食与丝绸。在孟子的时代，不堪重负的农民可能会逃亡到敌国去。因此，孟子敦促滕文公建立井田制度，使领主与庶民之间的相互依存关系得到体现。领主的耕地先被分成若干个九百亩，然后每个九百亩再分成九个相等的亩数，看起来就像现在的井字棋的棋盘一样。为了温饱，每个农耕家庭都要在九块地之一的土地上耕耘和收获。井田的中央一块是属于领主的公田，那些耕种其他八块私田的耕户们也要共同耕种公田，所得都归于领主。那些在同一片井田中来来往往的耕种者都是邻里好友；他们互相帮助，在困难时互相支持，因而这些庶民们彼此将对方视为家人，友好相处。

---

① 《汉书·食货志》收录了很多关于适度赋税的辩论。关于汉代统治者的普通和不同寻常的恩赐，请参见马伯良（Brian E. McKnight）的相关专著 *The Quality of Mercy: Amnesties and Traditional Chinese Justice* (Honolulu: University Press of Hawaii, 1982)。关于"鸠杖"，加州大学伯克利分校的两位研究生王林（Jesse Watson）和魏德伟的博士论文中也有所论述。见 Jesse Waton, "*Paperwork Before Paper: Law and Materiality in the Formation of China's Early Empires (300 BCE - 200 CE)*", PhD Dissertation(University of California, Berkeley, 2020)。

② "归"出现在《孟子》的每一章中，通常指"效忠于""像家一样"。可以比较一下本书第七章的"归家"。

另一方面,孟子曾经提出过一个类似的计划,即四个耕户合力耕种百亩肥沃之田,就会使他们全家衣食无忧。让我们看看下面这一关键段落:

> 吾闻西伯(周文王)善养老者……所谓西伯善养老者,制其田里,教之树畜,导其妻子,使养其老。五十非帛不暖,七十非肉不饱。不暖不饱,谓之冻馁。文王之民,无冻馁之老者,此之谓也。①

孟子也同时建议为卑微的耕户们设定明确的赋税上限。

很多例子表明汉帝国很重视孟子的信念,即只有统治者与臣民之间相互信任和关爱,才能促进国家的稳定和王权的安全,从而使双方受益。汉代统治者诏令,七十岁以上者可免受重罚,除非他们直接参与谋杀或对他人造成人身伤害。六十以上无后者免除赋税;鳏寡孤独和有疾者(盲人、跛脚者和独居者)免服徭役。年七十及以上(依据不同统治时期)可得授王杖(或鸠杖),享受王朝厚待,②诸如可以在帝国大道行驰。此外,王朝在举行重要庆典仪式时会施以大赦,对犯罪之人减轻刑罚,或者免罪。

此外,至少自公元前 179 年始,年长者定期(有时候是按月)得到朝廷恩赐的粮食、肉、酒或者衣帛。无疑,那些赐给贫民的成

---

① 《孟子·尽心上》第二十二章。《孟子·滕文公上》第三章也谈到了周文王的"井地"制度。《说苑·贵德》中晏子对齐景公谈到,人们很少会忘记得到的仁爱或轻视,所以统治者要宽厚待民,才能使国强大无敌。
② 见《后汉书》卷五《孝安帝纪第五》:"仲秋养衰老,授几杖,行糜粥。"(第 227 页)甘肃出土了一些这样的王杖。本段的内容可参见武威磨嘴子出土的《王杖诏令册》:"制诏御史:年七十以上,人所尊敬也,非首、杀伤人,毋告劾,它罪所坐……年六十以上毋子男为鲲,女子年六上以上毋子男为寡,贾市毋租";"孤、独、盲、珠孺(朱需),不属律人,吏毋得擅征召,狱讼毋得殴。布告天下,使明知朕意。夫妻俱毋子男为独寡,田毋租,市毋赋。"

匹的丝绸,是用于孟子所推崇的欢乐庆典。有一道诏令甚至表明,朝廷的恩赐对象也包括那些"失业之民"。① 更不同寻常的是,至少还有一道诏令显示朝廷要求大臣巡视民间,听取人们谈论当地吏治的得失。② 租赋可免,而且有时候王朝的土地也会分配给需要的贫民。在王朝的北方边郡,曾设立了"常平仓"和"假田官",前者是为了平抑粮价,后者是要把耕地返还给自耕农。③此外,还在都城地区建了"官亭室庐",④即类似于济贫院那样的建筑。在遭逢自然灾害的时候,救济工作都是由州负责监督实施的。比如,在汉成帝朝(前33年—前7),由300艘大船组成的船队从长安出发,帮助救助被洪水所困的灾民。

在处理社会福利和全民利益的时候,统治者们几乎总是会引用孟子的话。⑤ 下面的例子引自汉宣帝诏书:

> 又曰:"鳏寡孤独高年贫困之民,朕所怜也。前下诏假公田,贷种、食。其加赐鳏寡孤独高年帛。二千石严教吏谨视遇,毋令失职。"⑥

也许最令人惊叹的社会福利举措就是汉成帝时的"假民公田"。传说中的上林苑,遍布奇草异兽,每年为王朝带来约七千万

---

① 见《汉书》卷九:"遣光禄大夫褎等十二人,循行天下,存问耆老鳏寡孤独困乏失职之民。"(第279页)
② 见《汉书》卷八:"遣大中大夫彊等十二人循行天下,存问鳏寡,览观风俗,察吏治得失,举茂材异伦之士。"(第258页)
③ 见《汉书》卷八:"所赈贷物勿收,行所过毋出田租"(第285页)及《汉书·食货志上》"遂白令边郡皆筑仓,以谷贱时增其贾而籴,以利农,谷贵时减南而粜,名曰'常平仓'"。"在位诸儒多言盐铁官及北假田官、常平仓可罢,毋与民争利。"(第1142页)
④ 见《汉书·沟洫志》(第1688页)。
⑤ 如《汉书》卷四《文帝纪第四》(第113页);卷六《武帝纪第六》(第174,180,196和207页);卷八《宣帝纪第八》(第239,248,255,257页),等等。
⑥ 《汉书》卷八《宣帝纪第八》(第248页)。

现金的可观收益,据说这笔数目足以支付西部边地一整年的军事防御预算。而成帝把他苑囿的东、南、西三个方向("三垂")①的大片土地租借给都城的贫民们,估计是效仿古代的圣人"推恩"于民。②

早期帝国在交通和通信设施落后的情况下,实施这样正常的赈贷,很难不让人另眼相看,但是重复颁布的诏令(比如公元前179年汉文帝诏令赈贷鳏寡孤独穷乏之人)表明汉朝统治者试图将其作为惯例,直至这样的支出逐渐减少,成为遇到吉庆或天灾时候的特殊福利。从最有讽刺性的观点来看,汉朝皇帝(甚至那些据说蔑视儒家说教的皇帝,如汉宣帝)认为,至少把弱势群体确定为帝国怜悯和关怀的对象("朕所怜也"),并通过赈济他们以表同情,是值得的。正如法家韩非子所指出的,朝廷要让百姓觉得有所依靠,他们才会竭其所能。但是长期存在的玩世不恭,显然是遗漏了某些东西。如果我们向王朝决策者提出历史学家的惯常问题,"何人得益?"那么我们很快就会发现,这是对双方都有益

---

① 人们对西汉时期抚恤的看法可能与陆威仪(Mark Edward Lewis)的有所不同。参见 Mark Edward Lewis, "Gift Exchange and Charity in Ancient China and the Roman Empire," in *Institutions of Empire: Comparative Perspectives on Ancient Chinese and Mediterranean History*, ed. Walter Scheidel(Stanford, CA: Stanford University Press, 2009)。李令福谈到,贡禹希望把上林苑的大量土地退还给附近的农户。见:李令福《古都西安城市布局及其地理基础》,北京:人民出版社,2009,第 202 页。不过,和李令福的叙述相反,我们并不清楚汉元帝对于贡禹的上奏是否作出了积极的回应。我们知道,在汉成帝的统治下,上林苑的一部分(东、南、西边)是转给了穷困者或平民(同上)。很久以前,这样的福利让一位杰出的学者把西汉描述为"原始福利之国"。见荷兰学者何四维(A. F. P. Hulsewé)的论文"Han China: A Proto 'Welfare State? Fragments of Han Law Discovered in North-West China,'" *T'oung Pao*, second series 73. 4-5(1987): 265-285。据我所知,第一个提到这一汉帝国慈善壮举的是吕思勉,请见《吕思勉读史札记》,上海古籍出版社,1982,第 2 册,第 598—600 页和第 603—604 页。依据《尚书》和《逸周书》的材料,我正在撰写一本书稿,题为《早期中国的公共利益政治》。

② 可以比照一下《说苑》卷十五"鲁哀公问于孔子曰"的段落。

的事情,权贵们让百姓活得有尊严,从而赢得这些"下层"人民的忠诚,还有自我价值感。

的确,早期君王的家长式语气使现代人听了很不舒服,因为统治者就像保护孩子的"父母亲",而平民百姓就像"襁褓里的婴儿"。尽管"开明"的民主让社会服务的支出一再被削减,不过,它让我们重新思考对于家长制的本能畏惧。许多伦理学家会认为,我们的道德发展的主要任务是"使同心圆的圈子逐渐靠近中心,这样我们对待父母和子女就像对待自己,对待其他亲属就像对待我们的父母,对待陌生人就像对待亲属"。① 如果是这样,我们如何重新看待孟子对齐宣王的警示,改变不愿承认当今社会政治基本事实的状况? 答案与孟子时代一样显而易见:看到他人像野蛮人那样受到最恶劣的对待和侮辱,让我们自己的生活也受到很大的影响,并推动一项议程来纠正这类情况中最具破坏性的因素。家长制、利他主义和开明的自我主义,或者道德行为,无论你如何指称它们,越来越趋于更加务实,更不用说更多的道德选择了。孟子的家长制与今天的社会工程师们所提倡的、并广为接受的"助推"有什么真正的不同?② 同时,尊重他人仍然有机会使自己得到体面的对待。那些呼吁改善当今中国政治制度的现代政治理论家们通常都会引用孟子作为激励他们的主要灵感,这是绝非偶然的。③

---

① 见本择夫(Aaron Ben-Ze'ev)的专著 *The Subtlety of the Emotions* (Cambridge, MA: MIT Press, 2000)第260页注第10。
② 见卡斯·桑斯坦(Cass R. Sunstein)和理查德·塞勒(Richard H. Thale)合著书:Sunstein, Cass R. and Richard H. Thale. *Nudge: Improving Decisions about Health, Wealth, and Happiness* (New Haven, CT: Yale University Press, 2008)。
③ 参见 Tao Liang, "Political Thought in Early Confucianism." *Frontiers of Philosophy in China* 5.2(2010): 212-36。

孟子的劝说绝非例外。本章开头引用的《庄子·外篇·天道》的文字与他的观点相呼应，正如出土的郭店"成之闻之"文本，讲到了相似的分享和同情不幸者的显著益处：

> 故君子不贵庶物，而贵与民有同也。秩而比次，故民欲其秩之遂也。富而分贱，则民欲其富之大也。贵而能让，则民欲其贵之上也。①

有人会争辩说，我们的思考能力，尤其是准确地思考的能力，取决于我们是否可以与共同社会中的他人交流思想。[这是联合国《世界人权宣言》中的内容，该宣言是在1948年12月1日的联合国大会上宣布的。这也是哲学家艾伦·伍德（Allen W. Wood）阅读康德的著作时所作的道德思考。]②对于道德情感的论述也是大卫·休谟（David Hume）与亚当·斯密（Adam Smith）的伦理学基础。

像孔子和荀子一样，孟子是一个充满激情和良知的人，而不是一个对于人类疾苦冷酷无情的解析者。孟子向往完美的典范："江、汉以濯之，秋阳以暴之，皜皜乎不可尚已！"③诚然，孟子在最糟糕的时候简直未能超越部落主义，这种部落主义将世界分为人类（像我们这样的人）及其他（由于不属于我们的部落，所以不完

---

① 见郭店楚简《成之闻之》第18—19简。同上，紧接的第19—20简的文字是这样的："反此道也，民心因此厚也。以复之，可不慎乎？故君子所复之不多，所求之不远，窃反诸己而可以知人。是故欲人之爱己也，则必先爱人；欲人之敬己也，则必先敬人"。

② 见联合国大会第217A号决议，特别是第29条。艾伦·伍德的"The Supreme Principle of Morality"（《道德的最高原则》）一文多处引用了康德，可到下面的网页访问该文：https://web.stanford.edu/~allenw/webpapers/SupremePrincipleMorality.pdf。

③ 见《孟子·滕文公上》第四章，赞美的是孟子的典范孔子。

全属于人的人)。孟子还曾经谴责一位竞争对手是"南蛮䴓舌之人"。① 这肯定会损害他的道德立场,并使我们怀疑他道德计划的稳健性。

不过,如果有必要总结孟子关于"乐"的理论的贡献,从更广泛的意义上说,他对于中国文明最重要的贡献,在于他再三强调的一个今天看来有点疯狂(至少对一些人来说)的信念:即使最不道德的人也与远昔的圣王共有相当程度的人性。如果我们由此得出结论:即使绝大多数非凡的人都会执着于偏狭,我们还是与他们有着共同的人性起点,从这个角度看孟子的过失可能是有益的。也许,仁善的读者会得出基本的看法:我们所有的人都需要相信有一个大同世界,人们也有可能达成一致的意见,这是要实现天下为公的必要一步。②

最后,鉴于孟子对孔子的景仰,本章也讨论了伟大的导师通过"时雨"式③的有益对话对他们的学生们所产生的有意识和无意识的影响。当孟子谈论"乐"的时候,他特有的表现方式使学生们领略到很大的乐趣,无论他们是聆听者,或者后世的读者。他引用《诗经》,讲述名人或被遗忘者的故事,巧妙运用寓言,最重要的是,他巧妙抓住了对方的心理,使他们甘心听取他的教导。孟子先是打动对方,使他们相信可能成为更好的自己,然后又为他们提供了重新诠释和塑造自我的机会,使他们最初的渴望发展为高度自觉的对于完美品格的追求,以及对他人的同情心。

---

① 见《孟子·滕文公上》第四章,赞美的是孟子的典范孔子。
② 这段话的灵感来自罗恩·博伊森(Rowan Boyson)的 *Wordsworth and the Enlightenment Idea of Pleasure* (Cambridge: Cambridge University Press, 2012)一书的第 57 页。
③《孟子·滕文公下》第五章。

第三章 孟子的主张：与民同乐

在我看来，孟子的精彩之处，也许是他关于"推恩"的论述。他至少在一到两位国君和朋友的心中唤起了强烈的推己及人的愿望。

孟子的对话体裁与汉赋①之间的"文体相似性"似乎并不是偶然的。② 因为两种体裁都赞美与享乐相关的强烈体验，同时劝诫统治者调整自己的欲望，并想象可能的好的和坏的后果。道德与不道德，希冀的与欠缺的，在这种形式的写作中交替。③ 而且，所有的赋作者与孟子都相信，令人陶醉的语言会以危险又有建设性的方式打动人们。"乐斯二者，乐则生矣；生则恶可已也？恶可已，则不知足之蹈之，手之舞之。"④孟子的这段话影响至深，我们在一些早期的文本中看到了相似的阐述，如汉代的《韩诗外传》《新书》和《毛诗》序。

> 道之所行，如神龙变化，斐斐文章……万物之所系，群生之所悬命也……自南自北，无思不服……天地之间，生民之属，王道之原，不外此矣。（《韩诗外传》卷五）

> 故凤凰生而有仁义之意，虎狼生而有贪戾之心，两者不等，各以其母。呜呼，戒之哉！无养乳虎，将伤天下，故曰素成胎教之道，书之玉版，藏之金柜，置之宗庙，以为后世戒。（《新书》卷十《胎教》）

---

① 赋被认为是汉代文学的主导形式。
② 参见 Huang, Harrison Tse-Chang. "Desire and the Fulfillment of Integrity in the Mencian Dialogues." MA thesis(University of California at Berkeley, 2002)。康达维(David R. Knechtges)把"赋"翻译为"rhapsodies"，柯睿是不太认同这一翻译的。
③ 赋反映了在秦帝国统一以后，当天子拥有如此辽阔的疆土，人们对于统治者追求享乐的风险的强化意识。它们在孟子的对话和汉赋中的延续，也许促使了扬雄（他所处的时代的最重要的赋作者）在其代表性著作《法言》中捍卫孟子。
④《孟子·离娄上》第二十七章。

情动于中而形于言,言之不足,故嗟叹之,嗟叹之不足,故永歌之,永歌之不足,不知手之舞之,足之蹈之也。(《毛诗序》)

下一章的讨论对象是荀子,在他那些关于治国的名篇之外,他也写作小赋。第六章所讨论的是汉代最重要的赋家扬雄,他的《法言》支持了孟子关于人性的大胆言论。

第四章　荀子:"重明以丽乎正"

与孟子不同,荀子是一位很有系统性的思想家,他致力于对一些关键概念作出诠释,以打破固有的成见。人们常常把荀子比为"中国的亚里士多德"。他描述了学习礼乐的作用,让他的读者想象将自己塑造成真正的君子,充满了神奇的力量,令人乐于效仿,可以改善社会政治和自己的人生。① 荀子因主张人定胜天而闻名。② 然而他对世袭身份明显的漠视才是更值得推崇的。他认为评估一个人的能力,不应该按照人的家庭背景,而是按照教化后所展现出的动力和行为。据我们所知,荀子也是第一个认为被剥夺了世俗权力的人可以拥有比王者更多权威和自主权的思想家。在他的理解中,一个不成功的人可能仍然是一个高尚的典

---

① "塑造"直接挑战了森舸澜(Edward Slingerland)提出的荀子"外在论",令人惊讶的是,后者很少关注文本的语言。见 Edward Slingerland, *Effortless Action: Wuwei as Conceptual Metaphor and Spiritual Ideal in Early China* (Oxford: Oxford University Press, 2003), p. 218. 我与郑贵利的观点也有分歧。她曲解了我的早期观点,把追求自身的美等同于"利己",而我所谈论的并不是她所认为的"利己"。也许她误解了我的本意,或者也许她需要一个辩论的靶子。参见 Virág (2017), p. 166.
② 学者们错误地认为荀子以无神论者自居。其实不尽然。他确实说过,死去的人是无意识的,腐烂的。但是对于看不见的力量的存在与否,他表示自己是一个不可知论者。对于这样的事实,荀子是坚信的,即:如果统治者和他们的朝廷采取了得当的救济措施,没有神灵和上天的行动(如洪水、干旱)会扰乱人类社会秩序。

型,世俗的成功与高贵的品格无关(比如孔子)。①

本章将展示,在一个公认的大师手中,对"乐"的讨论如何有助于对各种迫切问题的思考。它分为三个部分:第一部分论述了《荀子》对"欲望"作用的认识(与孟子所言很相似,尽管孟子的许多观点阐述得并不明晰,而是更具暗示性);第二部分列出了四种社会政治制度,一个理想的政治制度将有助于引导人们把欲望转向追求更高层次的乐趣;第三部分阐明了荀子的基本观点:君子无论有多少可怕的经历,都不能失去其荣耀,因为他已经使自己成为一个有着非凡魅力的人,无比高贵,而且不可侵犯。②

寻"乐"的冲动远不是人类本性的可悲方面,而是构建良好(指的是健康,有建设性)的个人与社会的最合适的基础。几乎在《荀子》的每一篇中,荀子都有相关的雄辩。③ 荀子对个人欲望的包容,部分地解释了为什么战国时代的说客无疑对汉代的政治、

---

① 也许这是为什么《史记》卷一二一《儒林列传第六十一》提到"孟子、荀卿之列,咸遵夫子之业而润色之,以学显于当世"。常被引用的章句出自《论语·宪问第十四》:"子曰:'爱之,能勿劳乎? 忠焉,能勿诲乎?'"
② 尽管荀子的话是对与他相仿的白衣之士而言的,他的语言是中性的,没有性别区分,因此也可能适用于女性。他是一位语言大师,也是雄辩之师。我所指的"雄辩",仅仅是从这个意义上而言的,没有任何贬义。
③ 作为历史学家,我重视《荀子》的不同材料被最终辑录成集的过程。据说,辑录者是刘向(前77年—前6年),他大幅删去了不少段落,并在编纂时修订篇章,拟定篇名。这些存世的《荀子》篇名常常误导读者对这些篇章内容的理解。(在此,我对鲁汶大学的钟鸣旦教授的意见表示感谢。)举两个例子:《正名》篇只是在开头部分讨论了"正名"问题,但随即就转而论述人性、欲望和动机。另一篇《性恶》也并不能反映荀子与孟子关于"人性"的讨论在文化上,而不是天赋本性上的相近之处。另外,作为历史学家,我会寻找各章之间的联系(在一个话题上一次或多次的讨论),而不是把一个文本作为整体,因为在汉代及以前,著述只能在相对很小的范围里传播。我仍然接受哲学家何艾克对于《荀子》的描述,他认为,其各章之间在谈论贯穿文本的主题上是相当具有连贯性的。为简单起见,我在后面引用荀子和《荀子》,假定作者与文本之间的关系是没有问题的。其他的人名与书名的引用也是类似的(比如庄子与《庄子》)。读者应该注意在河北定县八角廊发现的一些与荀子相关的西汉竹简,见《散见简牍合辑》,北京:文物出版社,1990,第44—50页。

社会和礼仪理论留下了最大的印记。① 同时,除了他在论音乐的篇章中提出音乐的"乐"与快乐的"乐"正好是同形字,荀子可能是大众或者学术的讨论中与"寻乐"和"享乐"最不相关的人物。不过,《荀子》诸篇的三分之二内容基本上是关于"乐"的主题。② 荀子所关注的人类对于"乐"的助长(养)、满足(满)、提升(修)和逐渐扩展(多)证明了古典时代"乐"之主题的普遍性和复杂性,它把看似不同的关于人性、王朝制度与至高修养的对话联系在一起。

由严谨的定义所支持的关于"乐"的一致性论述,构成了现存《荀子》的多重论点。③ 根据荀子的逻辑前提,欲望是人性的基本部分,不可能根除。而且,没有必要破除它们,因为这些欲望能使人改善品格。荀子谴责了他的对手提出的诸多"少欲"的呼吁,而且提出一种作为个人修养和社会进步的主要动力的基本欲望,人们可以获得它并尽可能长时间地维持愉快的感觉。由于人类的天性就是要寻求享乐,因此君子与小人之间唯一的实质性区别,就是不同程度的辨别力。在面对相互对抗的欲望对象时,君子可以控制自己。根据荀子的说法,只有君子能成功明确自己的长远利益和获得最大的满足感,也只有他才能全心全意地孜孜以求。而小人则会尽可能追求片刻的满足,减少甚至破坏长久安乐的机会。君子谨言慎行,最有可能得到并在很长时间里维持最大程度

---

① 令人好奇的是,郑贵利对于荀子的欲望观点的看法是片面的,她把欲望理解为一种"影响达到真知"的沉迷。但这是关于荀子的介绍,忽略了《荀子》中无数段落描述了欲望在把天性转化为提升的第二性中所起的积极作用。的确,在汉代,荀子关于潜在欲望促使智者深思的肯定看法在许多文献里都有回应,包括《史记》卷一二九,如"故善者因之,其次利道之"。
② 在《荀子》三十二篇中,只有三篇没有提到"乐"。
③ 读者应该知道,根据刘向《别录》,现在的《荀子》32篇代表了西汉后期的原本十分之一的内容。关于这方面更多的内容,请参考本书第六章。

的"乐"。然后一心一意,坚持不懈。荀子多次重申,礼仪与音乐之道,是使充满了"欲"与"思"的自我得到真正满足的唯一可能途径,这个自我更加完整如一,并且充满了正直(诚)。他坚信,"君子乐得其道"。① 增强的乐感和安全感所带来的满足感,反过来使君子充分追求大道真知,从而获得最大限度享乐的机会。

一方面,因为君子发现自己不会像其他人那样沮丧、疯狂(因为没有什么可以阻止他践行大道),另一方面,因为他更专注、沉着(因为他专注于极致的,而不是稍纵即逝之乐),君子对大道的执着与日俱增。他天性中所具有的相互矛盾的冲动与动力,渐渐化为专一的、自觉的努力,使身体和精神达到了融合,得到人生至乐,并予人以乐。通过身心合一,君子之美德赋予他迷人的优雅与魅力。他的社会与文化成就使他成为知书达礼的人,"优雅、精致、如一而完满"。② 作为杰出典范,他自然地引起了他人的兴趣,并被效仿。他在处理社会关系时所表现出的独特优雅(这是他的最终成就),比他的一些成就所预设的敏锐思维更能引起广泛的钦佩。最后,对于荀子来说同样重要的是,君子在为实现其最大潜能而追求目标的过程中的自律,使他具有完美的地位。作

---

① 荀子似乎暗示"君子"只能从有修养的各级社会精英中产生,他们不是农夫、商人和工匠。这在战国时代的著述中常常如此,"君"与"君子","人"与"寡人",往往被混淆。因此,荀子有可能并不是设想一个真正的农夫会懂得"大道",因而并没有阐明关于"人性"的真正理论。在谈到"自我"或者"自身"时,荀子有时候主张,所有人都具有达到"神"(神一样的灵性)与"德"(令人注目的优美)的潜能,虽然他是否总是对人性作出一般性的结论令人怀疑。当然他的言辞的设计(根据假设的受众)或者无意识的推论,使社会政治精英成员认为,只要他们任用像荀子这样有价值的人,就会使他们感觉比社会下层人士更为优越。对荀子来说,"大道"不是指宇宙的规律,而是圣人为了应对其所处时代的紧迫感而建立的社会政治秩序,后世追随者根据需要加以调整。在这些社会政治秩序中,首要的是礼仪秩序、贵族等级与地位的顺序,以及刑律。内容见下。
②《荀子·荣辱篇第四》:"安利者常乐易……乐易者常寿长。"

为一个能够改变自己和他人的人,据说他参赞了神性(神)。① 最重要的是,他摆脱了绝大多数人所处的被奴役的境地(兼有从属与平庸的双重意义)。

毋庸置疑,获得为善之"乐"的愿望,在《荀子》中并不是令人举止高贵、行为高尚的唯一动力。比如,荀子谈到作为负面情绪的恐惧会激发人们作出某些决定:武士坚守在战场上,没有逃离,正是因为对于可能的羞辱或者叛逃罪的重罚的害怕。但是,欲望起着关键的作用,因为它与"认可"相关联。"可"在古汉语中有三种含义:一是"赞成";二是"在社交方面,它是可以接受的,习惯性的,或者强制性的,因而是被认可的";此外,"它应该被认定为规范"。在《荀子》中,这三种逻辑上间隔的含义都是深刻地相互联系的,这意味着荀子不像康德那样赞美特定的动机(纯粹是道德动机),并谴责其他(实用的动机)。比如,在大多数情况下,对某个对象或者行动的社会认可或不认可也会影响到个人的判断。正如荀子所言,人们常常出于多种原因而被激励向善,无论他们最初的动机是什么,他们会逐渐习惯于行为正直,尤其是如果社会及其统治者鼓励他们这样做。起初的虚伪行为或者带有一丝假意的礼貌可能会有彻底的改变,同时,从定义上说,所有的善行都可以在一定程度上改善社会,即使三种"可"的含义只有在圣君统治的王国才能实现完美的契合。

没有什么贴在荀子身上的标签(包括来自法家的),可以真正抓住荀子体系中"乐"所起的主导作用。这里所讨论的荀子关于"乐"的理论,对于研究古代思想具有重要的意义,其中荀子对于《庄子》中有关"乐"的各种争论十分关注(参见本书第五章的内

---

① "美"一词在《荀子》中出现了81次,"诚"出现了73次。

容)。如荀子在强调"慎其独"的原因时,①对于人内在的关注远远不如对于有效社会构建的关注。他阐明了一种美学理论,后来汉代的思想家,如扬雄(前3世纪—公元18年),就是从中汲取了灵感(见本书第六章)。②

欲望与慎思

荀子把他的智力计划建立于一个常识性的主张上。"凡人有所一同:饥而欲食,寒而欲煖,劳而欲息,好利而恶害,是人之所生

---

① 在此说明一下,在普鸣(Michael J. Puett)的下列专著出版的数年前,我曾经在一个会议上谈到这个题目。见 Michael J. Puett, *To Become a God: Cosmology, Sacrifice, and Self-divinization in Early China*, Harvard-Yenching Institute Monograph Series 57(Cambridge, MA: Harvard University Press, 2002)。可是,我们对于"神"一词在文本语境下(见下)的限定和用法有很多不同看法。
② 汉代注疏者一般这样用这一短语,它也以下列两种方式出现在《中庸》一书中:在主要文本中,表示"维护自己的独特性";另外还表示"一个人独处时谨慎小心"(通常不是指在朝廷上,而是在家中)。关于这方面更多的内容,参见我与魏伟森合著的 *Lives of Confucius*(2010)一书。特别是第四章。另外,王安国(Jeffrey Riegel)这样论述道:"'君子慎其独也'见于近年来出土的文献,也见于一些古代文献,它首次出现在存世文献《荀子》卷三的《不苟》篇中。这是最能代表荀子成熟思想的一篇,也是体现了他高超的引用警句和诗意形象来表达中国哲学话语能力的一篇。在这一短语中,荀子刻画了君子对他的内心的和最真实的自我的'慎',这是他与后来的思想家相区别的特点。"后来的翻译者对于把"独"翻译为"singularity"不是很赞同,而是解释为"in the privacy of his thoughts"(他私底下的想法)或者"in the privacy of his own room"(在他独处一室的时候)。见 Jeffrey Riegel, "Some Glosses on the *Xunzi*," Review of *Xunzi: The Complete Text*, *Journal of Chinese Studies* 中国文化研究所学报 62(January 2016), 26, note 25。

而有也。"①

由于饮食男女,代表了每个人所经历的最普通的欲望,荀子假定所有人都会意识到这样的欲望与习性的力量。② 人们想要他们生存和繁荣所需的东西,但是一个人在任何特定时间的需要都取决于他或她认为当时自己所缺乏的。比如,在一顿盛宴之后,人们对于食物不再有兴趣,也不会再去觅食了。换一种说法,对于食色,或者安身之所的渴望可以作为所有可能的欲望与习性的简单例子,因为更复杂的欲望同样取决于意识到的需要和不足。的确,现存的《荀子》文本中的许多段落,把人类固有的倾向("情")作为人类活动的催化剂,用它来评价人们对某一实物、某个人、某一事件或某个环境的期望("欲")。这些倾向与欲望的强迫性似乎在直觉上很明显,正如荀子所说的:"人生而有欲,欲而

---

① 《荀子·荣辱篇第四》。荀子坚信道德魅力所带来的审美愉悦,有魅力的人和旁观者眼中的荀子与传统眼光中严肃、宣扬法治的荀子是完全不一致的。最近的学术研究(如芬格莱特、安乐哲、罗思文与李泽厚的研究)试图强调中国思想的独特发展的美学意义。虽然我相信,关于那些发展的叙述有时候被东西方的泛泛而论所歪曲,我还是接受这样的观点,即"艺术与生活中更'实用'的一面深刻地相互依存,就像织物上的褶"。见 Culture and Power in the Reconstitution of the Chinese Realm, 200-600, ed. Scott Pierce(Cambridge, MA: Harvard University Asia Center, 2001), p.3. 关于通常的中西方对比,显然是源于圣经的解释。见 James Barr, The Semantics of Biblical Language (Oxford: Oxford University Press, 1961)。
② 见《荀子·荣辱》:"好荣恶辱,好利恶害,是君子小人之所同也。"还有《荀子·非相》:"好利而恶害,是人之所生而有也。"

不得,则不能无求;求而无度量分界,则不能不争。"①

荀子论"乐"的特别之处在于其前提是人一生下来就被赋予的感官(耳朵、眼睛、鼻子、身体或者皮肤)功能,以及渴望通过外部现象而获得快感的心与脑的能力。情感的、认知的感觉,都在渴望中密不可分。只有死亡才能让渴望停止。只要人活着,②就会"目好色,耳好声,口好味,心好利,骨体肤理好愉佚,是皆生于人之情性者也,感而自然,不待事而后生之者也"。③ 而且,当面临多种选择时,感官总是把一个人推向最愉快的体验:眼睛看到最丰富的色彩,耳朵听到最动听的声音,嘴巴品尝到最多样的美味,鼻子嗅到最馥郁的香气,而心灵达到最高状态的放松与宁静,

---

① 《荀子·礼论》。关于食色之间的典型类比,可参见马王堆医书的《天下至道谈》篇,其英译者为夏德安(Donald Harper)。见 Donald J. Harper, *Early Chinese Medical Literature: The Mawangdui Medical Manuscripts* (New York: Kegan Paul, 1998), p. 432。在该篇中,"圣人合男女"时,就如饮食,因为"饮食恣欲",可以"养生"。也可以看《五行篇》对于《诗经》中《关雎》篇第 4—6 句的注疏是"以小喻大""以色喻于礼"。更多内容请看池田知久,《馬王堆漢墓出土老子甲本卷後古佚書五行篇譯注》,《二松學舍大學論集》,1980 年,第 32 集,第 155—203 页;以及 1990 年,第 33 集,第 157—214 页。还有庞朴,《帛书〈五行〉篇校注》,《中华文史论丛》,1990 年,第 4 辑,第 47—69 页。*A Life Worth Living: Contributions to Positive Psychology*, eds. M. Csikszentmihalyi, & I. S. Csikszentmihalyi(Oxford University Press, 2006)。此外,艾丽斯·默多克(Iris Murdoch)认为,那些"在直觉上显著"感受这些欲望的人几乎无法阐明食色明确的特点,见 Iris Murdoch, *Metaphysics as a Guide to Morals*(London: Penguin Books, 1993), p. 21。

② 见《荀子·荣辱》:"凡人有所一同。饥而欲食,寒而欲煖,劳而欲息。好利而恶害,是人之所生而有也。"还有《荀子·正名》:"凡人莫不从其所可而去其所不可,知道之莫之若而不从道者,无之有也。"

③ 见《荀子·正名》:"凡语治而待寡欲者,无以节欲而困于多欲者也。有欲无欲,异类也,生死也,非治乱也。欲之多寡,异类也,情之数也,非治乱也。"

这是人的本质条件。人们追求这五种嗜好是不可避免的。①

因此,感官远远不只是记录外部现象。它们还会评估所遇到的现象,并初步建立一个价值等级体系。心作为思维和情感的中心,则进一步对最初的印象进行筛选,并根据先前的经验而自动或无意识地将其归类,除非遇到一个完全不相符的新情况。正如荀子所说:"目辨白黑美恶,耳辨音声清浊,口辨酸咸甘苦,鼻辨芬芳腥臊"。②

考虑到评价的冲动和排序机制都是人与生俱来的,但也可能受到记忆与经验的影响,一个人不可避免地会从外部寻求某种满足感,以期弥补任何感觉的不足。换句话说,人类对于现象不可能有"价值中立"或"无偏颇"的反应。相反,对某个特定现象的价值的初步评估会使人倾向于想要或避免这种现象。如果一个人发现某种现象令人愉悦,她可能会感到很喜乐("好"hào),令人

---

① 见《荀子·性恶》:"目好色……感而自然。"《荀子·天论》指出,"耳目鼻口可能各有接而不相能也"。还有《荀子·解蔽》也谈到"耳目之欲接则败其思,蚊虫之声闻则挫其精,是以辟耳目之欲而远蚊虫之声"。我运用的词汇与阮桂雅(Christine Nguyen Tri)和戴思博(Catherine Despeux)所用的不同,见她们的三卷本合著:*Education et instruction en Chine*(Paris: ditions Peeters, 2003－2004)。也与史华罗(Paolo Santangelo)下面两本主编的书中的词汇相异:Ulrike Middendorf, *From Skin to Heart: Perceptions of Emotions and Bodily Sensations in Traditional Chinese Culture* (Wiesbaden: Harrassowitz, 2006); Donatella Guida, *Love, Hatred, and Other Passions: Questions and Themes on Emotions in Chinese Civilization*(Leiden: Brill, 2006)。也许与程艾兰的理解有点接近,参见其专著 *Histoire de la pensée chinoise*(Paris: Editions du Seuil, 1997)。尽管我更喜欢把"情"翻译为"disposition",而何艾及其他人把"六情"(喜、怒、哀、乐、爱、恶)译为"feelings",认为"情感"指的是我们的反应的运动,"情绪"是感觉自身,而"情"是一种中间状态,它发生在行动之前,但比感官反应更深刻。我并不确定荀子对于"六情"的区分是否始终如一,或者,对它们的区分是否出自荀子。对外部现象的反应的时间与结果似乎决定了荀子对于词语的选择,而不是相对的感觉嵌入性。请参见史华罗的另一部专著:*Passioni d'orient: Eros ed emozioni nelle civiltà asiatiche sezione Asia orientale*(Pisa: Istituti editoriali e poligrafici internazionali, 2007)。
② 见《荀子·荣辱》。

陶醉的欢乐("喜"),或者更持久而深刻的"乐"感。面对令人不快的现象,她可能会感到不悦或者厌恶("恶"),愤怒或沮丧("怒"),或者更复杂而长久的痛苦和失落("哀")。这些体验过程可以产生不同程度的反应。所以评价某一现象的价值好坏,总是令一个人选择欲望或者回避那一现象。① 所有的行动,无论多么深思熟虑,都是从这种基本的"自发反应"开始的,这些反应是被唤起的而不是被思虑的。②

与野兽不同,人类除了感官及性情,还具有另外一种能力,即具有感觉和思考能力的"心",其功能是通过感官受体的接触,把那些印象与神经通道中存储的记忆相关联,产生更深思熟虑的行为,即为了某种目的而采取的专注、坚定的行动。这样一次又一次的思考,使一个人在采取行动之前得到启示并影响他的习性。我们知道,反思的习惯可以成为人类的第二天性。③ 因此,行动的最初冲动不能够与深思熟虑后的行动相提并论,正如一个孩子面对耀眼的光芒时要去接近的本能,在他长大后会因为知道自己可能会被火焰灼伤而变弱。④ 当然,从某些联系中正常获得的乐感越强烈,后来对获得相似经验的志向就越明确,越有意识。相反,这方面的经验越差,避免重复负面情绪的反向动力就越强。

---

① 见《荀子·天论》:"好恶喜怒哀乐臧焉,夫是之谓天情。"因为其他篇章中提到了"六情",荀子似乎采用了传统的说法。
② 《荀子·正名》:"生之所以然者谓之性;性之和所生,精合感应,不事而自然谓之性。"
③ 葛瑞汉基本上参考"中国古代思想",见 A. C. Graham, "The Way and the One in Ho-kuan-tzu," in *Epistemological Issues in Classical Chinese Philosophy*, eds. Hans Lenk and Gregor Paul(Albany: State University of New York Press, 1993), p. 34.
④ 关于心脏/头脑的功能与性格是如何相关的,人们尚不清楚:它们是否以某种方式改变了性格,或者介入到性格与身体的行动之间。关于这一点,最清晰的陈述出现在《荀子·正名》篇中,但是其中的段落可能有不同的解释。

(荀子似乎相信,恐惧、失落和痛苦等负面情绪至少在一开始更多是集中于有意识的思考,而不是想象快乐的前景。)①结果,随着时间的流逝,看似平常的思考可能会导向相当复杂的谋算,从而判断某种特别的现象在或短或长的时间内是否能满足人们的需求和渴望。

当然,感官和心觉得满足还是厌恶,在很大程度上是经验和习惯的问题,正如荀子所欣然认可的。②《荀子》的一个段落让人联想到了庄子,其中荀子谈道:"坎井之蛙,不可与语东海之乐。"③在另一段中,一个假想的靠吃粗谷杂粮、豆类和蔬菜为生的乡下人第一次尝到了美酒佳肴。他的第一反应是惊呼这些东西多么奇异。但是荀子说:"彼臭之无嗛于鼻,尝之而甘于口,食之而安于体,则莫不弃此而取彼矣。"④大概一个人所体验的越是精致,他就越可能意识到自己的选择是必然的。当农夫只知道土豆时,用它来充饥似乎不仅是自然的,而且也是预料之中的。但是当这个幸运的家伙可以在煮土豆或美味龙虾之间选择时,他开始注意到某些选择是优于其他的。正如我们将要看到的,最幸运的人是在中原的文化环境中,在良师益友和父母的陪伴下长大。尽管如此,荀子坚持,他所描绘的人类状况及可能的谨慎、礼节性

---

① 孩子在现实生活中理解的残酷,与道德上所说的"残酷"相符:"人们出生的时候无疑是小人……眼里只有利益。"这是我的比喻,而不是荀子的,他很少提到孩子,除了作为未完成的作品。
② 这一观察源于《荀子·礼论》的篇首。如果我是对的,荀子与丹尼尔·卡尼曼(Daniel Kahneman)的观点是相符的。见 Daniel Kahneman, *Thinking, Fast and Slow* (New York: Farrar, Strauss & Giroux, 2012)。
③ 见《荀子·正论》。因此,了解"诸夏"习俗的道德修养,被认为比了解蛮夷政治与社会的习俗要重要得多。"越人安越,楚人安楚,君子安雅,是非知能材性然也,是注错习俗之节异也。"(《荀子·荣辱》)。
④ 见《荀子·荣辱》。

的社会互动适用于所有年龄的男人和女人。由于荀子对这一命题的"证明"相当复杂,在这里值得详细讨论一下。

如荀子所言,在任何时代、任何社会中,人类状况的两个方面都限制了人们得其所乐:从外部看,在资源有限的世界中,追求奇珍异宝的残酷竞争,只会令这些珍贵之物更加稀缺(比如,高官厚禄、绝世美女、鲜美猪肉等)。除非有人或者机构介入,对竞争加以规范,否则社会单元之间的冲突迟早会爆发。同时,每个人自身也有着其他各种欲望的斗争,有时候为了满足对衣、食和性的需要,而压抑对财富、高位、荣誉、长生、美景、社会认可、留名青史和自我价值感的渴望。不相称的目标,有些容易获得,而有些难以实现。因此,无论人们对于每个渴望对象的价值评估有多正确,他们总是试图同时满足所有的愿望,乃至变得疯狂("急")和"不诚"。① 显然,追求的目标有先后,不然会白白浪费时间、精力、物质这些本来就有限的资源。更糟糕的是,伴随着可以预料的灾难性结果的,是社会之"乱"与个人身体之"忧"。②

"疯狂的"(frantic)和"不诚"(fragmented)这两个词所指的本能的不安全感,几乎渗透了绝大多数的人类生活。处于社会各阶层的人都会发现,把"助长和满足"感官需求作为创造"美好生活"的前提,是非常不易的。因为要培养感觉,人类不仅需要物质上的保障,以及性、社交与象征性的互动机会,而且也需要深刻的内心宁静。没有安宁的内心,人们就无法专注于体会自己的感觉,即使最心仪之物唾手可得。

---

① 因为"诚"通常在战国晚期和汉代有"全"的意思,我用"不诚"来表示"不完整"。在其他文中,它可能指"不可靠的"。
② 见《荀子·荣辱》:"则唯利之见耳……又以遇乱世,得乱俗。"

> 心忧恐则口衔刍豢而不知其味,耳听钟鼓而不知其声,目视黼黻而不知其状,轻暖平簟而体不知其安。故向万物之美而不能嗛也,假而得间而嗛之,则不能离也……如此者,其求物也,养生也?……欲养其乐而攻其心。①

出于上述原因,满足一个人本能的生理需求并不足以满足他各方面的要求。不安全感会减少人的欢乐体验,在极端的情况下,无法得到满足感会导致严重的失落状态,甚至死亡。根据荀子的说法,对低级或局部利益的狂热追求产生的不安全感,导致了焦虑,它是人们行为放纵或者追逐各种不检点行为的主要原因。因为所有由错误的企图所导致的享乐体验实质上都是"伤生"。荀子更进一步的观点是,一个充满牵挂、担忧和疑虑的人,永远无法体验真正的快乐。② 对荀子来说,真正的、深刻而持久之乐总是离不开当时内心的判断。一个人必须充分了解这样的过程,并且有意识地承认,那样的经历可以满足他或她当下的需求。不幸的是,甚至最令人满足的当下体验可能只是唤醒了人们对于未来的焦虑。在安乐时,对于失去未来满足感的隐忧就会减弱当下的享乐。荀子有着丰富的关于人生中的死亡与困厄的悖论意识,与战国晚期思想家的精辟论说相得益彰。正如《庄子》中的一段话:"人之生也,与忧俱生。寿者惛惛,久忧不死,何苦也!"③

---

① 见《荀子·正名》。
② 见《荀子·礼论》:"故说豫娩泽,忧戚萃恶,是吉凶忧愉之情发于颜色者也。歌谣謸笑,哭泣谛号,是吉凶忧愉之情发于声音者也。刍豢、稻粱、酒醴飶鬻、鱼肉、菽藿、酒浆,是吉凶忧愉之情发于食饮者也。卑绝、黼黻、文织、资粗、衰绖、菲繐、菅屦,是吉凶忧愉之情发于衣服者也。疏房、檖䫉、越席、床第、几筵、属茨、倚庐、席薪、枕块,是吉凶忧愉之情发于居处者也。"
③ 见《庄子·至乐》。

在人类普遍存在的焦虑感方面,荀子完全同意他的诸多竞争对手。但是荀子对于人类的潜能与终极目标,则有着不同的结论。① 他坚定地拒绝关于减少欲望的主张,更不用说对欲望的压抑了。根据荀子的说法,欲望都无法或缺,因为它们是人类天赋的、必不可少的一部分。"人生而有欲,欲而不得,则不能无求。"②更重要的是,获得长生、财富、社会地位和官职等传统"成功价值"的愿望构成了人类自我修养的第一层次的动力。令人惊奇的是,助长人的视觉、嗅觉、听觉、味觉和触觉的冲动可以激发积极的反应,也会产生令人遗憾的行为。对于外在形式之美的热爱,部分是天生的,部分是后天习得的,它激发人们的内心作出恰当的区别("好其别"),使人们在追求更高目标的时候有高度的自觉意识,作出值得称赞的选择。③ 最能激励人们"得其所欲"的动因之一就是君子,他们的行为举止令人敬仰,也是人们想要模仿的对象。但另一方面,只有通过习惯和长期实践获得了适当的修养:"礼乐法而不说"④,对于礼和音乐的渴望才能对个人发展有所助益,但是人类欲望的效用永远不应该被低估,因为它强烈地敦促人们抛弃自私的行动和短期的利益,以培养更好的关系,达

---

① 比如,庄子似乎比荀子更注重"全身"。见本书第五章关于存世《庄子》的讨论。而荀子关于"乐"的立场与《尼各马可伦理学》很接近,见 *The Complete Works of Aristotle*, ed. Jonathan Barnes (Princeton, NJ: Princeton University Press, 1984), p. 273. 它们的相似点是:乐,就像感知一样,在任何时候都是"完整的",因为它代表了一个人通过全神贯注以及与其个人能力或性情相称的活力而达到的不受阻碍的实现(*energeiai*)。
② 见《荀子·礼论》。
③《荀子·礼论》:"曷谓别?曰:贵贱有等,长幼有差,贫富轻重,皆有称者也。"
④ 见《荀子·劝学》。

到更持久的安乐。① 只有目光短浅的思想家,如宋钘,对于欲望视而不见,不理解谨慎地利用欲望作为催化剂可以得到怎样的结果。② 通过这些巧妙的话语,荀子表明,他也许能更好地展示如何适应人类状态中不变的方面,如欲望、动力和性情等,以便提供更多实质性的持久之乐,来维持而不是消耗每一个体。

荀子的劝说试图把人类生存中所受到的严格限制转化为一种重要优势,推动人们成功寻求持久的、深刻之"乐"。荀子的逻辑再一次看起来无可辩驳,因为它基于最普遍的学习经验,即延迟的满足感。鉴于人类总是受到物质资源不足和精神痛苦的折磨,即使是最缺乏思考的人有时候也会发现,满足即时的需求会被更迫切的欲望所抵消,即能够财物有余,一生无忧。

> 人之情,食欲有刍豢,衣欲有文绣,行欲有舆马,又欲夫余财蓄积之富也,然而穷年累世不知不足,是人之情也。今人之生也,方知畜鸡狗猪彘,又蓄牛羊,然而食不敢有酒肉;余刀布,有囷窌,然而衣不敢有丝帛;约者有筐箧之藏,然而行不敢有舆马。是何也?非不欲也,几不长虑顾后而恐无以继之故也?于是又节用御欲,收敛蓄藏以继之也,是于己长虑顾后,几不甚善矣哉!③

---

① 见《荀子》第十七篇《天论》的结束语:"有后而无先,则群众无门。有诎而无言,则贵贱不分,有齐而无畸,则政令不施。有少而无多,则群众不化。书曰:'无有作好,遵王之道;无有作恶,遵王之路'。此之谓也"。这段话信令人联想起阿姆斯特朗(A. H. Armstrong)翻译的普罗提诺(Plotinus, 204-270)的《九章集》(*Ennead*)卷五:"欲望产生思想"。见 *Ennead*, Loeb Classical Library series (Cambridge, MA: Harvard University Press, 1988), p. 213.
② 见《荀子·解蔽》:"宋子蔽于欲而不知得。"同样被误导的是那些以"无为诚乐"为口号来净化自己欲望的人。可以比较一下《荀子·乐论》:"夫乐者,乐也,人情之所不免也,故人不能无乐"与《庄子·外篇·至乐》:"吾以无为诚乐矣,又俗之所大苦也。故曰:'至乐无乐,至誉无誉。'"
③ 见《荀子·荣辱》。

在上面所引这段话中,荀子谈到,所有成年人都要接受一个事实,即没有人能在任何时候都能拥有他们想要的一切("食不敢有酒肉……衣不敢有丝帛")。他们明白,要维持和改善舒适的生活,至少同样取决于自我约束与其他因素,如眼光长远,并预见到其行为的后果。曾经有人提出,基于社会认同的礼仪要求,抑制了人们对于即时满足的冲动。如马王堆出土的《五行篇》所提到的,一个渴望性爱的年轻人还是不愿意当着兄长或者父母的面行事。① 换句话说,无论他们的道德发展程度多么低级,如果能改善未来的享乐前景,人们会选择节制(或暂时)忽略其本能的欲望。以家庭预算为简单例子,普通人不仅具有这种推理能力,而且还经常付诸日常生活。因此,所有人都有能力有意识地改善行为,甚至节制他们对于食色的最直接的冲动。显然要通过一系列的精心计算(比如,对名声、封赏或荣耀的计算),以达到所预期的较低的物质需求,这远比制定家庭预算更为复杂,而且,通常它需要更多的自我约束。但是一个人追求快乐的愿望越是谨慎合理,他就越可能学会评估当时行为的后果,并修正自己的行为,以实现其目标。

获得并延续满足感的具体方法会因情况而异,但由于任何时空的所有人类行动都会受到大致相同的约束,对于具有辨别力和经验的人来说,至少应该相对容易决定最明智的行为,如果不是

---

① 正如我在第三章中所说明的,《孟子·告子下》第一章谈到了跨越道德界限,如《五行篇》所引用的《诗经·国风·周南·关雎》诗的第 4—6 行。《荀子·性恶》亦云:"今人之性,饥而欲饱,寒而欲暖,劳而欲休,此人之情性也……故顺情性则不辞让矣,辞让则悖于情性矣。用此观之,人之性恶明矣,其善者伪也。问者曰:'人之性恶,则礼义恶生?'应之曰:凡礼义者,是生于圣人之伪,非故生于人之性也……"王安国认为这样的观点可以追溯到先秦时代。上博简《孔子诗论》也是用了和马王堆与郭店简同样的类比。这一点王安国也谈到了。见 Riegel(1997)。

根据个人经验,就是根据他人的因果报应。一个人可以用两个简单的测试来判断任何特定经验的优劣:与已知的现象相比较,它如何满足感觉、情感和心灵的需要?它是否会引起不良反应?上面那个故事让我们见证了,一个贫穷又无知的农夫,在吃肉的时候以及后来回味时,发现它真的"甘之于口"。① 通过对事物关联性的粗略理解,那位农夫对于了解现象世界的过程有了足够的了解。②

荀子的分析具有说服力的一个关键是他用了"可"字。如果一个人希望乐之体验能长久("久")、广泛("广")、安全("安"),③ 得其所乐与予人以乐都必须随着时间的流逝依然令人愉悦。重复或延长有效的享乐行为,一定不能令人感到厌倦或嫌恶。一个人可能在吃了三个桃子以后觉得吃得太多了,但是从广交朋友或者深挚友情中所获得的欢乐也许没有限制。偷来的水果一开始可能尝起来更甜美,但是日子一天天过去,考虑到可能的风险,人们还会同样感到快乐吗?

毋庸多言,可以持续的快乐必须是能够实现的。的确,欲望并不一定需要先有目标,因为当一个人与外部现象接触时,自然就会产生欲望,但对于有思想的人来说,"追求可能的目标……遵循可能的情况去求得欲望的满足,这是由'心'所产生的冲动"。④ 这是记忆所产生的期待,就像"某些音符总会出现在其他某些音

---

① 准确地判断他人对于特定经历的反应同样容易,《荀子·非相》提到,圣人"以人度人,以情度情"。
② 关于荀子对相互冲突的目标的权衡,可见《荀子·解蔽》:"兼陈万物而中县衡焉"。
③ 见《荀子·荣辱》:"一之而可再也,有之而可久也,广之而可通也,虑之而可安也。"
④ 见《荀子·正名》:"性者,天之就也;情者,性之质也;欲者,情之应也。以所欲为可得而求之,情之所必不免也。以为可而道之,知所必出也……道者,进则近尽,退则节求,天下莫之若也。凡人莫不从其所可,而去其所不可。知道之莫之若也,而不从道者,无之有也。"

符之后",①它令一个人在多重选项中只选定一种。考虑到这一点,一个人需要经历漫长的道路才能获得乐的不同层次的体验,因而,对于"乐"坚定不移的追寻不会令人沮丧,相反,会令人终身受益。

在荀子看来,除了那些生活中最难以解释的部分,平民在社会领域中运用因果定律,并不比他们在家庭预算中运用得少。②比如,许多人相信,那些违反社会规范的人不可能长期逍遥法外。招摇撞骗者对他们的职业和能力没有足够的安全感,因为"野蛮与侵略是不断带来危险的方式",尽管荀子担心,当时的朝廷上过度的诡辩技巧会掩盖如此常识性的结论。③ 一个没有思想、自私的人是孤立无援的,无法找到同道、支持者和朋友,总有一天这些会阻碍他得到更大的权力、威信和自尊,使他的生活无法安定。

一个通过努力而可能成为君子的人,观察到这一"恒定规则"后,会用衡量自己的标准来看待他人。④ 因此他有意识地、并始终如一地选择接受被认为是社会"美德"的有益行为,因为他将因此能够安然地得其所乐,体验良好的人际关系。相比之下,小人更倾向于相信运气。他心存侥幸,希望成为每个规范的唯一例

---

① 见罗丝·特里梅因(Rose Tremain)的专著 *Music and Silence*, New York: Farrar, Straus & Giroux, 1999, p.484.
② 见《荀子·正名》:"凡语治而待寡欲者……欲之多寡,异类也,情之数也,非治乱也。"据荀子的观点,只有他看到,除了那些生活中最难以解释的部分,平民在社会领域中运用的因果定律,并不少于他们在家庭预算中的应用。
③ 见《荀子·荣辱》:"仁义德行,常安之术也,然而未必不危也;污侵突盗,常危之术也,然而未必不安也。故君子道其常,而小人道其怪。"荀子感叹朝廷倾向于对那些诡辩术表示赞赏(比如"山与海齐"),因为如果鼓励不加思索的人群的怪诞和莫名其妙,道德因果关系会随着时间而减弱。
④ 见《荀子·非相》:"圣人何以不欺,曰:圣人者,以己度者也。故以人度人,以情度情,以类度类,以说度功,以道观尽,古今一度也。"

外,这样的例外可以使他逃避自己卑鄙行为所导致的后果。① 只有当君子相信社会因果律,而不是愚蠢的运气的时候,他才能享受到与小人不同之乐。如《荀子》中关键的一段话:

> 材性知能,君子小人一也;好荣恶辱,好利恶害,是君子小人之所同也;若其所以求之之道则异矣。小人也者,疾为诞而欲人之信己也,疾为诈而欲人之亲己也,禽兽之行而欲人之善己也;虑之难知也,行之难安也,持之难立也,成则必不得其所好,必不遇其所恶焉。

> 故君子者,信矣,而亦欲人之信己也;忠矣,而亦欲人之亲己也;修正治辨矣,而亦欲人之善己也;虑之易知也,行之易安也,持之易立也,成则必得其所好,必不遇其所恶焉。②

荀子还说过另一段话:"为君子则常安荣矣,为小人则常危辱矣。凡人莫不欲安荣而恶危辱。故唯君子为能得其所好,小人则日徼其所恶。"③当一个人了解到下面这两点,他就很容易考虑自己行为的道德和现实后果。其一,除了少数个人无法控制的极端情况,大多数时候人们总能获得回报,更不用说令人羡慕的高尚品格,这是因为他们作出了正确的选择,而不是因为其出身或者命运。其二,追逐世俗功利(如荣誉、等级、财富和人身安全等)与对美好的长期追求实际上是相同的。换句话说,所谓君子,只是一个善用直接因果关系来对待其欲望和习惯的人,他寻求"虑之

---

① 约瑟夫·康拉德(Joseph Conrad, 1857—1924)说过:"没有一个从事自己不喜欢工作的人可以保有许多关于自己的幻想……只有当我们指定的活动碰巧依从自己内心的热诚时,我们才能品尝到完全是自欺欺人的安定感。"见 Joseph Conrad, *The Secret Agent: A Simple Tale*, Ed. (Tanya Agathacleous, Peterborough, ON: Broadview Editions, 2009), p. 116。
② 见《荀子·荣辱》。
③ 见《荀子·儒效》。

易知也,行之易安也,持之易立也,成则必得其所好"。① 他不懈地追求这样的目标,②因为他知道任何道路或职业都会有艰辛。

荀子曾经向他的倾听者因势利导地说明,明智的人总是会追求他所缺乏的东西(比如缺乏食物的时候腹部的饥饿感),③他继续提出一种类似的机制,敦促他的倾听者/读者确定更加复杂和深远的目标,比如,更加令人满意的社会关系:

> 凡人之欲为善者,为性恶也。夫薄愿厚,恶愿美,狭愿广,贫愿富,贱愿贵,苟无之中者,必求于外。
>
> 故富而不愿财,贵而不愿执,苟有之中者,必不及于外。用此观之,人之欲为善者,为性恶也。今人之性,固无礼义,故强学而求有之也;性不知礼义,故思虑而求知之也。④

以这样的见解为前提的反复的深思熟虑,会逐渐引起人们性情的重要变化。孟子所言的仁者,他们的行为符合内心已有的礼义"之端",只需要使其冲动由弱变强。毕竟,人们会逐渐适应那些最初感到奇怪或者厌恶的态度和环境,实际上,那些态度和环境都是文化和积习的人为产物。这是从婴儿期就开始的基本学习过程。荀子不同意其他早期著名思想家的观点:老子和杨朱认

---

① 见《荀子·荣辱》。与这段话相关的引文是:"故孰察小人之知能,足以知其有余,可以为君子之所为也。譬之越人安越,楚人安楚,君子安雅。是非知能材性然也,是注错习俗之节异也。"(《荀子·荣辱》)"故学也者,礼法也。夫师,以身为正仪而贵自安者也。"(《荀子·修身》)"注错习俗,所以化性也;并一而不二,所以成积也。"(《荀子·儒效》)

② 见上面所引《荀子·荣辱》。不过,荀子的一个重要主张是,我们的卑劣行为不但伤己,而且也危害社会。比如,他说:"陋也者,天下之公患也,人之大殃大害也"。(《荀子·荣辱》)

③ 在《荀子·性恶》中,荀子提出"今人之性,饥而欲饱,寒而欲暖,劳而欲休,此人之情性也"。如果口腹都不能感知饥饿,那么就是"病"了。即《荀子·正名》所说"性伤谓之病"。

④ 见《荀子·性恶》。

为德行是"不自然"、有害的,孟子则主张德行完全是"自然"的,所以很容易培养理想的德行。荀子强调第三条道路,每天的日常生活和学习会在我们的习性里留下深刻的印记,直到它们最后成为我们的第二性。① 这样,荀子在对立的观点之间达到了平衡,因为他知道人类和社会的进化既不是完全有意识的,也不是完全自发的,而危机常常是由于错误的动机而造成的意想不到的结果。

问题是,一个人是如何改变的。他是如何从天赋本性出发,被各种欲望纠结,并倾向于作出轻率的判断,然后达到思维更加周全、性情更为平和的第二性?② 以及他如何从最初的朦胧意识发展到高尚的境界?③ 荀子也不能对这样的转变作出很好的解释,无疑这是因为每个人的人生道路殊异,取决于其天赋、机会和遇到的阻碍,以及付出努力的程度。荀子用通常带有贬义的"伪"一词(它指人为的,与本能冲动相反的)来阐发人们学习的过程,

---

① 见《荀子·王霸》:"人主者,天下之利执也。得道以持之,则大安也,大荣也。"这里,荀子与布迪厄有很多相似之处。见 Bourdieu(1990)。令人遗憾的是,我与何艾克有不同意见,他不认为荀子所说的"性"兼有"人性"和"第二性"的意义。不过,我注意到《荀子》有几个段落中的"性"不是指天赋本性,这一点我在给何艾克的审稿意见中已作了说明。参见 Hutton(2014)。
② 见《荀子·解蔽》:"心未尝不臧也,然而有所谓虚;心未尝不满也,然而有所谓一;心未尝不动也,然而有所谓静。人生而有知,知而有志。志也者,臧也;然而有所谓虚,不以所已臧害所将受,谓之虚。心生而有知,知而有异,异也者,同时兼知之;同时兼知之,两也;然而有所谓一,不以夫一害此一谓之壹。心,卧则梦,偷则自行,使之则谋。故心未尝不动也,然而有所谓静,不以梦剧乱知谓之静。未得道而求道者,谓之虚壹而静,作之,则将须道者,虚则人;将事道者之壹则尽,将思道者。静则察。知道察,知道行,体道者也。虚壹而静,谓之大清明。"
③ "穷"描述了两个极端,一是一个人完全耗尽了精力和其他资源,因而穷途末路;二是一个人完全实现了最佳自我。

强调充分实现潜能所需要的自愿性,而又有些"非自然"的努力。① 荀子确实说过,这个过程是漫长的、不断积累的,而不是轻易、迅速的。它需要敏锐的能力来去伪存真,去粗取精,人类的感知力和评估能力能够胜任其职,尽管这样的过程对那些幸运地生活在一个文明社会的人来说会更顺畅和便捷。

荀子的讨论大部分都取决于"思"字的双重意义:"渴望"和"思考"。只要一个人渴望某种特定的外物,他就会思考获得它的最佳方法。大概他思考得越多,就越善于建立关联性和付出相应的努力。不断提高修养的人开始以更微妙的方式看待享乐及其相对益处,这样可以确保乐之延续,增强了获得和享受乐的能力。② 由于增强的感官与心智能力可以使人们重新权衡利弊,调整欲望,随着时间的推移,这样的再调整促使自我意识倾向于更大的心理安全感和最小的外部威胁。有一点可以肯定的是,通过思维与行为习惯的改变,以及一系列经过确认的行善之乐的经验,人们看待自己与世界的关系的观念已经发生了很大的变化。接着,当他思考、感觉或者行动时,会按照新的想法、稳定的新目标,并配以卓越的执行力。③ 或者就像荀子所说的:"见善也修

---

① 我从孙宁远的硕士论文(2016)中受到不少启发,见 Nicolas Constantino, "Pretending to be Good: The Role of *Wei* in the *Xunzi*," MA thesis(University of California at Berkeley, 2016)。
② 由此而建立的行动与反应的更多一致性并不是威胁个体下一个理性实践的非理性力量。换句话说,改善不仅仅是一种自我控制的功能。请参见 Julia Annas, *The Morality of Happiness*(Oxford: Oxford University Press, 1993), pp. 48-49。
③《荀子·正名》:"生之所以然者谓之性。性之和所生、精合感应、不事自然谓之性。性之好、恶、喜、怒、哀、乐谓之情。情然而心为之择谓之虑。心虑而能为之动谓之伪。虑积焉、能习焉而后成谓之伪。"这段话对"性"有两种解释。注疏者一般认为第二个解释指的是人类对于外物的反应。第二个定义很含糊,它也可能指的是第二性,"自然地"选择依照正确和可行的愿望而行动。

然,必以自存。"① 与之相似的是,弓箭手击中目标和音乐家保持音准的能力都是通过长期实践而提高的。在成功协调不同的基本技能后,普通人在一生当中都会希望,自己的思考与行动能力通过这样稳定的协调技能而达到新的水平。② 技能的精通程度在很大程度上取决于一个人面对挫折继续实践的能力。

> 良农不为水旱不耕,良贾不为折阅不市,士君子不为贫穷怠乎道。故圣人也者,人之所积也。人积耨耕而为农夫,积斲削而为工匠,积反货而为商贾,积礼义而为君子。可以为尧、禹,可以为桀、跖,可以为工匠,可以为农贾,在执注错习俗之所积耳。③

每个人的能力是足以实现其目标的,因为这取决于其持之以恒的决心。④ 无论在平民眼里圣人有多么崇高,他也只是一个"求之而后得,为之而后成,积之而后高,尽之而后圣"之人。⑤ 毫无疑问,每个目标在实现的过程中都会遇到一些阻碍,都需要人们在逆境中保持一定的毅力。比如,农夫必须日复一日在田里劳作以维持温饱,商人为了谋利则需要离家远行。但很奇怪的是,这个世界认为他们选择劳作和交易都显然是出于"实用的"目的,而向善的自我修养和实践却备受嘲笑,被认为是"不切实际的",或者"奇怪的"。(今天人们对"象牙塔"的嘲讽与之相类。)

但荀子坚决反对这样的嘲讽。他以这样的方式来驳斥他的

---

① 见《荀子·修身》。
② 见《荀子·劝学》:"百发失一,不足谓善射。千里跬步不至,不足谓善御。伦类不通,仁义不一,不足谓善学。"
③ 此三段引文分别见《荀子》的《修身》《儒效》和《荣辱》篇。
④ 见《荀子·性恶》:"故小人可以为君子而不肯为君子。"
⑤ 见《荀子·儒效》。

批评者:最明智和最称心的选择就是成为圣人,因为这不需要费多少力气,也避免了声名受损的危险,并且可以获得一种自在、满足的状态。

> 可以为尧、禹,可以为桀、跖……为尧则常安荣,为禹则常愉佚,为工匠、农贾则常烦劳。然而人力为此而寡为彼,何也?①

禹最初因为励精图治、辛勤劳作而得名,但这无关紧要,因为在此之后,他像尧、舜一样,君临天下,而这段经历帮助他以平和之心体察臣民,对待盟友。由此看来,对于德之大道的追求,并不需要非同寻常的自我否定方式,而是与之相反。最终,实现德之大道所付出的辛劳困苦远比追求其他任何目标要少得多,而同时又能得到最大程度的安乐感。"君子求利"以及思想者对得其所乐的坚定追求,会使他们举止得体,身心健康,并且实至名归,即使活着不一定能得到殊荣,死后也会流芳百世。② 因此,作为经典大师的荀子通过对于"乐"之前提条件的论述得出了关于道德必要性的结论。

毫无疑问,荀子言论中的"润色"来自他所坚持的信念,即对于身体安乐的需求直接推动人们采取下一步行动。③ 但是荀子并不是唯一提出这一对应关系的人。在战国时代,对于人、物、事的带有歧视性的评价,往往用"好色"这一俗语来比拟。④ 荀子的

---

① 见《荀子·荣辱》。有趣的是,不是孟子,而是他的追随者荀子强调人皆可成圣。参见《孟子·告子下》第二章。
② 见《荀子·修身》:"君子之求利也略,其远害也早。其避辱也惧,其行道理也勇。"
③ 见《史记》卷一二一《列传·儒林列传》:"于威、宣之际,孟子、荀卿之列,咸遵夫子之业而润色之,以学显于当世。"
④ 见《荀子·王霸》:"目好色,而文章致繁,妇女莫众焉。"

论点虽然在逻辑上更加严谨,对《孟子·梁惠王》中的观点有所扩充,但也有所变通。在这篇《孟子》首篇中,梁惠王可以把他对音乐的热爱或者对一头牛的关注通过想象"推而广之",使自己成为圣人,①而《荀子》则注重其成圣的渐进过程中变革性的一面。那么,值得我们思考的是,为什么荀子与其他几位大师们用描述"乐"所产生的强烈效果来谈论两个典型的道德主题:审慎的选择与自觉意识。

说教的语气可能会激怒听众,而历史和寓言故事中的街谈巷议常常是被误传的。但是"乐"的话题可以用来讨论有意识的决定,作为因果关系的理性推论,而不是作为一种道德的必要性。每个人都了解什么是"挥霍浪费",不管是自己的体会,还是看待别人。虽然很难从可预见的结果追踪到一个人的行为模式,无论他是一国之君,还是与他人结盟,或者铨选官员。但每个人都认同的是,人们是出于对"乐"的考虑而采取行动的。午餐时想吃梨子,或者晚餐后吃桃子,这些选择体现了对预期之"乐"的有意识偏好(比如,"我想吃桃子,因为它现在带给我更多的快乐。"),尽管这种选择绝不意味着桃子总是美味的,而梨子总是味道欠佳的。②暂时厌倦了某种味道和感觉,并不排除人们可以享受某种相似的东西(比如晚餐后吃梨而不是桃子),也不能阻止某种欲望的复苏(如与昨天的伙伴发生性关系)。

---

① 《孟子·梁惠王上》里,孟子告诉统治者,这样做没错,而且"好色""好货""好乐"是道德的基础。这种观点最极端的表达见于《孟子·尽心上》:"人之所不学而能者,其良能也。所不虑而知者,其良知也"。很重要的是,荀子加上了"好生""好利",也许最重要的是,"好荣",它在强化人们的动力时,也极大程度地使"乐"之权衡更为复杂。
② 正如葛瑞汉所言:"所有的价值分类都是始于自发的区分好恶。"见 Graham(1993),p. 41。

所处的时间与状况,还有个人基于先前经验而产生的偏好,对于人们形成日常生活中的喜好起着重要的作用。但是通过谈论纠结的欲望和乐的概念,像荀子这样富于技巧的修辞家可以诱导人们敏锐地意识到,审慎行为的利害关系也许是复杂的,不断变化的,变化的现实可能需要人们依据所发生的事件而对早期的预估结果不断作出修正,而且综观全局,可以产生更容易预测、更加重要的结果。①《荀子》第一篇是这样写的:"海内人道益深,其德益至,所乐者益异。"②对情境、时间和可能的结果的重视,是所有道德的根源,尽管它并不等同于成熟的道德观念。荀子希望把后者灌输给统治者,并在王朝和国家中实现制度化。

安乐的理想王国

到此为止,荀子已经通过其系统言论设计了一种理论,它展示了"乐"作为前瞻性的思考和自我约束的动机与必要性,但他并没有要求他的听众相信,礼仪具有确保获得至乐的极致效能。荀子认识到,他的同时代人普遍不愿意接受儒家理想与行为,因此,

---

① 葛瑞汉从不同的角度谈到了一些这样的观点。他用了在梨和桃之间作出选择的例子(见第 245 页)。另一个例子是我自己的。不过,最近有许多中国哲学的研究者(如安乐哲、罗思文和本人)认为,汉语语法中通常采用"如果……那么"的句式,避免了从"是……"到"应该……"的转化问题。中国人主要不是在寻求普遍真理,而是追求在当下和未来被证明是有效可行的观点。参见 A. C. Graham, "Taoist Spontaneity and the Dichotomy of 'Is' and 'Ought,'" in *Experimental Essays on Chuang-Tzu*, ed. Victor Mair(Honolulu: University of Hawaii Press, 1983), pp. 3-23。
② 见《史记》卷二十四《乐书第二》。正如《荀子》的一篇是这样写的:"海内人道益深,其德益至,所乐者益异。"顾史考(Scott Cook)据此认为"节"的意义包括"调节""竹节"和"关节",或者在其他文本中指"节奏"。见 Scott Cook, "Xun Zi on Ritual and Music," *Monumenta Serica* 45(1997):1-38。

第四章　荀子："重明以丽乎正"

他准确地反问道："谁能想到礼义的模式和原则是滋养人的性情的方式？"①因此，当荀子从对人的状况的一般描述转向劝谏统治者在王国内建立礼义之道，他继续用几乎完全实用的理由来敦促他们。如果王朝为所有人，包括统治者和臣民，都提供了一种维持其乐的机制（孟子的回响），统治者才能真正得其所乐。值得注意的是，通过对人类欲望的分析，荀子对社会政策的讨论所基于的观点与弗雷德里克·詹姆逊所阐述的类似："与快乐或乐趣一样，'乐'永远是肉眼无法见到的，更不用说作为追求的目标了。它只能被横向经历，或者后知后觉，作为其他事物的副产品"，这里的"副产品"通常指的是社会认同。② 荀子以他的智慧认识到了更多的复杂性：仅仅让人们沉迷欲望，不一定会给他们带来"安乐"，而统治者在面临危险的时候会无视人民的需求。③ 基于这种对"乐"的计算，对于荀子来说，理想状态是使明智的思想家们获得更多享受安乐的机会，因为王朝通过各种政策经常发出信号，表示对建设性社会行为的认同。（见下文）

荀子认为压抑和放纵欲望都很危险，这一点对于治国来说是

---

① 见《荀子·礼论》："礼起于何也？……故礼者养也。"
② 见 Fredric Jameson, "Pleasure: A Political Issue," in *Formations of Pleasure*, Formations Series, vol. 1. Edited by Formations Editorial Collective, London: Routledge & Kegan Paul, 1983, p. 1. 法国哲学家保罗·利科（Paul Ricoeur, 1913—2005）谈到，时间主要被认为是预期的和回想的，当下就是由这两种感觉建构的。在荀子的论点中，用"乐"取代"时间"，也是同样的想法。见 Paul Ricoeur, *Time and Narrative*, Volume 1, trans, Kathleen McLaughlin and David Pellauer (Chicago, IL: University of Chicago Press, 1983).
③ 如《孟子·梁惠王下》说："乐民之乐者，民亦乐其乐；忧民之忧者，民亦忧其忧。"另一方面，也如贾谊所指出的："天下有瑰政于此，予民而民愈贫，衣民而民愈寒，使民乐而民愈苦，使民知而民愈不知避县网，甚可瑰也。今有玮术于此，夺民而民益富也，不衣民而民益媛，苦民而民益乐，使民愈愚而民愈不罗县网。"（《新书》卷三《瑰玮》）这些观察在荀子对"乐"的问题的论述中是含蓄的，贾谊是吸取了那些受到荀子启发的思想家的观点。

十分关键的。① 这样的欲望是无法被消除的,否则,人们就没有追求"有益"之乐的动力。同时,过度放纵会影响人类的理性计算能力。由于绝大多数人都会自我放纵,习惯性地追求快乐而不计后果,睿智的统治者为了使他的臣民免受伤害,确保他们拥有物质上的富足感(这样他们的欲望和需求都能得到满足),他本人就要为他们树立审慎的自律的典范(这样他们就会轻视身外之物)。② 感恩的臣民会很乐意报答统治者为了他们而作出的努力。这样,统治者以身作则的领导模式会在社会政治秩序内部产生积极的影响,反过来,又推动了百业兴盛。这样,等级制与互利互惠达到了适当的平衡,"而可以善民心"。③ 我们清楚地看到,荀子对于治理一个理想王国的评论,和他关于人性的评论一样,与"乐"和"欲望"的话题交织在一起,激励人们通过礼乐展现美德的超凡魅力。

《荀子·礼论》的开头段落把人类欲望可能的挫败感归因于资源的缺乏,但又随即提出,通过圣人制定的礼制,人们可以学会如何满足自己的欲望,而不必耗尽可用资源:

> 人生而有欲,欲而不得,则不能无求。求而无度量分界,则不能不争;争则乱,乱则穷。先王恶其乱也,故制礼义以分

---

① 因此,《荀子》的第六章中,荀子谴责兽性冲动(表现在性情放纵和态度专横)和"瞀儒"(表现在不能体会欢宴等场合所带来的乐趣)。《荀子》中的许多段落都反对过度纵欲、奢华和好逸恶劳。见《荀子·非十二子》:"有人矣,纵情性,安恣睢,禽兽行"。
② 《荀子·富国》:"量地而立国,计利而畜民,度人力而授事。使民必胜事,事必出利,利足以生民。皆使衣食百用出入相揜,必时藏余,谓之称数。"这段话谈到了必须有足够的动力来激励人们为他人努力工作。该篇的另一段话"诚美其厚也,为之出死断亡,以覆救之,以养其厚也",谈到了要激励人们为处于他们之上的"仁人"出生入死。
③ 见《荀子·乐论》。

之，以养人之欲，给人之求。使欲必不穷于物，物必不屈于欲。两者相持而长，是礼之所起也。故礼者养也。①

在随后对于仪式的分析中，荀子表示公共景观（比如游行、行军和阅兵）、追悼活动和禁止奢侈的规定，是从前的圣王所制定的三种代表性的礼仪制度，它们是为了让百姓在"乐"与美德之间建立更紧密的联系。因为有这样的联系，人们就可以正确地辨别礼仪表演与社会制度，把它们视为"用来滋养他们欲望的东西"。②（《荀子》第20篇《乐论》介绍了第四种制度，即音乐表演，作为一种特别的景观。）③从本质上说，人类倾向于形成社会，除非是"怪人或无赖"，人们无需受到严厉的责罚，就可以在引导下意识到破坏性行为和社会孤立的可怕后果。④ 如果人们彼此疏远，拒绝相互帮助，那么就会永远陷于贫困和矛盾之中，因为即使能者也不能身兼百技，而一个人也不可能样样精通。⑤

---

① 见《荀子·礼论》。
② 见《荀子·礼论》："故礼者养也。"
③ 使荀子感到满意的（这里是双关语），是具有强烈约束感与崇高之乐最终共存于音乐表演本身的事实（并非巧合的是，依照荀子的思维方式，这里的汉字"乐"也是借用了"欢乐"之乐）。
④ 荀子说，对王国最大的损害来自"以小人尚民而威"，他们把不公正的负担加在百姓之上，使百姓"恶之如鬼"。"大国之主也，而好见小利，是伤国。其于声色、台榭、园囿也，愈厌而好新，是伤国。不好修正其所有，啖啖常欲人之有，是伤国。三邪者在匈中，又好以智谋倾覆之人，断事其外，若是，则权轻名辱，社稷必危，是伤国者也。"（见《荀子·王霸》）
⑤ 见《荀子·富国》："欲多而物寡，寡则必争矣。故百技所成，所以养一人也。而能不能兼技，人不能兼官。"（不过，请注意，在《荀子·性恶》中关于人性的悲惨方面，荀子强调，绝大多数人对于自己的琐事感到满意，不能通过任何方式而努力成圣，尽管这种可能性对他们是开放的。）关于人类成群的必要性，见《荀子·富国》："人之生不能无群。"接下去，该篇谈到，百工（雕琢玉器、刻镂金属、刺绣织物等）的劳作使统治者全神贯注于自己内在力量的滋养，以确保他人愿意为捍卫自己而赴死。见《荀子·富国》："故为之雕琢刻镂，黼黻文章……以藩饰之，以养其德。故仁人在上……百姓为之出死断亡而愉者。"

为了保障男人和女人应有的地位,社会对政治制度作了规范。为此,荀子推崇共享的、安乐社会的概念。它们会使统治者名垂后世,也有助于根据社会贡献大小来公平分配稀缺资源。这样的社会远不只是满足个人感觉、情感和思想。① 树立必要的社会价值观,可以使人们坚定决心,慎重思考如何以最具建设性的行为来达到长久之乐。这是如何做到的呢? 古代王制"使天下各阶层人民意识到,实现他们的需求和愿望是通过这样的制度,而不是反社会的行为"。这就是他们的激励机制起作用的原因。②在最重要的社会文化制度中,礼仪演示构成了圣王为民提供安乐与音乐的良"方"。礼仪使"百乐"得其所,令人君的权威至高无上,泽被天下。③

　　回顾荀子所言,景观代表着重要的人类功能:它满足人类对象征、温饱、安全和归属感的渴望,同时强烈吸引视觉、听觉和嗅觉(有时候也包括味觉)。荀子所提到的统治者气势宏大的阅兵和音乐表演,这两种景观可以使良好社会的等级之分与互惠互利之间的平衡具体可感。因为这样的场面同时也为其主持者和支

---

① 这样的社会远不只是满足个人感觉、情感和思想。《荀子·富国》中谈道:"故必将撞大钟、击鸣鼓、吹笙竽、弹琴瑟以塞其耳;必将雕琢、刻镂、黼黻、文章、以塞其目;必将刍豢稻粱、五味芬芳以塞其口,然后众人徒、备官职、渐庆赏、严刑罚以戒其心",描述了豪奢之物(如钟鼓、绣物和玉雕等)对于下层百姓的强烈影响。如果建立了礼义制度,刑律将适用于那些认为自己可以完全游离于社会规则之外的傲慢自大、愚昧无知的人。
② 《荀子·富国》:"使天下生民之属,皆知己之所愿欲之举在是于也,故其赏行。"
③ 这段话的引文可参见《荀子·乐记》:"乐在宗庙之中,君臣上下同听之则莫不和敬……故听其雅颂之声而志意得广焉……故乐者,天下之大齐也,中和之纪也"(很明显这里的"乐"有双重含义);《荀子·王霸》:"此五綦者,人情之所必不免也。养五綦者有具。无其具,则五綦者不可得而致也。万乘之国,可谓广大富厚矣,加有治辨强固之道焉,若是则恬愉无患难矣,然后养五綦之具具也。故百乐者,生于治国者也;忧患者,生于乱国者也。急逐乐而缓治国者,非知乐者也。故明君者,必将先治其国,然后百乐得其中。"

持者注入了"威仪",所有与某一特定场面有关系的人,通常是统治者或朝臣,无论他们是否参与准备、现场表演或只是观看,都会在仪式结束的时候获得强烈的共享的感觉。幸好有这样的场景,使人类内在需求的满足证实了一个更大的想象社会的现实存在。① 这些恰当的推论对于荀子最终的分析是十分关键的。

对于荀子来说,统治者在公众面前作为仁厚的典范出现是不言自明的。不然,统治者的愿望无法与大众利益相区别。因此,一种我称之为"展示文化"的制度得以广泛兴起,它为早期统治者提供了一系列有利的统治手段。尤其对于荀子而言,通过王朝举办的盛大的"共乐"场面使王位保持在大众的视线中心,也让统治者免于严苛的自律。② 同时,考虑利用呈现之"乐",可以完成治理王国的三重使命:在"制定道德标准"时,③它使"下层"百姓知道什么是强制性的"一般"或者共同利益;它宣扬了积极推动这些利益的效用;它让那些已经意识到普遍的等级制度的人获得满足。值得注意的是,在禁止奢侈浪费的规定下,通过公共展示而得到强化的建设性社会行为,有可能使支持者与围观者同乐("君

---

① 所有这些都在《荀子》关于礼义与音乐的篇章的开头部分得以呈现。
② 相比之下,墨子与晏子建议统治者主要通过谨慎的财务政策来治国。
③ 见容庚在《汉武梁祠画像录》(1936)一书"考释"部分(5b)所引用的"武斑碑"。有一个相似的关于王朝官员表现的用语出现在《后汉书》卷三十九《刘般传》:"辩章百姓,宣美风俗。"(1307 页)哈贝马斯(Jurgen Habermas)曾经推荐过加里·麦克多诺(Gary McDonogh,我从前在布林莫尔学院的同事)使用的"公共展示文化"(public display culture)一词,特别是在简介部分,他用同样的词来解释他最终提出的现代公共空间理论,见 Jurgen Habermas, *The Structural Transformation of the Public Sphere: An Inquiry into a Category of Bourgeois Society* (Cambridge, MA: MIT Press, 1989)。而实际上我早在加里·麦克多诺之前就已经设定并使用这一用语。

子乐其外见也")。① 预期的结果是：把尽可能多的人分为上下等级，让他们在共享教化场面的殊荣中获得极大的乐感（即使不能直接参与和获得有形的赏赐），无论这样的场面是统治者按照礼制施恩天下，奖励长者，大摆乡宴，还是举行悼念游行。在电影、电视、互联网或社交媒体等出现以前的时代，这样的教化风俗被认为可以使广大身份、地位不同的人获得适当的欢乐，同时突出统治者作为教化者的权威，给予人们一种强烈的社群感。

丧礼，作为一种古代教化的特殊形式，包含了禁止奢侈的规定，同时也使感官得到满足。不过，对于荀子来说，其真正的意义在于：它使人们注意到人类的共同点，因为所有人类都会经历死亡，而且给参加丧礼的人一个共同的感觉，即个人通过社区意识继续存在。这使活着的人确信，通过为他们举办的纪念活动，他们死后仍然活着。因此，从庄严的哀悼仪式中，参加丧礼的成员了解到他们部分的生命价值取决于社区的连续性。②

---

① 见《礼记正义》(1815年阮元校勘版)卷二十三，15b—16a。《礼记》的思想被认为反映了"荀子学派或道统"。但是《荀子·君道》有："请问为人君，曰：'以礼分施，均徧而不偏。'"（见哈佛燕京学社《荀子引得》，下面的《荀子》引文皆出自此引得）。《韩诗外传》卷四亦有相似之语："君人者，以礼分施，均徧而不偏。"我认为统治者是基于这样的分配法则，宣布公共大赦的。参见马伯良（Brian E. McKnight）的 *The Quality of Mercy: Amnesties and Traditional Chinese Justice* (Honolulu: University Press of Hawaii, 1982)。请注意，《荀子·非十二子》提到"士"也是"乐分施者也……羞独富者也"。(17/6/34—35)

② 《荀子·礼论》全篇都是关于这一话题的讨论。由于荀子反复声明，第一，死者没有意识；其次，一个理想的人应该摆脱对他人盲目的依赖，因此，他坚持从死后的纪念活动中得其所"乐"，这乍听起来似乎荒谬透顶。毕竟建立和保持集体意识取决于他人。但是，他并不仅仅在这一点上受到由来已久的社会关注。实际上，好名声对一个人而言，首先代表对死亡和默默无闻的胜利，还有代表正义的主张。这种主张似乎是常识，甚至我们中的许多人自认是不可知论者或无神论者，都在为树立美好的名声而努力。几乎所有荀子的观点都包含在一部现代的著作中，参见 Roy A. Rappaport, *Ritual and Religion in the Making of Humanity* (Cambridge: Cambridge University Press, 1999), p.451。

与律令类似,丧礼禁止奢侈品,因为二者都旨在防止野心勃勃的人僭越其应属的等级和特权,以免危及他们自己和社会。简单来说,禁止奢侈的规定明示了那些有一定地位者所能消费的物品的数量和品质(包括土地、房屋、宴会用具等所有物品)。根据荀子的评论,禁止奢侈的规定对于健康的社会很重要,主要原因有二:首先,既然"人性"或"人情"是体验模仿的欲望(即,意识到别人已经拥有自己想要的东西而被激发的欲望),鉴于能带来"乐"之资源是十分有限的,要获得更多物品的动力必定会演变为个人和群体之间具有破坏性的竞争,除非立法与习俗限制了肆意消费的欲望。对所有人来说,生而固有的各种相互矛盾的欲望会让他们想要拥有一切,除非这样的愚蠢被更强大的动力或禁令所阻止。同样重要的是,禁止奢侈的规定如果被公平地制定和执行,①会帮助平民辨别那些最有可能给自己和家人带来长久之乐的愿望。因为在一个理想王国里,那些最值得仿效的人(即为社会秩序作出最大贡献的人)拥有最多、最好的物品,这是他们应得的公平奖赏。因而,当统治者用贵族的等级和财富来诱使人们选择"向善之路"时,②即使那些眼光平庸的人出于得到相当程度的物质享受的本能渴望,也会争相仿效那些有价值的典范。③ 反过

---

① 这里我强调"公平地",是因为荀子会确保禁令与对社会的贡献相关,而不是世袭的地位。
② 《荀子·君道》:"欲得善驭速致远者,一日而千里,县贵爵重赏以招致之。"
③ 《荀子·荣辱》:"君子非得执以临之,则无由得开内焉。今是人之口腹,安知礼义?安知辞让?安知廉耻隅积?亦嚊呷而嚊,乡乡而饱已矣。人无师无法,则其心正其口腹也。"另见《荀子·君道》:"百姓莫敢不顺上之法,象上之志,而劝上之事,而安乐之矣。"我们并不清楚,是否荀子解决了扬雄充分意识到的一个问题:(不能改变本性的)模仿与(可以改变本性的)效仿的分界线是什么?《法言·吾子卷第二》谈到,"有人焉,曰云姓孔而字仲尼,入其门,升其堂,伏其几,袭其裳",但无法在本质上仿效孔子。见:韩敬,《法言注》,北京:中华书局,1992,第 12 页。

来,这种仿效也会增长他们的见识。

198　　在这一点上,荀子希望有理想化的行政干预,因为如果君臣能够更好地了解人类冲突的原因,就会希望通过相称的物质赏罚,来激励天下百姓顺从统治者的意愿。

> 辞让之节得矣,长少之理顺矣,忌讳不称,袄辞不出;以仁心说,以学心听,以公心辨;不动乎众人之非誉,不治观者之耳目,不赂贵者之权势,不利传辟者之辞;故能处道而不贰,吐而不夺,利而不流,贵公正而贱鄙争,是士君子之辨说也。①

199　　当那些处于"下层"者发现,顺从代表"大众利益"的理想国君的意愿就能获益时,他们会乐于通过实践朝廷所主张的社会美德而满足自己对于财富和地位的渴望,因为这是一条安全之路。通过恰当的管理和指引,平民百姓愿意放弃只顾满足某些欲望的短期行为,只要他们对于实现长期的、更远大的目标有着理性的愿景。那些完全习惯于对欲望反复权衡的人,有可能发展出一种比第一天性更可靠、更有主观性的后天性,它能够使人享受古典时代备受推崇的安乐。②

　　基于此,荀子的《富国》篇有一段雄辩,他设想王廷是身份物品的主要分配者,那些物品包括材质精良的简牍和帛书。(见图4.1)对这些高档物品的正常礼节性分配,成为与刑律这个"大棒"

---

① 见《荀子·正名》。
② 我相信,荀子很谨慎地区分人出生时所具有的先天之性("天情")与后天之性,后者是具有可塑性的,正如《天论》篇中所贯穿的论述。《尚书·洪范》和《韩非子·二柄》中的一些段落讨论了如何激发百姓对物品的天然渴望,正如荀子《礼论》篇的经典总结。但是像扬朱这样的思想家拒绝接受统治者的意愿构成共同利益的想法。当然,他们的言论没有被任何王朝接纳。关于第二性,当人类被迫减少、改变或完善他们的欲望的时候,他们被提供了一种前景,即这一过程会使他们获得长生和声名的机会最大化。

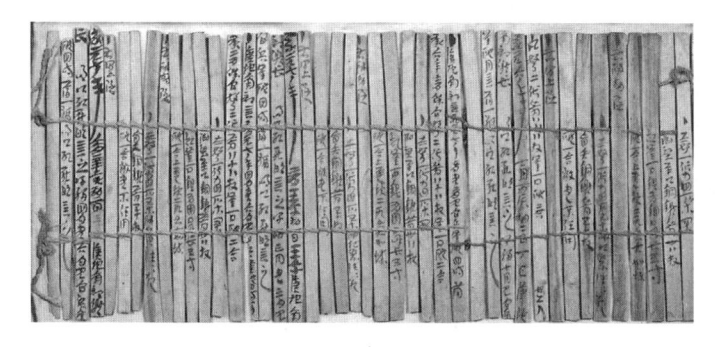

图 4.1　以编绳编连而成的东汉简册(该图中的是木简,而非更普遍的竹简)所记录的一册官府文书。出土于居延(在今天的内蒙古境内),遗址 A27(查科尔帖)。单简约长 23.1 厘米,简卷约长 91.6 厘米,重 243.63 克(不含编绳),简号 128.1。完整的释文可见于下面的资料库: https://ndweb.iis.sinica.edu.tw/woodslip_public/System/Main.htm。图中我们所看到的是东汉时期的官方文书《永元器物簿》,内容记录的是永元五年至七年(公元 93—95 年)的军队装备情况。虽然这一特定文本是由木简编连而成(这种木简常见于西北地区),这样的编连格式与早期写本文化中的竹简形态是相同的。当然,一旦编绳损毁,竹木单简的原有顺序就会混乱,仅此一点就妨碍了复制文本时逐字转写的可能性,也影响了具有学力之人记诵文本,或者在他们抄录的文本中插入自己的评论或阐述。

相对的"胡萝卜"。在朝廷可以使用的这两种治国工具中,"胡萝卜"可以激励百姓遵从主上的号令,从而使国家井然有序。明智的统治者希望通过赋税、贡品和礼物交换获得丰厚财富,但他并不是要囤积它们,而是为了能够自由地分配给百姓,实际上,这样的举措使家家户户都成为他自己的粮仓。无论付出的代价有多大,这样的礼物与奖赏都是物超所值的,因为正常的财物支出让百姓与国君紧紧联系在一起。如果君民之间缺乏如此紧密的联系,就会发生叛乱和杀戮。因此,根据荀子的说法,墨家崇尚节俭的旧观点必须被视为"过言"而加以谴责,即其错误在于,罔顾物品代表着统治者所拥有的最好的激励手段,而对于财政底线给予了适得其反的关注。难怪明智的统治者会关注如何将人们所渴慕的礼仪之物(包括简帛在内)分配给下层平民。

255

通过颁布禁令，施行赏罚分明的制度，可以使一个原本不重道德的人也受到教育，为了更广大的社会利益而摒弃自私的想法，因为禁令宣扬了这种悖论，即如果他试图从自己的行动中获得最大利益，最好先报效国君，造福百姓。

> 孰知夫出死要节之所以养生也！孰知夫轻费用之所以养财也！孰知夫恭敬辞让之所以养安也！孰知夫礼义文理之所以养情也！故人苟生之为见，若者必死；苟利之为见，若者必害；苟怠惰偷懦之为安，若者必危。①

国君通过制度来强化现实与道德考虑并重的理念，以此教导臣下，要始终坚持道德选择，只有这样，他们才能使自己受益。然后，君臣会轮流劝说绝大多数百姓考虑到社会其他成员的利益，无论这些百姓如何平庸、不道德或者贪婪。这创造了一个非常有用的治理原则，因为几乎所有的享乐形式都意味着一个人依赖于他人，哪怕只是暂时的。（的确，各种礼仪都会产生这样的关系。）因此，当人们在日常生活中确信一种按照社会贡献大小来分配资源的制度的公正性时，每个人都会感到更加自信，因为他将获得其应得的价值，那是一般人和有识之士所一直渴望得到的：长寿、财富、官位、好名声、社会地位、美貌、荣耀以及自由。

在这样的制度和习俗支持下，一个理想王国的每个人都可以得到"安乐"，②人尽其才，也相信统治者能"尚贤使能"。③《荀子》中的抒情段落把理想王国描述为人人都能获得安乐的世界："百

---

① 见《荀子礼论》。"孰知"句式似乎把我们的注意力引向简单直接的问题："谁能懂得明显的道理，是社会的一员还是统治者？"并强调显而易见的答案，而非实际的情况，这是一个悖论。
② "安乐"一词出现在《荀子》中的五篇，计11次。
③ 见《荀子·臣道》。

姓莫不安其处,乐其乡。"①在那个理想世界,正如荀子《乐论》中所述:

> 其耕者乐田,其战士安难,其百吏好法,其朝廷隆礼,其卿相调议。②

在《荣辱》篇中,荀子也谈道:

> 则农以力尽田,贾以察尽财,百工以巧尽械器,士大夫以上至于公侯,莫不以仁厚。③

安邦定国的政治所要求的,不仅仅是社会的每个组成部分都像大车轮中的小齿轮那样顽强地运转,良政的基础是每个人都热情响应号召,因为可以尽显其能。从"天子到平民百姓",所有人"莫不骋其能,得其志,安乐其事"。④ 就像一条自由自在的鱼(这是荀子用的比喻,庄子也用过),每个人都对自己的处境感到满意,因为他所做的事"不自以为多……不自以为寡"。⑤ "百乐者生于治国者也。"⑥

但是,正如荀子所承认的,许多人并没有幸运地生活在那样令人羡慕的治世,从事适合自己的工作,兢兢业业,安心无忧。生

---

① 见《荀子·乐论》。
② 同上。
③ 见《荀子·荣辱》。
④ 见《荀子·君道》。
⑤ 荀子用离开水的鱼来反证,见《荀子·荣辱》:"儵䱁者,浮阳之鱼也,胠于沙而思水,则无逮矣。"庄子关于自在之鱼的比喻,见《庄子·秋水》:"儵鱼出游从容,是鱼之乐也。"后面的引文见《荀子·荣辱》:"夫是之谓至平。故或禄天下而不自以为多,或监门、御旅、抱关、击柝日而不自以为寡。"
⑥ 见《荀子·王霸》。有人认为荀子也许会赞同一位现代诗人唐纳德·霍尔对于分配的任务与使人得到满足感的工作之间的区分。无论如何,这样的理想状态是"造福世界的最强大的工具"。见:Donald Hall, *Life Work* (Boston, MA:Beacon, 1993)。

逢乱政之世，无论一个人多么贤能，都无法"能为可贵……能为可信……能为可用"。① 那么，没有什么可以保证好人可以逃避危险和耻辱，即使"仁义德行，常安之术也"。② 优秀的男人和女人有时候因命运不济、天灾人祸，或小人陷害，而遭遇不幸。"好女之色，恶者之孽也；公正之士，众人之痤也；循乎道之人，汙邪之贼也。"③诽谤和嫉妒会造成很大的伤害。

教化的过程缓慢而艰巨，如果道德行为不能保证一个人的安全或者荣耀，那么，为什么一个人要坚持德行呢？荀子以惊人的平静回答说：虽然君子不能得到合适的职业和身份，但他的人生是至乐的。对于那些努力向善的人，不管当世的身份与地位如何，都可以获得一种自我价值感。④ 他们的身体可能会遭到残忍的损伤和毁坏，但是没有人能剥夺他们令人瞩目的成就和"诚"之道。荀子肯定是想起了早逝的颜回的例子。孔子在痛悼这位心爱的弟子时，感慨自己的人生是失败的。但是我们将会看到，荀子对此作了进一步的阐述。

"诚"：终极、不可侵犯之乐

荀子所提出的治国前提和政策对于理解《荀子》这部著作非常重要，他最重要的辩说见于有关"诚"的话题的讨论，并且他谈到了神明，这对荀子来说很不寻常，但在他的时代还是很普遍

---

① 见《荀子·非十二子》："君子能为可贵，不能使人必贵己；能为可信，不能使人必信己；能为可用，不能使人必用己。"
② 见《荀子·荣辱》。
③ 见《荀子·君道》。
④ 见《荀子·荣辱》："以治情则利，以为名则荣，以群则和，以独则足，乐意者其是邪？"

第四章　荀子："重明以丽乎正"

的。① 荀子言论的逻辑如果不是由两个相关的概念支持,就肯定站不住脚:一是君子之乐不需要依赖他人;二是君子气度非凡。前者源于古典的传统,后者也许是荀子受到启发后的创新。② 正如荀子所言,在任何情况下,君子(既可以指贵族,也可以指贵族精神)以在社会场合的优雅举止为乐,坚信通过训练和实践的磨炼,可以赢得不朽的声誉,并流芳后世。在逆境中,甚至在极为严峻的情况下,君子不会惊慌失措,因为他了解自己,真正的"失志"就是缺乏"能尽其性"的"至诚"。③ 因为他从不慌张,所以他不归咎于任何人或任何事。他始终保持镇定、自得和乐观。

也许我们可以从荀子关于君子之"诚"的长篇大论着手,他的描述使人们远离了现实政治的平凡世界。这段话是这样的:

> 君子养心莫善于诚,致诚则无它事矣,唯仁之为守,唯义之为行。诚心守仁则形,形则神,神则能化矣;诚心行义则理,理则明,明则能变矣。变化代兴,谓之天德。
>
> 天不言而人推高焉,地不言而人推厚焉,四时不言而百姓期焉。夫此有常,以至其诚者也。君子至德,嘿然而喻,未

---

① 见第 226 页注释①。
② 关于君子不屈从于他人的意志,请见下文。荣耀对于荀子的同时代人和弟子们都很有吸引力,但是请注意思想的独立与等级社会君王的要求之间潜在的冲突(这是荀子作为一位修辞大师所小而化之的)。《左传》提出了相似的例子,其中,美被定义为"无害",关注礼节性宴饮场合的利弊。见史嘉柏(David C. Schaberg)的 *A Patterned Past: Form and Thought in Early Chinese Historiography*(Harvard East Asian Monographs 205. Cambridge, MA: Harvard University Press, 2001), pp. 227-229. 我把《左传》的成书年代推到相对较晚的时间,即使它还没有经过汉代以后的杜预(222—285)的完全的重新整理和再编辑。(也可参见第二章)
③ 见《中庸》第 22 章"唯天下至诚,为能尽其性"。"夹注"一词是我借用了中华书局版《后汉书》卷五十九《张衡列传第四十九》第 1898 页夹注 1 中张衡的话,它汇辑了《荀子》中的几行文字。关于君子不怨天尤人,是因为他"自知",请见《荀子·荣辱》:"自知者不怨人。"

施而亲,不怒而威。夫此顺命,以慎其独者也。①

善之为道者,不诚则不独,不独则不形,不形则虽作于心,见于色,出于言,民犹若未从也,虽从必疑。

天地为大矣,不诚则不能化万物;圣人为知矣,不诚则不能化万民;父子为亲矣,不诚则疏;君上为尊矣,不诚则卑。夫诚者,君子之所守也,而政事之本也。唯所居以其类至,操之则得之,舍之则失之。操而得之则轻,轻则独行,独行而不舍则济矣。②

荀子在这里把"神明"描绘为有着纯真的光辉与仁慈,强烈地影响着地球上那些依赖于它们的生命。③ 他唤起了人们对于他那个时代大众宗教的联想,把奇迹般的重大变化的发生归功于看不见的宇宙力量,它们在寻常的因果世界之外(它们"不言",似乎也很少干预),而不凭借强力或命令。通过类比,荀子暗示了君子个人正直人格的奇妙影响,这是不言自明的,但如果君子要改变别人,就必须独善其身,它表现为对责任的绝对践行,无论这样的践行是可见的,还是不可见的。首先,荀子强调君子在生活中的行为所产生的令人心悦诚服的效力:他举止优雅,始终如一,以令所有人瞩目的出色形式展示了他内在的仁善,这样他忠于职守的行为就像玉器上的纹路一样令人赞叹。因为内在与外在、对上与

---

① 《荀子集解》卷三把"不睹"和"不闻"与君子的慎独相联系。见《荀子集解》(1988),第46页。
② 见《荀子·不苟》。关于"诚"的内外关系,另见《荀子·大略》:"小人不诚于内而求之于外"和《荀子·尧问》:"忠诚盛于内,贲于外。""精诚"在《庄子》第三十一章里出于孔子之口,他谈到"精诚"是"动人"的前提。关于圣人之道作为人性的"展示",请见柯雄文(Anthony S. Cua)的专著: *Ethical Argumentation: A Study in Hsün-tzu's Moral Epistemology* (Honolulu: University of Hawaii Press, 1985), p. 160。
③ 见《荀子·劝学》:"积善成德,而神明之得。"

对下在他身上都有完美体现,他完美的人格修养对于小人的影响,就像传说中的神明一样。君子引人注目的品质,源于他通过提升自己的情感和思想来发展自己潜能的彻底性。对他而言,唯一要务就是修其诚。因而,这也是君子与小人之间的区别,后者总是免不了会产生混乱、盲目的冲动。

> 君子之学也,入乎耳,着乎心,布乎四体,形乎动静。端而言,蝡而动,一可以为法则。小人之学也,入乎耳,出乎口;口耳之间,则四寸耳,曷足以美七尺之躯哉![1]

荀子对于小人的评价多么富于讽刺性!无论他们的世俗身份如何,即便是面对具有特权的对话者,荀子也从来没有忘记过嘲讽,这与他对于君子不厌其烦的赞美形成鲜明的对比。在他眼里,君子对于自身、与他有亲密关系的人,以及更大的社会来说,都是"完美的典范"。荀子非常郑重地提出关于君子的如此观点。对于他来说,最看重的是君子独特的方式和威仪,这是由君子全身散发出来的气度,不仅体现在他的言语上,也体现在内心深处。为此,"相形不如论心",[2]那些让君子感到满足的美妙行为方式,使他为美所充盈,也为他所有主要的社会关系带来温和与优雅。

如前所述,如此技巧必须要反复练习,直到其效用可以得到充分的发挥。一个人为善,会慢慢由此发现其中的力量。但是对荀子来说,最好的技巧是通过礼仪交流而得到磨炼的,即使这样的交流是发生在最低级的乡饮礼上,它展示了礼仪的变革力量。乡饮仪式上的表演重申、确认并向人们灌输了荀子试图提倡的说教,下面这段对于仪式的描述就是一个明证:

---

[1] 见《荀子·劝学》。
[2] 见《荀子·非相》。也可见《荀子集解》(1988),卷三第48页。

> 主人亲速宾及介而众宾皆从之；至于门外，主人拜宾及介，而众宾皆入，贵贱之义别矣。三揖至于阶，三让以宾升，拜至献酬辞让之节繁，及介省矣。至于众宾，升受，坐祭，立饮，不酢而降。隆杀之义辨矣。工入升歌三终，主人献之；笙入三终，主人献之；间歌三终，合乐三终，工告乐备，遂出。二人扬觯，乃立司正。焉知其能和乐而不流也。宾酬主人，主人酬介，介酬众宾，少长以齿，终于沃洗者焉。知其能弟长而无遗也，隆、说屦、升坐，修爵无数。饮酒之节，朝不废朝，莫不废夕。宾出，主人拜送，节文终遂。焉知其能安燕而不乱也。①

按照上面这段话，礼仪同时给人们很多启示：一个人不必把责任与享乐对立起来，因为君子可以得兼；社会等级制度不必让任何人感到被疏离和丧失尊严；社区环境中的随意性并不会造成失序。贵族们按照圣王设立的古老制度优雅地互动，每一个姿势，无论随意与否，都体现了礼仪。荀子这样的信念并不令人吃惊，因为人们普遍认为，修养能使人充满魅力，和谐一致。（我们可以联想到《荀子·不苟》篇，它描述了理想的君臣关系。）而荀子毫不犹豫地谴责那些在诸如乡饮这样简单的社交场合上傲慢无礼的人。他所希望的无拘无束和轻松欢乐的场景，是所有参加者在组织者的指引下，觥筹交错，欢饮达旦，展现了无比巧妙应对社会情境的人性化想象。② 拥有优雅风度的男子会感觉自己和他人是在一出有意义的演剧中的演员，他们的一生都是由这样的表

---

① 见《荀子·乐论》。因此，荀子批评了修养不足的"俗儒"，他们不能欣赏宴乐，只是呆坐着，目光茫然。荀子的理想君子是能"以身作则，移风易俗"。
② 参见 Baldassare Castiglione（1478—1529），*The Book of the Courtier*，trans. George Bull(New York: Penguin Books, 1976)。但是对于这位文艺复兴时期的意大利文人而言，优雅源于"一种淡然，它掩饰了所有技巧，并且使一个人的一言一行都看起来轻而易举，毫不费力"。对于荀子来说，优雅则是使人身心礼仪化的产物。

演构成的,它高度仪式化,经久流传,令人愉悦而无悔。

在讨论《荀子》的其他相关段落前,也许回顾一下前现代和后现代对于艺术的有关分析是有益的。从根本上说,"艺术之所以为艺术,因为它不是自然"。(荀子坚持,人们不能有意选择自然,人性也一样。)一件打动人的艺术品,作为有意而为的产物,必须被视为一个整体,并具有一种不可分割性:美得浑然一致,引人入胜;让人们把它留在脑海里,以更好地解读其中的信息;它也体现了艺术家对于观赏者的反复影响,不依赖于并超越了一次性的移情,甚至是一种"持续的心理综合体验";它的存在本身就是目的,是名义上的所有者也不能真正"拥有"的亚物种;而它也暗示旁观者,他们具有比自己所意识到的更大潜力。① 所有这些引人注目的联系都出现在荀子对于君子及其谨慎行为的描述中,因为正如荀子所说,君子对于修养的目标是"美其身",不是为了取悦他人,

---

① 关于第一点,请参见 T. W. Adonno, *Aesthetic Theory*, trans, Robert Hullot-Kentor(Minneapolis: University of Minnesota Press, 1997), p. 4. 第四点,可参见 Murdoch(1993), 3. 请注意,柏拉图的《理想国》卷十强调"善良、清醒、安静与平和,无法用艺术来表达"。荀子对于礼仪的阐述很显然让人们意识到,对于某一特定仪式的准确解释是因人而异的,虽然接受的力量是一样的。关于第五点,可以比较路德维希·维特根斯坦写于 1916 年 10 月 7—9 日的哲学笔记,"艺术作品被视为'亚物种',美好的人生也是'亚物种'。这是艺术与道德之间的联系"。见 Ludwig Wittgenstein, *Notebooks, 1914 - 1916*, trans, G. E. M. Anscombe (Chicago, IL: University of Chicago Press, 1961),83e - 84e. 关于第六点,约翰·伯格(John Berger,1927—2017)认为,艺术品给人们带来愉悦,因为"它增强了我们对于自己潜能的意识……它以某种方式暗示了提高、改善的可能性"。见 John Berger, *Selected Essays*, ed. Geoff Dyer(New York: Vintage, 2001), 8. 最后,还可以对照凯恩斯(J. M. Keynes,1883—1946)所引用的乔治·爱德华·摩尔(J. M. Keynes,1873—1958)的话,"到目前为止,我们所知道或可以想象的最有价值的事是某种意识状态,它可大略被描述为人类交往的乐趣和对美好事物的欣赏"。见:J. M. Keynes, *Two Memoirs: Dr. Melchior: A Defeated Enemy and My Early Beliefs*(New York: A. M. Kelley, 1949), 6, 113. 当然,荀子没能解释"乐"中暗含统一性的假设。而这样的问题引起了英国哲学家莱尔的兴趣。见 Ryle(1953).

而是要使自己得到满足。① 下面这段话,是现存《荀子》文本中所贯穿的陈述,它表明君子已经成为高尚的艺术品,他所达到的至"美"超过了那些平庸、随意、脆弱和残缺的事物。君子默默地无视诽谤、机会主义和不幸所带来的烦恼,在极端困难的境地中始终关注形式、节奏和质感为人们增强感知力的途径,从而也提供了一条拯救之路:

> 君子知夫不全不粹之不足以为美好,故诵数以贯之,思索以通之,为其人以处之,除其害者以持养之。使目非是无欲见,使耳非是无欲闻也,使口非是无欲言也,使心非是无欲虑也。及至其致好之也,目好之五色,耳好之五声,口好之五味,心利之有天下。是故权利不能倾也,群众不能移也,天下不能荡也。生乎由是,死乎由是,夫是之谓德操。②
>
> 德操然后能定,能定然后能应。能定能应,夫是之谓成人。天见其明,地见其光,君子贵其全也。③

在这里,荀子暗示了对于古往今来使许多人受到奴役的两种可能性的抗拒:表面之美的诱惑和对于脆弱、残缺或颓废的迷恋。除非他的修身养性达到了完美的境地,使他的心灵安定,否则他

---

① 见《荀子·劝学》:"古之学者为己,今之学者为人。君子之学也,以美其身。"
② 因为"藻"在汉代经常与"德"连用或者相关,如《法言·学行》卷第一下的"藻其德"(见《法言注》,中华书局,1992,第7—8页),还有《太玄经》第87篇《太玄莹》的"质幹在乎自然,华藻在乎人事"以及第90篇《太玄》的"文为藻饰"(见《太玄逐字索引》,香港:商务印书馆,1966,第87页和90页)。我怀疑这里的"操"可能是后来编者的修订。因此,对这一双音词的可能的过度翻译,旨在得到两种可能的解读。
③ 见《荀子·劝学》。王志民(John Knoblock)在他的《荀子》英译本中,认为这段话是"内在力量的坚决",大概指的是"通过自律而获得的美德"。见 Knoblock(1988—1994), v.1, 142。请注意,王志民认为整个段落都是对于君子学习的评论,而我认为这是描述君子的完美是一种学问的体现和正确行动的典范。也可参见《荀子·非十二子》:"恢然如天地之苞万物,如是则贤者贵之。"

在别人眼里就是有缺陷的人。这一段文字似乎包含了荀子认为修养可以使人的德行得到升华的一系列观点,这些主张包括:万物皆美,只要它完整无瑕,就是人们所向往的;君子努力使自己举止完美得体,毫无粗疏之处,是因为他希望达到"荣耀"之境,这样可以推动他人向善,而这些努力也为他增添了无比的优雅,使他不自觉地受到广泛的仰慕,对于"安定"人心(当然也包括他自己的)产生了美妙的效果,使人们摆脱了焦虑,自此以后,他们所付出的努力,必有所得。但是,正如美与光有着非凡源头(如布满繁星的天空)一样,君子的特质与神秘的神明相似,独立于注视者的目光而存在:他"如圭如璋,令闻令望"。① 君子也充分意识到自己的完美,并不在意别人对他的看法。当谈到自己的成就时,他"言己之光美,拟于舜禹,参于天地,非夸诞也"。②

多亏了君子"考虑周到"(circumspection,兼有"考虑各个方面"和"谨慎行动"之意),因为"动静有常",他找到了一种平静的满足之源。尽管他充分意识到了社会孤立和自私自利的危害,③但是"知进而不知退,知存而不知亡,知得而不知丧。其唯圣人乎!知进退存亡而不失其正者,其唯圣人乎!"④由于"圣人之思也乐",⑤君子无需依赖外部环境来维持其身心健康。

> 心平愉,则色不及佣而可以养目,声不及佣而可以养耳,蔬食菜羹而可以养口,粗布之衣、粗𬘓之履而可以养体,屋室

---

① 见《荀子·正名》。关于欧洲人对于脆弱和残缺的迷恋,请参见 Elizabeth Wanning Harries, *The Unfinished Manner: Essays on the Fragment in the Later Eighteenth Century*(Charlottesville: University Press of Virginia, 1994)。
② 见《荀子·不苟》。
③《荀子·正名》谈到,这样的君子"重己役物"。请看下面的讨论。
④《周易·乾·文言》。
⑤ 见《荀子·解蔽》。

265

芦庚菽枣蓐尚机筵而可以养形。……夫是之谓重己役物。①

理想情况下,人们为了自我价值感而减少对外部世界的依赖性,这一倾向也会延伸到社会政治领域,尽管荀子不止一次地劝诫人们,作为社会生物,要利用一切机会尽可能充分地参与该领域。小人被物所役,而与之相反,君子利用任何可能的外物来维持自己。他不会被他人的反应打倒或击败。权力和利益无法诱惑他,大众无法使他动摇,朝廷之事也无法使他焦虑不安。这位君子对于自己的荣誉和人格非常在意。②他知道如何在困境中自强不息,也知道如何临危不乱。③因此,下面的几句话描述了君子修身之益处:"以治情则利,以为名则荣。以群则和,以独则足"。④

由于"每个注重物质欲望的人都会内心忧虑",⑤君子对外界的相对漠视有利于他追求日常生活之乐。即使君子还没有得其大道,也能充分享受内心之乐。⑥(正如西汉后期的大师扬雄在两个世纪后所言:"圣人乐天知命"。)⑦荀子由此得出结论,人们也许可以说这样一位男子"无一日之忧"。⑧毕竟,忧虑一般是出

---

① 见《荀子·正名》。
② 见《君子·修身》:"身劳而心安为之,利少而义多为之。"《荀子·劝学》:"权力不能倾也,群众不能移也,天下不能荡也。"另参见《君子·正名》:"不动乎众人之非誉,不治观者之耳目,不赂贵者之权执。""无稽之言,不见之行,不闻之谋,君子慎之。"《庄子》中也谈到了"物物"和"不物"的重要性。见《庄子·在宥》。
③ 见《君子·劝学》:"君子之学也,以美其身。"
④ 见《荀子·荣辱》。
⑤ 见《荀子·正名》:"外重物而不内忧者,无之有也。"(86/22/79)另见《荀子·修身》:"内省而外物轻矣。"
⑥ "君子其未得也,则乐其意。既已得之,又乐其治。"见《君子·子道》。《荀子·正名》也谈道:"故无万物之美而可以养乐。"
⑦ 见《法言注》(1992),卷三,第3页。
⑧ 见《君子·子道》。

于对未来可能失去"乐之源"的深刻恐惧。君子很清楚地知道:"仁之所在无贫穷,仁之所亡无富贵"。① 由于以上所有这些原因,追求美德("德")的决心与希望获得成功人生("得")的最大愿望相抵触,②因为,要满足获得官位、财富和荣誉这样的普通欲望都要依赖于别人的给予。不过,君子的愿望常常是复杂的:既能达到令人羡慕的某种程度的自在状态,又能获得长久之乐,哪怕面临羞辱或死亡,也不违背自己的意愿。这种精诚和专一使他身心自在,并体现在他所选择的行动上。③ 由于君子"可选择的范围很小,但是很实在",我猜想,荀子也许会同意爱德华·摩根·福斯特(E. M. Foster)④的总结:"我们所得到的快乐,并不是细如薄纱,而是已经成为我们铠甲的一部分,我们可以利用它来保护自己,即使可以对抗命运的铠甲并不存在。"⑤我确信,荀子,这位有着众多弟子期待他"道出快乐人生真谛"⑥的大师,一定会对此表示赞同的。

---

① 见《荀子·性恶》。
② 这是战国后期和汉代文本中出现的标准双关语。
③ 见《荀子·解蔽》:"故曰:心容,其择也无禁,必自见。"
④ E. M. Foster, 1897-1970.
⑤ 这段话引自:"A Note on the Way," in *Abinger Harvest* (New York: Meridian Books, 1955), 73-75。雷蒙·格斯(Raymond Geuss)写道:"抱负,甚至幻想,具有巨大的动力"。见他的 *Philosophy and Real Politics* (Princeton: Princeton University Press, 2008), 11。
⑥ 见古罗马诗人贺拉斯(Horace,前65—前8) *Ars poetica* 一书的英译本:*Satires, Epistles, the Art of Poetry*, trans. H. Rushton Fairclough, Loeb Classical Library 194 (Cambridge, MA: Harvard University Press, 1929), line 334。在此感谢柯马丁教授为我提供了这一参考文献。

第五章　人生要义：庄子的至乐[①]

> 归根结底，"乐"是身体对生命的认可，是生命与物质世界的必要和解，哪怕只是短暂的。
> 　　　　——弗雷德里克·詹姆森《乐，一个政治问题》

亚里士多德说过一句名言，充实的生活远比仅仅生存要丰富得多。[②] 要获得生之乐趣与自在，[③]免于受到羞辱，或者从过分的自我关注中解脱出来，我们都需要某种明确的阐述。庄子正是那

[①] 感谢上海财经大学外国语学院的朱舒然博士对本章的修改和润色。本章的英文标题是"Vital Matters: The Pleasures of Clear Vision in the *Zhuangzi*"，"vital matters"有双重含义，既表示生命力，又表示最重要的东西。

[②] 相似地，荀子和孟子都认为，"乐"不只是过着不受干扰的生活（比如，一个处于昏迷的人），而是特定的人与物，过着最适合于自己，也最充实的生活。韩炳哲是这样论述的："活着本身，是一种极其复杂的现象，当代社会把它归结为重要的功能和能力。"因此身体与人类作为一个整体，成为"可以不受干扰、获得最高成就的功能性机器"。"资本主义经济把生存绝对化。它不关心什么是美好的生活。支撑它的是一种认为更多资本可以制造更多生命的幻觉，这意味着生存的巨大能力。"见韩炳哲（2015），30，50。

[③] 见《说苑·贵德》："人情安则乐生。"（《说苑逐字索引》，香港：商务印书馆，1992，第11页。）另见《前汉纪·孝宣皇帝纪一卷第十七》："夫人之情，安则乐生。"（《两汉纪》，北京：中华书局，2002，第297页）还有《汉书》卷五十一《贾邹枚路传第二十一》中亦有"夫人情安则乐生"之语。（《汉书》51.2370）关于"乐明神"一语，见《全后汉文》卷十三《言体第四·桓谭》(5)，严可均《全上古三代秦汉三国六朝文》，台北：世界书局，1961。

个尝试将这种明确性具像化的人。① 但无论是作为虚构的《庄子》一书的作者,还是《庄子》中的主人公,"庄子"并没有进行枯燥的理论说教(请参考本章后面的《附录》)。② 相反,他嘲笑那些不知变通的逻辑思想,这一点,每个初读《庄子》的人也能感受得到。但从另一方面看,《庄子》并不是一个容易解析的文本,因为它极尽修辞手法来惊骇读者,使他们摆脱最根深蒂固的成见。《庄子》深刻地指出,以整体和本来的面貌来看待事物才能带来无穷之乐,同时它也巧妙地证明了,每个人都是不断变化的事物的一部分,因此没有人能做到洞察一切。然而,《庄子》认为,一个对万物中跃动的神秘生命力敏感的人,大多能在复杂的互动中经历生动的体验,他会在这样的场景中领略到强烈的愉悦感,以至于与人相处都保持着春和之气。③

《庄子》的风格是独树一帜的。它没有针对某个主题而精心组织的专论。最常见的形式是寓言、故事和快节奏的对话,故事的背景中有动物、来世和宫廷等,有的是人们所熟悉的,有的是陌生的。有的时候庄子的散文是有意循环论证的。在有些段落中,正反观点针锋相对,令读者感到眼花缭乱。《庄子》惊人的虚构激发了读者的想象,使他们将目光从规则、律令、惯例和制度统治下的传统世界转向更美好的愿景。在虚构的情节中,读者可以安全地体验不同的角色,感受他人的思维与行动,洞见他人观点的吸引力。例如,庄书中演绎着非同寻常的友谊,身处其中,可以体会

---

① 见《吕氏春秋》:"诚辱则无为乐生,若此人也,有势则必不自私矣。"陈奇猷《吕氏春秋校释》,卷三,上海:学林出版社,1984,第3页。
② 尽管《庄子》是汇辑了诸多作者的作品,这里我倾向于把它视为中国人所见的《庄子》,一个由很多篇章构成、篇幅很长的文本。
③ 见《庄子·内篇·德充符》:"使日夜无郤而与物为春。"

到宽容与慷慨对于友情的可贵。和孟子一样,庄子的文笔非常优雅,但与孟子不同,他不为权贵写作,对于遇到的国君也不太感兴趣,不过,如果有人向他请教,他也愿意贡献自己的智慧。他问道,人间风光无限,为什么要把眼光局限于此?庄子和荀子都看到了人生的荒谬和不完整。但荀子提出,要一心一意提升自己的欲望,塑造自己,玉琢成器,而庄子则开辟了一个新天地:他让我们"复其初""反其真"。① 人类虽然有局限性,可是其中自有一种美好。所以,在开始享受宇宙奇趣的悠闲旅程之前,我们必须摆脱对道德确定性的偏好和自以为是。

现代读者也许对于《庄子》的新视角感到陌生,甚至由于某种原因而感到不适。这主要是因为长期以来对于《庄子》前七篇(所谓的"内篇")的过分强调。有人认为"内篇"才反映了作者的本意。② 撇开这些繁复的解释,③最吸引我们的是庄子对读者朴素的愿望:跳出认知世界的障碍,发现身边平凡事物中难以言喻的美。"反无非伤也,动无非邪也。"④本章的阐释基于对《庄子》的《至乐》《达生》与《养生主》篇的重要论述。通过广泛地阅读各种诠释《庄子》的文本,旨在阐明庄子微妙的暗示,并试图重新捕捉到早期《庄子》所激起的兴奋。正如庄子所建议的:"顺物自然任

---

① 见《庄子·缮性》和《庄子·秋水》。
② 见 Klein(2010)。许多中国学者仍然认为,《庄子》的大部分或者全部都是出自一位作者之手,而欧裔美国学者则不以为然。我让一位十分勤奋的本科学生斯科特·戴维斯检索那些在英文的二手资料中引用的轶事,有五篇(其中四篇来自《庄子·内篇》)几乎反复出现,而其他篇章却很少被引。这就是我所说的"怠慢"。请参见第 276 页注释①。
③ 在那些当代人的解读中,最糟糕的还是于丹的《庄子心得》(北京:中国民主法制出版社,2007)。它把庄子描述成政治的"顺从"者。
④ 见《庄子·外物》。

逍遥!"①

要从有着多重声音的《庄子》中揭示一条线索,而回避以往的注疏者在该文本中留下的绝大多数棘手问题,这本身就是一种极大的乐趣。李耶理曾指出,在每个传统中,公认的大师们提出的观点,往往比他们的追随者更为激进。②而研究《庄子》的保守派学者几乎忽略了《庄子》中关于"乐"的论说。因此,本章以《庄子》的两个片段开头,一个出自"内篇",一个出自"外篇"。两个故事的主人公分别是梓庆与庖丁,他们都把自己技艺实践的心得外推到对人生的感悟。在庄子的描写中,工匠"那一刻"的专注状态已经接近于理解无形世界的神圣维度。看到那个视角,也有助于我们理解古代的"天人感应"理论。

在古汉语中,单字"生"(life)有三个意思:(1) 活着,而不是死;(2) 谋生;(3) 保持活力,某种程度上是因为不再担忧与"不安",也放弃了控制与干预的欲望。庄子所关注的主要是第三个意思,尽管他注意到对于死亡的恐惧和职业的焦虑会削弱一个人的生命力。一个普遍的主题是,生命是一种礼物,理应欣然接受。当我们"正确地"认识到生命是至乐之源,愉悦之感就油然而生,一乐复一乐,③我们的眼界也得以开阔,发现这个世界充满了神秘和奇迹。因此一心追求有限之"物"(功、名、禄、寿)是毫无意义的,最终往往一切成空。美梦总是令人向往,但它们易于使我们

---

① 《逍遥游》既是《庄子》中一篇,又是经常出现的主题。
② 见 Lee H. Yearley, "Ethics of Bewilderment," *Journal of Religious Ethics* 38.3 (2010): 436-60。
③ 请注意,我认为的"正确"一词的用法,是按照我的理解,庄子并不是相对主义者。他首先珍视生命与活力。

在有生之年心有旁骛，把注意力从充实的生活转向空想。

展示场景

《庄子》中两段很长的故事记载了"至人"与相互影响以及转化的体验之间的内在奥妙。绝非偶然的是，两个故事中的理想主人公都是地位较低的熟练工匠。显然，他们从技艺练习中所达到的境界并不取决于世袭特权，或者非凡学识，而是对于其他人与物的强烈直觉、耐心以及对发展进程的热切期待（见下文）。① 这样的经验算不上是"超验的"，但它们的确把我们带到了一个新的境界。《庄子》所表现出的惊人洞察力是：一方面承认人类的局限性，同时也充分认识到，人类是神奇命运的一部分。虽然逻辑和学习是无效的，但有时候在生命旅程中，我们暂时可以用逻辑来打败逻辑。我们可以借此解开一些纠结的问题，得到暂时的轻松，并恢复"气"的流动。

这两个故事证明了庄子相信在寻常经验中有着不可言传的神奇之处。梓庆概述了"至人"从周围景象中所获得的非凡之乐。更广为人知的庖丁故事描述了他对待自己在意的事物的方式：首先，他忘记了自己的感受，这样他就可以更多地关注他面前的一头牛。他越专心地看牛，就越能奇迹般地进入动物的场域。"与己同则应。"在此基础上，庄子形成了自己对世界独特的认识，以及人们对现实感知过程的认知。习俗和传统使人们不能明辨是非，是《庄子》的一个连贯的主题。正是在这种语境下，我把庄子

---

① 见《庄子》卷六。Watson(1968)，49。

第五章 人生要义：庄子的至乐

的提法称为"齐心"（即"斋心"）①和"静心"，也就是说，把注意力从困扰日常生活的过多思虑与一知半解中解脱出来，认识到世界是一个多样性的整体，以更敏锐的眼光来看待人生。

《庄子》"外篇"中的梓庆故事较少为人知，它描述了一个持久的过程，一种深入体验的形式，它可能暗示了对于神明的接受，以及一种"视觉存在"：②

> 梓庆削木为鐻，鐻成，见者惊犹鬼神。鲁侯见而问焉，曰："子何术以为焉？"
>
> 对曰："臣，工人，何术之有？虽然，有一焉。臣将为鐻，未尝敢以耗气也，必齐以静心。齐三日，而不敢怀庆赏爵禄；齐五日，不敢怀非誉巧拙；齐七日，辄然忘吾有四肢形体也。当是时也，无公朝，其巧专而外滑消。然后入山林，观天性。形躯至矣，③然后成见鐻，然后加手焉。不然则已。则以天

---

① 加州大学伯克利分校历史系博士研究生魏德伟在一篇研讨会论文中论证了，"齐"与"斋"两个汉字在汉代及以前为通假字，正如现存的早期文献所显示的，它们有调节"平衡"感受与对感觉进行分类的意思。在我看来，在一个新的、更积极的文本语境中，这个短语常常是用来说明佛教徒的苦修的，而这个语境与早期的实践是相符的。"齐"通常与"节"（调节音调和其他实体）和"静"（使感官平静）相关联。《礼记·祭统》中有这样一句："齐之为言齐也。齐不齐以致齐者"。这里的问题是：虽然惯例的翻译（"斋心"）假设了寺院传统中的静修，我认为这是一种"反"（返），使那些不再有助于冷静思考的感官功能被重设，或重新规范。我在第二章的开头第一句话就表明，倾听世界就是一种奇迹。
② 我从 2000—2001 年与拉鲁·邦本（Raoul Binbaum）的交谈中了解到"视觉存在"（vision presence）这个词，在此我对他深致谢意。《汉书》卷六十二《司马迁传第三十二》提到："道家使人精神专一"。见《汉书》，台北：鼎文书局，1986，第 2710 页。
③ 我很了解，"形躯"传统上指树干，但在《庄子·外篇·达生》中（还有《庄子》另一篇中），它指的是一个人的身体形态。可以对照华兹生的英译："If I find one[tree] of superlative form..."见：Watson(2013)，152 及 Watson(1968)，152。我认为"合"指的是合适的树与木匠的结合。

273

合天。器之所以疑神者,①其是与!"②

这一段文字证明,要最终掌握一门技艺,必须经过一个绝对漫长的准备过程(即使是暂时的掌握),它伴随着自我意识的逐渐淡忘和专心致志的投入。"平衡"感官的漫长过程,具有准宗教内涵("齐"或"斋")。然而其意义不只是遵守明确的禁忌仪式、禁欲和斋戒。人们"平衡"身体外形与精气,是要保持冷静的情感和判断,通过专注或静思使自己平静下来,可以自由地发现事物的特殊性和现状。③ 最终,熟练的匠人在达到忘我的境界后,就能够辨别以另一种形式存在的独特结构,那一刻,梓庆终于找到了物我交融的最好方式。[亨利·马蒂斯(Henri Matisse)曾说过:"为了画出长尾小鹦鹉,我也成了一只长尾小鹦鹉。"④]树的神性传递给了梓庆,而他也把自己的神性传递给了树。他可以全身心投入他的作品中,充分相信自己可以把天赋的世俗之美以一种形式表现出来,让其他人也能感受得到。在这样的变化过程中,"时间"是重要的因素。随着时间的流逝,树的年轮和瘿结可以证实它的成长,而它的结构变化也同样体现在梓庆的作品中。掌握了身体、情感和心理的综合技能,梓庆充分地思考另外一个层次的存在,积累的记忆和经验使这样的交流显得十分独特。⑤

---

① 同时,根据王叔岷先生的诠释,"疑"应作"拟",意思是"决定""模仿"。见:王叔岷《庄子校诠》,台北:中央研究院历史语言研究所,1988,第 709 页,注 13。
② 这段引文出自《庄子·外篇·达生》。Watson(1968),152-153。
③ 在两个汉字中,"齐"可能要早一些,我怀疑"斋"是在佛教的苦修观念更普遍传播以后才使用的,以消除歧义。见第 273 页注释①。
④ 这是马蒂斯 1952 年在法国尼斯里吉纳酒店(Hotel Regina)工作时所说的。
⑤ 美国诗人克劳迪娅·兰金(Claudia Rankine)这样写道:"世界是错误的。你无法把过去抛在身后,它就埋葬于你之中。它把你的血肉之躯变成壁柜。所学并非皆有用,但其所来自的世界终将存在于你。"见 Claudia Rankine, *Citizen: An American Lyric* (Minneapolis, MN: Graywolf, 2014), p. 105。

第五章 人生要义：庄子的至乐

庄子所刻画的工匠并不是一个墨守成规者。知彼才能知己。这位木匠完全融入了树的生命模式中，然后互感的力量改变了他。至关重要的是，梓庆并不只是施技于物（尽管他的刀很锋利），而是"以天合天"，亲历自己与树的合体。他的故事说明了这种交流的相互性。显然，人类与其他生物可以充分交流，产生神奇的结果。虽然许多近年来关于《庄子》的书都重复了一些陈词滥调，认为庄子是"沉静而内敛"的，[①]可是《庄子》文本实际上要求我们观察外部世界并融入其中。

《庄子》中的第二则故事告诉我们，只要着眼于目标并坚持不懈，循序渐进，奇迹就会发生：

> 庖丁为文惠君解牛，手之所触，肩之所倚，足之所履，膝之所踦，砉然向然，奏刀騞然，莫不中音。合于桑林之舞，乃中经首之会。
>
> 文惠君曰："嘻，善哉！技盖至此乎？"
>
> 庖丁释刀对曰："臣之所好者道也，进乎技矣。始臣之解牛之时，所见无非牛者。
>
> 三年之后，未尝见全牛也。方今之时，臣以神遇而不以目视，官知止而神欲行。
>
> 依乎天理，批大郤，导大窾，因其固然。技经肯綮之未尝，而况大軱乎！良庖岁更刀，割也；族庖月更刀，折也。今臣之刀十九年矣，所解数千牛矣，而刀刃若新发于硎。彼节者有间，而刀刃者无厚；以无厚入有间，恢恢乎其于游刃必有

[①] 见商戈令（Geling Shang）比较庄子与尼采的专著 *Liberation as Affirmation: The Religiosity of Zhuangzi and Nietzsche*（Albany: State University of New York Press, 2006）。

余地矣,是以十九年而刀刃若新发于硎。虽然,每至于族,吾见其难为,怵然为戒,视为止,行为迟。动刀甚微,謋然已解,如土委地。提刀而立,为之四顾,为之踌躇满志,善刀而藏之。"

文惠君曰:"善哉,吾闻庖丁之言,得养生焉。"

庖丁解牛是《庄子》中最有名、也最经常被引用的五个故事之一,①因为在《庄子·养生主》的故事里,庄子提出了"养生"之道,即知道什么时候相信直觉会发生作用,也知道在遇到棘手的地方最好退而思之,全神贯注地应对。许多研究《庄子》的人似乎相信庖丁故事只是表现其高超的技艺。他们认为,这个故事把庖丁节奏完美的动作形容为"合于桑林之舞,乃中经首之会",甚至当肉从骨头被割离的时候,也暗示了解牛者与牛之间被激发的协调感。庖丁自己也说,他总是让他的精神(或灵感)引领他跟着感觉走,愿意或者有意识地"忘我"。

其实这个故事是相当复杂难解的,需要更深入的探讨。《庄子·列御寇》的其他篇中也提到"圣人安其所安,不安其所不安"。② 如果我们仔细阅读文本,就能很明显地理解到,即使一个人的精神与直觉再好,也只能有助于他达到人生的某一阶段。虽然庖丁熟能生巧,但他也承认会遇到困难和阻碍,并在关键时刻不得不格外谨慎:他更加专注地注视着整头牛,用自己的感知力、

---

① 在加州大学伯克利分校本科生斯科特·戴维斯的帮助下,我建立了一个数据库,把所有有关《庄子》的英文二手研究资料中列举的《庄子》中的故事都列了出来。几乎所有有关哲学的论著都讨论了这五个故事之一(其中四个出自《庄子·内篇》):鹏鸟(第一篇)、蝴蝶(第二篇)、庖丁(第三篇)、心灵为镜之喻(第五篇和第六篇)和言语陷阱(第二十六篇),而关于鱼之乐的故事(第十七篇)则位列第六。请注意《庄子·内篇》哲学讨论的重点。

② 见《庄子·杂篇·列御寇》。Watson(1968),281.

全部的注意力来揣摩细节。然后,他放缓了动作,一点一点地推进刀锋,与刀一起感觉那些隐蔽之处,因为刀与庖丁现在本质上已经合二为一了。换句话说,他已经认识到仅凭本能直觉是不够的,在遇到棘手的情况时,什么都于事无补,相反,他必须转换到更慢、更专注和更艰难的思考方式。① 庖丁的动作时快时慢,谨慎与预见性弥补和调节了解牛过程中可能的自发性冲动,这些预防措施是通过长年的实践而获得的。最终他分解了整头牛,而似乎没有对牛施加任何暴力,也没有损坏刀刃。他的精神能量已经能辨别出牛体内的能量路径,他们一起经历了短暂而辉煌的相遇和交流。一旦牛的全身像土块一样分崩离析,庖丁获得了一种胜利的感觉,他停下片刻来体会这一刻的奇妙。接着,他把刀收起来,为了下一个任务而专心保养他的工具。

显然,即使是最有成就的人也无法每一次都达到超凡的状态。一个在学习"养生"中成长的人最多只能在某段时间达到一个合理的平衡点,可以有效完美地处理任何事情。正如庄子这样谈论"古之所谓隐士者":"非伏其身而弗见也,非闭其言而不出也,非藏其知而不发也",只是因为他们认为时运乖违。② 一个必然的结论是:对可以互相转化的交流尽可能保持开放的态度,而不是限制自己,与外界隔绝,这是人类滋养生命和活力的最佳

---

① 卡内曼写道:"情势提供了一种提示,它让专家想起存贮于记忆中的信息,通过这些信息可以找到答案。直觉就是一种认识而已。"但是"自发地寻找一个直觉的解决方案有时候会失败,也不会想出一个专家方案或启发性答案。在这种情况下,我们常常发现自己转向更缓慢、更深思熟虑和更艰难的思考形式"。卡内曼称为"直觉系统 1"和"努力系统 2"。可参见 Kahneman(2012),11,13。森舸澜(Edward Slingerland)与他提出的"无为"口号根本没有抓住《庄子》的本质。参见 Slingerland(2003)。
② 见《庄子》卷十六《外篇・缮性》。Watson(1968),124. 同一章谈到了这些生活在乱世(指社会政治领域)中的隐者。

途径。

我们可以从其他一些有趣的《庄子》故事中汲取相关的见解。并非偶然的是,最令人难忘的故事之一出现在《庄子·达生》篇中,其中提到孔子在一次观风途中对所见的情形产生了误解:

> 孔子观于吕梁,县水三十仞,流沫四十里,鼋鼍鱼鳖之所不能游也。见一丈夫游之,以为有苦而欲死也,使弟子并流而拯之。数百步而出,被发行歌而游于塘下。
>
> 孔子从而问焉,曰:"吾以子为鬼,察子则人也。请问,蹈水有道乎?"
>
> 曰:"亡,吾无道。吾始乎故,长乎性,成乎命。与齐俱入,与汩偕出,从水之道而不为私焉。此吾所以蹈之也。"
>
> 孔子曰:"何谓始乎故,长乎性,成乎命?"曰:"吾生于陵而安于陵,故也;长于水而安于水,性也;不知吾所以然而然,命也。"

我们在以上的故事中又一次看到,一位超级技巧大师否认自己有什么过人之处。他觉得自己只是熟能生巧,即对水道的环境、水的不同品质以及自己的习惯和才能很熟悉,他乐于实践,并坚持不懈,直至得心应手。他坦承,自己"不知吾所以然而然"。他把自己神奇的行为方式归功于天命。他无惧于水,这样的坦然使他能安然浮于水面之上。

这三个故事(以及许多其他类似的故事)都用平实的语言传达了庄子非凡的信念,即最平常的行动中所蕴含的不可言喻之妙给我们带来乐趣。换言之,作为《庄子》中人物的庄子认为自己有所知。通常,我们认为庄子其人或《庄子》持怀疑论,可能更准确地说,是"不可知论",因为《庄子》并不断定祖灵、神明是否存在或者是否会干预生者的世界。尽管如此,上面所引的《庄子》片段(更不用说还有其他更多的段落①),在把人们的注意力引向看不见的、发生重大事件的领域的同时,重申了这个世界上生命的终极价值。② 在《庄子》的另外一篇中,庄子也对此作了进一步的思考:

> 若有真宰,而特不得其朕。可行己信,而不见其形,有情而无形。有以相应也,若之何其无鬼邪?无以相应也,若之何其有鬼邪?③ 求其为之者而不得也……命也夫!④

庄子为什么会困扰于这样的难题呢?显然,要使鬼神成为研究或诠释对象,并非易事。由于其他早期文献用相似的语言对超人类提出了疑问,早期思想家明显需要有关这样神秘过程的通俗易懂的表述。(柏拉图的《普罗塔哥拉斯篇》记载了类似的论点。)比如,在古典时代,对于各种身体与精神的痛苦,都没有现成的答案,甚至博学之士对此也无能为力。绝大多数突然发生的命运逆转是无法轻易解释的。⑤ 对于庄子这样的思想家来说,"神明"等

---

① 见《庄子·外篇·缮性》:"古之人,在混芒之中,与一世而得澹漠焉。当是时也,阴阳和静,鬼神不扰。"还有《庄子·内篇·逍遥游第一》:"乘天地之正,而御六气之辩,以游无穷者。"
② 我联想起《庄子·养生主》中的"以神遇而不以目视,官知止而神欲行"之句,我把这里的"神"翻译为 daemon 一词(来自希腊文 *daimōn*),它是用苏格拉底的方式指代一位居住在人的灵魂中的神,它赋予人生命并守护人。阿瑟·韦利(Arthur Waley, 1889—1966)在他英译的老子《道德经》*Way and Its Power* 的简介中,追溯了在战国时代强化的观念,即曾在宗教仪式中被临时召唤的神,会永久居住在每个人的灵魂中。《庄子》中有很多类似"鬼神将来舍"这样的句子。
③ 上一句话见于《庄子·内篇·齐物论》;下一句话见于《庄子·杂篇·寓言》。Watson(1968), 8, 236.
④ 见《庄子·内篇·大宗师》最后几句。Watson(1968), 54.
⑤ 同时,那些高人雅士倾向于通过"各种可见、不可见和非凡的特质、能量、存在和资源",努力提升自己的权力与特权。见 Mary Helms, *Craft and the Kingly Ideal: Art, Trade, and Power*(Austin: University of Texas Press, 1993), pp. 7 - 8.

于"对人世间产生了戏剧性的、可见影响的看不见的力量"的代用词。① 这一概念也是承认特有现象的存在令人困惑和深入探询的徒劳。《庄子·至乐》表明，庄子意在暗示和表达这些观点。

> 日夜相代乎前而莫知其所萌。已乎！已乎！旦暮得此，其所由以生乎！非彼无我，非我无所取。是亦近矣，而不知其所为使。②

古人和现代人一样，不断面临可怕的情形，即他们必须在不断急剧变化的环境下想方设法决定如何应对，却没有足够的时间，也无所依据。人们可能会相信宇宙秩序的存在，这种信仰使我们免于鲁莽行事。③ 尽管如此，正如现代哲学家唐纳德·戴维森（Donald Davidson）所观察到的那样，"当我们问，为什么有人采取了行动？我们想要得到的是一个解释……它适用于一个熟悉的画面……对其中的行动的重新描述，可以找到一个模式"，使

---

① 这就是为什么仪式与鬼神有关，因为它虽然没有施加可见的力量，但如果作用得当，会迫使人们以某种方式采取行动。关于这一点，可以参见 Fingarette(1972)。鬼神的无形与其行迹可见的对比也是《淮南子》卷十二《道应训》的主题。值得注意的是，《汉书》卷八十九有"其识事聪明如此，吏民不知所出，咸称神明"之语。(《汉书》89.3630)请注意上面汉代关于"神明"一词的解释。
② 比较《庄子·外篇·至乐》的论述与这段《庄子·内篇·齐物论》的话。Watson (1968), 8. 这里我想到了辛辛那提大学的安东尼·卡梅伦（Anthony Chemero）的专著 *Radical Embodied Cognitive Science* (Cambridge, MA: MIT Press, 2009)。
③ 这是福斯特（E. M. Forster, 1879—1970）提出的一个观点。见 E. M. Forster, *Howards End* (New York: A. Knopf, 1946)。

第五章 人生要义：庄子的至乐

它很容易融入我们现在的世界观。① 因此，任何关于将会出现的"规律"的真实性的解释都是循环论证的，因为这样的模式曾经在过去被认为是有效的。庄子完全注意到最有逻辑性的表象背后的循环论，尽管如此，他没有多少选择余地。实际上，庄子只能提出他和他的读者们基于经验之上的普遍规律。

与正确阅读《庄子》有密切关系的，是对当时共鸣理论的理解。② 正如《庄子》许多段落所强调的，不可见和可见的精气交流和运行维持着我们的生存。③ 言外之意是人类一旦不能看到人生的丰富性与自己的生存之间的关系，就会遭受严重的、也许无法弥补的损失，因为一旦我们踏上不幸之路，就不再可能真正领略人生的丰富性，我们会变得自我封闭，缄默不语（"其厌也如缄"）。④ 无论人们是否认同，将微观世界与宏观世界联系在一起

---

① 见 Donald Davidson, *The Essential Davidson* (Oxford: Oxford University Press, 2006), 28。另外，迈克尔·布拉特曼(M. E. Bratman)认为，对于将来的意愿和信念与欲望的不同之处在于，它们是有助于他协调行动计划的要素。它们不仅仅是实用的推论，还是有助于决定那个推论结构的观点。见 M. E. Bratman, *Intention, Plans, and Practical Reason* (n. p. CSLI Publications 1987; report. 1999), p. 97。根据威廉·詹姆斯(William James, 1842—1910)的看法，"真正的想法是那些我们可以吸收、验证、确定和核实的……其中的真相不是静止不变的。事实产生了想法"。见戴伦·勒乌(Daryn Lehoux)在其专著中引用了这段话，见 Daryn Lehoux, *What Did the Romans Know?: An Inquiry into Science and Worldmaking* (Chicago, IL: University of Chicago Press, 2012), p. 236。
② 当代中国的学术研究过于频繁地运用关联性思维，对于一个表达不清的概念，用下面一种或更多方式来诠释：机械的作用—反作用理论；非西方传统中的"前理性"或"前道德"思维方式，西方传统被认为是"道德的""理性的"；还有列表详述主题，比如，在几乎所有早期文化中发现的一种助记符号，无论是东方，或者西方，在这些文化中，口述在文化传播中起着更大的作用。关联性思维，作为一个定义不清的概念，很难被阐明。如果我们要对早期中国的思想作深入的分析，就需要放弃采用它。
③ 见《庄子·齐物论》："其所由以生乎，非彼无我……"Watson(1968), 8。庄子对因果论兴趣并不大，根据因果论，更强大的一方改变了接受方。庄子主要对当时的共鸣理论感兴趣，这一理论想象同理心的交流，使双方变得不同。
④ 同上。

281

的万物之交流,正是庄子所坚持的少数观点之一。

梓庆的故事是共鸣理论的极好论证。与早期的希腊人一样,古代中国的精英们也认为,通过眼、耳、口或皮肤的所有感觉,都是在感官与由物体向感官发出的稀薄"流出物质"①的"直接接触"后产生的。在庄子的时代,这种物质流出物已经被称为"气"("气息""空气""精气"或"元气")。根据当时流行的共鸣理论,每个具有感知力的人可以做两件事:他会持续散发出某种东西,显示其独特性,甚至不断"等待某种感觉流动的回应"。② 早期的音乐理论注意到,为回应放置于一定距离外的调音叉或琴弦发出的声音,一根弦总是会振动,发出同样的音调。③（见《逍遥游》和《齐物论》。）这是人与物体内的气在跨越时空的、更广阔的宏观世界里按照同理法则运行的"证据",同声相求,异气相斥。推论逻辑通常需要把主体和客体分开,加以区别和独立对待,而共鸣则把主体与客体联系起来,发现其相似性和同理心,以及取消感知者与被感知者之间的边界。④ 如造镶故事中的梓庆所自述:"然

---

① 英文是 material effluence,在希腊语中指 eidola 或 silmulacra,即图像或刺激。
② 在希腊语中,这种"流出物质"指 eidola 或 simulacra,即图像或刺激。见古希腊哲学家普鲁塔克（Plutarch, 46 - ca. 122）的论述:*De placitiis philosophorum*, in *Moralia*, Vol. 1, trans. Frank Cole Babbitt, Loeb Classical Library 197, (Cambridge, MA: Harvard University Press, 1927), no. 4,8,5。
③ 如《春秋繁露》中的《同类相动》篇这样说道:"故琴瑟报弹其宫,他宫自鸣而应之,此物之以类动者也。其动以声而无形,人不见其动之形,则谓之自鸣也。"另见《庄子·杂篇·徐无鬼》中在庄子与惠子的对话中,谈到鲁遽鼓瑟的故事,"为之调瑟,废一于堂,废一于室,鼓宫宫动,鼓角角动,音律同矣!"也可参见《史记》卷二十四《乐书第二》:"凡音由于人心,天之与人有以相通,如景之象形,响之应声"。（《史记》24.1235）汉代以前对于磁性的探索似乎只是在确认这种神秘联系的力量。《鬼谷子》可能是最早谈到磁铁的书,但是该书的成书年代可能是在公元前四世纪,也可能是汉代,无论如何,它与《韩非子》都曾含糊提到过"司南"。在西汉早期（如果不是更早的话）,"司南"是根据磁铁的性质而制造的。
④ 在此,我引用了厄曼的话,参见 Veit Erlmann, *Reason and Resonance: A History of Modern Aurality*(New York: Zone Books, 2010),10。

后入山林,观天性。形躯至矣,然后成见鐻,然后加手焉。不然则已。则以天合天。"

梓庆所说的"以天(树的独特构成)合天(梓庆所具有的特性)"显然在关键的方面不属于机械的因果论范畴。那棵树与梓庆并没有互相把自身强加于对方,但二者保持了一致。同时,他们之间也不是单向线性运动,就像轻推了一排多米诺骨牌或者依赖于机械所引发的效应那样。① 相反,梓庆精心的酝酿过程使他能够充分地感受到不可见却可感的暗流,那是树向他所传达的特性,即使在他渐渐地向树打开自我并传递其独特性的时候,他也能感受到。这样交流的结果是:梓庆变得充满活力,因为与外物所建立的联系为他提供了重要的能量。

由于上文已经描述了"至人"的特点,我们应该探讨在《庄子》一书出现以前的另一个熟悉的概念"真人",又名"神人"(the Holy Man of Old)。② 虽然它们听起来显得"吊诡",可是自古以来,这些概念被郑重设定为同义词和人们值得追求的目标。③ 我想在此提出一个异端的说法:谐谑的庄子只是拿那些赋予古代圣人以虚拟神性的古老的、宗教的观念开了个玩笑("所谓[真]人之

---

① 机械和机器似乎不会产生活力。因为"有机事者必有机心,机心存于胸中则纯白。纯白不备则神不定,神生不定者,道之所不载"。见《庄子·外篇·天地》。Watson(1968),91.
② 因为西汉时代的《庄子》肯定与现传的文本是不同的,我认为《文子》与《吕氏春秋》是"更早"的文本,虽然关于早期诸子著作成书的推断总是很棘手。请注意,"至"与"致"两个汉字在汉代的时候是没有被区分的。和梅林宝(Mark Meulenbeld)一样,我看到《庄子》中所描述的"真人"的"枯木"和"死灰"意象可能是早期祭祀仪式中焚烧献祭的人与兽的做法的残余。参见 Mark Meulenbeld, "From 'Withered Wood' to 'Dead Ashes': Burning Bodies, Metamorphosis, and the Ritual Production of Power," *Cahiers d'Extrême Asie* 19(2012):217-66.
③ 这一词出自《庄子·内篇·齐物论》。Watson(1968),17.

283

非天乎？……至人神矣"①)，而不是郑重其事地推崇这些典范人物。"真人"，可能是仙人，据说具有神奇的魔力：他们可以"入水不濡，入火不热"。他们"不为爱人""无所甚亲，无所甚疏"。② 但那些《庄子》有关"真人"的奇妙故事似乎并不可信。而《庄子》中的"至人"(似乎是庄子创造的人物)也存在同样的问题，只有少数引人注目的段落是例外的，如梓庆为鐻的故事。在那些故事中，"至人"似乎暗示了一个更切合实际、易于实现的较小的目标："无己"。③ 偶尔，"至人"也愿意帮助他人。④ 为了反对"小知"，庄子所讲述的智者学会在有限的人生中知足常乐。他不会把时间浪费在追求完美上，也不会追求"全知"。显然在某些情况下，"至人"也许会短暂地表现出非凡的技艺，就像庖丁和梓庆那样。但是，那种状态永远不可能延续。如果要让它延续，就会影响为下一个即将发生的状态作好充分的准备。

---

① 见《庄子・内篇・大宗师》。Watson(1968)，43.
② 见《庄子・内篇・大宗师》和《庄子・杂篇・徐无鬼》。Watson(1968)，42，212. 在《庄子・外篇・在宥》中，他们被描述为那些从不会感到愧对神明的纯粹无瑕之人，甚至他们的身躯也是如此(对我来说，听起来像仙人一样)。在《庄子・外篇・天道》中，他们也是被描述为非常纯净的人，以至于人们难以与像伏羲和黄帝这样的圣君为友。《庄子・杂篇・天下》里，他们像道/宇宙一样宽宏坦荡。同时，"至人"只是有时候与"真人"有分别，但并不总是如此。关于"至人"似乎像神奇的"真人"的例子，可见《庄子・内篇・齐物论》与《庄子・外篇・达生》。Watson(1968)，15，146. 我怀疑，但并不期望能够证明，《庄子》文本的篡补可能使"至人"与"真人"的意义更加接近。在本书最后定稿的三个星期前，我很幸运地受邀审读一本由汉斯・穆勒(Han-Georg Moeller)和德安博(Paul D'Ambrosio)合著的关于《庄子》的新著 *Genuine Pretending: on the Philosophy of the Zhuangzi*, (New York: Columbia University Press, 2017). 他们证实了我的直觉，"真"(authenticity)对于庄子来说是一个问题。还有什么比"真人"更不真实的呢？(有时候"至人"也存在这样的问题，但并不总是如此。)
③ 比如，我看不出庄子让我们接受神秘主义的标志。
④《庄子・内篇・人间世》中孔子谈到了"至人"，"古之至人，先存诸己，而后存诸人"。关于"至人"逃避责备，可见《庄子・外篇・达生》。"游"于乐在《庄子》中重复出现。Watson(1968)，22，154.

何谓至乐?

在《至乐》篇的首段,庄子向我们提出了一个问题,即什么会令我们充满活力? 其假设是,我们凭直觉选择(或者错误地选择)可以增加乐趣的活动、目标和人,而避免那些会减少现在或者将来之乐的行动。在下面引用的段落中,庄子提出了许多重要问题,并一再地重申:

> 天下有至乐无有哉? 有可以活身者无有哉?① 今奚为奚据? 奚避奚处? 奚就奚去? 奚乐奚恶?② 夫天下之所尊者,富贵寿善也;所乐者,身安厚味美服好色音声也;所下者,贫贱夭恶也;所苦者,身不得安逸,口不得厚味,形不得美服,目不得好色,耳不得音声;若不得者,则大忧以惧。其为形也亦愚哉。
>
> 夫富者,苦身疾作,多积财而不得尽用,其为形也亦外矣。夫贵者,夜以继日,思虑善否,其为形也亦疏矣。人之生也,与忧俱生,寿者惛惛,久忧不死,何苦也! 其为形也亦远矣。烈士为天下见善矣,未足以活身。吾未知善之诚善邪,诚不善邪? 若以为善矣,不足活身;以为不善矣,足以活人。③ 故曰:"忠谏不听,蹲循勿争。"故夫子胥争之以残其形,不争,名亦不成。诚有善无有哉?
>
> 今俗之所为与其所乐,吾又未知乐之果乐邪,果不乐邪?

---

① 成玄英(fl. 631—655)疏曰:"此假问之辞也。至,极也。乐,欢也。言寰宇之中,颇有至极欢乐,可以养活身命者无有哉?"我的英文翻译与此有所不同。
②《列子·力命》中也提出了类似的问题,只是没有开篇之语。
③ 其大意是,他们不会在战场上或与宿仇的争斗中被刺杀或丧命。

>吾观夫俗之所乐,举群趣者,誙誙然如将不得已,而皆曰乐者,吾未之乐也,亦未之不乐也。果有乐无有哉？吾以无为诚乐矣,①又俗之所大苦也。故曰："至乐无乐,至誉无誉。"
>
>天下是非果未可定也。虽然,无为②可以定是非。至乐活身,唯无为几存。③ 请尝试言之。天无为以之清,地无为以之宁,故两无为相合,万物皆化。芒乎芴乎,而无从出乎！芴乎芒乎,而无有象乎！④ 万物职职,皆从无为殖。故曰天地无为也而无不为也,人也孰能得无为哉！

无论当前现象的存在状态如何,它迟早会改变的。在宇宙的所有生物中,只有人类会发问,为什么会这样？这样的状态是否会终结？思考并尝试回答这些问题,会让人们从日常琐事中摆脱出来。像地球一样,宇宙也让人类在其中生生不息,并不断地衍化。在有生之年,我们最好相信存在着不可见的秩序。

庄子从一个包容人类局限性和误解的广阔视野出发,为我们提供了两个壮丽的前景,以避免过度专业化的破坏性：一是洞悉与基本生命力（"明""精""神"）相关的概念可以为日常生活注入深刻的活力；二是这些注入的正能量,反过来会使人惊喜地意识

---

① 这是对"无"（主要意思是"没有可见的效果"）的意义扩展。这里的词组是"无为"。
② "无为"的传统翻译是"没有行动",很容易令人产生误解。葛瑞汉在他的著作中建议翻译为"无目的性的行为",因为我见到大学生们对这个词的意思表示疑惑,所以我在这里再尝试一下不同的翻译（"activities without fixed goals and polarizing effects"）。
③ 郭象对"唯无为几存"的注疏几乎是以孟子的风格谈论政治："百姓足则吾身近乎存也。"我不赞同这样的注解,因为我相信庄子在唤起另一种联想（"天无言",而"百物生"）,即使庄子常常会考虑到政治的领域。
④ 郭象轻率地忽视了庄子的话,如"人之生也,与忧俱生,寿者惛惛,久忧不死,何苦也！"（《庄子·外篇·至乐第十八》）在我看来,郭象把这句话作为对纯粹生存的反思。

到人生的完整性("全"或"诚")。① 宁可大智若愚(如庄子所说的"若愚若昏"),也不要狂热追逐最新的时尚与生活方式。这就是庄子所要传达的意义,以及要达到的平衡感。就像《庄子》中的这样一段话:"众人重利,廉士重名,贤士尚志,圣人贵精。"②这里看不到相对主义,③因为追求生命力的欲望超越了其他所有的考虑。不幸的是,一般人总是注重追求奢华之物、感官享受、自我满足的炫耀以及死后的名声。④ 即使从最自私的角度来看,沦于追求那些欲望的弊端应该是显而易见的。因为在人们受欲望驱使寻求使他们满足的丰盛物质和精神财富时,会经历一系列焦虑不安的疯狂过程,最终对于人生之乐变得贪婪,不知足。⑤(这里人们会想到吉尔伯特·赖尔所描述的"激动、阵痛、剧痛、悸动、难受、渴望、刺痛等"经历。)因而他们盲目地消耗自己的精神,而不是维持或加以补充,且易于受到他人的影响。没有什么可以带来长久的解脱,因为享乐主义者永不知足。

庄子这样描写人类的惨淡境况:

> 其寐也魂交,其觉也形开。与接为构,日以心斗。缦者、

---

① "诚"一般在文本中注释为"全",所以它意味着"正直""完整""整个"和"完好无损"。其性质应该与"真诚"相区分。
② 见《庄子·外篇·刻意》。Watson(1968),121.
③ 与许多现代关于庄子的解读相反,庄子并不是相对主义者。
④ 许多汉代文本表明,财富、政治权力、美名和长寿是早期帝国统治精英们所追求的四个人生目标。见《史记》卷六十一《伯夷列传第一》中引用贾谊之语:"贪夫徇财,烈士徇名,夸者死权,众庶冯生。"(《史记》61.2127)
⑤ 关于"知足",请见《庄子·杂篇·让王》"知足者不以利自累也"之句,这是庄子借孔子之口对颜回说的话。它提醒人们不为得失所累。Watson(1968),246.

窨者、密者。① 小恐惴惴,大恐缦缦。② 其发若机栝,其司是非之谓也;其留如诅盟,其守胜之谓也;其杀如秋冬,以言其日消也;其溺之所为之,不可使复之也;其厌也如缄,③以言其老洫也;④近死之心,莫使复阳也。

……

一受其成形,不亡以待尽。与物相刃相靡,其行尽如驰而莫之能止,不亦悲乎!终身役役而不见其成功,苶然疲役而不知其所归,可不哀邪!人谓之不死,奚益!其形化,其心与之然,可不谓大哀乎?人之生也,固若是芒乎?其我独芒,而人亦有不芒者乎?

从这里,我们看到了自己的形象:受外力的驱使,在生与死中绝望地寻求认同,以获得回报和名声。在《庄子》的其他章节,庄子谈到那些过分执着于成功或者妨碍家庭关系的人。"他们取悦他人,但是却不能自得其乐。"⑤

尽管如此,庄子还是基于这样严酷的观点,谈论"大觉"或"达观"(greater clarity)⑥所带来的"至乐"。庄子让我们意识到,由于人类的有限视角和力量,我们所见、所知微乎其微。通过一个又一个修辞技巧,《庄子》的多种讨论都围绕着一个单一主题:当

---

① 见《庄子·齐物论》。Watson(1968),8. 华兹生把"缦者、窨者、密者"翻译为"grandiose, sly, and petty",我是按照王叔岷《庄子校诠》的解释翻译为"arrogant, and sometimes coarse or secretive"。(见该书第50页注5)但这没什么关系,因为这些都只是众多观点中的一种。
② 可是,王叔岷引用了几种前人的注,认为人们对于诸如死亡的极度恐惧感,并不足够了解,因而他们"不知畏惧",那些完全清醒之人与那些充满畏惧之心的人同样看待生死。对此我并不信服。见王叔岷《庄子校诠》,第50页,注6。
③ 见《庄子校诠》(1988),第51页,注10。
④ "洫"通常指护城河或沟渠。它也指任何深孔,包括女性阴道。见 Harper(1998)。
⑤ 关于这段话的讨论,请参见 Perkins(2014),23。
⑥ 译者注:greater clarity,作者译为"大觉",朱舒然博士建议译为"达观"。

我们试图干预或把我们的观点强加于他人的时候,我们应该小心谨慎,因为我们对于现象的存在,包括我们自己的动机,都依然蒙昧不知。为了谋生,人们常常不得不基于自己对于环境的错误估计而行动。实际上,早期帝国时代的第一批《庄子》的精英读者对于人生的重要选择不能迟疑不决,更不能置家人和朝廷于不顾。但是,面对挑战的勇气可能被证明是在上层社会生存的关键。"绝迹易,无行地难。"①要达到安静而轻松的平衡并不容易,因为人们必须为人生的漫长旅程作好准备。②

不确定原则

要救治那些饱受疾病折磨的人们,需要说服他们把固守的价值观抛在一边,无论他们是彻底地转变观点,或者只是暂时搁置,都无关紧要。无论是哪种情形,只要人们暂时接受庄子的视野,他们就会对自己在这个世界所珍爱的一切都无动于衷。这在很大程度上是由于我们突然意识到,当人们执迷不悟的时候,似乎很难生存下去,更不用说活得自在,就像庄子在《至乐》篇中所阐述的。③ 庄子敦促人们欣然接受不确定性,作为保存甚至增强生

---

① 见《庄子·内篇·人间世》。Watson(1968),25.
② 有关旅程的比喻,见于《庄子》的"内篇""外篇"和"杂篇"的很多章节。
③ 这段话引自皮埃尔·阿多(Pierre Hadot),我只是换了一下代词。不过,在我看来,这也许是庄子的观点。见 Pierre Hadot, *What Is Ancient Philosophy*? trans. Michael Chase (Cambridge, MA: Belknap Press of Harvard University Press, 2002)。

命活力的一种方法,同时减少不必要的风险。①

《庄子》打击了我们的自满,他强调:(1)任何人都无法超越人类的局限。(2)死亡是无法避免的。既然如此,对死亡的恐惧是无益的,减少对死亡的恐惧感可以使人们有时间思考别的问题,做其他的事情。(3)人生如梦,因而是虚幻的,难以解析。语言也许是很好的交流工具,但有时候它也限制了人类的理解力。(4)只有智者懂得,无人可以洞悉一切。

正如一条离开水的鱼只能苟延残喘一样,离开了熟悉环境的人类,也不得不努力挣扎。如果幸运的话,一个人还是可以获得一线生机,就像一瓢水可以救活快要干渴而死的鱼。② 如果人们有过死里逃生的经历,就一定能在困惑中进退自如。前进道路上的"荆棘"被清除后,人生旅程变得更加愉快,尤其是当一个人朝着一个特定的目标无为而至的时候,③但庄子并没有愚蠢到向人们承诺,人生不会再有痛苦和烦恼。庄子是这样说的:"大知闲闲,小知间间。"为了对这些实践作出简要的说明,本节首先回顾了那些暗示或说明《庄子》中的人生教导的段落,先提到四种方法,然后再讨论第五种,即有目标的人生将会得到回报。

---

① 亚当·戴维森(Adam Davidson)说道,"在1921年,富兰克·奈特(Frank Knight),一位芝加哥大学的经济学家,写了一篇很有影响的论文,它把风险与不确定性区分开来。他说的'风险'应该指的是适用于数学模型的现象。但是,'不确定性'完全是另外一回事:它是深刻的未知。预测股票市场在一周或一月内,或者十年内的趋势是有风险的。我们也许对于数字有不同看法,但我们对于基本数据和计算工具是认同的。不确定性描述了那些我们无法计算,甚至不知道其存在的事物"。见 Adam Davidson, "In Greenbacks We Trust," *New York Times Magazine* (March 1, 2015), pp. 20-23. 我想到了维尔纳·海森堡(Werner Heisenberg)的"不确定性原理"。
② 这个故事来自《庄子·杂篇·外物》。Watson(1968), pp. 227-228.
③ 在《庄子·外篇·天运》中,"逍遥"被解释为"无为"。Watson(1968), 114.

万物皆有限

《庄子》中的许多段落"论证"了,没有人或物可以逃脱他的命运和局限,所以最好的可能结果就是"知其不可奈何而安之若命"。①《庄子》开头的意象具有令人难以置信的力量:身形巨大的鲲,化而为鹏。当它展翅飞翔的时候,"其翼若垂天之云",它击水三千,"抟扶摇而上",背负青天,能看到大风扬起的雾气、尘埃和其他生物。尽管如此,天空仍然看起来是很蓝的。"其正色邪?"庄子很天真地问,也许只是因为距离天空太遥远的缘故。庄子注意到,当鹏鸟向下俯看时,也就如此而已。② 虽然鹏鸟身形与力量非同寻常,又有着神灵般的能力和高高在上的有利位置,但它视野所及与人间的芸芸众生是一样的。③ 由此,该故事传达了这样的意义:与人类一样,鹏鸟也有局限性。万物都无法了解为何会有这些局限性(图 5.1)。圣人老子说:"日有所为而莫见其功。"④鹏鸟化而为鲲,几乎是无意识的,同样,人类的生老病死,也是不以人的意志为转移的。看起来神奇、壮观的鹏鸟,也许提醒了我们许多庄子敏锐观点的基础所在。

庄子随后提出了三个相关的观点:"看"意味着观察并作出判断;所有的判断是基于从某一特定角度的"看";因而所有的判断和各种形式的"看"都是不准确的,或者更糟。

---

① 见《庄子·人间世》。
② 见《庄子》首篇《逍遥游》。另见《庄子·外篇·天运》:"听之不闻其声,视之不见其形,充满天地,包裹六极。汝欲听之而无接焉,而故惑也"。Watson(1968),1, iii.
③ 庄子含蓄地反对在战国和汉的文本中很普遍的一个观点,即圣人来自"超人类的想象",而不是来自"知识的积累",或者"传达简单事实的能力"。齐思敏(Mark Csikszentmihalyi)提出,甚至作为与"心"相关的特性的"神"也是容易出错的。见 Csikszentmihalyi(2004)。
④ 见《庄子·外篇·田子方》。Watson(1968),169-170.

图 5.1　阿德里安·戈登的摄影作品,无题,摄于 2017 年。此图片的复制得到了艺术家本人授权。

戈登在她的摄影中没有用特别的滤光镜或镜头,照片展示的就是观者肉眼所见。主题的分层片断之间复杂的相互作用让人联想起庄子的评论,他认为人们无法捕捉任何现象的整体性并理解其意义。尽管如此,观者的感知似乎与幻影或投影一样真实。

> 自其异者视之,肝胆楚越也;自其同者视之,万物皆一也。夫若然者,且不知耳目之所宜,而游心乎德之和;物视其所一而不见其所丧,视丧其足犹遗土也。①
>
> 知其愚者,非大愚也;知其惑者,非大惑也。大惑者,终身不解;大愚者,终身不灵。三人行而一人惑,所适者,犹可致也,惑者少也;二人惑则劳而不至,惑者胜也。而今也以天下惑,予虽有祈向,不可得也。不亦悲乎! …… 知其不可得也而强之,又一惑也! 故莫若释之而不推。不推,谁其比忧!②

---

① 《庄子·内篇·德充符》。Watson(1968),34-35.
② 《庄子·外篇·天地》。Watson(1968),95-96.

第五章　人生要义：庄子的至乐

　　在庄子看来,人生有太多知识要学习,而时间总是有限的。真正的友谊需要时间来发展,真知也需要时间的积累。庄子也相信,没有君子会迷信自己的感觉与力量。他不会在公开的争辩中表明自己的观点。① 他也不会自视甚高,哗众取宠,或者轻视别人。② 如我们今天所说的,他"不留痕迹"。

　　任何感知都免不了失真,③这并不意味着君子可以逃避他正常的义务。④ 实际上,在庄子的世界里,士人最多只能希望人生

---

① 见《庄子·内篇·应帝王》:"至人之用心若镜,不将不逆,应而不藏,故能胜物而不伤"。Watson(1968),9-10。
② 比如,《庄子·内篇·德充符》中鲁哀公告诉孔子关于一位异人之事:"寡人召而观之,果以恶骇天下"。《庄子·内篇·应帝王》也提到郑有神巫曰季咸,可以"知人之死生、存亡、祸福、寿夭"。Watson(1968),37-38,57-58。
③ 关于早期铜镜的变形效果,可以参见我的一篇论文:"Beliefs about Seeing: Optics and Moral Technologies in Early China," *Asia Major* 21.1(2008): 89-132。
④ 这里我有意识地不同意绝大多数《庄子》译者的诠释。华兹生写道:"《庄子》的中心主题可以用一个简单的词概括:自由"。见 Watson(1968),9。在他看来,庄子认为通过态度的转变,是可能摆脱束缚和习俗的,因而也摆脱了人类会遭受的种种弊病。冯友兰同样也谈到了"绝对自由",见 Fung Yu-lan, *A History of Chinese Philosophy: The Period of the Philosophers (from the Beginnings to circa 100 b.c.)*. trans. Derk Bodde(Peiping: H. Vetch, 1937),p.243。葛瑞汉也认为,庄子可以通过控制呼吸,放松自我,进入一个无限的境界,从而获得自由。见 A. C. Graham, *Reason and Spontaneity*(London: Curzon Press, 1985),p.171。而我认为,庄子是一位现实主义者。英国学者金瑞(Richard A. H. King)反对这样的观点。正如他指出的,即使我们接受葛瑞汉关于庄子描述的理想圣人以"反应的自发性"逍遥而游(我并不同意这样的说法),这会使自由与自发性之间的联系存在问题。见 Richard A. H. King, "Freedom in Parts of the *Zhuangzi* and Epictetus," in *Ancient Greece and China Compared: Interdisciplinary and Cross-Cultural Perspectives*, eds. Geoffrey Lloyd and Jenny Jingyi Zhao(Cambridge: Cambridge University Press, 2017)。从一个人自设的限制中"解脱"出来,是庄子所承诺的最好的自由。

中没有过度的障碍或负担。① 在庄子的时代，人们的想法、感受和行动都局限于他们所在的家庭或者国家中，无处可逃避，而他们也并不想这么做。

> 天下有大戒二：其一命也，其一义也。子之爱亲，命也，不可解于心；臣之事君，义也，无适而非君也，无所逃于天地之间。是之谓大戒。②

在古代，少数统治精英成员不像现代人那样倾向于炫耀"自主性"，因为自主性行动常常被认为是自私的、危险的。某些情况可能需要独立的思想和行动，但是像今天"靠个人奋斗而成功"的荣耀在那个时代是不可想象的。从童年时代开始，男人与女人就在亲属之间的依附关系中成长，这种关系塑造了职业人生、主仆关系，还有婚姻联盟，尽管偶尔这样的关系令人生厌，但无论如何，在一个权力的等级结构中人们获得了相对自由或自主。③ 与现代的《庄子》翻译者和诠释者相反，我们意识到，没有一个早期中国的思想家会渴望超越世界，成为"超人"，这是一个完全现代

---

① 尽管如此，我还是对郑贵利的专著 The Emotions in Early Chinese Philosophy (Oxford: Oxford University Press, 2017)中讨论《庄子》的那一章的首句的新奇分析感到困惑，她说，《庄子》常常被解读为苦修文本，因为它一再强调人类情感与欲望的误导性和自我毁灭性。我不知道还有这样的理解，尽管我不能说读过所有研究《庄子》的二手文献。当然，我质疑郑贵利认为庄子支持"正当情感"的观点。
② 《庄子·内篇·人间世》，这段话出自孔子之口，但是在许多章节中，说话者代表庄子。可以举出其他相似的段落。Watson(1968)，27.
③ 最后一句话回应了金瑞所提出的问题："如果不能随心所欲，一个人为什么要成为统治者？"或者"如果不能满足感官和欲望，那么权力是什么呢？"见:King(2017)，1. 参见《淮南子·精神训》，张双棣《淮南子校释》，北京大学出版社，1997，第105—106页。《论语·子路》第十三章谴责了这样的普遍信念。西方哲学相信"自主、理性的人"显然是早期"不动的推动者"(Unmoved Mover)说法的外推。

的构建。① （汉代最著名的"隐士"吹嘘自己有成千上万的弟子和追随者。）现代读者容易误解庄子说的"子之爱亲,命也",②可是没有一个孩子可以选择自己的父母。每个人除了对家庭与国家的责任,也参与到更大的宇宙运行中,只是沧海一粟。这样的看法消解了对人们的"貌、相、声、色"进行严格区分的等级制度的主要机制,更不用说死亡这种"大化"。③ 庄子的说法比"六度分隔理论"④更胜一筹。很多东西都可以建立在其基础之上。

恐惧死亡:生命之枷锁

庄子坚持认为,死也许并不比生更糟糕,因为死亡可能只是生的一种不同状态。此外,死亡也是不召而至的。人们"由生而死,由死而生"。比如下面这段话:

> 中国有人焉,非阴非阳,处于天地之间。直且为人,将反于宗。自本观之,生者,喑噫物也。虽有寿夭,相去几何? 须臾之说也,奚足以为尧、桀之是非! ……人生天地之间,若白驹之过隙,忽然而已。⑤

最重要的是,一个人会反问自己:"我怎么知道热爱生活不是一种幻想? 我怎么知道,厌恶死亡,不就像一个人少时离家而不

---

① "不动的推动者"只是把神学的称号和权力移用到思考"启蒙运动"和"后启蒙运动"中的(通常被解释为世俗的)人,"因此是解放了的普罗米修斯"。这种荒唐可笑的权力结构已经被许多优秀的思想家所接受,包括芭芭拉·艾伦瑞克和罗思文。见Ehrenreich(2009);Rosemont(2015)。
② 见《庄子·人间世》。
③ 见《庄子·外篇·达生》:"凡有貌象声色者,皆物也,物与物何以相远? 夫奚足以至乎先?" Watson(1968),146.
④ "六度分隔理论",英文是"six degrees of separation",它是由哈佛大学心理学教授Stanley Milgram(1933—1984)提出的,指通过六个人就能认识任何一个陌生人。
⑤ 《庄子·外篇·知北游》。Watson(1968),181.

知归呢？"①庄子的忠告相当谨慎：我们要用一点顺势疗法，来审视日常生活的方方面面，尤其是死亡，这样我们就可以完全清醒地意识到哪些是我们无法理解，或者无法逃避的。② 此外，我们所失去的东西提醒我们注意，要珍惜短暂的时间，意识到生命的脆弱而保持谦卑。③ 一个人的行止、生死、兴衰，都是他所无能为力的，可他却自以为可以掌控它们。④ 对此，庄子的忠告是：赋予生活更大的价值，让生活更美好！"夫生者，岂特隋侯之重哉！"⑤（郭象为《至乐》篇所作的注在这里似乎很有帮助："忘欢而后乐足，乐足而后身存。"）⑥让人生充满活力，就是在死亡来临以前，经历了"不知死亡滋味"的情感和思想过程，因为对死亡的预期会令人们忽略了享受上天赐予的人生盛宴。⑦ 这让我们理解了"哀

---

① 见《庄子·内篇·齐物论》："予恶乎知说生之非惑邪！予恶乎知恶死之非弱丧而不知归者邪！"Watson(1968)，p. 16.
② 见德国讽刺节目主持人波默曼（Jan Böhmermann）发表在《纽约时报》上的文章：Jan Böhmermann, German comic, in *The New York Times*, December 5, 2015. https://www.nytimes.com/2015/12/05/world/europe/jan-bohmermann-germany-comic.html。
③ 凯瑟琳·舒尔茨（Kathryn Schulz）的文章反复讨论了"失去"。见：Kathryn Schulz, "When Things Go Missing," *New Yorker*, February 13 and 20, 2017。正如所有《庄子》的敏锐读者所注意到的，《至乐》篇包含了许多故事，它们是为了让我们从死亡的控制下解脱出来，其中有些是表达对凡夫俗子们执迷于疯狂生活的不满。正是在这种语境下，我提到那段庄子与骷髅的对话，谈论的内容与丽姬的故事大致相同。前者见《庄子·外篇·至乐》，或 Watson(1968)，141-142。后者见《庄子·内篇·齐物论》，或 Watson(1968)，16。
④ 见《庄子·外篇·天地》："其动止也，其死生也，其废起也，此又非其所以也。"Watson(1968)，89.
⑤ 见《庄子·杂篇·让王》，庄子以传说中的隋侯之珠为喻，说明生命的价值更为宝贵。Watson(1968)，242-243。韩炳哲谈到"生死之别给生命本身施加了幽灵般僵硬的诅咒。对于美好生活的向往导致了生存的歇斯底里……它从生活中夺取了远比单纯的活力和健康要复杂得多的生机"。见 Han(2015)。
⑥ 见《庄子·至乐》的郭象注。可参见 Watson(1968)，p. 139-144。对于郭象注最好的研究是 Brook Ziporyn, *The Penumbra Unbound: The Neo-Taoist Philosophy of Guo Xiang* (Albany: State University of New York Press, 2003)。
⑦ 见《庄子·内篇·德充符》。Watson(1968)，35.

莫大于心死,而人死亦次之"这句话的意义。① 一个人只有真正懂得生与死,才不会贪生怕死。②

无论个人欲望如何,死亡仍然是阻碍我们见证随时发生的重要变化的最大障碍。对于大多数人来说,较少理性、更多感性地生活,努力处变不惊,泰然自若,这是摆脱对死亡恐惧的过程的第一步,也是最困难的一步。庄子悼念亡妻的故事(通常被误读为庄子的超然脱俗的表现)表明,成人一般来说不如新生婴儿那样在意自己的身体,因为即使是刚出生的小猪也会很快离开死去的母猪,比庄子停止哀悼失去的伴侣要迅速得多。小猪更加了解它们身体的需要,它们很快意识到,如果要得到继续活下去所需的营养,就必须转向他处。时间与时机是决定行动的关键因素,因为延长强烈的情绪不利于养生,而是适得其反。《庄子》在别处说道:"草食之兽,不疾易薮;水生之虫,不疾易水"。③ 并非巧合的是,《至乐》篇把传说中的英雄的故事串联起来,那些英雄们,包括庄子自己,为不能左右的环境所迫,不得不面对自己及其亲人的死亡。

这并不是说,人们可以或者应该习惯于死亡。庄子还是会哀悼他的妻子,尽管惠子之流把他的不拘形式视为缺乏感情的表现。

　　庄子妻死,惠子吊之,庄子则方箕踞鼓盆而歌。惠子曰:"与人居,长子老身,死不哭亦足矣,又鼓盆而歌,不亦甚乎!"
　　庄子曰:"不然。是其始死也,我独何能无概然!察其始

---

① 见《庄子·外篇·田子方》。Watson(1968),168.
② 见《史记》卷一百《季布栾布列传第四十》的"太史公曰":"贤者诚重其死……彼诚知所处,不自重死。虽往古烈士,何以加哉!"(《史记》100.2735)
③ 见《庄子·外篇·田子方》中老聃对孔子所言。Watson(1968),170.

而本无生，非徒无生也而本无形，非徒无形也而本无气。杂乎芒芴之间，变而有气，气变而有形，形变而有生，今又变而之死，是相与为春秋冬夏四时行也。人且偃然寝于巨室，而我噭噭然随而哭之，自以为不通乎命，故止也。"①

庄子提醒我们，万物有其时。在提出这些忠告的时候，庄子有效地区分了情感上的痛苦与死亡、慢性疾患的不同，因为痛苦使人备受折磨，即使它在很大程度上是可以避免的。当然，死亡和某些身体的疼痛是不可避免的（在庄子的时代没有有效的鸦片或者抗生素），诸般苦难，源于人们被扰乱的心神。②（这让我想起了一句话，"动物是不可能提出有关人生意义的问题的"。）③一个人对于无法实现的目标（如长生、博学，或者永垂不朽）的追求受阻，就会因现实与欲望的不可调和性而感到愤怒或沮丧。自我折磨的伤害，加上来自对手的攻击，耗尽了人们有限的精力。如庄子所言："无以好恶内伤其身"。④

不幸的是，自我折磨的伤害形式各异，受伤程度大小不一。举例来说，齐桓公在沼泽打猎时，见到一个怪物，以为是鬼，因而

---

① 见《庄子·外篇·至乐》。Watson(1968)，140-141.《柏拉图》的《理想国》第十卷谈到了正式、公开悼念的语境。
② 见《庄子·杂篇·庚桑楚》："心则使之也。"Watson(1968)，143.
③ 澳大利亚哲学家盖塔(Raimond Gaita)论述道："动物也可能受苦，但它无法诅咒自己出生的那一天。它可能会害怕，但不会因为害怕而感到羞耻……它可能会开心，但它不会感到欢乐……它不能拼命追求某种东西，并因此受到惩戒。而人对欲望的追求却是永无止息的。动物是不可能提出有关人生意义的问题。只有备受磨难的人才会有属灵的生活，并因而拥有灵魂。"见 Raimond Gaita, *Good and Evil: An Absolute Conception*, Swansea Studies in Philosophy (New York: Palgrave Macmillan, 1991), p. 148。
④ 见《庄子·内篇·德充符》。Watson(1968)，p. 41.

恐惧害怕,以致病重,直至有臣下说服了他,说那只是一个吉兆。① 但人们常常为形所役,疏忽了该做的事,以致"不知其所归"。② 庄子所面对的读者,是古代的君臣,他们必须要处理家事与国事,③也总是处于困境当中(即他所说的"人间世")。④ "事也,粗而不可不陈者……故圣人观于天而不助,成于德而不累,出于道而不谋,会于仁而不恃,薄于义而不积,应于礼而不讳,接于事而不辞。"⑤所以,庄子这样提醒人们:"怎么能不慎重呢!"⑥而他的忠告是,要忠于职守,同时避免在某一特定目标上投入太多的精神与情感。庄子也说,这是可以实现的(下面这段话出自庄子虚构的孔子之口):

> 仲尼曰:"若一志,无听之以耳而听之以心;无听之以心而听之以气。
>
> 听止于耳,心止于符。气也者,虚而待物者也。唯道集虚。虚者,心斋也。"⑦

许多庄子的评论谈到了高度仪式化的心灵净化,但足够的早期证据表明,庄子所要求的东西没有那么严苛,也并不基于自我

---

① 见《庄子·外篇·达生》。Watson(1968),pp. 150-151. 吴光明用"魍魉"来指阴影的边缘或轮廓,而不是鬼。见 Wu(1990),p. 215。
② 见《庄子·内篇·齐物论》。Watson(1968),p. 9。
③ 《庄子·外篇·在宥》表明,庄子认为,善治天下者可以使人们更加安居乐业,而《庄子·外篇·天地第十二》则以"无为"解释善政,即回应当下的需要,而不勉强为之。有太多的段落描述了"明王之治",让我们推测,庄子是在敦促我们逃离这个世界。真人也"不得已于事也"。见《庄子·内篇·大宗师》。Watson(1968),p. 44.
④ 在许多早期文本中的"人",通常指"朝臣",正如很多研究所表明的。
⑤ 见《庄子·外篇·在宥》。Watson(1968),pp. 82-83. 庄子确实告诉我们人生重要的顺序:一个人应该发展或恢复自己对事物的独特感觉,然后辅助地方权贵,最终治理国家。
⑥ 见《庄子·内篇·人世间》:"可不慎与!"Watson(1968),p. 30。
⑦ 同上。Watson(1968),pp. 25-26.

否定:平衡一个人的感官,拒绝不加思索地固执己见,这些是为了顺应现实而作的必要准备,更不用说不同寻常的逍遥游了。① 理性的思考不太可能阐明多少道理,不如相信使人精气充盈、感官平衡的生命力。

人生如梦

庄子发现,梦想是迷人的,不仅因为古老的理论认为一个做梦的人是"与人相交的游魂"。② 在庄子的时代,"梦"与现代英语中的"dream"一样,近似于"野心"("ambition")的同义词。一个有名的故事(并非巧合地出现在《至乐》篇中)与这两个词的意义都息息相关。在一次旅途中,庄子遇到了一具躺在路边的骷髅,他想了解是什么可能的野心导致了他的死亡。那天晚上,骷髅出现在庄子的梦中,在责备了他的愚蠢后,他告诉庄子,任何一个对于生死有着相同经验的人一定会选择平静地死亡,而不是在无尽烦恼中活着。

尽管这是一个令人难忘的片段,我还是要略过它,直奔著名的庄子化蝶之梦,虽然不知道为什么我要在意究竟是庄子梦见自己变成蝴蝶,还是蝴蝶梦见自己就是庄子。一直到后来我才意识到,这个有名的故事打破了我们通常的思维方式。有了蝴蝶,在梦中复制的日常世界就不再是像古希腊人或者墨家之流认为的那样苍白,也不逊于现实。庄子的蝴蝶是实在的,是我们复杂的多重经验世界的支柱之一,因为我们的感知、冲动和欲望似乎与幻象或者投影同样真实。"梦饮酒者,旦而哭泣。"③ 本体论的概

---

① 换句话说,当一个人志得意满的时候,就会"虚己",但是"虚己"并不是与他人交往的唯一方法,而是各种策略之一,依情境而定。
② 见《庄子·内篇·齐物论》:"其寐也魂交"。Watson(1968),p.16.
③ 见《庄子·内篇·齐物论》:"其寐也魂交"。Watson(1968),p.16.

念层次和幻象永无休止地从一种状态转化为另一种状态,我们称之为"物化"。(依此,死亡就只是一场梦。)人们对于所感知的世界可能以模糊的意识作出反应,取决于当时的时间与感觉。尽管如此,每次的接触和反应在身体中留下了惯性的感知痕迹,会让人们在产生下一个感觉前唤起思考和行动。(我们从神经科学那里了解到,梦与醒的体验一样,都会在我们的神经通道上刻下痕迹。我们的梦约有80%是噩梦,那是因为大脑中的杏仁体过度预演可能的情境,令我们辗转反侧。)要把局部的细节拼凑起来,如白驹过隙那样,充其量也只能是一个十分缓慢的过程。因此,如果庄子把自己看成是蝴蝶,那么他就无法意识到自己是庄子,反之亦然。① 而且,诚实的人总是坦承,梦中发生的事情都是无法捉摸的,虽然他们会为自己对梦中的场景"信以为真"而感到有点羞愧。因此,人们被过度解释的和解释不清的场景所困惑,梦想着可以远离现实。② 是否或者如何有效地区分梦想世界与现实世界,最终与人们的幸福毫无关系。庄子陷入了这样的沉思:"且也相与吾之耳矣,庸讵知吾所谓吾之乎?且汝梦为鸟而厉乎天,梦为鱼而没于渊。不识今之言者,其觉者乎?其梦者乎?"③

有限的语言与逻辑

在一位巍巍君子面前,"民无能名焉"。④ 道不可言,没有什么语言可以传达"道"自身的奥秘(即,宇宙的整体,而不是神人化

---

① 我认为没有必要假设庄子在梦中发生过任何"去人格化"的过程,他只是暂时离开了清醒时熟悉的世界。
② 见《庄子·内篇·大宗师》:"古之真人,不知说生,不知恶死。其出不欣,其入不距。翛然而往,翛然而来而已矣。"Watson(1968), p. 51.
③ 同上。
④ 见《论语·泰伯》。另,《庄子·外篇·田子方》中提到孔子对温伯说道:"若夫人者,目击而道存矣,亦不可以容声矣!"Watson(1968), p. 167.

的力量或者完美的秩序)。① "天乐"是我们所无法努力描述的。②任何人的记忆和经验在很大程度上都是无法与人交流的。在《齐物论》中,有这样一段发问:言语并不如风。它总是表达某种东西。但如果它要表达的内容不是固定的,那么是否它真的能达意? 人们认为他们的言论不同于雏鸟的鸣叫声,但真的有区别吗?③ 庄子通过对宇宙之"气"的描述,表达了他最引人入胜的想法。宇宙之"气"不断传递,为各种独特事物注入生命与表现形式。通过把人类语言比喻为鸟鸣,庄子指出,人们总是情不自禁地想与同类交谈,迫切需要就某些或者任何话题进行交流,即使他们发出和接收的信息可能因人而异。庄子这样说道:

> 有生,黬也,披然曰移是。尝言移是,非所言也。虽然,不可知者也……
>
> 请常言移是。是以生为本,以知为师,因以乘是非;果有名实,因以己为质。

当我们与他人交谈(有时甚至是自言自语)时,我们表达拙劣,没有意识到可能由于说错了话,或者鲁莽唐突而造成了严重后果。庄子不无揶揄地提到,据他的估计,我们的"自说"之语约有十分之九来自他人。④ 我猜测,庄子也许会赞同维特根斯坦的

---

① 见《庄子・外篇・知北游》:"道不可言,言而非也。"Watson(1968), pp. 177-178.
② 见《庄子・外篇・天道》,庄子这样谈论"天乐":"赍万物而不为戾,泽及万世而不为仁,长于上古而不为寿,覆载天地刻雕众形而不为巧,此之谓天乐。"Watson(1968), p. 99.
③ 见《庄子・杂篇・庚桑楚》:"言非吹也,言者有言。其所言者特未定也。果有言邪? 其未尝有言邪? 其以为异于鷇音,亦有辩乎? 其无辩乎?"Watson(1968), p. 196.
④ 见《庄子・杂篇・寓言》:"寓言十九,藉外论之。"Watson(1968), p. 234.

睿智之语:"想说就说,只要这不会妨碍你了解事物的本质。"①然而,主要问题不是其非真实性,而是每个词组或句子勉强用一种明确的形式表达千变万化的现实,而这绝非易事。正如庄子在《至乐》篇中引用的管子的话"褚小者不可以怀大"。同时,人们只有在现实符合他们预设观点的前提下才会认为其是"正确的"。我们可以称他们为"预设实证主义者",因为他们只接受那些与自己习以为常的信仰世界相符的证据。② 更具破坏性的是,定义暗含了事物和说话者的身份,因此词语可能会引发争议和部族主义(tribalism)。没有一个正直的人会喜欢伪君子或谄媚者的"甜言蜜语",如《庄子·外篇·山木》的一则寓言中桑雩所说:"君子之交淡若水,小人之交甘若醴;君子淡以亲,小人甘以绝。彼无故以合者,则无故以离。"生活与匠人的手工技艺一样,手势在交流中的作用常常胜过语言,其意义不易被误解。鸟鸣不同于牛羊叫声或者马鸣,它们预示着更加充满希望的春天的来临。因此,虽然有时候最好言简意赅,因为言多必失,但人们还是不要沉默不语。

君子无论是仕或隐,都不会放弃语言和分析(后者依赖于前者)这样的实用技能。庄子认为,日常的说话方式既是造成人类困惑的主要因素,又是解惑的唯一切入点。③ 因此,人们不断探

---

① 原文是"Sage, was du willst, solange dich das nicht verhindert, zu sehen, wie es sich verhält."。见 Ludwig Wittgenstein, *Philosophical Investigations*, trans. E. M. Anscombe, 4th ed. revised by P. M. S. Hacker and Joachim Schulte(West Sussex: Blackwell, 2009), p. 79。
② 美国年轻的宗教历史学者莫利·沃森(Molly Worthen)用了一个相似的术语。见 Molly Worthen, "The Evangelical Roots of Post-Truth," *New York Times*, April 16, 2017。
③ 这是庄子与荀子的分歧点,荀子把"心"作为足够可靠的感官数据处理器,因为"心"也贮存有记忆、经验与知识。荀子说,学习并不能使人耳聪目明,但"心"可以变得敏锐。不过,如果"心"变得无法平静,对外部事物将一无所知。见《荀子集解》(1988)第 17 章第 309 页,第 21 章第 405 页和第 23 章第 436 页。

索语言的预期效果,这促使人们认识到思想体系的变化。如果人们较少重视传承的价值和社会义务,就会对事物的整体性有更准确的认识。用庄子自己的话说:"以其知得其心,以其心得其常心"。① 尽管"常心"的最终意义是注定不可捉摸的,但尝试本身可以让人从中受益匪浅,②并且可以赋予人们更清晰的见解。

逻辑(一种特殊的语言类型)无法捕捉全部感官体验和直觉,一个最好的例子就是逻辑学家惠子与更具洞察力的庄子之间的两次对话:

> 惠子谓庄子曰:"人故无情乎?"
>
> 庄子曰:"然。"
>
> 惠子曰:"人而无情,何以谓之人?"
>
> 庄子曰:"道与之貌,天与之形,恶得不谓之人?"
>
> 惠子曰:"既谓之人,恶得无情?"③
>
> 庄子曰:"是非吾所谓情也。吾所谓无情者,言人之不以好恶内伤其身,④常因自然而不益生也。"
>
> 惠子曰:"不益生,何以有其身?"

---

① 《庄子·内篇·德充符》。庄子并没有解释什么是"常心",也许是任何推动宇宙的动力。我对于庄子有关相对主义或人类有限认识能力的观点有不同看法。庄子说:"物无非彼,物无非是。自彼则不见,自知则知之……虽然,方生方死,方死方生,方可方不可,方不可方可,因是因非,因非因是。是以圣人不由而照之于天,亦因是也。"

② 墨家经典中与之最接近的在葛瑞汉认为是注释的两个段落中,两段话都讨论了"虚心"和"无欲无怨"的"平心"。见:Graham(1978),489-490。

③ 更确切地说:"但既然你称他为'人',他怎么会没有感情呢?"

④ "常因自然"有两种可能的译法。我都采纳了,无疑有点过度翻译,因为它们看起来都很合理,并有着密切关系,一个侧重于内部,另一个关注与外部的关系。这是《庄子》中"自然"一词的少数例子之一,这一段落明确强调,人非自然,但可以利用自然。郭象注曰:"生之自生",无需外力。成玄英强调,这意味着认识到要与"道"隔绝,就是忘记"人皆为物",是绝无人识的。

> 庄子曰:"道与之貌,天与之形,无以好恶内伤其身。今子外乎子之神,劳乎子之精,倚树而吟,据槁梧而瞑。天选子之形,子以坚白鸣!"

《庄子·德充符》中提到圣人"有人之形,而无人之情"。按照通常逻辑,如果缺乏"人的情感"或"人的倾向",就不会受"是非"的干扰。[1] 这话听起来似乎很有道理,因为"是非"很容易变成"好恶"(即对现象的价值判断)。[2] 这样的观点会让西方学者联想到犬儒主义者(Cynics)、原子论者(Atomists)和斯多葛派(Stoics)主张的无欲心境,尽管深入探究就会发现它们的相异之处。[3] 但是对于庄子来说,情绪与感觉像"朝菌"般完全自然生长,如《齐物论》所形容的,"日夜相代乎前而莫知其所萌"。[4] 无动于衷,实际上就是行尸走肉,这是庄子所不主张的。值得注意的是,惠子对于所有的话题只用了 A 与非 A 这样的二分法。可是,文言文的"非 A"或者"不 A",常常表示不怎么有 A 或者不怎

---

[1] 见《庄子·内篇·德充符》:"有人之形,无人之情;有人之形,故群于人。无人之情,故是非不得于身。"Watson(1968),40.
[2] 郑贵利相信,当一个人与宇宙协调时,是没有情感"空间"的。见其专著 *The Emotions in Early Chinese Philosophy*. Oxford: Oxford University Press, 2017, p.6。这当然是错误的。我们的目标是要控制情感,而不是不具有情感。许多对《庄子》的解读都忽略了其中的讽刺意味。谢天谢地,汉斯-格奥尔格·梅勒(Moeller, Hans-Georg)和德安博(Paul D'Ambrosio)不是这样的。见 Moeller, Hans-Georg and Paul D'Ambrosio. *Genuine Pretending: On the Philosophy of the Zhuangzi*. New York: Columbia University Press, 2017。
[3] 例如,庄子永远不会向犬儒主义者建议,随心所欲,想说就说,不计后果。他也不会像伊壁鸠鲁那样认为心灵的愉悦胜过身体的快感。
[4] 见《庄子·内篇·齐物论》。Watson(1968),8.

么做 A。① 显然,人们倾向于用定言令式②说话。抽象规则与过分自信的论断,是无益的,故弄玄虚的,或者往最坏处说,是危险的。庄子对于这些口号没有耐心,因为人生充满了矛盾,所以他一方面劝告人们"弃世则无累",可是又指出"栖之深林"并无多大用处。③

因此,当庄子与他最喜欢的辩论对手惠子一起散步时,他兴致盎然,忍不住向对方指出,语言和逻辑本身远非绝对的,而是通过语境来获得其意义。惠子也会停下脚步,略作思考,然后用"逻辑矛盾"来予以回击(但这次他的反驳是错误的)。庄子也许只是偶尔借用一句口号或俗语来表达自己的观点,不识隋和之珍,因小失大。④ "无情"与"去欲"都是简单的口号,人们也都无法做到。⑤ 因为没有一个活着的人能摆脱这样的倾向。⑥ 与语言一样,情感和欲望不知从何而来,也没有什么办法可以根除它们。⑦

---

① 《论语》中的"子不语 X",读作"他很少谈论 X"。此处的否定含义被注疏家们赋予了不同寻常的释义。

② 定言令式(categorical imperative)是康德在 1785 年出版的《道德形而上学的基础》一书中所提出的哲学概念。他指的是道德主体在展现具有道德价值的行动时所应具备的条件。"令式",即"命令的形式"。因为康德认为人的感性常支配理性,使人无法表现善行,甚至会违反道德规则,所以道德法则必须以"命令"的方式呈现。康德认为,只有出于无条件的定言令式,才具有道德价值。

③ 见《庄子·外篇·达生》,"弃世"(即"死亡")是一种文字游戏。正如庄子说的:"弃世则无累,无累则正平……与天为一。"

④ 在《庄子·杂篇·庚桑楚》中有个故事,南荣趎去拜见老子,老子问他,是否还带了其他人(即指他是否不加思索地接受了别人的想法)。Watson(1968),191.

⑤ 在《庄子·杂篇·天下》中,庄子批评了墨家,认为他们对于欲望和日常情感的态度"非生人之行,而至死人之理"。

⑥ 这是庄子与那些斯多葛派们有分歧的地方,虽然并不包括埃皮克提图(Epictetus)。迈克尔·弗雷德(Michael Frede,1940—2007)死后发表的演讲稿(2011)中指出,埃皮克提图引入了"自由意志"的概念。斯多葛派认为,人类生来自由,至少是潜在的。

⑦ 尽管一些感觉可能确实代表虚假的意识,或者取悦于权贵的奴性意愿,在特定情境下自然流露的情感根深蒂固,正是这种情感无法因为任何目的而被阻止。如果压抑它们,就会伤害到自身。

但是高估它们的重要性或者延续的时间会妨碍简单的幸福。①在庄子看来,一旦情感爆发,就要尽快释放出来,不要任由情绪积累,这样会比较安全,要得鱼而忘筌。这个故事中的庄子不像他的朋友惠子那样充满异议和指责,他并不要求人们采取特定的处事方式,并劝告人们避免反复刺激自己的情绪,因为他知道一件事:如何避免最可能避免的伤害类型。他嘲笑一切由确定性引起的人类的愚蠢,他可以自由地在常识与严格的逻辑、信任与怀疑之间来回穿梭。②尽管如此,当我们阅读庄子与惠子的对话,我们可以看到,要让两个最好的朋友达成对于人类的共同定义是何其不易!③

我猜测,读者相信《庄子》,是因为它不仅接受了人类的局限性,而且鼓励人们去体验人性的快乐。在看到"旧国旧都"时,④大多数人都会很激动。而一个人在丧偶时也会忍不住哀号,"噭噭然,随而哭之"。⑤只有机械才能完全运转自如,而没有任何害

---

① 正如《庄子》中关于死去的母猪和她饥饿的小猪的故事所表明的,即使对于一个人生命中如此重要的人物——母亲的爱,也会随着母亲生命的消亡而消失。
② 《庄子·内篇·齐物论》提到三位思想家,一位是惠子,其"闪耀的光芒"连圣人也"有所图也"。(这与该篇上文中关于"封"的段落相呼应)见《庄子集释》(1961),第1册,第77—75页,特别是注18。
③ 庄子看到了许多现代理论家所没有意识到的东西:设计一套放之四海而皆准的关于"人之为人"的标准,是荒谬又错误的。蒂莫西·查普尔(Timothy Chappell)说过:"把特殊和稀见事例(它们大都是想象中的)所产生的想法与实践推而广之,用来对正常情形作出判断,这样的做法是又愚蠢又错误的。"见 Chappell(2014),150。查普尔想到的是 17 世纪英国哲学家洛克的鹦鹉。
④ 见《庄子·外篇·则阳》:"旧国旧都,望之畅然。"我理解俞樾的说法,即我们把这一比例看成是熟悉的场景被荒草所覆盖的程度。这会给我们带来一系列的反应:首先是对于十分之九被荒草覆盖的家;其次是"所见所闻"(想起记忆中家的最佳时光);再其次,在一个突出的露台上,可以一览无遗地看到很开阔的景色,这片完整的土地才是我们真正的家,随之而感到的快乐是难以言喻的。如果俞樾是正确的(而我并不确定),那么最后的平台俯瞰的感觉很有君王之乐。我怀疑俞樾的图景融入了太多现代西方的概念。
⑤ 见《庄子·外篇·至乐》。Waton(1968), pp. 140-141.

怕、失落和哀伤的负面情绪。哪怕是在日常的生活中，人们也需要有复杂的互动。因此，没有人总是成功和顺利而不对自己和他人造成伤害。为了避免情绪造成永久性伤害，我们必须首先意识到个人的生活质量取决于社群的生活质量。我们要坚持和各种各样的人交朋友，不管他们是不是和我们一样。最根本的是，我们越少关注自我，就越容易欣赏他人和事物，最根本的是，对人类经验中的所有可能性保持开放的心态。

幸福的人，是那些有着正常的耳、目、鼻、口等器官，没有遭遇失明或耳聋的普通人。① 庄子呼吁人们珍惜"生命的恩赐"。即使一个人生活在默默无闻中，生活也足够丰富。一份好的职业、较高的社会地位和巨大的财富可能不会增加我们获得快乐的机会，有时候它们只会增加我们的不快乐。庄子与惠子不同，他对新奇的事物没有特别的热情。可是庄子发现，当他想要找人倾诉、准备接受和享受挑战的时候，诡辩的惠子是一个十分令人兴奋的对手。惠子死后，庄子承认自己怅然若失，认为再也找不到这么有趣的朋友了。② 然而，令人难以置信的是，惠子的逻辑比不上庄子含糊不清的情绪。

庄子与惠子游于濠梁之上。庄子曰："鯈鱼出游从容，是鱼之乐也。"

惠子曰："子非鱼，安知鱼之乐？"

庄子曰："子非我，安知我不知鱼之乐？"

惠子曰："我非子，固不知子矣；子固非鱼也，子之不知鱼

---

① 见《庄子·外篇·达生》："汝得全而形躯，具而九窍，无中道夭于聋盲跛蹇而比于人数，亦幸矣。"Watson(1968)，p.154.
② 见《庄子·杂篇·徐无鬼》，庄子谓随从曰："……自夫子之死也，吾无以为质矣，吾无与言之矣！"Watson(1968)，p.206.

之乐,全矣。"

庄子曰:"请循其本。子曰'汝安知鱼乐'云者,既已知吾知之而问我,我知之濠上也。"①

也许当庄子注视水面的时候,他的影子与鱼合而为一,我们不得而知。但庄子又一次用惠子的游戏来暗示语言的局限性。"不察者不可与言",②一位好的倾听者,就像一个好的观察者,总是在寻求共同点。③ 天地之间有很多现象是惠子的逻辑游戏所不能解释的,④因为毕竟人们永远无法完全理解丰富的体验,事物之间的交流也会神秘地发生。不过,文字游戏的输赢并不重要,⑤最基本的问题还是:什么是人?人与动物有何不同?一个人如何能够不学而知?显然这是不可能的。通过实际的交流可以弥补一些不足,缩短由习俗造成并固化的差距。如果庄子对此有所言,他也许会对惠子说:你这个大傻瓜!你永远都不明白。我还需要向你解释一切吗?因为你只懂逻辑,认为我不会了解鱼的感情,你误会了万物的根源。我不知道如何与你交流,亲爱的

---

① 见《庄子·外篇·秋水》。Watson(1968),pp. 137-138. 根据我与爱丁堡大学的耿幽静教授的私人通讯,"濠"字指的是一种战壕,不只是水坝。注疏者都认为"濠"是一条河的名字。二者并不是互相排斥的。
② 正如巴尔弗·布朗(J. H. Balfour Browne, 1884—1921)所说,见以下网页:https://cibernautajoan.tumblr.com/post/77175702303/people-who-do-not-observe-cannot-converse。
③ 这句出自英国律师之口的"至理名言"被理查德·桑内特(Richard Sennett)所引用。见 Sennett(2012),14,19。
④ 法国诗人加斯东·巴什拉(Gaston Bachelard)说过:"力量是通过诗歌表现的,而诗歌不是普通知识的循环。"见 Gaston Bachelard, *The Poetics of Space*, trans. Maria Jolas(New York: Orion Press, 1964; reprint. Boston: Beacon Press, 1969)。
⑤ 的确,庄子并不拒绝常识。他拒绝那些自诩博学和权威的人之间的竞争。这部分地解释了为什么庄子发现仅仅"师心"太简单了,因为人们可以看起来真诚,但被愚弄,又具有破坏性。

朋友,你为什么如此限制我们的谈话?①

排除障碍,解开心结,摆脱束缚,遵从内心,无疑,那才是让人憧憬的成功目标。

茫然而思:明朗,充实与乐

当庄子说普通人仍然可以过着充满无限活力的生活时,我们为什么要相信庄子?《庄子》列举了无数人类的失落和局限性,包括死亡,死去的鬼魂总是徘徊在我们的生活中。庄子想让我们知道,这种痛苦是我们生活中不可或缺的一部分。《庄子》中的一些故事似乎在颂扬人们"愚蠢"的一面,一个例子是南郭子綦,他"隐几而坐,仰天而嘘",②也许他正在冥想。我们只知道在这个过程中,他的眼神几乎变得呆滞。

若然者,藏金于山,藏珠于渊,不利货财,不近贵富;不乐寿,不哀夭;不荣通,不丑穷,不拘一世之利以为己私分,不以王天下为己处显。显则明。万物一府,死生同状。③

《庄子》中生动的意象帮助我们接受生活的本来面目。因为无论是逻辑技巧还是博学都不能使人成功。诚实的人必须承认,并非所有问题都有现成的答案。④ 人们需要退却,学会放下包袱,适应现实,而不是盲目乐观地安慰自己。

《庄子》是一个真正的宝库,里面包含了许多获得更多元气的

---

① 可参见《庄子·外篇·秋水》末段。Watson(1968), p. 1.
② 见《庄子·内篇·齐物论》。Watson(1968), pp. 31-33. "真人息以踵",因为他们气息深沉,也许是在冥想。这并不是超现实的语言或者奇迹。
③ 见《庄子·外篇·天地》。Watson(1968), p. 85.
④ 可比较曾获得诺贝尔奖的经济学家康纳曼说过的一段话:"博学的人只是比那些孤陋寡闻的人略有预见性。但那些最博学的人常常是最不可靠的。原因是,知识越多的人越会对自己的才能产生幻觉,变得不切实际地过度自信。"见 Kahneman (2012), p. 219.

第五章　人生要义：庄子的至乐

有效方法。每个人的习惯、情绪和倾向都有很大差异。他们的世界绝对是多样化的。① 显然没有单一的"方法"可以帮助每个人，因此，《庄子》中的轶事、寓言和逻辑难题，提供了一系列潜在有用的线索和方向。在《庄子》中，古怪、贪婪者用怪诞、相反的论调挑战君子，让读者对于自己所处世界的绝对多样性感到震惊。总而言之，意识到人生的多样性是人们的快乐之源，我们不禁要问，为什么继续满足于行尸走肉的生活？庄子拒绝采用大多数人用二分法来划分世界的方式，②而是看到了二分之间的"中间"地带。他认为二分法可能暂时有用，但从长远来看，会成为人们认识世界的障碍。庄子强调，每个人都是情绪、归属感和行为的不完美的混合体，③同时，要让生活充满活力，人们需要环顾世界，小心前行，如履薄冰。

但是，《庄子》中提出的人生策略令人费解，更不用说能带来深刻的满足感，对于人们应该如何生活和深刻认识周围世界也缺乏严肃和持续的考虑。但它提出的人生目标是足够明确的，即人们要充实地度过此生并愿意与人交流，对于世间内外不可名状的美好事物有着恰如其分的着迷。但是，除非对于丰富的人生进行认真和长期的思考，否则是无益的。无穷的景象将会在每个人面前展现。但要做到这一点，我们必须用"明"（心得）回到人性的根

---

① 正如罗思文在我们于2015年1月的一次交谈中谈到的，庄子也许是一位认知相对主义者（所有推理方法都既有理又无理），但他不是道德相对主义者，因为他认为一个人的自然存在和行动方式是唯一的方法。庄子把人类的多样性比拟为各种感官："譬如耳目鼻口，皆有所明，不能相通，即所谓一察也。"见《庄子·杂篇·天下》。也可参见《庄子·外篇·天地》："物得以生，谓之德；未形者有分，且然无间，谓之命；留动而生物，物成生理，谓之形；形体保神，各有仪则，谓之性。"Watson(1968)，p. 288, 89.
② 正如"周将处……X与不X之间"。请看前面第二部分所举的庄子的例子。
③ 见：Sennett(2012)，4.

本("返本")。①

《庄子》一书之"本"是什么呢？思考人性的本质特征似乎是一个很好的起点。② 人们需要觉悟到，"无知"就是获得真知的前提。③ 我们发现，除非我们能够认识到人类境状的基本事实，④否则会进退维谷，很难以有限的感知和注意力了解世界的偶然性和神秘性。

不过，在隧道的尽头总会有光，因为庄子说过："昭昭生于冥冥"。⑤ 古代汉语中的"明"，可以表示"光明""明晰"和"阐明"，也可以泛指人间的神明和政治，因为最高的统治者把他们接受朝拜的地方称为"明堂"。但是这个汉字是日与月的结合，表达了更多的意义：它们轮流照耀万物，无私造福一切。虽然它们所带来的光明有着不同的形式和力量，但彼此总是相连。人们可能会说，如果人类共同合作，每一个人都可以成为别人的灯塔和光明。（见图5.2）

---

① 当然，"明"可用于代表任何光源（如月光，星光），但它也与神圣相关，因而有所谓的"光明殿"或"明堂"。这些出现在前面第三章有关《孟子》的讨论中，根据刘殿爵的英译，"明"是"numinous"。

② 可参见 Yearley(2010)。丹尼尔·卡内曼也有过相似的论述："惊奇的能力是我们精神生活的重要方面。"见 Kahneman(2012)，p. 71。

③ 见《庄子·杂篇·徐无鬼》："恃其所不知而后知。"Watson(1968)，p. 213。

④ 麦大伟(David McCraw)认为，"偶然性"是阅读《庄子》的关键，"当偶然性应用于行动与机会时，产生了我们意识中的经验与预期之间的张力……因而偶然性以经验与预期的互动形式刻入人类意识"。见 David McCraw, *Stratifying Zhuangzi : Rhyme and Other Quantitative Evidence* (Taipei : Institute of Linguistics, Academia Sinica, 2010)，p. 7。他也列举了一些可以缓解由变化和命运而产生的恐惧的方法：一是由传统所建立的延续性，可以减少危险性；二是规律性或周期性的模式，它们不一定是传统或延续性的一部分，但能减轻我们的断裂感；三是发展，即发展的方向或者动态，要抓住时机；四是来世观，它使个人向往不可预知的天堂。第五种可能的态度是接受机会。关于偶然性，也可以阅读下面这本专著：Jonas Grethlein, *The Greeks and Their Past : Poetry, Oratory and History in the Fifth Century BCE* (Cambridge : Cambridge University Press, 2010)。

⑤ 麦大伟强调世界的多种形态和多重声音。引文见《庄子·外篇·知北游》。Watson(1968)，p. 180.

第五章 人生要义:庄子的至乐

图 5.2 凯伦·麦克莱恩的摄影作品,无题,摄于 20 世纪 80 年代。此图片的复制得到了艺术家本人授权。

此照片最显著的位置暗示了我们常常经历的黑暗与困惑,但光源始终存在于我们的生活中(如照射在中间通道地面上的阳光),而且通向远方郁郁葱葱的空间。

在庄子看来，所有人，无论其出身、才能或所受的训练如何，都能学其所需，以滋养内心（"养中"），完成使命（"为报"）：

> 夫随其成心，而师之，谁独且无师乎？奚必知代而心自取者有之？愚者与有焉！未成乎心，而有是非，是今日适越而昔至也。是以无有为有，虽有神禹，且不能知，吾独且奈何哉！托不得已以养中，至矣。何以为报也！①

他也认为人生而具有发展的潜能，这与天性本善的信念密切相关。

> 特犯人之形而犹喜之。若人之形者，万化而未始有极也，其为乐可胜计邪？故圣人将游于物之所不得遁而皆存。善妖善老，善始善终，人犹效之，而况万物之所系而一化之所待乎！②

> 故善吾生者，乃所以善吾死也。今大冶铸金，金踊跃曰："我且必为镆铘！"大冶必以为不祥之金。今一犯人之形而曰："人耳！人耳！"夫造化者必以为不祥之人。今一以天地为大炉，以造化为大冶，恶乎往而不可哉！③

人们活着可以享受生之乐趣，死后也可以获得解脱。对于不可抗拒的人生真相的唯一道德反应连幼童也知道就是拥抱一切，并热切地期待将要发生的人生经历，创造一种道德多元主义（如

---

① 见《庄子・内篇・齐物论》和《庄子・内篇・人间世》。Watson(1968), 9, 28.
② 见《庄子・内篇・大宗师》。Watson(1968), 45.
③ 见《庄子・内篇・大宗师》。读者可能记得，这段故事出现在第二章中。Watson (1968), 49.

容忍与宽厚,tolerance and generosity)。①(有人曾经这么说过,"我们只是在这里守望;而不是监视"。)②尽管现代学者倾向于把庄子与斯多葛相比较,但庄子并不要求人们受到理性的约束(听从传统的规范),因为理性无法辨别宇宙或人生。③ 另一方面,庄子反对道德绝对主义,但并不是反对道德本身。大多数情况下,慎思可以为行动提供指导。它是人们可以掌握的,因此,"没有权威能够决定每一次正确的解释,各种见解展示了多样的观点和角度"。④ 就"至乐"而言,庄子有他自己的看法:"学古之所谓得志者,非轩冕(如高位)之谓也,谓其无以益其乐而已矣。"⑤

那么,一个足够明智的人会有什么特别的乐趣呢?庄子反复地提醒人们要联想到人生的丰富性。⑥ 日常生活中总有美好的事值得庆祝。万物有其独特之美,如不同的味道、声音、触觉和梦。虽然宇宙的现象纷繁复杂,有些似乎相互对立,但万物皆在其中生长。⑦ 只要我们像孩童一样承认自己的无知,那么一切都

---

① 通常,人们认为,庄子考虑的是道德传统,或者想法太过于主观。他承认,与其他人一样,他可能是主观的,但他也认为,每个人对于发生的事情有自己真实的反应,并且这种反应是道德的,但并非主观的,因为它并不否认外部世界的客观事实。可参见 Peter Railton, "Moral Realism." *Philosophical Review* 95.2(April 1986):163-207。在我看来,庄子是一道德现实主义者。正如另一位加州大学伯克利分校的哲学教授汉斯·斯卢加所说的:"世界与地球或自然不同,它应该是人类的产物。"见:Sluga(2014),160。

② 见 Schulz(2017)。

③ 正如理查德·金在 2017 年 5 月给我的一封电子邮件中所说的:"斯多葛派认为我们是自己的理性或思想,认为庄子根本没有提及理性是不对的。"因为庄子对于逻辑和辩论是很有批判力的。如果把庄子与尼采相比较,那就更加可笑了。

④ 见 McCraw(2010),p. 81。

⑤ 见《庄子·外篇·缮性》。Watson(1968),p. 124。

⑥ 庄子用大量的单词描述了不同的看的方式:"睹""监""见""观""宽""聪明"(敏锐的听觉和视觉)。显然,"读"导向对于单一文本内容的理解,而"览"或"观"则表示对于整体布局更近的察看。

⑦ 见 Bachelard(1964),p. 39。

会激起我们的好奇心。

丰富的人生意味着"没有不必要的干扰",还有"施以仁爱"。难怪读《庄子》的时候,两个重复的感叹跃然纸上"已乎!"(或"已矣")和"与物为春"。"已乎!"是庄子对于人类设置障碍、影响自己享受美好人生的严重倾向的忠告。毕竟,这个世界偶尔会让人们受到挫折,但它也会让他们的精神在"大的间隙处"游刃有余,就像庖丁的利刃。庄子在世界上所寻求的是相对无碍的回旋空间。① 因此,许多《庄子》的故事都是关于游荡主题的。但对于那些快乐的人来说,他们可以随遇而安,充满活力,有着更多的可能性。他们接受宇宙的慷慨赠与,太阳与光,水与土,觉得一切都是合理的,及时的。我们得知,几乎不可见的道,"以不同方式吹动万物,使它们各得其所"。② 除了万物都渴望成长,它们没有共同之处。了解到这一点就足够了。的确,唯一可以衡量一个人的行动是否成功的标准,也许是考虑"是否也有益于他人",因为帮助他人可以带来深刻之乐。把握现在,宽以待人,③那就是人生目标。追求其他可能意味着很多努力都将被浪费,并会招致不幸。④

的确,"与物为春"是庄子教导人们的,但是这一词组至少表示三种不同的含义:一、智者让万物自由生长,到处都像春天一

---

① 见《庄子·内篇·人间世》颜回与孔子的对话。孔子提到,追逐名利就是"樊"。王叔岷认为,"樊"是"心斋",会有效地限制或约束自身。见《庄子校诠》(1988),第1册,第133页。但请参见第273页注释①。

② 见《庄子·内篇·齐物论》中,南郭子綦与颜成子游的对话:"吹万不同,而使其自己也。"Watson(1968),p.8. 可以比较一下《庄子·外篇·至乐》中孔子与颜回的对话:"故先圣不一其能,不同其事。名止于实,义设于适,是之谓条达而福持。"

③ 见《庄子·外篇·在宥》。Watson(1968),77.《庄子集解》把"在"解释为"察","宥"解释为"宽"。还有很多语句表明庄子在关注,如"今世殊死者相枕也"。

④《庄子·内篇·人间世》。Watson(1968),22-23。

样美好,令人欣悦。二、智者引导他人,潜移默化地推动重大变化,这样所有人都能共同成长。三、人们在无常中感觉到自己生命的节奏融入四季。对于每种含义,《庄子》都提供了论据,并不互相排斥。这三种诠释都避免消极的语言学陷阱,对于人生的热情投入具有精神层面的含义。

笑与忘

> 造适不及笑,献笑不及排,安排而去化,乃入于寥天一。且夫乘物以游心,托不得已以养中,至矣。何作为报也!①

但是,人们如何可以"乘物以游心"呢？在记忆本身成为生存和优游人世的障碍以前,有多少是可以被遗忘的？人们发现,庄子的英雄们总是与自己所遇之物、人和环境交织在一起。《庄子》中的许多句子都将游荡、栖居描述为愉快的体验。这些都以开放和敏感为前提,而不是静态和被动。忘记某些事(如与不睦的邻居的最后一次不愉快的经历)可以减少与他人交流的障碍(哪怕只有一线希望,也许有一天邻居会变得易于相处,以礼相待)。忘记一幅图片中的某些细节可能反而更能综览全景,并加深对全图的理解。②

---

① 前一句出自《庄子·内篇·大宗师》,后一句见《庄子·内篇·人间世》。Watson (1968), 51, 27 - 28. 庄子同时也说,不要以人力来改变自然,即"不以人入天"。(《庄子·杂篇·徐无鬼》)
② 正如《纽约时报》专栏作家乌瑞克·鲍泽(Ulrich Boser)所说:"健忘使问题更易迎刃而解。"他引用了麻省理工学院的尼基·摩莎(Neechi Mosha)教授和科罗拉多大学博尔德分校的本杰明·罗伯斯顿(Benjamin Robertson)的话,认为"如果记忆太过执着,反而会一叶障目,不见森林"。见 Ulrich Boser, "Why It's Good to Forget," New York Times, July 2, 2017, p. 9. 研究表明,遗忘甚至有益于更好的思考。

当我思考《庄子》这些段落的时候,忽然联想到法国哲学家加斯东·巴什拉提到的"遐想"(reverie)一词。巴什拉的"遐想"是一种大致相当于庄子所说的"止"或"散"的神游状态,①"reverie"强调了能量弱化与充沛之间、平衡心灵与理智之间的强烈联系,被认为是有益行为的前奏。在巴什拉的阐述中,"遐想"与"怀旧"迥异,后者指的是在记忆中所保留的和必然被更改的情感体验,并不能给人们带来什么安慰。②"遐想"的时光,就像"坐忘"(字面的意思是"坐着,忘记",通常解释为"静思冥想"),既不是试图重复过去发生的事,也不是预想未来。体验现状就足够令人满足了。然而,在《庄子》中,"坐忘"一词只出现了一次,这个经验被描述为完全变革性的:

曰:"回坐忘矣。"

仲尼蹴然曰:"何谓坐忘?"

颜回曰:"堕肢体,黜聪明,离形去知,同于大通,此谓坐忘。"

仲尼曰:"同则无好也,化则无常也。而果其贤乎!丘也请从而后也。"③

如果对"神气"(spirit and breath)价值的高估会妨碍一个人

---

① 在《庄子·内篇·人间世》中,"散"是"不材之木"用来自我保护的。Watson (1968), p. 31.

② 《庄子》提及了各种情绪,他敦促人们对于变化的场景要有相应的情绪,但他也告诫,不要放任情绪过度,或人为地延长某种情绪。

③ 郭象注曰:(圣人)"淡然无欲,乐足于所遇,不以侈靡为贵,而以道德为荣,故其家人不识贫之可苦。轻爵禄而重道德,超然坐忘,不觉荣之在身,故使王公失其所以为高。"见方勇,《庄子纂要》,北京:学苑出版社,2012,第5册,第290页。

"养生"的基本实践,那么最好也"坐忘"。① 不过,上面所引的最后一句话,很难解释孔子是真正欣赏"坐忘",还是委婉地嘲讽。人们不可能长时间处于超然的状态。暂时从过多思虑中解脱出来是有益的,因为它有助于揭开那些干扰我们的视觉、省思或养生计划的重重困惑。因此,"坐忘"一词使灵魂摆脱了过度紧张的状态,变得平静,蓄势待发。重要的是,"坐忘"可以使人出入于静思冥想之间,至少让人们从日常行为(比如自以为是)和现时的人生轨迹中解脱出来。愿意接受人生的痛苦和脆弱,不但是必要的,而且是人类有价值的组成部分。此外,也看到人生的无忧无虑,自由自在,这一点正是大多数研究庄子的学术著作中所缺失的。毕竟,《庄子》的目标是"救治"(heal)而不是"治愈"(cure)具有人类特征的人。② 在人生别无选择的时候,它依然足慰平生。因此,具有起码的自知之明,不妄自尊大,这就是庄子所说的自在和欢笑之源。对于庄子来说,自嘲是精神性的,讽刺与悖论也是如此。因为小小的玩笑可以让彼此同乐(如庄子和惠施的例子),③而并不是出于实用的目的。正如亨利·伯格森(Henri Bergson)所说,"笑"本质上是一种社交活动,一种终极的"社交信号"。④ 因而,在一个重视戏剧性演讲和修辞的时代,庄子会说服自己(和同类者)回避装腔作势的人,忘记日常生活中的微小的挫

---

① 见《庄子·外篇·天地》:"汝方将忘汝神气,堕汝形骸,而庶几乎! 而身之不能治,而何暇治天下乎!"Watson(1968), p. 91.
② 只有死者才是被"治愈"了的不再有人类特征的人。
③ 也许有点不可思议地,这让我联想到了蒙田(卒于1592年)。参见 Sennett(2012), p. 125.
④ 神经学家罗伯特·普罗文(Robert R. Provine)在对公共场所陌生人进行窃听实验后指出,绝大多数的笑与幽默无关,只是日常生活互动的一部分而已。要了解更多内容,可以阅读这篇文章:Jason Zinoman, "What Does Laughter Really Mean." *New York Times*, March 4, 2017。

折,以及由鸡毛蒜皮的琐事而引发的怨恨。

但是,总是会有各种嘲笑者。① 《庄子》首篇提到了嘲笑别人的蜩、学鸠和斥鷃。我们太熟悉这类人了:他们以为自己无所不知,嘲笑任何与他们不合的人或事,而实际上他们拒绝接受任何新的体验。② 这种自我满足会付出很高的代价,只有粗心大意的人才会被他们伪善的笑所迷惑。③ 但人类的愚蠢也是值得被嘲笑的,无论是自身的或他人的愚蠢("异哉!")。④ 各种荒诞感常常可以带来情绪的缓解、放松和释放。⑤ 有些人已经学会了忍受自己的局限,就像井底之蛙习惯了光滑的井壁和狭窄的空间,但也有些人已经掌握了微妙的生活艺术。也许,介于两者之间的,是认为愚蠢比艺术更好的想法⑥。捧腹大笑出自一个美妙的巧

---

① 大卫·门罗(D. H. Monro,1911—2001)把幽默理论分为三类:不协调性、优越感和解脱理论。大多数西方理论更偏爱优越感理论。见 D. H. Monro, *Arguments of Laughter*. Notre Dame: University of Notre Dame Press, 1963。康德说过:"笑声是由于紧张的期待突然转化为虚无而产生的一种情绪"。见 Immanuel Kant (1724-1804), *Critique of Judgement*, trans. J. H. Bernard, (MacMillan New York: Hafner Press, 1951), section 54。笑话并没有逆转期望,而是使人灰心。

② 见《庄子·外篇·在宥》:"世俗之人,皆喜人之同乎己而恶人之异于己也。"Watson(1968), 81。

③ 见《庄子·杂篇·渔父》:"强亲者,虽笑不和。"Watson(1968), 275.

④ 《庄子·杂篇·让王》:"舜以天下让其友北人无择,北人无择曰:'异哉后之为人也……'"Watson(1968), 250.

⑤ 如那些研究幽默的理论家所指出的,幽默如果不是用在表达优越感的时候,可以充当社会润滑剂和对社会关系的支持。李耶理相信,庄子希望幽默能引起"具有精神内涵的诠释学危机",读者就能"评估自己的精神成熟度"。见 Yearley(2005), p. 516。对此我不能苟同。

⑥ 这句话的英文原文出自德国作家德布林(Arthur Döblin,1878—1957)之口,加拿大著名的小说家、翻译家、文学批评家阿尔维托·曼古埃尔(Alberto Manguel)在其书中引用了,见 Alberto Manguel, *The City of Words*, CBC Massey Lectures, (Toronto: House of Anansi, 2007), p. 5. 庄子是这样说的:"周将处乎材与不材之间。材与不材之间,似之而非也……合则离,成则毁。"见《庄子·外篇·山木》。Watson(1968), pp. 156-157.

合,无论是奇怪的故事,诙谐的话语,还是自得其乐。①

庄子只是在提醒我们,他知道任何能养生的事才是明智的,正如以下《渔父》篇中的故事所述:

> 孔子愀然曰:"请问何谓真?"客曰:"真者,精诚之至也。不精不诚,不能动人。故强哭者虽悲不哀,强怒者虽严不威,强亲者虽笑不和。真悲无声而哀,真怒未发而威,真亲未笑而和。真在内者,神动于外,是所以贵真也。"②

庄子让一个人保持其真实的状态和即时的真正感觉,③因为如果缺乏真情实感,没有什么交流可以产生力量去推动、转化和激励他人。此外,只存在"即刻的事实",没有绝对独一无二的真理。

这段话中并没有暗藏着现代和后现代的真实性崇拜的幽灵。④ 思考"我的存在"和宇宙与社会关系的现实,可以让人举一反三。一个人对于自己和他人的缺陷会更宽容,对于身体和情感需求也更加在意。这使他更有效地审视或实现更好的自我。正如老聃对于在孔子之后前来拜访他的子贡所教导的,古代圣人们只有一个方面是相似的:他们设法"使民心一",⑤因为他们乐于

---

① 见《庄子·杂篇·天下》。据说这代表庄子的自我评价:"以谬悠之说,荒唐之言,无端崖之辞,时恣纵而不傥,不以觭见之也。"Watson(1968), p. 296.

② 见《庄子·杂篇·渔父》。Watson(1968), pp. 275 - 276.

③ 葛瑞汉有时把"真人"翻译为"genuine man"。请参考 A. C. Graham, *Disputers of the Tao: Philosophical Argument in Ancient China* (Chicago, IL: Open Court, 1989)。

④ 克尔凯郭尔与海德格尔以及紧随其后的后现代主义者们,推崇建立在人们对历史偶然性认识基础上的真实性崇拜,以此作为区分自我(智性的、精神性的)与鲁莽草率的他者的方式。见 Martin Heidegger, *Being and Time*, trans. John Macquarrie and Edward Robinson(New York, Harper & Row, 1962)。

⑤ 见《庄子·外篇·天运》。Watson(1968), 116.

助人，而拒绝沉迷于私欲。大多数的情况下，他们"在社会规范内行动而丝毫不计较头衔与名声"。① 其结果往往是一种团结合作感（"和"），以及由此而增强的持久之乐。因为真正被激发、感受和回报的情感，才是最动人的。尽管我们明白这种感觉永远无法完全解决有关人生意义的重大问题，但这种齐心协力的意识，可能是唯一值得拥有的东西，因为"精通生活的艺术"以及随之的"活力恢复"来自对于宇宙和社会领域中他人的强烈归属感。②我们得知，当孔子最终学会放弃自己的学问和著述，他的弟子们在他面前不再感到谦卑，对他的敬爱反而与日俱增。

《庄子》中的很多段落显示了"复其初"的缓慢性格变化与重新成为最好的自我的关联，如下面这段话所述：

> 泰初有无，无有无名；一之所起，有一而未形。物得以生，谓之德；未形者有分，且然无间，谓之命；留动而生物，物成生理，谓之形；形体保神，各有仪则，谓之性。性脩反德，德至同于初。同乃虚，虚乃大。合喙鸣；喙鸣合。与天地为合。③

---

① 见《庄子·内篇·人间世》："游其樊而无感其名。"Watson(1968), p. 25.
② 《庄子·外篇·达生》："夫形全精复，与天为一。天地者，万物之父母也，合则成体。"无疑，由于这种归属感，他们摆脱了寻常的恐惧。《道德经》第50章提到："善摄生者，陆行不遇兕虎，入军不被甲兵……兵无所容其刃。无何故？以其无死地。"意思是说，那些善养生者，不会受到寻常原因造成的打击。和王博一样，我认为庄子与现实世界紧紧相连，而不是逃离它，或者导向神秘主义。王博谈道："内心世界的隐士在接近自然的地方独居或者群居，尽可能避开人类社会。"但是王博认为，也存在另一种隐士，他们可以以"陆沉"的方式进入政治权力，也可以生活在人群里。毕竟，无用之木（"不材"）可建成神庙，因而赋予它一种无法拒绝的社会功能。见 Wang Bo, *Zhuangzi: Thinking Through the Inner Chapters*, trans. Livia Kohn (St. Petersburg, FL: Three Pines, 2014), pp. 202–205. 汉斯·格奥尔格·梅勒与德安博合著的书中也说道："虽然权力使生活变得不安，但人们甚至都不会考虑隐居。"见：Moeller and D'Ambrosio(2017), 148. 在该书的第159页，《庄子·达生》中的"不知吾所以然而然"被译为"人们不能将任何所做之事都归功于自己"。
③ 见《庄子·外篇·天地》。Watson(1968), p. 89.

这样欢乐的"与天地为合"预示了黎明的曙光,唤起了人类重新与宇宙和谐一致的希望,本章应该就在《庄子》所描绘的鸟鸣和温馨画面中结束。"行于万物者,道也……德兼于道,道兼于天。故曰:'古之畜天下者,无欲而天下足'",①因为他们明白,欲望会阻碍和消耗生命力。如同关尹告诉列子的:"有貌象声色者,皆物也,物与物何以相远?"②我们人类的大多数功能是以独特的方式呈现的:我们孤独地来到人世间,又孤独地死去;通常我们不需要依赖别人呼吸、行走、吃饭或睡觉,而言语在交流中甚至不总是特别有效。但是说话与鸟鸣并没有太大的不同,人类在说话的时候也会期待他人的反应,即使是那些像庄子和惠子一样遵循截然不同原则的人。人们不必总是认为自己的利益与需求不会巧合一致,因为实现人类个性化依靠与他人的合作。如果幸运的话,人们在最需要的合作形式中可以深入了解自己和他人,③形成更大的、共享的领域,④但也易于改变。因此,习惯了制造战争、冲突和生存竞争的人们,可以通过关注和聆听别人,感受到团结及其带来的持久安乐,以此赋予自己生活的意义。

庄子比任何其他的中国思想家更强调由好奇心所带来的"至乐"。他把人生比作意料之外的、不求而至的礼物。一个人无法揣测他人的性格和动机,甚至连自己也捉摸不透。人们可以游于物外,就像旅行者总是会注意到那些居家者不会注意到的事物。与西方文学和哲学传统中的许多思想家不同,庄子对于现实和表象的二元对立不感兴趣,他认为二元对立本身造成了一种外在和

---

① 见《庄子·外篇·天地》,"行于万物者,道也"。Watson(1968), p. 84.
② 《庄子·外篇·达生》。Watson(1968), p. 146.
③ 见 Manguel(2007), chapter 1。
④ 见 Sennett(2012), p. 6。

内在的冲突。尽管庄子承认一个人的感官使他/她无法看到世界的全貌,但他并没有止步于此。对于庄子来说,真正的害处在于我们忽略了自己的局限性,却妄自分辨事物,品评价值优劣。换句话说,没有什么能阻止人们充分享受人生。庄子的目标不是创造新知,而是要将人们改造成为焕然一新的人,不断尝试新的人生体验,为度过充实的人生作好准备。

如果说惊喜(surprise)是我们理解世界最感性的表现,①那么好奇(curiosity)则唤起了"人们对现有和未来事物的关注,随时发现我们周围陌生而独特的事物"。② 庄子眼里的世界,是陌生的,奇异的,令人着迷的,所以保持无尽的好奇心对于认识世界是十分重要的。庄子既不是兜售"顺其自然"的相对主义者,③也不是逃避现实的人。作为人生导师,庄子总是鼓励人们投入这个世界,并努力地改造它,使它成为一个充满温暖的地方。他的脸上总是挂着慈祥的笑容,因为庄子懂得,凡人都是美好的,所以他乐意劝导人们减少恐惧和增加快乐。这是庄子获得人生之"乐"的方法。

附 关于《庄子》的编纂年代与篇章结构

我们知道,早在公元前 221 年秦国统一六国以前,荀子就已

---

① 正如一位现代人所评论的:"惊奇本身就是我们理解世界最最感性的表现。"见:Kahneman(2012),71。
② 这重复了福柯的表述。见 Edward F. McGushin, *Foucault's Askesis: An Introduction to the Philosophical Life* (Evanston, IL: Northwestern University Press, 2007), xii.
③ 方岚生用了一章的篇幅专门讨论把庄子构建为相对主义者的主流理论,请参考 Perkins(2014)。

经知道了有一个所谓《庄子》的文本,尽管它不可能是我们现在所通用的文本。《荀子》前面的几章内容似乎有很多来自《庄子》,例如《解蔽》篇。中国的学者们已经努力证实了,现在通行的《庄子》文本应该成书于公元二世纪或者一世纪,或者更晚些。但是西汉之后到公元8年的数世纪中,第一位为《庄子》作注的重要人物是郭象(卒于公元312年),他整理了《庄子》文本的顺序,并按自己的喜好作了删订,把原来的52篇(可能是52捆竹简,一篇就是一捆竹简)缩减成现在的33篇。

无疑,《庄子》是不同作者的合集(composite text)。我们不应该假定《庄子》文本的一致性,或认为它出自单一作者或编撰者。所以"庄子"这一名字被赋予了"作者功能",但留下了很多未解之谜。① 尽管《庄子》谈到了一些主题,我们还没有办法抓住庄子言说的"本质"。同时,几千年来,《庄子》的读者提出了一些有趣的观点,发现了藏在文字背后或文字中的一个可爱又超然的声音。近年学者们努力解构《庄子》文本,尽管其成果或多或少是令

---

① 参见 Esther Klein, "Were There Inner Chapters in the Warring States?: A New Examination of Evidence about the *Zhuangzi*," *T'oung Pao* 96(2010): 299–369。"作者功能"(author function)来自福柯,他用这一词来描述我们对于"作者"的心理需求,它与我们的"阅读方式"和"文本诠释"相关,即使是没有明显创作者的时候。柯艾思(Esther Klein)建议我们把三种身份区分开来:一是生活于公元前四世纪中期宋国的历史人物;二是我们所知的《庄子》的主要人物;三是《庄子·内篇》的作者/原创者。我无法确信先秦时代只有这样一个历史人物。我也不能确信只有一个《庄子》的编纂者,或者《内篇》早于其他篇。刘笑敢认为,七篇《内篇》的 26 对主题词标记了每个独立的单元。(见 Liu Xiaogan, *Classifying the Zhuangzi Chapters*, Michigan Monographs in Chinese Studies. Ann Arbor: University of Michigan Center for Chinese Studies, University of Michigan Press, 2003)在《外篇》中,三个词反复出现,"道德""性命"和"精神",而它们从来没有出现在《内篇》中。基于此,刘笑敢相信《外篇》映射了后来的趋势。他还有一个观点是《庄子》文本中的有关庄子的故事,但这里就不用提了。也可参见 Christopher Fraser, Review of *Classifying the Zhuangzi Chapters*, by Xiaogan Liu. *Asian Philosophy* 7.2(1997): 155–59。

人称道的,但都存在明显的缺陷,主要是因为他们用现代性的预设来推演文本该是怎样的内容。① 由于我无法提出更好的解决方案,因此我就选择了最富有影响的庄子专家王叔岷先生和柯艾思的观点作为我的出发点,他们认为,对于《庄子》"内篇"的研究着力太多,因为许多专家觉得"外篇"和"杂篇"比不上内篇,内篇更为有趣(王叔岷先生认为"外篇"和"杂篇"同样精彩)。② 循着这两位学者的思路,我决定花时间倒读《庄子》(即从第33篇开始,而不是从第一篇开始),并且仔细阅读了早期读者觉得特别有趣的几章,《秋水》(17)、《庚桑楚》(23)、《外物》(26)、《让王》(28)、《盗跖》(29)、《渔父》(31)、《列御寇》(32)和《天下》(33)引起了我的注意。③ 用这种方法,我本来希望能确定《庄子》"内篇"的写作时间是早于还是晚于其他章节。④ 但对我来说,更重要的是,确定这些"外篇"和"杂篇"中的哪一些小故事最能解释一个人如何在受到社会政治条件的限制时仍然能够过上美好生活。

我对《庄子》的解读与许多早期的注疏是一致的;我主要研究西汉和东汉文本的相似之处。然而,我并没有采用汉代以后的主导传统,即认为《庄子》证明了圣人的高贵和特殊地位。这个传统

---

① "我们相信作者、撰著年代,或者文本及其各部分的'真实性'在很大程度上仍需继续讨论,并且可能永远无法得到完满的解决。"见:Hans-Georg Moeller and Paul D'Ambrosio, *Genuine Pretending*:*On the Philosophy of the Zhuangzi*(New York: Columbia University Press, 2017), 16。
② 参见王叔岷:《庄子校诠》,台北:中研院历史语言研究所,1988,第305页。
③ 柯艾思似乎在她的论文中并没有引用不为人所注意的资料。我之所以说"依据现有文献"是有充分的理由的,那些引人注目的引用文献也许并不能反映汉代学者的决定,而是反映了后来编订者的意图。
④ 参见:Lee H. Yearley, "The Perfected Person in the Radical Chuang-tzu." in *Experimental Essays on Chuang-tzu*. Ed. Victor Mair(Honolulu: University of Hawaii Press, 1983), pp.125-39; Esther Klein, "Were There Inner Chapters in the Warring States?: A New Examination of Evidence about the *Zhuangzi*," *T'oung Pao* 96(2010): 299-369。

忽略了《庄子》中的第一个故事，它清楚地表明，神奇的大鹏鸟的能力与下面的观者一样有限。《庄子》首篇标题《逍遥游》（英文常译为"free and easy wandering"）的意思更像是"发呆"。当我意识到这一点时，许多想法随之而来："透视主义"是一个糟糕的学术术语，反映了对知识的粗疏和漠不关心的态度，往往会导向怀疑主义。

本章所呈现的庄子，是一个乐于观察且富于哲理的人，同时又是很理智宽容的人。他坚持认为，人类永远不可能清晰地看透一切。

对于那些想更多地了解写本文献的撰写与编纂过程的人，可以从书后的"参考目录"中找到我发表的几篇文章，包括发表于2016年的"Academic Silos"（"学术界限"）或者"What I Wish Philosophers Knew about Early History in China"（"哲学家们忽略的早期中国历史的某些方面"）。

第六章　扬雄："诗人之赋丽以则"

君之最爱将永存

余若为渣

君之最爱将不被夺走

君之最爱为君之真正传世之物。

——庞德(Ezra Pound) ①

古文不犹愈于野乎？

——[汉]刘歆《移让太常博士书》

汉代大师扬雄（前33—18）在《法言》中评论道："女有色，书亦有色乎？"②现代读者也许不喜欢如此不恰当的类比。扬雄当然了解不同的情趣，一种是俗艳的，令人着迷；一种是典雅的，让

---

① 见黄运特译《庞德诗章·比萨诗选》，桂林：漓江出版社，1998，第193页。
② 见韩敬《法言注》，北京：中华书局，1992，第32页。（下面的注所引《法言》皆出于此，为省略起见，后面的引用只注明页码。）"色"暗含了"性吸引力"和"诱惑力"的意思。因此，从本质上讲，"书比女子更性感"。我更喜欢后者的翻译，但我在与康达维(David Knechtges)的私人交流中表达了我对于他的翻译的不同意见，但他觉得难以接受。《法言》的书名通常翻译为 Model Sayings 或者 Exemplary Sayings。我把"法"译为"figures"，不仅因为它暗示了"语言的身份""象征""设计"和"图像"，而且因为《法言》的许多段落中包含了名人的言论、行为和著述，作为正反两面的例子。请参见我的《法言》英译本：Exemplary Figures/Fayan (Seattle：University of Washington Press, 2013)。请注意，从技术上讲，简帛并不是"书"，后者专指典籍。

第六章 扬雄："诗人之赋丽以则"

人乐在其中，两种都同样深刻地影响读者。无疑，扬雄并不认为人们会同样地受到二者的诱惑。他在晚年对于自己所擅长之赋予以痛斥，批评它过分夸饰，"组丽"而内容空洞。① 扬雄的评论借鉴了古代圣贤和经典的悠久传统，把人们对于食色的强烈本能冲动与道德行为的软弱作了对比（可参见本书的第三章）。

通过强调书与美人具有同样的吸引力，扬雄考虑到了读者的期望，并大胆投入对传统的再造中。同时他也由此把某些儒家经典和新经典的价值提升到道德高度，因为它们阐明了文明、慎思的人生最令人向往的诸方面。如果把扬雄的话置于西汉的语境中，会显得更加有趣。因为就像《法言》所表明的，在他的时代，著述常常被认为是圣人说教的"余屑"。② 一位早期的人物曾抱怨说："读书欲睡"，这反映了许多人的同感。③ 还有人把原始文本的创作称为"自苦"。④ 虽然有这些传统，扬雄认为那些经典之作，即保留下来的先秦作品，或后来仿先秦诸子之作，其形式之美不亚于自然之美。"对于女子来说，最忌讳的是过于浓艳的妆容破坏了其自然之美；对于写作来说，要避免以过于华丽之辞破坏法度。"⑤

---

① 见《法言注》，第 34 页，"辞胜事则赋"。
② 很重要的是，庄子关于轮扁的故事也出现在《韩诗外传》卷五中。内容没有什么不同，它表明这只是一个"原生道家"的故事。《论语·先进》篇中的孔子谈到了读书的必要性，但是为了教化，而不是为了怡情。关于扬雄对传统的"学而优则仕"观点的驳斥，可以参见我的论文："Classics without Canonization: Learning and Authority in Qin and Han," in *Early Chinese Religion*, *Part One: Shang through Han (1250 BC-AD 220)*, eds. John Lagerwey and Marc Kalinowski (Leiden: Brill, 2008), pp. 721-77。
③ 这句话出自苏秦之口。见《战国策·秦策一·苏秦始将连横》。相似的感叹也出现在《史记》卷二十四《乐书第二》中，魏文侯告诉子夏，自己"听古乐则唯恐卧"。《礼记·乐记》中的《魏文侯篇》也有相似记载。
④ 见《西京杂记》卷二提到扬雄读书时，有人劝他说"无为自苦"。
⑤ 见《法言·吾子卷第二》："女恶华丹之乱窈窕也，书恶淫辞之淈法度也。"见《法言注》，第 32—33 页。

329

265　　本章主要是为了再现扬雄与其他西汉末年文人作品的趣味，并由此讨论阅读与学习经典的严肃话题。（见图6.1）一旦我们深入了解扬雄的生平，就会发现扬雄巧妙地在作品中把自己塑造成经典大师的形象。尽管如此，我们要充分地了解扬雄作品的持久魅力，需要将其置于特定的历史背景之下，这样才能衬托出扬雄的成就：即了解扬雄时代的写本文化与著者和权威性的状况。

图6.1　图中建筑据称为西汉晚期的宫廷藏书之所天禄阁的遗址。这是我本人在陕西西安郊区所摄的数码照片。
　　这一遗址曾经是历史上最重要的皇家图书馆之一，扬雄和刘向曾在此校书。基本上历史的旧迹已荡然无存，只有一个现代的建筑标记着这一遗址。

当然,在扬雄及其同时代人以前,已经有人相信某些作品可以带来无限的乐趣。这在一则关于扬雄的同时代人匡衡(活跃于约公元前 31 年)的轶事中表现得特别明显。年轻时候的匡衡发愤读书,但家境贫寒,因买不起蜡烛而无法夜读,就在与邻居家共用的墙上凿了一个小洞来"借"光读书。后来,墙上的小洞被邻居发现了,但是他一点也没有生气,而是很乐于见到这位发愤学习的年轻人,并且让他借阅自己的大量藏书。① 这个故事有一个暗含的转折:大多数汉代以前的故事中,在邻居的墙上凿洞的动机是偷窥,结局通常是与邻家之女私会。因此,关于匡衡的故事暗示了他对于读书的热情与众不同。②

从匡衡的故事中我们看出,在扬雄的时代,人们相信某些作品是可以带来乐趣的。《淮南子》的一则注也暗示了:许多扬雄时代之前的读者也一定有过这种阅读乐趣的体验。③ 然而相信或者体验这样的乐趣,并不等同于将其理论化。④ 扬雄与其他几位

---

① 《艺文类聚》卷五十五《杂文部·读书》引《汉书》曰:"匡衡凿壁,引邻家火光,孔中读书。"唐代李瀚编的《蒙求》也有"匡衡凿壁"之句。焦桂美列举了很多六朝时期的例子,说明藏书之不易。见:焦桂美《南北朝经学史》,上海:上海古籍出版社,2009,第87—88 页。
② 见 Riegel(1997)。也可见我与人合作撰写的论文:Michael Nylan and Harrison Huang, "Mencius on Pleasure," in *Polishing the Chinese Mirror: Essays in Honor of Henry Rosemont*, eds. Martha Chandler and Ronnie Littlejohn, Association of Chinese Philosophers of America Series of Chinese and Comparative Philosophy(La Salle, IL: Open Court, 2007), pp. 1 - 26。
③ 《淮南子·要略》谈到写作"足以自乐也"。见:张双棣《淮南子校释》,北京:北京大学出版社,1997。
④ 两个插图应该足以说明某种经验与将其理论化之间的区别。《东京梦华录》成书于公元十二世纪(1148 年),在它出现以前,还没有关于城市生活的记载。这本书中描绘的城市,既是"水平的"(它包含了社会各个阶层),也是"融合的"(人们可以穿街走巷,超越界限)。德国作家和学者泽巴尔德(W. G. Sebald,1944—2001)指出,在二战刚结束之后那些幸存的德国人中,几乎没有人提及他们曾经每天目睹自己的城市如何被破坏,哪怕是在私人的日记里。见 W. G. Sebald, *On the Natural History of Destruction*, trans. Anthea Bell(New York: Random House, 2003)。

汉成帝(前33年—前7年在位)时代的人,特别是刘向和刘歆等一起构建了第一个关于阅读经典之乐的重要、经久和系统的理论。① 为了激发时人对于上古的热情,扬雄与刘向、刘歆父子一起引领了一个潮流,把各种早已存在的观点融合在一起,形成一个独特的、新的理论,并以牵强的理由将其追溯到数世纪以前的周公和孔子。(见图6.2)② 在这些提倡者看来,阅读经典(越古老越好)对于培养精致的品位至关重要,有这样的品位才能写出博大精深、文采斐然的作品。③ 扬雄和刘向、刘歆父子倾力构建了"好古"运动的意识形态基础,而这一运动让很多博学之士得以入朝为官,并且享有接近皇帝的特权,他们不仅开创了新的修辞形式和研究目标,而且主导了一系列朝廷对内对外政策的变化。

无疑,扬雄所追慕的是远古时代。他是第一位阐明了什么是具有永久价值的经典的作家:一篇长短适中、繁简得当的作品,能诠释多样、复杂的论点。④ 扬雄用"玩"概括了人们游戏的能力,这个字可以表达由触觉带来的快感,比如在手中转动的光滑之

---

① 《汉书·楚元王传》中评论刘向"专积思经术"。(《汉书》36.1929)
② 《列子·仲尼第四》载颜回"乃反丘门,弦歌诵书,终身不辍"。"好古"运动的起源可以追溯到石渠论辩。那些在这场运动中被融合在一起的内容可以从公元前48年翼奉的奏章中略见端倪。那一年比扬雄入朝为官早了二十年,但没有证据表明,在扬雄及其同时代人以前,这场运动对于当时的现状曾有过任何巨大的挑战。王启才总结性地揭示了扬雄所处的西汉晚期奏议的风格变化,尽管他并没有去思考其中的原因。参见王启才《汉代奏议的文学意蕴与文化精神》,北京:人民出版社,2009。长期以来的传统认为,在扬雄和刘歆的时代,引经据典成为普遍现象,而不是罕见。见《文心雕龙》卷八第38篇《事类》。
③ 我在此有意用"品味"一词,因为《法言·问神卷第五》把"好古"者对于周代经典大师的钦慕比作传说中的大厨狄牙(即易牙)对于稀罕美食的选择性。
④ 见《法言注》第34,102,107,114,116,149,183页。扬雄的《太玄经》中也有相似的论述。在《法言·学行卷第一》中扬雄也提到了新经典作品具有与"五经"相同的价值。(见《法言注》,第17页)

图 6.2 《历代圣贤半身像册》中的"周公"像,宋代(?),绢本设色,88 厘米×59.4 厘米,现藏于台北故宫博物院。

画的题跋以行楷书写:"周公名旦文王子武王弟成王叔也成幼周公爲冢宰攝故管蔡流言曰公將不利於孺子遂作亂公東征誅管蔡成王既長公乃歸政初武王有疾公作策請以身代策藏金縢疾果瘳後成王得策執以泣請公　還公乃作無逸之書以訓焉。"

物,也可以表达反复思考,或者与志同道合的人一起交流思想时的精神愉悦。① 可以说,正是扬雄创造了一种游戏之源,即通过

---

① 一个人皮肤上的油脂会在书上留下难以消除的"泽",还有那个人的气息。《礼记·玉藻》云:"父殁而不能读父之书,手泽存焉尔;母殁而杯圈不能饮焉,口泽之气存焉尔。"重要的是,我们要意识到,与早期希腊一样,在早期中国,感觉(特别是视觉)通常被认为是对接触的反应。要了解更多内容,可参见我的一篇论文,Nylan(2008b)。

333

阅读获得古典学问，这正是优雅的定义。

为了实现自己的目标，扬雄旨在发展一种新的写作风格，它充满了典故和典雅的文辞，扬雄希望这种写作方式能够接近崇高的古典形态。今天，我们阅读扬雄诗文，也许会抱怨其深奥难懂。而扬雄原本是期望他富丽恢宏的作品通过反复传诵和努力传抄，能铭刻在读者的记忆、姿态和语言中，激励他们，同时也确立他作为圣人的地位。（他的写作总是把经典大师与影响深远的文本结合起来。）通过独特的写作，扬雄充分地表达了他对于古典学问和新古典主义作品的热情，"好古"很快就成为扬雄文学创作个性化的新风格，而不只是标志他和西汉晚期的改革者们所竭力推动的运动。他自己的诗文，即使难以阅读、诠释和模仿，已经成为写作的标准：即精致、明晰并且透彻（用一个"明"字可以包含所有这些释义，如我们在第五章所了解的），这是一个著者们用来检验自己的作品的标准，至少在整个十一世纪都是这样的。①

---

① 现在，人们常常忘了当年的扬雄曾经是人们争相效仿的标准，主要因为后来董仲舒通过一系列事件而名显一时，并超越了扬雄。鲁惟一教授曾经研究了这样的转变过程，并指出，朱熹在这样的转变中起到了推波助澜的作用，因为他用各种理由来批评扬雄，其中最主要的一条是扬雄与西汉王朝的"叛臣"王莽有关联。见 Michael Loewe, *Dong Zhongzhu, A "Confucian" Heritage and the Chunqiu fanlu*(Leiden: Brill, 2011)。因此，到十二世纪末，在"道学"观念的影响下，扬雄作为道德和文学的典范开始受到严重攻击。关于这一点，请参见我的《法言》英译本 *Exemplary Figures / Fayan*(2013)《简介》的注 50 和注 108。也可见宇文所安翻译曹丕的《典论·论文》：Stephen Owen, *Readings in Chinese Literary Thought* (Cambridge, MA: Harvard University Press, 1992), p. 62。东汉的谢夷吾(55—84？在世)在举荐王充的时候说，"充之天才，非学所加，虽前世孟轲、孙卿，近汉扬雄、司马迁，不能过也"，这表明扬雄之作的确是当时人们写作所依照的标准和天才。清汪文台(1796—1844)所辑《七家后汉书》(孙茂德重校本，孙氏古香阁，1902，1972 年重印)也引用了谢承和《文心雕龙》（请见下）对于扬雄的赞美。

第六章 扬雄:"诗人之赋丽以则"

扬雄乐于扮演经典大师,雕章琢句和媲美古人,[1]这在他的自传、赋和哲学著作中是显而易见的。早期文献表明了扬雄在嘲笑他人与自命不凡之间游移的倾向。扬雄在他的哲学力作之一《太玄》中以两种不同的风格作了自注,其中一种是他曾经公然嘲笑过的。[2] 在《法言》中,扬雄用一万六千字的篇幅把一系列活泼的对话连缀起来,这些对话巧妙地嘲笑了那些作为常识被人们接受的幼稚想法。我联想到了几种跨文化的比较,例如,与扬雄相似的古希腊诗人、目录学家卡利马科斯,曾以同样强烈的话语表达了对华丽而庸俗的古希腊诗歌的厌恶;或者古罗马的作家奥卢斯·革利乌斯(Aulus Gellius,约卒于公元180年),他每晚"以斟酌字义和风俗起源

---

[1] 写本文化所依托的材料和格式使随意地翻阅简牍和帛书显得不切实际。尽管如此,扬雄的追随者们还是赞同他用"游"或"玩"来描述孔子及其真正的儒家弟子最有意义的活动。例如,《汉书·艺文志·诸子略》用"游文于六经之中"来评论儒家,称古之学者"玩经文"。还有《论衡》卷十三《超奇篇第三十九》有"游文于牒牍"之语。《汉书》和《论衡》的著者班固、王充都是扬雄热情的仰慕者。徐复观认为"游"作为"玩"和"无为之思"的含义是受到庄子的影响。"游文"与阅读、想象和"游心"没有什么关系。见:徐复观《中国文学论集》,台北:民主评论社,1966,第 60—64 页。关于朝廷征书和精英藏书,可以参见 Jean-Pierre Drège, *Les bibliothèques en Chine au temps des manuscrits (jusqu'au Xe siècle)* (Paris: École Frarçcise d'Extême-Orient, 1991)。

[2] 扬雄的三部著作是《法言》《方言》和《太玄》,分别是《论语》《尔雅》和《易经》的拟作。《太玄》有两种注,"翼"模拟《易经》的"十翼","章句"模拟扬雄通常会严厉批评的汉代注。不幸的是,"章句"自注已经遗失了。关于扬雄轻视"章句"注的论述,可以参见 Timoteus Pokora, "The Life of Huan T'an," *Archív Orientální* 31(1963), 18, n11。该注引用了《后汉书》卷二十八上《桓谭冯衍列传第十八上》、卷四十上《班彪列传第三十上》和卷四十九《光武十王列传第三十二》。也可见:Jack L. Dull, "A Historical Introduction to the Apocryphal (Ch'an-wei) Texts of the Han Dynasty," PhD dissertation (University of Washington, 1966), pp. 340-350。根据语言学家司礼义(Paul L.-M. Serruys),重"训诂"法的学者"强调研究单个字词的原始意义以及它们与现代字词的关系(即当代用法)",这样会引起对古老字形和地区方言的兴趣。《太玄》在下面的讨论中很少涉及,因为它似乎是在讨论本章主要论题之外的问题,但《太玄》中没有什么内容与我们从《法言》中得出的对扬雄的印象相矛盾。见:Paul L.-M. Serruys, *The Chinese Dialects of Han Time According to Fang Yen* (Berkeley: University of California Press, 1959), 98。

为乐"。① 扬雄的每一次转变如此巧妙,在他死后的十二个世纪里,他一直是人们争相效仿的大师(他的影响所延续的时间远远超过了卡利马科斯和革利乌斯)。扬雄给读者展示了沉浸在阅读和探索经学中的双重乐趣。

自从扬雄的"好古"得以确立,公元二世纪后期的"荆州官学"的课目就围绕他的著作和他对于"五经"的评论而设计。② 早期的记载表明,扬雄的写作很可能启发了王弼(226—249)和六朝的玄学运动。③ 同样重要的是,扬雄的"好古"热情得到了东汉以后数世纪最

---

① 关于卡利马科斯,请参考 Alan Cameron, *Callimachus and His Critics* (Princeton, NJ: Princeton University Press, 1995)。关于奥卢斯·革利乌斯,请参考 Erik Gunderson, *Nox Philologiae: Aulus Gellius and the Fantasy of the Roman Library* (Madison: University of Wisconsin Press, 2009)。英国女学者艾米莉·高尔斯(Emily Gowers)认为,"尽管奥卢斯自由奔放的聪明才智使他成为第二次'智者运动'中关于语法和典故的无情论争的一个重要人物(这也为他在自诩好学、充满学究气的罗马人中赢得了智性和语言学方面的至高无上的地位),但人们很少认为他为现在提出了什么方向和构思"。见 Emily Gowers, "A Net for Eggheads," *Times Literary Supplement*, July 10, 2009, 13。
② 关于荆州官学把扬雄著作作为研习六朝玄学的来源,可以参见我的一篇论文: "Boundaries of the Body and Body Politic in Early Confucian Thought," in *Boundaries and Justice: Diverse Ethical Perspectives*, eds. David Miller and Sohail Hashmi (Princeton, NJ: Princeton University Press, 2001), pp. 112 - 35。瓦格纳(Rudolf G. Wagner)似乎完全忽略了这一联系。见 Rudolf G. Wagner, *The Craft of a Chinese Commentator: Wang Bi's Scholarly Exploration of the Dark* (Xuanxue) (Albany: State University of New York Press, 2000)。
③ 宋衷(公元192年在世)、虞翻(164—233)和王肃(卒于公元256年)等大儒都曾在荆州为官或者与之有关系。"荆州学派"似乎不主张研读马融和郑玄的著作。有一则不足为信的故事,谈到郑玄的鬼魂出现在王弼面前,并抱怨王弼在作品中对他大不敬,王弼不久而卒。尽管如此,大量记载的缺失使我们无法了解有关这场荆州运动的情况。见《全后汉文》卷九十一(56—6a);Nylan(2001), pp. 315 - 321;Wagner(2000), pp. 45 - 51。关于荆州的最好研究著述有:Andrew Chittick, "The Life and Legacy of Liu Biao: Governor, Warlord, and Imperial Pretender in Late Han China," *Journal of Asian History* 37.2(2003): 155 - 86;金柯《论汉末荆州文学》,《井冈山师范学院学报》,2001年,第22期,50—54页;金仁义《刘表与荆州学派》,《池州师专学报》,2002年,第1期,71—74页;刘墨书《三国时期荆州人才政局的关系》,《长春大学学报》,2006年,第6期,96—99页;王永平《中古士人迁移与文化交流》,北京:社会科学文献出版社,2005。

有名的文人的响应,他们都在文学作品中表达了对于阅读古代经典的无限喜悦。① 扬雄的声音在陶渊明(365—427)的作品中得到了回响。"俯仰终宇宙,不乐复何如!"同样地,它也在葛洪的"以典籍自娱"中得到印证。② 尽管大部分文献都已亡佚,现存的资料仍然充分显示了扬雄自东汉至北宋持续数世纪的影响。当代学者严灵峰(1904—1999)整理了对于扬雄哲学著作的辑注,约有80页之多。③ 具有讽刺意味的是,有很多人模仿扬雄的写作风格,让我们难以了解扬雄作品的本来特色,反而以为扬雄的作品也是模拟之作。

同时,无论是扬雄,还是"好古"运动中他的同时代人,都无法预见到,在他们的影响下,形成了后来的魏晋至北宋的书籍文化。扬雄的时代,纸和雕版印刷尚未存在。从现有证据来看,用于书写的纸张,发明于扬雄亡故一个世纪之后,到了公元四世纪才能在品质上与丝帛相抗衡,而雕版印刷也是在十世纪晚期才更加普遍。同样重要的是,在扬雄的时代,还没有定本的概念,它是伴随着早期近代化和西方版权法发展的产物,④其内容包括确定的著者、出版者,或者二者兼而有之。在扬雄的世界里,值得保存和传

---

① "好古"一词,出于《论语·述而》:"子曰:'述而不作,信而好古,窃比于我老彭'"和"子曰:'我非生而知之者,好古,敏以求之者也。'"
② 前面的诗句出自陶渊明诗《读山海经·其一》,可参见田晓菲的书:*Tao Yuanming and Manuscript Culture: The Record of a Dusty Table* (Seattle: University of Washington Press, 2005), p. 151. 葛洪句出自《抱朴子·外篇·自叙卷》。
③ 见严灵峰《周秦汉魏诸子知见书目》,台北:正中书局,1975—1979,第5册,第319—399页。关于《法言》的接受史,可以参见我的《法言》英译本 *Exemplary Figures/Fayan*(2013)前面的《简介》。
④ 在雕版印刷通行后,私人藏书数量大大增加。见法国汉学家戴仁(Jean-Pierre Drège)所引用的潘美月《宋代藏书家考》相关内容,Drège(1991), p. 167. 关于传播和版权的现代概念发展,请参见 Pamela O. Long, *Openness, Secrecy, Authorship: Technical Arts and the Culture of Knowledge from Antiquity to the Renaissance* (Baltimore: Johns Hopkins University Press, 2001).

世的写本主要是书于简帛之上的,而前者体积较大而且笨重,不易制作和保存,后者则成本昂贵。① (见图4.1)两种书写媒介都无法让人们"游文于牒牍",既无法轻松阅读,也不易温故而知新。仅以物理形态而论,就很难制作图表,或者找到已经读过的文本内容和话题。② 句读传统和格式也尚未形成规范。③ 作为阅读辅助的工具书,要么不为人所知,要么还处于萌芽状态。④ 虽然汉

---

① "杀青",去除竹子中的多余水分,是一项十分费力的工作,但为了不让竹简因分离、浸泡、腐蚀和虫蠹而被损坏,这是一个必不可少的过程。刘向就有这样的主张。见《太平御览·文部二十二·简》引《风俗通》曰:"刘向《别录》:杀青者,宜治竹作简书之耳。新竹有汁,善折蠹,凡作简者,皆于火上炙乾之,陈楚间谓之'汗'。汗者,去其汁也。"竹简制作成本也不菲,常常被用来起草文本,如《后汉书》卷六十下《蔡邕列传第五十下》记载了汉灵帝"自造皇羲篇五十章,因引诸生能为文赋者。本颇以经学相招,后诸为尺牍及工书鸟篆者,皆加引召"。(《后汉书》,60b. 1991—1992)竹简和丝帛的产地主要以山东为中心,后来还有四川。也许,这与两个地区都是采矿业与农业发达的富庶之地有关,也解释了为什么这一时期汉帝国的东北和西南会出现如此众多的经学家。

② 如果能知道中国第一个单本书索引是什么时候出现的,将会很有趣。我找不到相关的参考资料,我所请教过的专家们似乎也都不太清楚。关于另一种写本文化中的图表制作(特别是历史年表)的困难,请参见 Dennis Feeney, *Caesar's Calendar: Ancient Time and the Beginnings of History* (Berkeley: University of California Press, 2007)。

③ 与古罗马一样,标点符号最初主要是用来方便口头阅读的。在西汉和东汉时期,对于每种类型的文本尺寸都有了约定俗成的规定(如王充《论衡·谢短篇》中所言"二尺四寸,圣人文语"。竹简越长,文本内容就越具有权威性。其他的技术创新,如标点符号,由于它们在汉代刚刚出现,还相对陌生,不然它会塑造读者的感知和对文本的理解。夏蒂埃(Roger Chartier)和麦肯锡(D. F. McKenzie)都提醒我们,一部作品的格式、尺寸、媒介和位置决定了人们对它的接受和诠释。即使在先秦时代,也出现了几种符号,最显著的是一种表示单字重复需要的双平行线。但在秦汉的写本中,实心圆点和空心圆圈起到了分隔文本的作用(比如,在一个句子、一个部分或一个段落的末尾);L型的符号相当于括号;黑色的椭圆形引出另一段引文;楔形符号相当于列表中逗号的作用,等等。要在文本中设置特殊的行,可以在边界填色,或者其他修饰。关于早期标点符号的历史,可参见:管锡华《中国古代标点符号发展史》,成都:巴蜀书社,2002; Enno Giele, "Signatures of 'Scribes' in Early Imperial China." *Asiatische Studien/Études Asiatiques* 59.1(2005): 353-87。管锡华推测,汉代对于"章句"的争论常常与标点符号有关。

④ 苏珊·切尔尼亚克(Susan Cherniack)认为,"使用工具会改变人们的阅读经验"。见:Cherniack(1994), p. 8。

第六章 扬雄:"诗人之赋丽以则"

代有一些辞书,但没有词源辞典和方言辞典。①(扬雄用了近三十年时间弥补了这一不足,最终编写了第一个关于方言和生僻古语的辞书。)当时的私人藏书非常稀少,如果扬雄不是足够幸运,得以进入到绝大多数汉代官员和贵族都无缘一窥的皇家藏书室"秘府",②即使像他这样的天才也难以有"鸿采"之作。扬雄本人也是这样承认的。③ 换句话说,在扬雄创作活跃的西汉晚期与北宋年间,专攻"五经"最终成为文人入仕的主要条件,文本也不得

---

① 这里我对贝格利(Robert Bagley)在他的下列论文中的重构建议提出疑问。见 Bagley(2004)。虽然安阳卜官也许有用单字表来培训刻写甲骨文者,但似乎安阳时期要发展出这样系统性的、与《尔雅》或《释名》同类的词书还为时过早。而贝格利假设有这样一种稳定的字形文本保存在档案馆中。他也许是对的,但迄今为止,并没有甲骨文保存在档案馆中,而是在废料坑中。
② 《汉书》和《后汉书》的一些记载提醒我们,"秘府"中的很多文献都是"秘本"。如,《汉书》卷三十《艺文志第十》谈到"建藏书之策,置写书之官,下及诸子传说,皆充祕府"。(《汉书》30.1701)《汉书》卷三十六《楚元王传第六》记载刘向之子刘歆"受诏与父向领校祕书,讲六艺传记,诸子、诗赋、数术、方技,无所不究"。(《汉书》36.1967)《后汉书》卷七十九上《儒林列传第六十九上》也提到,"自辟雍、东观、兰台、石室、宣明、鸿都诸藏典策文章,竞共剖散,其缣帛图书,大则连为帷盖,小乃制为縢囊"。(《汉书》69a.2548)
③ 关于私人藏书的缺乏,我的看法与钱存训(1910—2015)有所不同,他认为,根据有关先秦人物(墨子、苏秦和惠施)的三个可能是杜撰的故事,在战国时代私人学者拥有与教化和著述相关的藏书是"常见的"。见 Tsien Tsuen-hsuin, *Written on Bamboo and Silk: The Beginnings of Chinese Books and Inscriptions* (Chicago, IL: University of Chicago Press, 2004), pp. 11 - 12。(钱存训的这本著作影响很大,不过也有一些值得商榷的问题。)关于这些故事,可见梅贻宝关于墨子伦理和政论的专著:*The Ethical and Politics Works of Motse* (Westerport, CT: Hyperion Press, 1929), p. 140;《战国策·秦策一·苏秦始将连横》篇提到苏秦"乃夜发书,陈箧数十";《庄子·杂篇·天下第三十三》也有"惠施多方,其书五车"之语。和我一样,戴仁强调"祕府"之外的图书馆规模非常小。有一些记载的汉代"私人"(非汉帝国所有的)图书馆,但大多数属于刘氏皇族或外戚。参见 Drège(1991)。

不发生面向社会功用的重大转变（请见下文）。① 读者如果不理解扬雄狂热写作的特殊环境，就很难明白他是如何以写作为乐的。

由于扬雄所擅长并借以实现自己抱负的写本文化与今天的纸本和互联网文化迥异，本章将着重讨论一些并不显而易见的问题。第一个问题是关于经典和古代的权威性是如何建立的，以及文本的权威性如何被构建和诠释为个人著述的产物，并在扬雄身上得到集中的体现。第二点关系到扬雄对于读者的阅读和记诵方式的预期，以及伴随着写本文化的发展而带来的阅读习惯的变化。第三是考察扬雄作为历史学家和研究古代文本的语言学家的"好古"实践如何推动了后世的"好古"热。

我们需要回顾这些问题，思考扬雄独特的写作方式，还有他对于早期"乐"之理论的重视。扬雄的著述注重雕章琢句，可以使博学者从中得到意趣，乐在其中。

扬雄在早期写本文化中的著者地位

扬雄初次接触宫廷生活是在西汉晚期成帝时代（33—37 年在位），这位皇帝，早年也曾饱读经典，但后来沉迷于赵飞燕姐妹

---

① 《文心雕龙》卷八《事类》篇这样评论扬雄："以子云之才，而自奏不学，及观书石室，乃成鸿采。"见 Shih(1970)，p. 289。由此，这段话首先是扬雄的"自奏"，后来在《古文苑》卷十扬雄的《答刘歆书》中亦有提及。见 Knechtges(1977)。我们也从《汉书》卷八十七《扬雄传第五十七下》中了解到，扬雄曾"校书天禄阁"(《汉书》57b. 3584)。《汉书》卷八十《宣元六王传第五十》使我们清楚看到，绝大多数汉代官员是不能进入"祕府"的。(《汉书》80. 3324)

第六章　扬雄:"诗人之赋丽以则"

的美色而不能自拔。① 也许是宫廷里的纵欲风气,加上皇帝对于读书求知的浓厚兴趣,让扬雄想到了关于书籍吸引力的笑谈。② (不过,从公元前2年扬雄所作的一篇赋来看,他谴责过成帝的纵欲。)③在成为宫廷文人以前的数年,扬雄一直埋头于研究深奥的古语,而他终其一生对于生僻精致语言的热情,以一种新奇而又令人愉悦的方式投射到自己在写作和学习经典的潜能中。汉代认为孔子所著《春秋》是"微言大义",与之形成对比的是,扬雄的著述并没有一以贯之的写作原则。的确,在下文的论述中我们会更清楚地看到,扬雄的写作不拘一格。④

令扬雄的研究者感到幸运的是,扬雄及其追随者留下了大量的文献资料。关于扬雄就有两种列传:班固《汉书》中的"扬雄

---

① 关于夸赞成帝饱读经典和熟知典故的记载,见于《风俗通义》卷二《正失·孝文帝》:"孝成皇帝好《诗》《书》,通览古今,间习朝廷仪体,尤善汉家法度故事。"也可参见我和麦吉尔大学的方丽特(Griet Vankeerberghen)合编的论文集 Chang'an 26 BCE: An Augustan Age in China (2015),特别是其中的《简介》和鲁惟一的论文"Chengdi's Reign: Problems and Controversies"。值得注意的是,即使是像舜这样传说中的帝王也娶了一对姐妹,以免"出嫁"女性在她们的新家感到孤独无依。
② 见《法言》(2/5)。在此我要感谢宇文所安注意到了这一点,但柯睿(在2010年7月和我的私人通信中)很直接地问我,是否成帝的宫廷比其他皇帝的宫廷更加纵欲?不过,受到成帝宠爱、出身低微的赵氏姐妹也许比那些出身高贵的后妃们更加危险,因为她们没有经验丰富的长者"教导"她们。但这只是一种说法而已。
③ 参见康达维有关扬雄研究的专著中的相关内容:Knechtges(1976), pp. 55-56。另外,还有吴伏生发表在《华裔学志》上的一篇论文:Wu Fusheng, "'Han Epideictic Rhapsody: A Product and Critique of Imperial Patronage,'" *Monumenta Serica* 55 (2007), 49。
④ 见耿幽静下列关于《春秋》公羊传传统的论文:Joachim Gentz, "Language of Heaven, Exegetical Skepticism and the Reinsertion of Religious Concepts in the *Gongyang Tradition*," in *Early Chinese Religion*, Part 1, *Shang Through Han (1250 bc - 220 ad)*, eds. John Lagerway and Marc Kalinowski (Leiden: Brill, 2008), p. 817。关于《春秋》传统,还可以参见方妮安(Newell Ann Van Auken)的专著:*The Commentarial Transformation of the Spring and Autumn* (Albany: State University of New York Press, 2016)。叶翰有一篇未发表的论文,讨论了关于孔子"素王"的角色和"微言大义"在汉代的地位。

传",还有常璩(265—316)《华阳国志》中的记载。后者是由扬雄的朋友、故交和批评者,包括他的弟子桓谭(前43—28)等撰写的关于扬雄的轶事。扬雄本人也有两部哲学著作,《法言》和《太玄经》,它们是对《论语》和《易经》的进一步发挥与延伸。此外,还有那些他所创作的长篇大赋,以及在他人生后来的阶段撰写的经典作品:不管它们曾经带来了多少名利,他都并不喜欢这些早期的作品。《方言》,①扬雄的第三本经典著作,是他所编纂的几部辞书中唯一存世的。② 除了以上著述,扬雄还有悔赋之作和与竞争对手刘歆就有关《方言》初稿编纂的来往书札,③像陶渊明(365—

---

① 《方言》书名通常被译为 *Dialect Expressions*,但正如下面将要讨论的,它远非只是最早的方言字词的列表。
② 见下文。
③ 曾经有人对这些书札的真实性提出了疑问,但司礼仪和康达维两位研究扬雄的专家都认为它们是可信的,尽管有个别与时代不合的现象,那可能是在传播过程中造成的。可分别参见他们的相关论述:Serruys(1959);Knechtges(1977)。此外,还有钟元华(Chung, Eva Yuen-wah)的博士论文:"A Study of the *Shu*(Letters) of the Han Dynasty(206 b. c. - a. d. 220)," Ph. D. dissertation(University of Washington, 1982), pp. 482 - 495。刘歆书札中的很多辩驳观点无疑是错误的。比如,《汉书·刘歆传》提到,他认为到汉惠帝时,"天下唯有易卜,未有它书"。(《汉书》88. 1968)刘歆还披露了一个十分可疑的故事,即在孔子旧宅墙壁中发现《古文尚书》和《逸礼》。请参见我的两篇相关的论文:"The *chin wen/ku wen*(New Text/Old Text) Controversy in Han Times," *T'oung Pao* 80. 1/3(1994):83 - 145;"The *ku wen* Documents in Han Times," *T'oung Pao* 81. 1/3(1995):1 - 27。《刘歆与扬雄书》的背景是刘歆与扬雄都感觉到了当时对于经典学问的广泛攻击,要么认为其"无用",要么认为它是一门作用有限的技艺。但很多汉代的学者并不赞同刘歆的观点,正如《说文解字叙》所示。沈康(K. L. Thern)在他的《说文解字叙》英译前言中说道:"然而很多人拒绝相信有关《左传》等文本的故事。他们认为,这是那些猎奇者故意狡猾地偷梁换柱,在孔子旧宅凿窗,以伪造这些难解之书。"见 K. L. Thern, trans. *Postface of the Shuo-wen Chieh-tzu: The First Comprehensive Chinese Dictionary*(Madison:Department of East Asian Languages and Literature, University of Wisconsin, 1966), p. 15。

427)和刘勰（约 465—522）这样的后世追慕者为他所撰之文。①几乎可以肯定的是，在公元后几个世纪仍然流传着扬雄的许多著述，包括出于他手的奏议策书等，更不用说很多关于他的轶事。

在早期的著述中，扬雄是少数有翔实的传记反映其心路历程的大师。②（在扬雄于公元 18 年去世后的很长一段时间，《孔子传》和《扬雄传》也许是仅有的两个内容相对丰富的传记。）在扬雄传中，扬雄的两个形象令人难以分辨，而后世的确也对此有所争论。③ 第一个描绘的扬雄形象是一个贫困的作者，被漫不经心或愚笨的统治者所忽视，但同时，在少数人的眼里，扬雄是一位伟大的天才、诗人和思想家。（扬雄在作品中对于有些臣僚以俳优视已，表达了深切的不满。）第二个扬雄的形象被描述为叛臣，因为

---

① 关于陶渊明，请看本书的第七章。关于刘勰，可以参见华盛顿大学王平的论文：Wang Ping, "Between Reluctant Revelation and Disinterested Disclosure: Reading Xiao Tong's Preface to *Tao Yuanming ji*," *Asia Major* 23.1(2010): 201-22.
② 《汉书·扬雄传》很大程度上是基于他的自传（见下文）。关于这一点，扬雄与战国思想家和大多数汉代作家是不一样的。司马迁有家学渊源。屈原（公元前 3 世纪）与贾谊（前 200 年—前 127 年?）是另外两个被认为值得被翔实传述的人物，但实际上他们的传记很简略，如果去除其中对他们著述的介绍，内容所剩无几。
③ 扬雄的自传构成了《汉书·扬雄传》的主要部分，后者是在扬雄死后不到一个世纪后由班固所作。班固的叔叔班游与扬雄认识并且很钦慕他。当然，在现代世界，其至在中国，扬雄却受到了漠视。比如梅维恒在下列书评中曾经错误地把扬雄描述为汉代一个次要的人物：Victor Mair, "Review of *Canon of Supreme Mystery by Yang Hsiung: A Translation with Commentary* of the *T'ai Hsüan Ching*, by Michael Nylan," *Sino-Platonic Papers*(July 1994): 105-106. 裴德生也在他的一篇书评中认为扬雄几乎算不上是一位富有革新精神和原创性的思想家：Willard J. Peterson, "Review of *Chinese Ideas about Nature and Society: Studies in Honour of Derk Bodde*, edited by Susan Blader and Charles Le Blanc," *Journal of Asian Studies* 48(1989): 365-67.

他曾效忠于公元9年篡位的外戚王莽。① 但可能更真实的是我们从扬雄传中拼凑出来的第三幅关于他的形象。这个形象的扬雄享有很高的威望,可以在朝堂之上议论国事,包括解释预兆和外交政策。②

在扬雄生活的时代,绝大多数受过良好教育的人难以阅读篆书,因为秦朝经历过书体改革(扬雄是一个例外,他是四川成都人,下文对此有详细讨论)。所以像扬雄那样的经学大师们开始忧虑他们没有办法恢复西周的文明政治和社会。③ 文人才士开始思考手稿文化中常见的行为,即手稿所有者修改手稿的倾向。下面我将概括早期写本文化著者身份发展的过程,从而给予扬雄恰当的评价。无疑,他是第一位有着自觉意识的作家。有着自觉意识的作家,顾名思义,必须有原创的作品,而不是对早期有名或

---

① 关于扬雄被视为失德晋身的怯懦佞臣,见苏轼(1037—1101)《和陶拟古九首》之二中"慎勿从扬雄"句。另可参见袁行霈《陶渊明集笺注》,上海:上海古籍出版社,2003,卷四,第342页;海陶玮(James R. Hightower)的陶渊明诗选译:*The Poetry of T'ao Ch'ien*(Oxford: Clarendon Press, 1970), no. 48;林翼勳,《苏轼诗研究》,香港:中港语文教育学会,2007,第1258—1261页。也可见第362页注释④了解更多内容。

② 扬雄轻描淡写地反对当时的扩张主义者,打击了前朝的主战派。他在《法言·孝至卷第十三》中论道,如果要以兵威服远方("鹰隼鶱鶱"),中原文明就会被毁坏。《法言注》,第/29—30页)现在,扬雄很少被认为是解兆大师,但在《汉书·五行志·第七·中之下》中,身为黄门侍郎的扬雄把殿上忽然听到的声音解释为"鼓妖"之兆。《汉书》27.1429)

③ 一些学者从错误的逻辑出发,坚持认为中国不可能经历过文本在社会实践中的巨大变化,因为我们称为"汉字"的形意字已经通过父子、师徒相传而流行千年了。沈康已经注意到了这个现象,见Thern(1966),15。不幸的是,这一现象似乎在当代中国的身份政治中卷土重来。

第六章　扬雄："诗人之赋丽以则"

无名作者作品进行汇辑，而且，他必须要像扬雄那样具有创造力。①

当然，在谈论这些话题的时候，必须要作一些适当的说明。许多学者相信，一个发达的书面语文化如果离开了三个前提条件，就不可能存在，即：重要作品有多本流通；更多开放的私人藏书；还有官方藏书的发展。根据这些标准，在宋代（960—1279）以前并没有出现过一个精致的书本文化，只有到了宋代以后才见证了私立书院和藏书楼的显著发展，官方与私人所

---

① 除了像墨子这样神秘的人物（他的著作以其名字命名，虽然不可能出自其手），第一个可以称得上"著者"的是半传奇人物屈原（前332—前295），据说他写下《离骚》后不久就自沉汨罗江而亡。对于墨子，我们所知甚少，在《史记》中关于他的传记只有24个字（当然《汉书》中也没有他的传）。关于《史记·墨子传》的研究，请看我发表的论文："Assets Accumulating: Sima Qian's Perspective on Moneymaking, Virtue, and History," in *Views from Within, Views from Beyond: Approaches to the Shiji as an Early Work of Historiography*, eds. Olga Lomova and Hans Van Ess (Weisbaden: Harrassowitz Verlag, 2015), 131-69. 不过，在许多作品中司马迁（前145—约前80）被认为是第一位重要的著者，他的里程碑式的《史记》写成于公元前90年，距离屈原的《离骚》有数世纪之遥。《史记》的书名英译通常是 Historical Records 或 Records of the Historian. 关于此，可以参见 Durrant et al. (2016)的"简介"部分。但是，尽管司马迁对于既有资料有着独特的选择，他所记载的历史都是来自早期文本的篇章段落。基于以上理由，我认为司马迁是一位"新兴著者"，而不是"成熟著者"，相信这一看法与汉代是一致的。例如，班固认为《史记》的编撰主要来自五个文献：《左传》《国语》《战国策》《世本》和《楚汉春秋》。（后面两部作品只有残篇存世，而现在流传的《左传》也与汉代及以前的版本不同。）也许诗歌与作者联系在一起是远早于散文的。尽管如此，"屈原"的"著者身份"本身就是司马迁讲述的故事的产物。如宇文所安所言，在司马迁的作品中，我们第一次看到一些作为"著者"出现的重要人物（比如屈原），所以，也许早期"著者"概念的形成并不在司马迁之前。由于时间距今如此遥远，我们很难分辨。比如，《孟子》谈到"论其世也，是尚友也"，（《孟子·万章下》）但我们不能确定，孟只是在历史著作中找到了权威的行为准则，还是他认为，最好的发现者应该沉浸到一篇权威的文本中，以确定并揣摩著者的意图。看起来，他指的是后者，因为他用"以意逆志，是为得之"来评论那些解读《诗经》者。（《孟子·万章下》）

345

刻印的典籍及经注。① 但扬雄与他的同道激发了人们对于经典化写作形式的渴望,可以说,北宋时代书籍文化的发展应该追溯到西汉晚期。

此外,由于下面每句话都是基于对现存文本(包括传世文本和出土文本)的分析,因此考古新发现在理论上可能会极大地改变这里列出的时间表。不过,随着越来越多考古发现的积累,越来越不可能出现一个新发现改变我们所知的远古图景。② 显然,任何历史年表都倾向于把分散的时代和跨越华北平原及其周边的许多分散文本系统的实践和态度过分标准化,那些地域文化在现代意义上是远远不算统一的。关于文本与文本权威的旧式思考方式并不是一夜之间就消失的,因为流通的旧文本保存了更早的观点与传统,使新的想法与古老的观点相联系,而相互矛盾的观点可以在同一文本中共存,这也是扬雄所认为的。③

尽管如此,通过考察这些早期写本文化,我们现在可以想象

---

① 最有名的中国现存早期印刷品是刻于公元868年的《金刚经》。周绍明(Joseph P. McDermott)依据充分的理由,认为中国从写本文化向印刷文化的转变发生在明代中期,因为他强调,除了明朝主要都市,其他地方很少有书肆,而且人们常常通过赠送和交换途径获得书籍,很多书也极难得到,有时候甚至包括一些"基本"书籍。见 Joseph P. McDermott, *A Social History of the Chinese Book: Books and Literati Culture in Late Imperial China* (Hong Kong: University of Hong Kong Press, 2006)。在比较秘府与现代图书馆运作方式时,已故英国学者杜德桥(Glen Dudbridge, 1938—2017)倾向于过分强调它们的相似性。见 Glen Dudbridge, *Lost Books of Medieval China* (London: British Library, 2000)。无论从任何证据来看,秘府都是平民难以进入的地方,因而很难得出那样乐观的结果。目前,有两种书籍的流通模式:一种是罗伯特·达恩顿(Robert Darnton)提出的,这种模式专注于从事知识生产和流通的不同人类行为者;还有一种是由托马斯·阿达曼斯(Thomas R. Adamans)和尼古拉斯·巴克(Nicolas Barker)提出的,他们重在讨论机构和个人收藏的图书的流通情况。两种模式都没有考虑审查制度或昂贵的书价。

② 出土文本使一些历史学家对于传世文献的阅读更加谨慎,但它们还没有从总体上推翻历史学家关于写作和写本文化的基本观念。可以参见 Nylan(2008a)。

③ 见《法言·学行卷第一》:"一卷之书,不胜异说焉。"(《法言注》,第9页)

一个关于文学权威观念的渐进式演变,从一种基于有关传说中的人物的口传文化,发展成为一种由作者创作的、通过文字来表达的书面文化,从而催生了新的类型文本、新的领域,也为阅读和创作优秀文学作品提供了机会。在口传文化中,没有现代意义的"著者",随着早期档案馆向图书馆功能的过渡,所出现的各种写作实践越来越具有"著者"的自觉意识,直至一种以书面文字和个人著者为特征的书面文化的出现。

第一阶段:战国(前 475—前 222)真正的"著者"身份出现以前

在秦于公元前 221 年统一六国以前,还没有现代意义上真正的"著者"。先秦时代,口头与文字传播二者之间很容易互相转换,从严格意义上说,它排除了出现"著者"身份的可能性。如麦笛所指出的:"口头与书面的相互作用,还有多个传统在一个文本中的融合,都排除了一个单一、可识别的著者对应不同文本的可能性。"① 因为如果"著者"一词有意义的话,必须满足三个标准:首先,必须要有一个原始文本,如英国社会人类学家杰克·古迪在他的许多著作中所谈到的,在讨论口头文化的时候,用一个固定的"原始"文本的概念是不合适的。因而,在自觉的"著者"身份概念出现以前必须要发展一种书面文化,这不仅是可能的,也被认为是十分重要的。其次,原始文本的"某些特定用语属于某个特定的人,而不是由通行的俗语构成的"。② 最后,在现代词语中"著者"意味着在一个特定的文本语境中实现特定目的的有意创作,

---

① 参见麦笛的博士论文: Dirk Meyer, "Meaning-Construction in Warring States Philosophical Discourse: A Discussion of the Paleographic Materials from Tomb Guōdiàn One," Ph. D. dissertation(Leiden University, 2008), p. 40。
② 见宇文所安的 *The Late Tang: Chinese Poetry of the Mid-Ninth Century (827-860)* (Cambridge, MA: Harvard University Press, 2006), p. 214。

而并非对其他文献的拼凑。①

在战国时代，把一件或一组作品归属于一位传奇人物往往纯粹是名义上的，因为这表明，作品在一定程度上与某个重要政治人物的说教或行动相关，这样的人物几乎总是一位贤臣或圣君。② 根据现代的研究，第一位为自己的著述署名的人是孔子，当然，最初他并不是作为《春秋》的"著者"，而是作为"编者"出现的，正如他也同样被认为是《诗经》和《尚书》的编者。（后一个假设已经被证明是错误的。）③在扬雄宣扬真正"作者"的价值之后，孔子终于成了作者，而不是叙述者（传播者，或编纂者）。在扬雄之前，统治精英（会读会写的社会主体）认为，为朝廷效力是促进启蒙最有效的方式。④ 举例来说，在扬雄之前的一个世纪，太史

---

① 那通常是书吏和内史之职。
② 墨子及其追随者似乎在后来的很多方面都是与众不同的，因此历史学家们只能强烈地希望他们是这样的准则的例外。2009年6月在鲁汶召开过一个专门围绕这一主题的会议，主持人是戴卡琳（Carine Defoort）和钟鸣旦（Nicolas Standaert）。我在报告中指出，生活在秦统一前不久的荀子和韩非子，是两个重要的过渡期人物。一方面，他们都是著者，非常明了劝谏的难度。另一方面，现代学者，包括陈奇猷和梁启雄，不同意《荀子》和《韩非子》中的部分内容出自他们之手。对比之下，没有一位当今负责任的学者会讨论《管子》的哪些内容是由那位公元前六世纪的著者所写的，因为全书皆非管子所作。值得注意的是，在早期中国，据说孟子很少被认为是《孟子》的著者，而是以其"说"而闻名者。可参见《法言·君子卷第十二》对淮南王刘安的评论："淮南说之用，不如太史公之用也。太史公，圣人将有取焉；淮南，鲜取焉尔。"（《法言注》，第319页）
③ 关于西汉早期《尚书》的复杂成书过程，可以参考我与何如月合作翻译并即将出版的英文版《尚书》的介绍。在东汉时期（25—220），当孔子被冠以《春秋》著者之名时，他也被赋予了许多神奇的力量。请参见我与魏德伟合著的关于孔子的书：Nylan and Wilson(2010)。大约在同一时期，周公也被认为是《诗经》和《尚书》某些章节的"著者"，我们可以从公元前46年翼奉向汉元帝建议迁都的奏章中一见端倪。见刘汝霖《汉晋学术编年》，上海：商务印书馆，1935，下卷，第13页。
④ 扬雄本人开始提倡这样的观念，即至少那些圣人君子的著作，甚至可以充分替代他们本人。见《法言·问神卷第五》："惟圣人得言之解，得书之体。"（《法言注》，第110页）人们较少引用先秦及秦朝典范人物所说的话，而是较多引用他们的事迹，或者像"兼爱"这样包含了他们主要动机和要旨的两个字的口号。

公司马迁笔下的孔子曾对编书感到后悔,因为他笃信,辅佐诸侯王才是真正显赫的功业。时运不济的孔子,据说勉强表明了道德行为的效用并非通过"空言",而是通过史上的先例显示杰出人物是如何作出抉择并行事的。① "空言"的局限性,是扬雄与他的同道者所关注的一个主题,但在扬雄看来,经过易代之乱幸存下来的世家故事与方家之言在秦汉时期得以整合,但它们得以保存的代价却是那些与远古圣人相关的十分重要的伦理著作的遗失。②因此,扬雄专攻的是"五经"(而不是十二世纪后期在朱熹的构建下占主导地位的"四书")。

不过,在西汉早期至中期,出现了适合书面文化和自我意识的"著者"身份发展的有利条件。然而,即使在那个时代,严肃的思想家们仍然认为口头辞令优于书面语("言出于知者,知者不藏书")。③ 而且,文人认为最好的著作总是包含许多其他早期作品的章节,所以他们不必表达作者自己的感情,而表示作者对历史上的君王或诸侯的尊重。并非巧合的是,像司马迁这样的第一批新兴作家强调伟大的作者都"不遇"合适的君王。当时没有文人能仅凭作品而名扬一时。④

---

① 这是杜润德(Stephen Durrant)在他的专著中所概括的,司马迁所认为的孔子编《春秋》的理由。见 Stephen Durrant, *The Cloudy Mirror: Tension and Conflict in the Writings of Sima Qian* (Albany: State University of New York Press, 1995)。
② 见张震泽所引《博士箴》,《扬雄集校注》,上海:上海古籍出版社,1993,第393页。扬雄谈道:《诗》《书》是泯,家言是守。俎豆不陈,而颠其社稷。"这样的"警告"似乎暗示博士们并不总能如愿地推广儒家的礼乐制度。
③ 出自《淮南子·道应训》,见张双棣《淮南子校释》,北京:北京大学出版社,1997,第1249页,注2。感谢桂思卓(Sarah Queen)分享了这一引文出处。
④ 关于"属文",请见下文。关于作品的政治性(而非个人的)修辞特点,请参考方丽特的论文:Griet Vankeerberghen, "Texts and Authors in the *Shiji*," in *China's Early Empires: A Re-appraisal*, eds. Michael Nylan and Michael Loewe, University of Cambridge Oriental Publications 67 (Cambridge: Cambridge University Press, 2010), pp. 461–79.

第二阶段：西汉早期与中期——自觉著者的出现

那么，在西汉中后期（前206—8）曾经发生了一系列与文本研习相关的社会习俗和观念的变化。存史的守藏室转变为藏书室，在这一新的文化里，书面文字可以挑战口传的优越性。我们不知道守藏室起源于何时，但我们听说秦统一天下以前，诸侯在他们的宗庙中保存宗谱、盟誓和图籍。当然，公元前四世纪至公元前二世纪的君王与谏臣们十分珍视那些行政记录、舆图、图籍或图书，如果说它们都符合一个单一的标准的话，那就是每个文书都有利于强国争霸的中央集权计划。[1] 但是很自然地，当藏品不再有现实的用处时，就会被丢弃在秦与西汉初期的宫墙背后，我们可以想象那里曾堆积了无数被废弃的简牍、舆图和籍册。[2]（这解释了那些在安阳废墟中发现的被丢弃的商代甲骨。）相比之下，完全发展成型的图书馆藏书的价值与它们的实用价值大致上成反比。[3] 只有当写本的收藏年代、脆弱性、缺乏世俗实用性、相对稀缺性和收藏地位决定了其价值，而仪式活动的数量和范围推动了文本的创作和传播的时候，文本才成为鉴藏家们的特权之物

---

[1] 据说萧何（卒于公元193年）拥有的"图籍"帮助刘邦打败了项羽，建立了汉帝国。正如张仪谏秦惠王说："据九鼎，安图籍，挟天子以令天下，天下莫敢不听，此王业也。"见《战国策·秦策一》"司马错与张仪争论于秦惠王前"和《史记》卷七十《张仪列传第十》（《史记》70.2282）。从一系列这样的陈述中，我们可以推断，早在公元前221年秦统一六国以前，治国之策和图籍被藏于宫廷档案室中。

[2] 在汉朝，每年十月，各地诸侯会向汉帝献上一些图籍。周绍明说过，甚至在宋代，由于纸张的昂贵价格，书籍还是无法普遍流通。宋代的官员们甚至通过出售二手笺纸来筹办宴会，或者以此来补贴俸禄。见：McDermott（2006），25。在纸张出现以前的书写材料都是很难回收的，但是竹书分叉的两端可以被修整，木牍可以被刨平，帛书也可以重新使用。

[3] 这类早期历史和哲学著作中的文本曾被视为吉祥符，但我们现有的证据太有限了，不足以解释这一事实。我说它们"缺乏实用性"，但古汉语并没有巧妙地把"实用性"从"道德"功用中分离。

和文化资本。因而是藏书室,而不是守藏室,激发了真正的热情,甚至是狂热。① 藏书室成为最高智识的产物,因为它们集宫廷、陈列室和神圣的古代宗庙于一体。②

传说,汉武帝之叔、河间献王刘德(活跃于前155—前129?)在守藏室向藏书室的转变中起了重要的推动作用。但是我们不知道刘德是否真的拥有丰富的藏书,也不清楚他身边是否有一批博学鸿儒。③文献的记载说法不一。刘德所处的时代比西汉末期汉成帝下令兴建宫廷图书馆早了近一个世纪,这个新的藏书馆里的文献充分显示了他对精抄精校的古代作品的赏鉴。成帝统治的辉煌时期见证了第一个由宫廷文人所推动的自觉意识的"好古"运动,他们

---

① 李清照的《金石录后序》提到,一个人对任何事物的热情,甚至"传写"和"勘校",都是一种"癖"和"惑"。参见艾朗诺在牛津大学所作的关于《金石录后序》的一次演讲:"A New Reading of Li Qingzhao's 'Afterword to *Records of Metal and Stone*,'" Lecture Presented at the Institute for Chinese Studies, Oxford University, May 31, 2004。还有他关于李清照的专著:*The Burden of Female Talent: The Poet Li Qingzhao and Her History in China*, Cambridge, MA: Harvard University Press, 2014。也可以对照一下宇文所安的相关论述,见Stephen Owen, *Remembrances: The Experience of the Past in Classical Chinese Literature*(Cambridge, MA: Harvard University Press, 1986), pp.66 - 70。

② 也许并非偶然的是,石室与宗庙、藏书室、墓地和中世纪早期的山中隐居之地都有联系。还有,在现代人眼里,"太常"(掌宗庙礼仪之官)也管理藏书室及其人员,似乎有点令人困惑。

③ 见《史记》卷五十九《五宗世家第二十九》:"河间献王德……好儒学,被服造次必于儒者。山东诸儒多从之游。"(《史记》59.2093)还有《汉书》卷三十《艺文志第十·六艺略》:"汉兴,鲁申公为诗训故,而齐辕固、燕韩生皆为之传。或取春秋,采杂说,咸非其本义。与不得已,鲁最为近之。三家皆列学官。又有毛公之学,自谓子夏所传,而河间献王好之,未得立。"(《史记》30.1708)"武帝时,河间献王好儒,与毛生等共采周官及诸子言乐事者,以作乐记,献八修之舞。"(《史记》30.1712)《艺文志·诸子略》中还提到刘德亦有著述,"周制十八篇"和"对上下三雍宫三篇"。(《史记》30.1725—1726)又,《汉书》卷五十三《景十三王传·河间献王德》中,提到刘德"修学好古,实事求是……从民得善书,必为好写与之,留其真……故得书多……献王所得书皆古文先秦旧书,周官、尚书、礼、礼记、孟子、老子之属,皆经传说记,七十子之徒所论"。(《史记》53.2410)据说,刘德的藏书包括很多由当时"博士"们所收藏和讲授的古代经典著作的稀见本。早期文献中的刘德招纳人才,附庸风雅。

中包括了扬雄、刘向(扬雄的导师和具有皇族血统的重要人物)和刘歆(扬雄的对手,刘向之子)。在这三位经学大师的带动下,这场"countercultural"(反普世文化)的运动嘲笑了号称专家的宫廷博士们所珍视的传统,①同时赋予了"五经"在文明化进程中的新视野和更强大的"著者"身份。

让我们再回到成帝朝的扬雄与刘向、刘歆父子。根据刘向的叙述,在他以前的一个世纪,汉王朝已经开始广收帝国之书:"武帝广献书之路,百年之间,书积如丘山,故外有太常、史、博士之藏,内则延阁、广内、秘室之府。"②(见图6.1)

几位武帝的后继者继续把新出现的作品藏于宫廷秘室中,其结果是,一个世纪后,堆积成山的藏书,"皆充祕府"。③ 公元26年,汉武帝的第四代继承人汉成帝决定,分散的宫廷藏书需要重新整理。他相应地任命了一些专门人员搜寻秘府中散佚之书,通过校订推出更多精校本,并对所有的藏书进行分类。朝廷派遣陈农从都城到各郡县访求佚书。刘向奉命领校经典及说、传,还有诸子诗赋类书。他是一个绝佳的人选。身为汉室皇族的远亲,博学多才的楚元王刘交之后,刘向任宗正之职时,负责管理皇族事

---

① 关于刘歆反对当时汉代博士的记载,见于《汉书》卷三十六《楚元王传第六》。(《汉书》36.1967—1971)也可参见第342页注释③。扬雄对于汉代博士也有不满,批评他们的学问是"小人之学",(《法言·学行卷第一》)认为"今之学也,非独为之华藻也,又从而绣其鞶帨"。(《法言·寡见卷第七》)(见《法言注》,第17页,第153页)

② 见《太平御览》卷六一九所引《七略》。亦可见《汉书》卷三十《艺文志第十》关于武帝"建藏书之策"的注引如淳语(《汉书》30.1702)。扬雄的作品似乎没有列入《七略》,但班固的《汉书·艺文志》里收录了。如果我们可以相信应劭《风俗通义》的序所言,那么进献给汉帝的书都被收藏在秘室中。到成帝时,这样的努力已经难以维持了。《汉书·艺文志》表明,汉王朝试图建立的"求遗书于天下"的图书馆充其量是不成系统的。(《汉书》30.1701)

③ 见《汉书》卷三十《艺文志第十》:"于是建藏书之策……皆充祕府。至成帝时……书颇散亡。"(《汉书》30.1701)

务。在成帝继位前,刘向曾向其父汉元帝上书,语气十分激烈,内容是赞同那些朝中的"好古"者,主张恢复古籍的古典价值,以挽救走向衰颓的汉王朝。① 除了刘向,还有步兵校尉任宏校兵书,太史令尹咸校数术,②侍医李柱国校方技。同时,作为这群校书者之首,刘向着手为宫廷藏书编写了提要,为汉朝君臣提供参考。(据我们所知,这是中国第一本图书目录。)一个世纪后,班固在他的《西都赋》中再现了成帝时代的盛况,"又有天禄、石渠,典籍之府。命夫谆诲故老,名儒师傅,讲论乎六艺,稽合乎同异。又有承明、金马著作之庭"。(见图 6.3)③根据几部早期的文献记载,扬雄也进入了天禄、石渠等宫廷藏书处,在刘向指导下校书,这确认了刘向作为扬雄恩主的形象。

刘向主持校勘、编辑和宫廷藏书分类(包括图籍、年表、图册等),花费了几乎二十年的时间,直至去世。成帝与刘向卒于公元前 7 年,就在此后不久,刘向之子刘歆向汉哀帝呈献了《七略》,④长久以来它被认为是刘歆仿造其父的作品。⑤ 这部我们只是从《汉书·艺文志》中得以一见的《七略》,据说是刘歆的作品。刘向

---

① 这次上书发生在公元前 42 年。
② "术"通常指的是可以预料和列举的"正常变化"。
③ 见班固《两都赋》,《文选》,上海古籍出版社,2011,卷一,12a—b。这段话也见于《后汉书》卷四十《班彪列传第三十上》。(《后汉书》40.1341)班固也是东汉外戚。
④ 见《汉书》30.1701 和《汉书》10.310。据《隋书》卷三十二《志第二十七·经籍一》,这些书被搬到天禄阁前,曾被置于汉武帝所建"温室"中。刘向的卒年一说为公元前 8 年,一说为公元前 7 年。值得注意的是,儒家经典被归于"六艺略",与"诸子略"相别。
⑤ 我开始怀疑,刘歆的《七略》与其父刘向的《别录》(或者班固的《汉书·艺文志》与刘歆的《七略》)关系有多密切? 我的疑问来源于此:《汉书》对于每类文献的很多解释似乎与刘歆和刘向的观点并不一致。可惜的是,现存的《别录》《七略》并非完整的原作,我们无法确认它们之间的关系。

图 6.3 对书俑,出土于长沙附近的金盆岭晋墓,年代约永宁二年(公元 302 年),该墓发掘于 1958 年。俑高 17.2 厘米,现藏湖南省博物馆。

中国的墓中常有随葬俑,其功能是充当死者的随从。这里我们看到的一对俑正在校书(也许是竹简)。在写本文化中,校书是文本传递的重要阶段,其中一个校书俑在诵读抄录的文本,另一个则在对照原文。当然,某些类型的文书需要逐字转写,包括诏令,更多的是指导修身治国的权威经典。

《别录》的第二次或第三次被转用,①就是我们见于《汉书·艺文志》的对于13,296卷汉代藏书的分类:六艺或六经("五经"加亡佚的《乐经》)、诸子略、诗赋略、兵书略、数术略、方技略、杂著。②

据我们所知,这是文本第一次被视为权威。这标志着向书面文化和更严格的"著者"概念的重要转变。③ 依照刘向的目录,扬雄自己的哲学著作很难被归类,④因为博学者涉猎不同的学术领域,但扬雄的写作表明了他对于刘向分类的全力支持(当然成帝也认可刘向的工作),这样的分类把"六经"置于"诸子""诗赋"等

---

① 我强调这一点,是因为《汉书·艺文志》不仅对文献进行分类,而且对于每类文献的源流与变化作了详细的辨析。这些解题间或有年代错误和误读现象。同样,我们不能确定那些解题撰写于西汉晚期,并出自刘向或刘歆之手。叶翰认为,班固并不了解两个世纪以前的事。见 Van Ess(2005—2006)。我的说法有所不同:我怀疑班固为东汉王朝而写的史书,会使他不得不遮掩一些事件,误导读者对西汉的了解。
② 《通志》提到"图"与"籍"一起,才是完整的文献,见卷二十一《宋右建功郎郑樵渔仲撰》:"为书者不可以无图,谐图载众语载系,为图,所以周知远近。"卷七十一《编吹不明论七篇》:"图,经也;书,纬也;若欲成天下之事业,未有无图谐而可行于世者。"王树民点校《通志二十略》,中华书局,1995,第1825页;835C。撰于公元847年的《历代名画记》也提到书画同源,艾惟廉(William Acker)在他的《历代名画记》英译本中提到,书和画在宋代以前并不经常被区分开来。见 William Acker, trans. *Some T'ang and Pre-T'ang Texts on Chinese Painting, Translated and Annotated*, (Leiden: Brill, 1954 - 1974), p. 64。我的概括与傅玉璋先生的不一样,他保留了前面的六类,但把"辑录"单列,省去了"杂家"。他引用的《汉书·艺文志》所收录文献为"3万3千多卷"。见傅玉璋《中国古代史学史》,安徽大学出版社,2008,第46页。
③ 见桂思卓(Sarah A. Queen)的论文:"Inventories of the Past: Rethinking the 'School' Affiliation of the *Huainanzi*," Asia Major 14.1(2001), 62。
④ 正如《通志》卷七十一《校雠略·编次不明论七篇》郑樵所言"扬雄所作之书,刘氏盖未收,而班氏始出,若之何以太元、法言、乐箴三书合为一,总谓之扬雄所序三十八篇,入于儒家类。按:儒者旧有五十二种,今新出一种,则扬雄之三书也。且太元,易类也,法言,诸子也;乐箴,杂家也。奈何合而为一家。是知班固胸中无伦类"。(《通志二十略》71/836a)也可参见 Drège(1991), p. 102, note 49。

355

之上，以示尊崇。① 不过，如果我们回顾一下，就会意识到，后来的学者们最终把图书目录与"国史"和史实相提并论，这是一种误解。②

在西汉末期第一份宫廷藏书目录出版两千多年后，现代学者很容易忽视刘向监督下对作品的大肆篡改，"新书"（刘向自语并以此为书名）由此产生，文本的权威性被强调。后者对于书面文化的存在和自觉的"著者"意识的出现是十分关键的。举例来说，当时新版的《列子》有八卷（八卷帛书或简牍八篇），这是在对五部短篇作品（共二十卷）作比较、校勘和摘录的基础上编纂的。其中只有一部篇幅较短的《列子》据称为列子所作。根据刘向的描述，他发现了许多错字和篡改中产生的重复内容。刘向假定宫廷旧藏本比那些"民间本"可靠，于是他缮写了新版本，希望能够显示更多不同篇章之间的内在一致性，尽管他也怀疑原来的篇章是否出自同一人。③ 相似地，刘向把"错乱相糅莒"的六种不同的《战国策》"缮写"为三十三卷。④ 更令人惊讶的是，刘向把三百二十篇的《荀子》"除复重"后，只"定著三十二篇"，几乎删去了原书十分之九的内容。剩下的部分被书于竹简上，以尽可能防止后来的

---

① 公元三世纪，"七分法"被一个不同的分类方法所取代，它更加突出"五经"的地位，将"经部"置于子部、史部和集部之前，也许这是对刘氏父子所带头主导，并由扬雄助力的努力的回应。
② 这里我重复了杜德桥的观点。见 Dudbridge(2000)，pp. 4 - 6。书目分类方法可能会不利于收藏某些类型的作品。《图谱略第一·编吹不明论七篇》："刘氏创意，总括群书，分为七略，只收书，不收图……故天禄、兰台三馆四库内外之藏但闻有书而已。"见：王树民点校《通志二十略》，北京：中华书局，1995，第 1826 页。我们可能会争辩，虽然图确实能增加书画的价值，但文本本身的社会与经济价值却下降了。
③ 见《全汉文》卷三十七所引刘向有关校书的叙述。(6a—6b)
④ 其中一个书名是《国策》，但六个书名中没有一个是《战国策》。见《全汉文》卷三十七所引刘向"战国策书录"。(《汉书》37.1a—2b)

佚失。① 有其父必有其子。刘歆在宫廷校书时,把《山海经》从 32 篇删定为仅 18 篇。② 从这些例子来看,许多我们通常称之为"先秦"诸子的传世文献,其实是西汉末年的作品。

也许刘向、扬雄和其他改变文字的编纂者都相信,经典文本可以完美地跨越时空(或者如诗人苏轼所形容的"云海")③与任何一位真正的"好古"者交流。文献在经过仔细研读、比较和判断后,其可信性("真实"或"准确")也会显著增强。扬雄知道,他所钟爱的"五经"文本曾有过"增删",这样的纂改居然也发生在这样极具权威性的作品中,很令他感到遗憾。④ 不过,根据汉代的传说,孔子编订《诗经》和《尚书》的时候,只保留了古代文本不到十分之一的内容。⑤ 自汉至宋,大量极端的纂改事例都发生在经典学者圈中。⑥ 显然,写本像自

---

① 毋庸多言,对文本的增删并不始于刘向和刘歆。在早期写本文化中,除了少数需要逐字记录的行政文书,大多数的文本是为了很有限的群体而作的,主要是作为传授知识的教学辅助工具,其作用有点像今天的笔记本,为了方便,把转录和新增文字("注")混在一起。举例来说,《礼记》学者戴德把原来的 214 篇《礼记》校定为 85 篇的《大戴礼记》,其侄戴圣又删去 46 篇,成了 49 篇的《小戴礼记》。

② 见 Loewe(1993)一书中对"扬雄"的注解。还有刘汝霖《汉晋学术编年》,上海:商务印务馆,1935,第 2 册,第 109 页。

③ "浩荡绝云海",见《东坡全集》卷三十二(5b),景印文渊阁四库全书,第 1107 册。这是苏轼和陶渊明的拟古诗九首之八。要了解更多,可见下面第七章第 412 页注释①。

④ 见《法言·问神卷第五》:"或曰:'经可损益与?'曰:'《易》始八卦,而文王六十四,其益可知也。《诗》《书》《礼》《春秋》,或因或作而成于仲尼,其益可知也。故夫道非天然,应时而造者,损益可知也。'曰:'《易》损其一也,虽蠡,知阙焉……'"(《法言注》,第 102—103 页)

⑤ 见《史记》卷四十七:"古者诗三千余篇,及至孔子,去其重……三百五篇孔子皆弦歌之,以求合韶武雅颂之音。礼乐自此可得而述,以备王道,成六艺。"《史记》47. 1936—1937 据推测,孔子在编订《诗经》的时候,从三千或六千首诗中只选辑了三百首。编订《尚书》的时候,从三千二百四十篇中选辑了一百或一百二十篇。他还通过整理、重新安排和改写其家乡鲁国的史料,编写了《春秋》。

⑥ 自汉至宋,大量极端的校书事例都发生在经典学者圈中。见 Marc Kalinowski ed. *Divination et société dans la Chine médiévale : Étude des manuscrits de Dunhuang de la Bibliotheque nationale de France et de la British Library* (Paris: Bibliotheque nationale de France, 2003)。也可参见 Nylan(2008a)。此外,还可参见 Cherniack(1994)。

357

然生物一样,都会经历兴衰荣枯,也需要圣人君子正本清源,恢复其原貌。有时候,为了保证文本的真实性和权威性,人们也必须对它进行修改和整理,或"治书"。①

学习现代文学史的学生都了解,改变文字的编纂者与"著者"可能没有多少不同,曾经编辑过弗朗西斯·斯科特·菲茨杰拉德(Francis Scott Fitzgerald,1896—1940)和托马斯·沃尔夫(Thomas Wolfe,1900—1938)小说的著名编辑马克斯韦尔·珀金斯(Maxwell Perkins,1884—1947)就是一个例子。一个人熟知一个文本,并有意对其进行顺序上的调整,这也是"著者"概念的关键内容。西汉晚期宫廷图书馆的校书者们意识到,"治"手抄文本中的错误需要付出巨大的努力。因此他们试图设计出更可靠的方法来评价不同文本中的异文与校订,结果正是这些校订者要求他人更多依据原本,更加关注文本产生的条件,而且扬雄要求他们在选择自己的编书模式时也同样注重选择性。例如,扬雄的《法言》公开谈论"取"("借用")或"无取/否/不听/不法/弃"("拒绝")汉代及以前诸子们的理论。同时,扬雄的一些文本也添加了"序"(很多是韵文形式),它们可以作为早期的"目录"(比如扬雄《法言》的卷末)。

更重要的是,世易时移,经典越来越有重要的社会和政治意

---

① 这一发现来自2008年春天我在与麦笛的对话中所受到的启发。苏珊·切尔尼亚克对于包括宋代在内的写本文化,有着坦率的看法。在她看来,古代中国人有着不同的关于传播的概念,"古代的学者普遍乐于校订文本"。见 Cherniack(1994), p.12. 不过,正如倪健(Christopher Nugent)指出的,这有点夸大其词。参见 Christopher Nugent, "Literary Collections in Tang Dynasty China," *T'oung Pao* 93.1/3(2007):1-52. 在此,我不想谈论政治维度,随着讨论的深入,这一点将会变得显而易见。

义。学生、弟子、官吏、门客们常常记录下听到的传闻。① 广义地说,早期文本推动了社会团结。相比之下,在扬雄之后的数世纪,原来的写本文化慢慢变得商业化。因而,公元845年,李德裕对此大声谴责:"比见文士,或已居重位,或已是暮年,矻矻为文,只望酬报。"② 直到写本文化终结以前,写本与形成期的社会交流的密切关系使它们成为十分权威的指南,在一个狂热寻求人生和写作典范的文化中,指导人们的思考和行为。③ 这些道德典范的独特权威性要求一个可识别的作者作为其来源,而不是通过口耳相传的混乱过程来传播供精英消费的普遍真理。

当某个人或某个家族写作的一篇或一部特别的作品,在小众中流传时(我们称之为"文本共同体"),显然,这样的文本可能愈发有权威性。扬雄有几次把文本与人物(无论是创作者,还是传播者)相混淆,④ 而他那个时代的人们倾向于把与作品编著相关

---

① 根据叶山的观点,出土的里耶简描述了在都城或郡县训练和招募王朝官员的过程。见叶山一篇尚未发表的文博方面的论文:Robin D. S. Yates, "Soldiers, Scribes, and Women: Literacy among the Lower Orders in Early China"。(最后一次修改是在2007年7月18日)不过,大多数里耶简还没有整理出版。
② 见李德裕《让张仲武寄信物状》,收入傅璇琮、周建国校笺《李德裕文集校笺》,石家庄:河北教育出版社,2000,卷十八,第365页。人们可能想知道,这样的评论是否针对李德裕(787—850)的同时代人韩愈(768—824),因为韩愈的作品很流行。如果是这样,韩愈的地位可能为其他士人效仿其道创造了条件。据说,韩愈有一篇墓志铭的酬劳是"马一匹,并鞍、衔及白玉腰带一条",还有一篇墓志铭的酬劳是"绢五百匹",这笔非凡的收入相当于他三个月的官俸(一个月的官俸大概是15万文)。
③ 见苏珊·切尔尼亚克所引用的叶梦得与其他人的批评,"Book Culture and Textual Transmission in Sung China," *Harvard Journal of Asiatic Studies* 54.1(1994), 48。
④ 见《法言·吾子卷第二》:"古者杨墨塞路,孟子辞而辟之,廓如也。后之塞路者有矣,窃自比于孟子。"(《法言》2/20,《法言注》,第45页)与之相似,《论语·泰伯第十七》也把对学问的追求与对人的追慕相比较:"子曰:学如不及,犹恐失之。"因此,文本被普遍认为是向往的目标。因为文本使用范围并不广,人们通常不得不去寻求它们(如观摹立在汉朝都城太学门口的石经;以入秘府校书作为职业目标;巡访专门的大师求学,等等)。

的每个行为,都与一位处于明确环境的特定传奇人物联系起来。因为在权衡一个文本对于政策制定的相关性,或者为新的举措确立合理先例之前,王朝的君臣上下都希望通过传记的细节来辨明著者的意图。

　　文本权威性的扩展与新的文本批评方法相关,更直接的结果是,出现了几部最早的古代汉语工具书(见下文)。因此,随着宫廷藏书室的确立,人们对于先秦金石文献的关注骤增。"越古越好"的观念推动王朝广开献书之路,这有助于朝廷治理,甚至可能通过"复古"来恢复古代的理想制度,回到远古的黄金时代。① 那么,像扬雄这样的学者,到宫廷藏书室校书,会感到恍若升仙,或是神游于昆仑山和蓬莱岛。②

　　令人惊讶的是,扬雄自己从来没想过以文谋求高位。相反,他一直为了名声不朽而努力,③这本身就标志着一种书写文化的出现。(据说,扬雄在作《太玄经》时曾梦到自己吐出"凤凰",它会

---

① 见 Cherniack(1994), p. 12. 但是摩西·芬利(M. I. Finley,1912—1986)讨论了减少书本文化的通识教育所带来的消极影响,只有在人文艺术被冻结,书本文化被削弱以后,学问才日益"表现为图书的拥有量"。见 M. I. Finley, *The Use and Abuse of History*. London: Chatto & Windus, 1975, p. 201。
② 不过,一则关于马融(79—106)的故事谈到,他因写了一首讽刺诗而触怒了邓皇后,"滞于东观,十年不得调"。见《后汉书》卷六十上《马融列传第五十上》。(1970 页)
③ 关于这一点,我基本上赞同日本文学史家谷口洋的观点,不过我的看法更进一步。谷口洋让我们对扬雄作为一个自觉作家的完美人格印象深刻。见谷口洋,"賦に自序をつけること——兩漢の交における「作者」のめざめ",東学 119(2010):22-39。因为与谷口洋的看法如此接近,我想,有必要在这里概括一下他的论点。和他一样,我也认为司马迁在《太史公自序》中谈到"发愤著书",是对自己与父亲在武帝朝受到不公平对待的反应。与他相对照,扬雄则很少在《法言》里提到东汉朝廷,除了通过赞美那些受到汉朝皇帝贬斥的人来表达间接的批评。这只是扬雄表达对汉朝皇帝不满的众多方法之一。谷口洋认为,扬雄的同时代人刘向、刘歆也许也表达了同样的作者心声,但刘歆的现存作品极少,而刘向也只有奉成帝诏而编的《别录》存世。

一次又一次地涅槃。)①扬雄的写作风格使他成为那个时代一个不同寻常的现象:一位经典大师,完全沉浸在自己的作品中,而并不在意自己身处何方,是宫廷或是礼仪和教学场所。② 通过这种自我塑造,他与孔子、孟子和荀子分道扬镳,三位早期大师都把劝谏他们时代的君王作为人生最重要的目标。这让我们联想到,战国时代的诗人与思想家们都在寻求成为强大的诸侯王的谋士,所以他们的作品常常暗示着自己认为最重要的关系,即主与客、君与臣。③ 一旦帝国在景帝、武帝时期变得高度集权,位于汉朝都城的宫廷,就成为了人们最向往的荣耀中心,而那些充满诗意的扬雄前辈们延续作赋的传统,似乎他们仍然是战国时代某一位诸侯王的"座上宾"。扬雄开始摆脱传统赋的主要格式,把自己,而不是汉帝置于其后期写作的中心,以成熟的写作技巧来表达他作为作者和经典大师的经验[扬雄的《法言》很少把皇帝描写为道德楷模,只有卷十三(末卷)除外]。④

扬雄在他成熟的作品中表达了自己的个性和思想,其创作实绩显示了编纂者的地位远逊于那些成熟的作者。为此,扬雄在多篇作

---

① 《西京杂记》卷二讲述了扬雄作《太玄》时的奇梦。见《汉魏六朝笔记小说大观》,上海古籍出版社,1999,第 89 页,第 44 条。《太平御览》卷三百九十三《人事部三十四》引桓谭《新论》曰:"成帝幸甘泉,诏杨子云作赋。倦卧,梦其五藏出在地,以手收内入。觉,大少气,一年卒。"(75/8b)另外一个故事说,扬雄不到一年就死了。《文心雕龙》卷六《神思·第二十六》中有"扬雄辍翰而惊梦"之句。(见《文心雕龙逐字索引》6.1)
② 吴德明(Yves Hervouet)在他译注的《司马相如传》中评论司马相如是第一位把文学创作视为人生第一要务的中国作家。见 Yves Hervouet, *Un poète de cour sous les Han : Sseu-ma Siang-jou*, Paris: Presses universitaires de France, 1964, 428。不过,这一论断并没有特别的相关文本依据。
③ 尤锐有一篇关于理想化的君臣关系的佳作,见 Pines(2002)。
④ 见我的一篇论文:"Structure and Anti-Structure, Convention and Counter-Convention: Clues to the *Exemplary Figures's* (*Fayan* 法言) Construction of Yang Xiong 扬雄 as Classical Master," in *Literary Forms of Argument in Early China*, eds. Dirk Meyer and Joachim Gentz (Leiden: Brill, 2015), pp. 201-42。

品的序中模仿了司马迁在《史记》中对历史人物最成功的评价。他注意作品的年代顺序,声称自己在时间的流逝中变得更加明智,而他更为精要的文学观念反过来改变了自己的写作意图、内容和风格(这是《法言》中的观点)。① 而且,他坚持认为自己的写作是有感而发,而不是应恩主或朝廷要求而作。② 显然,扬雄第一次在完美的叙述中发出了令人信服的作者的声音,留下了令人难忘的作品集,也希望自己最好的作品能得到人们的喜爱。③ 基于以上这些原因,人们认为扬雄是中国历史上第一位完全有着自觉意识的作者。

历史上很少有像扬雄那样具有独特人格的作者,尽管他有点古怪,但仍然有着强烈的吸引力。他对于作者声音的构建是可以垂范后世的,至少可以影响到其死后一千年,④而就在扬雄亡故的公元18年,就连那些诽谤他人格的政治野心家也难以否认他的出类拔萃。

不幸的是,要让那些无法阅读扬雄古典诗文的人领略到其创作的丰富性和艺术性,几乎是不可能的。即使如此,还是值得尝试一下。扬雄第一次在西汉王朝赢得名声和恩宠是因为他的诗赋,他

---

① 见《法言》卷二《吾子卷第二》第一节。(《法言》2/1,《法言注》)
② 朝廷准许了扬雄的意愿,甚至允许他辞官后全力作诗赋,并给予他丰厚的俸禄和偶尔的奖赏。
③ 当然,知性的扬雄太雄心勃勃了,他无法把自己的读者限定在那些可能的或实际的同僚中。这也许是他坚决拒绝过早将自己的著作付诸流通的原因,哪怕是皇族成员要求。这一点,扬雄在《逐贫赋》和《答刘歆书》中都重申了。见 Knechtges(1977)。《汉书》卷八十七上《扬雄传第五十七上》载扬雄感叹道:"以为君子得时则大行,不得时则龙蛇。"但即使是扬雄之后的一个世纪的汉顺帝统治时期(125—144),皇帝还是在抱怨备选生员读写欠佳。
④ 谷口洋引用了扬雄的《解嘲赋》。(《文选》卷四十五,页 8b—20a)他也提到,东汉初期的崔骃认为扬雄是一个"达志"的完美典范。不过,在南宋时期,朱熹与其他道学家把扬雄逐出孔庙,否认其作为儒学大师的典范作用。要了解更多相关内容,可以参见我的《太玄经》《法言》英译本前面的介绍,Nylan(1993),Nylan(2013)。也可以参考魏德伟的书:Thomas A. Wilson, *The Genealogy of the Way: The Construction and Uses of the Confucian Tradition in Late Imperial China*(Stanford, CA: Stanford University Press, 1995), p. 55,77,81,113,158,176。

用生动的语言描绘了汉成帝狩猎的宏大场面,绘声绘色,引人入胜。如果我们从扬雄早期赋中摘录几句,可能不仅能看到扬雄热衷于使用新奇词语,而且能看到他使用视觉双关语的非凡技巧,因为一旦读者觉察出段落中带有"木"和"鸟"的形旁部首,就会发现自己很容易被带进茂密的森林中,在那里各种各样的鸟儿比比皆是。

从下面扬雄的《羽猎赋》节选中可以看出他的作品充分体现了赋状物写景有声有色的特点:

> 于是天子乃以阳晁始出乎玄宫,撞鸿钟,建九旒,六白虎,载灵舆,蚩尤并毂,蒙公先驱。立历天之旗,曳捎星之旃,霹雳列缺,吐火施鞭。萃傱沈溶,淋离廓落,戏八镇而开关;飞廉、云师,吸嚊潇率,鳞罗布列,攒以龙翰。啾啾跄跄,入西园,切神光;望平乐,径竹林,蹂蕙圃,践兰唐。举烽烈火,辔者施披,方驰千驷,校骑万师,虓虎之陈,从横胶葛,猋泣雷厉,骎骅骆磕,汹汹旭旭,天动地岋。羡漫半散,萧条数千万里外。
>
> 若夫壮士慷慨,殊乡别趣,东西南北,骋耆奔欲。拖苍豨,跋犀犛,蹶浮麋。斫巨狿,搏玄猿,腾空虚,距连卷。踔夭蟜,娭涧闲,莫莫纷纷,山谷为之风猋,林丛为之生尘。及至获夷之徒,蹶松柏,掌蒺藜,猎蒙茏,辚轻飞;履般首,带修蛇,钩赤豹,挃象犀;跇峦坑,超唐陂。车骑云会,登降暗蔼,泰华为旒,熊耳为缀。木仆山还,漫若天外,储与乎大浦,聊浪乎宇内。

扬雄的哲学著作同样充满智趣,而且更为深奥。我从《法言》的十三卷中选取一些例子,让读者感受一下扬雄在构建他的一系列对话时的娴熟技巧。正是在那些著作中,他把自己塑造成为至尊的经典大师,一个后世的"孔子"。"小人"们质问他关于"五经"学问的终

极价值,因为他们错误地相信,自己比他有着更多世俗的智慧:①

> 或曰:"学无益也,如质何?"
>
> 曰:"未之思矣。夫有刀者砻诸,有玉者错诸,不砻不错,焉攸用? 砻而错诸,质在其中矣。否则辍。"(《法言·学行卷第一》)

> 或问:"世言铸金,金可铸与?"
>
> 曰:"吾闻觌君子者,问铸人,不问铸金。"
>
> 或曰:"人可铸与?"
>
> 曰:"孔子铸颜渊矣。"
>
> 或人踧尔曰:"旨哉! 问铸金,得铸人。"(《法言·学行卷第一》)
>
> 或曰:"书与经同,而世不尚,治之可乎?"
>
> 曰:"可。"
>
> 或人哑尔笑曰:"须以发策决抖。"
>
> 曰:"大人之学也为道,小人之学也为利。子为道乎? 为利乎?"或曰:"耕不获,猎不飨,耕猎乎?"
>
> 曰:"耕道而得道,猎德而得德,是获、飨已……"(《法言·学行卷第一》)

> 或曰:"猗顿之富以为孝,不亦至乎? 颜其馁矣。"
>
> 曰:"彼以其粗,颜以其精;彼以其回,颜以其贞。颜其劣乎? 颜其劣乎?"
>
> 或曰:"使我纡朱怀金,其乐不可量也!"
>
> 曰:"纡朱怀金者之乐,不如颜氏子之乐。颜氏子之乐也内,纡朱怀金者之乐也外。"

---

① 请参见我的《法言》英译本,Nylan(2013)。

或曰:"请问屡空之内。"

曰:"颜不孔,虽得天下,不足以为乐。"

"然亦有苦乎?"

曰:"颜苦孔之卓之至也。"(《法言·学行卷第一》)

或问:"吾子少而好赋。"

曰:"然。童子雕虫篆刻。"

俄而曰:"壮夫不为也。"

或曰:"赋可以讽乎?"

曰:"讽乎! 讽则已,不已,吾恐不免于劝也。"

或曰:"雾縠之组丽。"

曰:"女工之蠹矣。"

《剑客论》曰:"剑可以爱身。"

曰:"狴犴使人多礼乎?"(《法言·吾子卷第二》)

观书者譬诸观山及水,升东岳而知众山之逦迤也,况介丘乎? 浮沧海而知江河之恶沱也,况枯泽乎? 舍舟航而济乎渎者,末矣;舍五经而济乎道者,末矣。弃常珍而嗜乎异馔者,恶睹其识味也? 委大圣而好乎诸子者,恶睹其识道也?(《法言·吾子卷第二》)

山硙之蹊,不可胜由矣;向墙之户,不可胜入矣。曰:"恶由入?"曰:"孔氏。孔氏者,户也。"曰:"子户乎?"曰:"户哉! 户哉! 吾独有不户者矣?"(《法言·吾子卷第二》)

或问:"圣人之作事,不能昭若日月乎? 何后世之訾訾

也!"曰:"瞽旷能默,瞽旷不能齐不齐之耳,狄牙能喊,狄牙不能齐不齐之口。"(《法言·问神卷第五》)

赫赫乎日之光,群目之用也;浑浑乎圣人之道,群心之用也。(《法言·五百卷第八》)

扬雄的《法言》和《太玄经》巧妙地论证了,只有那些代表了最崇高、最宏大理想的古代典范人物的作品,才能提升人们的品位,训练他们的感知力。这样的提升又至少会带来深刻的满足感,正如孔子的弟子颜回那样。(在文明时代,它们也可能为一个人带来其他的满足,如高官厚禄或名声。)扬雄认为这种有益的满足感可以使人获得独特而宝贵的经验。

因此,扬雄的理想读者们,无论是和他同时代的,还是后代的,都是博学之士,可以精读像《诗经》和《尚书》那样的作品。因为按照传说,孔子自己把这两部经典当作他的教材。① 在扬雄的时代,这样的博学者往往曲高和寡。② 皇帝和诸侯王也通常缺乏必要的鉴赏力。③

所以,刘歆问道:"为什么要把词语作为独有之宝呢?"④

---

① 在儒家的"五经"中,只有《诗经》和《尚书》(或《书经》,在扬雄的时代被这样称呼)在《论语》中被孔子在教学时引用。关于堆砌典故的诗文写作新风气的重要性,请参考我的论文:"On Libraries and Manuscript Culture in Western Han Chang'an and Alexandria," in *Ancient Greece and China Compared*, eds. G. E. R. Lloyd and Jenny Zhao(Cambridge: Cambridge University Press, 2018):373–408。

② 不过,何修(129—182)对于历史上的博学者可以升迁的社会阶层流动的想象是有趣的,也许有点过于理想化了,无论是农人们冬学期间的父子相授,还是从最佳生员中选拔朝廷官员。见:陈立,《公羊义疏》,国学基本丛书,商务印书馆,1936,第3册,第1259—1961页。很多人都学习了基本的算术和识字,但由于这与扬雄所认为的读书与学习经典之乐关系不大,我只是在这里提及一下。

③ 吴伏生在他关于汉赋的论文中谈论了司马相如(而不是扬雄),见 Wu(2007),p.43。

④ 见《刘歆与扬雄书》中之原句:"殊无为明语,将何独挈之宝?"收录在《汉魏丛书》中的刘歆与扬雄的往来书札常常附录在很多不同版本的《法言》末。可参见第342页注释③。

第六章 扬雄:"诗人之赋丽以则"

扬雄是如何想象他的理想读者的阅读习惯和期待的?① 为什么扬雄总是在这种想法中得到安慰?有着高雅品位的志趣相投者对经典学问的共同热爱可能会使其形成一个紧密联系的群体。② 一旦我们注意到,扬雄相信读者会传抄他的经典作品,那么就会有很多这样的问题。在西汉晚期,可能至多仅有百分之五的人口具有理解扬雄作品的能力。③ 对扬雄时代写本文化的进一步分析也许可以使我们更接近这类问题的答案。

---

① 关于此,请参见我的一篇论文,Nylan(2001b)。
② 一个后来的"文献共同体"出现在《梁书》卷五十一《列传第四十五·刘歊传》中。(748页)可以想象,学生们可以引经据典,但不一定理解其含义,尤其是朗诵的方式(有时候是"默诵")需要特别的发音。因此,在讲授一个文本以前,先让学生们朗诵课文,而真正完全理解文本,是在讲授以后,用戴仁的话来说,就是"用一个人的身体去体验"。见 Drège(1991)。不过,根据周绍明关于书籍的社会史的专著,扬雄并没有关于"文人共和国"或者"文本帝国"的概念。见 McDermott(2006),Chapter 4。
③ 陆威仪和叶山假定当时有着相对较高的识字率,而没有注意到口述者和代笔者的存在,或者不能充分区别简单的识字、识数(这可能发生在军队招募低级士兵的时候)与高度的文化素养(如汉王朝对于高级官员的要求)之间的不同。见 Lewis(1999),Yates(2007)。不过,叶山假设汉代那些掌握了一定识数和书写技能的群体要大得多。但我与他们的看法不同,因为所有那些用来证明识字率提高的"证据"都是不太可靠的。通常利用的证据包括石经和书札,以及大学的生员们。人们早已认识到,石经是一种自中亚传入的风尚,现存书札的数量也许是一种保存偏爱的结果,或者因为书札使用了更易保存的轻质书写材料。现存最早的个人书札(约写于公元前 224 年)是云梦睡虎地四号墓出土的两封书于木牍上的家书,是秦国一位参加征楚之战(前 224—前 223 年)的士兵与其兄衷(也是墓主人)之间的通信。经过整理的书信可见于《云梦睡虎地秦墓》,文物出版社,1981。夏含夷把其中一封信翻译成英文,见 Edward L. Shaughnessy, "Military Histories of Early China: A Review Article," *Early China* 21(1997), p.181。纪安诺在他的论文中,把所有现存书札都翻译成英文,见 Giele(2015)。至于为太学的博士子弟所立之石经,它们并不像大多数学者(包括陆威仪)所认为的那么一致,而吕思勉提到了增加的字数。见吕思勉,《读史札记》,上海古籍出版社,1982,第 3 册,第 733—734 页。无论如何,博士子弟的增加也许反映了其恩主有能力免除他们的赋税和劳役,而不是为了精进他们对于经典的学问。关于这一点,可以参见我的论文,Nylan(2008c)。从根本上说,班固《汉书》卷三十中对于汉武帝统治时期的记述存在严重的问题。

扬雄时代的文学素养与写作主张

汉代早期写本文化的一些特征应该引起我们的注意,第一个特征就是大多数情况下"读"其实是"念"。① 由于扬雄时代廉价书写材料的缺乏,人们要学习书稿的内容,常常别无选择,只能通过反复朗诵来记住。其次,抄写书稿的工作量也相当大。毕竟,根据粗略的估算,一个经验丰富的专业抄写者要抄录一部寻常篇幅的书稿也需要整整一个月的时间。② 即使如此,法律、行政或者宗教的告示,需要由识文断字者口头传达给那些半文盲和文盲的平民。一般能读书的人要利用抄本帮助他们继承家业,或者查阅专业技术书的内容,因为他们要了解正确的仪式、吉凶日期、医疗方法、水利工程或修辞。③ 许多业者(如工匠、商人、医生、士兵、文士和官员)承

---

① 见的我一篇论文:"Textual Authority in Pre-Han and Han," *Early China* 25 (2001):1-54。
② 根据公元849年唐御史台的统计,在集贤殿书院的专职抄写人员大概有20~27人,根据记载,如果他们全力以赴工作的话,每年可以抄写417卷书稿。见Drège(1991),p.68-69。刘向《别录》把"雠校"比作"若冤家相对"。(见《风俗通义·艺文》和《太平御览》卷六一八所引)玛丽·比尔德(Mary Beard)指出,在公元前三世纪的罗马,购买一册有五百行字的抄本的花费,足以养活一个四口之家。见Mary Beard, "Scrolling Down the Ages," *New York Times Book Review*, April 19, 2009。在汉代,抄本也是同样的昂贵。
③ 和大多数有文献记载的社会一样,汉代一些少数的天才凭着在阅读、抄录和写作方面的非凡才能而获得了超越出身阶层的地位。关于扬雄的出身背景,可参见《汉书·扬雄传》(卷八十七上)的开头部分。扬雄也许曾在成都的文翁石室求学过,但这只是推测而已。无论如何,方博源(Michael Farmer)对于文翁石室的悠久传统提出了疑问。见Michael Farmer, "Art, Education, and Power:Illustrations in the Stone Chamber of Wen Weng," *T'oung Pao* 86.13(2000):100-35。吕思勉认为,许多汉代人物因为其出色的读写能力而直接经历了社会阶层流动,但是吕思勉只是列举了几个名字。见吕思勉(1982),第678—692页。他认为,对于汉代的大多数人来说,在都城或者郡县求学只是为那些出身名门的学子提供了机会,与身居要位的官员结成良好的关系,这些"生员"通常是官员的"侍从",而不是从师的"学者"。见吕思勉(1982),第733—741页,尤其是第735—739页。

368

认那一类的手稿抄本具有实用性和便利性,但他们要获得高度的文化素养,仍有无法逾越的鸿沟。① 因为在那些"好古"者眼里,文化素养高,意味着善"属文",即可以创作和阅读符合复杂的音韵、语义规则,文辞优雅、富于典故之章。② 依据现存文献,也许我们可能了解,在扬雄的时代阅读文化本身并没有被推崇为一种美德,即使在都城地区,写本也没有商品化。③

因为写本经常是通过互赠礼物而流传的,扬雄和他的同时代人认为,学习经典所带来的微妙乐趣主要源于其中所谈论的令人向往的师生、父子、主客、朋友、君臣关系。对待本人或亲友抄本的态度可能与对待书吏、抄工的抄本的态度有着明显的不同。④ 手工抄录文本可以使抄录者在道德和才学上获得益处,但这只存在于把抄录作为学习的一个重要部分的时候。抄录是为了忠实于经典文本而设计的,抄录者也由此获得了知识和经验,从而确

---

① 在西汉早期,也可能在扬雄的时代,聘用祝史、占卜者和司祭者的第一个标准是其世袭的出身,那些上层官僚也是如此。不过,"祝史"指的是那些"掌管天文记录"的人,他们也掌管祭祀,这在《左传·昭公二十年》中有很明确的记述,但人们很少注意到。(顺便提一下,倪豪士对这一名称的英译有误)
② 学者们往往低估了从方言俗语转换到官方"雅训"之文的困难,因为他们错误地认为:首先,语言的变化是人类社会历史自然秩序的一部分;其次,早期中国各异的语言其实只是方言,它们是一个民族语言单一模型的次要的变体。韩书瑞(Susan Naquin)在谈论中华帝国晚期的时候,也对此作了评论。参见 Susan Naquin, Review *Commerce of Culture: The Sibao Trade in the Qing and Republican Periods*, by Cynthia Brokaw, *Harvard Journal of Asiatic Studies* 68.1(2008):203-12。在引用这些观点时,我并不同意某些学者的意见,他们忽略低级素养(略识文字与算术)与高级文化素养(比如,属文善用典故)之间的区别,罔顾有人给大众(包括被征募者)宣读各种通令的广泛现象。(参见叶山2007年的博士论文)军队的训练有素也取决于部分官兵具有一定的阅读和计算能力,有效地组织生产也是如此。
③ 见《后汉书》卷四十九《王充王符仲长统列传第三十九》(49/1629),"(王充)家贫无书,常游洛阳市肆,阅所卖书,一见辄能诵忆";卷八十下《文苑列传第七十下》:"刘梁……而少孤贫,卖书于市以自资。"(80B/2635)
④ 的确,汉代的书吏与抄工们把口头演讲转录为文字的技能,并不能为他们带来声望,即使汉帝国可能会因为缺少他们的辅助而崩溃。

保了文本的传播。① 这些是抄录者把文本内容铭记于心、内化文本的含义并体现作者意图的前提条件。扬雄与其他的经典作家告诉那些初学写作的人,要多读书,"读赋千首乃能为之"。②

只要是名人佳作,人们就会坚信,手工抄写和记诵那些典范之作具有潜移默化的作用。但同理,如果人们小心抄写和记诵的文本本来就是有误导性的,那么它的错误很可能影响学习者对于世界的体验和判断。因此,扬雄常常警告人们,读书不能"杂"(即,不读那些与修身养性和治理天下无关的书)。③ 由于作品对于人们(无论善恶)都具有如此巨大的潜在教化作用,智者义不容辞地要找到一个可靠的标准,来判断文本内容的优劣。扬雄写道:"一哄之市,不胜异意焉;一卷之书,不胜异说焉。一哄之市,必立之平。一卷之书,必立之师。"④

扬雄坚持从良师而学的主张,在他的时代是非常明智的。首先,在扬雄的时代及其以后,在文本形式、体裁和类型标准化和学术工具发展以前,如果没有老师的指导,大多数读者是无法正确

---

① 但是,忠实地传递文本也许并不意味着"逐字转录",这是一个现代的概念。当一篇文稿主要用来辅助记忆时,"忠实性"也可以用同音字来体现。
② 《三国志》卷十三《魏书·钟繇华歆王朗传》注引《魏略》谈到陈禧语鱼豢曰:"欲知幽微莫若《易》,人伦之纪莫若《礼》,多识山川草木之名莫若《诗》。"(420页)关于扬雄所语"读赋千首乃能为之"出自《西京杂记》卷二,《汉魏六朝笔记小说大观》,上海古籍出版社,1999,第89页。
③ 见《法言·问神卷第五》:"人病以多知为杂。惟圣人为不杂。"《法言》5/16。
④ 见《法言·学行卷第一》:"一閧之市,不胜异意焉;一卷之书,不胜异说焉。一閧之市,必立之平。一卷之书,必立之师。"《法言》1/11。

地理解一个文本的。① 其次,对一个写本一知半解的阅读,是十分肤浅的(假如不是懒散的话),这使人们联想到扬雄对于"赋"的贬低和诸如"泛览""流观"这样的感性词语。② 但是一旦注重道德的读者在一位好导师的指导下,确认了那些文本的权威性后,在扬雄看来,这位读者会通过反复"沉浸"("潜")在那些抄录的古代大师们的文本中,并记诵它们,来为自己最大程度地发挥潜能作好充分的准备。在扬雄看来,这些典范人物(也包括他本人)的作品可以让那些狂热的学习者模仿真正的大师,见贤思齐,并与他们心灵相通。毕竟,正是通过古老的文本,"仲尼潜心于文王",而获得了文王的操行,而孔子弟子颜回也是通过"潜心于仲尼"来模仿他的老师。③ 因此,要区分经典文本的非凡价值,就是要通过扬雄所说的"自然"的方式,④追求成为完美权威的"大道"。所

---

① 麦笛区分了两种类型的书:一类是基于权威的文本,它们需要由一位大师来"解说";一类是基于论辩的书,其修辞对于有足够文化素养的人来说是一目了然的。见 Dirk Meyer, *Philosophy on Bamboo: Text and the Production of Meaning in Early China* (Leiden: Brill, 2012). 按照他的说法,在汉代及其前后,只有少数的论辩书。《文心雕龙》卷八《练字》引陈思王曹植之语"扬马之作,趣幽旨深,读者非师传不能析其辞,非博学不能综其理"。见 Shih(1970), p. 297. 文本专家越来越相信,选择某一个通假字可能是基于猜测或灵感。文本的年代"充其量只是其价值的粗略表现"。见 Cherniack(1994), p. 7, note 7. 关于公元前 221 年秦统一后很长时间内多种文本类型和通假字的延续,请参见 Imre Galambos, *Orthography of Early Chinese Writing: Evidence from Newly Excavated Manuscripts* (490 – 221 bc), Budapest Monographs in East Asian Studies (Budapest: Eotvos Lorand University, 2006); Martin Kern, "Western Han Aesthetics and the Genesis of the 'Fu'," *Harvard Journal of Asiatic Studies* 63.2(2003): 383 – 437; Robert E. Harrist, *The Landscape of Words: Stone Inscription in Early and Medieval China* (Seattle: University of Washington Press, 2008).
② 见陶渊明《读山海经》十三首诗的第一首,袁行霈,《陶渊明集笺注》,上海古籍出版社,2003,卷四,第 393 页。
③ 关于"潜",请参见《法言·问神卷第五》第一节(5/1),也可见《法言·学行卷第一》第七、八节(1/7,1/8)。
④ 见《法言·问神卷第五》第六节扬雄语"故夫道非天然"。法国学者保罗·韦纳(Paul Veyne)也谈论了希腊人对此的观点,见 Veyne(1988)。

谓"自然"的方式,是因为要成为最好的人,就要效仿他人最佳的品质,但这个过程很难是"自发"的,因为深入的沉浸式体验是需要明智的选择和不懈努力的。(在扬雄的表述中,我们感受到了孟子和荀子声音的回响。)扬雄在他的作品中一直把自己描述为一位杰出的经典大师,通过刻苦钻研古代作品而获得了很高的声望。作为一位集大成者,扬雄承诺可以引导那些茫然困惑的人达到他所享有的鉴赏家的荣耀地位,只要他们表现出对于阅读经典的明智的品位。

我联想起扬雄提到过的两种文本:第一类文本是行政和法律文书,只是传达了一位或多位当权者的命令,包括盟誓、敕命、律令、铸币、印章、簿记、人口统计、诏令等等。这样的文书既不要求也不鼓励人们自省,而是有着指定的内容和格式,防止人们对它们重新诠释。第二类文本的写作需要激发读者超越时空的想象力,①使他们至爱的文本焕发出新的生命。扬雄决定创作新的作品,其价值可以与"五经"媲美,并且他也遵从孔子关于"温故"的教导。只有第二类作品才能令读者着迷。写本充满了能引起共鸣的文本模式和并置的图表,它们启迪了人们的想象力,反映了人们对宇宙的认识,从而推动读者与文本的互动,使他们能够假想超越有限的经验世界的文化交流。因此,当扬雄在公务之暇,可以自得其乐的时候,他的写作是为了培育人才(即"铸人"),②而不只是为了传达事实。他认为,这类文本总是有人渴望能抄录

---

① 换句话说,当汉代读者阅读第一类作品的时候,会认为从中听到了一位权威的声音,而手中的文本只是用来记录、确认或保存一段话或一个手势。关于这一点,可参见新西兰学者斯蒂文·罗杰·费希尔(Steven Roger Fischer)所谈论的有关地中海文化的内容,见 Steven Roger Fischer, *A History of Reading* (London: Reaktion Books, 2003), p. 23, 28.
②《法言·学行卷第一》(1/8)谈到了"铸人"。

第六章 扬雄:"诗人之赋丽以则"

并一代一代传承下去。

如扬雄自己所说,写作可以保留跨越时空的、漫长而复杂的讨论轨迹,而口传却无法做到。以最令人称赏的汉代方式写作(即"属文",以巧妙的构思缀篇成文),可以把来自多个权威的思想融合在一起。这是一种融会贯通,人们总能从中找到最能激励自己的知音。① 扬雄自己的著述让我们见证了他是如何精选先秦论说来充实自己的论点的。对扬雄来说,一部著作就像一次聚会,读者就像参加聚会的客人,他们相谈甚欢,尽情交流,然后满载而归。我可以想象,在编撰《方言》的时候,扬雄会在木片上记录下各种方言词汇,然后在他写作的时候通过排列木片来尝试新词。② 通过这样的方式,他完成了《方言》的编撰,经历了较长的过程和对草稿的反复修改。③

无论是由古代或是像他这样的后世圣贤所作,扬雄相信经典作品和新经典作品为读者提供了可能与古代圣人君子最接近的近似物,④也提供了最好的媒介,使他们与"远古"洪荒的人们交流。对于那些品味高雅的人来说,它们也是最令人愉悦的东西。因此,扬雄决定在他所有的作品中,无论是散文还是诗歌,都引用经典。但扬雄也面临着一个矛盾,一方面,他希望包括自己的作品在内的经典之作能够通过反复的抄录而得以流传,但是,另一

---

① 见前面所提到的"属文"。关于该词语以及其他赞扬文才的术语,请参见我翻译的《法言》,Nylan(2013)。
② 当然,扬雄用的不是现代的卡片,而是其早期的对应物,即写着文字的木片。据说,扬雄在写作《方言》的时候,曾经整理过这些木片。更多相关内容,可以参见我的 *Yang Xiong and the Pleasures of Reading and Classical Learning in Han China* (New Haven, CT: American Oriental Society, 2011), pp. 23-24。
③ 这一想法是受到麦笛关于郭店简的博士论文的启发,见 Meyer(2008), pp. 4-5。
④ 见《法言·吾子卷第二》(2/9):"观书者譬诸观山及水……舍五经而济乎道者,末矣……委大圣而好乎诸子者,恶睹其识道也?"

方面,在印刷时代以前,一字不差的抄录是很少见到的,抄录中产生的误写会影响作品传播的权威性。在扬雄的时代,很多人并不重视著者,甚至会随心所欲地篡改他人之作。扬雄用这样微有讽刺意味的语气来称赞那些鸿生巨儒:"修唐典,匡雅颂。"①

当抄录作品涉及著者归属的时候,其书写文字的永久性和暂时性都难以确认。人们得以阅读或者拥有的每个抄本都证明是有价值的,无论它是来自父亲、恩主、君王或朋友,也无论是通过礼物互赠或其他途径获得的。因此,权贵们通常选择严格限制别人观览他们珍贵的抄本,以免有人对那些罕见、有价值的文本擅加改动。就连刘氏皇族之子也不能进入秘府阅览文本。② 荀子曾经谈到,沉默往往是更好的知言,③因为任何一篇或任何形式的作品都是可以追溯的,置于变化了的或正在变化的语境中的作品,往往会获得意想不到的意义和联想。因此,扬雄在一次想象的对话中对一位无名的批评家说,一言不慎,可能会从高位一下子跌落低谷,乃至引来灭族之灾。④ 扬雄显然因此决定拒绝观看比他社会地位更高的刘歆的手稿,因为他认为它们如果在朝廷广为流传的话,会招致太大的风险。

---

① 见《汉书》卷八十七上(3552页)关于扬雄《太玄》的描述。《汉书·扬雄传》是这样记述的:"故玄三方、九州、二十七部、八十一家、二百四十三表、七百二十九赞,分为三卷。"见《汉书》卷八十七下,3575页。这段话表明,就连这样一部经典化的著作也经历过格式变动。
② 见《汉书》卷八十(3324页)。
③ 《荀子》卷六《非十二子》有"默而当,亦知也,故知默犹知言也"。也可参见Knoblock(1988—94), vol. 1, p. 225。
④ 见《汉书·扬雄传》:"扬子笑而应之曰:'客徒欲朱丹吾毂,不知一跌将赤吾之族也!……'"(《汉书》卷八十七下,3567页)汉代的历史充满了那些被放逐、流放、监禁,甚至被处决的人物,他们都是因为写作不慎,触及了王朝统治范围内的敏感话题,如淮南王刘安、董仲舒、京房等。

第六章 扬雄:"诗人之赋丽以则"

在扬雄的职业生涯中,至少有两次,他受人之托而写作,由于作品中的观点与形象而差点遭受牢狱之灾,甚至更可怕的威胁。他曾为一位蜀地同乡写了一封举荐信,后来这位同乡因不称职而身陷困境,作为举荐人的扬雄也因此受到牵连。这是他人生中第一次几乎沦为囚徒的经历。第二次差点入狱与刘歆之子有关。① 更糟糕的是,他曾经向一位刘氏宗亲成员传授过"奇字",这是一种稀见或过时的古字,有时候用于王朝气运的占卜之书,或者谶纬之书。② 在一位贵族学生被指控为叛臣后,扬雄因为担心自己被株连,从天禄阁上跳了下去。③ 鉴于汉代法律制度,与罪犯有亲密关系的人也会被定罪,扬雄的自杀企图不能被断定为妄想症。扬雄的作品常常不能迎合权贵,使自己面临冒犯主上的危险。如果我们把《法言》中的一段与《汉书》的相应部分相对照的话,就一目了然了。④ 在一篇赋中,扬雄含蓄地把汉成帝比作桀

---

① 见第 342 页注释③讨论的刘歆与扬雄的往来书札。
② 扬雄用"奇字"编撰了《仓颉训纂》,瑞典学者格里特雷克(Roger Greatrex)和我都曾撰文讲述《仓颉训纂》的意义。见 Roger Greatrex, "An Early Western Han Synonymicon: The Fuyang Copy of the *Cang Jie Pian*," in *Outstretched Leaves on His Bamboo Staff: Essays in Honour of Göran Malmqvist on his Seventieth Birthday*, ed. Joakim Enwall(Stockholm: Association of Oriental Studies, 1994), pp. 97-113;Nylan(2011)。汉宣帝召王褒和其他才士"朝夕诵读奇文及所自造作",以帮助生病的太子恢复健康。(见《汉书》卷六十四下《严朱吾丘主父徐严终王贾传第三十四下》,2829 页)
③ 见《汉书》卷八十七下《扬雄传第五十七下》,2584 页。
④《法言·寡见卷第七》中的一段话(7/10)讨论了一个人下棋能否算得上"侍君子"?可是《汉书》卷 64 记载了汉宣帝误引《论语》典故来表明他对赋的喜爱,并把下棋与学习经典相提并论。(2829 页)扬雄的同时代人都看得出他对汉宣帝的批评,因为后者通过断章取义来嘲笑孔子。扬雄对于宣帝微妙的讽刺表达了他对于皇帝深刻的厌恶,他表明,平庸的游戏与比赛只是浪费时间,并且排斥了更为有益的文化活动,如学习古人。

纣,夏商王朝的最后一位暴君。①

在《法言》中,扬雄可以得心应手地模仿经典,以巧妙的方式玩文字游戏,并阐明自己的观点。例如,《法言》中有一段话谈到,要评价一个人的道德价值,其实很容易,只需要看他在别人眼里是被欣赏的对象,还是令人反感的存在。《诗经·周颂·赉》和《诗经·鲁颂·駉》描述了统治精英对周文王和武王的"向往",因为那是他们的时代乃至以后的典范。根据这些颂诗,扬雄写下了下面这段话,从百姓对于统治者的爱("思")憎("斁")出发,来阐明成为君子的基本要求:

> 或问:"为政有几?"
>
> 曰:"思斁。"
>
> 或问:"思斁?"
>
> 曰:"昔在周公,征于东方,四国是王。召伯述职,蔽芾甘棠,其思矣。夫齐桓欲径陈,陈不果内,执袁涛涂,其斁矣夫。于戏,从政者审其思斁而已矣。"
>
> 或问:"何思?何斁?"
>
> 曰:"老人老,孤人孤,病者养,死者葬,男子亩,妇人桑之谓思。若污人老,屈人孤,病者独,死者逋,田亩荒,杼轴空之谓斁。"②

---

① 在《甘泉赋》中,扬雄描述汉成帝的甘泉宫是后继"璇室与倾宫",两个分别由桀、纣所造的宫室。见《汉书·扬雄传》(卷八十七下,3528页)。根据《汉书》卷三十六,刘向也严厉地批评过成帝(1956—1957页)。扬雄极少"讽",以至于人们想知道他所想的是不是《周礼·春官》中的"讽",郑玄注曰:"背文与以声节之,皆是闇读之,不依琴瑟而咏也。"(《周礼注疏》23/28a)

② 见《法言·先知卷第九》(9/4)。扬雄的"思斁"一词可能来自"绎思",它在《诗经·周颂·赉》中出现了两次,还有个相关词"思无绎"出现在《诗经·鲁颂·駉》中,这首诗据说是在鲁国宗庙之上唱的颂歌。"甘棠"出自《诗经·国风·召南》。关于"齐桓"的反面例子,说的是公元前656年,齐桓公伐楚,在归国途中,想借道陈国,但陈国大夫辕涛涂反对,后被齐桓公扣押。见《左传》和《公羊传》的"僖公四年",故事稍有不同。

通过不断引用经典,扬雄以简洁明了的方式阐明了他对于当权者的劝谏,指出他们的行为可能使百姓爱戴或感到厌恶,他相信,(a)人类有着评估人、物和事的基本能力;(b)不可避免地,明智的选择通常是由那些熟读经典的人作出的;(a)和(b)他相信,自己对人物和事件的评价是可以长久流传的,就像那些经典著作一样。与修昔底德相似,扬雄撰写新经典作品不是为了赢得当下的喝彩,而是希望流芳百世。古代作品的重要主题围绕着人类需求、欲望和对社会与政治的偏好,随着时间的流逝,它们极少发生变化。因此,"知人论世"的观点是十分精辟的。①

对古人作品的沉迷

在提倡古代经典和新经典的运动中,扬雄清楚地意识到自己所走的是一条充满艰险之路。的确,许多朝廷官员自称追慕古代,甚至也会为了自己的目的,引经据典。在扬雄以前,"旧瓶装新酒"在那些朝廷名臣身上表现得十分明显,因为在所有前现代文明中,修养的同义词就是旧知。② 在扬雄看来,大多数自诩博学的人都被旧传统或愚蠢的野心所束缚,他们错误地以为,博闻强记就等同于"成圣"和获得真知。因此,扬雄批评他们追逐名利和追求长寿,以及其他更多取决于运气和时间而不是价值的目

---

① "知人论世"出自《孟子·万章下》。由于它对于自古以来身份政治的重要性,这句话也通过其他方式被诠释。
② 见齐思敏与我合撰的论文:"Constructing Lineages and Inventing Traditions through Exemplary Figures in Early China," *T'oung Pao* 89.1-3(2003):59-99。

标。① 他们对于价值的草率"判断"是对于先秦文本严肃内容的嘲弄：

> 世俗之人,多尊古而贱今,故为道者必托之于神农、黄帝而后能入说。乱世暗主,高远其所从来,因而贵之。为学者蔽于论而尊其所闻,相与危坐而称之,正领而诵之。此见是非之分不明。夫无规矩,虽奚仲不能以定方圆；无准绳,虽鲁般不能定曲直。②

可以说,扬雄与其他西汉晚期的作家是真正"好古",他们希望恢复比现世更好,有着不同的治国之策的远古,为了理解远古时代,他们阅读《左传》和《史记》,但并不满足于此。③ 早期至中期的西汉王朝以其空前的中央集权统治而自豪,那个时代杰出的思想家们都一起庆祝新统一的帝国及其所带来的利益。但是到扬雄的时代,汉武帝时期过度集权的弊端已经显而易见了,汉武帝的对外征伐,滥杀谏臣,以及对于个人长生不老的沉迷,使他失去了许多栋梁之臣,耗尽了国库之财。在扬雄及其追随者,还有一些有名的同僚看来,有必要复兴古代的制度与实践,而要使复兴计划可行,只能通过对于最古老文本的准确读解。因此,当扬雄谈到一位远古的圣人周公时,他描述了周公摄政的英明,并且更多把他描述为一位作者和富有影响的典范,借由作品而获得了成功的人生,这样的形象与汉朝其他更多传统文臣们所描绘的明

---

① 作为"好古"的革新者之一,扬雄批评了王朝博士们的专业知识,他们本该是传世经典的官方守护人,也应该传承依附于经典著作的深厚文本传统、文本诠释和注疏。请看第 352 页注释①。
② 《淮南子》卷十九《修务训》,《淮南鸿烈集解》,中华书局,1992,第 242,244 页。
③ 蒲慕州在一篇题为《先秦两汉的尊古思维与政治权威》的会议论文(香港中文大学,2010 年 5 月 5—7 日)中,对于汉朝的"尊古"作了睿智的阐述。

显不同。①

  扬雄不满于其他经学家在对待过去传统、评价早期文本和推崇典范人物方面的粗疏,他与刘向刘歆父子一起成为"好古"和"复古"的主要倡导者,②但这并不意味着扬雄与刘向父子总是保持一致,有时候,他们也会意见不合。③ 鉴于孔子是一位"寓褒贬"的历史学家,扬雄也自称是一位不畏权势的历史学家,出于对古代圣人的景仰,他曾提出用先秦铭文来校对儒家经典文本(见下),作为恢复与孔子相关的王朝支持的传统的倡议运动的一部分。显然,"好古运动"之所以卓有成效,部分的原因是财力匮乏的汉帝被迫要以新的方式来巩固其统治的合法性,与想象中的辉煌的古代建立联系,所付出的代价远比大型的公共或宫廷表演,或发动战争要小得多。无论如何,在扬雄的时代,权威们的论争

---

① 如《法言·问道卷第四》(4/24)。好几个扬雄以前的时代被认为是值得借鉴的典范,而早期文本几乎不加区别地提及了那些时代和重要的人物,显然是认为没有哪个过去的时代特别值得关注。扬雄强调周公是孔子的榜样。见《法言·学行卷第一》(1/7),《法言·寡见卷第七》(7/8,7/16)。

② 萧望之和匡衡是两个凭优雅的写作风格而受到称赞的早期人物,显然,和两位预言大师焦延寿和京房一样,他们为"好古"运动铺平了道路,见刘儒林(1935),第 2 册,第 55 页。

③ 刘歆和刘向对于《春秋》的两个传统的高下各执一端,刘向倾向于《谷梁传》,而刘歆则中意《左传》。扬雄似乎在展示其校读《山海经》时曾经对刘歆的"好奇"之风表示了蔑视。见刘儒林(1935),第 2 册,第 109 页。也可见《法言·君子卷第十二》(12/9)中扬雄对司马迁的评价。还有一次冲突发生在刘歆和扬雄之间,记录了他们那些尖酸刻薄的往来"书札"中,可参考康达维的英译(1977)。当谈起一些琐碎小事时,扬雄可能是有点易怒的。有时候,使扬雄痛苦的是,汉王朝只是把他视为受雇的俳优,而不是道德和学问的大师。见《法言·吾子卷第二》(2/1,2/2)。扬雄的抱怨并没有没有道理,因为作为一名中层文官,他被委派到乐府,负责管理和登记千名身怀奇技的演员、杂耍艺人、百戏技师和乐师。见《全后汉书》卷十三有关桓谭语(5a—b)。《汉书·扬雄传》云:"凡人贱近而贵远,亲见扬子云禄位容貌不能动人,故轻其书。"(卷八十七,3585 页)扬雄又云:"老聃有遗言,贵知我者希。此非其操与?"(3579 页)关于刘向与刘歆的往来书札,请见第 342 页注释③。

时常引用先秦文献的典故,这已经是司空见惯的了。① 同时,扬雄竭力挑战他所擅长的文学体裁至高无上的地位,认为"赋"与其他更能启迪人心的作品相比,只是一种"雕虫小技",尽管自汉武帝时代起"赋"作为风行宫廷的文学已经有至少一个世纪了。② 在他看来,即使是最好的"赋",也无法与古代的儒家经典、诸子著作和新经典作品相提并论。③

扬雄毫不犹豫地斥责汉代宫廷文人放弃了圣贤典范,而偏爱那些与传说中的暴君桀、纣和秦始皇相关的方法与制度。的确,扬雄的同时代人会发现,他的作品中对于汉成帝及其亲信之臣们的讽谏最有可能让读者觉得苛刻得无法忍受。比如,在《法言》中有一个听起来有点天真的发问,是否侍臣陪君子下棋是不明智的。这一典故据说指的是汉宣帝(前74—前48在位)不问国事,他故意歪曲孔子的话来为自己博弈的弱点辩解。④ 扬雄的同行中很少有人会错过这一典故。

扬雄的人生经历和他作品中的讽谏内容,反映了他热切希望以更忠实于孔子的方式来"侍君子"。首先,扬雄作为一位历史学家,长期埋头于编年史的编写(他所编写的史书现已无存,但显然内容被纳入了班固的《汉书》中)。同时,他的《法言》中,"褒贬"历史人物的内容不少于四卷,或者三分之一。如孔子一样,扬雄通

---

① 见《文心雕龙》卷八《比兴》第1节。也可参见王启才《汉代奏议的文学意蕴与文化精神》,北京:人民出版社,2009。
② 刘歆曾说过,"不歌而诵谓之赋,登高能赋可以为大夫",但他也批评作赋者"没其风谕之义"。众所周知,扬雄在他的几部作品中对于"赋"的道德合法性提出了严肃的挑战。见《汉书·艺文志》(卷三十,第1755—1756页)。
③ 见《法言·问明卷第六》(6/22)。
④ 比较《法言·寡见卷第七》(7/10)和《汉书·王褒传》卷六十四下(2829页)。

过这些著述论证了历史对于当代的深刻意义。① 因此,扬雄被后世的史学家[包括刘知几(661—721)在内]认为是"史官中的史官"。② 其次,扬雄花了近三十年时间收集了许多先秦文本和过时的地区方言,希望它们能应用到文本研究的方法中,为古代的经典注入新的生命,成为研究历史的更可靠的指南。

对于那些当权者来说,汉代及其以前认识论的主要命题不是"知道事实",而是"知人":知道如何评价官吏及其候选者的品行和过去的行为。因此,志向远大者从历史中寻求可以利用的经历和地位。历史学家通过对历史上和当代典范人物的评说,来构建王朝面对的有争议的话题。③ 权威的作家(如扬雄),把圣贤时代与自己的时代作了对比,提供了许多合理的解释。④ 对于历史人物与事件作出公正的判断,可以使一位作者从他的同时代人中脱颖而出,因为有一个普遍的说法,即只有最睿智者和圣贤才能理解如何正确评价一个人的言行。⑤ "考"(考察)与"老"(老人,古

---

① 《通志》卷五《下中》把扬雄列为汉景帝到汉平帝(前156—5)"本纪"的编撰者之一。见杨海峥《汉唐史记研究论稿》,济南:齐鲁书社,2003,尤其是第21—31页。与之相对照,《论衡·须颂》提到,"杨子云录宣帝以至哀、平",这个可能性更大。
② 关于刘知几对于扬雄的评论,可以参见任乃强注《华阳国志》卷十上(巴蜀书社,1984),第543页,注3。
③ 见《史通》卷五,浦起龙,《史通通释》,台北:艺文出版社,1974,第106—107页。
④ 见戴麟对扬雄的《解嘲》的精彩分析,Declercq(1998)。《汉书·扬雄传》强调扬雄以古讽今。(卷八十七上,3566—3573页)
⑤ 这是《尚书·皋陶谟》中的论点,该篇是汉代及以后最经常被引用的《尚书》中的篇章。我在下面这篇论文中对此作了阐述,见 Michael Nylan, "Textual Authority in pre-Han and Han," *Early China* 25(2001), 149。

老)二字互为转注,它们的古义在扬雄那里得以保存下来。①

扬雄:与古人交谈的历史学家

本着自己强烈的历史化的冲动,也受到同时代人对于远古日益浓厚的兴趣的影响,扬雄试图使自己成为像孔子那样"寓褒贬"的历史学家。例如,基于扬雄自传的《汉书·扬雄传》叙述了他撰写《法言》的背景。"故人时有问雄者,常用法应之,撰以为十三卷,象《论语》,号曰《法言》。"②虽然今天没人会把扬雄列入善于"寓褒贬"的一长串史学家名单中,唐代史学家刘知几把自己的《史通》与扬雄的史学著作(包括《太玄》和《法言》)相提并论,这就是他对扬雄的最高评价。③ 与扬雄的时代更接近的王充(27—97)证实了扬雄所撰自汉宣帝到汉平帝编年史的存在。扬雄认

---

① "考""老"之间的联系,出现在《说文解字》卷八上(《四库全书》电子版,8a/23a),这部字书的出现距离扬雄时代已有整整一个世纪之久。它们也出现在像《太平御览》(卷三八三,1a)这样的类书中。两个字的联系也被学者们接受,出现在包括《史记》《礼记》《晋书》在内的许多文本的注疏中,正如检索电子版的《四库全书》所显示的结果。后来的文本似乎把它们视为假借字,如《史记》卷六十三(2139页,注1)和唐代韦绚的《墨薮》(《四库全书》电子版,1/1a)。密歇根大学的白一平(William Baxter)在与我的一次私人交流(2010年9月)中提到,季旭昇的《甲骨文字根研究》(台北:文史哲出版社,2003)认为两个汉字在甲骨文和早期青铜器铭文中是有分别的,它们都与"孝"字不相关,这与人们通常的看法不同。在扬雄时代以前的文本中,祖先被称为"考"(如考父),这是无疑的,但我们无法证明那个时代"考"与"老"的联系已经存在。正如我所知道的,早期出土文献也看不到这样的联系。

② 见《汉书》卷八十七下(3580页)。康达维英译的《汉书·扬雄传》用的是第一人称,而不是第三人称,假定是引用了扬雄的自述。见 Knechtges(1982),p. 157。

③ 见《史通》卷十(264—266页),刘知几从四个方面把自己的著述与扬雄的作了比较。还有卷十二(306页),指责刘歆与扬雄"褒美伪新",粉饰王莽政权,蒙蔽后人。也可参见任乃强在《华阳国志》卷十的相关注(543页,注3)。我必须提一下,罗逸东(Beatrice L'Haridon)是为数不多的强调扬雄史学家角色的学者之一。可参考他的博士论文:Beatrice L'Haridon, "La recherche du modele dans les dialogues du Fayan de Yang Xiong(53 av. J.-C. -18 apr. J.-C.):Ecriture, ethique, et reflexion historique a la fin des Han occidentaux," 2 vols. PhD dissertation(University of Paris, 2006)。

为,后来的王朝会从他所转述的西汉王朝晚期的荒唐行为中受益,只要他在代表作中表现了与司马迁同等的勇气。① 我们知道,东汉班氏家族在编撰《汉书》时曾经见过这些编年史(现在已佚)。②《汉书》有数篇都对扬雄有明确的评价,特别是在《扬雄传》的篇末,"自雄之没至今四十余年,其《法言》大行,而《玄》终不显,然篇籍具存"。③ 在描述他们时代的历史人物时,班彪把司马迁和扬雄比作"河、汉",黄河和汉水,两条有着众多支流的大河。④

汉代以后司马迁和扬雄的名字总是联系在一起,几乎可以肯定的是,这在很大程度上归功于扬雄对于司马迁著作的推崇,扬雄把《史记》视为古代历史的"实录"。⑤ 扬雄在《法言》和其他作品中对司马迁的言简意赅的历史评价与司马迁《史记》中的长篇大论形成了鲜明对比。扬雄认为,司马迁对于典范人物(无论善恶)中的道德可疑者赋予了太多同情。扬雄对许多历史人物则给予了极简的评价,有时候仅仅一到两个字,很多时候他推翻了《史

---

① 见《论衡》卷六十《须颂》,刘盼遂,《论衡校释》,中华书局,1990,第 263 页。当然,王充对扬雄的重视超过了孔子或孟子,尊称他为"扬子"。
② 《后汉书》卷四十上《班彪列传第三十上》提到班彪留意史籍,"好事者颇或缀集时事,然多鄙俗,不足以踵继其书"。(1324 页)唐代李贤注曰:"好事者谓扬雄、刘歆、阳城衡、褚少孙、史孝山之徒也。"
③ 可以列举的例子有:《法言·渊骞卷第十一》(11/19)和《汉书》卷七十六(3239 页);《汉书》卷七十二(3057 页)引用《法言·五百卷第八》(8/25)和《法言·问明卷第六》(6/19);《汉书》卷七十四(3144 页)和《法言·重黎卷第十》(10/27)。在此,我参考了罗逸东的博士论文,见 L'Haridon(2006), v. 1, pp. 209 - 230。
④ 见《论衡·案书》,黄晖,《论衡校释》,北京,中华书局,1990,第 361 页。
⑤ "实录"之语,见《法言·重黎卷第十》(10/30)。可参见杨海峥(2003)的第 21—31 页。还有克罗尔的一篇论文,见 Nylan & Vankeerberghen(2015), pp. 411 - 40。

记》中的定论。① 对扬雄的历史评价体现在后来的班固《汉书》的"纪""传"中，或者公元五世纪的《世说新语》中。但更重要的是，他的直率，甚至有点尖刻的评论，表现了扬雄对于稳健的政策、定期的土地分配计划和对农户实施轻徭薄赋的坚定支持。

  扬雄成熟的作品反映了他对美和严谨的风格的追求，他倾向于对历史事件审慎叙述，他唯恐自己的追随者被脱离人类现实的"空言"所误导。② 与其他的写作一样，扬雄撰史的动机似乎很复杂。多年来，他的仰慕者深感遗憾的是，许多他的史论和典故都亡佚了。显然，扬雄的写作是对古人的有意模仿，例如他的严肃语言学著作。③ 在扬雄笔下，秦始皇被塑造成另一个汉武帝，这样的写作极大地改变了以前人们对这两位具有传奇色彩的统治者的评价，为后来人们看待中央集权进程中的秦与西汉统治者奠定了基调。④ 扬雄以同等的努力，提出了明确无误的制度改革计划，呼应孟子所设想的仁爱之政。⑤ 为了支持这样的改革，扬雄的"模古"旨在吸引那些具有必要的文化素养的权贵富豪，以便他

---

① 无论如何，扬雄表达了对于司马迁"爱奇"的轻视。见《汉书》卷八十（3324页）："太史公书有战国纵横权谲之谋，汉兴之初谋臣奇策。"而《法言·重黎卷第十》（10/30）把司马迁的《史记》与《周官》和《左传》相提并论，扬雄因司马迁对儒家经典漫 不经心的态度而感到失望。

② 见《史记》卷一百三十司马迁转述董仲舒之言中又引孔子曰："我欲载之空言，不如见之于行事之深切著明也。"（3297页）

③ 在《盐铁论》卷五《相刺》篇中，"怀古"两个字第一次与失败的愿望联系在一起，"怀古道而不能行"。（指的是孔子和墨子，见第9节）

④ 关于西汉晚期对于秦始皇的形象塑造，请参见我的一篇论文："Han Views of the Qin Legacy and the Late Western Han 'Classical Turn,'" *Bulletin of the Museum of Far Eastern Antiquities* 79 (2018): 51-98。汉武帝时候的谏臣，如汲黯，曾批评汉武帝作《太一之歌》，不是为了纪念祖先，或者道德劝说，而是因为获得了神马。还有汉武帝时候的音乐家李延年，让70位歌者和舞者参加郊祀大典。扬雄认为，这些都是不合于礼的。

⑤ 见《法言·先知卷第九》（9/25）关于赋税的记载："什一，天下之中正也。多则桀，寡则貊。"

们可以重构自我和社会。① 他对于古典学问的贡献使东汉和汉代以后对于儒家著作和准经典的讨论显得有据可依。由于扬雄的影响,在他死后的一个世纪中,形成了一个确定的传统,要求一个人用古代的光辉典范来衡量自己和他人,尤其是在判断一系列著述时。大体通过这样的今昔对比,一个明智的人既可以"见己"(了解自己),又可以"自见"(为世人所知)。②

作为语言学家的扬雄:玩味古文字

扬雄进入宫廷的时候,经学是文人入仕的资格之一,即使家庭背景和关系在官员铨选时发挥着更大的作用。③ 各种论辩文、官方通告和上奏之章,都会引用经典。不过,在扬雄的时代以前,罪臣的判状和解兆书中也常会提及经典。④ 有几位解释凶兆的专家甚至利用神圣的解兆传统来预言王朝即将灭亡。⑤ 扬雄鄙视那些维护刑罚系统的末吏,并建议其追随者直面王朝的现状,而不是通过占星来确定未来要发生的事。⑥ 幸运的是,对扬雄来

---

① 这是杨治宜博士论文的一个观点,见 Yang Zhiyi, "Dialectics of Spontaneity: Art, Nature, and Persona in the Life and Works of Su Shi(1037 – 1101)," PhD dissertation(Princeton University, 2012)。
② 见《史记·孔子世家》引孔子语:"吾何以自见于后世哉?"(卷四十七,1943 页)宇文所安提到这一主题出现在后世作者(包括曹丕)的作品中,见 Owen(1992), p. 59。这可以与《老子》第二十二章中的"圣人执一,以为天下牧。不自是故彰,不自见故明,不自伐故功……夫唯不争,故莫能与之争"相对照。
③ 根据《墨子》卷十二《贵义》中记载的传说,"周公旦朝读书百篇"。[《墨子引得》(83/47/33)]据说秦始皇也有相似的日常,尽管学者推测他只阅览行政文书。请注意,古汉语中的"百"常常指"许多"。
④ 早在公元前 18 年,一位经学家翟方进因查办营建昌陵的数千名贪赃之贵族子弟而扬名,并被拔擢为京兆尹。见刘儒林(1935),第 2 册,第 74 页。
⑤ 甘忠可就是一位解兆者,加里·阿巴克尔(Gary Arbuckle)在他的下列论文中提到了他, Gary Arbuckle, "Inevitable Treason: Dong Zhongshu's Theory of Historical Cycles and Early Attempts to Invalidate the Han Mandate," *Journal of the American Oriental Society* 115. 4(1995):585 – 97。
⑥ 见《法言·五百卷第八》(8/13, 8/14)。

说,"学"字除了表示"学习治理"或"学习专门技能"(如剑术、游戏或占卜),仍然保留了"效仿"的古义。① "学"的概念引申到认真向大师或典范学习,②而不仅仅是"研习"文本,甚至经典。表示学习意义的"教"和表示效仿意义的"效"也是互为通假字的。③

尽管扬雄是最杰出的王朝经学大师之一,如果不是多次发现和释读先秦青铜器铭文,汉代学者(特别是研究古代礼乐的)就无法了解远古史,无法了解扬雄与他的同时代人是如何能说服其当代人有必要开展一场"好古"运动的。(图6.4)

《汉书》中提到了在汉朝都城附近的新发现:"是时,美阳得鼎,献之。下有司议,多以为宜荐见宗庙,如元鼎时故事。"当时的京兆尹张敞,好古文字,也是少数熟悉《仓颉篇》的专家之一,《仓颉篇》是先秦字书。④ 张敞试图解读鼎铭,并认为其内容与周王朝的建立有关,记载了一件值得纪念的事,估计它就发生在汉朝都城长安附近。然后他为君臣们概述了鼎铭的内容:"周王命令主事之臣在枸邑(临近周王朝的都城酆)建都,并赐予他印有鸾鸟的旗帜、绣有戈矛花纹的礼服。主事之臣行礼致意道:'谨受天

---

① 在汉代,读书和舞剑仍然是时尚。历史学家相信,当时并不存在后来的轻武现象,那是公元755年安禄山叛乱而导致的。扬雄的学生桓谭最初想学师从他与另一位剑术大师。(见《意林》卷三《新论十七卷》:"扬子云工于赋,王君大习兵器。余欲从二子学。")桓谭并不是唯一一个对于读书和剑术同时感兴趣的人,据说荆轲和司马相如也是同样如此。(见《史记》86/325;57/2529)淮南王刘安喜欢读书和弹琴,相比之下,他对于打猎和其他更传统的贵族时尚并不感兴趣。
② 见《左传·襄公三十一年》:"子皮曰:'吾爱之,不吾叛也。使夫往而学焉,夫亦愈知治矣'。"另,《后汉书》卷六十七提到了檀敷在山东"立精舍教授,远方至者常数百人"。(67/2215)请注意,"精舍",既指私立学舍,也可以指静修室,正如"弟子"可以指"门徒"或"学生",或"门生"和"随从"。
③ "教"和"效"在现代汉语中是同源字。
④ 美阳之鼎的记载见《汉书》(25b/1251),颜师古注曰:"美阳,扶风之县也。"《汉书·艺文志》言《苍颉多古字》(这里的"古字"基本上确指"先秦"文字)。这段话中也提到扬雄在增续训纂古文字方面的成就。(见《汉书》30/1721)

第六章 扬雄："诗人之赋丽以则"

图 6.4 2011 年江西墎墩山发现的一个西汉晚期墓（海昏侯墓）中出土的西周时期的青铜提梁卣。海昏侯的考古报告首次发表于 2016 年。青铜提梁卣高约 360 厘米—390 厘米，口径约 120 厘米—390 厘米。可参见江西省文物考古研究所、首都博物馆编《五色炫曜：南昌汉代海昏侯国考古集成》(南昌：江西人民出版社，2016)，第 63 页。

2011 年出土的西周青铜器，见于 2016 年的考古报告。墓主海昏侯刘贺曾在公元前 74 年被拥立为帝，仅即位 27 天，公元 59 年病亡，被葬于远离都城的封地（即今江西省境内）。这一青铜器包含在海昏侯墓丰厚的随葬品中，表明了当时对于古董的兴趣方兴未艾，至少在汉宣帝时代（公元前 74—59 年）已出现了一些鉴藏家，这一风气延续到汉元帝时代（公元前 49—33 年），直到汉成帝时代（公元前 33—7 年）"好古"运动的兴盛。

子嘉令。'"（"王命尸臣：'官此栒邑，赐尔旗鸾黼黻雕戈'。尸臣拜手稽首曰：'敢对扬天子丕显休命。'"）

张敞猜想，此鼎的铭文记载了周王褒赐主事之臣的内容，后者的子孙刻上铭文来颂扬其祖先的功业，看起来该鼎原来应是藏在他们的家庙中的。① 尽管张敞的谨慎之辞显示了他顺从汉帝

---

① 《汉书》卷二十五下《郊祀志第五下》："此鼎殆周之所以褒赐大臣，大臣子孙刻铭其先功，藏之于宫庙也。"(25b/1251)

387

的决心,但他的沮丧也是显而易见的。显然,他觉得最好是为自己对于古文字的理解不足而表示歉意,因为他在当时是公认的研究先秦文献的专家。

诸如此类的事件证明了深谙隶书的博学之士在解读近两个世纪前使用的大篆、小篆时所遇到的巨大困难,尤其是当新的解读可能引发政治敏感性的时候。在公元前 221 年秦统一天下后(两汉更盛行的)的公文书中,一种更简便的隶书替代了复杂的篆文,成为二十世纪中期"繁体字"转化为"简体字"的大规模运动以前中国历史上阅读与书写的一次最大的突破。① 然而,在扬雄的有生之年,古代文物不断被发现,包括成帝时出土的引人注目的 16 枚古磬,被认为是上天垂示的吉兆。② 由于先秦青铜器铭文一般被认为是上天给君王的预兆,③而扬雄被认为是一位十分令人尊敬的解兆权威,他与其他宫廷文人一定都很关心通过解读先秦文字来了解古老的过去的可能性。④ 显然,作为被汉成帝亲选的新的宫廷图书馆藏书的筹划者之一,扬雄也曾受命上奏一次由先

---

① 关于"最悠久的持续文明"的民族主义的话语主要基于一个错误的假设,即中国的文字(及其所代表的语言)自古以来"基本上"保持不变。
② 《全后周文》卷六《遗表》中有"汉成帝获古磬十六"之句。(6/4b)《全后魏文》卷二十一《上表乞定乐舞名》中亦提到:"汉成帝时,犍为郡于水滨得古磬十六枚献呈,汉以为瑞,复依《礼图》编悬十六。"(21/2s—2b)人们也不应该忘记汉成帝时,张霸所献的 102 篇《尚书》,被当时宫廷的图书馆员鉴定为伪造。(见《汉书》88/3607)这使我们联想到一些重大的"发现"实际上是伪造的。
③ 读者会联想到,在上文提到过扬雄曾被认为是解兆的专家。见第 344 页注释②。
④ 如《法言·吾子卷第二》对《苍颉篇》的评价(2/11)。其他早期文献,如《华阳国志》,认为扬雄专注于《尔雅》(见下文)。(《华阳国志》,10/533)

第六章 扬雄:"诗人之赋丽以则"

秦文献而引发的宫廷集会的结果,①他对于这样的发现几乎无法不作出回应。另外,扬雄还曾从几位"蜀"地大师处学习如何读解"奇字",那是在秦统一天下以前的稀见字。②

其结果是:扬雄与几位最博学的同行(包括他的导师刘向和对手刘歆)着手设计"最可靠、最直接和最好的方法"来解读古典文本,从而确定远古时代传承下来的知识。他们意在充分利用自己对于先秦作品的知识,③以及可以进入藏有先秦文本的宫廷图书馆的特权,④来推动一项新的工作:校雠学。(请注意,他们都专注于理解古老文字。只有刘歆迷恋现在被称为"古文"或"古文经学"的某些部分。)⑤作为一位公认的、沉浸于语言学的经典大师,扬雄花费了27年时间编写了《方言》,相信它是解读"五经"的

---

① 瑞典学者王罗杰(Roger Greatrex)注意到,扬雄所撰《仓颉训纂》是公元五年由王莽在未央宫召集的一次宫廷会议的产物。根据许慎《说文》的序,参加这次集会的文人超过百名。据说,扬雄删去了《仓颉篇》中重复的字,增加了34章,所以《仓颉训纂》共有89章,收录5,340个汉字。(此书现已无存)见 Greatrex(1994)。在蒲芳莎看来,很明显,扬雄此书是受到汉朝以前的文字向隶书转变的影响而作的,主要讨论汉字的发音和结构。见 Francoise Bottero, "Les manuels de caracteres a l'epoque des Han Occidentaux," in Education et Instruction en Chine, vol. 1, *L'éducation élémentaire*, eds. Christine Nguyen Tri and Catherine Despeux(Paris: Editions Peeters, 2003), pp. 99 - 120。看起来,《说文》提到的是《仓颉》的修订本,而不是原本。一个汉代发现的《仓颉》文本显示,它用了七字句,而不是四字句。见:张存良、吴荭,《水泉子汉简初识》,《文物》,2009年第10期,第88—91页。张世超,《七言诗的起源及相关问题今论》,《山西大学学报》(哲学社会科学版),2009年10月,第32期,第35—42页。
② 见第375页注释②。《法言·问明卷第六》(6/19)和《法言·渊骞卷第十一》(11/23)谈到这些大师们。关于扬雄与杜林作为读解"古"文字的主要人物,可见《汉书·艺文志》(30/1721)。同一段落谈到扬雄学过《史籀篇》(和《仓颉篇》一样,也是一部字书),据说此书收录了"许多古字",想必是篆书。
③ 见《法言·学行卷第一》(1/22)。
④ 见《法言·问道卷第四》(4/12)。
⑤ 这一重要的区别一直被研究早期中国的历史学家们回避。见苏古柏(Gopal Sukhu)的论文:Gopal Sukhu, "Yao, Shun, and Prefiguration: The Origins and Ideology of the Han Imperial Genealogy," *Early China* 30(2005): 91 - 153。

基础,也有助于去除被前代粗心学者附录于"五经"的多余文字(见下文)。①

"好古"的改革家们提出了至少四个建设性的方案,来对待不同文本的异文,因为异文常常产生歧义。刘歆要求朝廷坚持让太常博士们重视那些以早期字体书写的作品。②汉成帝与太常博士们的反应正如所预料的那样充满敌意,因为要支持一套新的文本,将意味着放弃两个世纪以来由博士们掌控的官学。显而易见,"好古"运动为王朝的主导性学习文化提供了一种可以替代的方法,也代表了一种对其含蓄的挑战。③刘向在人生的最后几年着手进行改变文字的编订,虽然我们不知道他在决定删去篇章(偶尔也删去全本)的时候所依据的是什么诠释学原理(甚至是政治考量)。④他还提倡一种特定的阅读方法和对金石文献的关注。

扬雄一直反复要求他的追随者们遵循一系列可以形成共同

---

① 我对于扬雄"好古"的评价,主要依据一个来之不易的见解,它实际上需要我们扩展对于"小学"和"奇文",这两个汉代经学基本术语的标准定义。我在关于扬雄研究的专著中对于这些术语的演变作了较为详细的解释,见 Nylan(2011)。
② 刘歆有名的《让太常博士书》见于《汉书》36/1967—1971)。也可见第 342 页注释③。蒲芳莎的论文(2003)表明了司马相如的《凡将篇》是第一部只以"古文"书写的早期文本。
③ 标准的历史叙事把汉武帝的统治视为经学运动的滥觞。可能扬雄成为宫廷文人是因为他是严君平的学生,也可能是因为他出色的作赋文才。这两种可能性并不互相排斥。见《汉书》(72/3056)。这似乎有助于了解汉成帝朝严君平授学的影响。而且,一位王氏家族成员(扬雄以前的恩主)也是严君平故交的早期赞助者。
④ 在扬雄死后数世纪的东汉末年,郑玄(127—200)曾试图通过对照、比较"五经"文本中的异文和对各个学派的注去粗取精以"正五经"。他勉强把儒家经典(尤其是与礼相关的《仪礼》《周礼》和《礼记》)置于一个统一的框架中,希望制造一个统一的道德体系。这也是德国学者瓦格纳的看法,见 Wagner(2000), p. 42。在我看来,关于郑玄研究最权威的著作是杨天宇的《郑玄三礼注研究》(中国社会科学出版社,2008)。

价值的阅读实践。① 他说,关键是要花更多时间阅读"五经"和新古典作品,得其精髓,直到可以从中获得特别之乐。扬雄夸耀说,几乎没有一本书是他不曾读过的,②博览群书对于那些要整理先秦作品的学者来说是必须的,因为那些作品在被反复传抄的过程中,留下了无数错字、窜改和疏漏之处。③ 因此,扬雄理想的读者要精通数"艺"(即儒家经典),也熟读《尔雅》(一部同义词词典,至少部分是古文字)。④ 只有当读者从多样的早期书写传统中作出严谨的选择时,才不枉费渊博的学识。

首先,对于扬雄来说,选择性意味着把"五经"提升到先秦文献的首要地位。出于这个原因,扬雄的《法言》可能是对各种被他的当代人(包括他的弟子)认为是"经典"作品的评价。这些文献包括《老子》《庄子》《吕氏春秋》《淮南子》《史记》《黄帝终始》和屈原的楚辞,也包括一些军事类著作,如《孙子兵法》《剑客论》和《司马兵法》等。有些被冠以经典之名的文本,扬雄则因为它们的主题过于琐碎,或太过冗长,或不够庄重而予以否定。⑤ 他也因为某些作者的性格缺陷而舍弃了他们的作品(在扬雄看来,文如其人),如屈原的诗。扬雄还蔑视其他一些候选的经典作品,因为它

---

① 在《汉书·扬雄传》中,扬雄自言,当"哀帝时丁、傅、董贤用事……时雄方草太玄,有以自守"。(见《汉书》87b/3565)成帝时,扬雄也曾"告假",并得到允许可以暂时离开宫廷的职位。在他死后,东汉皇帝肯定了有关"恢复"文本合法性的某些主张,虽然写本文化中的各类书稿(与印本一样)都可能强化或颠覆地方性。推动人们接受"古文",并不是提升地方性诠释传统的方法,因为远古并不像扬雄时代的学者们所知道的那样四分五裂,而是更为密切相关。
② 《汉书·扬雄传》说他"博览,无所不见"。(《汉书》87a/3514)
③ 见《颜氏家训》(30/305)。
④ 见《法言·吾子卷第二》(2/9)、《法言·问神卷第五》(5/11、5/17、5/21、5/27 节)。关于引文,见《汉官六仪》(4—3)引《汉官旧仪》(3—3)关于理想的博士的叙述。由于《尔雅》是汉代文本(如果这个说法可靠的话),它一定包含了先秦文字。
⑤ 《法言》中的许多段落严厉批评了这些作者。见《法言·修身卷第三》(3/20)、《法言·问道卷第四》(4/6、4/25)等。

们提倡反社会或自我毁灭的行为。在扬雄看来，许多他拒绝给予经典地位的书要么不能像"五经"那样有教化作用，要么缺乏相对可靠和准确的对事物的描述。正如扬雄在总结被他降格以待的各种作品时所说的："见诸子各以其知舛驰，大氐诋訾圣人，即为怪迂，析辩诡辞，以挠世事。"①扬雄与其他"好古"者立誓要实现的目标，是恢复"五经"的显著地位，实际上就是要首次把"五经"的地位提升到远高于其他经典的地位。②

与刘歆的抱怨相呼应，扬雄认为，那些太常博士们就像"文吏"：为了推广其错误的经解，而不惜一切代价捍卫残缺不全的"五经"读本。他说，从秦朝开始，博士们只是死守自家理论（"家言是守"），却忽略了祭祀礼仪（"俎豆不陈"）。③ 因此他把最犀利的进攻对准了那些没有思想的朝廷官员，他们认为博士是那个时代最博学之士。④ 在扬雄的时代，博士们一般是因为熟悉一家之"说"，而不是因为精通某一"经"而得到任命。在"好古"的革新者眼里，精通学"说"直接影响到官职升迁，这会弱化"经典"文本的教化作用，并影响古代作者与读者之间的活跃的交流。⑤ 但是要

---

① 见《汉书·扬雄传》（87b/3580）。
② 可以参见我的论文，Nylan(2008c)。我在这篇论文中，把许多经典作品与"五经"相比，强调它们在汉代的长期重要性。
③ 见《博士箴》，林贞爱，《扬雄集校注》，成都：四川大学出版社，2001，第305—308页。
④ 见《汉书》卷三十六（36/1970—1971）。刘歆认为，只有贾谊（前200—前168年）可以称得上"儒"。（《汉书》30/1969)文吏所有的特权是最低的。他的指责在朝廷上引起了敌意，以至于他担心自己会被处以极刑，除非他想方设法离开朝廷一段时间。见《汉书》36/1972、Knechtges(1977)，312以及鲁惟一论刘向与刘歆的论文(2015)。关于博士们以传承文本作为一种私人营生的"家法"，见李卿《秦魏晋南北朝时期家族宗族关系研究》，上海：上海人民出版社，2003，第235—237页。
⑤ 当然，每种"说"都有自己的文本历史，但是一般来说，与"五经"相比，每种"说"的单独历史还鲜为人知。刘歆威吓那些博士们，但他没有明确指出对他们的指责是什么。根据刘歆的《移书让太常博士》，他认为他们"违明诏，失圣意，以陷于文吏之议"。

第六章　扬雄："诗人之赋丽以则"

在文本和相关的传统之间作出更严格的区分，最好能得到王朝的支持，这对于防止"经"被逐渐淹没于杂"说"之中是十分必要的。可悲的是，在扬雄看来，许多有影响的"说"是没有确实依据的，只是道听途说，或是对古代文字的误解。

因此，扬雄质疑这样的普遍看法，即把所有的伪经典、准经典及各种不同的"说"尽入"罢中"，就能揭示"五经"要义。毕竟，这种不加辨别的编纂并没有使表述或者意图更为清晰。但是扬雄认为有必要敦促人们更加注重选择要记诵和抄写的文本，同时，他也认为在神圣的古代，人们接受经典并不需要借由繁琐的注疏。① 举一个恰当的例子：孔子本人吸收了经典的文本和要义，但他述而不作。② 扬雄开玩笑说，如果像"孔子"这样的古代最伟大的典范人物在汉朝重生的话，他们要么无法通过"甲科"考试，要么被列入"候补"之列（如果他们有幸不被视为无能之辈而被斥退的话）。③

扬雄一定曾是一位出色的战略家，因为他的写作制造或者传播了"五经"一词［如果福井重雅（Fukui Shigemasa）的研究是可

---

① 对此，扬雄与刘歆的看法是一致的。关于刘歆，可以参考《汉书·艺文志》(30/1723)。《法言》的成书也花费了三年时间。自从公元前 48 年以来，"好古"派开始得势，但在公元前 28 年爆发了一次最强烈的对抗，当东平王上书求诸子和司马迁之书时，遭到了大将军王凤的坚决反对。王凤认为，不是所有的诸子之书都是圣贤之书，有些主题（如神明等）都可以忽略，而许多人都喜欢战国谋士们所采用的思维方式。相比之下，经典都是圣贤之作，它们涵盖了一切可能的主题。见刘儒林(1935)，第 2 册，第 54—55 页。
② 见沈康翻译的《说文解字序》(1966,ii)。众所周知，成书于孔子之后的《春秋》，如果不了解其传统，就很难理解它。同时，有些传说认定孔子被视为《周易》注疏《十翼》的作者/编撰者之一。扬雄可能认为《十翼》是后世对于一部早期著作的解释。
③ 见《汉书》87b/3570。关于"甲科"，见《汉书》卷 88/3596。候补者由太常主考。

信的话]。① 一套内容一致的"五经"取代了各种对立之说(注疏)。扬雄认为,"五经"使写作者"善辩",并使它作为文学、想象、政治和道德领域的集大成者而被人熟知。② 扬雄把"五经"比作令人敬畏的高山、可以远眺的高塔、深深的海洋、耀眼的太阳和月亮,也许最动人的比喻,是冬天可以御寒的兽皮。对于扬雄来说,"五经"中真正的"雄辩"是一场耳目的盛宴,尽管它们有着非常务实的功能,让读者熟悉人类与宇宙的所有重要的方面。(他说,如果我们舍弃这些文本,所有言辞的争论将会成为微不足道的事。)③在确立了这一观念后,扬雄坚定地认为,自己的哲学著作值得作为"五经"的补充。④ 对于那些启发他的古人们,扬雄致以崇高的敬意,希望他的注解也许可以最终去除博士们所提倡的错

---

① 见福井重雅:漢代儒教の史的研究:儒教の官學化をめぐる定說の再檢討. 東京:汲古書院,2005。但是,也许扬雄只是推广,而不是发明了"五经"一词,因为"五经"出现在刘歆的一封信中。在公元前46年和36年,这些"好古"者的前辈们(包括匡衡)仍然谈论"六艺",而不是"五经"。见刘儒林(1935),第2册,第25和44页。除了李零,几乎其他所有的学者都认为在郭店竹简《语丛》中出现了"书""礼""乐""春秋"和"易"等字,不仅成功地证实了公元前300年郭店简被埋藏的时候《尚书》的存在,而且也证实了"六艺"的关联体系。见李零的《郭店楚简校读记》(中国人民大学出版社,2007),第213页。和李零一样,我也相信《语丛》中指的可能不是单个的经典著作,而是六类书。李零强调,这六个字词出现在不同的简上(分别是第38、39、44、36、37、40和41号简),可以与《国语·楚语上》关于教导诸侯的计划的段落进行比较。

② 例如,《论语》中的孔子坚持认为,学生或求学者,在完成学习后,应该待价而沽,寻求入仕。见《论语·子罕第九》。也可参见斯蒂文·罗杰·费希尔的 *A History of Reading* (London: Reaktion Books, 2003), p.45。

③ 见《法言·寡见卷第七》第5节:"或问:'五经有辩乎?'曰:'惟五经为辩。'说天者莫辩乎《易》,说事者莫辩乎《书》,说体者莫辩乎《礼》,说志者莫辩乎《诗》,说理者莫辩乎《春秋》。舍斯,辩亦小矣。"正如上文所说明的,在汉代,表示"礼"的常用字是"体"(体现)。

④ 见《法言·吾子卷第二》第10节。《汉书·扬雄传》记载扬雄自比于古代最杰出的名士。见《汉书》卷八十七下,3566—3567页,3570页。《文心雕龙·才略》评价扬雄:"子云属意,辞义最深,观其涯度幽远,搜选诡丽,而竭才以钻思,故能理赡而辞坚矣。"(《文心雕龙》卷十)换句话说,他是一位智者。

误百出的口头传统。①

而另一个"好古"的策略,我们也许可以称之为"金石学的转向",现在看来它不仅对于"好古"运动,而且对于扬雄的个人计划都十分关键。据说,刘向在公元前 7 年去世以前,曾向朝廷建议用《尔雅》校订经典,②毕竟他已经校订了秘府中的许多先秦诸子之作。但是在向汉成帝表达自己想将此付诸实施的急切愿望后,刘向发现他并不愿意支持这样一个可能会颠覆长期以来的诠释传统的计划。③ 然而,早期历史告诉我们,即使没有帝王的支持,对于奇字的兴趣仍方兴未艾,这都是得益于扬雄和他的同辈杜林

---

① 贝吉塔(Brigitta Lee)的博士论文认为,六朝的拟作具有评论和注释作用。见 Lee, Brigitta. "Imitation, Remembrance and the Formation of the Poetic Past in Early Medieval China." PhD dissertation(Princeton University, 2007)。
② 如果刘歆与扬雄的往来书札是可信的(见第 342 页注释③),那应该是最早提到《尔雅》的文本,这部相传为周公所制的作品,在当时获得了很高的地位。另一个把《尔雅》与周公相联系的人是五世纪的训诂学者张揖。(见《皇清经解》,667a/1a—2a。关于《尔雅》的编撰年代,见第 396 页注释④。)扬雄尝试用古汉语字汇工具书来"校经",也许为后来颜之推(531—595)用东汉许慎的《说文解字》(约编撰于公元 100 年)来校读"五经"提供了先例。(见《颜氏家训·书证第十七》,305 页)在颜之推看来,《说文》可能更古老,更权威,因为它收录的所有汉字都以小篆书写,并作了词源学的解释(其中有一些解释现在被认为是错误的)。正如颜之推所言:"先儒尚得改文从意,何况书写流传耶?……安敢以说文校其是非哉?余亦不专以说文为是也,其有援引经传,与今乖者,未之敢从。"据说王安石(1021—1086)也是以自己所编的《字说》来解读经典。王安石通常被刻画为一个野心勃勃的激进派,意图强化传统的训诂方式,把政治和伦理转化为"统一的道德体系"。见闵道安(Achim Mittag)关于宋代《诗经》训诂的论文中的相关论述:Mittag, Achim. "Change in *Shijing* Exegesis: Some Notes on the Rediscovery of the *Odes* in the Song Period." *T'oung Pao* 79.4-5(1993),215。王安石经典注疏残篇的最好汇辑本是程元敏的《三经新义辑考汇评》(华东师范大学出版社,2011)。
③ 刘向曾经是扬雄的支持者和上司,但是刘歆与扬雄之间的关系却是相当地不谐。《华阳国志》提到刘向父子、桓谭及其他人是扬雄的仰慕者,但刘歆和扬雄在不少事情上很少看法一致。(见《华阳国志》卷十上,533 页)比如,王充《论衡》记载了刘歆反对那些"少欲"者,而这正是扬雄取于庄子的。见《论衡·道虚》:"夫恬淡少欲,孰与鸟兽?"(《论衡》13/37/25。)还有《法言·问道卷第四》第 26 节。也可以见刘歆、扬雄往来书札中的讽刺语气。

(卒于公元前33年)的有关著述。①

扬雄作品一个特别的方面据说是包含了"奇字",②扬雄也是因为教人(包括经学大师刘歆之子)"奇字"而闻名一时。③ 显然,扬雄也同意刘向所认为的《尔雅》的开创性意义。他也相信其古老的来源使它成为"校订六艺"的恰当文本。《西京杂记》提到茂陵人郭威请教扬雄《尔雅》的年代和用途。扬雄回答说,它是"孔子门徒游、夏之俦所记,以解释六艺者也……尔雅之出远矣"。④

---

① 详细内容请见蒲芳莎(Françoise Bottéro,2003)。
② 一位南宋字体研究的权威戴侗,也是《六书故》的作者,用这种方式来概括扬雄写作的特点。(见《六书故》卷一:"司马子长扬子云皆好奇字,故其辞赋太玄法言多奇字而适于用,予所不取也。"电子版四库全书6.14)
③ 《前汉记》卷三十《孝平皇帝纪》提到:"歆子棻从雄问奇字。""奇字"只在其他汉代文献中出现过四次,两次出现在《汉书·艺文志》(1721页),还有两次出现在扬雄的自传中。虽然《说文解字》中有5个字被认为是"奇字",但这一复合词并没有出现在该文献中。在宋徐铉校订的《说文解字》后记中,"奇字"出现过一次。该后记似乎引用了《汉书·艺文志》(1721页)。关于这一后记的更多内容,可以参考沈康的译著(1966)和王罗杰的论文(1994)。
④ 见《西京杂记》卷三,96页。请注意,最后一句并没有出现在现在流通的《大戴礼记》中,与《西京杂记》中所提到的不符。根据《论语·先进三》,子游、子夏尤以"文学"(这里"文学"指"研习文字")出名,司马迁谈到《春秋》是完美之作,即使"游、夏之徒不能措一辞"。(《史记》卷四十七,1944页)在汉代,关于《尔雅》的来源流传着几个故事:如三篇(增广)版《尔雅》出自孔子或者子夏或者叔孙通之手。陆德明(556—627)和清代研究《经典释文》的训诂学家们也认为《尔雅》是汉武帝时代的文本,如果不是更早的话。江侠庵在他的《先秦经籍考》(上海商务印书馆,1937,163—164页)中引用了《大戴礼记》的段落,但是《大戴礼记》作为准经典之作,成书于西汉晚期。有人根据《史记》卷二十四中的一段话"通一经之士不能独知其辞,皆集会五经家,相与共讲习读之,乃能通知其意,多尔雅之文"(1177页)错误地认为文士依据《尔雅》成书于汉武帝时代,但是这段话中的"尔雅"并非指书名,而是指当时所作的19首《郊祀歌》的文辞风格("达雅")。周祖谟(1984)毫无疑问证明了《尔雅》应该成书于汉武帝时代以后,即使一些现代学者,尤其是语言学家徐朝华在他的《尔雅今注》一书的简介中反对周祖谟的立场,并引用许多传统,提出更早的成书或编纂年代,如《汉官旧仪》(3.3.1839/17)认为,在汉武帝统治时期,通过经学考试者中获得最高官职的是那些熟悉古文字和《尔雅》的人。他们能够通过"属文"而编撰文本。关于扬雄回答文人和官员的疑难问题的比喻,可参见《汉书》卷八十七下,3580页。

第六章 扬雄:"诗人之赋丽以则"

诚然,《西京杂记》据说成书于西汉,但实际上它最早可以追溯到扬雄死后的公元6世纪,但它提到的西汉王朝出现的《尔雅》却令人兴奋,其成书时间应该不早于武帝时代,或者甚至在武帝之后的数十年后。① 编著于扬雄时代的《大戴礼记》,用同样的热情描述这部词典:"尔雅以观于古,足以辨言矣。传言以象,反舌皆至,可谓简矣!"②

字书长期以来一直是"基础学习"和训诂学训练(二者在古汉语中都被称为"小学")的柱石,而字汇是帮助那些想成为言辞文雅者的主要传授工具。然而,直到扬雄时代,似乎没有人认同孔子采用一本特定的字书(也许是据称用先秦文字写成的《尔雅》原本)来解"六艺"(即"五经"加上失传的《乐经》),尽管这种信仰到东汉时已经成为确定的传统。③ 字书可以勉强帮助学习训诂古籍,只要其引用的文献是有限的。此外,"好古"的改革者们相信某些类型的字书,如《尔雅》,经过艰苦的编撰、补充和谨慎的整合,可以阐释古老的文本问题,恢复解释过程的完整性。当然,有些字书是毫无用处的,只是注明了当代用法的词汇表,但一个用古文字编写、按类别联系把词语分组的、单一类型的词典,可能揭

---

① 此外,现代专家吴小如和吴同宾对于《尔雅》与《方言》强调了三点,它们之间有着明显的联系:二者有着惊人的相似性;《方言》保留了不少古语;现代的《方言》文本绝对不是原本。见《中国文史工具资料举要》,中华书局,1982,82—84页。
② 见《大戴礼记》卷十一《小辨》。关于"反舌",我的英译是"reintroduced in one's speech"(即"大声说出","反舌"的字面意思是"回归母语"),通常作为外国政权或民族的名字而出现。有人会问,是否"反舌"可能是"反古"的误写? 但是这样的话文本语义就会不通。这段话的前面是这样介绍的:"子曰:'辨而不小。夫小辨破言,小言破义,小义破道,道小不通,通道必简。是故,循弦以观于乐,足以辨风矣……'"
③ 这一说法是基于我们现有的文本,它只是那些曾经存在过的文本的一小部分。因此,我有点犹豫。关于东汉时代的《尔雅》文本,可参考《论衡·是应篇第五十二》(52/256/6)。它提到"尔雅之书,五经之训故",一份被凡儒严重忽略了的文献。

示了人类社会和整个宇宙的深层结构。在公元前51年,汉宣帝已经召集了那些据称知道古代文字(包括《仓颉篇》中的古文字)发音的专家,①这在当时的学者中引起了轰动,创造了一个王朝支持此种活动的先例。因此,毫不奇怪地,在年幼的汉平帝与王莽摄政的公元5年,100多位专家齐集未央宫来解释《仓颉篇》中的古字,当时《仓颉篇》已有约5,340个字,这要得益于扬雄对它的增补。②

同时,王莽与他的"好古"同道看到,著名的《尔雅》学者受到特别的传召,到都城任职,并以《尔雅》来解兆。③ 平帝(也许在王莽的教导下)命令扬雄撰写这次石渠会议的奏述。随着时间的流逝,扬雄的语言学研究项目至少产生了三个主要的词典编纂成果:《方言》(英文一般译为 Dialect Words,或者 Correct Words)、④一本字汇表和为《仓颉》所作的《训纂篇》及增续。最后两部作品现在已经亡佚,这几乎是确定的。许慎的《说文解字》是

---

① 可参考《汉书·艺文志》了解更多详情(1721页)。大概这次集会发生在石渠会议之后,因为它是用来"正字"的。这不同于扬雄所讲述的编"奇字"和"古字"的方法。见何莫邪(Christoph Harbsmeier)与蒲芳莎合著的关于《说文解字》的论文 "Shuowen Jiezi (A Comprehensive Chinese Character Dictionary) and the Human Sciences in China." Asia Major 21(2008): 249–71。
② 《汉书·王莽传》描述了王莽及其统治集团通过特殊的邀请(公车)召集研究《尔雅》《史籀篇》、其他儒家经典和准经典作品的专家们来讨论他们的特长,许多人应召而来到首都(卷九十九上,4069页)。《王莽传》的后面一段话中谈到朝臣中有人依《尔雅》为王莽解释预兆。(卷九十九下,4161页)也可见王先谦《汉书补注》(王氏虚受堂刻本,1900,卷九十九,9a—11a)。还有德效骞(Homer H. Dubs)的《前汉记》英译本:The History of the Former Han Dynasty (Baltimore, MD: Waverly Press, 1938–55), v. 3, p. 239。《汉书·艺文志》把《尔雅》与石渠会议讨论的文本归在同一类,这也是十分有意义的。
③ 见第396页注释④。
④ 可联想到《汉书·艺文志》中的《尔雅》注(1718—1719页),《华阳国志》卷十上也把《方言》与《尔雅》相对比,"典莫正于尔雅,故作方言",任乃强注云《尔雅》"近正",而非"近雅"(《华阳国志校补图注》,上海古籍出版社,1984,第53页,注88),因为汉武帝时代"正"是描述文学风格的标准词,甚至自汉至中古时代替代了"雅"。

对扬雄成果的取代(和扩展),因而扬雄的著作就不再被传抄。①引人注目的是,扬雄花了 27 年的时间来编写《方言》,②这一漫长的时间使他花费在另外两部哲学著作上的时间相形见绌。这应该使我们大致了解扬雄从词源学和金石学中艰难获得的"真知"的相对重要性。

由于现代词典编纂者通常对于追溯字源没有多少信心,因此我们应该考虑到扬雄与他的同道者在这样的项目中所花费的漫长时间和巨大努力究竟意义何在。在可能被称为"词源谬证"的影响下,词语的历史远远不只是代表时间流逝中意义变化的客观记录,而是一种把不同价值与历时差异性相联系的成熟的叙事。③ 作为"好古"的革新者之一,扬雄希望他的研究至少可以在

---

① 扬雄用"奇字"撰写了《仓颉训纂》,王罗杰对其意义作了探讨(1994)。谢启昆也说,扬雄"书其意"。(《小学考》,《二十五史补编》,中华书局,1956,第 2 册,第 54 页)正如第 389 页注释①所提到的,汉代的《仓颉篇》最初只是韵文,四字一句,两句一韵,后来扩展为七字一句,这可能是扬雄的改变,但我们不能确定。要了解更多内容,请参考以下论文:张存良与吴苊(2009)、张世超(2009)、孔德明(2010),特别是第 37 页关于扬雄与作为特定方言区的蜀地的讨论。后来,不少于 21 位学者(包括欧阳修)写了对扬雄作品(可能主要是关于《法言》的)音义指南。见严灵峰(1993,第 5 册,第 323 页)。民族志编写与古语词典的编纂紧密相连,也要征询可能保存了早期学问形态的民间传统。(见《汉书》卷三十六载刘歆所言汉成帝时的学术状况,1970 页)关于杜邺(约卒于公元前 2 年)编纂词典和王莽的兴趣,见刘儒林(1935,第 2 册,第 128 和 133 页)。

② 可参见刘歆、扬雄的往来书札。还有王罗杰的论文(1994)。杜志豪(Kenneth Dewoskin)的专著(1982)这样写道:"对于不熟悉词源学传统的读者来说,通过分析词语寻找历史线索似乎有点奇怪。从汉字的结构中解读历史的中国传统学术方法,至少可以追溯到两千年前……汉代学者关于汉字字源的著述,无论按照现代标准是否可以传承下去,它们提供了'进入他们的认识论世界'的一种途径。"应劭的《风俗通义序》特别提到了保存"异代"文字的《方言》原本。李孟传(1140—1223)的《刻方言后序》尤其有趣,因为它把《方言》的编写与扬雄其他研究语言学和先秦字形的著述联系起来:"大抵子云精于小学,且多见先秦古书,故《方言》多识奇字,《太玄》多出奇语,然其用之,亦各有宜。子诸赋多古字,《法言》、《剧秦》所用则无几。"见华学诚《扬雄方言校释汇证》(中华书局,2006)第 4 页。

③ 詹姆斯·戴维森描述了具有可比性的希腊语源学探究的冲动(1997,30—31 页)。

词语被人们滥用、淡忘、曲解和无意的误用以前，恢复语言的原始状态，尽管这是一项很艰难的工作，人们也许会发现伊甸园时代的语言可以拉近符号与表义之间的距离。在"好古"的革新者们看来，用古文字书写的古老文本，只要与最早的圣贤们所设计的原始表意文字更为接近，就能带来更直接和更有效的交流方式。同样，边远地区的语言比多语言的大都市变化更少，它们可以令人信服地用作更古老词义的宝库，为可能的革新者提供指南，以最纯粹和最有力的形式恢复原来的语言。① 显然，扬雄希望他的语言学著作具有《尔雅》那样的功能：他没有列出古雅的文言词汇（对于绝大多数汉代百姓来说，它们几乎是外来语）和《尔雅》中的词汇，而是编写了"绝代语"和"别国方言"，他认为二者也许都保存了《尔雅》以前的语言早期形式。② 扬雄及其同道最终以孔子所采用的方式和前所未有的规模完成了"正名"。③

扬雄的语言学著作是汉代一个更大的民族志编写的一部分，其追问都城以外的地区的当地民间传统是否保留了早期的学习形式。④ 不参与这样的艰苦枯燥的文献整理工作是危险的，因为，除非从经典以外的文本中发现校订经典的标准，否则经典阅读的矛盾将不可避免地随着时间而加剧，使得经典的流传与圣人的思想和意图越来越疏离。如果"五经"读物错乱甚多，那么它们则为君子所不取，"以陷于文吏之议"。⑤ 扬雄及其革新同道者决定把"五经"从那样令人担忧的命运中拯救出来，使人们能与古代

---

① 见第371页注释①关于秦统一后继续使用早期字体的内容。
② 在此我要感谢柯睿在我们的私人通信（2010年8月）中提到了这一敏锐的观察。
③ 刘歆在《与扬雄书》中提到，他听说扬雄"独采集先代绝言异国殊语"。
④ 见《汉书·刘歆传》关于汉成帝朝的论述（卷三十六，1970页）。
⑤ 众所周知，他赞成书中对叛国王子的严厉处罚。

圣贤的心灵更好地相通，圣贤的精神就会昭示。不可否认，扬雄与那些"好古"的革新者一样，对于中国历史的进程有着重要的影响。据历史学家所知道的，东汉开国皇帝光武帝（在位时间公元25—57年）及其后继者汉明帝（在位时间公元57—75年）为了粉饰太平王朝，最早在精心设计的背景下自诩为经典的支持者和文本的捐赠者。① （有些可能发生在公元9—23年王莽篡位时期，但我们从现存文献中没有见到。）热情拥护扬雄观点的包括东汉的主要思想家们。荀悦(148—209)这样谈论"五经"："咏之歌之，弦之舞之。"②这代表了许多人的看法。扬雄极为成功地创造了一种纯净的"得其所乐"和"予人以乐"的形式，它与以写作体现博学并效仿古代圣人美德的高尚志趣相近，进一步阐发了孟子首先提出的人类本性与共享之乐之间的联系。

阅读与古典学问之乐

《论语·为政篇第二》第十章谈论了分析一个人的性格，要仔细察看一个人的动机，更具体地说，是什么赋予了令他愉悦的轻松和安全感。③ 对扬雄来说，至乐无疑是阅读和经典学习的结合。扬雄自己的写作表明，他从阅读优秀作品中获得的乐趣大部分来自发现使文本生动的词汇与关联主题，以及作者在多大程度

---

① 见《后汉书》卷七十九下，第2545—2546页。
② 见刘儒林(1935)，第1册，第58页。
③ 《论语·为政篇第二》第十章中孔子说过，"观其所由，察其所安"。"乐"与"安"之间的密切关系贯穿了中国早期文学，这是我的一篇论文(2004)以及与黄则彰(Harrison Huang)合作的一篇论文(2007)的主题。

上可以推动他们所继承的形式结构的试验。① 扬雄的意图是"以性与色(作为道德的实例)来说明仪式",如早期《诗经》注的一个流派,这本身也是一种尝试,既挑逗,又庄重,试图诱导那些志同道合的灵魂。② 扬雄美好的愿望是在他人身上培养一种对于"道"的亲近感,甚至"耽道"。扬雄理想的追随者们将按照他与其他革新者设计的有趣传统愉快地度过他们的人生。③ 扬雄成熟的新经典作品公开地征求读者的反应,作为自我意识、个性风格和强化的社会参与的序曲。

因为扬雄乐于此道,在后来的人生岁月中他以全新的方式"温故":④在编纂可能是最早的词源词典(早于许慎的《说文解字》)的同时,仿效《论语》和《易经》编写了新古典主义的著作。正是他本人及其写作的创新性和开放性最终使扬雄作品成为荆州官学(东汉晚期最重要的私立学舍)授课的核心,⑤也是许多东汉作者潜心玄学的主要灵感来源。比如孙敬,据称他很"好学",⑥这使我们联想到扬雄和比扬雄晚100年左右的历史学家班固,他们都是以令人钦佩的古道"玩经文"。⑦ 扬雄身后一个世纪,自命为其弟子的张衡(78—139)在一篇题为《归田赋》的作品中也许体

---

① 关于词汇与主题的关联,我从马克·霍顿(H. Mack Horton)的书(2012)中受益良多。
② 关于汉代经学在道德说教语境下的"性与色",可以参考王安国(Jeffrey Riegel)的论文(1997)。关于"破孔子宅伪造难懂的奇书",可参考沈康的《说文解字》英译本(1966)的第15页。
③ 我也是从马克·霍顿的书(2012)中受到启发。
④ 众所周知,这一有名的词语来自《论语·为政第二》第11章。
⑤ 人们想知道益州的文翁石室(在公元172年的时候仍然存在)讲授的是怎样的内容。《华阳国志》的作者常璩也许会喜欢蜀人扬雄,还有严君平及其他作者的作品。
⑥ 见《艺文类聚》卷五十五引《后汉书》语(991页)。也见于《北堂书钞》卷一百零一卷(1a)。
⑦ 《汉书·艺文志》云:"古之学者耕且养,三年而通一艺,存其大体,玩经文而已,是故用日少而畜德多。"(卷三十,1723页)

第六章　扬雄："诗人之赋丽以则"

现出了更接近扬雄的精神,这篇赋描写了他"与世事乎长辞"和"超尘埃以遐逝"的至乐:

> 极般游之至乐,虽日夕而忘勌。① 感老氏之遗诫,将回驾乎蓬庐。弹五弦之妙指,咏周孔之图书。挥翰墨以奋藻,陈三皇之轨模。苟纵心于物外,安知荣辱之所如。②

扬雄应该会对这篇赋提到周公和孔子的典故,并把古老的作品和典范人物与美好生活联系起来而感到欣慰的。③ 似乎很大程度上我们要感谢扬雄,那些曾经在仪式宴会、葬礼和祭祀上表演过的严肃文本逐渐被认为是愉神的文字形式。④ 扬雄富有影响力的写作成功地把阅读古代经典和新经典作品归结于它们把读者带入与古代圣人相伴的令人愉悦的无与伦比的力量。熟读扬雄的作品可以使读者踏上时光倒流的愉快旅程。满怀的喜悦与真正摆脱平庸日常的可能性,使人们在阅读中产生了与古代圣贤交流的想法。"耽道",使人们的心获得了超越时空的自由。⑤ 因而,关于文本和道德典范人物的教化影响的观点也融入早期中

---

① 暗示了"即使当我变老的时候"。
② 《文选》李善注引张衡《归田赋》(卷五,29b—30b)。《抱朴子·外篇·自叙》把士人典范定义为精研古代典籍者,"行为士表,方册所载"。(《新校正抱朴子》,卷四,61a)
③ 孔子会对这样的人说:"彼游方之外者也……彼方且与造物者为人,而游乎天地之一气……假于异物,托于同体,忘其肝胆,遗其耳目,反覆终始,不知端倪,芒然彷徨乎尘垢之外,逍遥乎无为之业。"见《庄子·内篇·大宗师第六》孔子与子贡的对话(第12、14页)
④ "三礼"经典主要是讨论在仪式宴会、葬礼和祭祀语境下的"读书"("诵文",只是在后来才表示安静阅读的意思)。可是到东汉时代,"览书"被认为是一种形式的放松,有别于公务。见汉李尤《读书枕铭》(《全后汉文》卷五十,8b)。
⑤ "耽道"是西晋束皙《读书赋》的开篇二字。关于束皙的生卒年,康达维(2014)有过简要概述,一般认为是公元265和305年。

403

古思想的基础中。①

在扬雄与魏晋时代(220—420)之间发生了四次重大的毁书事件,在此期间,扬雄的影响力仍然盛行不衰。② 的确,在此后的几个世纪中,扬雄的名声越来越卓著,他对于阅读之乐和经典学问的坚持在后汉时代被用来判断一个人的真正价值,阅读本身成了一种美德。举例来说,魏李琰之(？—533)认为阅读的乐趣远非良好的名声或更显著的功利所能比拟的。③ 束皙的《读书赋》④显然是从扬雄那里受到了启发。博学之士皇甫谧(215—282)和葛洪(280—约343)把圣贤描述为"博综典籍百家之言"者和"研精坟籍"的君子。⑤ 同时,扬雄也出现在两位魏晋时期的著名诗人谢灵运(385—433)和陶渊明(385—433)的想象中。关于陶渊明,本书第七章将有专门的讨论。⑥ 扬雄的读者完全了解他的主

---

① 见罗秉恕关于陶渊明的专著(2010)第6—8页。
② 秦朝的"焚书"(公元前213年)之后,四次图书的大规模被毁损发生在:公元23年王莽统治时期对宫廷藏书的破坏;公元193年董卓焚烧洛阳城;公元311年西晋灭亡时;还有公元554年梁武帝统治时期。人们也许提到刘邦的火烧咸阳,但这在早期中国的史书撰写传统中会被认为是不当的。
③《魏书·李琰之传》载,他曾言道:"吾所以好读书,不求身后名。"(《魏书》卷八十二,1798页)
④ 关于读书"耽道",见束皙《读书赋》(《艺文类聚》卷55,991页)。加州大学洛杉矶分校的陈威(Jack W. Chen)在他的一篇论文中翻译了此赋。见 Jack W. Chen, "On the Act and Representation of Reading in Medieval China." *Journal of the American Oriental Society* 129.1(2009):57-71。《读书赋》中提到的"贤士"中包括孔子、颜回和倪宽等。(见该论文第62页)
⑤ 关于葛洪,见《抱朴子·外篇·勖学》(2a)。关于皇甫谧,见《晋书·皇甫谧传》(卷五十一,1415页)。还可参见《晋书》中谢沈之言(卷八十二,2152页)和范隆之言(卷九十一,2352页)。
⑥ 如陶渊明《咏贫士》诗七首之二有"诗书塞座外"之句。还有他的《有会而作》诗的末句"在昔余多师"(显然这里是有点讽刺意味的)。陶渊明的组诗有着主题的变化,从穷困饥饿与躬耕自食到读书与习古。关于谢灵运,请参见傅乐山(J. D. Frodsham)的论文(1967);黄则彰的博士论文(2010);还有《谢灵运逐字索引》3.1/43/8,12;4.11.1/64/10-11;陈威(Jack W. Chen)论文的第69—70页所译谢灵运的诗《斋中读书》。

张要义,这在初唐诗人卢照邻(638?—684?)的抒情诗句"寂寂寥寥扬子居,年年岁岁一床书"中表现得一览无遗。①

现代人不愿承担复兴传统的重任是一个积年的问题,正如法国汉学家雷慕沙(Jean-Pierre Abel-Rémusat,1788—1832)在1825年写道:"光明照亮了古代,但几乎没有什么光束传到我们身上。在我们看来,古人之所以处于阴影之中,是因为我们透过厚厚的云层看他们,而我们自己刚从那云层中穿越出来。人是午夜出生的孩子。当看到太阳升起,他相信昨天从来没有存在过。"②扬雄创作了"好古"风格的作品,正是为了恢复古代那明亮的日光。

附 好古运动的简要背景

在西汉晚期以前,强大的王朝毫不掩饰对于新事物的着迷。王朝的主导话语中,关于新制度和政策的提议都必须是为了维护一个领土比先秦各国都要庞大得多的中央集权帝国。频繁的战争,人口的迁移,对叛乱的严惩,强制推行的统一度量衡,以及为了官僚体制而推行的文字改革,③所有这些都会造成重大的社会失序和混乱。汉王朝的初衷是善待百姓,继续编户齐民的政

---

① 见卢照邻《长安古意》,《卢照邻集校注》卷二,73页。
② 见 Jean-Pierre Abel-Rémusat(1825)。我要感谢司马世荣(Alexander Statman)告诉我这一出处。他在博士论文(2017)中引用过。
③ 当然,这里我暗示了现代文字形式主要用于官僚统治的可能性,因为越来越多的证据表明了秦汉及汉以后的非标准文字的延续。可参考匈牙利学者高奕睿(Imre Galambos)的专著:*Orthography of Early Chinese Writing: Evidence from Newly Excavated Manuscripts (490 - 221 BC)* (Budapest Monographs in East Asian Studies. Budapest: Eotvos Lorand University, 2006)。

策,①通过社会的再调整使天下为公。② 然而到了西汉晚期,王朝的许多人都赞同扬雄的论点,即高度中央集权的统治实际上削弱了皇帝与臣民的联系,从而使各地人民疏离,并质疑王朝统治的正当性。③ 武帝时代,对外扩张的战争和王朝崇祀的不断推广已经使之付出了毁灭性的代价,横征暴敛与徭役给最贫困的百姓带去了沉重的负担。如果刘氏王朝要一直统治下去,它就必须控制帝国的财政支出,哪怕是王朝极为重要的大事("祀与戎")。④ 在"好古"的革新者头脑中"简朴"与回归到更古朴的年代密切相关。⑤ 西汉晚期继承了早期贵族时代的奢靡之风,造成了对王朝资源大量的耗费。皇帝本人作为学者和古老文本的评估者,甚至王朝典籍的收藏者和"五经"之学的支持者,都是以相对低成本的方法来确认朝廷的权威性。因此,好古的创新者和其他朝廷成员共同把后世的皇帝描写为经典和历史领域的哲圣仲裁者。⑥

---

① 见台湾学者杜正胜的专著《编户齐民》,联经出版社,1990。
② 写到这里,我想到了玛丽·伊丽莎白·贝里(Mary Elizabeth Berry)的专著:*Japan in Print: Information and Nation in the Early Modern Period* (Berkeley: University of California Press, 2006)。请注意,扬雄对于"公"与"私"的话语完全不感兴趣。鲍吾刚(Wolfgang Bauer,1930—1997)谈到了"由于一个单一诸侯国的渺小而产生的亲密感"突然被另一种感觉所代替,即"生活在一个由遥远的首都统治的、广大而不断拓展的疆域中"。见 Wolfgang Bauer, *China and the Search for Happiness: Recurring Themes in Four Thousand Years of Chinese Cultural History*, trans. Michael Shaw(New York: Seabury, 1976), p.89。
③ 关于甘忠可,最好的研究论文可能是阿尔巴克的一篇论文(1995),虽然纽约大学的赵璐即将在纽约州立大学出版社出版的专著也讨论了这个话题。关于公元48年翼奉上奏迁都,请参考鲁惟一教授编撰的秦汉人物传记辞典(2000)。
④ 见《左传·成公十三年》载周朝大夫刘康公语:"国之大事,在祀与戎。"
⑤ 现在人们所知道的扬雄是以赋著称的作家。可是,在他自己的时代,扬雄因上书汉哀帝允匈奴来朝而受到称许和可观的黄金赏赐,朝廷也的确注意到他对汉朝征战南北的贬低言论。见《法言·孝至卷第十三》第29、30节。
⑥ 《汉书·儒林传》(卷八十八,3589—3592页)和《后汉书·儒林列传》(卷七十九上,3545—3546页)中表明了这样的努力。这解释了为什么我开始怀疑《汉书·艺文志》对于西汉的经学记载是否准确,以及它如何抄录了刘向和刘歆的著述。

第七章 "半独立屋"：陶渊明与苏轼

> 旧国旧都，望之畅然；虽使丘陵草木之缗，入之者十九，犹之畅然。
>
> ——《庄子·杂篇·则阳》

家，是有感召力的意象，它指引人们找到时间和空间的感觉，又像是一面棱镜，可以折射人们的回忆。[①] "我们把那些曾经生活过并感到欣然自在的地方，称之为'家'"。[②] 因为理想的"家"能让我们轻松地放下伪装，显露自己的本性，或者独善其身，远离束缚。

有人说："我们需要自己的房间，才不至于偏离理想的自我，并保持重要而短暂的美好品质。"[③]尽管遭遇挫折、困难和变故，"家"仍然是我们工作之余可以暂时休憩的温暖之地。此外，

[①] 地方，在人们童年时代意识的形成中起到了特别强大的作用。尽管后现代理论提出了多重身份的概念，并且把每次空间的移动视为一次新的塑造自我的机会，但这样的新自由主义理论并不适用于一个人的情感构成。米歇尔（W. J. T. Mitchell）认为，对地方（如风景）的描写，是一个构建和强化社会与主观印象的过程。见 W. J. T. Mitchell, *Landscape and Power* (Chicago, IL: University of Chicago Press, 1994)。

[②] 见 Alain De Botton, *The Architecture of Happiness* (New York: Vintage International, 2006), p. 2。

[③] 见 Alain De Botton, *The Architecture of Happiness* (New York: Vintage International, 2006), p. 107。

"家"是我们学习价值观、典范和体验情感的重要环境,[①]各种仪式化的活动,在岁月的流逝中留下了印记。人们渴望可以预知的、熟悉的事物,对家的热爱也无意中突出了我们的身份变化。由于"归"("回家")这一汉字也意味着对一个人、一个理想,或一个地方的忠诚,它激发了由特殊感觉和需要所构成的牢固联系(图 7.1)。

图 7.1　杰利·尤斯曼(Jerry N. Uelsmann)的摄影作品,无题,摄于 1982 年。此图片的复制得到了艺术家本人授权。

我们的家(精神的和物质的)扎根生长,我们只有在遭遇巨大的压力时才会发现其深刻的程度。一株或多株树的树根通过未知的过程与这座木屋的木材融合在一起,并最终在山谷被连续的风暴侵蚀后而裸露于地面。

[①] 我的不少讨论是参考了加斯东·巴什拉关于空间诗学的专著,见 Bachelard(1964),尤其是第一章、第八章和第十章的内容。

第七章 "半独立屋":陶渊明与苏轼

因此,"归"意味着"在 X 上寄托价值",X 常常指的是值得效仿的、受人爱戴的人物,或者指一个地方。"家"不仅是一个安全的避风港,让人们"走出寒冷",同时也给人们带来好运("休")。① 归根结底,"家"使人们对于"人类反应的无限曲线"产生了诗意的、哲理的反思。② 在本章的两位讨论对象陶渊明(365?—427)和苏轼(1037—1101)的作品中有许多这样丰富的联想。

对于许多阅读中国古代文学的读者来说,陶渊明是抒写"归家之乐"的最著名的诗人。在陶渊明以前的数世纪中,一些遭遇过贬谪或流配的诗人们(包括许多无名者)曾哀叹过与挚爱亲朋被迫分离。他们在作品中细述了流离失所、身居异乡的惶恐不安,强烈地感受到人生苦短。的确,"活着就一定会承受痛苦"。③

---

① "走出寒冷"是加拿大女音乐家琼尼·米歇尔(Joni Mitchell)1957 年创作的一首歌的歌名,六年后,英国作家约翰·勒卡雷(John Le Carré,本名 David Cornwell)著名的间谍小说《柏林谍影》(*The Spy Who Came in from the Cold*)中也包括了这个短语,目的略有不同。关于"休"的字义来自陶渊明的诗《游斜川》之"开岁倏五日,吾生行归休"句,"休"是休息的意思,它也暗示了对回家的向往。唐凯琳(Kathleen Tomlonovich,1941—2019)关于苏轼的博士论文第四章讨论了"归"字的不同含义,但她没有提到它含有"忠于"的意义,而这一点很重要。不过,她确实指出,在苏轼作品中出现的"归"字的意义中,有一个意义是指完全辞官归隐,这只是出现在他被流放黄州后。还有远离危险(有时候类似于天人合一的思想)和抛开表象、回到事物根本的意思。见 Kathleen Tomlonovich, "Poetry of Exile and Return: A Study of Su Shi(1037 - 1101)", PhD dissertation(University of Washington, 1989), Chapter 4。

② 海伦·范德勒(Helen Vendler)指出,"诗歌通常是非哲学性的,但只要其动态性结构代表了人类反应的无限曲线的一种或几种抽象或'几何'形式,它就可以是哲学性的"。见 Helen Vendler, *The Art of Shakespeare's Sonnets*(Cambridge, MA: Harvard University, Press, 1997), p. 32。

③ 见 Robert C. Solomon, *True to Our Feelings: What Our Emotions Are Really Telling Us*(Oxford: Oxford University Press, 2007), p. 29。

而陶渊明是我们所知的尽情抒发归家之乐的第一位诗人,①在他眼里,"家"是一切有意义的亲友关系的基础。(见图7.2,7.4)陶渊明及其同类诗人的创作表明,最深切的情感不一定产生于所居之地,而是源自最能激发想象力和情感的群体。② 据陶渊明所述,在他成年后的大部分岁月中,这两种情感的来源很幸运地重合在一起。我们对于陶渊明的生平所知甚少,仅仅知道他在40岁的时候曾经辞官归家,③他在作品中描述了返回家园、开始新的生活的无比欢愉和憧憬,给读者留下了深刻的印象。(早期诗人所"返"之地是他们在为官期间所购置的田庄,从这一点来说,"归田"是无误的。)④

除了陶渊明,本章的另一个关注对象是比他晚了七个世纪的

---

① 见 A. R. Davis, *Tao Yuan-ming, A. D. 365 - 427, His Works and Their Meaning*(Cambridge: Cambridge University Press, 1983), v. 1, p. 4。由于该译著提供了陶渊明作品的中文原文,还有翻译和注,我把它作为所依据的底本。陶澍(1779—1839)的《靖节先生集》(江苏书局,1883,十卷,有1839年序;1935年上海商务印书馆重印)也被认为是权威的引用版本。我所引用的陶渊明诗的序号是依据那些包括戴维斯在内的早期学者的规范。如第50首《咏贫士七首》第5首第1句和第58首《归去来兮辞》第24句,但比较第29首《和胡西曹示顾贼曹》第9—12句、第14首《示周掾祖》第13—14句,这些诗句中"爱家"常常指"爱那里的人"。其他陶诗中用不同短语表达"爱家"的,还有"爱穷居""爱静夜""爱吾庐""爱闲静"等。(为方便中文读者,下面不再显示戴维斯译本的陶诗编号,只显示诗题。)

② 黄则彰博士论文(2010)中对此有很好的论述(见论文第三章)。比如,陶渊明《饮酒诗》二十首其五有"心远地自偏"之句。见《晋史》(中华书局二十四史版),卷十七,第998页。

③ 总的来说,陶渊明的生平少为人知,人们曾试图依据他的16首创作时间明确的诗来为他作传。对照一下王瑶的《陶渊明集》(人民文学出版社,1956)和李辰冬的《陶渊明评论》(中华文化出版事业委员会,1956),我们会发现,大部分陶渊明的诗歌作品的创作时间都难以确认。陶渊明没有整理过自己的诗集。他的诗歌标题中常常出现干支日,有两个原因:诗歌传播过程中,干支日很容易被混淆,也可能会被更改,因为陶诗的编订者都想对他的作品创作顺序追根究底。为了简单起见,本章会重复谈到"陶渊明"或"陶渊明本人",尽管陶渊明诗歌所创造的人物,与作为历史人物的陶渊明并不一致。

④ 在陶渊明以前,"归田"意味着返回一个人的田庄,如张衡有名的《归田赋》。在这样的例子中,"归"不一定指回到一个人的家乡,而是回到为官期间购置的田庄。

第七章 "半独立屋":陶渊明与苏轼

著名诗人苏轼(1037—1101),因为他对陶渊明诗歌作品的关注对于后者确立在文学史上的卓越地位是功不可没的。苏轼创造了一个关于陶渊明的动人形象,并在一组和陶诗中寄托了自己的精神家园。苏轼曾多次向朝廷请求归乡,皆未果,只有在这些诗中得到了安慰:他想念家乡,怀念与弟弟苏辙和其他至亲一起欢度的岁月。他也对朝廷念念不忘,渴望身居要职,并能在都城过上精致悠闲的生活。[1]

陶渊明和苏轼的作品共同描绘了一个世界,在这个世界里,一个人过去的生活经历,对于其最终的人生取向和可预期的未来有着举足轻重的影响,这也是当下许多西方哲学所关注的。通过把陶渊明与苏轼相比较,我们可以探讨陶渊明(以及在他之前的孟子和扬雄)所提出的一个严肃的问题:沉湎于对另一个历史人物的想象中,是否可以为疲惫的灵魂提供一个"真正的家园"和栖居之所?

具有讽刺意味的是,虽然"家"被视为能带来至乐的主要场所,而四至十一世纪受过良好教育的男子却往往以担任过的官职数量,以及频繁的升迁调动,作为衡量成功的标志。如果官员长期赋闲在家(守丧除外),就如同遭到流放一样,无论这是出于自己的选择还是听从朝廷的命令,都会对家庭的财务状况产生复杂的影响。所以,陶渊明在一首又一首的诗中表露了生活的困窘并

---

[1] 这些评论主要依据苏轼最初的和陶诗,还有《宋书》《文选》《南史》和《晋书》中的相关内容。特别是苏轼的《东坡八首》组诗探索了陶渊明传奇背后的真相,正如艾朗诺所说的,"确定的满足感"。见 Ronald Egan, *Word, Image, and Deed in the Life of Su Shi* (Cambridge, MA: Harvard University Press, 1994), pp. 229-237。戴维斯(1983)也提到把陶渊明带入理解苏轼作品的阅读方法的有限性,他以苏轼和陶渊明《饮酒二十首》的组诗为例(它们作于扬州,是苏轼在被贬以前的作品),来证明苏轼只是想得以此来纪念陶渊明,似乎陶渊明依然"如生"。见王文浩辑注《苏轼诗集》,北京:中华书局,1982,卷三十五,第 6 册,第 1883 页。关于谈到醉与醒的序,见同书的第 1881—1882 页。

411

非偶然,苏轼在流放时的诗作也是如此。陶渊明还提到妻子时常的抱怨,她知道,陶渊明的理想无法保障全家的温饱。① 同时,人们对归家的期望越高,就越容易感到失望。一个人、一处风景,或者一件东西,都不再是人们记忆中的样子。② 一个人不同寻常的愿望是无法实现的,但残酷的失败并不能阻止那些有志者,他们总会努力从某个地方,或某个文化偶像中寻找自己真正的家园。因为要放弃这样的寻找,就等于放弃了人类所拥有的某种深刻的东西,即渴望在一个现实的或心灵之地寄托他们具有地域特色的记忆:也许是最常走过的路,最舒适的角落,或者最著名的山水风景。③

为了梳理这些想法,本章首先讨论了陶渊明的"归家"之乐。陶渊明所向往的家,是一个自在的空间,在那里他可以与朋友一起饮酒赋诗,细阅书稿(有些配有插图)。同样,在通过郊游来消除对于死亡的宿命感之前,陶渊明也以其简洁朴实的语言在读者

---

① 陶渊明提到他唠叨的妻子和平庸的孩子,尽管他们也可能是传说中的人物。陶渊明的家人一直在嘲笑他安贫乐道的选择。如陶渊明《拟古九首》第 3 首和《苏轼诗集》(1982),卷四十一的和诗(2266—2267 页)。而他的儿子们也令人失望,可以对比陶渊明的《训子》和《责子》诗。甚至在自称"田父"时,陶渊明常常提到与自己亲近的死者,如《归园田居五首》第 2 首。当家庭崇拜在宋代确立后,陶渊明对于自己家人的讥讽会给那些意欲为其立传者带来不便。
② 陶渊明的诗《还旧居》中"履历周故居,邻老罕复遗"之句。苏轼的《和子由渑池怀旧》也有"老僧已死成新塔,坏壁无由见旧题"之句。傅君劢关于苏轼的专著也引用了此诗,见 Michael A. Fuller, *The Road to East Slope: the Development of Su Shi's Poetic Voice* (Stanford, CA: Stanford University Press, 1990), pp. 98-99。也可参见杨治宜的博士论文:Yang Zhiyi, "Dialectics of Spontaneity: Art, Nature, and Persona in the Life and Works of Su Shi(1037-1101)"(Princeton University, 2012), p. 97, note 71. 陶渊明诗第 9 首《杂诗》表达了一种悖论:"无乐自欣豫。"
③ "熟悉的地方"和这段话引自韦尔兰·克林肯柏格(Verlyn Klinkenborg)发表在《纽约时报》的一篇文章,"The Familiar Place," *The New York Times*, June 3, 2009. 在这篇文章的后面,作者继续写道:"当然,诀窍(而且是很难掌握的诀窍)就是不要把'家'认为是我们要归去的地方,或者所来自的地方,也不要认为它是这个世界所固有的东西,而是一个让我们进入内心的地方,一个十分安全的地方,在那里我们甚至会欢迎并不熟悉的人,并且随着时间的流逝,他们也可以融入我们生命的根基。"

第七章 "半独立屋"：陶渊明与苏轼

心灵中描画了一个诗意的空间,鼓励人们以恰当的方式接触广袤的世界,哪怕只是短暂的。陶渊明不仅赋予了其作品丰富的趣味,也告诉人们如何在日常生活中得到这样的乐趣。为了突出陶诗这样的独特性,本章将苏轼的和诗作为其衬托。在和诗的复杂游戏中,苏轼必须步陶渊明诗之原韵。人们期望和诗的作者可以赋予汉字新的意义,与原诗作者展开生动的来回对话,但如果仅仅是模仿,会显得过于拙劣。苏轼提到,陶渊明与他灵魂相通,并且是他漫长人生岁月的灵感源泉。由于好诗中的叙述者就是全部的主题,苏轼完全沉湎于自己创作的形象中,他与"第二自我"之间的共鸣似乎立刻变得微妙而明显。①

要对陶渊明和苏轼作确切的比较,就必须首先强调这两位文化偶像之间最鲜明的反差。陶渊明决意要辞去彭泽县令之职,回到热爱的家乡,并终老于此。相比之下,苏轼与弟弟一起立志为朝廷效力,他在早年就因应礼部试而作的策论和向皇帝上书而得到称赏。在他生命的最后三十年中,苏轼很少生活在家中,尤其是在被三次流放的艰苦的十年中,他离家人越来越远,也离自己远大抱负的中心目标——朝廷更远了。可能是苏轼自己"招致"了流放,因为他常常在写作中率意直言,并且在一个朋党政治横行的时代拒绝承认自己有任何过错。② 流放者身份对苏轼影响很大,他在流放中所作之诗故意要表现出无畏的形象,但并不总

---

① 关于"叙述者就是全部的主题",见 J. B. Pontalis, "Michel Leiris ou la psychanalyse interminable," *Les Temps Modernes*, December 1955, 931。关于"共鸣的二重奏",见巴什拉有关空间诗学的专著,Bachelard(1964), p. 23。这听起来也非常适用于陶渊明与苏轼。也可参见 Michael Yang, "Stringless Zithers and Wineless Cups: A Comparative Perspective on Tao Yuanming and Su Dongpo," *Asiatische Studien* 60(2006): 209–42。
② 有人认为苏轼傲慢,因为他拒不认罪,但苏轼并不觉得自己有何过错,认为那些罪名都是强加于他的,如果他认罪,也许会给自己的至交好友带来更多麻烦。

是很成功,这与他早期文学作品中表现的自我形象相矛盾。对于苏轼来说,颇为困难的是,要如何在现实与自己的抱负之间作出调和。因此,他表达了对于仕还是隐的矛盾态度,这也通常是与他境遇相似的人所面临的选择。

现代读者对陶渊明作品的推崇,与他的同时代人及后世读者(如苏轼)的理解并不一致。最初,陶渊明被归为田园诗人,虽然他实际上是较弱"田园"风格的隐逸诗人之宗。[①] 陶渊明也给予了我们很多启示,比如在追求理想陷入最艰难的困境时,依然坚持初衷,但在这一方面很少有人给予他足够的肯定。[②] 在六朝晚期和隋唐时代,有些追求浮华诗风的唯美主义者,[③]渐渐也开始喜欢陶渊明的作品,但只是限于那些对他的古淡诗风并不反感的

[①] 见唐代诗人杜甫(712—770)对陶渊明诗的评论,"陶渊避俗翁,未必能达道。观其著诗集,颇亦恨枯槁。"[清]杨伦《杜诗镜诠》,上海古籍出版社,1980,卷五,第234页。当然,杜甫的诗题表明了他是以诗"咏怀",也许有些言过其实。许多传统的评论家都能正确理解这一点,但胡应麟和孙康宜有不同看法。见 Ashmore(2010), p. 294, note 38。许多学者对作为诗人的陶渊明给予较低的品评。而韩愈(768—824)在他论诗史的作品中也忽略了陶渊明。萧统(501—531)则把他列为重要的诗人。萧统发现,陶渊明全集的一部分(八首诗和一篇散文)被汇辑在一起,他作了《陶渊明集序》(见于《昭明太子集校注》,第199—201页),并称陶渊明为"圣人"。而且,萧统还收录了陶渊明的同时代人颜延之(384—456)所作的《陶徵士诔》(《文选》卷五十七)。传统认为,萧统编陶渊明作品集的时间是在公元527年。差不多同时,钟嵘(468—518)在其《诗品》(撰写于公元517年前)中评论陶渊明是"古今隐逸诗人之宗",尽管他并不认为隐逸诗的地位高于与政治相关的文学体裁。宋代张耒(1054—1114)这样评论陶渊明:"陶元亮虽嗜酒,家贫不能常饮酒,而况必美酒乎? 其所与饮,多田野樵渔之人,班坐林间,所以奉身而悦口腹者略矣。"(见《苕溪渔隐丛话》卷四)显然,张耒仰慕陶渊明之诗,并不是羡慕他的嗜酒。也可参见杨晓山(2003),第12、19页。还有田菱(Wendy Swartz)关于陶渊明研究的专著:Wendy Swartz, *Reading Tao Yuanming: Shifting Paradigms of Historical Reception (427 - 1900)* (Cambridge, MA: Harvard University Asia Center, 2008), Chapter 1.

[②] 见 Swartz(2008), Chapter 1。

[③] 魏玛莎(Marcia L. Wagner)指出,陶渊明在唐代已经有不少追随者,这是"盛唐时代的诗人反对宫廷诗绮丽浮华的显著表现",王维就是最早追随者中的一位著名诗人,见魏玛莎的译著《王维》:Marcia L. Wagner, *Wang Wei* (New York: Twayne, 1981), 97。关于陶渊明身后的声望,也可参见第474页注释①。

人。随着时间的流逝,尤其是自北宋以后,陶渊明的读者将他视为脱离腐败的官场、出淤泥而不染的典范,并把这样的行为与陶渊明对于家的热爱联系起来。① 陶渊明不仅坦承,自己缺乏世俗的野心,而且也表达了对于日常生活之乐的深刻满足感。因此,那些认为陶渊明作诗是热衷于表达政治理想的看法,是完全荒谬的。② 举例来说,苏轼曾经称赞陶渊明的《读史述九章》组诗是其代表作,认为它们表现了陶渊明对于灭亡的晋朝的忠诚,也含蓄地表达了对篡位者刘裕的憎恨。③ 苏轼有充分的理由从忠诚的角度来研究陶渊明,因为这会使他对这位以蔑视官场而闻名的人物一直保持浓厚的兴趣。陶渊明优秀的诗歌作品提供了广泛解

---

① 倪肃珊(Susan E. Nelson)谈到,宋代的画家所绘的陶渊明比起那些"不朽"的诗人,包括屈原和李白(更不用说那些有名的文臣),更像一位神。见 Susan E. Nelson, "Tao Yuanming's Sashes: Or, The Gendering of Immortality," *Ars Orientalis* 29 (1999): 1-27。
② 那些认为陶渊明是热衷政治的人(包括苏轼),要么是无视陶渊明对政事的漠不关心,要么认为陶渊明表面上的不感兴趣其实掩盖了强烈的关注。苏轼很重视陶渊明评论历史人物的"咏史"诗,认为在这些诗中,陶渊明通过含蓄的评论,表达了他的政治观点。在宋以前的时代,对政治的忠诚并不是对荣誉最大的考验,据说,在汉代和中古时期,在政乱发生的时候,通过必要的立场改变来自救和保护家人,被认为是荣耀的。因此,认为陶渊明的归隐表明了他对于王朝忠诚的想法是令人难以置信的,但这并不能阻止宋代的诗人和画家把这样的观点带入陶渊明的故事中。举一个例子,李公麟的《归隐图》(藏于美国弗利尔美术馆)的第五幅描绘了陶渊明与樵夫的交谈(古代的圣君也曾向樵夫请教过),尽管"樵夫"在陶渊明的诗中只被提到了一次(见《归园田居》,第 4 节,第 10—12 行)。在道家的传说里,樵夫是比文人有着更深刻智慧的人,所以陶渊明的诗句不需要表达对政治的关注。但是后来的作家们(包括清代的吴菘),接受了苏轼对陶渊明的描绘,谈论陶渊明的"爱国"。王明辉的博士论文《陶渊明研究史论略》(河南大学,2003 年,第 187 页)引用了吴菘的《论陶》。关于弗利尔美术馆所藏李公麟画的空间维度,可见本章的附图 7.1,它展示了一个局部画面。
③ 见《东坡题跋》有关《读史述九章》的评论。温一贞《东坡题跋》,浪华:竹中待凤堂,[?],卷一,14a。

415

读的可能性,苏轼也对另一位诗人杜甫作了相似的评论。①

本章试图对陶渊明的归家之乐作出不落俗套的探究,希望能够传达陶渊明作品的特色,对苏轼的和陶诗作出评价。读者很快会发现,本章探讨陶渊明和苏轼诗歌的各个方面时,延续了前面各章所讨论的主题。陶渊明坚持立足于奇妙的现世,是对前面专论《庄子》的那一章观点的延续(陶渊明对《庄子》也是十分推崇的)。苏轼希望在陶渊明那里找到精神家园,契合了第二章所探讨的有关音乐与友谊的共鸣理论,以及先秦诸子论及的亲密友谊的吸引力,此外,还有第六章讨论的扬雄与古代君子的联系。作为受过良好训练的古典学者,陶渊明和苏轼都非常熟悉扬雄的作品,关于欲与乐的关系问题,即孟子和荀子关注的核心问题,也反映在陶渊明与苏轼的作品中。

陶渊明的世界

324 汉赋(如司马相如和扬雄的作品)旨在炫耀诗人的博学和雕章琢句的能力,熟悉它的人都会注意到它与陶渊明诗歌的鲜明对比,②因为后者通常以简约之语而达到动人的文学效果。通过看似单纯的语言和结构,陶渊明成功地呈现了所有浮现于他脑海中

---

① 苏轼提到,杜甫"一饭不曾忘君"。杜甫的《伤春》诗其三有"贤多隐屠钓,王肯载同归"之句,暗示了他也是隐于屠夫和渔夫中的贤者之一。《伤春五首》见于《杜诗详注》(加州大学伯克利分校东亚图书馆藏清刻本,约1704—1722),第3册,卷十三,1083页。也见于宇文所安的杜甫诗英译本:Stephen Owen, The Poetry of Du Fu (Boston: De Gruyter, 2016), v. 3, pp. 318-324。

② 许多人忘记了陶渊明最有名的诗《归去来兮辞》也是一篇赋,柯睿和康达维曾经提醒过我们"赋"在汉代以后一直有着持续的影响。苏轼的抒情诗也较少注重离别,而是更多着重诗中的风景并优游其中。

的主题,营造了一个自在的空间,让读者能够进入并栖息其中。① 我说"看似单纯",是因为那些与陶渊明生平事迹相关的诗都表现了他高超的文学境界。② 当然,陶渊明的作品中没有什么是接近"自我表达"这一现代概念的,因为那将暗示了某种程度的"自主性"和对"造物主"与"天才"的崇拜。数世纪以来,像陶渊明这样的精英认为,人类只有通过与他人(无论是活着的,还是死去的)乃至整个世界建立密切的联系,才能实现自己的潜能。③ 因此,陶渊明作品的表面主题是:他一直寻找安全感,也经历过绝望,但总是坚信人性之善和宇宙秩序的内在之美,即使有时候他诗歌的平淡隐藏了复杂的感受和想象。

从英国诗人杰拉尔德·曼利·霍普金斯(Gerard Manley Hopkins,1844—1889)那里借用两个词语,可以说明陶渊明作品的特点。第一个词是"inscape"(事物的本质),霍普金斯用来指物体、人或某种模式所具有的丰富又具有启发性的"唯一性"(有人称之为"内在特性")。④ 第二个词是"intress"(意思与"诚"或

---

① 从对于陶渊明的最早评价开始,人们就注意到了他的诗歌的"简洁"。如陶渊明的同时代人颜延之(385—456)为他作的墓志铭《陶征士诔》中的评价。此文见于戴维斯的译著,Davis(1983), v.1, pp.243-250。值得庆幸的是,在最近关于陶渊明的研究中,这已经不再是一个有争论的问题。
② 可以参见罗秉恕关于陶渊明的专著,Ashmore(2010)。我可以举一个例子,陶渊明的诗《乞食》,描写了因饥饿向邻人乞食之事,其中可能引用了《庄子》第26章的故事。许多陶渊明的诗都以间接方式影射了中国传统中的传奇人物。
③ 比如,扬雄是一位极力强调这一点的思想家,见《法言·修身卷第三》(3/10)。关于这一辩题的讨论,请见我发表的论文:"On the Antique Rhetoric of Friendship," *Asiatische Studien/Études asiatiques* 68.4(2014):125-65。
④ 我借用了霍普金斯的"thinginess"(物性),但有人倾向于用"thingness"(属性),但意思很不同,分别指一种静态的实体和一系列品质。关于"thingness",可以参考 Leora Auslander, *Cultural Revolutions: Everyday Life and Politics in England, North America, and France* (Berkeley: University of California Press, 2009), p.14,19。

"全"相近),霍普金斯用来指每个生物所固有的结构性能量或"塑造力"(moulding force),并赋予其重要而独特的形式。① 和陶渊明一样,霍普金斯也认为宇宙是现象世界(包括人的世界)中神秘的共振秩序的总和,它被认为是根本的统一体,自足而充满活力,霍普金斯一句最有名的诗是这样形容的,"万物深处蕴藏着最可贵的生机"。② 来自具有普遍内在性的冲动和感知力作用于感官,在那些善感的心灵中所引起的愉悦的反应,超越了任何形式的推理。③

我在这里提到"inscape"和"intress",是因为陶渊明和霍普金斯一样,试图捕捉事物"养色含精气"的深层结构,④以及人类与超人类世界交流中所表现出的深刻的和谐。在古汉语中,"气"指的是构成生命并推动生命基本活动的结构性能量,它接近霍普金斯所说的以上两个概念,因为"气"确保了宇宙秩序的各个方面,它本身十分独特,并以自己的方式、时间和周期参与到流动和共振的宏观宇宙秩序中(也就是"自然")。从字面上看,"自然"是"本来如此"的意思,它被错误地翻译为"自然"(Nature)或者"自发性"(Spontaneity)。"适当的内在性"可能更接近它的含义。对陶渊明而言,尽管人类无法完全理解自身和周围的事物,但的确具有天赋的能力,也即他所说的"气"和"自然"。不仅如此,蕴藏在"气"中的反应力催生了"情景交融"的境界,把诗人的家庭和社

---

① 译者注:作者认为中文中找不到与"inscape""intress"完全对应的中文词语。
② 见霍普金斯的诗"God's Grandeur"(《上帝的荣耀》)。
③ 我对霍普金斯以及他之后的哲学家、神学家邓斯·司各特(Duns Scotus,约1265—1308)的评价来自加德纳(W. H. Gardner),见 Gerard Manley Hopkins, *Poems and Prose* ed. W. H. Gardner(Baltimore: Penguin Books, 1953), xx - xxxv。
④ 见陶渊明诗《杂诗十二首》第12首第5、6句,它们描述了一棵长在悬崖边的松树,"养色含精气,粲然有心理"。《苏轼诗集》(1982),卷四十一,第2273页。有此诗的和诗。在陶注本中,"精"也作他字。

第七章 "半独立屋"：陶渊明与苏轼

会生活与他周围的环境融合在一起。① 当然，作为诗人的陶渊明被千变万化的世界所吸引，并从中感受到了无法言喻之美与神秘。陶渊明对世界的每一次注视都让我们感受到欣悦，因为在他看来，这个世界就像一家奇妙的"逆旅"，疲倦的人可以随时回来安歇。这一比喻似乎特别贴切，它让人们联想到与家人、亲友在一起的时候，或者在其他任何安身之所的真实情感和美好回忆。在他的诗中，作为叙述者的陶渊明，像一位古代的圣王，他的目光由上而下，由内而外，②引导读者跟随他从一处风景转向另一处风景，使他们从中获得丰富的审美感受。

陶渊明最有名的诗《归园田居》，作于公元 405 年的十二月。篇首有自序，它成功地把作为历史人物的陶渊明与作为叙述者的陶渊明合二为一。③ 如果说最好的抒情诗可以巧妙地模糊作者和角色的身份，那么陶渊明可以被称为一位公认的大师。据陶渊明本人所言，他缺乏经营田产的谋生技能，所以直至人到中年，才在亲友们的敦促下，在一个小县谋到官职，那里距离他的家乡柴桑（今江西省境内）约 48 公里远。也许陶渊明的叔叔帮助他谋到了这一官职。然而，他只当了几天小吏就意识到这样拜迎官长、欺压百姓的官僚生涯对他来说是多么违背心愿，也让他意识到自己有多么思念家乡。他这样坦言："质性自然，非矫厉所得。饥冻

326

---

① 傅君劢谈到"气"是一种在自我和世界之间自由流动的物质，这对于理解中国诗学来说，绝对是十分重要的。见 Michael A. Fuller, "Pursuing the Complete Bamboo in the Breast: Reflections on a Classical Chinese Image for Immediacy," *Harvard Journal of Asiatic Studies* 53.1(1993)：5 - 23。
② 我想到了《周易·系辞传》，它描述了伏羲从他周围的痕迹中辨别世界运行的模式。见《周易引得》注 369。
③ 陶渊明的诗总是很应景。他似乎总是以天真烂漫的方式对周围环境作出反应。他的诗《和刘柴桑》就是一个很好的例子。陶渊明有两首诗是写给刘柴桑的，后者本名刘程之，又称刘遗民(359？—415)。他最终也辞官归隐，精研佛法义理。

419

虽切,违己交病。"①他感到十分沮丧,而且觉得"深愧平生之志"。② 他原本的计划是至少坚持为官一年,攒些俸禄,避免因辞官而辜负他人。但是当陶渊明至爱的妹妹去世后,他就再也无法忍受了,并以此为借口,立即放弃一切,逃离了官场,去追求自己的理想生活。算起来他总共离开家乡柴桑约 80 天左右。接着,陶渊明在诗中转向对一个问题的探讨,即身体的疲惫是否会摧毁一个人的精神?他的内心展开了对话:

> 归去来兮,
> 田园将芜胡不归?
> 既自以心为形役,
> 奚惆怅而独悲?
> 悟已往之不谏,
> 知来者之可追。
> 实迷途其未远,
> 觉今是而昨非。③

然后,在这首诗中,陶渊明抒发了他一眼看到旧宅的巨大喜

---

① 见陶渊明《归去来兮辞》序。
② 见 Davis(1983),v. 1,p. 192,但他的英译有时候很难准确把握陶渊明的诗句,因为他的表述有时候也是模棱两可的。在苏辙为苏轼的和陶诗 78 首所作的《追和陶渊明诗引》(《苏轼集》卷三十一)中,几次提到了"愧"字,"吾前后和其诗凡一百有九,至其得意,自谓不甚愧渊明……平生出仕,以犯世患,此所以深愧渊明,欲以晚节师范其万一也"。见 Davis(2014),p. 148。
③ 见陶渊明诗《归去来兮辞》。"悟已往之不谏,知来者之可追",让我们联想起《论语·微子》第 5 节里楚狂接舆对孔子所歌之语"往者不可谏,来者犹可追"。"胡不归"也让我们联想起《诗经·邶风·式微》中的"式微,式微,胡不归!"之句。"实迷途其未远",化用了《离骚》中"及行迷之未远"句。可能这里的"谏"也有"忠告"的意思,马萨诸塞大学的资深研究员郑文君就是这样解释的。但通常"告诫"是在事后的警告,指出连续犯错会付出的代价。

悦,忍不住"载欣载奔",在大门边,他的仆人与书童们正在迎候主人。①

> 携幼入室,
> 有酒盈樽。
> 引壶觞以自酌,
> 眄庭柯以怡颜。
> 倚南窗以寄傲,
> 审容膝之易安。②

陶渊明想起了庄子提到的有余的空间,③于是他走出屋外,注视着白云出岫,看鸟儿"倦飞而知还"。④ 他一边抚摸着一棵"孤松",一边思考着归家的意义:

> 归去来兮,
> 请息交以绝游。
> 世与我而相违,
> 复驾言兮焉求?
> 悦亲戚之情话,
> 乐琴书以消忧。
> 农人告余以春及,
> 将有事于西畴。

327

---

① 见陶渊明《归去来兮辞》。戴维斯对"载欣载奔"的翻译是"So I am glad, so I run."。
② 从专业角度,中国的酒不是葡萄酒,也不是麦芽啤酒,因为它的制造过程不需要酵母,也不用麦芽发酵,而是依赖于由谷物形成的酒曲的糖分转化。"米酒"也许是个相当准确的翻译,但这可能会使现代读者感到奇怪。关于"容膝之安"的典故,可见屈守元《韩诗外传笺疏》,成都:巴蜀书社,1996,卷九,第 23 章。元代画家倪瓒(1301—1374)有一幅画的题名是《容膝斋图》。
③ 即《庄子》中的庖丁解牛典故,见本书的第五章。
④ 见陶渊明《归去来兮辞》。

>……
> 善万物之得时,
> 感吾生之行休。
> 已矣乎!
> 寓形宇内复几时?
> 曷不委心任去留?
> 胡为乎遑遑欲何之?①

  对于陶渊明这样有着自己独特气质的诗人来说,最好的生活就是摆脱官场事务,回到自己热爱的家乡,享受美丽的风景和充满温情的关系。尤其是因为当时官场的腐败,这样的决定就显得更有说服力。在一首诗中,陶渊明这样形容自己的性格:"宠非己荣……酣饮赋诗。"②尽管他在诗中时常提到困苦的境地,但还是坚定地表示,朝廷所赐予的财富和荣耀对他没有什么吸引力。他提到了现在随时可得的快乐:像孔子一样,"莫春者,春服既成,冠者五六人,童子六七人,浴乎沂,风乎舞雩,咏而归",也许碰巧遇到"植杖翁"(他的第二个传奇英雄)。③ 他想找时间"登东皋以舒啸""临清流而赋诗"。当他勇敢地决定委运大化中,以减轻对于死亡的恐惧时,日常生活的美好也得以重新确认。"我无腾化术,必尔不复疑"。④ 这样的态度使陶渊明强烈意识到自己的局限

---

① 见《归去来兮辞》。"得时",更确切地说,是"顺乎时序"。"感吾生之行休",是陶渊明感叹自己已近垂暮之年而不能有所作为。
② 见陶渊明《自祭文》。"宠非己荣"的后一句是"涅岂吾缁",即"污浊的社会岂能把我染黑?"陶渊明以此表达了自己高洁的品性。后面几句诗,又表达了他随遇而安的旷达态度:"余今斯化,可以无恨。寿涉百龄,身慕肥遁,从老得终,奚所复恋!"
③ 见陶渊明诗《癸卯岁始春怀古田舍二首》。也许这里指的是曾经与孔子有过对话的隐士许由。"植杖翁"也出现在《论语·微子》(18/7)。
④ 见陶渊明《形影神》诗之序。"复疑",亦见于陶渊明诗《饮酒》二十首之一"逝将不复疑"。

性,明确人生的方向(用他自己的话说,"宵宵我行"),哪怕不得不忍受寻常的病痛。① 这些诗句会令人们联想到孔子关于明智之举的定义,即"识运知命"。②

陶渊明的诗中多次出现"欣"字,他比任何其他汉代或六朝作家都更能表达对于宇宙秩序之美与合理性的欣赏,那是人类社会秩序的内在模式。陶渊明在他的近四分之一的诗歌作品中都用到了"欣"字,有些诗中出现了不止一次。例如,在陶渊明的代表作《归去来兮辞》中,"欣"字出现了至少四次,其他一首关于友情至乐的诗也是如此。③

"欣"字常被错译为"开心"(cheerful)或"愉快"(happy),"欣"并不只是指任何愉悦的状态。实际上,它指的是重叠和共存的"关系之乐"(relational pleasures):对宇宙秩序或者更强大的力量(如神明)深信不疑,强化了人们对于美好事物的感受,往往伴随着会心的大笑、微笑或者注视。顺应宇宙自然之道,也是另一种形式的"归",意味着愿意为实现更宏大的目标而效力的渴望,以及由此而产生的对美好生活的归属感。

陶渊明向往一个美好的世界,在那里好友可以同生共死。④

---

① 见陶渊明《自祭文》的末节。
② 见《自祭文》。
③ 在陶渊明诗《答庞参军》和《归去来兮辞》中,"欣"也出现了四次。其他出现了"欣"字的诗还有下列作品,《停云》《酬丁柴桑》《归鸟》《形影神》《游斜川》《示周掾祖谢》《乞食》《怨诗楚调示庞主簿邓治中》《连雨独饮》《庚子岁五月中从都还阻风于规林》《癸卯岁始春怀古田舍》《饮酒二十首》《咏贫士七首》《读山海经十三首》《感士不遇赋》《桃花源记》《晋故征西大将军长史孟府君传》《五柳先生传》《与子俨等疏》《自祭文》。据统计,在戴维斯译本中出现"欣"字的诗共有24首,但结果差异可能是因为不同版本中有异文的存在。我发现"欣"大多是"欢"的同义字。
④ "欣然"见于《汉书·高后卷第三》"百姓欣然以事其上"。(中华书局二十四史版,卷三,第98页)关于"同生共死",见《国语·齐语》"其欢欣足以相死。居则乐,行同和,死同哀"。(据《国语逐字索引》,香港商务印书馆,1999,3.1)

"欣"常常出现在对理想的君臣关系的描述中。① 如在《孟子·梁惠王下》中,孟子曾谈到"百姓闻王钟鼓之声,管籥之音,举欣欣然有喜色"。"欣"也暗示了至亲的家人与好友之间的亲密关系。② 当然,忠诚是不可能勉强获得的。从家庭关系来看,"欣"甚至可能被用来表示对死者的崇敬,重申这样的责任世世代代不可违背。与此相关的是,关于长寿的讨论也常常会提到"欣",通过社会的共同努力,百姓可以更加安康,③充满活力。④ 总之,每当人们在为了共同利益而奋斗的过程中热情高涨,就会感到"欣"然。⑤ 这种信赖感也可以是对于"家"而言,无论它有多小,如同陶渊明所咏的,"众鸟欣有托,吾亦爱吾庐"。⑥ 因此,"欣"的互动能够感动一个人"最美的部分",⑦并通过彼此的陪伴而感到身心愉悦。⑧

"欣"的所有反义词都表明了缺乏相互支持的可悲。这些反义词包括"疲倦"(weariness)、"担心"(worries)、"烦恼"(troubles)、"羞耻"(shame)、"惊骇"(terror)、"怨恨"

---

① 关于君王的勤勉与体恤臣下,可见《文选》所录卢谌《赠刘琨并书》,《文选》,上海古籍出版社,2011,卷二十五,第 441 页。王子渊《四子讲德论并序》,《文选》,上海古籍出版社,2011,卷五十一,第 884—891 页,还有《孟子·梁惠王下》第一章(1b/1)。《孟子》的这一节内容在本书的第三章中有论述。
② 见《大戴礼记》卷十第 72 篇《文王官人》,和卷四第 51 篇《曾子立孝》第一条。
③ 重要的是,"欣"与长生不老的信仰有关。
④ 《尔雅·释兽第十八》解释说,"欣"描述了一种"动物的精神"。"更生"与"欣"都在同一个语义群中。见《汉书·王吉传》:"诏书每下,民欣然若更生。"《汉书》(中华书局二十四史版),卷七十二,第 3062 页。
⑤ 见《说苑·善说》(11.1)中引荀子之语"欢欣愤满以送之"。见程翔《说苑译注》,北京:北京大学出版社,2009,卷十一,第 1 章。
⑥ 见陶渊明诗《读山海经》。他的《饮酒二十首》之五也有"飞鸟相与还"之句。
⑦ 《潘岳·射雉赋》有"欣余志之精锐"之句,见《潘黄门集》,《文选》,2011,卷九,第 159 页。
⑧ 见陶渊明《酬丁柴桑》之二中的末句"实欣心期,方从我游"。

(resentment)、"怀疑"(suspicion)、"沮丧"(dejection)、"厌倦"(lassitude)、"勉强"(grudging service),等等。因为,如果一个人不能从属于一个群体,就容易感到消沉、灰心,或者产生更坏的情绪。① 相反,如果绝大多数人想象自己为了一个更高的目标而努力,他们就会感到欣悦。② 在令人愉快的环境下,简单的乐趣也是幸福,这与宗教或者人生的某个特定时刻无关。③ 作为叙述者的陶渊明某种程度上巧妙地融合了"悦人"与"自陶"的双关语,④ 同时也承认这种语言游戏并不能阐明真实的生活。陶渊明忘怀得失,认为即使不如意的事至少也有益处。⑤ 如他的《神释》诗中所言,"无复独多虑"。⑥

在早期古代文学中,陶渊明作为一个十分了解自我、明白人生目标的诗人而受到推崇。通过不断探讨死亡对于活着的意义,陶渊明试图解答一个重要的问题:如何才能过上一种真正的生活?真正的生活既能合乎人们的本性,又顺应宇宙秩序。

---

① 关于"美"的最好的英文著作是 Ronald Egan, *The Problem of Beauty: Aesthetic Thoughts and Pursuits in Song Dynasty China*, Cambridge (MA: Harvard University East Asian Center, 2006)。他对于苏轼在流放中所作的诗并不推崇(这是基于我们 2015 年一次私人交流的印象),所以这些诗在他对苏轼的研究中并不引人注目。欧裔美国人不喜欢复制作品,这也许是很少有苏轼"和陶诗"的英译的原因。具有讽刺意味的是,苏辙在《东坡先生墓志铭》中提到,苏轼总是认为苏辙的诗更胜一筹,但当苏轼被流放后,他的诗的艺术成就有了更大提高。见《苏轼诗集》卷三十五,第 6 册,1881—1882 页。《栾城集》第 3 册,第 1401—1402 页。该集前面作于 1097 年 12 月的序。
② 比如,在张衡的《归田赋》中,"归"的含义就简单多了。
③ 关于"事务"(task)与"工作"(work)的重要区别,可参见 Hall(1993)。关于幸福的感觉,见《安宫铭》,《后汉文》卷五十,1.17。关于以简单的乐趣为幸福,见《与袁公书》,《蔡中郎文集》,《全后汉文》卷七十三,99。
④ 见陶渊明诗《己酉岁九月九日》"浊酒且自陶"句。
⑤ 关于陶渊明的"忘怀得失",可以参见他的《五柳先生传》,它收录在陶澍注《陶靖节集》,上海:商务印书馆,1935,第 86—87 页。
⑥ 陶渊明诗《神释》,前面一句是"应尽便须尽"。

陶渊明在《戊申岁六月中遇火》诗中这样写道：

> 总发抱孤介，
>
> 奄出四十年。
>
> 形迹凭化往，
>
> 灵府长独闲。
>
> 贞刚自有质，
>
> 玉石乃非坚。

同时，陶渊明似乎从来不认为他的世界是"所有可能存在的世界中最好的"。① 当所住的房屋被烧毁，②他并不是毫不在意，只是觉得如此戏剧性的损失反而使这个世界看起来充满生机：因为栖身之所化为灰烬，他只能暂避于一艘破船中，但他还是注意到了夜晚的光辉，"迢迢新秋夕，亭亭月将圆"。③

陶渊明的读者无疑看到了他充满矛盾的想法。④ 一方面，他坚持认为身体的不朽是不可能的（"于今甚可爱，奈何当复衰"）。⑤ 另一方面，他又以更乐观的心情暗示，一个"真情"流露的人可以通过作品完整、如实地表达他的内心。"形骸久已化，心在复何言。"⑥陶渊明对于自己一直执着的问题，无法找到明确的

---

① 英文是"the best of all the possible worlds"，这句话原本出自德国哲学家莱布尼茨（1646—1716），法国著名启蒙思想家伏尔泰（1694—1778）写了讽刺小说《老实人》(Candide)来反对这一荒谬的说法。宇文所安在他的下列专著中引用了此句，请参见 Stephen Owen, *Traditional Chinese Poetry and Poetics: Omen of the World* (Madison: University of Wisconsin Press, 1985), p. 171.

② 见陶渊明诗《戊申岁六月中遇火》："林室顿烧燔，一宅无遗宇。"一般认为此诗作于公元408年或418年。

③ 同上诗。

④ 当然，本真的自我与"真实"的声音总免不了虚构，这在抒情诗中是很常见的。

⑤ 见陶渊明诗《和胡西曹示顾贼曹》。另，《与子俨等疏》提到"生必有死"。

⑥ 见陶渊明诗《连雨独饮》最后两句。此外，还有《劝农》诗其一中"傲然自足，抱朴含真"之句。

答案。我们在下文会看到,陶渊明有时候认为,要得到死后的名声,就是要赋予生命意义。有时候他又认为,对名声的期待是困扰士人的最后的幻想。① 作为叙述者的陶渊明随着他的心情、语境、选择的文体和思想变化的不同阶段,对于下列问题尝试作出一系列回答,它们既合理又互相矛盾:记住还是遗忘,哪种选择更明智?上天令人敬畏的公正对于人类最终是有利还是不利?② 一个人如何表达不可言传的东西?一个人对于真正家园的渴望为什么不能同样令他向往死亡?

陶渊明的这些想法都最终回归到关于"乐"的问题,因为任何"乐"的算计都需要一个人判断,何时才能获得至乐?"乐"之对象与寻乐者的性格如何决定所能达到的享乐程度?

陶渊明在诗中常常谈到与邻人和朋友最平常的交流。尽管他抱怨过"负疴颓檐下"的窘迫,但他并不后悔放弃对高官厚禄的追求。③ 其实彭泽令根本算不上显要的官职。但正如一位现代评论家所指出的,"陶渊明并不是不加思索地放弃了更好的生活,他其实也曾为自己在当代与后世的名声而感到困扰过"。④ 不过,在陶渊明看来,"心为形役"绝对比"迷途"更好些。而且,他把

---

① 关于对名声的鄙视,可见下面分析的陶渊明《形影神》诗。但是在《读山海经》诗中,陶渊明描述夸父追日的传说时,感叹道:"功竟在身后。"因为夸父虽然遭遇了人生抱负的巨大失败,但也没有阻碍他在死后获得名声。
② 见《怨诗楚调示庞主簿邓治中》首句"天道幽且远"。
③ 见《形影神》诗序。"负疴颓檐下"见于《示周掾祖谢》。
④ 见倪肃珊的相关论文:Susan E. Nelson, "'The Thing in the Cup': Pictures and Tales of a Drunken Poet," *Oriental Art* 46.4(2000):52。她的许多见解都是正确的,但令人不解的是,她误解了陶渊明所指的"头巾",认为是诗人"嗜酒及其与之相关的想法在作品中的表现"。白色头巾是与乌纱官帽相区别的。这在十九世纪一位叫宋伯仁的画家所作的《梅花喜神谱》中表现得十分明显,该书的英译见 Bill Porter, *Guide to Capturing a Plum Blossom* (San Francisco: Mercury House, 1995)。

自己比喻为被政治的"陷阱"所困的"惊鸟"。这样的困扰也只是证实了他智慧的选择。① 如果说陶渊明的诗表达了作为历史人物的陶渊明生活的现实,那么特别值得注意的是,那些诗中提到的朋友大多应是当地官吏,而不是田园诗的渔樵之辈。②

　　陶渊明爱酒,一直到生命的最后一刻,二十首《饮酒》诗就是明证。③ 饮酒,既是一种沉浸式的人生态度,也是陶渊明的一种习惯性状态。④ 它可以把诗人带进一个梦幻的丰富世界,在那里,青春可以重来,烦忧在音乐与笑声中可以暂时被搁到一边,⑤ 至少可以遗忘眼前所迫切面临的巨大困难。我们知道,陶渊明酒后就会多言,更多是有关经典的对话和吟诗,如他诗中所言:"谈

---

① 关于陶渊明的比喻,可以参见逯钦立校注《陶渊明集》,中华书局,1974,第147页。为陶渊明诗作注者常常争论,陶渊明是否对公元420年东晋王朝被刘宋政权所取代的政治事件感到不安。(见第415页注释②)明代的高逊志《题陶渊明像》的评论似乎很典型:"莫道先生浑不醒,醉中犹记义熙年"。关于元代对陶渊明的评价,可参见倪肃珊的论文:Susan E. Nelson, "What I Do Today is Right: Picturing Tao Yuanming's Return," *Journal of Sung-Yuan Studies* 28(1998):61-90。王瑶编注的《陶渊明集》(人民大学出版社,1956)中提到了在许多六朝时代作家身上存在的郁闷情绪,见该书第165—187页。华仲麐也有相似的论述,可参见《中国文学史论》,台湾开明书店,1965。王朝的大肆屠戮,反常可怕的天气,两种现象都可能给一个家庭带来灾难。
② 因为那些社会地位低下、生活困窘的人很少有闲情和能力与陶渊明一起读书和共解文学难题。《苕溪渔隐丛话》中记载了宋代文人张耒(1054—1114)关于陶渊明和唐代诗人白居易的比较,引于胡山源《古今酒事》,上海世界书局,1939,第588页。陶渊明的醉酒被认为是夹杂了不适和放纵,而一则广为人知的轶事,提到了陶渊明无法拒绝与地方官王弘和庐山慧远大师的饮酒。即使如此,沉溺于饮酒也常常与文学天才相关。这样的联系始于扬雄,也是本书第六章的主角。见《陶渊明研究资料汇编》,北京:中华书局,1962,第20页。
③ 也有关于这个主题的其他诗歌。
④ 萧统的《陶渊明集序》云:"有疑陶渊明诗篇篇有酒,吾观其意不在酒,亦寄酒为迹者也。"见第414页注释①。
⑤ 关于这样的矛盾和平衡效应的需要,可以参照 Stephen Halliwell, *Greek Laughter: A Study of Cultural Psychology from Homer to Early Christianity*, Cambridge: Cambridge University Press, 2008, Chapter 3, "Sympotic Elation and Resistance to Death"。

谐无俗调,所说圣人篇。或有数斗酒,闲饮自欢然。"①陶渊明说,酒使他找到了令人羡慕的"固穷"的方法,②来面对困难和挫折。醉酒甚至可以使他拒绝那些劝他上进的人,正如下面这些诗句所示:③

饮酒·九

清晨闻叩门,倒裳往自开。

问子为谁欤,田父有好怀。④

壶浆远见候,疑我与时乖:

褴褛茅檐下,未足为高栖。

一世皆尚同,⑤愿君汩其泥。

深感父老言,禀气寡所谐。

纡辔诚可学,违己讵非迷!

且共欢此饮,吾驾不可回。

饮酒·二十(节选)

羲农去我久,举世少复真。

……

若复不快饮,空负头上巾。⑥

但恨多谬误,君当恕醉人。

最重要的是,沉溺于酒中使陶渊明忘记人世的不公正,正如

---

① 见陶渊明的诗《庞参军》。从酿造工艺角度说,酒,是一种米酒,或麦芽酒。见第421页注释②。
② "固穷"出自《论语·卫灵公》(15/2)。见第458页注释④。
③ 下面三首诗摘自陶渊明《饮酒二十首》。
④ 也许是一位土地拥有者,但田父代表户主,如维吉尔的《农事》(Georgics)。
⑤ 意思是,当今之世,所有人都认为仕途顺利才是人生美事。
⑥ 郑文君认为这句话暗示了"我会证明不该戴这种布衣之帽"。但并不是所有译注者都对此表示赞同。

《饮酒》第五、六首：

饮酒·五

结庐在人境，而无车马喧。

问君何能尔？心远地自偏。

采菊东篱下，悠然见南山。

山气日夕佳，飞鸟相与还。

此中有真意，欲辨已忘言。①

饮酒·六（节选）

行止千万端，谁知非与是。

是非苟相形，雷同共誉毁。

汉代与六朝碑刻中，"南山"有时候暗指坟墓。② 出于风水的考虑，墓地一般在朝南的山坡上，希望阳光能照入漆黑的墓中。这样的墓地需要把死者埋葬在农田和果园的高处。③ 陶渊明比大部分诗人都更常常穿行于山间。这容易使人联想到坟墓，而登山的体验也使他释忧。人生的奇妙复杂性就在于坦然面对人生从菊花盛开的秋天向寒冬的坟墓的过渡。

酒并不是想家的主要安慰剂。还有其他很多人生乐事，尤其是令人愉快的陪伴和欢聚，其象征意象就是成群的归鸟。如陶渊

---

① 田晓菲在她关于陶渊明的专著中认为"悠然见南山"原应为"悠然望南山"。尽管她关于稿本文化的观点是正确的，我并不确定这里的一字差异是否很重要。
② 很多研究者把陶渊明的抒情诗看成他生活的直接反映，因而他们会认为"南山"指的是"庐山"，但按照现代标准，庐山距陶渊明家约五十公里，即使用现代交通工具，也是很远的距离，看来陶渊明不太可能与朋友和僮仆一起游庐山。
③ 关于风水的文献有很多。我最欣赏的两个研究成果是 Stephan D. R. Feuchtwang, *An Anthropological Analysis of Chinese Geomancy* (Vientiane, Laos: Vithagna, 1974); Steven J. Bennett, *Patterns of the Sky and Earth: A Chinese Science of Applied Cosmology*, Chinese Science 3(March 1978): 1-26。

明在他的两首最有名的诗中所描绘的,酒只是前奏和托词。①

答庞参军

衡门之下,有琴有书。

载弹载咏,爰得我娱。

岂无他好,②乐是幽居。

朝为灌园,夕僵蓬庐。

人之所宝,尚或未珍。

不有同好,云胡以亲?③

我求良友,实靓怀人。

欢心孔洽,栋宇惟邻。

伊余怀人,欣德孜孜。

我有旨酒,与汝乐之。

乃陈好言,乃著新诗。

一日不见,如何不思。

陶渊明在给自己家乡柴桑的丁县令的赠答诗《酬丁柴桑》中,也有两节描述了朋友之间的趣味相投和谈笑风生。④ 它们也提示了,陶渊明所居之地离庐山很近,后者是当时的文化中心,所以

---

① 这两首诗分别是《答庞参军》和《酬丁柴桑》。下面所引诗句是《答庞参军》诗的前三小节。
② 我对这一句的英译是"Surely you do not think I lack for other fine things?"。郑文君则译为 "Surely I am not without other pleasures."。
③ 该句使人联想到《国风·郑风·风雨》的"既见君子,云胡不喜"之句。但戴维斯和其他译者没有指出这一点。
④ 见该诗第一章的5、6句"浪胜如归,聆善若始"和第二章的第1、2句"匪惟谐也,屡有良游"。戴维斯把"胜"译为"美景"(fine scenery),但从排比结构的角度,似乎译为"the cold"更好。看来他的翻译忽略了所有那些关于"不顾寒冷"的内容。

431

他不会缺少风雅之友。酒过数巡后,大家免不了推心置腹的交谈,意不在醉酒,而是找到一种"归家"感:

酬丁柴桑

有客有客,爰来宦止。

秉直司聪,惠于百里。

飡胜如归,聆善若始。

匪惟也谐,屡有良由。①

载言载眺,以写我忧。②

放欢一遇,既醉还休。

实欣心期,方从我游。③

巧妙的是,陶渊明同时暗示了他在密友身上最看重的品质(能使人感到"宾至如归"),还有"一见如故"。依陶渊明所言,正是这样的友情帮助他度过了各种情感上和生活上的困境,因为好友都了解他的为人本色,无论他是在饮酒还是休息,与好友欢聚还是独处。④ 陶渊明的作品让我们获得了一种满足感。在诗中,陶渊明热情邀请素不相识的读者进入他的陋巷,加入他与亲密好友的欢聚。⑤

---

① 戴维斯认为"由"应该是"游",但是"越难越可靠"的阅读法则与这样的理解相反。
② 写,兼有"书写、勾画"和"放松、宣泄"的意思。如"驾言出游,以写我忧"。见于《诗经·国风·郑风·泉水》(39/4)和《诗经·国风·卫风·竹竿》(59/4)。
③ "方从我游",戴维斯的英译是"And so can achieve our pleasure."。见 Davis(1983), v.1, p.8。
④ 陶渊明为外祖父孟嘉所作的传记《晋故征西大将军长史孟府君传》中有"雅相知得,有若旧交"之赞语。戴维斯译为"They immediately became intimate and were like old friends."。见 Davis(1983), v.1, p.205。
⑤ 如陶渊明说,"而无车马喧"。(《饮酒》其五)可以对照宇文所安关于中国传统诗歌与诗学的专著,Owen(1985), 34。

在另一首诗《九日闲居》中，①陶渊明感到"归隐"是他在恰当的时机作出的正确选择，并在下列六句诗中表达了惊奇、满足和释然的复杂情绪：

> 世短意常多，斯人乐久生。
> 敛襟独闲谣，缅焉起深情。
> 栖迟固多娱，淹留岂无成。

上面这首诗的最后两句表达了把每一天视为人生馈赠的深刻释然。对于陶渊明来说，既然人生本来是美好的，那么每度过新的一天都胜过拥有成功的事业。最好地活着的方式，就是延迟死亡的时间，在忙碌的日常生活中尽情体会深刻的感受。他在谈到自己远离官场时，也微妙地嘲笑了那些想以自诩的美德而获得名声的人。② 而在另一首诗中，他为那些只顾虑名声而压抑自己意愿的人感到惋惜。③ 另外，他也表达了享受朝堂之外生活乐趣的满足感："倾身营一饱，少许便有馀。"④

在心情愉快的日子，陶渊明会充分地意识到"此生"所能获得的快乐，对于鬼神的世界他不抱任何希望，"人生似幻化，终当归空无"。⑤ 因此，他领悟到：

> 所以贵我身，岂不在一生？
> 一生复能几，倏如流电惊。
> 鼎鼎百年内，持此欲何成！⑥

---

① 见陶诗《九日闲居》。他的《形影神》诗谈到了"不忧亦不惧"的一种理想状态。
② 见《辛丑岁七月赴假还江陵夜行涂口》诗的末两句"养真衡茅下，庶以善自名"。
③ 见《饮酒诗》其三："人人惜其情。有酒不肯饮，但顾世间名。"
④ 《饮酒二十首》其十。
⑤ 《归园田居》其四。
⑥ 《饮酒二十首》其三。陶渊明承认，实际上，人是无法实现自己的梦想的。

我们如何可以不忧亦不惧，充实地度过此生？我们是否应该指望死后的名声成为我们不朽的希望？很多时候，陶渊明都不这么认为。但死后的名声会成为那些原本理智之士的最后幻想。① 陶渊明嘲笑那些为了虚名而舍弃了平常之乐的愚者。他在《怨诗楚调示庞主簿邓治中》一诗中这样感慨道："天道幽且远，鬼神茫昧然……吁嗟身后名，于我若浮烟。"②

陶渊明的《形影神》诗，表达了他对于生活之乐最耐人寻味的思考，也为他赢得了"诗人哲学家"的美名。③ 该诗前面的序写道：

> 贵贱贤愚，莫不营营以惜生，斯甚惑焉；故极陈形影之苦，言神辨自然以释之。④ 好事君子，共取其心焉。⑤

在序言之后，形、影、神轮流开始了演说。第一首《形赠影》，是对死亡冷静的提醒。第二首《影答形》重申了死亡的主题，影子从自己动荡的经历中看到了生命的无常。他说，在树荫下自己也许与"形"暂时分开，但在阳光下就不会分离。形影不离是很难长久的，身体消亡，名声也将不存在。第三首《神释》诗中，"神"驳斥了"影"的谬论，坦承死亡是终点，但拒绝承认它会阻挡生命的

---

① 陶渊明从未认为，死后会比今生更愉快，虽然庄子（陶渊明心目中的英雄）认为，考虑到这一点是有助于人生的。（见本书第五章）
② 节选自《怨诗楚调示庞主簿邓治中》。
③ 见《形影神》诗。陈寅恪认为这首诗最能传达陶渊明的人生哲学。见《陈寅恪文集》，上海古籍出版社，1980，第 2 册，第 348—358 页。陶渊明肯定想到了《庄子》卷二十七（《内篇·齐物论》）中罔两与影子的对话。华兹生认为，对话的要点是变化才是永恒。见 Watson(2013), p. 237。
④ 确实，"自然"（自我，内在性），有时会被理解为"自发"或"大自然"（在我看来，这是有误的）。
⑤ 我把"取其心焉"译为"partake of the heartfelt ideas in this and take heart from it"，因为它可能指"抓住内心的想法"，或者"对此感到振奋"。海陶玮译为"get what I am driving at"，见 Hightower(1970), p. 42。

活力。

> 天地长不没，山川无改时。
> 草木得常理，霜露荣悴之。
> 谓人最灵智，独复不如兹。
> 适见在世中，奄去靡归期。①
> 奚觉无一人，亲识岂相思。
> 但余平生物，举目情凄洏。
> 我无腾化术，必尔不复疑。②
> 愿君取吾言，得酒莫苟辞。③

"形"对于无法避免的死亡的深刻焦虑，使它意识到要"及时行乐"：尽情享受此生的快乐，因为生命只属于我们一次。"形"的焦虑一定会在读者中激起强烈的共鸣，因为没有什么比死亡更能让人们感到困扰的了。随后，关于死后名声与不朽的关系，"影"重申了有点模棱两可的观点：

《影答形》

> 存生不可言，卫生每苦拙。
> 诚愿游昆华，邈然兹道绝。
> 与子相遇来，未尝异悲悦。
> 憩荫若暂乖，止日终不别。
> 此同既难常，④黯尔俱时灭。

---

① "靡归期"，字面的意思就是"没有确定的归期"，我的英译是"with no date set for his return"。
② "复"也有"归"的意思，虽然在这里（而且更多的时候）它表示"又"或"再"的意思。
③ "苟辞"表示无缘无故地拒绝，我把它译为"don't refuse it with polite phrases"。
④ "影"固执地附着于"形"，尽管在树荫中它们似乎暂时分开了。无论这些句子是否有延伸意义，它的意思是明确的：在阴影中，"影"与"形"是分离的，但当阳光照射的时候，它们又结合在一起。

>身没名亦尽，念之五情热。
>
>立善有遗爱，胡为不自竭？①
>
>酒云能消忧，方此讵不劣！②

那些努力探究陶渊明诗义的人常常猜测，他想表达的是：有生就有死。谁都难免一死。所以，我们不妨做一些有益之事。很多"影"的回答驳斥了人在死后名声可以"不朽"的看法。③ 因为"影"更敏锐地意识到，名声总是如影随形，反复无常，转瞬即逝。当一个人离世的时候，他或她所享有的名声也很快会烟消云散。即使生前行善，死后也没有希望能感到别人的爱。④ 最终，转瞬即逝的"影"变得含糊其词，因为如果名声随身而逝，那么，为了追求这样短暂的好处而劳神伤身、殚精竭虑又有何意义呢？请注意

---

① 袁行霈指出，陶渊明似乎对于积善行德的价值持怀疑态度。见他的《陶渊明集笺注》，上海古籍出版社，2003，第66页，注6。

② 海陶玮对于最后四句诗的翻译是这样的："Do good, and your love will outlive you;/Surely this is worth your every effort./While it is true, wine may dissolve care,/That is not so good a way as this."见Hightower(970), p. 43。戴维斯的最后两句翻译则是："Wine, they say, can dispel grief/But it is surely inferior to this [acting well]."见Davis(1983), p. 35。而我的后四句翻译是："Do good, and you will leave some love behind./Follow this saying, and you will wear yourself out! /Wine, they say, can drown all sorrows,/Compared with this search for renown, how can it be any worse?!."我的翻译与"影"后面的演说是一致的，但陶渊明有时候会在诗的结句弱化前面诗句的语义，所以我们无法确定是否这首诗也是如此。

③ 见《左传·襄公二十四年》。

④ 陶渊明的原诗句为"胡为不自竭"，戴维斯的翻译是"Why do you not exert yourself?"。见Davis(1983), p. 35。他将此视为一个实在的问题，其实它是一个修辞性的问题，"How can you *not* wear yourself out[when you act this way]!"。注解陶渊明诗的学者对"胡可不自竭"的传统理解是"Surely this is worth your every effort!"。可是，这样的道德化诠释忽略了语法。这一句可能意味着"一直继续下去"（如戴维斯所理解的那样），即继续饮酒，不理会别人的苛责。如果我们接受戴维斯的理解，那就完全改变了最后一句诗的意思，即陶渊明意识到，一了万事休。而我的理解是，陶渊明希望能尽快得到解脱。我们很难假设他如何看待饮酒，对此，"影"的评论是"方此讵不劣"。

第七章 "半独立屋":陶渊明与苏轼

在此诗的结尾"影"所说的意味深长的话,因为"方此"二字可以有不同的意思,如"专注于饮酒","对此公正诚实",①"从中找到疗治的方法","其中的策略","忽略这一点","具有这样的见解",等等。敏锐的读者无疑也会注意到,陶渊明借一个虚无的"影"之口为名声辩护。确实,"影"的立场只是作为代言人,而"神"被要求回答"形"和"影"所强烈关注的问题,他对名声与美德的支持者表达了同样的不满。

与任何出色的游说者一样,"神"首先表明自己无与伦比的权威:如果"影"的确是依赖于会腐朽的有体之"形","神"必须使人类成为高于其他动物的灵长,通过"气"的神秘周期性运行而与天、地相连接,一起成为宇宙中的三大力量。"神"说道:造化没有偏爱,如果与"形"和"影"联系在一起,将远远超越它们。"神"的劝告足够简单明白:自远古时代起,即使是最长寿、声名最显著的人也从来都是难逃一死:"老少同一死,贤愚无复数。"②酒非解忧的长久之计。最多,使人"日醉或能忘"。最糟糕的是,过饮反而使人短寿。然后,"神"反过来推翻了"影"要树德立名的理由。

> 立善常所欣,谁当为汝誉?
> 甚念伤吾生,正宜委运去。
> 纵浪大化中,③不喜亦不惧。
> 应尽便须尽,④无复独多虑。⑤

---

① 这似乎是戴维斯的理解,尽管他的翻译并不是很清楚。见第 436 页注释②和④。
② 见《形影神》诗其三《神释》。
③《列子·天瑞》解释了人的一生的四大变化阶段:婴孩、少壮、老耄、死亡,即"大化有四"。
④ 见《形影神》诗其三《神释》。
⑤ 最终,无论"复"是作为副词还是动词,其意思是同样的:不要继续如此。

339　　关于人生最重要的问题，通常是哲学家们所讨论的话题，由一位"诗人哲学家"来建议读者无需多虑，这本身就会促使读者相信，要以任何推论来揭开人生的神秘性是绝对不可能的。一个诗意的形象排除了因果论，它一直在观察。① 把一个人有限的精力和智力耗费在无休止的复杂问题上，似乎不如顺应变化，让短暂的人生更有意义。陶渊明的方式是"纵浪大化中……无复独多虑"，②为我们面对道德与死亡时的困惑提供了一个很好的答案。没有什么可以阻止死亡，而人死后，那些微不足道的名声或其他寻常之物还有何用？最好是以小剂量的顺势疗法来面对死亡，说服自己在人生的终点坦然接受它。对世界清醒的认识确实会减少一些欢乐，但也使我们对他人更加开放。一个人只有"识运知命"，才能真正充实地度过人生。③ 无论如何，生命是渺小的，而长久之乐才是重要的。因此，陶渊明好几次想要悄然"归去"，每一次都像"归家"一样。幸运的是，他在作品中留下了生命活力的轨迹，"自守"而不累及他人。④

340　　陶渊明丝毫没有回避在他辞官后所经历的一系列挫折和失望：22年窘迫的生活，不成器的孩子，朋友的去世和远离，两次被

---

① 见加斯东·巴什拉的空间诗学专著，Bachelard(1964)，p. xxii, p. xxiv。
② 在这里，我想到了杰克逊·布朗(Jackson Browne)的一首歌"Time the Conqueror"的歌词："在我心中，时间是不可阻挡的过去/未来渺茫难辨，二者都需要帮助。/日出还是日落？我想知道答案。/我知道，没有什么是确定的。"("Time in my mind, the past of least resistance,/The future almost blind, both in need of assistance. / In my mind the question: Sunrise or sunset? /In my mind I'm certain: Nothing certain yet.")
③ "识运知命"见陶渊明《自祭文》，其哲理也见于《论语·为政》(2/4)和《论语·尧曰》(20/3)。
④ 《庄子·外篇·缮性》(卷十六)中提到了"无迹"和"存身"。见 Watson(2013)，p. 124。《管子》卷二十一中则用"全生"一词，它常常出现在汉代和汉代以后的文本中。看来，陶渊明也了解《文心雕龙·知音》中的隽语："世远莫见其面，觇文辄见其心。"

烧毁的家！还有妻子对他鲁莽决定的抱怨。有时候，家人和朋友都不能使他摆脱痛苦、孤独和失落。① 陶渊明只能竭力不让这样的困境破坏他对生活的渴望。为此，"忘却"的主题成为贯穿他许多诗歌的线索，也成为思考和快乐的前提，就像庄子所经历过的那样。陶渊明的《饮酒》诗第五首中也描述了这样的境界："山气日夕佳，飞鸟相与还。此中有真意，欲辨已忘言。"② 显然，景色之美与唤起的情感让陶渊明感到震撼。但也让我们想到：在这样具有强烈感染力的景色中，陶渊明觉得完全没有探究真相的必要。诗句不加修饰，风景才会愈加自然动人。他感叹言辞根本不足以唤醒或传达动人的情感，只是为了达到即时的目的而运用的工具。观赏与阅读，胜过了言语，如陶渊明在《与子俨等疏》③中对圣人孔子的联想：

> 少学琴书，偶爱闲静，开卷有得，便欣然忘食。见树木交荫，时鸟变声，亦复欢然有喜。常言五六月中，北窗下卧，遇凉风暂至，自谓是羲皇上人。④

对于熟悉的事物的凝神关注，足以激发起人们对世界的新奇感，并振奋心灵。当作为叙述者的陶渊明谈论到死亡时，他感叹

---

① 见《金楼子·戒子》引陶渊明语"抱兹苦心，良独悯悯"。陶渊明在《与子俨等疏》中，描述自己"少而穷苦，每以家弊，东西游走……抱兹苦心"。在他的诗中，七次提到他发现人生之"苦"。
② 这首《饮酒》诗其五在前面正文中引用过。
③ 下面所引诗中的"忘食"一词，让我们联想到孔子闻韶乐后三日不知肉味的传说。见《论语·述而》(7/1，7/32)。陶渊明开玩笑说，即使在年轻的时候，他也能遵从内心（如晚年的孔子），因为他一直追求不会再逾越正确的界限。
④ 见陶渊明《与子俨等疏》。"暂"，我译为"suddenly"，这里可以表示"短暂"的意思。显然，我借用了莎士比亚十四行诗第 29 首来传达相同的意思。读者应该注意，虽然陶渊明的这篇韵文形式的遗言是前无古人的，在早期文献中关于丧葬方式的遗言则比比皆是。作为一种固定的体裁，这些葬仪说明特别与那些在某种意义上自称为"隐士"的人有关。

道：在万物之中，能生而为人，是何其有幸！① 由此，我们可以确信，他对此是深有感触的。

陶渊明还有另一种忘却的方式，就是放低自我，不盲目自大，这样就可以遗世而独立。例如，陶渊明在为外祖父、晋故征西大将军孟嘉所作传中，赞扬他可以"融然远寄，旁若无人"，②因为他试图避开官场，辞官不任。在其他的诗文中，陶渊明也明白地表达了自己的信念："驷马无贳患，贫贱有交娱。"③

因此，陶渊明在诗文中，多次赞扬谦逊自守的品格，认为超然物外，就是要摆脱繁冗的公务，放弃不切实际的想法，开启新的人生道路，重新与过去的生活相连接，并且与他人相伴。狂热追求虚荣是无法真正享受生活的。陶渊明感慨道：他愿意效法那些淡泊名利的人，一心追求自己心之所向。④《陶渊明集》中"怀"字出现了不少于48次（"怀"，字面的意思是指"放在心上"）。回忆可以重构那些令人愉悦的人、事、物，这对于呈现未来之乐是十分重要的，如果幸运的话，可以再次体验相似之乐。

陶渊明爱用"缅"字，在他以前很少有人用过此字（如果现存文献可信的话）。"缅"有"深情地想起某人"和"亲密地回忆某事"的意思，那样的人和事很可能存在于遥远的时空中。生活中总是有使我们感到美好的东西，即使在年老多病的时候，"躺着的旅

---

① 见陶渊明《自祭文》"茫茫大块，悠悠高旻，是生万物，余得为人"。
② 见《赠羊长史·并序》。戴维斯认为，陶渊明也许从未见过他的外祖父孟嘉，最多也许对他有着模糊的童年记忆，或者从其他长辈那里听说过他。见 Davis(1983)，v. 1, 7, 201-208。
③ 见《赠羊长史·并序》。
④ 见《陶渊明集》卷十《集圣贤群辅录下》的篇末"夫操行之难，而姓名翳然，所以抚卷长叹，不能已者也"。

行"(即在长椅上读书)可以获得与在春天旧地重游同样的乐趣。① 的确,"通过阅读……他(陶渊明)进入了一个不同的地方",一个对他来说与现象世界同样"真实的地方"。② 显然,陶渊明相信,有故交才有新知,所以他能辨别与亲友关系的真正价值。陶渊明的短诗《停云》清晰地表明,飞回庭院的候鸟,树上含苞待放的花蕾,唤起了他想与旧友重逢的强烈渴望,这样的回归循环可以在人们心中映照出一个方外世界的瑰奇之美。这首诗的第三章是这样的:

> 东园之树,枝条载荣。
> 竞用新好,以怡余情。
> 人亦有言:日月于征。
> 安得促席,说彼平生。③

陶渊明诗看似缺乏艺术性,更不用说他反复谈论忘却的好处,但他毫不犹豫地提醒读者,其诗歌作品中以典故形式表现的记忆,对于感受阅读之乐具有十分关键的作用。例如,欣赏他的《时运》诗,取决于读者对于《论语·先进》(11/24)中的故事是否了解,在这则故事中,孔子与他的弟子曾皙都认为,最大的乐趣是

---

① 尽管陶渊明有很多诗句描写了美丽的风景,但很显然,他不仅仅是一位"自然诗人",因为他常常引用典籍及其记载的历史或虚构的人物。尽管如此,温德尔·贝里对于"自然诗人"的定义比许多人更宽泛。参见 Wendell Berry, *A Continuous Harmony: Essays Cultural and Agricultural* (Berkeley, CA: Counterpoint, 2012)。与陶渊明同时代的一位佛教居士宗炳(374—443),也是持相似的看法。见《宋书》(中华书局二十四史版),卷九十三,第 2279 页。
② 引文来自田晓菲的论文:"Seeing with the Mind's Eye: The Eastern Jin Discourse of Visualization and Imagination," *Asia Major*, vol. 18, no. 2, 2005, 89。(读者请注意,引用内容终止的地方有所不同。)也可参见田晓菲关于陶渊明的专著(2005)。罗秉恕的专著在我看来是对陶渊明作品的最好读本,见 Ashmore(2010)。
③《停云》其三。

在春天的时候,穿上新装,"浴乎沂,风乎舞雩,咏而归"。①《时运》其三录如下:

> 延目中流,悠想清沂。
> 童冠齐业,闲咏以归。
> 我爱其静,寤寐交挥。
> 但恨殊世,邈不可追。②

在诗的开篇,陶渊明想象孔子所生活的时空,他似乎听到自己喜爱的《论语》中孔子的话,在他的眼里,在晴朗的春日与同伴共游胜过为官或济世。不过,陶渊明对于古代典范人物的遐想之乐并不是纯粹的,因为孔子的古典时代已经远去,真正的圣人与渺小的自我之间有着巨大的鸿沟,因此他感慨道:"黄唐莫逮,慨独在余。"③尽管知道自己的不足,但陶渊明对于英雄时代依然无比向往。

什么以及何时应该忘却或记住,这与陶渊明思考的另一个主题有关,即上天是否是"公正的"。因为"公正"本身有两种相对的含义:一是上天无视人类的行为,让人类社会去施行赏罚;二是上天在依据人之善恶而赋予不同命运的时候,还是"公正的"。陶渊明在他的《连雨独饮》诗中思考了上天疏远人类之谜:④

---

① 见《时运》其三。
② "冠"指冠礼。海陶玮(1970)把"齐业"译为"together completed their studies"(一起完成学业)。问题在于"齐"是否可能是"斋"字。所以我的翻译是"fasts over"。正如在第五章提到的,这两个字是通假字,在写本文化中常常只用一个汉字表示。宋代注陶诗的汤汉(1202—1272)将此解释为"不慕外在的功名"("其无外慕")。"寤寐"见于《诗经·国风·周南·关雎》。我不确定"我爱"的宾语是"静"还是"景",还是二者兼而有之。
③ 见《时运》其四的末两句。也可以参见《法言·学行》(1/23)"颜苦孔之卓之至也"之语。
④ 选自《连雨独饮》。

第七章 "半独立屋":陶渊明与苏轼

> 故老赠余酒,乃言饮得仙。
> 试酌百情远,重觞忽忘天。
> 天岂去此哉,任真无所先。

古语"天道之无亲"①使人们更加怀疑,正直善良的人与恶人一样经常受到灾难的困扰。如果上天常常垂青善人,那么像商代的伯夷、叔齐,周代的颜回和汉代的将军李广与王商,就不会在他们短暂的人生中遭遇那样的噩运。② 显然,苍天悠远,而人世之事总是在继续。③ 尽管如此,陶渊明并不会像伯夷和叔齐那样充满怨恨和自怜。④

陶渊明的同时代人戴逵(?—395)作了一篇赋,他指出,即使智者中的智者也会感到不解,因为德行和才华很少能得到回报。⑤ 陶渊明也坦承了自己的困惑。但他的《感士不遇赋》⑥表明,他的作品已经远远超越了那些传统的感遇赋,后者只是对于纷乱世界优雅的感慨,而且大多出自那些飞黄腾达的文人笔下,而不是那些历经挫折磨难的落魄者之手。⑦ 陶渊明含蓄地赞扬了那些或仕或隐的君子,认为他们不改初衷,甘为他人奉献,从青

---

① 《尚书·周书·洪范》第五章,提到"王道正直"。"天道之无亲"是一句古语,《老子》第七十二章有"天道无亲,常与善人"语。它也出现在陶渊明《感士不遇赋》中。
② 伯夷、叔齐传,见于《史记》(中华书局二十四史版),卷六十一,第 2121—2123 页。
③ 见《感士不遇赋》"苍昊遐缅,人事无已"。
④ 见《怨诗楚调示庞主簿邓治中》:"在己何怨天,离忧凄目前。"
⑤ 见戴逵《释疑论》。也可参见峰屋邦夫,"戴逵について―その芸術、學問、信仰",东洋文学研究纪要 77(1979):1-91。
⑥ 见《感士不遇赋》。关于感遇赋的研究,可参考 Dominik Declercq, *Writing against the State: Politics and Rhetoric in Third and Fourth Century China* (Leiden: Brill, 1998)。
⑦ 例如,根据汉代史书,作为汉代博士和备受推崇的法学家的董仲舒曾是皇帝的亲信,尽管他也差点被皇帝下狱。而司马相如则享有作为一位令人景仰的诗人、将军和拓边功臣的名声。

春年少直至生命的最后一息。他无视赋类传统,在这篇赋的开头就指出了人与万物的巨大不同,再次让人们联想到具有独特感性与感觉("独灵")的人类是非常幸运的。因为只有人类才可以在"名垂后世"和"隐姓埋名"之间,闲情独乐与无私助人之间作出选择。命运或运气不能决定一个人的生活道路,人们的行动遵从自己的情怀,并以此为荣。所以,有识之士("达人")选择了"逃禄而归耕",并"甘贫贱以辞荣",就像陶渊明那样。① 他们在行动中寻求价值,有见识者甚至会发现行善亦是可乐的。②

如果一个人不够幸运,谁会在意他的才华在世人眼里竟是无足轻重的?当然,陶渊明对于人世间并不是毫不动心的,只是虽然怀有高尚的才德,但徒有芳洁,又有谁会欣赏呢!③ 不过至少高官厚禄并不值得夸耀,破袍在身也没什么可羞耻的。④ 陶渊明的作品巧妙地对传统感遇赋作了回应,他认为,"不遇"的沮丧只会困扰那些一心追求显达者。⑤ 而且,如果行善是出于功利的目的,而不是出于"无心",也会招致不幸和失败。⑥ 在证实了天道不公后,陶渊明决定:不再追求名利,欣然归家。他谢绝了朝市利禄,怀抱高志,安度余生。⑦

在表明心志后,陶渊明接着展现了家庭生活以及与邻里好友相处的乐趣。如他为纪念给儿子命名而作的一首活泼的小诗。⑧ 在酬赠丁县令的诗中,他把与真正好友的相见视为"实欣心期,方

---

① 见《感士不遇赋》。
② 同上,原文为"原百行之攸贵,莫为善之可娱"。
③ 同上,原文为"虽怀琼而握兰,徒芳洁而谁亮"。
④ 同上,原文为"既轩冕之非荣,岂缊袍之为耻"。
⑤ 同上,原文为"推诚心而获显"。
⑥ "无心"二字取自陶渊明《归去来兮辞》中"云无心以出岫"。
⑦ 同上,原文为"且欣然而归止。拥孤襟以毕岁,谢良价于朝市"。
⑧ 见陶渊明《命子》其十:"福不虚至,祸亦易来。"

从我游"。① 另一首抒情诗《答庞参军》，也表达了他渴望能与知己相聚，其乐融融。② 其实在陶渊明的作品中，"渴望"有着令人转忧为喜的作用，因为只要一个人学会如何适度地"渴望"，就能充分享受人生的富足。另一方面，如果人们追求一般意义上的物质财富，反而会适得其反。陶渊明曾感慨人生的变化让他憔悴。③ 他也提到，只要放下痛苦，世界依然是美妙的。

有三首诗表达了陶渊明醉于自己世界的喜悦。它们谈古论今，劝说人们去接触自然，体验不同的心情。下面所引的这三首诗中，前面两首诗，半是咏史，半是自述，第三首是抒情诗：

《咏贫士》其五

袁安困积雪，邈然不可干。
阮公见钱入，即日弃其官。
刍槁有常温，采莒足朝飡。
岂不实辛苦，所惧非饥寒。
贫富常交战，道胜无戚颜。
至德冠邦闾，清节映西关。

《尚长禽庆赞》

尚子昔薄宦，妻孥共早晚。
贫贱与富贵，读易悟益损。
禽生善周游，周游日已远。
去矣寻名山，上山岂知反！

---

① 见《酬丁柴桑》末两句。
②《答庞参军》。它仿照了几首《诗经》作品。
③ 见《岁暮和张常侍》的"憔悴由化迁"之句。还有《归园田居》诗。在陶渊明所作的几篇祭文(如《祭十二郎文》《祭程氏妹文》《祭从弟敬远文》等)或悼亡之作中，可能会提到陶渊明的第一任妻子。

《扇上画赞》

寄心清尚,悠然自娱。

翳翳衡门,洋洋泌流。

曰琴曰书,顾盼有俦。

饮河既足,①自外皆休。

缅怀千载,托契孤游。

"归家"的意义

研究陶渊明的学者可以从两种现存的资料来了解他关于"家"和"乐"的想法:他的诗集和宋代及其以后以他的居家为主题的绘画。这些绘画所展示的陶渊明形象经过了艺术的处理,让人们看到了作为文化英雄和超然物外者的陶渊明形象。② 这里,我们会联想起苏轼的几封信,特别是给弟弟苏辙和给朱康叔的第十三封信。③ 陶渊明"摆脱了传统的文学题材……融入了当时的文化习俗",尽管他的意象令人感到"独特而不寻常"。无论是陶渊明,或是他那个时代的人,都不会责难他是一位孤独天才。相反,他与人

---

① 可以比较《庄子·逍遥游》中"偃鼠饮河,不过满腹"句。
② 这一部分将讨论陶渊明或"陶渊明其人",尽管我们确定,陶渊明的诗歌所创造出来的叫"陶渊明"的人物并不是作为历史人物的陶渊明。
③ 见《座上复借韵送岢岚军通判叶朝奉》《东坡全集》(文渊阁四库全书影印版),卷十八,页2b—3a),苏轼写道:"为问从军真乐否?"他在1097年从海南写给苏辙(当时也被贬雷州)的一封信中解释说,他特别被陶渊明最后的遗言所打动。也可见苏轼《与朱康叔十七首》之十三,《苏轼文集》(1996),第4册,第1789页。

第七章 "半独立屋"：陶渊明与苏轼

和物结成了特别密切的联系，这些对他来说有着"家"的意味。[1]

从陶渊明的诗歌作品来看，某些场景对于他的心境有着关键性的影响：天空的浮云、喧闹的鸟群、松林掩映的小屋、五棵柳树、一棵竹子，或者在某处歌唱的黄莺。在某个南方荒野的边缘，有足够宽敞的茅屋，在它邻近的地方，开垦出了一个花园，种上了榆柳，或者夏日的向日葵和秋菊（它们可以被做成长期的养生茶），陶渊明看着稀疏的豆苗和远处的桑麻地，感到欣喜和满足。邻居们大多是略懂诗文者，他们经过一条没有车马经过的狭窄小道，停在陶渊明的柴门边，与他寒暄闲谈。不用说，这道柴门标志着陶渊明在他的内心圣殿、快乐之源与未知的人世之间设置的一道防卫线。[2] 一声长啸划破了长空的寂静。也许，一条停泊在附近的船预示着一位受欢迎的访客的到来。偶尔飞过的大雁标志着季节的变化，或者寒露秋霜的即将来临。

很可能陶渊明喜欢云的意象，不是因为云看似淡然，[3]而是因为云的形状变化和移动，像一缕轻烟，或者生命短促的蜉蝣。它们都象征着时间短暂易逝。云也像鸟一样，预示着季节的变化，这是城市的居民常常忽略了的景象。陶渊明的诗不时让人联想起《旧约全书·传道书》中的句子："万物皆有时。"在他眼里，鸟可能是被"困在笼中"的，也可能是"自由"的，虽然他选择"不在

---

[1] 见田晓菲(2005)，20。与陶渊明相对照，苏轼常爱炫耀自己的才华。例如，白睿伟(Benjamin Ridgway)在他的博士论文中引用了苏轼的《与鲜于子骏》(《苏轼文集》(1996)，第 2 册，第 647—648 页），见 Benjamin Ridgway, "Imagined Travel: Displacement, Landscape, and Literati Identity in the Song Lyrics of Su Shi," (University of Michigan at Ann Arbor, 2005), p. 83。

[2] 见杨晓山的专著，Yang(2003), p. 4。他认为，"门"的隐喻是在陶渊明之后阐明的。

[3] 见伊丽莎白·布拉泽顿(Elizabeth Brotherton)的博士论文："Li Kung-lin and Long Handscroll Illustrations of T'ao Ch'ien's 'Returning Home'" (Princeton University, 1992), p. 236。

447

樊笼"里度过一生,但自由的飞翔并不能使他真正感到自在。那种熟悉的不自在感是许多欧裔美国读者在他的诗中所发现的。对于陶渊明来说,在旷野飞翔的鸟儿总是"成群"的,这在他的《归鸟》诗中表现得很明显。①(读者会联想到荀子的"群"论,认为"群"是高尚的社会关系的基础。)它们飞翔的路径会归并为奇妙的形态,直至合而为一,呈现出一个令人惊奇的意象。②

根据标准的比喻,流水代表了超越人类世界的奉献本性,因为水可以消除、冲刷和净化万物。因此,在赋予生命的时候,水是重要的平衡者,对于它前进道路上的任何人与物都不偏不倚,随物赋形,随波逐流,水上之舟使人期望能乘风破浪,驶向远方,尽管对于陶渊明来说,舟,往往指的是"归舟",它们似乎知道如何顺流返乡。③

我们跟随陶渊明诗中的描述,跨过了门槛,进入了他的家,首先跃入眼帘的是八、九间房。可能陶渊明会偶尔耕其田,也可能所有的重活都是由雇农承担的。只要需要,仆人也会随时听从吩

---

① 另见《归去来兮辞》:"鸟倦飞而知还,景翳翳以将入。"后面的一句是"归去来兮,请息交以绝游"。
② 海伦·麦克唐纳(Helen MacDonald)说道,"成群的鸟儿让人着迷,部分地是因为它们能引起视觉上的错觉。我们的大脑生来就是要从世界的混乱中获得熟悉的意义。凝视着黄昏时分的鹭鸶,我看着它们变成了一串串音乐符号,然后又变幻为数学模型。它们飞过的路径逐渐合一,每只鸟儿比它它后面的同伴的翅膀略高一点,随着时间的流动,每个飞行的鸟群忽然变成了一只伸展的巨鸟。这一动人的意象使我惊奇地直眨眼"。见 Helen MacDonald, "The Human Flock," *New York Times*, December 2, 2015.
③ 陶渊明偶尔也想起《庄子》中的一则有名的故事,讲述了一只船虽然被藏匿起来,但还是在夜幕的掩护下被盗,它寓意了在一个不断变化的世界中试图保全自身和财产的徒劳。可以参见林翼勳的《苏轼诗研究》,香港:中港语文教育学会,2008,第 1293 页。但是,援引这个故事并不能把陶渊明纳入道家之流,如同陶渊明对于孔子及其弟子的认同并不能使他成为儒家之士一样。罗秉恕提到,这一点与桀溺(Jean-Pierre Dieny, 1927—2014)的看法不同,可参见 Pierre Dieny, *Pastourelles et magnanarelles: Essai sur un theme littéraire chinois* (Paris: Droz, 1977).

第七章 "半独立屋"：陶渊明与苏轼

咐。的确，他们是不可缺少的，因为陶渊明夫妇有五个儿子，还有至少一个女儿需要照顾。在屋内，我们会看到一个装着米酒的坛子和一些为招待客人准备的酒杯，一张琴，一些抄本，如《诗经》《尚书》《庄子》《论语》以及绘图本的《山海经》。也许还有一两册佛经，因为据后来的研究，当时的慧远大师（334—417，见图7.2）也是他的好友之一。① 仅从拥有这些抄本的数量来看，陶渊明就绝不是一个乡巴佬，因为在他的时代，抄本需要花费很多的时间、劳力或财富，尤其是配有绘图的抄本。他家中的布置很适合"笑言"，②宾客们可以"闲饮自欢然"。③

因为留白比赘言更能充分地激发想象力，④因而陶渊明的寥寥数笔，已经使人们对于他如何自在地生活有了深刻的印象：

图 7.2 日本江户时代画家曾我萧白（1730—1781）所绘《虎溪三笑》画。画中描绘了陶渊明（365—427）与僧人慧远（334—416）、道士陆修静（公元477年去世）一起畅谈的情景。
传说陶渊明、慧远和陆修静是好友，但他们有着不同的哲学观，而且陶渊明与陆修静生活的时代有差异，他们几乎不可能相识。

---

① 戴维斯不同意日本学者吉冈义丰所认为的陶渊明许多诗歌作品是佛学省思的观点，见：Davis(1983), v.1, p.194。
② 《赠长沙公族祖》第3节。
③ 《答庞参军》第一章。
④ 彼得·曼德森（Peter Mendelsund）认为，空白对于激发想象力十分重要。见 Peter Mendelsund, *Que on voit quand on lit？*（Paris：Groupe Robert Laffont，2015）。

449

登高而"望远"①

奇文共欣赏,疑义相与析。②

登高赋新诗③

时还读我书……欢言酌春酒……泛览周王传,流观山海图。④

孟夏草木长,绕屋树扶疏。⑤

栖迟固多娱,淹留岂无成。⑥

举世少复真⑦

忧乐两忘⑧

久在樊笼里,复得返自然。⑨

如果把任何居家之乐贴上"更高"或"最高"的标签,那就是歪曲了陶渊明的本意,因为所有的乐都完美地融合在一起。但在陶渊明所列举的这些寻常之乐中,还是有一样东西缺失了,那就是妻与子。确实,陶渊明在《归园田居》中流露了见到家人、仆从与旧友的快乐,但也有其他几首诗提到了家庭生活的不如意令他借

---

① 关于这方面的例子,除了这首《移居二首》其二的"登高赋新诗",还有《归园田居》其一中的"少无适俗韵,性本爱丘山"句。有趣的是,苏轼更喜欢谈论望远,而他本人则是望远的主角。见 Ridgway(2005), p. 3. 米歇尔·德塞图(Michel De Certeau)鼓励我们去思考,通过谈论亲切又宏大的风景,我们可以构建什么样的社会关系?见 Michel De Certeau, *The Practice of Everyday Life*, trans. Steven Rendall (Berkeley: University of California Press, 1988), pp. 99-100。中国诗歌从一开始就形成了这样的关系,因此它们在作者、注者和读者等看来,是第二自然。
② 见《移居二首》其二末两句。苏轼有《和陶移居二首》,见《苏轼诗集》(1982),卷四十一,第 2281 页。
③ 《移居二首》其二的第二句。
④ 见《读山海经》十三首,尤其是其一的"时还读我书"句。陶渊明说,这是因为整个世界就是一本有图的书,"泛览周王传,流观山海图"。
⑤ 见《读山海经》十三首其一首二句。
⑥ 见《九日闲居》末两句。
⑦ 见《饮酒》二十首其二十第二句。
⑧ 见林翼勳《苏轼诗研究》(2008)引胡仔《苕溪渔隐丛话》,第 1170 页。
⑨ 《归园田居》其一的末两句。

酒消愁,在好友那里寻求安慰。如下面这首《责子诗》,虽然表面上看似轻松滑稽,其实表达了他内心的郁闷。

> 白发被两鬓,肌肤不复实。
> 虽有五男儿,总不好纸笔。
> 阿舒已二八,懒惰故无匹。
> 阿宣行志学,而不爱文术。①
> 雍端年十三,不识六与七。
> 通子垂九龄,但觅梨与栗。
> 天运苟如此,且进杯中物!②

在陶渊明的时代,在诗文中描写家庭生活还没有成为风尚(这也许解释了为什么到了注重稳定家庭的宋代,注陶诗者对于陶渊明的家庭生活轻描淡写,把他重新塑造为家庭幸福的典范)。③ 但是如果我们继续在陶渊明的诗歌作品中寻找这样时代错位的表现,也许最终可以把那些表现其简朴生活的意象置于准确的文学语境中。因为至少在陶渊明以前的一个世纪,"赋"这一文体被用来描绘富贵者的乐园。④ 陶渊明把家视为稳定与富足的传统象征,引起读者强烈的共鸣,部分的原因是因为他的好多作品表明,他的生活总是处于不安定中,而且缺乏他所渴望的东

---

① 可比照《论语·为政》(2/4),孔子自述人生的不同阶段,始于"吾十有五而志于学"。
② 陶渊明《责子诗》。这首诗可能作于公元409年陶渊明45岁左右。
③ 在《和刘柴桑》诗中,陶渊明承认女儿是他的安慰,即使她不是男儿身。关于这一点,倪肃珊曾在她的数篇论文中提到过。在写完本章的草稿后,我看到包华石(Martin J. Powers)的一篇论文,他同样认为,陶渊明和苏轼对于夫妇生活有着十分不同的看法,宋代的作家常常以假想的家庭情感关系作为范式。见 Martin J. Powers, "Love and Marriage in Song China: Tao Yuanming Comes Home," *Ars Orientalis* 28(1998):53。
④ 见杨晓山的论述,Yang(2003),Chapter 1, p.11。

西:年少时候的温饱,还有后半生的长久安定感。①(另一方面,陶渊明也为自己的家族传统感到自豪,如他为外祖父所作的传中,以自己是东晋陶侃将军的后辈而为荣。)②下面的一些例子表现了陶渊明的无常感:

349
匪道曷依,匪善奚敦!(《荣木》其二)

进篑虽微,终焉为山。(《赠长沙公》其四)

人为三才中……结托既喜同。(《形影神》其三《神释》)

栖迟固多娱,淹留岂无成!(《九日闲居》)

迁化或夷险,肆意无窊隆。③(《五月旦作和戴主簿》)

天岂去此哉,任真无所先。(《连雨独饮》)

流幻百年中,寒暑日相推。(《还旧居》)

此中有真意,欲辩已忘言。(《饮酒》二十其五)

350　　陶渊明总是以动人的方式描写成年人之间互相依恋的温情,尤其是当朋友离去的时候(无论是暂别,还是永诀)。离别总是引起他对于死亡的恐惧。他的一首四言古诗《荣木》,反复表达了"人生若寄,憔悴有时……祸福无门"的伤感。④甚

---

① 在 16 个出现的有关"家""屋"的词中,除了 1 个词,其他都提到了搬迁。所以回家长住的冲动被家庭生活不安定,甚至困苦的固执想法打消了。见陶渊明诗《庚戌岁九月中于西田获早稻》。每当陶渊明写到"家"的时候,总会涌起无常的感觉。因此,他的作品也许对我们是最好的提醒,即在古代汉语中没有一个与"hope"(希望)对应的词(anticipation, expectation,表示"望"的意思,与之完全不一样)。有些神经学家相信,希望是一种"普遍现象"。

② 陶渊明的《晋故征西大将军长史孟府君传》提到了外祖父孟嘉的岳父是陶侃。陶侃(259—334)是东晋太尉,封"长沙郡公",曾是西晋王朝的有力支持者。

③ 但在《癸卯岁十二月中作与从弟敬远》一诗中,陶渊明表达了生活不顺,"谬得固穷节"的感慨,认为自己别无其他选择。

④ 见《荣木》诗。在《时运》诗中,陶渊明描写了他的生活世界的变化所带来的与日俱增的痛苦。

第七章 "半独立屋"：陶渊明与苏轼

至家人和挚友也可能会令人失望。① 陶渊明不安的心情，也流露在他最抒情的诗歌中，如《游斜川（并序）》：② 表面上描写了到风景胜地的一次轻松游览，但诗的结尾表达了对于人生空虚的苦闷心情：

> 提壶接宾侣，引满更献酬。
> 未知从今去，当复如此不。
> 中觞纵遥情，忘彼千载忧。
> 且极今朝乐，明日非所求。③

可以想象，随着死亡的临近，陶渊明更多地转向思考多义字"归"的全部含义，在汉语里它不仅指"回家"，而且也指一个人的终极归宿——坟墓。④ 他的沉思遐想勾起了深沉的情绪。⑤（陶

---

① 虽生犹死，是陶渊明另一首诗《诸人共游周家墓柏下》的主题。还有的诗把缺少知己与对追求名声的最后幻想联系起来，如《怨诗楚调示庞主簿邓治中》一诗的结尾，"吁嗟身后名，于我若浮烟。慷慨独悲歌，锺期信为贤"。
② 《游斜川（并序）》。
③ 引自《游斜川（并序）》的后八句。看起来，不时参加的祭奠活动使陶渊明直接感受到时间的神秘流逝，及其对人心理的影响。《答庞参军》的"忽成旧游"句与《岁暮和张常侍》中的"岁暮余何言"相呼应。
④ 如，《移居》诗的首句"昔欲居南村，非为卜其宅"，看似极简单明朗，实际上包含了一系列双重语意，如果我们理解"南村"指的是陶渊明死后被葬的"南山"的话，那么就能明白此句是寓指墓地乃是人生最后的栖身之所。虽然下一句"闻多素心人，乐与数晨夕"，但后句所带来的寒意仍然不能散去。陶渊明的"憔悴由化迁"，更多来自生死的现实，如《岁暮和张常侍》中的诗句所示，"民生鲜长在，矧伊愁苦缠……抚己有深怀，履运增慨然"。如古代汉语一样，现代英语也传达了古老的概念，即死亡是某种方式的回归，是一种灵魂的"归家"。英文中普遍的关于死亡的委婉说法还有"to take shelter"（托身），"to fly home"（回家）和"to return to the bosom of the Lord"（回到上帝的怀抱）等。"蒿里"可能是通往黄泉的入口，或者是黄泉的别称，据说位于泰山之南（这也是为什么说坟墓在"南山"的又一个原因）。
⑤ 见《九日闲居》的"敛襟独闲谣，缅焉起深情"句。

453

渊明的作品中，"止"和"旅"也有相似的多义性。)①陶渊明承认，如果他死去，亲友们会以不同寻常的热情埋葬他，在葬礼上大吃大喝，酒足饭饱后，很快就会忘了他。②因此，陶渊明的《形赠影》诗中表达了这样的沮丧感："奚觉无一人，亲识岂相思。"③也许陶渊明独特的气质令他倍觉孤独，如他在《怨诗楚调示庞主簿邓治中》一诗中写道："慷慨独悲歌。"④少壮时的陶渊明则踌躇满志："少时壮且厉，抚剑独行游。"⑤但当人生迟暮的时候，陶渊明的感觉却是完全相反的："独行"对他而言，不再是兴致盎然的"独行游"，而是伴随着这样的想法：是否还有明日？他预见最后的"独行"将是死亡，但有时候他还是以反抗的方式谈论死亡，认为死亡就像一次新的冒险，"怀良辰以孤往……聊乘化以归尽"。⑥

尽管如此，要让家成为安身之所，坟墓成为归宿⑦，需要精心的规划和周密的考虑。虽然与家人和亲友的相处并不尽如人意，但人类与他人（活着的和死去的）建立联系的冲动十分强烈。正是这种矛盾使陶渊明创作出了一些最好的诗歌作品。如他的《赠

---

① 对陶渊明作品中"止"的含义的讨论，可以写成一本书，其含义包括"to find rest in"（栖息）、"to halt"（停止）和"to cease being"（不复存在）等。"止"的多义解释了对于善与恶的传统归类。"旅"对于大多数汉代和六朝的作家来说，有着类似的多重含义。它不仅表示"break from work"（公务之余的闲暇）或"leisure time spent sightseeing"（游赏风景），还有"travail"（辛苦劳作）的意思。拉丁语的词根指的是一种三叉的刑具，因而旅行也有自己陷入苦痛或被他人所伤害的意思。
② 见陶渊明《自祭文》。
③ 见《形影神》诗之一《形赠影》。
④ 见《怨诗楚调示庞主簿邓治中》倒数第二句。
⑤ 见《拟古》十九首其八起首两句。
⑥ 见《归去来兮辞》最后一段。"归去来兮辞"让人联想起佛教徒的祈祷或者佛教传入以前的招魂仪式。
⑦ 见《祭从弟敬远文》："死生异方，存亡有域，候晨永归。"也可见《悲从弟敬德》："翳然乘化去，终天不复形。"

第七章 "半独立屋":陶渊明与苏轼

羊长史》诗①表达了见到"古人"的激动,那些古人中包括传说中的伯夷、叔齐,还有其他一些圣贤。② 他注视圣贤的余迹而与他们不期而遇。但在诗的结尾,他不得不对于探索不可知的世界望而却步:古人因时代相隔已经疏远,自己只有长怀远慕,③慨叹无限。④

对于陶渊明来说,生命的活力和亲密的友情,有着不可言喻的神秘。⑤ 同样,"退"而思考如何表达不可名状的事物是很自然的(就像在庄子的《齐物论》中描写的鸟儿们的互相鸣叫),所以陶渊明写诗是把自己的人生与他人相联系的一种方式,"尔知我意"。⑥

陶渊明有名的三首诗都提到,坟墓阻断了死者重新回到人世的一切可能性。如果不是对旧日温情仍然怀有甜蜜记忆,这样的想法听起来是十分冷酷的。《悲从弟敬德》诗中写道:

> 礼服名群从,恩爱若同生。
> 门前执手时,何意尔先倾。
> 在数竟不免,为山不及成。

---

① 《赠羊长史》。
② 《癸卯岁始春怀古田舍二首》被称为"怀古"之作,但许多陶渊明的其他诗作都是以历史和古代的半传奇人物为题材的。
③ 原诗句为"拥怀累代下","拥"有两重含义,即充满(to fill)和推动(to press on)。
④ 见《赠羊长史》的最后三句"人乖运见疏。拥怀累代下,言尽意不舒"。
⑤ 维特根斯坦批评弗洛伊德把梦中的意象转换成"一种与语言符号有某种相似性"的解梦语言。见 Ludwig Wittgenstein, *Lectures and Conversations on Aesthetics, Psychology and Religious Belief*, ed. Cyril Barrett(Oxford: Blackwell, 1966), p. 45; Thorsten Botz-Bornstein, "The Dream of Language: Wittgenstein's Concept of Dreams in the Context of Style and *Lebensform*," *Philosophical Forum* 34 (Spring 2003): 73–89。
⑥ 见《祭从弟敬远文》。另外,在《悲从弟敬德》中,作为叙述者的陶渊明言道,他一生都在寻找知交,却找不到,他要与"古人"为友(向孟子致意)。

455

……
翳然乘化去,终天不复形。
迟迟将回步,恻恻悲襟盈。①

紧握的双手象征真正的兄弟之间的亲密之爱,死亡也不能使它黯然失色或者消失。陶渊明的《祭从弟敬远文》赞扬敬远"有操有慨",所以敬远的意外离世,先他而去,令陶渊明憾恨不已。②在《祭程氏妹文》中,陶渊明表达了同样的悲愤:我听说行善之人,只要通过自己的努力就能获得幸福。可是苍天没有给她幸福,为何这样不公正!③陶渊明拒绝相信好人之死是公平、公正的,这使他的诗更令人感到可信。这也是我们分析他的《自祭文》的语境。显然,陶渊明在生前为自己写下自祭文的方式,④在中国古代文学史上是前无古人的尝试。⑤

---

① 见《悲从弟敬德》。最后一句描述了丧服的衣领被泪水浸湿了,暗示着"内心的感情"。
② 见《祭从弟敬远文》"曰仁者寿,窃独信之;如何斯言,徒能见欺!"联想到《论语·为政》(2/4)谈到"三十而立"。还有《论语·雍也》(6/3)。
③ 见《祭程氏妹文》"我闻为善,庆自己蹈。彼苍何偏,而不斯报!"在此文中,陶渊明也发出了"肴觞虚奠,人逝焉如"的感慨。"虚奠"的"虚"提醒读者,祭奠的肉已化为轻烟,据说死者可以闻到它的味道。"奠"指祭酒。在 2017 年 1 月和姜斐德的私人通信中,他谈到"苏轼的两位妻子都早亡,所以他很有同感"。
④ 我们从地中海古典文化中也能找到相似的例子,如古希腊哲学家普罗泰戈拉(Protagoras,前 481—前 411 年)。美国诗人托尼·巴恩斯通(Tony Barnstone)在他的一篇论文中也提到中国诗人冯至(1905—1993)的例子。见:Tony Barnstone, "The Three Paradoxes of Literary Translation: On Translating Chinese Poetry for Form," in *Translating China for Western Readers: Reflective, Critical, and Practical Essays*, ed. Ming Dong Gu and Rainer Schulte(Albany: State University of New York Press, 2014), 261 - 76。
⑤ 陶渊明所做的远不止是安排自己的葬礼。

第七章 "半独立屋":陶渊明与苏轼

"归"与"馈"是通假字,所以"归"也有"进献(祭祀品)"的意思,①这使我们联想起一个中古时代的概念:"终命"(即"善终"),它是君子能获得的"五福"之一。② 陶渊明的最后一部作品《自祭文》可能写于很久以前,只是在他知道自己大限将近的时候,才再次润色或发表了它。显然,他想要人们以为这是他最后的遗愿,"陶子将辞逆旅之馆,永归于本宅"。当吊唁者的面孔和声音渐渐变得模糊不清的时候,幽灵般的陶渊明对于即将来临的死亡作出了如下的复杂反应:③

茫茫大块,悠悠高旻,是生万物,余得为人。自余为人,逢运之贫,箪瓢屡罄,絺绤冬陈。……乐天委分,以至百年。惟此百年,夫人爱之,惧彼无成,愒日惜时。存为世珍,殁亦见思。嗟我独迈,曾是异兹。宠非己荣,涅岂吾缁?④ 捽兀穷庐,酣饮赋诗。识运知命,畴能罔眷。余今斯化,可以无

---

① 杨华指出,这在出土文献中相当普遍。见他的专著《新出简制与礼制研究》,台北:台湾古籍出版有限公司,2007,第 9 页。
② 关于"终命",见《尚书·洪范》的最后一个段落。可以参见我的论文:The Shifting Center: The Original 'Great Plan' and Later Readings, Monumenta Serica Monograph Series 24(Sankt Augustin: Institut Monumenta Serica, 1992)。关于欧洲文化的相关论述,也可以参考已故法国历史学家菲利普·阿利埃斯(Philipppe Ariès,1914—1984)的专著英译本:Philipppe Ariès, The Hour of Our Death, trans. Helen Weaver(New York: Knopf, 1981)。请注意,葬礼成为欢宴,并不罕见。楚辞的《招魂》篇有这样的描述:"士女杂坐,乱而不分些。放陈组缨,班其相纷些。"(这个狂欢的场景是为了招魂。)
③ 见陶渊明《自祭文》。"大块"指的是"茫茫宇宙之物"。"箪瓢屡罄"指的是孔子最钟爱的弟子颜回总是忍饥挨饿。见《论语·雍也》(6/9)和《论语·先进》(11/18)关于颜回的评论。"絺绤冬陈",也是形容极为贫困。
④ "涅岂吾缁"中的"缁"指黑色,这里也可能暗指陶渊明自己作为农夫的生活。

457

恨。寿涉百龄,身慕肥遁,①从老得终,②奚所复恋!③……
窅窅我行,萧萧墓门……廓兮已灭,慨焉已遐……匪贵前誉,
孰重后歌?人生实难,死如之何?呜呼哀哉!

　　一方面,陶渊明认为他的生活相对"轻肥",他希望能善终,以保持一生正直,名声无损。但是他不会假装享受死后的孤独和人世生活的终结。虽然他最著名的作品《归去来兮辞》中也许以抒情的方式谈到了死亡("寓形宇内复几时?曷不委心任去留?"),但更多的作品则表达了失望和沮丧,如前面提到的《游斜川》诗。

　　"固穷"一词(见于《论语》)在陶渊明的诗中至少出现了七次。④ 对于陶渊明来说,这代表了人们可以实现的人生最高理想:维持尊严。陶渊明的自传《五柳先生传》⑤对不朽的名声不抱任何希望。它描绘了一个处于人生垂暮之年的可敬士人形象:

---

① 《周易》第三十三卦"遯",爻辞:上九:肥遁无不利。几乎所有的解卦者都把"肥"解释为"飞"。也可见《法言·重黎卷》(10/5)中关于范蠡的评论:"至蠡策种而遁,肥矣哉!"这里的"肥"也是"飞"的意思。
② 如前面提到的《尚书·洪范》中把"终命"列为人生的"五福"之一。
③ 这里的"复"语带双关:渴望回归,又再次渴望。这让人产生一种印象,陶渊明只是热爱那些令人愉快的每一天。
④ 它出现在这些诗中:《时运》、《诸人共游周家墓柏下》、《悲从弟敬德》、《饮酒》二十首(两次)和《有会而作》。根据陶渊明所述,酒坚定了他"固穷"的决心,从而与远古之道相一致。为此,他"归来夜未央"。(《拟挽歌辞》其二)在《扇上画赞》中,他表达了矛盾的心情,与古人为友,就必须独游。不过,陶渊明从他的信念中还是得到了真正的安慰,相信历史上有很多圣贤,像他一样生活困苦,没有选择。相似的处境使他与那些古代君子心意相通。在《有会而作》的诗题中,"会"既指"会意"(产生一个想法),也指相遇或同时发生的事件。陶渊明感觉到与古人心灵的相遇。
⑤ 《五柳先生传》。也可参见《自祭文》。下面的引文中有"欣然忘食"之语,可参见《论语·述而》(7/18)里提到的孔子自谓"发愤忘食"。

第七章 "半独立屋":陶渊明与苏轼

闲静少言,不慕荣利。好读书,不求甚解;每有会意,便欣然忘食。性嗜酒,家贫不能常得……忘怀得失,以此自终。

在自传结尾的"赞"中,陶渊明描述了这样的士人形象:"衔觞赋诗,以乐其志","不戚戚于贫贱,不汲汲于富贵"。① 陶渊明经常用这样的话来突出他内心的挣扎。博学的读者总是注意到,陶渊明在读史时,最仰慕的人是那些穷途末路者。② 大概他认为自己和他们一样,只有在死后埋在柏树下的墓地里,才能尽情欢乐。③ 陶渊明的《还旧居》④坦露了他的心情。回到从前的旧宅,虽然看到田间阡陌纵横,一如从前,但一些村里的老屋(及其旧交)都已不在了。回想起他们,使他悲喜交加,因为过去的美好记忆唤起了他对于自己未来的恐惧:

履历周故居,邻老罕复遗。
步步寻往迹,有处特依依。
流幻百年中,寒暑日相推。
常恐大化尽,气力不及衰。⑤

在他著名的《桃花源记》⑥中,陶渊明反复谈到人生重来的渺茫希望,以及不可避免的时间的流逝。每位读者都知道,桃子象

---

① 这段话托为黔娄之妻所言,因为在《列女传》卷二《贤明・鲁黔娄妻》中提到此话并非黔娄本人所言,而是出于其妻之口。
② 例子可见陶渊明《读史述九章》。
③ 《诸人共游周家墓柏下》是陶渊明最短的远游诗,只有八句。具有讽刺意味的是,被认为是神仙所居的"洞天"最后竟成了陶渊明的长眠之地。
④ 苏轼对这首诗的和诗见于《苏轼诗集》(1982),卷三十一,第616页。也见于袁行霈《陶渊明集笺注》(2003),第215页。
⑤ 见《还旧居》诗。
⑥ 《桃花源诗》讲述了一个完整的有关桃花源的故事。

征着永生,因为西王母赐予她的善男信女们桃子,使他们得以长生不老。在这篇游记中,陶渊明讲述了一位老渔夫在一次出游时迷路了,"忘路之远近"。突然,他发现自己置身于一片桃林中,沿岸数百步都可见桃树,他来到一个山口,依稀看到那里有光。于是他下了船,穿过狭窄的入口。然后豁然开朗,看到"屋舍俨然,有良田美池桑竹之属",男女老少都"悉如外人……并怡然自乐"。这里的居民与外界隔绝了近六个世纪,①从未尝试过返回人世。他们问渔夫现在是什么朝代。渔夫到处受到热情款待,大家纷纷邀请他到家里作客。不久他发现自己很想家。辞行之际,众人请求他不要把这里的情形告诉外界。但渔夫在返回途中,仔细留意了一切,并留下了标记。这不是为了能够重返桃花源,而是意欲向太守报告这里的秘密,以得到丰厚的赏金。可是当他带人回头去找时,再也无踪迹可寻,因为背信弃义的人绝不会得到回报。

显然,桃花源的人们是为了避祸而来到这里的,他们看起来与渔夫熟悉的人没有什么两样。的确,他们使用"古老"的礼器,衣着过时,但可以和近世人一样在田里耕种。但是这个神秘之地的人们不仅对于死亡避而不谈,而且对于时间的流逝也不再有习

---

① 陶渊明的《桃花源诗》中提到"奇踪隐五百",但应该是近六百年。这里的居民与外界隔绝了近六个世纪,从未尝试过返回。他们问渔夫现在是什么朝代。人们很好奇,这个故事是否与一位东汉人物阮肇有关,据说他曾与朋友在天台山采草药,偶遇仙女。他们与仙女共住了"半年"(据他们的估算),但实际上他们人间的子孙已有十代。见《太平广记》,卷六十三《女仙》,中华书局,1961年,第392页。

第七章 "半独立屋":陶渊明与苏轼

惯性的焦虑,只是满足于优游岁月,来去如风。① 陶渊明认为桃花源人"怡然有余乐",②因为他们生活在没有剥削、没有压迫、没有战乱的世界里,靠自己的双手就能过上自足安闲的生活。然而,即使在这样的天堂里,陶渊明笔下的渔夫还是渴望回到自己从前的家,并且天真地相信,从人间短暂的旅程中可以获得更大的快乐,尽管这与他的人生经历是相反的。

如果有人问我,陶渊明的哪两句诗最能概括他的思虑,我并不认为是《饮酒》组诗第五首中的"采菊东篱下,悠然见南山"③(大概那里是他的墓地)。在我看来,更能表达陶渊明纠结情绪的是《九日闲居》中的"栖迟固多娱,淹留岂无成"之句。④ 他同样期待接受变化(无论多么有悖常理),这也出现在他的一首描述紫葵或朱槿之美的诗中:"于今甚可爱,奈何当复衰。"⑤

---

① 陶渊明在《桃花源诗》中写道:"虽无年历记时日,四季推移自成岁。"一位读者朋友对此有疑义:"这些桃花源的居民是神仙,还是世世代代与外界隔绝的社群?""无年历"可能只是对于当时统治王朝的无知,以至于他们无法知道年号。该故事得名的桃树,生长在岩墙的外面,但不清楚它们是否彼此相连。我并不同意这样的看法。这个社区被象征永生的桃树围绕着,显然桃花源的人会一直活下去。但是,姜斐德在2016年8月与我的私人交流中指出,关于桃花源人是否是仙人的争论已持续了数世纪。苏轼倾向于认为,他们可能是出于政治原因,选择生活在安静山谷的真实的人。见《苏轼诗集》(1982),卷四十,第2196—2198页,特别是第2196页。
② 见《桃花源诗》。戴维斯对"并怡然自乐"和"怡然有余乐"的翻译是"taking their ease"和"finding their pleasure more than enough",见Davis(1983), v.1, pp.195-201。
③ 见《饮酒》二十首其五。
④ 见《九日闲居》。这种人生如寄的乏力感在陶渊明对于隐喻的选择中得到了证实,其中最重要的意象是浮云、飞鸟、流水、漂泊的船、南山以及他的墓地、酒,更不用说历史上典范人物(孔子和颜回是他最喜爱的两位)的典故了。这就是为什么陶渊明不应该被认为是纯粹的"自然诗人"。罗秉恕成功地研究了陶渊明对于《论语》的评论,见Ashmore(2010)。有意义的是,梦作为一种"似睡非睡,似醒非醒"的状态,大部分时候陶渊明并不处于那种状态中,尽管一些现代人把他描述成一个在永恒的迷雾中游走的人。
⑤ 见陶渊明《和胡西曹示顾贼曹》。在一些植物学书籍中,"烨烨荣紫葵"中的"紫葵"被认为是"朱槿",不过,随着时间的推移,花名也很快变化。

461

理想的情况下，人们知道什么时候因时而动，像鸟兽一样（联想起本书的第五章庄子提到的小猪的故事）。在一首诗中，陶渊明写道："农务各自归，闲暇辄相思。"①他深信事物的本性："衣食当须纪，力耕不吾欺。"②这样的诗句使陶渊明有别于魏晋时代散漫不羁的"竹林七贤"。文学史常常把他们与陶渊明联系起来，但"竹林七贤"的作品和格调无法与陶渊明相比较。与朋友、邻居的即兴小聚、晴好天气所感到的愉悦、一壶好酒，或者对于家和死亡杂糅的情绪，并不适合他们。重要的是，陶渊明从来没有期望过任何时候都会有纯粹的幸福。像其他凡夫俗子一样，他不时感受着人生的喜与悲，甚至尝试在简单的人生中实现其最大的意义。他不愿意隐藏情绪的变化，认为将其表达出来也许可以帮助他摆脱颓废的情绪，如庄子所建议的。他的一首少为人知的诗《和胡西曹示顾贼曹》的结尾两句是这样的："逸想不可淹，猖狂独长悲。"英语世界有两种不同的解读，一是"我无法控制这种激动的情绪，因而也无法掩饰自己的怨恨"。另一种是"我无法控制这固执的想法，于是我尽情地沉浸于长久的悲伤中"。③

　　离别常常是痛苦的，而死亡虽然终止了以后的离别，却更令人难以承受。同时，陶渊明关于最终回归的诗句让人联想起"物

---

① 见陶渊明《移居二首》其二。后面两句是"相思则披衣，言笑无厌时"。苏轼有《和陶移居二首》，见《苏轼诗集》(1982)，卷四十一，第 2281 页。
② 见《移居二首》其二结尾两句。
③ 见《和胡西曹示顾贼曹》。第一种解读见海陶玮的译著，Hightower(1970)，略有改动。他认为，许多其他的评注者更强调严肃和悲伤，也就是第二种翻译。在我们的私人交流中，姜斐德谈道："这几句的确很难理解！在前面的诗句中，陶渊明似乎在爱慕那些美丽的紫葵。'于今甚可爱，奈何当复衰！感物愿及时，每恨靡所挥。'这四句诗的英译是这样的，'A lovely sight to behold indeed/To decay, alas, they are doomed/Life must be enjoyed in good time. /A shame there is no wine to fill my cup.'。"

之美"①:"因为善与恶为二,亦是多样的,但生命之美,一如死亡,光明亦如黑暗,实则为一,都是生命之轮的一种美的节奏。"②

也许这是宋代画家从陶渊明的矛盾中所概括出来的一种情绪。作为一种视觉诠释形式,③宋代的陶渊明绘像远不如我们从他的诗歌作品中所能想象的那么丰富。我们很快就会看到,宋代的绘画巧妙地掩盖了陶渊明的生活与作品中的阴暗面。举一个有名的例子(见图 7.3),从宋代画家梁楷(活跃于十三世纪中期)的画中,④我们看到的陶渊明更女性化,更闲雅,面容也较丰满,正如倪肃珊所形容的。⑤ 他的目光朝向远方,手上拿着一朵花(有时候这是观音菩萨的标志)。除了扬起的下巴和凝视远方的目光,菊花、飘动的头巾、长袍和手杖标志了他的特征。为了表达佛教的弦外之意,李公麟画中的陶渊明形象是一位"预言者",处于画的中心,风围绕着他吹动(而不是那些次要人物,比如他的仆人),与马远的《乘龙图》的表现方式相似。根据中西方传统,激情的形象常常被塑造成"女性",而飘拂的长袍和披巾也是很典型的

---

① 美国抒情诗人罗宾逊·杰弗斯(Robinson Jeffers,1887—1962)对于"美"的评论是"无拘无束的"。见他的诗"Point Piños and Point Lobos"的最后一句。该诗收入他的诗集,见 Robinson Jeffers, *The Wild God of the World: An Anthology of Robinson Jeffers*(Stanford University Press, 2003)。

② 见 Robinson Jeffers, *The Double Axe and Other Poems* (New York: Random House, 1986), "Preface", 6。

③ 倪肃珊和韩文彬(Robert Harrist)反复谈到这个观点,伊丽莎白·布拉泽顿在她的博士论文中也有类似的评论,见 Brotherton(1992), 131, note 9。

④ 这幅画的彩色复制品可见于《渊明逸致特展图录》的图版第 1。关于与这首诗相关的形象传统,可参见倪肃珊的三篇论文:"'The Thing in the Cup': Pictures and Tales of a Drunken Poet," *Oriental Art* 46.4(2000): 49-61; "Catching Sight of South Mountain: Tao Yuanming, Mount Lu, and the Iconographies of Escape," *Archives of Asian Art* 52(2000-2001): 11-43; "The Bridge at Tiger Brook: Tao Qian and the Three Teachings in Chinese Art," *Journal of Oriental Studies* 50.1 (2002): 257-94。

⑤ 见 Nelson(1999), 19。

女性绘画所具有的特点。(著名的诗人通常被更理性化地对待，比如日本武藤博物馆所收藏的唐代诗人白居易画像。)但是对这样的传统最大的背离可能是一些像宋代画家李公麟的作品，它们所展示的陶渊明形象是顾影自怜，孤独无依的，而其实陶渊明很乐于和亲友相伴。据说，李公麟在第二幅描绘陶渊明"归家"的画作(现已亡佚)中，所构思的是正在经过一条小溪的诗人形象，表明生命的短暂易逝，也许也象征着流泪，①这使他有别于其他所有早期的画家，因为在他们笔下，陶渊明的形象常常被置于乡下

图7.3 据传为宋梁楷(约1140—1210)所绘《东篱高士图》，绢本，画幅尺寸为71.5厘米×36.7厘米，现藏于台北故宫博物院。此画的复制得到收藏单位的授权。

我们看到超凡脱俗的陶渊明，衣着华丽，眺望远方。毫无其诗中的"枯槁"之气。这位高逸之士的形象可能与苏轼的自我想象是相似的。

---

① 中文的"潺湲"一词使人由流过石上的山泉联想到眼泪。我很感谢姜斐德的这一发现。见：Robert Harrist, *Painting and Private Life in Eleventh-Century China: Mountain Villa by Li Gonglin* (Princeton, NJ: Princeton University Press, 1998), p. 21.

第七章 "半独立屋":陶渊明与苏轼

田园之中。① 但李公麟以陶渊明为对象的第三幅画作,是单色墨的白描图,它的遗失似乎最令人遗憾,因为李公麟尤以那些白描图而闻名,他认为那是给朋友的"馈赠之物"。② 人们很好奇,李公麟在这幅画中是否让陶渊明回归本真,白描技法尤其适合像陶渊明这样毫不张扬、注重友情的性格。

藏于弗利尔美术馆的一幅李公麟的卷轴画(图 7.4)描绘了热情招待好友的陶渊明形象。他的身体微微前倾,似乎在倾听客人的谈话,手中有一大坛酒,随时准备给客人斟上,屋中的其他人都在旁观。

图 7.4 据传为宋李公麟(约 1041—1106)所绘《陶渊明归隐图卷》,绢本设色,画幅尺寸为 37 厘米×518.5 厘米。现藏于美国华盛顿特区史密森学院(Smithsonian Institute)的弗利尔美术馆(Freer Gallery of Art)暨阿瑟·M. 萨克勒美术馆(Arthur M. Sackler Gallery)。此画是由收藏家查尔斯·朗·弗利尔所捐赠,藏品编号是 F1919.119。

这一画卷描绘了陶渊明在家与他的近邻好友宴饮的场景,后者很高兴看到返乡的陶渊明。几匹马与无聊的仆人在门外守候,一位看起来很重要的客人(王鸿?)正被迎接进门。

---

① 关于"短暂易逝的情绪",见 Harrist(1998),还有他的博士论文:"A Scholar's Landscape: *Shan-chuang tu* by Li Kung-lin"(Princeton University, 1989), p. 21。李公麟的《阳关》图展示了一个相似的离别的场景,其中的渔夫没有表情。
② 李公麟对各种文物的兴趣也是很有名的,包括绘画,这从他的白描图中可以看到,尤其是他为《孝经》所配的绘图。

苏轼与陶渊明的精神契合

　　学习中国文学的学者都知道,苏轼(见图7.5)几乎遍和陶渊明诗,并认为自己忠实地表现了他所仰慕的这位古代诗人的形象。① 苏轼显然是于元祐七年(1092年)任扬州太守时以偶然的方式开始作和诗的。当他后来经历第二次和第三次流放的时候,他继续着力为之。苏轼的一生共经历了三次流放,第一次是公元1080至1084年被贬谪到湖北黄州,第二次是公元1094至1097年被贬至惠州,第三次是公元1097至1100年又被贬到儋州(海南岛西边)。② 从1092年秋至1100年的八年间(此后不到一年苏轼就去世了),③苏轼创作了大量的和陶诗,这也是他对朝廷的立场发生巨大转变的时期。他在惠州和儋州度过的最艰难的流放生活,特别令他厌倦,因为在他效力于朝廷和地方三十多年,并取得显著政绩后,却受到了这样严厉的责罚。当五十七岁的苏轼首次开始和陶渊明的《饮酒》诗时,只是随性而作的,对这位诗人

---

① 见第466页注释③和第469页注释①。
② 苏轼在宋神宗熙宁年间(约1070年左右)曾外任到徐州和杭州,但并不是被流放。1079年发生了著名的"乌台诗案",苏轼因讥刺朝政而被判重罪,被贬谪到黄州(1080—1085)。后来司马光与其他同情他的官僚帮助他复职,他于1089至1091年任杭州太守。关于这段内容可参见 Stéphane Feuillas, "Sima Guang(1019 - 1086) et *La Grande Étude*: *Fragments d'une redecouverte et d'une redefinition du Confucianisme sous Les Song du Nord*," *in* Lectures et usages de la Grande Étude, ed. Anne Cheng and Damien Morier-Genoud(Paris: College de France, Institut des Hautes Etudes, 2015), pp. 47 - 63。
③ 大约四分之三的和陶诗是在他流放惠州期间所作。见王文诰辑注《苏文忠公诗编注集成》,台湾:学生书局,1967,第3册,第1164页。他认为,在苏轼62岁生日左右,他停止了这样的和诗创作。他的诗集直到南宋初期才印行,尽管在此以前他的诗集以抄本形式流传于世。他的诗集于1923年重印。

图 7.5　石涛(1642—1707)画作《秦淮忆旧图》,山水册,设色纸本,33 厘米×24.3 厘米,现藏美国克利夫兰艺术博物馆。它是用约翰·L.弗伦斯基金会(John L. Severance Fund)的经费购买的,编号为 1966.31.8。

石涛的画上题跋曰:"沿谿四十九回折,搜盡秦淮六代奇。雪霽東山誰著屐,風高石壑自成詩。應憐孤老長無伴,具剩差牙只幾枝。滿地落花春未了,酸心如豆耐人思。"

并没有特别的敬意,①只是比较喜爱而已。② 在被流放到惠州和儋州期间,苏轼不得不疲于应付自己家人的生计问题,因为朝廷禁止地方官给他提供任何帮助。但他把其余的大多数时间都花费在创作和陶诗上。苏轼的诗集表明,在这九年的时间里,他创作了数百首诗。在被朝廷赦免后他还禁不住作了一首词来庆祝。③

这一节比较陶渊明的诗与苏轼的和诗,试图探讨一个更大的问题:当一位后世的作家有意识地在某位早期作家的作品中寄托自己的思想,会产生怎样的创作结果呢?苏轼自称在陶渊明的诗歌中找到了精神避难所,但二人所处的境遇和个人气质迥异。苏

---

① 苏轼起初对陶渊明并没有景仰之意,这完全是可能的。因为在 1075 年,即他开始创作和陶诗的 17 年以前,苏轼写了一首贬低陶渊明的诗,否认他可以称得上一位圣贤。这首诗的部分诗句是这样的:"我笑陶渊明,种秫二顷半。妇言既不用,还有责子叹。无弦则无琴,何必劳抚玩。"而且,苏轼还否认陶渊明是一位贤者。见王文诰辑注《苏文忠公诗编注集成》(1967),第 4 册,第 2110—2011 页。关于苏轼何时开始认真创作和陶诗的,还存在争议,见第 474 页注释②和④。尽管如此,起初可能的游戏之作最终变成郑重其事的创作,因为陶渊明的 109 首诗中,苏轼和了其中的 100 首(第 477 页注释④提到了不同的数字),大部分作于流放期。无可争议的是苏轼在和陶诗中的自得其乐。
② 苏轼最初作和陶渊明《饮酒》组诗,是在 1092 年任扬州太守时,也是在他第一次被流放前。当时虽然高皇后支持他,但那些朝廷的诽谤者们都在寻找机会攻击他。见 James Robert Hightower, "T'ao Ch'ien's 'Drinking Wine' Poems," in *Wen-lin: Studies in the Chinese Humanities*, Edited by Chow Tse-tsung (Madison: Department of East Asian Languages and Literature of the University of Wisconsin, 1968), pp. 3–44;宋丘龙,《苏东坡和陶渊明诗之比较研究》,台北:台湾商务印书馆,1982,《简介》;Tomlonovich(1989), 365; Egan(1994), Chapter 4。在 1092 年所作的《和饮酒》诗中,苏轼强调了自己与陶渊明不同的人生经历,如组诗其一中所言:"我不如陶生,世事缠绵之。"
③ 很可能苏轼在这里想到了陶渊明和他的《归去来兮辞》。根据苏轼的说法,1095 年他受到诵读陶渊明诗的儿子的启发,开始了遍和陶诗的项目。见苏轼《〈和陶归园田居〉序》,《苏轼诗集》(1982),卷三十一卷,第 599—600 页。

第七章 "半独立屋":陶渊明与苏轼

轼在何种意义、何种程度上能够"得陶诗之真髓"?① 通过积累的记忆或文献而与古人相通,即孟子的"尚友"古人的方式,是否足以应对当下的恐惧和失落?② 由于苏轼宣称在做人和写作方面都以陶渊明为典范,他的和陶诗提供了陶渊明对后世影响的很好例证。③ 从苏轼的诗歌作品来看,阅读和写作中得到的安慰,与跟苏轼及朋友们在一起的乐趣是无法相提并论的。尽管苏轼有着高超的艺术技巧,他的和陶诗还是反映出他与陶渊明之间的差异。我想探究为什么苏轼通过这种诗意的交流,并没有(实际上也无法指望)完全消除他的烦恼,与长期以来认为写作具有改变和抚慰人心的力量的文学主张完全相反。④

苏轼作和陶诗的可能动机

自苏轼的时代以来,人们一直在探讨他作和陶诗的动机。根据某些说法,苏轼选择陶渊明作为他的"第二自我",因为他希望把贬谪看成是一位超然物外的君子的自愿归隐。⑤ 这样的立场

---

① 关于苏轼对陶渊明人格的敬慕,见苏辙《栾城后集》(文渊阁四库全书影印本),卷二十一,第1402页。关于苏轼受益于陶渊明作品的论述,请见王文诰辑注的《苏轼诗集》(1967),第6册,第3383页。苏轼在陶渊明身上看到了完美的古代典范,这使他可以立即表达自己的个性,确认在重学的传统中对于最高道理与审美标准的追求,这是韩文彬在其专著中的结论,见 Harrist (1998), Chapter 4 "Evoking the Past"。
② 尽管《孟子·万章下》中提出了有名的知人论世的"尚友"论,陶渊明的回答是否定的。在《咏贫士》诗其二中,他感慨道:"何以慰吾怀,赖古多此贤。"
③ 苏轼谈到自己不仅喜欢陶渊明的诗,而且也敬重其为人,其相关评论见下文。当然,这些问题也在困扰着当今的人文学者。
④ 关于人文主义者的主张,至少始于古罗马哲学家波爱修斯(Boethius. 480—524?),他在最后的著作《哲学的慰藉》(Consolations of Writing)中对此作了讨论。在古代中国,《孟子·万章下》(5B/8)提到了"尚友"。
⑤ 林语堂是支持这一观点的最有名的学者。唐凯琳的看法也是如此,见 Tomlonovich(1989), p. 352。作为论据,人们可能会记得公元1061年苏辙由于王安石对他科举应试文章的批评而未能得到官职,苏轼称赞自己的弟弟"隐于朝"。

469

不仅使苏轼可以在远离家乡的地方随遇而安,而且可以对那些朝廷上的野心家和佞臣表示轻蔑。自视不凡的苏轼对陶渊明"与万物多忤"的怨叹有同感,①认为大多数人只是表面大谈仁义,实际上是以此求取功名富贵。② 当然,从某种程度上说,陶渊明尖刻的评论与苏轼对于人生虚幻的本质(更多受到了佛教思想的影响),以及对大多数人生活中经历的麻木状态的鄙视产生了共鸣:"梦中了了醉中醒。"③当然,苏轼在陶渊明的诗中寻求一种率真,④他认为陶渊明对待生活的高洁和超然态度,是他那个时代的"君子"所必需的。

陶渊明引人注目的诗讽刺了官场的虚伪,苏轼的和陶诗必然

---

① 陶渊明曾说自己"与万物多忤"。苏轼在《和陶饮酒》中写道"我不如陶生,世事缠绵之"。[其一,《苏轼诗集》(1982),第1册,第605—608页]他自认是一位"不同凡俗"者,也认为自己的诗"精妙有味"。尝言自己"性不忍事,如食中有蝇,吐之乃已"。(见《曲洧旧闻》)在《思堂记》中他也谈道:"言发于心而冲于口,吐之则逆人,茹之则逆余"。可参见艾朗诺的翻译,Egan(1994),47, note 63。
② 见《和刘道原见寄》,《东坡全集》(文渊阁四库全书影印本),卷三,13a。
③ 见苏轼词《江城子·梦中了了醉中醒》。该词英译可见孙康宜的译著:Kang-I Sun Chang, *The Evolution of Chinese Tz'u Poetry, from Late Tang to Northern Song* (Princeton, NJ: Princeton University Press, 1980), pp. 163 - 164, 167。苏轼反复说过类似的话。如,在他的《发广州》诗中,他写道:"三杯软饱后,一枕黑甜余。"《苏轼诗集》(1982),第6册,卷三十八,2067页。他可能在海南也独醉过,"小儿误喜朱颜在,一笑那知是酒红"。(《纵笔》诗其一,见孙康宜上述译著第235页)关于苏轼对于佛教的态度,见 Beata Grant, *Mount Lu Revisited: Buddhism in the Life and Poetry of Su Shi* (Honolulu: University of Hawai'i Press, 1995)。还有杨治宜的博士论文,见 Yang(2012)。其中文版《自然之辩:苏轼的有限与不朽》已经出版(北京:生活·读书·新知三联书店,2018)。此外,苏轼在《次韵定慧钦长老见寄八首并引》其一中写道:"我是小乘僧。"(《东坡全集》,卷十九,页21b—24b)和陶渊明一样,苏轼也很喜爱《庄子》中关于醉鬼的几则故事。
④ 苏轼在《和陶饮酒》其三中有"渊明独清真,谈笑得此生"之句。但是,苏轼所言的"真",并不是陶渊明所指,这在下文会有进一步表述。苏轼有一首《和陶止酒》诗,其中有"劝我师渊明"句[《苏轼诗集》(1982),卷三十一,第605—608页。]这是他在流放海南时期所作,这是他人生的第三次流放。田菱在她的陶渊明接受史专著(2008)中讨论了苏轼与陶渊明的"身份认同",见 Swartz(2008), pp. 200 - 201。

也包含了对朝廷的微妙批评,"其中体趣,言之不尽"①。我们联想到,苏轼在三次流放期间,被禁止撰写与政事相关的文章,朝廷派员审查他的诗作,查找任何具有煽动性的讥刺内容。② 对于他来说,在诗歌中"尚友"是可以得到社会认可的方法,可以开拓一个道德空间,在那里没有人能干涉他。通过与敬慕的英雄一起分享记忆或见闻,可以留下难忘的印象。③

也有人强调,对于苏轼来说,勇敢地面对自己的处境是何其重要,它可以使自己与至亲的人(特别是那些两地分隔的亲人)振作起来。④ 写作、记诵和朗读诗歌佳作,可以通过释放压力和紧张的能量("气")而恢复情绪平衡,甚至可以治愈一些身体的疾病。因此,这位被贬的作家在自然界的非凡事物中寻找诗意的对象。如经久不腐的植物据说有益气回春之效,哪怕是吸收一点这

---

① 这句话出自南朝宋范晔的《狱中与诸甥侄书》,这也是文学传统的一部分。它被收入了《后汉书》(中华书局二十四史版,卷三十,3684 页),作为后记的形式出现在"志"之后。关于苏轼安静而"节制"的反抗,见 Egan(1994),pp. 257—260。但是在他看来,苏轼的反抗主要表现为在流放期间的自得其乐(这是根据我们的私人交流)。但这不是我所理解的苏轼,虽然苏轼的批评者一直在寻找一切表明他没有改过自新的痕迹。艾朗诺的书中也引用了苏轼的诗句:"但寻牛矢觅归路,家在牛栏西复西"。(《被酒独行遍至子云威徽先觉四黎之舍三首》其一,见 Egan(1994),p. 259。)
② 苏轼的文章直到宋徽宗时代才被禁,但他知道,很久以前他的诗就被审查是否有煽动性内容。
③ 见加拿大学者柯霖(Colin C. S. Hawkes)的专著 *The Social Circulation of Poetry in the Mid-Northern Song* (Albany: State University of New York Press, 2005),p. 8。
④ 见上注所引柯霖专著。通过描绘苏轼时代的气质,他让现代人看到诗歌(尤其是抒情诗,包括苏轼的拟作)为那个时代的文臣提供了多样的功能。柯霖说,创作诗歌的主要动机是通过与亲友和知交不断的诗歌交流(包括幽默的或者悲伤的)而结成良好的社会关系。因此,诗歌传播具有释放和引导积极的情感能量的目标。

样的精华也能使饮者精力无穷。①（我们不要忘记，苏轼是北宋最受推崇的医学方面的作者之一。）②付诸纸上的诗歌还可以有效地掩盖问题，淡化不幸，并向亲友保证一切如常或很快都会恢复。艾朗诺把苏轼流放时所作的许多"和诗"中故作乐观的情绪称为"决意的满足"，正如我们所知，这些诗实际上是在他感到愤怒、沮丧甚至绝望的时候所作。当渴望相聚的亲友相距遥远时，诗歌为他们提供了心灵相通的桥梁。

拟古诗是在公元三世纪中叶确立的一种诗歌类型，它伴随着"怀古"诗的出现，表达了对于失落的、也许更美好的过去的怀念。③ 在苏轼所生活的十一世纪晚期，诗人依韵和诗是很普遍的现象。但苏轼几乎要遍和陶渊明诗的决心，尤其是《归园田居》组诗，显得十分不同寻常，这至少有三个原因：第一，在苏轼的时代，许多和诗作于半公开的场合，如官宴上的即席赠答。第二，北宋

---

① 见柯霖的专著，Hawkes(2005)，p. 8，还有傅君劢专著，见 Fuller(2013)，p. 35。他们都谈到苏轼认为写作是作者把"气"从外部现象转化为纸或帛的过程。柯霖写道："在自然界中寻找非凡事物：万物枯萎腐烂时依然茂盛的植物；在陌生环境中的奇异物种或者水果；或者像茶这样的讲究之物，它们的生长早于其他春季植物，并能给予饮者生气，有时候可能是过于强大的能量。"
② 见席文的 Health Care in Eleventh-Century China. Archimedes: New Studies in the History and Philosophy of Science and Technology 43 (New York: Springer, 2016)，79，note 64。另一位著名的医学作者是苏轼的同代人沈括。
③ "怀古"，字面上的英译是"cherishing the past"，类似于美国诗人埃德温·阿林顿·罗宾逊(Edwin Arlington Robinson, 1869—1935)的诗"Miniver Cheevy"(《米尼弗·契维》)所描述的一位傲世青年的怀古方式。有人认为，汉武帝时代苏武与李陵之间的赠答很可能是文学模仿的产物，代表了自觉模仿古代圣贤的最早的例子之一。见林翼勋的《苏轼诗研究》(2008)，第 1168 页。到目前为止，学者们认为，唐代诗人的和诗出乎意料地少见。不过，关于押韵的研究倒是很多。

第七章 "半独立屋"：陶渊明与苏轼

诗人与同时代人的和诗数量较少，①像苏轼这样遍和陶诗，应该是绝无仅有的。第三，有些宋代诗人所选择的和诗对象往往是行政长官或者如曹植、李白或杜甫那样的少数经典诗人。当然，在苏轼创作和陶诗以前，陶渊明的诗名已经十分卓著了，尤其是到了北宋，他的古淡诗风很符合当时的艺术审美观。② 欧阳修（1007—1072）特别推崇陶渊明。③ 曾巩（1019—1083）和司马光

---

① 在这里，我会把异地诗友之间交流的诗歌与那些需要很高技巧的依韵和诗区别开来，后者流传更广。见姜斐德 *Poetry and Painting in Song China: The Subtle Art of Dissent*, Harvard-Yenching Institute Monograph Series 50 (Cambridge, MA: Harvard University Press, 2000), pp. 180-185。柯霖的专著也提供了关于远隔异地的诗友之间诗歌交流的例子。

② 不过，这并不是故事的全部，因为苏轼并不是第一个推崇陶渊明的人。见本页注释③和第 474 页注释①。在苏轼之后，朱熹这样追想陶渊明："予生千载后，尚友千载前。"见朱熹诗《陶公醉石归去来馆》,《朱文公文集》（文渊阁四库全书影印版），卷六十六，页 34b。也可参见齐皎瀚（Jonathan Chaves）关于宋初诗人梅尧臣的专著：*Mei Yao-ch'en and the Development of Early Sung Poetry*, New York: Columbia University Press, 1976, p. 202。这很大程度上取决于朱熹作这首诗的年代。朱熹也批评苏轼对陶渊明诗的评价"虽其高才，合揍得著"，但忽略了陶渊明对于宇宙人生的兴趣。见《朱文公文集》（文渊阁四库全书影印版）卷六十五，页 23a。在朱熹的导师赵汝愚被流放湖南并死于途中后，他对于朝廷禁止任何祭奠仪式感到气愤。这可能使朱熹对于陶渊明拒绝朝廷礼仪有了更多的同感。要了解更多内容，可参阅贾志扬（John W. Chaffee）的论文："Chao Ju-yü, Spurious Learning, and Southern Sung Political Culture," *Journal of Song-Yuan Studies* 22 (1990-1992): 23-61。

③ 关于欧阳修对陶渊明的称赞，可参见林翼勋的《苏轼诗研究》(2008)，第 1174 页。宇文所安认为，当盛唐诗人希望远离宫廷诗的传统时，会转向陶渊明。可参见 Owen (1981), p. 80。为纪念陶渊明而作的画像在八世纪开始出现，其中包括郑虔（691—759）的作品，这位画家与李白、杜甫是"诗酒友"。据《宣和画谱》卷五，郑虔的一幅陶渊明画像作品曾收藏于北宋御府。见 Brotherton (1992), p. 229。

473

(1019—1086)也有相似的高度评价。① 尽管如此,当苏轼在努力探索诗歌创作时,陶渊明只是被列为最佳田园诗人之一。② 因此,虽然苏轼选择陶渊明作为诗人典范并非惊世骇俗,但他如此专注拟陶诗和效仿其性格却令人惊奇。不过,在苏轼的时代,创造特立独行的公众形象在文人当中十分流行。③

为了让人敏锐地意识到他将要开始新的创作历程,苏轼在初次和陶渊明《饮酒》诗后,决定"追和"这位古代诗人的所有诗作。④ 陶渊明是一位优秀的诗人,在苏轼眼里,他也是一位同道之人。苏轼认为,陶渊明是他在另一个时空的好友,也是他灵感的来源。⑤ 一如苏轼在1096年写给弟弟苏辙的信中所言。那一年,所有与苏轼关系密切的"元祐党人"都被流放了:

> 古之诗人,有拟古之作矣,未有追和古人者也,追和古人则始于吾。吾于诗人无所甚好,独好渊明之诗。渊明作诗不

---

① 关于陶渊明的早期名声和对他的接受史,见第414页注释①。比苏轼年长的同时代作家曾巩,把陶渊明看作理想的隐逸诗人代表。见曾巩的《游山记》《曾巩集》,中华书局,1984,第781—782页。关于司马光的独乐园的设计受到陶渊明的影响,可见 Nelson(2000—2001),p. 36. 洪迈引用晁以道(又名晁说之,1059—1129)《答李持国书》云:"建中靖国间,东坡《和归去来》,初至京师,其门下宾客从而和者数人,皆自谓得意也,陶渊明纷然一日满人目前矣。"根据洪迈所言,当时崇尚陶渊明的风尚扩展到为他画像,还有和陶诗。更多详细内容,可以参见包华石的论文,Powers(1998),p. 51.

② 例如,苏轼之弟苏辙认为陶渊明诗"质而实绮,癯而实腴"。详见本页注释④。

③ 见柯霖专著,Hawkes(2005),pp. 44–48. 艾朗诺谈到欧阳修称自己为"醉翁",见他的 *The Literary Works of Ou-yang Hsiu (1007–72)* (Cambridge:Cambridge University Press,1984),p. 133.

④ "追和"引自苏轼给苏辙的信中,当时他在海康,写信的时间是绍圣丁丑(1097年)12月19日。在这篇《追和陶渊明诗引》中,苏辙谈到苏轼隐居罗浮,"独喜为诗,精深华妙,不见老人衰惫之气",苏轼也引陶渊明告子语,"性刚才拙,与物多忤"。翁方纲认为"原文"系伪作。详见林翼勋《苏轼诗研究》(2008),第1161页。《栾城集》(1987),第3册,卷二十一,1402页。

⑤ 见陶渊明《咏贫士》诗其五和苏轼的《和陶贫士七首》其五,《苏轼诗集》(1982),卷三十一,第613—614页。

多,然其诗质而实绮,癯而实腴,自曹、刘、鲍、谢、李、杜诸人,皆莫及也……然吾于渊明,岂独好其诗哉? 如其为人,实有感焉。①

从上面这段话中,我们不难看出苏轼和陶诗时的激动心情,尽管出于职业性的谦虚,他谈到自己因在诗艺或性情方面都无法与陶渊明比肩而感到"有愧"。但苏轼又称,"自谓不甚愧渊明",因为他可以把自己的和陶诗"集而并录之,以遗后之君子"。② 苏轼乐观地表示,他不仅要向"绝世"的陶渊明看齐,而且也追慕其他典范人物。比如他在一首诗中提到了葛洪:"愧此稚川翁,千载与我俱。画我与渊明,可作三士图。学道中恨晚,赋诗岂不如。"③

在这里,我给读者补充一些必要的背景:在苏轼之前漫长的数世纪中,文学理论家们依据和诗的行数和特定的方式,提到了和诗的三重困难。(其他规则还包括音韵和平仄,但它们太复杂了,无法在这里作解释。)④ 很自然地,作为诗人,苏轼以多才多艺而感到自豪。他乐于挑战最严格的和诗规范,不仅要依照原诗之韵,而且同样的韵脚也要以同样的顺序出现,只有那些诗艺最娴

---

① 在我们的一次私人交流(2016 年 8 月)中,姜斐德告诉我,她注意到苏轼也曾推崇过杜甫。但是杜甫对陶渊明并不是很推崇。私人的书信,即使是那些广泛流传的,也免不了夸张的成分。
② 可参见苏轼《书渊明诗二首》和《子瞻和陶渊明诗集引》(《栾城集》,1987,第 3 册,卷二十一,第 1402 页)。后者是苏辙引苏轼语。
③ 大多数人认为最后一句话的意思是:"难道我写诗不如葛洪吗?"但没有理由不认为这里该是兼指葛洪与陶渊明。见苏轼《和陶读山海经十三首》其一。
④ 如魏宁(Nicholas Morrow Williams)注重研究中国唱和诗的风格特点。他特别对于一种常用的"顶针"法(又称联珠法,指上句的结尾与下句的开头使用相同的字或词)感兴趣,认为形式与内容相应。见 Nicholas Morrow Williams, "A Conversation in Poems: Xie Lingyun, Xie Huilian, and Jiang Yan," *Journal of the American Oriental Society* 127.4(2008): 491-506。

熟、最有创造性的诗人才能达到这样的程度。① 毫无疑问,苏轼喜欢这样的炫耀方式。他自诩是第一个用这种方式进行文学交流的人。严格来说,他指的是自己以创新的方式,通过一系列的诗歌交流,将一位古代人视为当世知己。苏轼创作的2,337首诗中,785首(大约三分之一)是和诗。此外,苏轼认为自己的和诗可以使陶渊明更加声名远播,这令他感到满足,尤其是当他从陶渊明的人生经历中了解到他的压抑和苦闷,就更是如此。只有见识不凡的人才能发现他人的卓越之处,并以恰当的方式来表示纪念。② 梅尧臣(1002—1060),苏轼时代的一位年长的优秀诗人曾经提到过诗要"寄至味于澹泊",特别是宋代文人普遍推崇"平淡"之诗,认为它们胜过华丽恣肆的盛唐之诗。③ 苏轼选择忽略这样的平淡诗风,是因为他的理想是要让诗中有画,"淡墨如梦雾中"。④ 直到晚年,苏轼的一些诗才变得平淡,部分原因是他与陶

---

① 此时,苏辙、晁无咎(或晁补之)和张文潜都参加过次韵和诗,一种技术要求最高的和诗形式。
② 这一观点自汉代就有了。关于这一点,可详见我的论文:"Addicted to Antiquity (nigu 泥古):A Brief History of the Wu Family Shrines, 150 – 1961 ce," in *Recarving China's Past:Art, Archaeology, and Architecture of the "Wu Family Shrines,"* 513 -82, ed. Cary Y. Liu, Michael Nylan, and Anthony Barbieri-Low (Princeton:Princeton University Art Museum, 2005), pp. 513 - 42。
③ 梅尧臣之语"寄至味于澹泊"见《书黄子思诗集后》,《苏轼文集》,中华书局,1986,第2124页。
④ 此语出自宋人米芾(1051—1107)在《画史》中对李成(919—967)画的评价。见韩文彬关于宋代绘画的研究专著,Harrist(1998), p. 79。苏轼看了王维的《辋川图》后,认为他比另一位唐代画家吴道子画得更好,因为"摩诘得之于象外",而吴道子"虽妙绝,犹以画工论"。见苏轼《王维吴道子画》,《苏轼诗文集》(1996),第1册,卷三,第109—110页。魏玛莎的王维诗译著中也提到此故事,见 Wagner(1981), p. 15。和陶渊明一样,苏轼以画入诗,画外有画,比如他的诗句"环州多白水,际海皆苍山"。(《和归园田居六首》之一)苏轼的诗中有画,是追随柳永的早期词风,见 Ridgeway(2005), p. 29。

渊明在诗歌里神交很久。①

事实上,苏轼可能已经感觉到在和陶渊明诗时,会受到更大的挑战。陶渊明不会在抒情诗中卖弄绘画技巧,而苏轼曾希望他的每首诗都是具有视觉吸引力的。他不得不训练自己适应一种新的诗风,并逐渐从自己年轻时已经熟习的七言诗转向五言古诗。② 陶渊明的"欲辨已忘言"③使他的诗歌作品令人难以捉摸。尽管如此,苏轼的和陶诗有一百多首(有些组诗最多有20首),这不仅可以证实苏轼作为诗人的非凡才能,而且更重要的是,也证实了他罕见的道德想象力。④ 他甚至认为,和诗可能成为一种写作方法,创造新的模式。⑤ 为了让自己的和陶诗更胜一筹,苏轼就不能只是注意次韵,还要特别注意推敲陶渊明的遣词造句和意象运用。换句话说,他要尽其所有的努力和学识,深入到陶渊明内在精神的核心,那是他灵感的源泉。尤其是通过陶渊明的作品,苏轼可以向他人表明,最高的技艺其实在他眼里如同儿戏。

---

① 我要感谢郑文君所提出的这一点。不过,在苏轼后期的诗歌作品中也有令人惊讶的例外。(见下文)
② 郑文君在我们的一次私人交流(2017年8月)中提到,苏轼"在他生命的最后几年中,五古诗写得越来越好,他的诗也开始具有了他所赞赏的陶诗的特点",即使他的和诗并不总能展现他的新创作技巧。
③ 用苏轼的话来说,"庶几其仿佛不可名言者",见《东坡先生和陶渊明诗》,西泠印社,2011,页5b。关于苏轼的和陶诗,除了这一文集,可能最好的研究资料还是宋丘龙(1982)和林翼勳(2008)的两本专著。
④ 如《饮酒》诗有20首,《拟古》诗有9首。苏轼的和诗收入《苏轼诗集》(1982),卷三十一,第2266—2267页。令人困惑的是,苏轼把《归去来兮辞》归为诗。如《归去来集字十首并引》中收录了十首诗,见《苏轼诗集》(1982),卷七,第2356—2359页。因此,关于苏轼和陶诗的准确数量存在分歧,因为有不同的计算方法,有些诗是按照诗的小节来计算的。查慎行的《注东坡编年诗》收录了136首诗,但他也收入了像《问渊明》这样并非和诗的作品。林翼勳坚持认为,应该是109首和诗,见他的专著(2008)的第1163页。但在第1185页,林翼勳又认为是121首。
⑤ 在此我要感谢法国学者费飏,在一次私人交流中,他提醒我苏轼对于《周易》的兴趣,以及苏轼希望更好地运用比喻来揭示和表现宇宙的自然规律。

他的和诗也常常妙用双关语。① 无疑,通过这种方式使自己名显一时,是苏轼作和陶诗的动机之一(其他的动机前面已提到过),因为苏轼性格的复杂性不亚于陶渊明。相对来说我们可以清楚地了解的是:苏轼十分注重承袭陶渊明的名声,据批评家所言,他的号"东坡"也是取自陶渊明的诗。②

苏轼告诉我们,他强烈感觉自己与陶渊明有着相似的困境。③ 而现代读者往往对陶渊明和苏轼所经历的不同生活更感到吃惊。苏轼是因为遭到贬谪后才决定追随陶渊明的。④ 由于对官场琐事和黑暗感到不满,也可能是担心朝廷发生政变的可能性,⑤陶渊明在任彭泽县令(可能是他得到的第一个官职)不到三

---

① 举例来说:"偏"(在身侧)指"妻子",也可以指"不公正的"。"柯"既指"枝条",也指"伐柯之斧"。第一个例子出现在陶渊明诗《怨诗楚调示庞主簿邓治中》,见"始室丧其偏"句。第二个例子见陶渊明诗《停云》其四中的"翩翩飞鸟,息我庭柯"句。

② 见 Egan(1994),p.232,note 57。关于"东坡"的号,见《苏轼诗集合注》(2001),卷二十一,第1039—1045页。有几首陶渊明的诗,包括《归园田居》都提到了东坡,如《归园田居》其六有"种苗在东皋"之句。见《苏轼诗集》(1982),卷三十一,第599—600页。郑文君(1993)提到苏轼开始以"东坡"为号是在他第一次被流放到黄州期间。不过,在我们最近的一次交流中(2017年8月),她说,这一说法尚无定论。

③ 这让我们想起庄子的话:"子不闻夫越之流人乎?去国数日,见其所知而喜。"见《庄子·杂篇·徐无鬼》(卷二十四)。也可见华兹生的《庄子》英译,Watson(200),p.200。

④ 苏轼对陶渊明最初的贬低,见第468页注释①。杨立宇(Vincent Yang)认为,是第二次流放经历触动了苏轼,使他意识到应该遍和陶诗。见 Vincent Yang, *Nature and Self: A Study of the Poetry of Su Dongpo with Comparisons to the Poetry of William Wordsworth* (New York: Peter Lang, 1989), p.234。斯坦利·金斯伯格(Stanley Ginsberg)则更紧密地遵循中国文学传统,认为苏轼是在第一次流放期间发生了戏剧性的转变。见他的博士论文,Stanley Ginsberg, "Alienation and Reconciliation of a Chinese Poet: The Huangzhou Exile of Su Shi" (University of Washington at Seattle, 1974)。

⑤ 历史背景是这样的:在公元405年的年初,陶渊明曾在两位镇压桓玄的将军麾下任过职,其中一位将军是刘裕,他在公元417年的8月成为篡权者。公元405年的某个时候,陶渊明任彭泽县令,不久辞官并写了《归去来兮辞》。

第七章 "半独立屋":陶渊明与苏轼

个月后就突然辞职。① 作出这样重大的决定在当时可能是有风险的。② 在后来的三十年中,陶渊明的确被迫为自己的冲动行为作出辩解。但他的态度是坚决的。在作出决定后,他只是很短暂地担任过一两个职务,每次都是迫于压力,可能是为了避役,也可能是因为极度困窘。

相比之下,苏轼从未想过要辞官。他自己为官清廉,在创作和陶诗的大部分时间,或多或少也是公开寻求恢复官职。③ 有几首他的和诗旨在取悦皇帝,以便能被召回朝廷,④而他本人也意识到自己在仕进和放弃抱负之间摇摆不定。作为一名被冷落的文臣,苏轼抱着一线希望能重返他视为"家"的朝廷,他很难领略陶渊明那种无忧无虑的境界。⑤ 只有在苏轼最后的和诗中(作于第三次流放期间,公元1101年他去世前不久),他才宣布自己最终放弃了重获官职的所有希望。而且因为他的故乡当时正处于

---

① 我们也不能忽视陶渊明姐姐的过世,使他愿意为了追求美好生活而孤注一掷。陶渊明在他的《辛丑岁七月赴假还江陵夜行涂口》中谈到了服役。陶渊明的困窘处境似乎是足够真实的。他的房子不止一次被烧毁,他的《乞食》诗看来反映了他的真实需求。
② 比如萧统就不喜欢这首诗。他说,这是陶渊明作品中的"白璧微瑕"。
③ 的确,在某个时候苏轼很认真地考虑过留在广州,因为他没有更好的选择,虽然他也总是希望能恢复在都城汴京的职位,哪怕只是为了能改善至亲者的生活。
④ 苏轼把自己入仕三十年却以耻辱告终的经历与陶渊明的不愿为五斗米而折腰相对照。他不无痛苦地写道:"乃欲以桑榆之末景,自托于渊明。"见《追和陶渊明诗引》,《东坡全集》(文渊阁四库全书影印版),卷三十一,页1a—2b。在公元1082年,苏轼又在他的一首词《江城子》中写道:"手把梅花,东望忆陶潜。"这首词是仿照陶渊明的诗《游斜川》,但并不是苏轼的正式和诗。正式的和诗可见于《苏轼诗集合注》(2001),卷四十一,第2145—2146页。
⑤ 这就解释了为什么苏轼用更公开的乐观语气("于吾岂不多,何事复叹息!")代替了陶渊明严酷的自我评价"素抱深可惜"。苏轼的轻松语气在他的《和陶渊明饮酒二十首》其六就定下了基调:"去乡三十年,风雨荒旧宅。惟存一束书,寄食无定迹。"见《苏轼诗集》(1982),卷三十一,第605—608页。

479

动荡之中,他也放弃了回到家乡四川的希望。① 他觉得,当时能想到的最好结果就是回到第一次被流放的黄州(今天的湖北省境内),在那里的风景胜地拥有一座山庄。当朝廷最终决定赦免他的消息传到儋州的时候,苏轼很快改变了想法,决定不管年迈、体弱多病和路途遥远,重新回到朝廷去。② 因此,苏轼从来没有摆脱过朝廷的世界,即使是在他感到最幻灭的时候。③ 在他为重获官职而作最后的努力的时候,慢性疾病和因不洁的河水而引起的痢疾最终夺走了他的生命。让他略感安慰的是,"重返家园"已经成为被打击的"元祐"党人的共同愿望。④ 他们也像他一样,决心在对手失势后重返朝廷。

苏轼与陶渊明在性情和处境上的差异,使他很难完全沉浸于陶渊明的情感和作品世界。因为对苏轼来说,"家"主要指"家

---

① 然后苏轼最终辞官,即使不甘心放弃现实的考虑,因为他从陶渊明的作品里了解了,人总是要以某种方式远离这个世界。正如苏辙在《追和陶渊明诗引》中所引苏轼之语。相关内容可以参见叶嘉莹的《论苏轼词》,收入缪钺、叶嘉莹编《灵溪词说》,台北:国文天地,1987,第191—238页,尤其是第211页。也可参见 Egan (1994), p. 233, note 61 & 62。苏辙谈到了其兄在流放中所遭遇的艰难,"乃欲以桑榆之末景,自托于渊明,其谁肯信之?"(见前所引《追和陶渊明诗引》)当然,这清楚地表明了二人在性情和处境方面的差异。
② 如我们读苏轼诗集的时候会发现的,他的北上之路非常迟缓,而他也不知道要走多远才能到达。在他北归的旅程中,第一个计划是先到位于汴京之南的苏辙的家,但该地区当时正遭受匪患,所以他决定不去那里。四川也是匪患之地,不复安全。详情可见《栾城集》(1987),第321—322页。苏轼死于痢疾,临死前才得以与几位家人相见,但苏辙不在其中。见《栾城集》(1987),第3册,卷二十一,第1410页和1421页。
③ 见李泽厚《美学哲思人》,台北:风云时代出版社,1989。
④ 见 Brotherton(1992), p. 226。还有 Egan(1994), pp. 27-53。姜斐德提到,由欧阳修(最初是苏轼的导师)主导的言论自由的政治文化,很快让位于皇帝或太后、大臣和号称"新党"的主要反对者之间的斗争。见 Murck(2000), p. 2。白睿伟认为,苏轼最高成就的词可能创作于他最被政治边缘化的时期,但很少有人以同样的方式来看待他的诗。约33%可以推断创作年代的苏轼词(331首词中的292首)是作于苏轼流放黄州的时期。见 Ridgeway(2005), p. 76。

第七章 "半独立屋":陶渊明与苏轼

人",尤其是他最挚爱的弟弟苏辙和自己的儿子。他曾在愉快的时候充满自豪地写到过自己的儿孙们:

> 晓晓六男子,弦诵各一经。
> 复生五丈夫,戢戢丁欲成。①
> 归田了门户,与国充践更。②
> 普儿初学语,玉骨开天庭。③
> 淮老如鹤雏,破壳已长鸣。
> 举酒属千里,④一欢愧凡情。⑤

在流放期间,苏轼本来应该会想起陶渊明关于"归家"主题的诗,因为苏轼最大的希望就是回到自己的出生地四川,或者与他亲爱的弟弟苏辙生活在一起。这种情绪可以让我们理解苏轼所写的"梦中了了醉中醒,只渊明,是前生"。⑥ 但是流放使苏轼无法与家人接触(只是在最后一次流放中,他才被允许有一个儿子随行),那些曾经与他关系密切者也前途黯淡。此外,他也担心影响弟弟的仕途。这些都表现在这首诗里。⑦ 在和陶诗的时候,苏

---

① "丁"指 21 岁的成年男子。"戢戢"出于韩愈的《南山》诗。也可参见《史记》卷一百零六《吴王(刘)濞列传》。
② 这里的字面意思是指他的儿子们都能预备服役,但实际上这里更笼统地指的是进入职官体系。
③ "天庭"指的是大脑。这是一个隐喻。
④ "属",通"嘱"。"千里"指遥远而广阔的地方。确实,他在为亲爱的家人举杯,而他们大多与他相隔遥远。
⑤ 这首引用的诗见苏轼《和陶饮酒二十首》其十六。
⑥ 见苏轼词《江城子》(《东坡词》,文渊阁四库全书影印版,92a—93b)。它是依照陶渊明的《游斜川》而作的。
⑦ 如苏辙因为与兄长苏轼一起作讥刺诗而被派去征收盐酒税五年,没有得到升迁。苏轼在他的词《沁园春》中暗示了一些这样的困境。词的开始描述了兄弟俩希望回到汴京城,然后暗示了他们面临的烦恼,最后以故作轻松的语句结尾"身长健,但优游卒岁,且斗樽前"。见《东坡词》,页 91a—92a。苏轼在《和陶停云》诗中表达了对苏辙的挚爱,见《苏轼诗集》(1982),卷四十一,第 2270 页。

481

轼永远无法真正帮助家人摆脱困境。①

不过，我们应该注意到，陶渊明与苏轼生活于不同的时代。早于苏轼时代的七个世纪以前，即使是像陶渊明这样低等的贵族也不会羞于与下层人士交往，因为世袭制可以使他依然处于社会的上层地位。② 生活在北宋后期高度商业化和竞争激烈的精英文化中，像苏轼这样的士大夫会发现很难轻松逾越阶层的界限。③ 陶渊明好与那些真诚无欺的人为友。他说，他的本性不愿意歧视别人。④ 相反，苏轼拥有很多政治同盟者、门生和仰慕者。他以精心择友为傲。在和陶渊明的一首《移居》诗中，他写道："出门无所诣"，表达了一种与陶渊明不同的情绪。⑤ 在另外一首和诗中，⑥苏轼写道：

> 有客叩我门，击马门前柳。
> 庭空鸟雀散，门闭客立久。
> 主人枕书卧，梦我平生友。

---

① 苏轼选择不作这首陶渊明作品的和诗，部分地也许是因为在宋代，不能接受父亲公开地贬损自己的孩子。苏轼表达了宋代传统士大夫对于童真的观点，认为孩童具有自然和天真，但可悲的是，它们在那些一心要飞黄腾达的人身上却是缺乏的。当然，苏轼的《洗儿诗》是戏谑的，主要针对的还是朝廷的荒诞。关于宋代儿童的艺术形象，可参见 Ann Barrett Wicks, *Children in Chinese Art*（Honolulu：University of Hawai'i Press, 2002）。
② 苏轼在他的《和陶咏贫士》诗中，敬重陶渊明是位慷慨之士，想象陶渊明倾其所有来招待朋友。
③ 苏轼属于士大夫阶层，有点自命清高。他并不是特别鄙视那些没有受过教育的人，他无法忍受的是那些自诩饱学之士，但言行举止粗鲁无礼。有人会联想到所谓牛津、剑桥人的心态。
④ 见陶渊明《移居二首》其一"邻曲时时来"。
⑤ 见《和陶移居二首》其二。苏轼另一首感叹失去志趣相投朋友的诗是《和陶田舍始春怀古二首》其一，其中谈到邻人的"缺舌"。见《苏轼诗集》（1982），卷四十一，第2281页。
⑥ 见苏轼《和陶拟古九首》其一，《苏轼诗集》（1982），卷四十一，第2266—2267页。

忽闻剥啄声,①惊散一杯酒。

倒裳起谢客,梦觉两愧负。

坐谈杂今古,不答颜愈厚。②

问我何处来,我来无何有。

而陶渊明在他的《拟古》诗中谈到了与朋友相处的无限喜悦"未言心相醉,不在接杯酒"。苏轼则是在梦中与朋友相遇,却忽略了轻轻的敲门声。苏轼塑造的陶渊明也偏爱"无人的"山丘和山谷,在那里,人们可以暂时摆脱凡尘俗事的负累。③ 如果苏轼真的是第二个陶渊明,那么我们猜想,他会更轻松自在地与当地人交谈,只要他们是"素心人"。④ 但即使在他悲惨的流放期间,苏轼也无法忘记自己在精英阶层的显赫地位,根据大多数最近的政治理论,这个精英阶层的权威几近于皇帝。⑤ 与之相关的是,北宋王朝的文臣精英们也不断地从王羲之(303—361)那样的魏晋贵族那里寻求灵感,而忽略了两个群体在价值观和社会地位之间的差异。具有讽刺意味的是,陶渊明在人生的早期阶段,根本不会结交像王羲之那样有地位的人,无论是在现实中,还是在想

---

① "剥啄"也有"残破"的意思,可能显示了苏轼的困惑和不满。
②《诗经·小雅·巧言》有"巧言如簧,颜之厚矣"之句。
③ 见苏轼对陶渊明《游斜川》诗的评论,见 Davis(1983), v.1, p.53。
④ 如林翼勳的《苏轼诗研究》(2008)写道:"渊明已迁。坡公和诗则未迁。渊明此诗写移居得所,道邻曲相与乐往来之情景。欣喜之情,溢于言表。坡公则写所居之适,俗人俗事相扰,见不怿之怀。二公写忧、乐各异。"(第1230页)儋州的村夫尤其激怒了苏轼,他们不再将苏轼当作地位尊贵之人。公平的是,苏轼当时有一年多总在生病。他渴望以前在"江东"的时候曾拥有的快乐。《和陶移居二首》其二中的"思我无所思",因为他拥有一切需要的东西。
⑤ 见苏轼的《和陶咏三良》:"顾命有治乱,臣子得从违。"见 Egan(1994), p.259。黄庭坚率直地提出,宋朝廷不重视人才,而且迫害苏轼。他在《跋子瞻和陶诗》中写道:"子瞻谪岭南,时宰欲杀之。"见《山谷诗集注·内集》,卷十七,上海古籍出版社,2003,第312页。

象中。因此，生活于完全不同时代和境况下的陶渊明和苏轼在诗歌中表达的内在情感是不可能相同的。

苏轼虽然遍和陶诗，但他的和诗在情感和思想上与陶渊明的原作并不相称，尤其是他作的《和陶拟古诗》。① 陶渊明推崇汉代身居高位的疏广和疏受决意放弃宫廷生活的明智之举，认为这值得后人效仿，他写诗赞道："高啸返旧居，长揖储君传……谁云其亡，久而道弥著。"② 而苏轼因为言辞不慎而被黜，所以他急于避免任何大逆不道的言行。也许无意中，苏轼抱怨了朝廷贬谪无辜之臣的严重不公，表达了像他这样原本前程远大者被迫中道而止的苦痛，这与陶渊明的思想完全不同。③

不相称的和诗

通过和诗，宋代的读者期望新的诗歌意象与早期诗人的隐喻产生共鸣，而不只是后者的余响。④ 作为超级艺术鉴赏家，苏轼非常了解那些同时代的文臣们⑤及其后来者会不断地把他的和

---

① 苏轼的《和陶拟古》共有九首。根据加斯东·巴什拉的空间诗学理论，任何可以"唤醒已经消失的形象"的事物都证实了"言语的不可预见性"，它使人们享受诗意的想象，追求自由，并且"制造审查的游戏"。见 Bachelard(1964)，p. 23。

② 见陶渊明《咏二疏》诗。

③ 苏轼的《和陶桃花源诗序》有这样的句子："使武陵太守得而至焉，则已化为争夺之场久矣。"麦慧君未正式发表的论文在这方面很有见地，她认为，这表明苏轼的许多诗歌作品都谈到了"恨"。这样强烈的情绪使我们好奇，是否苏轼作为轻松自在的传统诗人形象只是为了赢得读者赞美的一种策略，实际上结果的确如此。麦慧君的论文"Su Shi's Post-trial Poetic Sequence as a Structure of Self-surveillance and Self-presentation"（《苏轼被贬后作为自省和自我表达结构的诗歌生成》）是在 2015 年伯克利-斯坦福的校际学术讨论会上发表的。

④ 加斯东·巴什拉坚持认为，诗意的形象不是回声、反射，或者过去的变化。在他看来，"因为其新奇性和行动，诗意的形象具有其本体和动力。它通过共鸣（而不是因果关系）直接指向一个'本体'"。[有学者用"retention"（保留）一词来表达这种联系]见 Bachelard(1964)，p. 12。

⑤ 包括在他被流放期间朝廷派出的监察官。

陶诗与原作相比较。这也是苏轼决定如此全力投入创作和陶诗的部分原因,即以此来展示两个心灵的契合。有点矛盾的是,当苏轼在朝廷中颇受器重时,还能相对保持理智和清醒,①他的和陶诗能够很好地传达陶渊明的思想和精神。但后来在漫长的第二次和第三次流放中所作的诗,却显得有些矫揉造作。苏轼的早期和陶诗(如《和陶饮酒二十首》)就是一个很好的例子。

下面,是我对苏轼和陶诗中的佳作(尤其是《和陶饮酒二十首》)的选译。

《归园田居》其一

陶渊明

少无适俗韵,性本爱丘山。

误落尘网中,一去三十年。

羁鸟恋旧林,池鱼思故渊。

开荒南亩际,守拙归园田。

方宅十余亩,草屋八九间。

榆柳荫后檐,桃李罗堂前。

暧暧远人村,依依墟里烟。

狗吠深巷中,鸡鸣桑树颠。

户庭无尘杂,虚室有余闲。

久在樊笼里,复得返自然。

Returning to the Orchards and Fields to Dwell

From my youth, I've been out of step with the common rhyme.

---

① 在这里我也把苏轼的第一次比较乐观的贬谪包括在内。

My nature from the first loved hills and *mountains*.

By mistake I fell into the dusty net,

Away from home for thirty *years*.

The tied bird longs for its old forest.

The fish in the pond yearns for the old deeps[*yuan*].

I have cleared the land at the edge of the southern wild.

Keeping my clumsiness, I returned to the *fields*.

I've got a plain square house and ten-odd plots,

A grass roof over eight or nine *mats*.

Willow and elm give shade in the back orchard,

Peaches and plums, their branches plaited *before*.

In the heat of the sun, far from the villages of men,

Hamlets full of dust and *smoke*.

A dog barks from the deep lanes;

A cock crows from a mulberry *overturned*.

In my courtyard, nothing kicks up dust.

An empty house makes for more than enough *ease*.

For too long I was prisoner in a cage,

But now I'm back again to what is *so*.

《和陶归园田居》其一

苏 轼

环州多白水，际海皆苍山。

以彼无尽景，寓我有限年。

东家著孔丘，西家著颜渊。

市为不二价，农为不争田。

周公与管蔡，恨不茅三间。

我饱一饭足，薇蕨补食前。

门生馈薪米，救我厨无烟。

斗酒与只鸡，酣歌饯华颠。

禽鱼岂知道，我适物自闲。

悠悠未必尔，聊乐我所然。

Su responds

Surrounding this place, much clear water,

At ocean's edge, it's all dark *mountains*.

To this limitless view

I entrust my numbered *years*.

The family to the east has a Confucius,

And that to the west, a Yan *yuan*.

In the city there's no double pricing,

Nor do the farmers quarrel over the *fields*.

Zhougong and the brothers Guan and Cai must

Regret not thatching mere hovels of three *mats*.

One meal is enough to sate me.

Ferns and brackens, I filled up on *before*.

Disciples bring me kindling and rice.

(Otherwise the kitchen would have no *smoke*.)

With a dipper of wine, a single fowl,

Sweet songs for a head now *turned grey*.

How would the beasts and fishes know the Way?

I just fit myself to things and feel at *ease*.
In the long run things may not always be as I like,
But for now there's pleasure in my life being *so*.

《游斜川并序》

陶渊明

"……欣对不足,率共赋诗。悲日月之遂往,悼吾年之不留。……"(序节选)

开岁倏五十,吾生行归休。
念之动中怀,及辰为兹游。
气和天惟澄,班坐依远流。
弱湍驰文鲂,闲谷矫鸣鸥。
迥泽散游目,缅然睇曾丘。
虽微九重秀,顾瞻无匹俦。
提壶接宾侣,引满更献酬。
未知从今去,当复如此不。
中觞纵遥情,忘彼千载忧。
且极今朝乐,明日非所求。

Excursion to Xie Brook

Joy at the scene was not enough. Spontaneously we composed poems, lamenting the passing of days and months, and the lack of fixity that is our years.

With this new one, fifty years have slipped away,
My life proceeds to its final return and *retiring*.

This thought stirs my feelings deep within.

It should not be missed-today's *outing*.

The air is mild, and the sky all clear.

As we sit together by the stream's far-*flowing*,

In the gentle current race striped bream.

In the secluded valley soar crying *gulls*.

Over distant marshes, we cast roaming eyes.

And far off, we see the tier upon tier of *hills*.

It may not compare with the Ninefold Peak's perfection,

Still nothing else in sight for it is a true *match*.

I offer my companions the flask,

Filled to the brim, each cp is offered round and *pledged*,

There is no knowing whether after today

There will be a return of such a fine sight or *not*:

In our cups, we give free rein to our emotions,

And forget death's "eternal *cares*."

Making the most of this morning's pleasures

Let us not surety in the morrow *seek*.

《和陶游斜川》

苏　轼

（苏轼另有一首《江城子》词，也是游斜川而作。有"都是斜川当日境。吾老矣，寄余龄"之句。）

谪居澹无事，何异老且休。
虽过靖节年，未失斜川游。
春江渌未波，人卧船自流。
我本无所适，泛泛随鸣鸥。
中流遇洑洄，舍舟步层丘。
有口可与饮，何必逢我俦。
过子诗似翁，我唱而辄酬。
未知陶彭泽，颇有此乐不。
问点尔何如，不与圣同忧。
问翁何所笑，不为由与求。

Su responds

Quiet living in a place demoted, with much leisure,
Is really not different from old age *retiring*.
Although I am past the age of Yuanming,
I have not lost the desire for a Xie Brook *outing*.
The spring river is calm, with nary a ripple.
As we recline, the boat on its own follows the *flow*.
I have never had any plan about where I should go;
I just float, following the call of the *gulls*.
In mid-current, we suddenly encounter an eddy.
Leaving the boat, we walk up the terraced *hills*.
I'll drink with anyone with a mouth and inclination.
Why should I need to seek out my true *match*?
My son Guo's poetry resembles his old man's:
I sing an unceremoniously as he pours a *pledge*.

I wonder if old Tao of Pengze

Rather knew this kind of exquisite joy or *not*?

I ask my own Dian what he now thinks.

He shares not the sage's *cares*.

When he asks me why I laugh[in reply],

I say it's surely not because of You and *Qiu*.

《移居二首》其一

陶渊明

昔欲居南村,非为卜其宅。

闻多素心人,乐与数晨夕。

怀此颇有年,今日从兹役。

敝庐何必广,取足蔽床席。

邻曲时时来,抗言谈在昔。

奇文共欣赏,疑义相与析。

Moving House

Part 1

For long I yearned to live in Southtown—

Not that a diviner told me the proper *site*.

I had heard of many plain-hearted men,

With whom I'd gladly count the days and *nights*.

This I've had in mind for quite some years,

And today finally have begun the *task*.

A makeshift cottage: who needs it to be spacious?

Just enough cover for beds and *mats*.

Neighbors' songs may come from time to time,
And good straightforward talk about the distant *past*.
Rare scripts and writings we might praise,
Puzzling passages we'd open a *crack*.

《和陶移居二首》其一

苏　轼

昔我初来时,水东有幽宅。
晨与鸦鹊朝,暮与牛羊夕。
谁令迁近市,日有造请役。
歌呼杂闾巷,鼓角鸣枕席。
出门无所诣,乐事非宿昔。
病瘦独弥年,束薪与谁析。

Su responds

Part 1

Long ago, when I first came,
East of the river there was a secluded *site*.
Dawns, I'd be up with the crows and magpies.
There with the oxen and sheep for *nights*.
Who ordered me to move to this nearby town?
For days I'll need help for this my *task*.
Songs and calls in the alley ways.
Drumbeats, singing at pillow and *mat*.
Going out the door, no place to visit, and
For pleasure, no friends from the *past*,

sick and thin, alone in recent years.

Bundles of kindling, but non to help me *split*.

《移居二首》其二
陶渊明

春秋多佳日，登高赋新诗。

过门更相呼，有酒斟酌之。

农务各自归，闲暇辄相思。

相思则披衣，言笑无厌时。

此理将不胜，无为忽去兹。

衣食当须纪，力耕不吾欺。

Part 2

Spring and autumn bring many fine days

To climb the heights and compose new *poems*.

Passing by, we greet each another,

And if there's wine, we pour *it*.

After farmwork, each goes home on his own.

At our case, it's company we *want*.

When it's company we want, we put on coats.

Of talk and jokes—we won't tire in *time*.

This kind of life is matchless.

No reason to hurry to quit *this*.

Clothes and food must be provided,

But hard plowing won't *let me down*.

381

《和陶移居二首》其二

苏　轼

洄潭转埼岸，我作江郊诗。

今为一廛氓，此邦乃得之。

葺为无邪斋，思我无所思。

古观废已久。白鹤归何时。

我岂丁令威，千岁复还兹。

江山朝福地，古人不我欺。

Su responds

Part 2

The eddy swirls along the crooked banks.

I'm writing my "Yangzi suburbs" *poems*.

And now I would make this piece of land fit to rent.

Only this one field was worth *it*.

For good measure, I'd share a strict fast

I want the me with nothing to *want*.

The old lookout tower has long been gone.

The White Cranes's return—who knows the *time*?

How could I be a barbarian brave,

Who after a thousand years returns to *this*?

Coming back again to this blessed land of rivers and hills,

The old friends will not *let me down*.

《癸卯岁始春怀古田舍二首》其一

陶渊明

在昔闻南亩,当年竟未践。

屡空既有人,春兴岂自免。

夙晨装吾驾,启涂情已缅。

鸟哢欢新节,泠风送余善。

寒草被荒蹊,地为罕人远。

是以植杖翁,悠然不复返。

即理愧通识,所保讵乃浅。

Early Spring, in the *Guimao* Year, Yearning for the Ancients
Part 1

"Southern fields," places I've read of often in the past,

In my prime are still places not yet *walked*.

"Often empty"—with Yan Hui as my high example,

And with work to do this Spring, why be *excused*?

Early morning, I ready the carriage to set out,

But starting on the way, my thoughts remain *distant* [*mian*].

Chirruping birds rejoice in the new season;

A cool breeze sees off the last of the *chill*[*han*].

Winter's bamboo has overgrown the track.

This land, lacking people, feels *remote*.

And I—a second "old man who plants this staff,"

Who travels far, never again to *return*.

Ashamed as I feel just now, before perfect knowing,

Still, what I've held to I know cannot be *shallow*.

《和陶田舍始春二首》其一
苏　轼

退居有成言，垂老竟未践。
何曾渊明归，屡作敬通免。
休闲等一味，妄想生愧腼。
聊将自知明，稍积在家善。
城东两黎子，室迩人自远。
呼我钓其池，人鱼两忘反。
使君亦命驾，恨子林塘浅。

Su responds (*in 1097*), *in Huizhou*

Part 1

For life in retirement, there's an apt saying:
"When old, we find the useful path is still to be *walked*."
My path, unlike Tao's, has not led to homecoming,
Instead, office to office, I find I'm *excused*.
Though our calm freedom from rank be akin,
In reckless thought, our distance leaves me *shame-faced* [*mian*].
What clear self-knowledge I have, let me use.
Let my family slowly build up the *good*.
East of the city live two native young sons:
Their rooms nearby it, their minds *remote*.
They've called me to come fish in their pond,

And men and fish alike forget to *return*.

The local prefect has visited, too, by carriage,

And disdains the wood's pond as too *shallow*.

《癸卯岁始春怀古田舍二首》其二

陶渊明

先师有遗训,忧道不忧贫。

瞻望邈难逮,转欲志长勤。

秉耒欢时务,解颜劝农人。

平畴交远风,良苗亦怀新。

虽未量岁功,即事多所欣。

耕种有时息,行者无问津。

日入相与归,壶浆劳近邻。

长吟掩柴门,聊为陇亩民。

Part 2

An earlier Master left this precept:

"Give thought to the Way, not to being *poor*!"

I honor this—though it be remote and unreachable.

Instead, I'd like to set my mind to ongoing *labor*.

Grasp the plow, glad of a season's tasks;

With a smile, encourage my farmer *folk*.

Level fields are wed to the winds from far-off

And tender shoots of grain embrace the *new*.

I can't yet measure this year's harvest.

Still, in the work at hand there's much to *savor*.

Plowing and sowing have their times of rest.

No traveler comes to "ask after the *Ford*."

Sunset, and a return home all together;

A jug of wine to hearten my near *neighbors*.

Humming to myself, I shut the brushwood gate.

For now, I belong to dykes and fields, a *commoner*.

《和陶田舍始春二首》其二
苏　轼

茅茨破不补，嗟子乃尔贫。

菜肥人愈瘦，灶闲井常勤。

我欲致薄少，解衣劝坐人。

临池作虚堂，雨急瓦声新。

客来有美载，果熟多幽欣。

丹荔破玉肤，黄柑溢芳津。

借我三亩地，结茅为子邻。

鴃舌倘可学，化为黎母民。

Su responds

Part 2

Reeds and thatches broken, unrepaired；

I sign for my sons—who will be *poor*.

With only greens to fatten them, men grow leaner—

Stove unused; at the well, constant *labor*.

My own desires brought me to these straits.

I doff my robes, to encourage seated *folk*.

Near the pond, I've built a meditation retreat.

When rainfall looms, its clay-tile rattle sounds *new*.

Guests show up, laden with rare dishes

And ripened fruit we will deeply *savor*.

Red lichees opened show jade-white pulp,

Tangerine juice, a virtual aromatic *ford*.

——A loan to us of three plots of land!

With this hut of tied grasses done, we become *neighbors*.

If the tongue of butcherbirds is something I can study,

I'll truly make myself a Danzhou *commoner*.

《还旧居》

陶渊明

畴昔家上京，六载去还归。

今日始复来，恻怆多所悲。

阡陌不移旧，邑屋或时非。

履历周故居，邻老罕复遗。

步步寻往迹，有处特依依。

流幻百年中，寒暑日相推。

常恐大化尽，气力不及衰。

拨置且莫念，一觞聊可挥。

Returning to My Old Home

Some time ago, I made my home at Shangjing,

But after six years, I left to return *home*.

Today for the first time I come back.
Hard to see so much to make me *sorrow*.
Paths in the fields are unchanged,
But some houses in town remain *not*.
I pace around my former home,
But few older neighbors are *left*.
With every step, I search for traces of the past.
For some places, I still feel a *need*.
In the flowing illusion of life,
Cold and heat always jostle and *push*.
I always fear the Great Change's end,
Before my spirit and strength are in *decline*.
Cast that thought aside, for now not to think.
A cup of wine will make this feeling *flag*.

387

《和陶还旧居》

苏 轼

痿人常念起,夫我岂忘归。
不敢梦故山,恐兴坟墓悲。
生世本暂寓,此身念念非。
鹅城亦何有,偶拾鹤毲遗。
穷鱼守故沼,聚沫犹相依。
大儿当门户,时节供丁推。
梦与邻翁言,悯默怜我衰。
往来付造物,未用相招麾。

Su responds

An impotent man dreams of getting it up.

How could I forget about going *home*?

I dare not dream of the old mountain.

I fear to waken grave-mound *sorrow*.

Life in this world is but a short stay.

This body yearns, though it should *not*.

Wild Goose City, what does it have?

I chance upon a bit of down a crane has *left*.

A stranded fish would keep to the old pond,

It gasps for a bit of froth, still in *need*.

My eldest son guarding the gate

Has given the generations a *push*.

In my dreams, I talk with an old neighbor.

He sympathizes in silence, he pities my *decline*.

Our back and forth comes from the Shaper of Things,

No use for us to raise another signal *flag*.

《饮酒二十首》其一

陶渊明

衰荣无定在,彼此更共之。

邵生瓜田中,宁似东陵时。

寒暑有代谢,人道每如兹。

达人解其会,逝将不复疑。

忽与一樽酒,日夕欢相持。

On Drinking

Part 1

Failure and success have no fixed abodes,

One man then the next, by turns, shares *them*.

Long and luxuriant the melons in the field.

Peaceful, on the eastern peak, our *times*.

Winter and summer in the ongoing cycle,

For each man's way is like *this*.

The man who's aware sees what's fated,

In past and future, no return to *doubt*.

Suddenly I shared a cup of wine.

Night and day, together these *sustain me*.

《饮酒二十首》其二

陶渊明

积善云有报,夷叔在西山。

善恶苟不应,何事空立言。

九十行带索,饥寒况当年。

不赖固穷节,百世当谁传。

Part 2

Pile up good deeds, they say, and your reward will come.

But Bo Yi and Shu Qi starved on West *Mountain*.

Since good and bad go without just recompense,

What use is it all the empty cant they *talk*?

Rong Qiqi at ninety still wore a belt of hemp,
More cold and hungry than in his prime *years*.
If one does not rely on "steadfastness in adversity,"
Through the ages, whose names should we *pass on*?

《和陶饮酒二十首》其一
苏　轼

我不如陶生，世事缠绵之。
云何得一适，亦有如生时。
寸田无荆棘，佳处正在兹。
纵心与事往，所遇无复疑。
偶得酒中趣，空杯亦常持。

Su responds

Part 1

I am no match for Mr. Tao.
The world's affairs—I'm ensnared in *them*.
They say, "How is one to find a suitable match?"
And how go back to Tao's own *times*?
A spot of land, no brambles or thorns,
A goodly place is found in *this*.
"To unburden one's heart" and go toward the past,
So that in what I meet, there'll be no more *doubt*.
If I learn something from the wine,
Then an empty cup can always *sustain me*.

《和陶饮酒二十首》其二

苏　轼

二豪诋醉客,气涌胸中山。

渹然似冰释,亦复在一言。

啬气实其腹,云当享长年。

少饮得径醉,此秘君勿传。

Su responds

Part 2

Two rough fellows censure the drunkard,

Their *qi* swelling in their breasts, hard as *mountains*.

But, one dented, collapses like ice as it thaws.

Only to return at a single word of *talk*.

The energetic *qi* I've conserved fills up my belly,

They say it ought to prolong my *years*.

Drinking less means a short cut to drunkenness.

This secret I would not have you *pass on*.

《饮酒二十首》其三

陶渊明

道丧向千载,人人惜其情。

有酒不肯饮,但顾世间名。

所以贵我身,岂不在一生。

一生复能几,倏如流电惊。

鼎鼎百年内,持此欲何成。

Part 3

The Way has been lost for nearly a thousand years,

And men all now so parse their true *inclinations*

That the wine they have they refuse to drink.

All they care for is their *reputations*.

What gives worth to this corporeal self

Surely lies within this single *life*!

But a single lifetime is, after all, how much?

It's brief as a bolt of *lightning*.

The staid and stolid through their allotted years:

Clinging to that, can their desires *complete themselves*?

《饮酒二十首》其五
陶渊明

结庐在人境,而无车马喧。

问君何能尔,心远地自偏。

采菊东篱下,悠然见南山。

山气日夕佳,飞鸟相与还。

此中有真意,欲辨已忘言。

Part 5

I built my hut beside a traveled road

Yet hear no passing carts and horses' *noises*.

You would like to know how it's done?

With the mind detached, the very place slips *aside*.

Picking chrysanthemums by the eastern hedge

I catch sight of the distant South *Mountain*;

The mountain air as the sun sets is fine.

Flights of birds in their numbers *return*.

In this there is a fundamental truth

To discern, but already I've forgotten what to *say*.

《和陶饮酒二十首》其三
苏　轼

道丧士失己，出语辄不情。

江左风流人，醉中亦求名。

渊明独清真，谈笑得此生。

身如受风竹，掩冉众叶惊。

俯仰各有态，得酒诗自成。

Su responds

Part 3

Having lost the Way, the literati have lost themselves,

They spout words that do not reflect their *true inclinations*.

The people of Jiangnan are great poseurs.

Even in drunkenness they are seeking *reputations*.

Tao Yuanming alone was pure and authentic.

His talk and laughter, [he said] "got at this present *life*"

His person like bamboo rustling in the wind, bending

Back and forth, light and dark, like leaves in *lightning*.

Looking up or down, for each the proper bearing.

"With a little wine in me, my poems *complete themselves*."

《和陶饮酒二十首》其五
苏　轼

小舟真一叶，下有暗浪喧。
夜棹醉中发，不知枕几偏。
天明问前路，已度千重山。
嗟我亦何为，此道常往还。
未来宁早计，既往复何言。

Su responds
Part 5

A small boat is really just a leaf.

Below are dark water's lapping *noises*.

At night, with a scull, I set off drunk.

Unaware when my cushion and seat slip to the *side*.

When dawn comes, I ask what's up ahead,

Only to find I've crossed a thousand *mountains*.

A sigh for me, why do I do this?

This winding road always goes and *returns*.

In future, I'd do better to plan a little earlier,

Once a thing's past, it's too late to know what to *say*.

《饮酒二十首》其六

陶渊明

行止千万端,谁知非与是。

是非苟相形,雷同共誉毁。

Part 6

For going and stopping, there are a million reasons,

Who knows which is wrong or *right*,

For right and wrong give one another form,

"Alike as thunderclaps," men's praise and *blame* . . .

《饮酒二十首》其十八

陶渊明

子云性嗜酒,家贫无由得。

时赖好事人,载醪祛所惑。

觞来为之尽,是谘无不塞。

有时不肯言,岂不在伐国。

仁者用其心,何尝失显默。

Part 18

Yang Xiong had a natural taste for wine,

But being poor he found it hard to *get*.

He had to wait for sympathetic friends

To bring him wine; he would drive away their *doubts*.

He would drink up as the cup was passed,

And let his counsel go on to the *close*.

The only questions he'd refuse

Were those about attaching other *states*.

The good man uses his own heart.

How did he err in adopting "candor or *silence*"?

《和陶饮酒二十首》其六
苏　轼

百年六十化，念念竟非是。

是身如虚空，谁受誉与毁。

Su responds

Part 6

In a hundred years, sixty transformations.

The constant worry: is this, in the end, wrong or *right*?

This physical body is an empty shell.

Who is fit to receive praise or *blame*?

《和陶饮酒二十首》其十八
苏　轼

何人筑东台，一郡坐可得。

亭亭古浮图，独立表众惑。

芜城阅兴废，雷塘几开塞。

明年起华堂，置酒吊亡国。

无令竹西路，歌吹久寂默。

Su responds

Part 18

What man built East Terrace, from which

In one glance a whole kingdom is *got*.

Alone, alone, an old Buddha image,

Like a gnomon set above the masses' *doubts*.

This weedy city has seen dynasties rise and fall,

Leitang has had openings and *closings*.

Next year, I will raise a flowery canopy there,

I will set out wine, and mourn for the lost *states*.

Forbidding thoughts of old Bamboo West Lane where

Songs and wind instruments have long been sunk in *silence*.

394

《饮酒二十首》其二十

陶渊明

羲农去我久,举世少复真。

汲汲鲁中叟,弥缝使其淳。

凤鸟虽不至,礼乐暂得新。

洙泗辍微响,漂流逮狂秦。

诗书复何罪,一朝成灰尘。

区区诸老翁,为事诚殷勤。

如何绝世下,六籍无一亲。

终日驰车走,不见所问津。

若复不快饮,空负头上巾。

但恨多谬误,君当恕醉人。

Part 20

The sages flourished long before my time,

In the world today few return to what's *true*.

Tirelessly he worked, that old man of Lu,

To stitch and patch, until the age was *pure*.

Though while he lived no phoenix came to nest,

Yet briefly rites and music were *renewed*.

By the rivers in Lu, his subtle tones ceased.

Things drifted on as far as reckless *Qin*.

The *Odes* and *Documents*—now what fault was theirs

That one morning they'd be turned to ash and *dust*?

Detail after detail preoccupied all the old scholars.

They attended to court affairs with *care*.

How is it, then, in later cut-off ages

The Classics have still had no sound *friends*?

All day speeding carriages go by,

But I see no one "asking for the *ford*."

If I'm not then happy in drinking,

I will have worn *in vain* a commoner's *cap*.

I regret my many mixings-up:

You, sir, must forgive a drunken *man*.

《和陶饮酒二十首》其二十
苏　轼

盖公偶谈道,齐相独识真。
颓然不事事,客至先饮醇。

当时刘项罢，四海创痍新。

三杯洗战国，一斗消强秦。

寂寞千载后，阳公嗣前尘。

醉卧客怀中，言笑徒多勤。

我时阅旧史，独与三人亲。

未暇餐脱粟，苦心学平津。

草书亦何用，醉墨淋衣巾。

一挥三十幅，持去听坐人。

Su responds

Part 20

Lord Gai happened to talk with Cao Shen,

Qi's Chancellor alone saw in him what's *true*.

Downcast, he did not attend to business.

But a guest came, and had him drink wine so *pure*.

Just then the civil wars had ended,

And the blighted lands were *renewed*.

With three cups the Warring States are washed clean.

It takes a whole dipper to excise strong *Qin*.

Silent and alone, a thousand years later,

Lord Yang inherited in Tang this worldly *dust*.

In a drunken sleep, resting on his client's breast,

Talking and laughing; quite in vain all that *care*.

At times I scan the old histories,

Alone with three men who seem intimate *friends*.

There's no time to sup on gleanings of rice.

第七章 "半独立屋"：陶渊明与苏轼

With bitter heart, I study Marquis Easy-*Ford*.

Drafting documents—what use is it?

Drunken ink soaks my clothes and cloth *cap*.

At one go, I finish thirty silk squares,

Carry them off, to listen to the seated *men*.

《止酒》 396

陶渊明

居止次城邑，逍遥自闲止。

坐止高荫下，步止荜门里。

好味止园葵，大懽止稚子。

平生不止酒，止酒情无喜。

暮止不安寝，晨止不能起。

日日欲止之，营卫止不理。

徒知止不乐，未知止利己。

始觉止为善，今朝真止矣。

从此一止去，将止扶桑涘。

清颜止宿容，奚止千万祀。

Stopping Wine

For making a home, I'd stop in the city,

When roaming the country, I'd *stop*.

For sitting, I'd stop beneath a tall shade tree.

For walking, not past my own gate, but *inside*.

For favorite tastes I stop with my sunflowers.

My chief joys stop with my *children*.

513

In the past, I did not stop wine;

If I had stopped, I'd have felt no *delight*.

Had I stopped in the evening, sleep would not be easy;

Had I stopped in the morning, I could not *get up*.

Day after day, I wished to stop it,

But my system, if I stopped, would be *disordered*.

I only knew that stopping was not pleasant;

I didn't think that stopping would *benefit me*.

Now I have begun to see that stopping is good;

From this morning on I've truly stopped—*for sure*!

From now on, I've stopped and abandoned it.

I shall leave and stop on the Fusang *shores*.

This newly pure face will stop and stay.

Why should it ever stop in a million *years*?

《和陶止酒》

苏　轼

时来与物逝,路穷非我止。

与子各意行,同落百蛮里。

萧然两别加,各携一樏子。

子室有孟光,我室惟法喜。

相逢山谷间,一月同卧起。

茫茫海南北,粗亦足生理。

劝我师渊明,力薄且为己。

微屙坐杯酌,止酒则瘳矣。

望道虽未济，隐约见津涘。
从今东坡室，不立杜康祀。

Su responds

When the time comes, things depart and die.
When the road dead-ends, it is not I who made it *stop*.
Each of us has followed our own ideas, in
The same village, with the Southern barbarians *inside*.
With grizzled heads, the two of us part on our mounts,
Each leading a young *child*.
Your house has Mengguang, the Middle Light, while
Mine has only Faxi, Who In the Law *Delights*.
Each of us met in a mountain valley.
For a full month, together we slept and *got up*.
How vast is the area north of Hainan; here
Rude conditions suffice to give our lives some *order*.
You encourage me to take Tao Yuanming as master.
In health or weakness, surely he'll *benefit me*.
Slightly ill, I sit and pour a cup.
Were I were to stop wine, I'd be cured *for sure*!
I look hard at the Way, for I've not yet crossed,
I make a secret vow: to see the ford's *shores*.
From now on, at my own East Slope house
I'll not make Dukang offerings each *year*.

《拟古九首》其五

陶渊明

东方有一士，被服常不完。

三旬九遇食，十年著一冠。

辛勤无此比，常有好容颜。

我欲观其人，晨去越河关。

青松夹路生，白云宿簷端。

知我故来意，取琴为我弹。

上弦惊别鹤，下弦操孤鸾。

愿留就君住，从令至岁寒。

After an Old Poem

Part 5

To the East, there lives a scholar.

What garb he owns is never *inact*.

"Once every third day, he'll take a meal."

"For ten years on end, he wears but one *hat*."

For sheer hardship, none can equal him,

Yet he always shows the world a pleasant *face*[*yan*]

Now since I wished to meet the man himself,

I set out early, crossing rivers and *passes*.

Green pines grow alongside the road,

White clouds sleep at the eaves' *edge*.

You've seen my aim in coming here!

For me you set your lute to *thrumming*.

Your first song is the 'Lone Crane.'

Later, strings play the *'Lone Phoenix.'*
I wish I could stay, lingering with you
From this day on, till the year turns *cold*.

《和陶拟古九首》其五

苏　轼

黎山有幽子，形槁神独完。
负薪入城市，笑我儒衣冠。
生不闻诗书，岂知有孔颜。
倏然独往来，荣辱未易关。
日暮鸟兽散，家在孤云端。
问答了不通，叹息指屡弹。
似言君贵人，草莽栖龙鸾。
遗我古贝布，海风今岁寒。

Su responds

Part 5

There lives a secluded man on Li Mountain,
Wizened in body, while his spirit stays *intact*.
Bringing down firewood to the market in town,
He laughs at my scholar's robe and *hat*,
Having never heard of the *Odes* or *Documents*,
Let alone Kongzi and his disciple *Yan*.
In complete freedom he comes and goes alone.
Over glory, disgrace—his thought scarcely *passes*.
Come sunset, birds and beasts return to hiding,

Heading home along a lonely cloud's *edge*.

Slow to understand his questions or replies,

I give up with a sigh, my fingers still *drumming*.

Does he say, "You, sir, of truly noble pitch,

Bed down in the wilds, like dragons or *phoenix*"?

He's given me a bolt of cotton-tree cloth.

The sea wind at this season is *cold*.

《杂诗十二》其一

陶渊明

人生无根蒂,飘如陌上尘。

分散逐风转,此已非常身。

落地为兄弟,何必骨肉亲。

得欢当作乐,斗酒聚比邻。

盛年不重来,一日难再晨。

及时当勉励,岁月不待人。

Miscellaneous Poems

Part 1

Man's life lacks a firm root,

Is whirled along the road like *dust*,

Scattered as the wind wills.

Surely there is no abiding *person*

If all who fall to ground are brothers,

Why need it my longing be for *kin*?

When we find joy, we must make merry.

A measure of wine calls my *neighbors*.
The years of your prime do not return again.
No day can have a second *dawn*.
To meet the time, we must take pains.
The years and months await no *man*.

《杂诗十二首》其十一
陶渊明

我行未云远,回顾惨风凉。
春燕应节起,高飞拂尘梁。
边雁悲无所,代谢归北乡。
离昆鸣清池,涉暑经秋霜。
愁人难为辞,遥遥春夜长。

Part 11

I set out but had not yet gone far,
I turn my head, the grievous wind is *chill*.
The springtime swallows answering the season, rise
And fly up high, fanning the dusty *rafters*.
The frontier goose, grieved that it has no place,
Yields and returns to its northern *home*.
The lone *kun* bird sings beside the clear pool
Through summer's heat into fall's *frost*.
For a grieving man, it's hard to put into words:
Interminable, the Spring night is *long*.

《和陶杂诗十二首》其一

苏　轼

斜日照孤隙，始知空有尘。

微风动众窍，谁信我忘身。

一笑问儿子，与汝定何亲。

从我来海南，幽绝无四邻。

耿耿如缺月，独与长庚晨。

此道固应尔，不当怨尤人。

Su responds

Part 1

Slanted sun lights up my poor corner.

I begin to see the air has *dust*.

A light wind moves in the myriad hollows.

Who thinks I've lost my physical *person*?

With a laugh, I ask my little sons

"Who among you are really my *kin*?"

"Who will follow me to this Hainan?"

In remote and cut off places, no close *neighbors*.

Bright light, like a sickle moon;

Alone with the Morning Star's *dawn*.

This Way of life will suit you.

Better not to blame any *man*.

《和陶杂诗十二首》其十一

苏 轼

我昔登朐山,出日观沧凉。

欲济东海县,恨无石桥梁。

今兹黎母国,何异于公乡。

蚝浦既黏山,暑路亦飞霜。

所欣非自謟,不怨道里长。

Su responds

Part 11

Long ago, I climbed Mt. Qu. When

the sun came out, I contemplated the *icy* expanse.

I want to go to Donghai county, but

I regret to it there's no Stone *Bridge*.

Now, about this Jimu kingdom:

How does it differ from Yugong's *home*?

The oysters stuck together in a mountainous pile.

The summer path, likewise, has fleeting *frost*.

What makes me glad, is that I do not lie to myself.

Nor do I resent that the road is *long*.

《咏贫士》其一

陶渊明

万族各有托,孤云独无依。

暧暧空中灭,何时见余晖。

朝霞开宿雾,众鸟相与飞。

迟迟出林翮,未夕复来归。

量力守故辙,岂不寒与饥。

知音苟不存,已矣何所悲。

Lauding Impoverished Gentlemen
Part 1

All creatures can turn to their own places,

Only a lone cloud wisp has no *support*.

Dimly it dissolves into emptiness.

When did we notice its last remaining *light*?

The red of morning shears through late mist.

Birds flow together in *flight*.

One laggard on the wing leaves the wood.

Before dusk, it will find its *homecoming*.

Weighing our strength, we keep to old tracks:

How not to be cold and *hungry*?

If "knowing the sound" should fail me,

I give up too. And why *lament*?

《咏贫士七首》其二
陶渊明

凄厉岁云暮,拥褐曝前轩。

南圃无遗秀,枯条盈北园。

倾壶绝余沥,窥灶不见烟。

诗书塞座外,日昃不遑研。

闲居非陈厄,窃有愠见言。

何以慰吾怀,赖古多此贤。

Part 2

Chill and harsh, the year now comes to a close.

Clutching my thin coat, I sun myself on the *porch* [*xuan*].

The southern garden patch has no remaining green.

Only withered branches to the north, in the *orchard* [*yuan*].

I tilt the jar, to finish the last drops there,

Inspecting the stove, I see no sign of *smoke*.

With the Classics piled high about my seat, the sun

Goes down, leaving no time for further *study*[*yan*].

Retirement cannot rival "distress in Chen,"

Yet to me "they came, all indignant *speech*."

What means shall I use to soothe my breast?

I rely on thoughts of these antique men of *worth*.

《和陶咏贫士七首》之一
苏 轼

长庚与残月,耿耿如相依。
以我旦暮心,惜此须臾晖。
青天无今古,谁知织乌飞。
我欲作九原,独与渊明归。
俗子不自悼,顾忧斯人饥。
堂堂谁有此,千驷良可悲。

Su responds

Part 1

Evening Star above the slender moon,

Each, bright, turns to the other for *support*.

Pondering at heart our brief span here,

I relish this one moment of clean *light*,

Though for blue Heaven there's no old or new.

Who knows the weaverbird Sun's *flight*?

I'm soon to die and fare to the Nine Fields,

And be alone with Tao Yuanming at this *homecoming*.

An ordinary man will not grieve for himself,

But look at the more careworn, needier, *hungry*.

"However grand we be, can we have longer lives?"

Yet, rushed like so many racing teams, we've cause to *lament*.

《和陶咏贫士七首》其二

苏　轼

夷齐耻周粟,高歌诵虞轩。

产禄彼何人,能致绮与园。

古来避世士,死灰或余烟。

末路益可羞,朱墨手自研。

渊明初亦仕,弦歌本诚言。

不乐乃径归,视世羞独贤。

Su responds

Part 2

Ashamed to eat the grain of Zhou, Bo Yi and Shu Qi

Lifted their voices, to sing of the sages Yu and *Xuan*.

And which of the Empress' two nephews could have

Enticed to court the Greybeards Qi and *Yuan*?

From of old, recluses have died; and only a few, once

Turned to ashes, left behind their names, like *smoke*.

At the end of this, my own road, I am ever more chagrined.

So the finest inks red and black, by hand I'll grind [*yan*].

At first, Tao also served the court, but his

Strings and songs were based in honest *speech*.

And when service no longer pleased, he made for home.

Surveying the world, embarrassed to alone exhibit *worth*.

《咏贫士七首》其三

陶渊明

荣叟老带索,欣然方弹琴。

原生纳决履,清歌畅商音。

重华去我久,贫士世相寻。

弊襟不掩肘,藜羹常乏斟。

岂忘袭轻裘,苟得非所钦。

赐也徒能辨,乃不见吾心。

Part 3

In old age, Master Rong wore rope for a belt.
Still, with appreciation, he played his *lute*.
Though Master Yuan's shoes fell to pieces,
He gave his clear refrain to an old Shang *tune*.
Twin-Pupil Shun is far from us in years, yet
For its own poor gentlemen, no age need *search*.
Those ragged robes out at the elbows!
That goosefoot broth, scarce enough to *pour*!
While we don't forget we once wore light furs,
To come by such dishonestly can't be our *hope*.
—As for you, Ci, merely clever at talk,
You'll not take in all I have at *heart*.

《咏贫士七首》其五

陶渊明

袁安困积雪,邈然不可干。

阮公见钱入,即日弃其官。

刍藁有常温,采莒足朝飡。

岂不实辛苦,所惧非饥寒。

贫富常交战,道胜无戚颜。

至德冠邦闾,清节映西关。

Part 5

Yuan An didn't like snow piling up round this gate.

He lived aloof, to no other man a *barrier*.

The day Master Ruan found money flowing in,

He sent his resignation off to the *palace*.

In hay there's always warmth. Wild rice

And gathered taro will make a morning's *meal*.

Surely there have been those in real hardship

Who didn't fear hunger the most, nor *frost*.

Wealth and want will ever be at war,

Yet where the Way prevails—no furrowed *brows*.

High virtue may crown both farmland and village;

On the farthest pass, our clear ideals shine *together*.

《和陶咏贫士七首》其三
苏 轼

谁谓渊明贫,尚有一素琴。

心闲手自适,寄此无穷音。

佳辰爱重九,芳菊起自寻。

疏巾叹虚漉,尘爵笑空斟。

忽饷二万钱,颜生良足钦。

急送酒家保,勿违故人心。

Su responds

Part 3

Would you tell me Tao Yuanming was poor?

He still had his one plain unstrung *lute*.

With mind at case, so too his hand:

He lived on in a limitless *tune*.

Loved the Double Ninth festival, its

Fresh chrysanthemums: he'd make his own *search*.

He'd don a plain cloth cap and sign,

Yet laugh at dusty goblet, dipper with nought to pour.

Suddenly given a gift of twenty thousand

From Yan Yanzhi, a help beyond *hope*,

He straightway sent off to town for some wine,

Not to fail or offend his old friend's *heart*.

《和陶咏贫士七首》其五
苏 轼

芙蓉杂金菊,枝叶长阑干。

遥怜退朝人,糕酒出大官。

岂知江海上,落英亦可餐。

典衣作重阳,徂岁惨将寒。

无衣粟我肤,无酒嚬我颜。

贫居真可叹,二事长相关。

Su responds

Part 5

A lotus grows among tawny chrysanthemums;

Branches and leaf-sprays grow through the *barrier*.

From a great distance, I pity gentlemen at court,

For whom cakes and wine arrive from the *Palace*.

This far from court, how could one guess

Such fallen petals suffice to make a *meal*?

A poet pawned his robes for the double Yang;

By year's end, he'll fear oncoming *frost*.

Without warm clothes, we simply have to shiver;

Without wine, we simply knit our *brows*.

Poverty truly is cause for lament,

The two having housed so long *together*.

《读山海经》其一
陶渊明

孟夏草木长,绕屋树扶疏。

众鸟欣有托,吾亦爱吾庐。

既耕亦已种,时还读我书。

穷巷隔深辙,颇回故人车。

欢然酌春酒,摘我园中蔬。

微雨从东来,好风与之俱。

泛览周王传,流观山海图。

俯仰终宇宙,不乐复何如。

Reading the Classic of the Mountains and Seas (*Shanhai Jing*)
Part 1

In early summer, when the grasses grow,

My house is surrounded by greenery *spreading*.

Flocks of birds trust to find a refuge there.

And I likewise love the hut that is my humble *home*.

With fields plowed; the new seed planted also,

And now it's time once more to read my *books*.

This dead-end lane a bar to deep-worn ruts,

It rather tends to turn away old friends' *carts*.

With pleasure, I pour the spring wine,

And pick in the garden some *greens*.

A light rain, from the east comes,

A gentle wind, it *accompanies*.

I skim through the *Tale of King Mu*,

Peruse the Sea and Mountains *Classic pictures*.

A glance up and down goes to the very end of time and space,

Were I not to take pleasure in this, what will the future be *like*?

《和陶读山海经》其一

苏　轼

今日天始霜，众木敛以疏。

幽人掩关卧，明景翻空庐。

开心无良友，寓眼得奇书。

建德有遗民，道远我无车。

无粮食自足，岂谓谷与蔬。

愧此稚川翁，千载与我俱。

画我与渊明，可作三士图。

学道虽恨晚,赋诗岂不如。

Su responds

Part 1

This very day, the first frost in the sky,

Many trees hunkered down and getting sparse.

The recluse shuts the door, and lies abed.

The bright sunlight brings back to life *my humble home.*

Open is my heart, but lacking a good friend here.

I cast my eye, and take up a valuable rare *book.*

In Jiande, there are people left behind the times.

But the road is long, and I have no *cart.*

Even without grain, there's still enough to eat.

Do you mean to say that I talk of grains and *greens*?

I'm so grateful to old Ge Hong,

Who across a thousand years me *accompanies*?

Paint him with Tao Yuanming and me.

We can become a "Three Scholars" *picture.*

I am sadly late to study the Way.

But in writing poems, am I not with Tao *alike*?

《读山海经》其三

陶渊明

迢迢槐江岭,是为玄圃丘。

西南望昆墟,光气难与俦。

亭亭明玕照，洛洛清瑶流。

恨不及周穆，托乘一来游。

Part 3

Far off lies the Huaijiang Range;

Near at hand, what they call Xuanpu *Mound*.

Southwest, facing paradise, on Kunlun Peak

Shines its vital *qi*, grand and *peerless*.

How splendid the bright *gan* gem's luster

And, down-rushing, the clear Yao's *flow*!

I grieve that I could not go with Mu of Zhou,

Climb in my carriage and, beside immortals, *wander*.

《读山海经》其十三

陶渊明

岩岩显朝市，帝者慎用才。

何以废共鲧，重华为之来。

仲父献诚言，姜公乃见猜。

临没告饥渴，当复何及哉。

Part 13

Noble appears the minister in court and market,

For the true Emperor makes careful use of *talent*.

Did sage Yao not dismiss Gonggong and Gun

So that, to Yao, Twin-Pupil Shun might *come*?

When uncle Guan proffered sincere fair advice,

Old Duke Huan of Qi expressed *doubt*.
Dying, the Duke told fellows of his hunger and thirst.
Too late to avail him much, I'd *say*.

《和陶读山海经》其三

苏 轼

渊明虽中寿,雅志仍丹丘。
远矣无怀民,超然逸无俦。
奇文出垆息,岂复生死流。
我欲作九原,异世为三游。

Su responds

Part 3

While Yuanming had a modest lifespan,
His fine aspirations were fit for Cinnabar *Mound*.
Far-ranging indeed was Tao Yuanming the man;
Excellent, free of limit, *peerless*.
So rare the writing he spun before death,
Hasn't he gone beyond life's mortal *flow*?
After death, I'll stay among the Nine Fields.
We three, alive in three eras, together will *wander*.

《和陶读山海经》其十三

苏 轼

东坡信畸人,涉世真散材。
仇池有归路,罗浮岂徒来。

践蛇及茹蛊,心空了无猜。

携手葛与陶,归哉复归哉。

Su responds
Part 13

Old Su indeed is a man at odds with the world.

Get involved with it, and you scatter your *talent*,

Near Enemy Pond, I'm told, runs a road back home.

Tell me, Mount Luofu, not for nothing have I *come*!

Here I tread on snakes, must live on grubs.

My heart, emptied, no longer harbors *doubt*.

Hands joined with Ge Hong and Tao,

I'll go back! Let's go back, I *say*.

《感士不遇赋》(部分)
陶渊明

奚良辰之易倾,胡害胜其乃急。

苍旻遐缅,人事无已。

有感有昧,畴测其理。

宁固穷以济意,不委曲而累己。

既轩冕之非荣,岂缊袍之为耻。

诚谬会以取拙,且欣然而归止。

拥孤襟以毕岁,谢良价于朝市。

Moved by Good Men's Failures to Meet Good Fortune(excerpt)

Why are the good days so easily overturned?

第七章 "半独立屋"：陶渊明与苏轼

Why does harm win out, always so quickly?

Azure Heaven is too remote to hear us.

Human affairs have been ever thus.

Now sentient, now unaware.

By principle unfathomed and unfathomable.

I prefer to be "steadfast in adversity," keeping clean my aims.

I will not trust in what's awry and entangle myself.

Once I saw that cap and carriage spelt no glory,

I never thought my thin robes a source of shame.

With the time's so out of joint, I took on a bit of awkwardness.

Happy to be alive, I then came home for good.

Keeping my solitude close, to live out my years,

Turning down a good price from market and court.

《扇上画赞》

陶渊明

寄心清尚，悠然自娱。
翳翳衡门，洋洋泌流。
曰琴曰书，顾盼有俦。
饮河既足，自外皆休。
缅怀千载，托契孤游。

Appraisals for Paintings on Fans

With heights and far-off places, amusing myself.

Screened is the rough beam door.

The brook flows on an on.

I call on my lute, I call on my books,

Turning to the distant past to find a few friends.

When "drinking from the Yellow River," there's water enough.

Beyond me, all is at peace.

I recall fondly those nine men of a thousand years ago.

Trusting to my bonds with them, I can wander alone.

上面这首陶渊明的《扇上画赞》诗,我们没有看到苏轼的和诗,但南宋何薳的《春渚纪闻》记载的下面这则轶事表明苏轼很熟悉此诗:

> 先生职临钱塘日,有陈诉负绫绢钱二万不偿者。公呼至询之,云:"某家以制扇为业,适父死,而又自今春已来,连雨天寒,所制不售,非故负之也。"公熟视久之,曰:"姑取汝所制扇来,吾当为汝发市也。"须臾扇至,公取白团夹绢二十扇,就判笔作行书草圣及枯木竹石,顷刻而尽。即以付之曰:"出外速偿所负也。"其人抱扇泣谢而出。始逾府门,而好事者争以千钱取一扇,所持立尽,后至而不得者,至懊恨不胜而去。遂尽偿所逋。

在苏轼的和陶诗中,有些诗句与原诗呼应得如此完美,以至于很难分辨二者。① 相似地,陶渊明《咏贫士》第三首与苏轼和诗

---

① 苏轼和陶诗中情绪与原诗最为呼应的是和陶《归园田居》其一,这是在和陶《饮酒》诗之后的第一首。见《苏轼文集》(1996),卷三十一,第 599—600 页。但情绪呼应并不是"和诗"的要求。

第七章 "半独立屋":陶渊明与苏轼

的诗意几乎是一样的。我们可以来欣赏一下。两首诗的主题是关于古代的君子成为当时以及后世的光辉典范,尽管他们曾因历经困苦而被世人忽略了其美德。在这两首诗中,那些古代君子们都安于命运,并欣然离开尔虞我诈的朝廷。两首诗都突出了那些照亮平常生活的美好瞬间,也见证了生命中死亡的临近。①

但即使苏轼以相似的心境和陶诗,细读之下,有时候还是可以看到一些相异之处。陶渊明优美的《游斜川》诗和苏轼的次韵和诗都表达了对家的眷恋。苏轼从陶渊明这首诗中领悟到,要真正感受到万物难以言喻之美,就要远离现实的烦恼。② 不过,只有那些有家可归之人最能感受到郊游及外出的愉快,"家"给他们最大的安全感,可以抵挡令人不安的世事变幻。陶渊明的诗序读来意味深长:"欣对不足,率共赋诗。悲日月之遂往,悼吾年之不留。"对于陶渊明来说,美好的一天只能让人们在时光易逝的悲哀中得到暂时的解脱,惟有在与亲密好友的相处中才能找到真正的"家"。

开岁倏五日,③吾生行归休。
念之动中怀,及辰为兹游。

---

① 的确,苏轼的语气显得更清高一些,更关注那些持久的东西(他在想象与古代圣贤的相通)。同时,他也在一首诗中自问自答:"人生到处知何似,应似飞鸿踏雪泥。"《和子由渑池怀旧》)
② 见苏轼《和陶游斜川》,《东坡全集》(文渊阁影印四库全书版),第2册,第77页。不过,苏轼对于陶诗的解读更强调了陶渊明在宜人的天气里与好友一起游赏美景的心旷神怡。正如戴维斯指出的,苏轼的《和陶游斜川》通常被认为是山水诗的典范。见 Davis(1983),v.1,53。
③ 戴维斯注意到有"五日"和"五十日"两种异文,见 Davis(1983),v.1,49。我们也不确定究竟是"辛丑"(401年)还是"辛酉"(421年)。戴维斯认为,对这首诗的解读最有影响的人是活跃于十九世纪初的一位诗注者陶澍(1779—1839),详见 Davis(1983),v.2,41-43。

气和天惟澄，班坐依远流。
弱湍驰文纺，闲谷矫鸣鸥。
迥泽散游目，缅然睇曾丘。
虽微九重秀，顾瞻无匹俦。
提壶接宾侣，引满更献酬。
未知从今去，当复如此不？
中觞纵遥情，忘彼千载忧。
且极今朝乐，明日非所求。①

苏轼虽声称与陶渊明精神相通，但他所谈论的是贬谪，而不是死亡。因而，他的诗以一种轻松的语调终篇，与陶渊明的最后六行诗明显不同，后者丝毫不以官职为念。"未知陶彭泽，颇有此乐否？问点尔何如，不与圣同忧。问翁何所笑，不为由与求。"②对于不祥的死亡和临终的回避，无论多么优雅，也难免会令读者想用陶渊明的话对苏轼说：你只是能言善辩罢了，根本不了解我的真心。③

苏轼的《和陶饮酒》第九首是另一个情绪相异的和诗例子。陶渊明的原诗提到与旧邻人的相见，并婉拒了后者关于顺应现世的规劝："深感父老言，禀气寡所谐。"诗中说话的人就是陶渊明，他又继续说道："且共欢此饮，吾驾不可回。"根据陶渊明的说法，他很了解自己，不爱追求名利，也拒绝作出改变，并愿意承担后果。他从不以本性天真而自矜，认为人各相异，承认这样的差异性造就了不同的人生才是明智的。因此，陶渊明对于本真的看法

---

① 见苏轼《和陶游斜川》。显然，这首诗序受到了《兰亭集序》的影响。
② 最后四句诗的典故见《论语·先进》(11/24)。
③ 见陶渊明《咏贫士》其三"赐也徒能辩，乃不见吾心"。（这句话应该是原宪所言）

触及庄子的观点,即人生总会受到个性和环境的限制。苏轼的和诗则宣扬自己的本真,用"莲"来象征他的"芝兰怀"。"乘流",暗示了他对于抗争的最终妥协,它取代了陶渊明更为坚定的接受态度:

> 芙蓉在秋水,时节自阖开。
> 清风亦何意,入我芝兰怀。
> 一随采折去,①永与江湖乖。
> 断丝不复续,斗水何足栖。
> 不如玉井莲,结根天池泥。
> 感此每自慰,吾事幸不谐。②
> 醉中有归路,了了初不违。
> 乘流且复逝,抵曲吾当回。

苏轼不时会谈到"新浴觉身轻",③表明自己已经超然物外。(联想起图 7.3,画中的陶渊明飘逸的长袍的确带给我们这种感觉。)他努力把自己描述成委运大化者,声称不需要宴乐美酒来体验或重现沉醉的欢乐。④ 他自恃品味风雅,以异于常人的赏鉴者的眼光观赏景色,就能心满意足。⑤ 苏轼有时会夸耀"腹有诗书气自华",他的《和陶山海经》暗示自己已经达到了令人羡慕的内

---

① 这是描写人们在采荷花。
② 见苏轼《和陶饮酒二十首》其九,《苏轼诗集》(1982),卷三十一,第 605—608 页。
③ 见《和陶归园田居六首》其三,《苏轼诗集》(1982),卷三十一,第 599—600 页。
④ 见《和陶饮酒二十首》其一的末两句"偶得酒中趣,空杯亦常持"。[《苏轼诗集》(1982),卷三十一,第 605—608 页。]的确,苏轼曾嗜酒,但他晚年状态不太好,拿不稳酒杯,时常跌倒。与陶渊明感叹"无酒可饮"相反,苏轼说,他乐于"少饮"。(这大概可以有助于避免醉酒)
⑤ 见苏轼《和陶饮酒二十首》的"序":"吾饮酒至少,常以把盏为乐。"《苏轼诗集》(1982),卷三十一,第 605 页。苏轼诗中的精英意识比陶渊明的诗更为明显。

心自足("心空了无猜")。同样令人难以置信的是,苏轼偶尔能把穷困的境况美化为田园诗或者新奇之事,正如下面这首诗所示:

> 谁谓渊明贫,尚有一素琴。①
> 心闲手自适,寄此无穷音。
> 佳辰爱重九,芳菊起自寻。
> 疏巾叹虚漉,尘爵笑空斟。②

因此,在苏轼眼里,陶渊明的"固穷"就是决心安度此生。③艾朗诺敏锐地注意到:"苏轼认为'固穷'是陶潜的作品所传达的最重要的观点,因此他也竭力想效仿。"④这并不是说,苏轼不会因为仕途和生活的失意而感到痛苦("此生念念非")。⑤

而另一个苏轼和陶诗的例子表明,他在努力摆脱当时所有的烦忧。陶渊明在他的《归园田居》第二首中表达了对于即将获得的收成的担忧,⑥与他不同的是,苏轼的和诗(见下)则把世俗之事理想化:

---

① 见苏轼《和陶咏贫士七首》其三,《苏轼诗集》(1982),卷三十一,第613—614页。这里提到陶渊明身旁有一张琴,即使没有琴弦,他也能在心中默奏。
② 同上。很多人认为这句诗指的是陶渊明买不起酒,也无酒。而我认为,一种可能是他有酒,但他十分渴望饮酒,所以不愿费力将其过滤;还有一种可能是当重阳节来临的时候,他想起,菊花的香气可以使他舒展容颜。下面是省略的诗句:"忽饷二万钱,颜生良足钦。急送酒家保,勿违故人心。"
③ 见苏轼《和陶归园田居六首》其四"有酒持饮我,不问钱有无"。《苏轼诗集》(1982),卷三十一,第599—600页。
④ 见 Egan(1994),354。
⑤ 见苏轼《和陶归去来兮辞》,它与陶渊明的原诗一样充满郁闷的情绪。可以对照一下陶渊明《饮酒二十首》其五的"结庐在人境,而无车马喧"与苏轼和诗中的"小舟真一叶,下有暗浪喧。夜棹醉中发,不知枕几偏"。
⑥ 见陶渊明《归园田居六首》其二"常恐霜霰至,零落同草莽"。收入《苏轼诗集》(1982),卷三十一,第599—600页。

第七章 "半独立屋"：陶渊明与苏轼

> 穷猿既投林，疲马初解鞅。
> 心空饱新得，①境熟梦余想。
> 江鸥渐驯集，蜑叟已还往。②
> 南池绿钱生，北岭紫笋长。
> 提壶岂解饮，③好语时见广。
> 春江有佳句，我醉堕渺莽。

苏轼与陶渊明的快乐之源可以说大相径庭。陶渊明不受官场的束缚，他的快乐根植于这个现实的世界，其奇异之处使他时而欣喜，时而烦忧。苏轼想摆脱凡俗，遁入巨大的虚无中。因此，在《归园田居》第三首中，陶渊明描述了他因劳作而汗湿衣衫，却毫无怨言。相比之下，苏轼的和诗所表现的是新沐后飘飘欲仙的形象。④ 同样，在《归园田居》第四首，陶渊明在他的"山泽游"途中，想到他的故交好友都已离世，不觉感叹："人生似幻化，终当归空无。"苏轼的和诗则显示了他的知足常乐。⑤ 陶渊明在《归园田居》第五首中显得有点情绪低落，起句就是"怅恨独策还"，而苏轼则自称"放浪"，⑥要继续游历人世。

机智的读者也许会注意到苏轼在读陶诗或与陶渊明的对话中奇怪又令人不安的变化，例如，陶渊明在他的一首《杂诗》中，

---

① 或"新知"。如果是"新得"，苏轼可能指的是他在郊游的时候吃饱喝足，可以有暇关注其他的事情。
② "蜑叟"指的是南方人，大多是地位低下的阶层（如渔夫、捕蚌者和行船者），苏轼声称愿意与他们交往，将他们融入他的世界。他是以此自嘲自己的处境。
③ 这一句可以译为"Yet his[Tao's] welcome beckoning often eases my heart,"，或者"I raise the wine, how could I leave off drinking?"。
④ 见苏轼《和陶归园田居六首》其三两句"新浴觉身轻，新沐感发稀"。（《苏轼诗集》（1982），卷三十一，第599—600页）
⑤ 见陶渊明《归园田居六首》其四和苏轼的和诗。
⑥ 见苏轼《和陶归园田居六首》其六，其实此诗是模仿江淹（444—505）的拟陶诗。

概述了自己家中的处境："人皆尽获宜,拙生失其方。理也可奈何！且为陶一觞。"①与之相对照,苏轼的和诗中则包含了不少于六个典故。② 陶渊明并不看重其诗的意义,自称只是在漫长的冬夜酒醉之后"自娱"之作（"聊命故人书之,以为欢笑尔！"）,③而苏轼在作和陶诗的过程中常常以学问为诗。④

另外,苏轼总是比陶渊明更为感伤,在他的《和陶饮酒二十首》第十二首中有着最明显的表现。陶渊明的原诗是以愤怒的爆发而结尾。

　　一往便当已,何为复狐疑！
　　去去当奚道,世俗久相欺。
　　摆落悠悠谈,请从余所之。

苏轼的和诗,让我们看到梦和酒都能给人带来慰藉,是坎坷人生中的最佳解药,人们应该可以"安然无忧"地度过一生。

　　我梦入小学,自谓总角时。
　　不记有白发,犹诵论语辞。
　　人间本儿戏,颠倒略似兹。⑤
　　惟有醉时真,空洞了无疑。

---

① 见陶渊明《杂诗十二首》其八。
② 这在《苏轼诗集合注》（冯应榴辑注,上海古籍出版社,2001）中有最详细的注解。
③ 见陶渊明《饮酒二十首序》。公平地说,苏轼称自己受到陶渊明《归去来兮辞》的启发而作《集归去来诗十首》,纯粹是"自欢"："与世不相人,膝琴聊自欢。"见《集归去来诗十首》其三,《苏轼诗集》（1982）,卷四十三,第2356—2359页。
④ 苏轼有殉道者情结,也许是因为母亲劝他像东汉的范滂（卒于169年）一样为官,后者在33岁时就因党锢之祸而罹难。见苏辙,《栾城集》（1987）,卷二十一,第1410页。
⑤ "颠倒略似兹"意思是"人们情绪如此反复无常,这是不对的"。

第七章 "半独立屋":陶渊明与苏轼

> 坠车终无伤,庄叟不吾欺。①
> 呼儿具纸笔,醉语辄录之。②

当然,苏轼作品中充满了佛教思想(这在陶渊明的作品中很少出现),它把人们对于物和人的依恋与尚未开悟的本性联系在一起。③ 比较陶渊明的《读山海经》与苏轼的和诗,就能看出这一点。对于物质的东西在人生中、书中或者幻想中的各种形式,陶渊明在诗中表达了新奇之感,他相信纯粹的物质性。相反,我们对照陶渊明的《读山海经十三首》其一与《饮酒二十首》其三和苏轼的和诗,会感到更加疑惑,二者偶然的不一致反映了苏轼自己对于物质对象的矛盾态度,他热衷于收藏和鉴赏家的名声,也渴望成为更好的佛教徒。④ 苏轼详述了自己对于物质对象的态度变化,执念程度更是他想要谈论的话题。经过数次的流放,他意识到,人生应该是轻松自在的,而要达到这一境界就要"还性"。⑤

418

---

① 这一典故出自《庄子·外篇·达生》(卷十九):"夫醉者之坠车,虽疾不死。骨节与人同而犯害与人异,其神全也,乘亦不知也,坠亦不知也,死生惊惧不入乎其胸中。"法国导演特吕弗拍的电影《日以作夜》(Day for Night)中,有个婴儿从三层楼的窗户掉下去,但必须马上送到医院的却是他的母亲。
② 见苏轼《和陶饮酒二十首》其十二,《苏轼诗集》(1982),卷三十一,第605—608页。
③ 见第449页注释①。
④ 人们会想到苏轼对于一方石砚的玩味。苏轼谈到,在他年轻的时候,最怕失去自己收藏的每一幅字画,但随着年岁增长,他的态度变得越来越复杂。见法国学者费飏的论文:Stéphane Feuillas, "Un lieu a soi?: Construction de l'espace et de soi chez Su Shi(1037 - 1101)," in Esthétiques de l'espace: Occident et Orient, ed. Jean-Jacques Wunenberger and Valentina Tirloni(Paris: MIMESIS, 2010), 27 - 46。苏轼对于自己的爱物、易于失误和能力下降感到不适,这与他小心翼翼维护的鉴赏家和收藏家的名声相矛盾,有时候他觉得有必要为自己的热情和鉴赏力作出详尽的辩护。
⑤ 儋州的庙祭或纪念活动使他思考关于执念在启蒙和艺术创造中的作用问题。乐只在日常中。"还性",我翻译为"to return to one's basic nature"。

543

让我们来比较一下这两首诗。一首是陶渊明的《读山海经》其一，表达了诗人融入周围事物的怡然之乐：

孟夏草木长，绕屋树扶疏。①

众鸟欣有托，吾亦爱吾庐。

既耕亦已种，时还读我书。

穷巷隔深辙，颇回故人车。②

欢言酌春酒，摘我园中蔬。

微雨从东来，好风与之俱。

泛览周王传，流观山海图。③

俯仰终宇宙，④不乐复何如？⑤

苏轼的和诗赞美了那些超越生死和时空的人，特别是陶渊明和葛洪。

渊明虽中寿，⑥雅志仍丹丘。

远矣无怀民，超然邈无俦。

奇文出纩息，岂复生死流。

我欲作九原，⑦异世为三游。⑧

---

① 诗的韵脚是：疏、庐、书、车、蔬、俱、图和如。"泛览"和"流观"二词也是押韵的。
② 这是汉代常用的修辞。见本书第二章，特别是关于断绝关系的部分。
③ 这些意象令人惊讶，因为"流"通常指"流动"，而"观"通常指"凝视"或"沉思"（像宗教雕像一样）。
④ 这是对《周易·系辞传》的典故妙用，其中提到了圣王伏羲观宇宙而创造了《易》之八卦。见《周易引得·系辞传 下》第二节，"仰则观象于天，俯则观法于地"。
⑤ 此诗为陶渊明《读山海经十三首》其一，收入《苏轼诗集》(1982)，卷三十九，第2136页。对此最后一句，我的英译是"Were I not to take pleasure in this, what would I do with myself, what would the future be like?"。无疑，我过度翻译了最后一句，其语意可以是其中任何一个问题。
⑥ 庄子认为"中寿"为 80 岁。陶渊明死于 36 岁。
⑦ "九原"指九州，也是春秋时代晋国卿大夫的墓地。此地不可能是绥远（内蒙古）。
⑧ 此诗为苏轼《和陶读山海经》其三，《苏轼诗集》(1982)，卷三十九，第2136页。

我们至少面对两种可能性:苏轼对于物质的复杂态度使他看不到陶渊明的欣然于外物。另外一个可能性是,苏轼也许故意拒绝探究陶渊明对于物质的热爱,认为这可能会令他极为推崇的陶渊明招致非议。苏轼的《和陶读山海经》最后一首的结句是"携手葛与陶,归哉复归哉"。由此,我们感觉到苏轼把陶渊明的"归家"主题解释为这位早期诗人不但放弃了官职,而且更重要的是,脱离了浊世。

苏轼试图在和诗中表达陶渊明觉得难以言传的感受时,有时候会颠覆陶渊明诗本来的精神,营造出一种乐观的假象。陶渊明的《饮酒二十首》其十一曾经讥讽过两个作为美德典范的人物,颜回和荣启期。

> 颜生称为仁,荣公言有道。
> 屡空不获年,长饥至于老。
> 虽留身后名,一生亦枯槁。①

苏轼在他的和诗中则赞美了体恤民情的明君:"诏书宽各欠,父老颜色好。再拜贺吾君,获此不贪宝。"②在他的晚年,苏轼作为一名忠实的官员,不断辩论王安石改革的是非,更多为农民的利益着想。③ 通过这种方式,他成功地把陶渊明的情绪转换为

---

① 可能指颜回和荣启期,也可以是泛指。
② 见《和陶饮酒二十首》其十一,《苏轼诗集》(1982),卷三十一,605—608。一般都认为,苏轼此诗作于1092年他被流放之前,当时苏轼任扬州太守。参见下列著述:Hightower(1968),宋丘龙(1982),还有唐凯琳博士论文的相关内容,见Tomlonovich(1989),385。
③ 林翼勋在他的《苏轼诗研究》(2008)中举了两个例外,见第1173页。有关宋代关于家庭和儿童的政策,可以参见Wicks(2002)。

对朝廷尽忠职守。① 因此,我们不得不发问,是什么使苏轼背离了陶渊明?当他有时想超越陶渊明的时候,就会显得粗率。②

随着岁月的流逝,苏轼的和诗变得越来越背离陶渊明原来的作品,大体上表现为两种倾向:要么把陶渊明彻底地理想化,将他塑造成无忧无虑的"圣贤"(尽管陶渊明的诗中有充分的反证);要么抒发了苏轼身处逆境的感叹,暗示了陶渊明在他的时代相对处境安顺。显然,在苏轼于1094年被流放惠州后,几乎四分之三的和陶诗创作于这一时期,尽管他并没有很快陷入彻底的绝望,但外在的平静仍然难以维持。随着他的作品在汴京流传,他担心受人构陷,感到自己处于危机重重的境地,根本无法确定"归期"。③ 1096年,即苏轼第二次被流放的次年,他创作了《和陶咏贫士》诗,流露了对于可能面临永久流放、远离亲友的沉重心情。陶渊明的《咏贫士》诗,坦率地指出了一个严峻的现实:他所选择的道路会令他难觅真正的"知音"④。⑤ 而苏轼的和诗则是对现实感到心灰意冷,并认为君子所能做的就是辞官,自古以来便是如此。

---

① 苏轼的《和陶饮酒二十首》其十五把末句的"何事复叹息"中的"息"换成"惜"。对于忠于朝廷,苏轼常常表示抗议,因为在他被流放期间,许多朝廷重臣(尤其是那些追随程颐者)一直在寻找机会以反叛罪指控他。如1095年,苏轼这样写道:"许国心犹在。"见王文诰辑注《苏文忠公诗编注集成》(1967),第6册,第3335页。改变陶渊明诗韵的第二个例子看起来似乎没有那么重要:陶渊明这样写道:"启涂情已缅。"(《癸卯岁始春怀古田舍二首》其一)苏轼的和诗中对应的一句则为"妄想生愧腼"。以"腼"(面色)代替了陶渊明所用的"缅"(遥远)。
② 见 Egan(1994),235。
③ 见苏轼《与陈朝请二首》其二。关于苏轼的观点,可参见蔡涵墨(Charles Hartman)的论文:"Poetry and Politics in 1079: The Crow Terrace Poetry Case of Su Shih," *Chinese Literature, Essays, Articles, Reviews* (CLEAR) 12(1990):20。他提到了苏轼的批评者之语。
④ 知音,就是心意相通的好友。见本书第二章。
⑤ 见《离骚》末段屈原自投汨罗江前的哀叹"已矣哉!"

第七章 "半独立屋":陶渊明与苏轼

就像陶渊明所说的"赖古多此贤"。①

当苏轼被流放到更加远离朝廷的儋州时,他的心情更加沮丧,在那里他失去了家人,仅存一子,居无定所,无营生之业,也无日常娱乐。他心力交瘁,囊中羞涩。② 他用"兹游奇绝冠平生"来形容自己流放岛屿的生活,把这个疫病之地与蓬莱仙岛或陶渊明的桃花源相比,讽刺中充满凄凉的况味。③ 他初到儋州后写的一首诗回忆起早期在惠州白鹤峰居留时相对闲适的时光,抚今追昔,令他难以相信如此巨大的变化。陶渊明的《归去来兮辞》感慨岁月流逝带来了不可避免的变化,而苏轼的和诗却以粗率之词表达了对于所失去的一切的怅惘:"瘘人常念起,④夫我岂忘归。不敢梦故山,恐兴坟墓悲。"⑤

另一首苏轼在儋州所作的诗反映了他在第三次流亡生活中的心情:在描述一个死气沉沉的废园时,⑥苏轼自己颓废的精神与弥漫的南方湿气交融在一起。诗的结尾是一个沉闷的意象(几

---

① 见陶渊明《咏贫士》诗其二的末两句:"何以慰吾怀,赖古多此贤。"此外,也可见《咏贫士》诗其一的末两句:"知音苟不存,已矣何所悲。"苏轼作了两首诗的和诗,见《苏轼诗集》(1982),卷三十一,第613—614页。
② 唐凯琳的博士论文(1989)有一章,题为"免职",讨论了苏轼的最后一次流放经历和绝望,比如他在儋州所写的书信中所流露的。她引用苏轼的话:"此中枯寂,殆非人世,然居之甚安。"见 Tomlonovich(1989), p. 182。苏过是苏轼携行的唯一之子。关于苏轼在儋州的生活,可见杨治宜的博士论文(2012)。
③ 见《苏轼诗集》(1982)卷四十三,第2366—2367页;卷三十八,第2072页;卷四十,第2196—2198页;卷四十一,第2246—2248页。苏轼在他的《后赤壁赋》中已经暗示了死亡:站在赤壁上,苏轼向下俯看,一切似乎都在动摇。"予亦悄然而悲,肃然而恐,凛乎其不可留也。"(《后赤壁赋》,《苏轼文集》,1996,卷一,第8页)该赋由白之(Cyril Birch)英译,见 Cyril Birch, *Anthology of Chinese Literature*, Volume 1: *From Early Times to the Fourteenth Century* (New York: Grove Press, 1965), 384 - 385。关于此赋的分析,可见 Egan(1994), 247。
④ 这是四川方言。此句常常被解读为更平淡的意思:"跛脚者总是梦想着站起来。"
⑤ 见苏轼《和陶还旧居》。
⑥ 苏轼的《和陶游斜川》。见林翼勳(2008),第1293页。

乎是哥特式的),没有围栏守护的断竹,呈现了一种与家的安全感完全相反的象征。失去了与好友的联系,远离了所有他能称之为"家"的地方,苏轼再也无法强颜欢笑,假装依然健康无恙和无忧无虑。苏轼敬慕的庄子说过的一段话,似乎很契合他的情形:

> 子不闻夫越之流人乎?去国数日,见其所知而喜;去国旬月,见所尝见于国中者喜;及期年也,见似人者而喜矣。①

在苏轼的和诗中,我们也能找到同样的情绪变化轨迹。

苏轼并不是唯一重新包装陶渊明的人。在那些最苛刻的批评者眼里,陶渊明被认为是一个不负责任的醉汉,毁了自己、家人和朋友。②(如白居易,曾把陶渊明的一生视为无足轻重的笑话:"篇篇劝我饮,此外无所云。")③不过,苏轼也加入了越来越多的以视觉艺术和文学作品来表现陶渊明的队伍中,他们通过典故、注疏和评论,④把他形容为一个超凡脱俗、无忧无虑的超人,一个

---

① 见《庄子·杂篇·徐无鬼第二十四》,亦见 Watson(2013),200。苏轼于1098年在海南岛时曾作《浮芥之蚁》:"覆盆水于地,芥浮于水,蚁附于芥,茫然不知所济。少焉,水涸,蚁即径去。见其类出涕曰:'几不复与子相见!'岂知俯仰之间,有方轨八达之路乎?"[见《艺文汇编》,《苏轼文集》(1996),第5册,第2549页。]

② 这里,我把苛刻的批评家的观点搁置不论,因为他们中的许多人属于中华帝国晚期的程朱理学派。不过,朱熹在庐山白鹿洞书院的时候谈到了对喜爱风景的陶渊明的亲近感。倪肃珊引用了朱熹的《庐山诗选》,见 Nelson(2000—2001),22, note 57. 也可参见第473页注释②。

③ 见白居易《效陶潜体诗十六首》。前面的诗句还有:"爱酒不爱名,忧醒不忧贫……口吟归去来,头戴漉酒巾……先生去已久,纸墨有遗文。"王绩(585—644)的《醉乡记》也是与之相类,它把陶渊明与其他人称为"酒仙"。此诗英译可见 Stéphane Feuillas, *Su Shi: Commémorations* (Paris: Les Belles Lettres, 2010), 284‐286。也许相关的是,白居易的"新乐府"诗强调诗歌作为社会批评的政治功能。见谢思炜《白居易集总论》,北京:中国社会科学出版社,1997,第380页。陆扬强调唐朝对于文学的接受,是将其视为统治帝国的最大工具,见其专著《清流文化与唐帝国》,北京:北京大学出版社,2016,第225页。

④ 倪肃珊颇有说服力地论证了陶渊明所代表的是"以历史人物传统为基础的最强大的中国体系",包括孔子。见 Nelson(2000—2001),11。

第七章 "半独立屋":陶渊明与苏轼

优于常人的超人,就像凤凰之于麻雀一样。如在苏轼之前,有人这样称赞陶渊明:"画陶潜风气高逸,前所未见。非'醉卧北窗下,自谓羲皇上人'。"①最后一句引自陶渊明之语,②而他本人并没有如此自诩。在人类历史上,人为制造的传统常常产生不可思议的力量。因此,那些程式化的、美化了的陶渊明肖像,自南北朝时大量增加,它们把陶渊明的作品"重新诠释"为他在佛教的净土追寻真正的"家",而遮蔽了他对于幸运逃离官场的喜悦。③

我们所津津乐道的文学传统认为:一个人的性格变化需要实质性的转换,即点铁成金(一个古老的中国式比喻),④而苏轼却有着截然不同的结论,他在不止一首诗中暗示过,这样的转化是不可能达到的,⑤苏轼不但被迫适应人和地方,而且还要适应那些不是他真正家园的临时居所。对于陶渊明来说,归家显然是"久在樊笼里,复得返自然",⑥而苏轼则经历了更多坎坷。另一方面,苏轼不得不同时弄明白一些不愉快的、变化的地缘政治与心理现实,这不但是为了他本人,而且也是为了朋友、家人和批评者,与此同时,来自朝廷和有关朝廷的消息又十分有限。这是难

---

① 著录于1120年的《宣和画谱》卷五,讨论了一位八世纪的画家郑虔所绘的陶渊明像。见于安澜编《画史丛书》,上海人民出版社,1963,第2册,第57页。
② 这是指的是陶渊明的诗《读山海经》其一,它描写了陶渊明在初夏读古书的乐趣。见《苏轼诗集》(1982),卷三十九,第2136页。
③ 见 An-yi Pan, *Painting Faith: Li Gonglin and Northern Song Buddhist Culture*, Leiden: Brill, 2007, pp. 236 - 238。
④ 这一比喻也出现在扬雄的《法言·学行卷》(1/8),其中谈到了"铸人"与"铸金"。
⑤ 如苏轼的《和陶饮酒二十首》,《苏轼诗集》(1982),卷三十一,第605—608页。
⑥ 见陶渊明《归园田居》其一,这两句诗的情绪与苏轼的诗相合。见《苏轼诗集》(1982),卷三十一,第599—600页。这与汉代及汉代以后的早期作品形成了鲜明的对比,它们大多把"归"的比喻应用于社会政治和道德领域,例如王朝的"复兴""对远古的怀旧",还有对于世界变坏以前的理想化时代的可疑传说。关于"樊笼",见《庄子·内篇·人间世第四》,里面提到孔子劝颜回不要做笼中鸟。"复得返自然",似乎是指陶渊明不再违背自己的心愿。

上加难之事,因为当时的言论使他无法把朝廷对他的贬谪视为难得的"闲暇",以维护朝廷通过惩戒显示宽容的法度。①

苏轼遍和陶渊明诗的决定对两位诗人都产生了重大的影响,确保了陶渊明在死后被经典化,成为俗世的圣贤。同时,和陶诗也使苏轼的流放生活得到了改善,并有助于他死后的名声。实际上,苏轼追慕陶渊明归隐的想法那样强烈,以至于在苏死后,通俗戏剧和词都宣扬苏轼拒绝高官厚禄。② 最终,在大众的想象中,苏轼真正地以独特方式,与陶同归。③

回归之乐

在人类历史中,绝大部分的资源和仪式都是为了令生者之家增添光彩,或者将死者安息之所神圣化。早期和中古中国所记载的"最终"之乐并不是对更多名物、更渊博的知识,或者更新鲜的情感的追求,而是对于回归到持久的、最重要关系的渴望。对陶渊明来说,所有形式的回归都带来了体验的乐趣,因为他"安此日

---

① 可以比较王安石的《重游草堂寺》诗,他谈到被贬到"边远之地"而能得"闲",见《王荆文公诗笺注》,中华书局,1958,第 249 页。
② 见伊维德(Wilt Idema)的相关论文 "Poet versus Minister and Monk: Su Shi On Stage in the Period 1250-1450," T'oung Pao 73(1987): 190-216,尤其是该论文的第 199 页。"词"继承了这一浪漫传统,对于日常生活充满温情,甚至热爱,后来的小说和戏剧也是如此。
③ 见苏轼《和陶咏贫士七首》其一"我欲作九原,独与渊明归"句。关于这一点,可参见宋丘龙(1982),第 90—91 页。在这首诗的其余部分,苏轼谈到自己比那些关注现实琐事的凡夫俗子清高,他更关注那些永久的东西,包括与古代的君子超越时空的友谊。

第七章 "半独立屋":陶渊明与苏轼

富"。① 加上他对于重新转向的日常生活的热爱,使他清醒而更富理性。关于苏轼,我们只是知道他曾说过,"强歌非真达"。但苏轼称,和陶诗给他带来了极大的愉悦,无论是在创作诗歌的时候,还是后来与好友、弟弟苏辙分享的时候,尽管在"长闲"的流放期间他也很烦躁。② 没有一个后世之人对陶渊明的描述(当然不是我的,或者苏轼的)能够完全捕捉或反映他的复杂性。我们不知道两位诗人作品感性的外表能够在多大程度上有助于早期读者热爱宇宙自然,但他们所表达的信念让许多后来的追慕者受益匪浅。

弗吉尼亚·伍尔芙说过:"诗歌之所以令人如此废寝忘食,如此欣喜若狂,是因为它触动了人们曾经拥有的情感。"③读陶渊明和苏轼的诗,就是要了解这样的感觉。表面上,陶渊明和苏轼代表了他们那个时代的"共识",即优美的抒情诗来自真实性和表现力,④因此,苏轼小心地把他的作品类比为流动的泉水,一个古老的关于"自由精神"的比喻。⑤ 但由于我强调两位诗人的不同之

---

① 见陶渊明诗《荣木》。我对"安此日富"的英译是"Thoroughly drunk on each day's riches.",与戴维斯的翻译有所不同,他的翻译是"But[Tao] remained content with this 'daily growing richer.'",他认为这是陶渊明自欺的自嘲。袁行霈认为此句出自《诗经·小雅·小宛》的"一醉日富",见其《陶渊明笺注》(2003),第17页,注16。
② "强歌非真达",见苏轼作于惠州的诗《闻正辅表兄将至以诗迎之》,《苏轼诗集》(1982),卷三十九,第2144页。"长闲"出自苏轼《六月二十七日望湖楼醉书》之"可得长闲胜暂闲"之句。戴维斯在他的论文中提到,在士大夫的用语中,"暇"与"闲"是表示被免官的同义词,而不是表示无所事事。见 A. R. Davis, "Su Shih's 'Following the Rhymes of T'ao Yuan-ming's Poems:A Literary or a Psychological Phenomenon?'" *East Asian History* 38(Feb. 2014):140(note 5),141。
③ 见 Virginia Woolf, *A Room of One's Own* (New York:Harcourt, Brace, 1929), 179。
④ 关于苏轼在这方面的传统性,可参见 Fuller(2005),319。还有 Egan(2006),70-71。傅君劢在他的专著中引用了苏轼的《自评文》,见 Fuller(2013),52-65。
⑤ 苏轼的《自评文》英译可参见 Fuller(2013),44。该文也收录于《苏轼文集》(1996),卷六十六,第2069页。

551

处，我在此以苏轼的一篇作品作为结尾，它读起来似乎很像陶渊明所作。这篇作品是在苏轼去世之前所作，记录了他向一位道士询问有关智慧与年龄、隐与显、玄妙与平淡的神秘联系，这也是陶渊明在最后的日子里所思考的。

眉山道士张易简，教小学，常百人，予幼时亦与焉。居天庆观北极院，予盖从之三年。谪居海南，一日梦至其处，见张道士如平昔，汛治庭宇，若有所待者，曰："老先生且至。"其徒有诵《老子》者曰："玄之又玄，众妙之门。"

予曰："妙一而已，容有众乎？"

道士笑曰："一已陋矣，何妙之有。若审妙也，虽众可也。"①因指洒水薙草者曰："是各一妙也。"予复视之，则二人者手若风雨，而步中规矩，盖焕然雾除，霍然云消。

予惊叹曰："妙盖至此乎！庖丁之理解，郢人之鼻斫，信矣。"

二人者释技而上，曰："子未睹真妙，庖、郢非其人也。是技与道相半，习与空相会，非无挟而径造者也。子亦见夫蜩与鸡乎？夫蜩登木而号，不知止也。夫鸡俯首而啄，不知仰也。其固也如此。然至蜕与伏也，则无视无听，无饥无渴，默化于荒忽之中，候伺于毫发之间，虽圣知不及也。是岂技与习之助乎？"

二人者出。道士曰："子少安，②须老先生至而问焉。"

二人者顾曰："老先生未必知也。子往见蜩与鸡而问之，可以养生，可以长年。"

---

① "虽众可也"，可以翻译为"No matter how many they are, this can be done."，也可以翻译为"You can see many marvels."。
② 这可能是双关语，也可以指"你们年轻又自以为是"。

> 广州道士崇道大师何德顺,学道而至于妙者也。故榜其堂曰"众妙"。书来海南,求文以记之,因以梦中语为记。

苏轼后来才意识到,他所赞叹的作为创造力源泉的玄妙,并不能代表大部分的人类经验,更好的人生是不知不觉地安然度过每一天,就像蝉在地下经历了蜕变。寻常之乐,正是苏轼和陶渊明共同留给我们的人生启示。[425]

后记

在研究和写作关于"乐"的话题时,我偶然发现了一项新的科学研究报告,提到"与他人合作的、微小而勇敢的行为,选择信任而非讥讽,慷慨而非自私,就会振奋大脑的乐感"。[1] 这如果是真的,就很有意思。这让我想起范仲淹(989—1052)的名言:"先天下之忧而忧,后天下之乐而乐。"在范仲淹看来,每个人都能给社会带来安乐,无论其阶层、种族和地位如何。

加州大学伯克利分校哲学系的汉斯·斯卢加在他最近的一本书中谈到了学术界"仍然拘泥于陈见",即,其叙事大多是 presentist(错误的古今为一论者)表述的过去的世界。[2] 我继续乐此不疲地研究早期中国,因为我曾经历了与文献接触的几个阶段。我的研究始于这样一个问题:"我们如何翻译文言文的文献?"现在,我的问题变成:"我们从文献中可以发现什么?最重要的是,这些发现将如何改变我自己看待世界的方式?"

正如弗雷德里克·詹姆逊的论文《说乐:一个政治问题》中所指出的,我们"信以为真"的往往是一种或更多旧意识形态的残

---

[1] 见一篇发表于《纽约时报》的文章:Natalie Angier, "Why We're So Nice: We're Wired to Cooperate," *New York Times*, July 23, 2002。
[2] 见 Hans Sluga, *Politics and the Search for the Common Good* (Cambridge: Cambridge University Press, 2014)。

余,常常像鹦鹉学舌。结果是,我们误以为短暂的消遣会带来长久之乐。① 早期和中古中国的思想家们忧虑文化的退化,心灵的扭曲,语言的误解,以及制度的错误。他们也在寻找激发和生成"乐"的更深层次的基础:一方面是"礼仪"价值,另一方面是感官之乐。

荀子说:"有治人,无治法。"②在我的人生中,看到了冷酷的成本—利益分析是怎样在战争与和平时期应用于弱势群体的。在此,我更喜欢这些古代思想家和诗人,他们从不承诺能为特定的问题提供轻松或快捷的解决方案。他们都认同人性的限制,尽管他们所处的社会与我们的相异。

我要把这本书献给有着宽厚仁善之心的好友们。

---

① 见 Fredric Jameson, "Pleasure: A Political Issue." in *Formations of Pleasure*, Formations Series, vol.1(London: Routledge & Kegan Paul, 1983), pp.2-3。
② 这里的"法"不是指法度,而是指机制。

征引文献

（限于篇幅，中译本没有列出征引文献，有需要的读者可以通过以下链接获取：https://www.zonebooks.org/books/133-the%20chinese-pleasure-book.）

索　引

A

Abel-Rémusat, Jean Pierre（雷慕沙），314.
Academicians（五经博士），278, 296, 305, 306 - 308.
Activist editing（篡改），275, 281 - 82, 285, 305.
Aged, treatment of（养老），144, 168 - 69, 295.
Ai（哀），35.
Ai（爱），44.
Aidi(Han)（汉哀帝），279.
An（安），35, 41.
Analects：allusions to（与《论语》相关的典故），342, 377n. 5, 382n. 2, 389n. 1, 394n. 9, 402n. 2; commonalities with Mencius（与《孟子》的相似性），165; Confucius of（有关孔子），97; on fellow feeling（shu, 恕），136; on flows of *qi*（气的流动），50; on friendship（关于友谊），64, 114; on human motivations（关于人类动机），312; on ren（仁），156; "steadfastness in adversity"（固穷），331, 354, 388, 410, 415; teachings on righteous rule（关于君子之道），147; "words are merely for communication"（"辞达而已矣"），113; and Yang Xiong's *Exemplary Figure*（扬雄《法言》），272.
Ancestor worship（祭祖），23. See also Sacrifices（也可见"祭祀"）.
Annals（《春秋》），31, 271, 275.
Anxiety（担心,焦虑），35, 40 - 41, 51, 209.
Apatheia（无动于衷的），244.
Archaic Script Corpus（"古文"），305.
Archives（档案馆），96, 274, 277 - 78. See also Libraries（图书馆）.
Aristotle（亚里士多德），87, 121, 213.
Army Regulations for the Colonel（《司马兵法》），306.
Art（艺术），50, 207 - 208. See also Music（音乐）.
Art of War（《孙子兵法》），306.
Artisans（匠），216 - 19; woodworker Qing and Butcher Ding

557

（梓庆与庖丁），215，216－21，224－25.

Asceticism（禁欲主义），52，239.

Ataraxia（不动心），244.

Attitudinal pleasure（态度之乐），36－37.

Gellius, Aulus（奥卢斯·革利乌斯），269.

Authenticity: in Mencius（《孟子·尽心下》中的"信"），149; in *Odes* and *Changes*（见《诗经》和《易经》），64; Su Shi's notion of（引自苏轼），359，363，367，391; Tao Yuanming's notion of（引自陶渊明），321，329，348，414; of texts（关于可信的文本），282; in *Zhuangzi*（见《庄子》），256－57.

Authorship（著者身份），274－76，282，285，294.

Autonomy（自主），39－40，54，148，219，235，324，347.

B

Bachelard, Gaston（加斯东·巴什拉），254.

Balancing the faculties（斋心），217，218，239，248，254.

Balazs, Étienne, "Political Philosophy and Social Crisis at the End of the Han,"（白乐日《汉末的政治哲学与社会危机》），29.

Bamboo slips, documents on（居延汉简），200.

Ban Gu（班固），313; *Han Histo-*

ries（《汉书》），272，298，300. "Tables of Men, Ancient and Recent"（《汉书·古今人表》），300.

Banquets（宴），23，99－100，103－104，121，207; in tomb mural（墓室壁画），102; in *Zuozhuan*（《左传》），98，107. See also Drinking sessions（也可见"饮酒"）.

Bao Shuya（鲍叔牙），88－90.

Barthes, Roland（罗兰·巴特），84.

Bauer, Wolfgang, *China and the Search for Happiness*（鲍吾刚《中国人的幸福观》），20.

Bells: Chariot（车铃），69; in early depictions of musical performance（关于早期音乐表演的描述），66，68; in ritualized music（仪式音乐），67; tones of（音调），63，85; Xunzi on（荀子论乐），79; Zeng hou yi tomb bell set（曾侯乙墓编钟），76，77，85.

Bergson, Henri（亨利·伯格森），255.

Berry, Wendell（温德尔·贝里），133.

Bhutan, Gross National Happiness Index（不丹国民幸福指数），37.

Binding（结），85.

Birds（鸟）: call of（鸟鸣），69，120，241，242，257; luan（鸾），302; Peng（鹏），232－33，262; in poems of Tao Yuanming（陶渊明诗

中的鸟),327,329,331,332,333,340,341,346-47,374,382,400,402,406,418;in Yang Xiong *fu*(扬雄赋中的鸟),286.

Bo Juyi(白居易),359,401n. 4,422.

Bo Ya and Zhong Ziqi(伯牙与钟子期),69,90.

Bo Yi(伯夷),94,343,351,388,403.

Body(身体):circulatory flows(体内循环),50-51;theories of, and sensory experience(身体理论与感觉经验),36-37;in *Zhuangzi*(见《庄子》),227-28,243. See also Qi(参见"气").

Boli Xi(百里奚),70.

Boluan(伯鸾),109.

Books(书):Kuang Heng(匡衡),265-66;in Yang Xiong's view of pleasure(扬雄的乐论),19-20,263-65,271,290,312-14. See also Libraries;Manuscript culture(参见"图书馆""写本文化").

Bronzes(青铜器):with depiction of musical performance(音乐表演的描述),66,68;inscriptions(铭文),117,302-04;Western Zhou wine vessel from Guodun Shan(郭墩山出土西周酒器),303.

Buddhism(佛教),30,418.

Butcher Ding(庖丁),215,216-21,224-25,226,425.

C

Cai Yong,"correcting contacts"(蔡邕《正交论》),125-26.

Callimachus(卡利马科斯),20,269.

Cang Jie primer(《仓颉篇》),302,310.

Cao Pi(Emperor Wen of Wei)(曹丕,魏文帝),108-09;"Discourse on Writing"(《典论·论文》),118;letter to a friend(《与吴质书》),64.

Careerism(追求名利),22,95,101,122,125,296,371;of Su Shi(关于苏轼),369,371;views of Tao Yuanming(陶渊明的观点),323,335,343,363,414,419;in *Zhuangzi*(见《庄子》中的论述),216,231,246.

Ceremonial aspects of authority(权威的仪式性),28.

Chang Qu,*Record of the Lands South of Mount Hua*(常璩《华阳国志》),272.

Changes Classic(《易经》):on friendship(关于友谊),64,118;trust and time in(信任与时机),118;"Xici" tradition("系辞"传统),28,383n. 7;and Yang Xiong's writings(扬雄的作品),272,312.

Cheerfulness(高兴),39,328.

Chen Nong(陈农),278.

Chen Yu and Zhang Er(陈馀与张耳),129,131.

Cheng, Emperor of Han(汉成帝),271,294,308; palace libraries under(延阁、广内、秘室),278-81; social welfare measures(社会福利措施),170.

Cheng, King of Zhou(周成王),267.

Chenggong Sui,"Rhapsody on Whistling,"(成公绥《啸赋》),73.

Chimes(钟磬),66,77,79,304; in depiction of musical performance(音乐表演的描述),68.

Chu Pou(褚裒),123.

Classic of Filial Piety, handscroll illustrating(《宋高宗书孝经马和之绘图》),134.

Classics(经典): allusions to(典故),290; meanings of(含义),57; as medium of communication with sages and worthies(作为与圣人君子交流的媒介),293; rhetoric of pleasure in(修辞之乐),26-27. See also Five Classics learning(参见"五经"之学); Su Shi: classic allusions by(苏轼用典); Tao Yuanming: classic allusions by(陶渊明用典); Yang Xiong: passion for classical learning(扬雄对经学的热情).

Cloud imagery(云的意象),38,232,346.

Commitments(志),47,53,55,67,111-12,127,159-60,181.

Community(社区),23,26,61,99,133; in *Mencius*(见《孟子》),137,138,148,166; in Tao Yuanming,319,328(见有关陶渊明的内容); in *Xunzi*(见《荀子》),77-78,195-97. See also Community banquets(参见乡饮), Drinking sessions(饮酒).

Community banquets(乡饮),23,99-100,103-104,121,207.

Confucius(孔子). See *Analects*(见《论语》); Kongzi/Confucius(孔子).

Conjugal love(夫妻之爱),120.

Connoisseurship(鉴赏力),22.

Constants(常),146; constant *xin*(常心),243; Five Constant Social Relations(五常),52,74.

Consuming and sustaining pleasures(享乐与延乐),24,26,33,52,147.

Copying texts(抄写文本),200,268,290-91,293,297. See also Manuscript culture(参见"写本文化").

Cosmic eggs(宇宙蛋),38.

Csikszentmihalyi, Mihalyi(米哈里·契克森米哈赖),36.

Cycles of the Yellow Emperor(《皇帝终始》),306.

D

Da Dai Liji(《大戴礼记》),309.

Dai Kui(戴逵), 343.

Dan(indulge in or be addicted to)(耽), 44; *dan Dao*(耽道), 312.

Dance(舞): in the Analects(见《论语》), 64; and Butcher Ding's technique(有关庖丁技艺), 219, 220; at drinking sessions(酒宴之舞), 100–101; early depictions of(古代的描写), 66, 68; paired with music(舞乐), 65, 69, 77, 78, 79, 81, 82; out of pleasure (乐舞), 131, 173, 312.

Davidson, Donald(唐纳德·戴维森), 224.

Davis, A. R.(A. R. 戴维斯), 376n. 1.

De(virtue, grace and charisma)(德), 177, 187, 204.

Death(死亡): hatred and(憎恨), 131; Tao Yuanming's view(陶渊明的观点), 329, 333, 335–39, 357; Zhuangzi's view(庄子的观点), 19, 236–37, 250–52.

Declaration of independence(《独立宣言》), 37.

Delayed gratification(延迟的满足), 184–86.

Delight(喜), 42–44.

Desires(欲望): in *Mencius*(见《孟子》), 148–49, 175; mimetic(模仿的欲望), 47, 53, 198; No Desires and Refined Desires advocates("无欲"与"改善的欲望"), 54; in pleasure rhetoric(乐之话语), 46–47, 52–55, 324; in *Xunzi*(见《荀子》), 175, 176, 178, 179, 182–86, 194–95, 198; in *Zhuangzi*(见《庄子》), 244.

Dialogue genre(对话体), 137; in *Mencius*(见《孟子》), 135, 136, 139, 140, 148, 151, 153, 160, 173; in Yang Xiong's *Exemplary Figures*(扬雄《法言》), 265, 269, 286, 294, in *Zhuangzi*(见《庄子》), 214.

Dichotomies(二分法), 31, 72, 115, 132, 249, 258–59; pleasure-pain(乐—痛苦), 40, 41–42.

Display culture(展示文化), 28, 29–30, 196–97.

Documents(《尚书》), 31, 275, 282; "Be Not Idle" chapter(《尚书·无逸》), 267; "Yueming" chapter(《尚书·说命》), 86.

Dong(motions or feelings)(动), 45, 48, 67–69. See also Emotions(参见"情").

Dou Ying, friendship with Guan Fu(窦婴与灌夫的友谊), 95–96.

Dream(梦), 239–41.

Drinking sessions(饮酒,乡饮), 98–101, 103–107; in classical texts(经典中的记载), 107–108; entertainment at(宴乐), 104, 106; principles of sociability at(社交原则), 105–106; status conventions in(身份传统), 104; *Xunzi*'s account of(《荀子》

561

中的论述), 206-207.

Drums(鼓), 66, 67, 79.

Du Fu(杜甫), 323, 365, 387n. 5.

Du Lin(杜林), 308.

E

Eastern Han Estate(东汉庄园), 28-29, 30.

Egan, Ronald(艾朗诺), 364, 415.

Eight Sounds(八音), 67.

Eight Winds(八风), 67.

Emotions(情), 45, 48; music and(音乐), 67-69, 71-72, 74-75, 78, 80, 84, 85.

Epicurus(伊壁鸠鲁), 41.

Epigraphy(金石学), 284, 305, 308-10. See also Philology(参见"文献学").

Equitable distribution(公平分配), 23.

Erya(《尔雅》), 306, 308, 309-11.

Ethics(伦理): in ancient Greece(古希腊), 10; Chinese(中国), 10, 117, 131, 156-57, 276; Western(西方), 17, 97, 144, 172.

Evaluations(思), 47.

Ever-normal granaries(常平仓), 170.

Experiential pleasures(体验之乐), 34, 41, 46-48, 424.

F

Fame(名声), 228, 335-36, 338, 354.

Family(家庭): and friendship(与友谊), 61, 87, 119, 344; for Su Shi and Tao Yuanming(苏轼与陶渊明的家庭), 348-49, 369, 383, 387n, 6, 421.

Fan painting(扇画): "Appraisals for Paintings on Fans" by Tao Yuanming(陶渊明《扇上画赞》), 411; Su Shi and(与苏轼), 412.

Fan Shi(范式), 117.

Fan Zhongyan(范仲淹), 427.

Farmers(耕者), 29, 141, 163, 181, 191-92, 202, 384, 420; and distribution of farmland(分田), 168-70; gentleman(乡绅), 130, 346. See also Peasants(参见"农民").

Fayan(《法言》). See Yang Xiong: *Exemplary Figures*(见扬雄《法言》).

Feng Huan(冯驩), 122.

Feng Yan(冯衍), 385n. 5.

Fingarette, Herbert(赫伯特·芬格莱特), 84.

Fitzgerald, F. Scott(弗朗西斯·斯科特·菲茨杰拉德), 282.

Five Classics learning("五经"学): and the *Haogu* movement("好古"运动), 278, 306-308, 311-12, 316; and office-holding(官职), 270; Yang Xiong and(扬雄与经学), 276, 292, 305-308.

Five Conducts(《五行篇》), 185.

Five Constant Social Relations(五常), 52, 74.

Fleeting pleasures（短暂之乐），35，177.

Flying Swallow Zhao（赵飞燕），271.

Food and wine(酒食)，35，50. See also Banquets（参见宴会）；Drinking sessions(饮酒).

Forgetting(遗忘)，254－55，340－41.

Formalized exchanges(形式化的交换)，23，27－28，96－98，100，206－207. See also Gift giving(参见"赠礼").

Foster, E. M.（爱德华·摩根·福斯特），211.

Four Books("四书")，31，276.

Friendship(友谊)：of Bo Ya and Zhong Ziqi(伯牙与钟子期)，69－70，90；and career(职业)，122，125；in the classics（经典中），60，64－66，94－95，111，114，118－20；contrasted with hierarchical relations(与上下级关系相对照)，66，98，119；of Dou Ying and General Guan Fu(窦婴与灌夫)，95－96；and drinking（饮），99－100，105－106；and family（家庭），61，87，119，344；and funerals(葬礼)，108－10；of Guan Ning and Hua Xin（管宁与华歆），129；of Guan Zhong and Bao Shuya(管仲与鲍叔牙)，88－90；intimacy and sociability(亲密关系与社交)，61，98－99，111－12；letters severing(绝交信)，123－24，126－28，129－31；letters to friends(致友人信)，112－13；"making friends in his story,"（"尚友"）362；in modern philosophy and classical Chinese rhetoric(现代哲学与古汉语修辞)，132；music and(音乐)，18，58，59－63，65－66，69，72－73，84－86，132－33；nature of(其本质)，87－88；in novels of Wendell Berry(温德尔·贝里的小说)，133；"old"（"旧友"），118；parting from friends(与朋友分别)，18，73，128；portrait of(《虎溪三笑》画)，320，407，407n. 7；"preverbal"（先于"语言"），112－13；and relational pleasures(关系之乐)，34－35，328；role of election in(选择在交友中的作用)，115－16；and romantic love(浪漫之爱)，116，120；and the ruler-minister relationship(君臣关系)，119－20；severing of,（断交），117，121－31；and social relations(社会关系)，66，116－18；119－21；Tao Yuanming and（陶渊明），328，334－35，341－42，344，350，352，359，370；terms for(友谊的语汇)，65－66，117－18，120，126；Xunzi on(荀子论述)，60，119；Yang Xiong on(扬雄论述)，117；of Yang Yun and Sun Huizong（杨恽与孙会宗），129－30；Zhuangzi on(庄子论

563

述),90,91-92,120;of Zhuangzi and Hui Shi(庄子与惠施),90-91,113. See also intimate friendship(参见亲密友谊).

Fu rhapsodies(赋):contrast with Tao Yuanming's poetry(与陶渊明诗的对比),324;criticized by Yang Xiong(扬雄的批评),284,291,298,306;display *fu*(大赋),269,272,284,324;of frustration(感遇赋),343-44;"*Fu* on reading" by Shu Xi(束皙《读书赋》),314;and Mencian dialogues(与孟子对话的对照),173;"Moved by Good men's Failures to Meet Good Fortune" by Tao Yuanming(陶渊明《感士不遇赋》),343-44;"Returning to the Fields" by Zhang Heng(张衡《归田赋》),313;of Xunzi(荀子与赋),173;Yang Xiong(扬雄),173,263,269,271,272,285-86,287-88,294,306.

Fukui Shigemasa(福井重雅),307.

Fully Present Man(至人),216,217,218,225-26.

Funerals(葬礼),108-10. See also Mourning rituals(参见丧礼).

G

Gan(resonant feeling)(感),166.

Ganying(sympathetic resonance)(感应),45. See also resonance theory(参见共鸣理论).

Gaozi(高子),159,167.

Gaozong, colophone for "Illustrations of the Classic of Filial Piety"(《宋高宗书孝经马和之绘图》),134.

Gaozu(Han)(汉高祖),81.

Ge de qi suo(各得其所),53.

Ge Hong(葛洪),269,314,366,407,409,418,419.

Gift giving(赠礼),27,96-98,199-201;manuscripts and(稿本),283,290-91,294.

Gong Liu(公刘),153.

Gongdu Master(公都子),159.

Gongsun Hong(公孙弘),395n.14.

Good life(美好的生活),10,37,87,100,159,182,313,328,341.

Goody, Jack(杰克·古迪),32,275.

Gordon, Adrian, untitled photograph(阿德里安·戈登的无题照片),234.

Grain(粮食),141-42,154,170.

Great Decrees(大戒),235.

Gross National Happiness Index(国民幸福指数),37.

Guan Fu, friendship with Dou Ying(灌夫与窦婴的友谊),95-96.

Guangwu Emperor(光武帝),311.

Guan Ning, and Hua Xin(管宁与华歆),129.

Guan Zhong, and Bao Shuya(管仲与鲍叔牙),88-90.

Gui(coming home)(归),317-19,

350，352. See also Tao Yuanming: on the pleasures of returning home(参见陶渊明归家之乐).

Guo Xiang, commentary of(郭象《庄子注》), 237, 261.

Guodian(郭店):"Black robe" chapter("缁衣"篇), 51; "Chengzhi wenzhi" manuscript("成之闻之"), 171-72.

Guodun Shan, wine vessel from(埠墩山出土酒器), 303.

H

Haihunhou grave goods(海昏侯墓出土文物), 303.

Hall, Donald, *Life Work*(唐纳德·霍尔《回忆录》), 36.

Han Feizi(韩非子), 171.

Hanshu(《汉书》): bibliographic treatise(《汉书·艺文志》), 279; biography of Yang Xiong(《汉书·扬雄传》), 299; contrasted with *Shiji*(《汉书》与《史记》), 74; on court music and court rites(关于宫廷礼乐), 74-75; "Treatise on Rite and Music"(《汉书·礼乐志》), 82.

Hao(be fond of)(好), 44.

Haogu(loving antiquity) movement("好古"运动): court sponsorship of(王朝支持), 266, 298; historical background of(历史背景), 315-16; and Pre-Qin bronzes(先秦青铜器), 302, 303; and revival of ancient institutions(复兴古代制度), 296-97; and textual traditions(文本传统), 270, 278, 297-98, 305, 306-11; and Yang Xiong's writings(扬雄的作品), 268, 314.

Happiness(幸福), 35-36, 37-40, 39.

Harmony(和): describes music and friendship(描述音乐与友谊), 85; *he er bu tong*(in harmony, yet not identical)(和而不同), 61; music and(音乐), 77-78, 150.

Hatred(恨), 131.

Hedonism(享乐主义), 41-42.

Hejian, King of(河间献王刘德), 277-78.

Hierarchical relationships(等级关系), 66, 98, 119.

Home(家), 317-19, 321, 346; and roots(根), 318. See also Tao Yuanming: on the pleasures of returning home(参见陶渊明的归家之乐).

Homer(荷马), 57.

Honor and glory(荣), 27-28.

Hopkins, Gerard Manley(杰拉尔德·曼利·霍普金斯), 324-25.

Hou Hanshu(《后汉书》), 109.

Hui Shi(惠施), 90-91, 113, 255.

Hua Xin, and Guan Ning(华歆与管宁), 129.

Huainanzi(淮南子), 266, 306.

Huan, Duke of Qi(齐桓公), 88 - 89, 90, 143, 238, 295, 408.
Huan Tan(桓谭), 81, 90, 111, 114, 272.
Huangfu Mi(皇甫谧), 314.
Hui, King of Liang(梁惠王), 138 - 39, 140 - 43.
Huiyuan(慧远), 347; in "Three Laughing Masters at Tiger Ravine"(《虎溪三笑》画), 320.
Huizi(惠子), 243 - 46, 258.
Human nature(人性): desires in (欲望), 155, 176; Gaozi on(《孟子·告子》), 159; Mencius on(孟子所言), 18, 56, 159 - 65, 167, 312; music and(音乐), 52, 73, 74; in pleasure rhetoric(关于乐之论述), 25, 26, 45; Xunzi on(荀子所言), 19, 165, 176, 178 - 79, 189 - 90, 198, 207. See also Second nature(参见"第二性").
Hutcheson, Francis(弗兰西斯·哈奇森), 36.

I

Impact-Response Model(冲击—回应模式), 31 - 32.
Impulse(冲动): animating(活跃), 60, 225; antisocial(反社会), 42; contradictory(矛盾的), 177, 198, 205; evaluative(慎思的), 180; impulsive consumption(冲动的消费), 26, 35, 47, 50, 54; and moral potential(道德潜能), 157, 189; to seek pleasure(寻乐), 176, 184, 186; spontaneous and unreflective(自发的,不加思索的), 47, 181, 221, 325. See also Human nature(参见人性).
Individuality(个性,特质), 114 - 15.
Insecurity(不安), 17, 35, 40 - 41, 51.
Integrity and wholeness(诚), 138, 158, 177, 203, 211, 229; Xunzi on(荀子所言), 203, 204 - 205, 208.
Intimate friendship(亲密友谊), 111 - 16; severing of(断交,绝交), 121 - 31. See also Friendship(参见"友谊").
Is-ought problem ("是—应该"), 32.

J

Jameson, Fredric(弗雷德里克·詹姆逊), 194; "Pleasure: A Political Issue"(《说乐:一个政治问题》), 427.
Jannings hu(宴乐渔猎攻战纹图壶), 68.
Jansen, Thomas(托马斯·詹森), 127.
Ji An(济,安), 387n.5.
Ji jie(集结), 86.
Ji Kang(嵇康): "On the Absence of Emotions in Music"(《声无哀乐论》), 72; execution of(就义,赴

死），128；"Letter to Shan Tao"（《与山巨源绝交书》），126-28.

Jiang, Lady(太姜),153.

Jiaoji(social intercourse)(交际),97. See also Social relations(参见"社会关系").

Jiao xin(relational pleasures)(交心),328. See also Relational pleasures(参见"关系之乐").

Jie and Zhou(桀与纣),294,298.

Jin, Prince of(晋侯),107.

Jing(quintessential *qi*)(精),49,75.

Jingdi(汉景帝),95.

Jingzhou Academy(荆州官学),269,313.

Jinpenling(金盆岭),280.

Jinshu(《晋书》),123.

Joy(喜悦),35,40.

Junzi(君子),203-204. See also Xunzi: view of the noble man(参见荀子的君子观).

Juyan, Eastern Han document from(居延汉简),200.

K

Kai(to be stirred or thrilled)(开),44.

Kang(unruffled)(康),44.

Kant, Immanuel(康德),97,144,172,178.

Ke(可),178.

Klein, Esther(柯艾思),261-62.

Kongzi/Confucius(孔子): as author and editor(作为作者与编纂者),271,275-76,282; biography of(孔子传),272; capacity for longing(向往),163; demeanor in leaving courts(退处),125; disciples of(弟子),120,134,286,287,342,377n.5,382n.2,399,404n.5; as example of integral wholeness("诚"的典范),203; on drinking rites(乡饮礼),105; and friendship(友谊),97-98; on Guan Zhong and Bao Shuya(管仲与鲍叔牙),88; injunction to "reanimate the old"("温故"的劝诫),292; at leisure(关于闲暇),100,342; and music(关于音乐),63,70-71,72; "praise and blame"(寓褒贬),297,299; and preservation of the classics(保存经典),307; "rectifying names"(《荀子·正名》),311; on sagely behavior(明智之举),328; in Tao Yuanming's poems(陶渊明的诗),342,384nn.8-9,402n.1; Yang Xiong on(扬雄与孔子),266,288; in the *Zhuangzi*(《庄子》中的孔子),221-22,255,256. See also *Analects*, Yan Hui(参见《论语》,颜回).

Konstan, David(大卫·康斯坦),116.

Kuang, Music Master(师旷),288.

Kuang Heng(匡衡),265-66.

Kunlun Peak(昆仑山),408.

L

Labor service(徭役),146,315.
Language and logic(语言与逻辑),241-47.
Lao Dan(老聃),233,257.
Laozi(老子),306,389n.2,425.
Laughter(笑),255-56.
Le(pleasure-seeking, pleasure-taking, imparting pleasure)(乐,追求乐,享乐,予人以乐),17,34; antonyms of(反义词),35,40-41; contrasted with *xi*(delight)(与"喜"的比较),42-44; graph shared with "music"(与音乐的"乐"是同形字),63,72,74,80,132,150,176; paired with *an*(to secure)(安乐),35; translations of(乐的英译),35-41; used with noun object of consequence(动宾结构的宾语),35; verbal use of(口语中的"乐"),17-18.
Legalism(法家),178.
Legan wenhua(cultural alive to pleasure)(乐感文化),36.
Li(profit)(利),139,179,192. See also Profit(参见"利").
Li Deyu(李德裕),283.
Li Gonglin(李公麟),359; "Tao Yuanming Returning to Seclusion"(《陶渊明归隐图》),359,360.
Li Guang(李广),343.
Li Ling(李陵),93-94.

Li Yanzhi(李琰之),314.
Li Zehou(李泽厚),36.
Li Zhuguo(李柱国),279.
Liang Kai, "Gentleman of the Eastern Fence"(梁楷《东篱高士图》),357-59.
Liangshu(《梁书》),118.
Libraries(图书馆,藏书楼):imperial(秘府),20,270,278-81,282,284,304; private(私人藏书),270,274; site of Tianlu ge palace library(天禄阁),264; transition from archives to(档案的转变),274,277-78.
Liezi(《列子》),258,281.
Liji(Record on Rites)(《礼记》):on drinking ceremonies(乡饮),104; friendship in(友谊),111,119; "Notes on Learning"(《礼记·学记》),119; "Record on Music"(《礼记·乐记》),79-80,132.
Liu De(King of Hejian)(河间献王刘德),277-78.
Liu Songnian, "Listening to the Qin"(刘松年《听琴图》),58.
Liu Xiang(刘向):editions of classics(版本),266,278-81; employment in palace library(天禄阁校书),264,279; and the *haogu* movement(刘向与"好古"运动),266,278,297,304-305; on importance of *Erya*(《尔雅》的重要性),308,309.
Liu Xie(刘勰),272.

Liu Xin(刘歆): denied access to Yang Xiong's drafts(被扬雄拒绝看手稿), 294; edition of *Shanhai Jing*(《山海经》版本), 281; and the *haogu* movement("好古"运动), 266, 278, 296, 304-305, 308; letters exchanged with Yang Xiong(与扬雄的书信往来), 272; rivalry with Yang Xiong(与扬雄的竞争), 272, 278, 297, 304; *Seven Summaries*(《七略》), 279; son of(刘向之子), 309.

Liu Yiqing, *New Account of Tales of the World*(刘义庆《世说新语》), 107-108, 300.

Liu Yu(刘裕), 323.

Liu Zhiji(刘知几), 299, 300.

Liu Zongyuan, "Account of Song Qing"(柳宗元《宋清传》), 122.

Liyi(duty and appropriate action)(礼义), 99.

Logic(逻辑): Mencian(孟子), 138-39, 146; of Xunzi(荀子), 176, 178, 184, 192, 203; in *Zhuangzi*(《庄子》), 91, 213, 216, 224, 241, 243-47.

Lu, Duke of(鲁平公), 154.

Lü Lihan(吕立汉), 127.

Lu Xiujing(陆修静), 320.

Lu Zhaolin(卢照邻), 314.

Lüshi Chunqiu(《吕氏春秋》), 79, 80, 306.

Lyrics(wen)(文), 83.

M

Ma Hezhi, "Illustrations of the Classics of Filial Piety"(马和之《宋高宗书孝经马和之绘图》), 134.

Malraux, André, *The Temptation of the West*(安德烈·马尔罗《西方的诱惑》), 33.

Manuscript culture(写本文化): activist editing and authoritative texts(篡改与权威文本), 281-84, 305; bamboo of wooden slats(简牍), 199-200; compilation and editing process(编辑), 262; copying texts(抄写文本), 290-91, 293, 297, 307; manuscripts as gifts(写本作为赠品), 283, 290-91, 294; manuscripts as status objects(写本作为身份之物), 199, 200, 201; preconditions for(先决条件), 273-74; reading as reciting(诵), 289-91; risks of texts(文本的风险), 294; Tao Yuanming and(陶渊明与写本), 346; tomb sculpture of figures collating texts(金盆岭出土西晋青瓷对书俑), 280; in Western Han(西汉), 276-82; and the world of Yang Xiong(扬雄的世界), 265-66, 270-71, 273-76, 284, 289-90.

Master-disciple relationship(师生关系), 87, 120; handscroll illustrating(卷轴画), 134. See also

Kongzi/Confucius: disciples of (参见孔子弟子).

Matching poems(和诗), 364–66, 371. See also under Su Shi(参见"苏轼").

Matisse, Henri(亨利·马蒂斯), 218.

Ma Yuan(马远), 407n. 5; *Riding a dragon*(《乘龙图》), 359.

McLean, Karen, untitled photograph, Southern Arizona, 1980s (凯伦·麦克莱恩《无题》照片,南亚历桑那), 251.

Mei Yaochen(梅尧臣), 366.

Melodies(曲), 65, 69, 79, 80–83, 128.

"Melody of Guangling"(《广陵散》), 128.

Memories(记忆): homecoming and (归家), 321; of pleasure(乐), 26, 44–45, 46, 341, 352.

Mencius(孟子): advice to King Hui of Liang(与梁惠王对话), 138–43; advice to King Xuan of Qi(与齐宣王对话), 143–46, 153–54, 171; advice to Lord Wen of Teng(与滕文公对话), 168; advice to rulers(劝说国君), 144, 148, 152–55, 166; "basics" of("本"), 145–46; Book 1 on pleasure(《孟子·梁惠王上》论乐), 135–39, 149, 154–55; commonalities with *Analects*(与《论语》的共同点), 165; compared with Xunzi(与荀子的比较), 165–68, 175, 192, 194; on compensation of rulers(国君的补偿), 162; contrasted with Zhuangzi(与庄子的比较), 214; on floodlike qi(浩然之气), 155–56; "friends in history"("尚友"), 362; on gift giving(赠礼), 96–97; and Han *fu*(汉赋), 173; on his own sageliness(圣人之资), 164; inner/outer distinctions(内/外之分), 167; on love of money and women(沉迷酒色), 153; on moral potential(道德潜能), 148, 156–57, 161–62, 166, 172; on music(论乐), 149–51, 152; on profit and rightness(论利与义), 138–40; on sensory perception(论感受), 47; on sharing(论共享), 151–52, 154–55, 162, 168–69, 312; and social welfare(论社会福利), 170–71; teachings on pleasure and rulership(关于乐与治国之术), 18–19, 137–38, 140–41, 149–52, 153, 161–63; tribalism of(部落主义), 172; on the true king(王者), 144, 147, 148, 150, 152–55; use of dialogue form(对话形式), 136, 137, 140; use of word *xin*("心"字用法), 328; view of human nature(关于人性观点), 18, 56, 148, 159–65, 167, 312; on wholeness(诚), 138, 158–59; and Yang Xiong(扬雄), 173,

292; on yearnings(所欲), 163.
Meng Jia(孟嘉), 341.
Mengchang, Lord of(孟尝君), 122.
Meyer, Dirk(麦笛), 274.
Mi Zixia(弥子瑕), 124.
Mian(缅), 341.
Ming(charge or writ)(命), 24.
Ming(light or clarity)(明), 250.
Mingdi(Han)(汉明帝), 311.
Mohists(墨家), 150, 199, 240. See also Mozi(参见"墨子").
Motion(行动), 45, 48, 67-69.
Mourning rituals(悼念仪式), 98, 108-10, 197.
Mozi(墨子), 77-78, 80, 296. See also Mohists(参见"墨家").
Mu, Duke of Zhou(周穆王), 408.
Music(音乐): accompanied by dancers(伴舞之乐), 65, 69, 77, 78, 79, 81, 82; appreciation of(欣赏音乐), 149; cosmic dimensions of(宇宙维度), 60, 79-80, 85-86; court performance of(宫廷表演), 66, 77-78, 81, 82, 150, 196; and cultivation of personal character(个人性情培养), 72; depiction on ancient bronzes(古代青铜器上的描绘), 66, 68; and drinking(音乐与饮酒), 99, 104, 106; early literature on(早期文献的记载), 67; elegant versus popular(雅乐与俗乐), 81, 149, 150; and the emotions(情感), 67-69, 71-72, 74-75, 78, 80, 84, 85; focus on lyrics(文), 83; and governance(治理), 61, 63-64, 74, 80; graph shared with "pleasure"("乐"的同形字), 63, 72, 74, 80, 132, 150, 176; intimate(亲密), 66, 82-83, 84; and intimate friendship(亲密友谊), 18, 58, 112, 114; invention of(制乐), 52; in letter from Yang Yun to Sun Huizong(杨恽《报孙会宗书》), 130-31; and listening(听乐), 84-85, 86; and the loss of true friends(失去真朋友), 73; lost classics and music(失去的经典和音乐), 65, 81-82, 83; and order(秩序), 79-80; pitch standards(音高标准), 85; power to induce awareness(知觉力), 70-72; professional musicians(乐师), 75, 82, 104; relationship with friendship(关系与友谊), 59-63, 65-66, 69-70, 72-73, 84-86, 132-33; resonance theory in(共鸣理论), 60, 225; rhythm and harmony in(韵律), 77-80, 85-86, 150; and ritual(仪式), 65, 66, 67, 72, 74-75, 81, 194; role in moderating pleasure(调节乐的作用), 74; as shared pleasure(共享之乐), 150-51; and social relations(社会关系), 74, 77; "soundless"(无声), 83, 114; and status(身份), 75; work

571

songs(劳作之乐), 69; Xunzi's view of(荀子的观点), 77-79, 177; of Zheng and Wei(郑卫之音), 83. See also Musical instruments(参见"乐器").

Music Bureau(乐府), 75, 81-82.

Musical instruments(乐器), 65-67, 80, 82, 83; bells(钟), 63, 67, 77, 79, 85; chimes(磬), 66, 77, 79, 304; drums(鼓), 66, 67, 79; early depiction of(早期描述), 66, 68; "ocarina and flute"(笛), 61; winds and strings(管弦), 67, 79, 83; Xunzi on(荀子谈乐), 79; Zeng hou yi tomb bell set(曾侯乙墓编钟), 76, 77, 85; zithers(琴), 69, 70-71, 79, 82, 128.

Musical phrasing(乐章), 83.

Mysterious Learning (xuan xue) movement(玄学运动), 269, 313.

N

"Names" and "Actualities"(名与实), 29-30.

Natural disaster relief(赈灾), 170.

Nelson, Susan E.(倪肃珊), 357.

Ni(indulge in or be addicted to)(溺), 44.

Nineteen Old Poems("古诗十九首"), 337, 401n. 7.

O

Odes(《诗经》): allusions to(典故), 334, 382n. 1; authorship of,(作者) 275; commentaries(注疏), 312; in cultivated behavior(修身), 63; on drinking rites(宴饮), 107, 108; on friendship(友谊), 64; "The Guests Take Their Seats"(《宾之初筵》), 107; "Hewing Wood"(《伐木》), 120-21; "Jigu"(《击路》), 118; Kongzi as editor of(作为编者的孔子), 282; on the parks of King Wen(文王之囿), 141; on pleasures of music and friendship(关于音乐与友谊之乐), 60; redaction of(纂), 282, 293; "What harm would there be in curbing our lord?"("我独何害?"), 152; Zheng Qiao on musical phrasing in(郑樵论乐), 83.

Old text corpus(古文), 305.

Ouyang Xiu(欧阳修), 365.

Overindulgence(放纵), 35, 49-50, 194.

Ox Mountain(牛山), 161.

P

Pain(痛苦), 17, 35, 40, 41-42.

Parks(苑囿), 140-41, 151.

Paternalism(家长制), 171.

Peach Blossom Spring(桃花源), 355-56, 421.

Peasants(农民,农人), 29, 186, 420. See also Farmers(参见"耕者").

Periods of disunion(分裂时

期),30.
Perkins, Maxwell(马克斯韦尔·珀金斯),282.
Philology(语言学),271,301-12.
Pines, Yuri(尤锐),119-20.
Pingdi(Han)(汉平帝),310. See also Wang Mang(参见"王莽").
Pitch standards(音高标准),85.
Plato(柏拉图):image of chariot(御者形象),48;Protagoras(普罗泰戈拉),223.
Pleasure(乐):association with motion(与行动的关联),45,48,67-69;books and(书与乐),19-20,263-66,268-71,290,312-14;consuming and sustaining(享乐与维持),24,26,33,52,147;physiology of(生理的),45;desires in(欲望),46-47,52-55,324;prolongation of(乐的延长),33;relational(关系之乐),34-36,42,328;of returning home(归家之乐),319-22;rhetoric of(乐之论述),24-27,34,45-51,56;and ritual(乐与礼),193;solitary(独乐),88,151;and statecraft(治国之道),51-56,147;temporal aspects(时间的角度),36,44-45;vocabulary of(关于乐的词汇),44-45;Western conceptualization of(西方的乐之概念),17,35;See also Friendship; Le; Music; and under Mencius; Su Shi; Tao Yuanming; Xunzi;

Yang Xiong; Zhuangzi(参见"友谊""乐""音乐""孟子""苏轼""陶渊明""荀子""扬雄""庄子").
Pleasure parks(乐园),18,140-41,151.
Parting(离别),128,350,357.
Pollock, Sheldon(谢尔顿·波洛克),57.
Power and pleasure(权力与乐),11,22-23,25-27,52-55,79-80,135-36. See also Rulers(参见"国君"或"统治者").
Praise and blame(褒贬),125,297-300.
Pre-Qin writing(先秦著作),297,299,302-306,309.
Professional musicians(乐师),75,82,104.
Profit(利),111,138-39,179,192,201,287.

Q

Qi(Spirit or vital energy)(气):and Hopkins's "instress" and "inscape"(霍普金斯的两个概念),325;leakage of(气之泄漏),49-51,52;Mencius on(孟子论气),155-57;motion of(气之动),48;music and(音乐与气),52,67,75;refined(精气),49;resonant exchange of(共鸣),48-49,226;in *Zhuangzi*(见《庄子》),216,236,239,241.
Qi(state)(齐国),88-90. See also Huan, Duke of Qi(参见齐桓

公).

Qin, First Emperor of(秦始皇), 298, 301.

Qin you(亲友), 94, 126. See also Intimate friendship(参见亲密友谊).

Qing(inclinations/feelings)(倾), 53, 72.

Qu Yuan(屈原), 306.

R

Ran Qiu(冉求), 414.

Reading(读书), 265-66, 269-71, 288-90, 312; as consolation for Su Shi(苏轼的安慰), 362, 364; practice recommended by Yang Xiong(扬雄荐读), 304-307, 311, 313-14; Shu Xi's "Fu on Reading"(束皙《读书赋》), 314. See also Manuscript culture(参见写本文化).

Reclusion(隐居): of Ji Kang(嵇康), 127-28; in poems of Su and Tao(苏轼与陶渊明诗), 20, 323, 335, 343, 363, 382n. 3, 399n. 3, 403, 407, 411n. 2, 423; of Xu You and Bo Yi(许由与伯夷), 94; in Zhuangzi(见《庄子》), 215, 221, 236, 244.

Record on Rites(《礼记》): on drinking ceremonies(乡饮), 104; friendship in(友谊), 111, 119; "Notes on Learning"(《礼记·学记》), 119; "Record on Music"(《礼记·乐记》), 79-80, 132.

Relational pleasures(关系之乐), 34-36, 42, 328. See also Friendship, Music(参见"友谊""音乐").

Ren(humaneness)(仁), 156-57, 164.

Ren An(任安), letter to(《报任安书》), 92-94.

Ren Fang(任昉), 118.

Ren Hong(任宏), 279.

Resonance theory(共鸣理论), 18, 37, 45-49, 59, 224-25, 323-24.

"Return to antiquity"(复古), 82. See also Haogu movement(参见"好古"运动).

Reverie(Bachelard)(加斯东·巴什拉提到的"遐想"), 254.

Richter, Antje(安特耶·瑞奇特), 112.

Ritual(仪式,礼): drinking ceremonies(乡饮), 206-207; mourning(丧礼), 98, 108-10, 197; music and(乐与礼), 65-67, 72, 74-75, 81, 194; and pleasure in Xunzi(《荀子》中的礼乐), 193.

Ritual vessels(礼器). See Bronzes(见青铜器).

Rong Qiqi(荣启期), 420.

Rulers(国君,统治者): and the common good(共同利益), 168; income of(收入), 53; as models of virtue and generosity(作为美德与宽厚的典范), 30, 196; and

索 引

music(国君与音乐), 65, 74, 80, 150; pleasure-taking by(追求乐), 51-52, 137-41, 151-52; policies to promote pleasures (推广乐的举措), 33; providing for subjects(使民安乐), 141-44, 146; relations with ministers (君臣关系), 66, 119-20; relations with subjects(君民关系), 51, 168; as textual scholars(作为文本学者), 315-16; tours of (巡狩), 152; as "true kings" ("王者"), 144, 147, 148, 150, 152, 153, 154-55; as unifiers (统一者), 24, 27. See also Power and pleasure(参见权力与乐).

Ryle, Gilbert(吉尔伯特·赖尔), 228.

S

Sacrifices(祭祀), 23, 44, 117.
Sages(圣人): Kongzi on(孔子论圣人), 328; Mencius on(孟子论圣人), 164, 192; Seven Sages of Bamboo Grove(竹林七贤), 357; Xunzi on(荀子论圣人), 191-92; Yang Xiong on(扬雄论圣人), 201; Zhuangzi on(庄子论圣人), 243-44, 250, 262.
Schadenfreude(幸灾乐祸), 42.
"Science of Happiness" project(UC Berkeley)(加州大学伯克利分校的"乐之科学"项目), 39.
Second nature(第二性), 47, 114, 181, 189, 199, 222, 257.
Security(安), 19, 30, 35, 41, 62, 312. See also Insecurity(参见"不安").
Self-indulgence(自我沉迷), 23, 34, 42, 257. See also Overindulgence(参见"过度放纵").
Self-understanding(知己), 115.
Sender-medium/percept receiver model(发出者—媒介/感受者模式), 31.
Seneca, Lucius Annaeus(塞内卡), 87.
Sensory organs(感官), 46-48.
Sensory pleasure(感官之乐), 34, 36-37, 47; See also Relational pleasures(参见"关系之乐").
Seven Kingdoms Revolt(七国之乱), 95.
Seven Sages of the Bamboo Grove (竹林七贤), 357.
Sex(性), 36, 50, 62, 100-101, 107-108, 159, 160, 185; conjugal love(恩爱), 38, 120; and *qi* (气), 38, 49-50.
Shan(goodness in a given situation) (善), 158.
Shan Tao(山涛), 126-28.
Shang, last king of(商纣王), 141.
Shanglin Park(上林苑), 170.
Shanhai jing(classic of the Mountains and Seas)(《山海经》), 281, 381n. 11; "Reading the Classic of the Mountains and Seas" matched poems by Su and

575

Tao(《读山海经》,苏轼和陶渊明诗),406–409,415,418–19.

Sharing(共享),151–52,154–55,162,168–69,312;*Shen*(divinity)(神),177.

Shen(refined qi)(神),49.

Shen ming(divine insight)(神明),75.

Shennong(神农),296.

Shi you(colleague in office)(士友),118.

Shi zhen(damage to the true self)(失真),49.

Shiji(Historical Records; Sima Qian)(《史记》): allusions to(典故),387n.5; biographies(传),28; contrasted with *hanshu*(与《汉书》的对比),74; and the letter to Ren An(《报任安书》),92,94; and manuscript culture(写本文化),276; on music(《史记·乐书》),74; record of friendship between Dou Ying and Guan Fu(关于窦婴与灌夫的友谊),95; on sacrifice of ardent lovers(关于爱慕者的牺牲),93; Yang Xiong and(扬雄),285,296,300,306. See also Sima Qian(参见"司马迁").

Shishuo xinyu(New Account of Tales of the World; Liu Yiqing)(刘义庆《世说新语》),107–108,300.

Shitao, *Reminiscences of the Qinhuai River*(石涛《秦淮河图》),361.

Shu(fellow feeling)(恕),136.

Shu(physical ease)(舒),44.

Shu Qi(叔齐),343,351,388,403.

Shu Xi, "Fu on Reading"(束皙《读书赋》),314.

Shun(舜),162,163,165.

Shuo(interpretive readings)(说),307.

Shuowen jiezi(Xu Shen)(许慎《说文解字》),111,310,312.

Shuoyuan(《说苑》),107,120.

Si(look for/to ponder)(思),177,190.

Sima family(司马氏),126–28.

Sima Guang(司马光),365.

Sima Qian(司马迁): and authorship(著者身份),275–76; on friendship(友谊),70,94–95; "Letter to Ren An"(《报任安书》),92–94; on music(论乐),70,74; and Yang Xiong(扬雄),300. See also *Shiji*(参见《史记》).

Sima Xiangru(司马相如),324.

Singsong girls(歌女),61.

Six Arts("六艺"),279,309.

Sluga, Hans(汉斯·斯卢加),427.

Social relations(社会关系),35,50,61,78,97–99,111–12,118–19,155,283.

Social welfare measures(社会福利举措),170,171.

Socrates(苏格拉底),100; Socratic

Dialogues（苏格拉底式对话），137.

Soga Shohaku（Miura Sakonjirō）, "Three Laughing Masters at Tiger Ravine"（曾我萧白《虎溪三笑》画），320.

Solitary pleasures（独乐），88, 151.

Song Jian（宋钘），184.

South Mountain（南山），332–33, 356, 378n. 1, 390.

Spectacles（景观，场面），196–97. See also Display culture（参见"展示文化"）; Music: court performance of（宫廷音乐表演）.

Statecraft theory（治国理论），51–56.

Stoicism（斯多葛派），252.

Su Zhe（苏辙），319, 363, 365, 369, 416, 424.

Su Shi（Su Dongpo）（苏轼，苏东坡）: "After an Old Poem" matching poem（和陶《拟古》），399; appreciation of Tao's poetry（对陶诗的欣赏），323; attitude toward material things（对于物质生活的态度），418–19; Buddhism ideology（佛教思想），418; *ci* celebrating imperial pardon（作词庆祝被赦免），362; classical illusions by（典故），377n. 5, 381n. 11, 382nn. 1–2, 383n. 7, 387nn. 5, 7, 389nn. 1–2, 403n. 3; across "clouds and seas"（穿越"云海"），282; construction of Tao Yuanming（塑造陶渊明），20, 319, 357–59, 365–66, 367–68, 370, 371, 420; contrasted with Tao Yuanming（与陶渊明的对照），321, 322, 369–71, 418–19; court service and exile（在朝为官与被流放），20, 322–23, 362–64, 368–69, 371, 421–23; "On Drinking" matched poem（和陶《饮酒》），389, 391, 393, 395; drinking poems（饮酒诗），365, 372, 414, 417–18, 420; "Early Spring" matched poem（和陶《田舍始春》），383, 385; "Excursion to Xie Brook" matched poem（和陶《游斜川》），377, 413–14; family of（家人），369, 387n. 5; and fan painting（画扇），412; illness and death（病与死），369; "Lauding Impoverished Gentlemen" matched poem（和陶《咏贫士》），409, 415, 418; returning home poems 归家诗，364, 369–70; "Returning to My Old Home" matched poem（和陶《还旧居》），387, 421; "Returning to the Orchards and Fields to Dwell" matched poem（和陶《归园田居》），375, 416; sentimentality of（感伤），417; "Stopping Wine" matched poem（和陶《止酒》），397; temple dedication written shortly before his death（《众妙堂记》），424–26.

Sumptuary regulations（禁止奢侈的

规定),53,197-98,201.

Sun Huizong, letter from Yang Yun(杨恽《报孙会宗书》),130-31.

Sun Jing(孙敬),313.

Sustaining pleasures(延长之乐). See Consuming and sustaining pleasures(参见享受和延长乐).

Swordsman's Treatise(《剑客论》),288,306.

Sympathetic response(同感),30,45,61. See also Resonance theory(参见"共鸣"理论).

Symposia(交际酒会),99-100.

T

Tai Wang(太王),153.

Tao Yuanming(Tao Qian)(陶渊明,陶潜): abandonment of bureaucratic career(辞官),20,368; admiration for *Zhuangzi*(对《庄子》的追慕),323; admiration for Yang Xiong(对扬雄的追慕),268,272,314; "After an Old Poem"(《拟古》),398; "Appraisals for Paintings on Fans"(《扇上画赞》),345,411-12; "Appraising Shang Zhang and Qin Qing"(《尚长禽庆赞》),345; appreciation of(欣赏),323,365; appreciation of material things(对物质世界的欣赏),418-19; biography of Meng Jia(《晋故征西大将军长史孟府君传》),341; classic allusions by(典故),342,354,394n.9,402nn.1-2; compared with Su Shi(与苏轼的比较),321,322,369-71,418-19; "Compared on the first day, fifth month, in answer to registrar Dai's poem"(《五月旦作和戴主簿》),349; contrasted with display fu(与汉大赋的对照),324; contrasted with Seven Sages of the Bamboo Grove(与竹林七贤的对照),357; depicted in "Three Laughing Masters at Tiger Ravine"(《虎溪三笑》画),320; "On Drinking"(《饮酒》),350,388,390,392,394; "Endless Rain, Drinking Alone"(《连雨独饮》),343; "Excursion to Xie Brook"(《游斜川》),331-34,339,343,422; "Miscellaneous Poems"(《杂诗》),400; "Moved by Good Men's Failures to Meet Good Fortune"(《感士不遇赋》),343-44,410; "Moving House"(《移居》),370,378,380; "Offering for My Late Cousin Jingyuan"(《祭从弟敬远》),352; "Offering for My Late Sister, Madame Cheng"(《祭程氏妹文》),352; old age and death of(年老与死亡),350-51,352-55; ordinary pleasures of(平常之乐),330-31,424,426; paintings depicting(绘画),346,357-60,422; on the pleasures of friendship(友谊之

乐），328，334-35，341-42，344，350，352，359，370；on the pleasures of returning home（归家之乐），319-23，326-28，340，344，346-48，360；"Poem of Resentment in the Chu Mode"（《怨诗楚调示庞主簿邓治中》），336，351；"Reading the Classic of Mountains and Seas"（《读山海经》），344；"Reply to a Poem by Clerk Hu"（《和胡西曹示顾贼曹》），357；"Reply to Senior Officer Yang"（《赠羊长史》），351；"Reproving My Sons"（《责子》），348；return as theme（归家的主题），357，369，419，423，424；"return" poem sent to Magistrate Ding in Chaisang（《酬丁柴桑》），332-33，344；"Returning Birds"（"归鸟"），347；"Returning Home"（"归家"），326-28，348，354，359，364；"Returning to My Old Home"（《还旧居》），350，355，386，421；"Returning to the Orchards and Fields to Dwell"（《归园田居》），374，416；"Sacrifice to Myself"（《自祭文》），352-54；"Seasonal Round"（《时运》），342；"Soul"（《神释》），329；"Steadfastness in adversity"（"固穷"），331，354，388，410，415；"Stopping Clouds"（《停云》），341-42；"Stopping Wine"（《止酒》），396；"Tale of Master Five Willows" (《五柳先生传》），354-55；"To My Grandfather's Cousin"（《赠长沙公》），349；"A Tree in Bloom"（《荣木》），349，350；unease with impermanence（对无常的不安），336，349-50；"Untitled" series（《杂诗》），417；use of word "mian"（"缅"字），341，383n.6；use of word xin（"心"字），328-29；views on life and death（生死观），329-30，333，335-40，352，356，424；"Written after Reading History"（《读史述九章》），323. See also titles of matched poems under Su Shi（参见"苏轼"的和诗）.

Taxation（赋税），53，169，300.

Textual authority（文本权威），274，281，283-84. See also Manuscript culture（参见"写本文化"）.

Tian Fen（田蚡），95.

Tian Xiaofei（田晓菲），346.

Tianlu palace library（天禄阁），264.

Timi Ming（提弥明），107.

Togetherness（咸），166，258.

Tomb figurines, from Jinpenling（金盆岭西晋墓出土俑），280.

Tomb murals, "Feast with the Married Couple"（洛阳出土东汉墓室壁画《夫妇宴饮图》），102.

Tong(pain)（痛），35. See also Pain（参见"痛苦"）.

True kinship（真正的家族关系），

579

144, 147, 148, 150, 152–55.
True Way Learning(真正的学习之道), 165, 166.

U

Uelsmann, Jerry N., untitled photograph, 1982(杰利·尤斯曼的无题照片), 318.
Unifiers(统一者), 24, 27.
"Universal Declaration of Human Rights"(《独立宣言》), 172.

V

Vervoorn, Aat(文青云), 118–119, 120.
Vices of disproportion(减少乐的弱点), 57.
Virtue(美德), 30, 177, 187, 196, 204.

W

Wan(玩), 44, 129, 268.
Wan Zhang(《万章》), 96–97.
Wandering(游), 232, 253, 262, 424.
Wang Anshi(王安石), 420.
Wang Bi(王弼), 269.
Wang Can(王粲), 108–109.
Wang Chong(王充), 300.
Wang Fu, *Qianfu Lun*(王符《潜夫论》), 122.
Wang Mang(王莽), 273, 310, 312.
Wang Shang(王商), 343.
Wang Shumin(王叔岷), 262.

Wang Xizhi(王羲之), 73, 370; letters to friends, 112–13(给友人的信).
Wang Yi(王毅), 127.
"Warming up the old"("温故"), 57, 312.
Wei(危), 35.
Wei, Lord of(卫灵公), 124.
Wei Sheng(尾生), 96.
Well-field system(井田制), 168.
Wen, Emperor of Wei(魏文帝). See Cao Pi(参见"曹丕").
Wen, King of Zhou(周文王), 70–71, 140–41, 169, 267.
Wen, Lord of Teng(滕文公), 168.
Wenxin Diaolong(《文心雕龙》), 127.
Whistling(啸), 73.
White Crane Lookout(白鹤观), 381n. 10, 387n. 6, 421.
Wilde, Oscar(奥斯卡·王尔德), 33.
Wittgenstein, Ludwig(路德维希·维特根斯坦), 242.
Wolfe, Thomas(托马斯·沃尔夫), 282.
Wood, Allen W.(艾伦·伍德), 172.
Woodworder Qing and Butcher Ding(梓庆与庖丁), 215–21, 224–25, 226, 425.
Woolf, Virginia(弗吉尼亚·伍芙), 424.
Worthy Men(君子), 55, 123, 126, 229, 233, 235, 242, 255.

Wu, King of Zhou(周武王), 267.
Wu Zixu(伍子胥), 228.
Wude (lacking charisma)(无德), 41.
Wudi(Han)(汉武帝), 81-82, 92-93, 278, 297, 301.
Wulu, Master(屋庐子), 160.
Wuwei(act without fixed goals or polarizing effects)(无为), 228, 232.

X

Xi(delight)(喜), 42-44.
Xiang(enjoy)(享), 44.
Xiang gan(mutually attracting and affecting)(相感), 114.
Xiang le(pleasure mutuality)(相乐), 48.
Xiao He(萧何), 28.
Xiaoxue(elementary learning)(小学), 309.
Xie An(谢安), 73.
Xie Lingyun(谢灵运), 314.
Xijing zaji(Diverse Records of the Western Capital)(《西京杂记》), 309.
Xin(appreciate/be heartened)(欣), 44, 328-29.
Xin(heart)(心), 45-49, 243.
Xing(human nature)(性), 165. See also Human nature(参见"人性").
Xing(second nature)(性), 47. See also Second nature(参见"第二性").

Xu Shen, *Shuowen jiezi*(许慎《说文解字》), 111, 310, 312.
Xu You(许由), 94.
Xu Zhi(徐稺), 109-10.
Xuan, Emperor of Han(汉宣帝), 131, 170, 298.
Xuan, King of Qi(齐宣王), 143-46, 153, 157, 171.
Xuanxue(Mystery Learning) movement(玄学运动), 269, 313.
Xue(study or learning)(学), 302.
Xun Yue(荀悦), 312.
Xunzi(荀子): aesthetic theory of(美学理论), 178; borrowings from *Zhuangzi*(借用《庄子》之语), 261; compared with Mencius(与孟子比较), 165-68, 175, 192, 194; compared with Zhuangzi(与庄子比较), 214; contrast with Mozi(与墨子对比), 80; on creating order(治人), 428; "Enrich the Realm" chapter(《富国》), 199; on fear and anxiety(惧与忧), 178, 182-83; on friendship and order(友谊与秩序), 119; *fu* of(赋), 173; on human nature(关于人性), 19, 165, 176, 178-79, 189-90, 198, 207; on the ideal ruler and realm(关于理想之君与国), 198-202; on integrity and wholeness(关于诚), 19, 203-205, 208, 211; as Legalist(法家), 178; "Letting Go of One-Sidedness" chapter(《解蔽》),

581

261; Liu Xiang's version of(刘向的观点), 281; on music(论乐), 52, 60, 74, 77 – 79; "On Music and Pleasure"(《乐论》), 201; paradox of risking death on the battlefield(冒死战场的悖论), 51; pleasure theory in(乐之理论), 176, 178 – 83, 186, 187, 190, 192 – 93, 201 – 203; pupils of(弟子), 211; rejection of moral institution(拒绝道德制度), 56; on rites and music(论礼乐), 177, 184, 196; "On Ritual"(《礼论》), 194 – 96; on ritual exchanges and village drinking ceremonies(论仪式交流与乡饮), 206 – 207; on sociopolitical policy(关于社会政治制度), 194 – 95, 201; and sumptuary regulations(对消费的规定), 53, 198, 201; as systematic thinker(系统的思想家), 175; theory of desire(欲望理论), 175, 176, 178 – 80, 182 – 86, 194 – 95, 198; view of the noble man(君子观), 175 – 78, 187 – 88, 190 – 92, 197, 203 – 06, 207, 208 – 11.

Y

Yan(satisfied)(晏/燕), 44.
Yan Hui(颜回): mentioned by Su Shi(苏轼所言及的), 399, 418; in poetry of Tao Yuanming(陶渊明的诗中), 374n.3, 382, 398n.2, 420; suffering of(受苦), 203, 343; teacher-student relationship with Kongzi(与孔子的师生关系), 120; in Yang Xiong's writings(在扬雄的作品中), 286 – 87, 289, 292; in Zhuangzi(在《庄子》中), 255.
Yan Lingfeng(严灵峰), 269 – 70.
Yan Zhitui(颜之推), 75.
Yang Hu(阳虎), 98.
Yang Xiong(扬雄): allusion and word play(典故与文字游戏), 294, 298; authorial voice of(作者的声音), 265, 285 – 86; biographies of, 272 – 73; *Canon of Supreme Mystery* (Taixuan Jing)(《太玄经》), 269, 272, 289, 300; categories of texts(文献类别), 292 – 94; commentaries on(注疏), 269 – 70; compared with Confucius, Mencius, and Xunzi(与孔子、孟子和荀子比较), 284, 292; *Correct Words* (Fangyan)(《方言》), 272, 310; criticism of *fu*(悔赋), 284, 291, 298, 306; *Exemplary Figures* (Fayan)(《法言》), 173, 263, 265, 269, 272, 282 – 85, 286 – 89, 294 – 95, 298 – 300, 306; on friendship(论友谊), 117; on good rule(论"为政"), 295; and the *haogu* movement(扬雄与"好古"运动), 278, 296 – 97, 302, 306 – 308, 311; on the importance of finding a good teacher(求良师的重要性), 291 – 92;

influence of(影响), 269-70; inspired by Xunzi(荀子的启发), 178; library work(文献整理), 264, 284, 294, 304; and Liu Xin(刘歆), 272, 278, 294, 297, 304; and manuscript culture(写本文化), 270-71, 273-76, 282-84, 289-90, 294; and music(扬雄与音乐), 81; passion for classical learning(对经学的热情), 19-20, 263-65, 268, 271, 290, 292-93, 297, 312-14; and philology and epigraphy(语言学与金石学), 270, 301-306, 308-11; "Play with the Ancients"("侍君子"), 298-99; as praise-and-blame historian(寓褒贬的历史学家), 297-301; preface of(序), 285; preoccupation with Five Classics(专注于"五经"), 276, 281, 282, 286-88, 292, 305-307, 308; and pre-Qin script(先秦文字), 297, 299, 304, 305; readership of(读者), 289; rejection of "full awareness"(完全的意识), 56; "the sage takes pleasure in being a sage"("圣人乐天知命"), 210; selection of pre-Qin canon(选择先秦经典), 306; and Sima Qian(扬雄与司马迁), 300; suicide attempt(自杀企图), 294; support for Wang Mang(支持王莽), 273; and Tao Yuanming and Su Shi(扬雄、陶渊明与苏轼), 324; writer of *fu*(赋的作者), 173, 263, 269, 271, 272, 285-88, 294; writing style of(写作风格), 265, 268-69, 271-72, 285-86.

Yang Yun, letter to Sun Huizong(杨恽,《报孙会宗书》), 129-31.

Yang Zhu(杨朱), 54.

Yao and Shun(尧与舜), 165, 192, 236, 408.

Yearley, Lee(李耶理), 215.

Yearning(向往), 163, 173, 295. See also Desires(参见"欲望").

Yellow Emperor(黄帝), 296.

Yi(duty)(义), 139.

Yi(sated)(斁), 44.

Yi(unruffled)(怡), 44.

Yi, Marquis of Zeng, bell set of(曾侯乙编钟), 63, 76, 77, 85.

Yijing(《易经》). See *Changes Classic*(参见《易经》).

Yin(to go to excess)(淫), 44, 49.

Yin qin(on good terms)(殷勤), 44.

Yin Xian(尹咸), 279.

Ying(impulses)(应), 47.

Ying Shao, *Fengsu Tongyi*(应劭《风俗通义》), 109-10, 123.

Yiya(chef)(易牙,一作狄牙), 288.

"Yongyuan qi wu bu"(*Eastern Han Official Document*)(东汉简牍《永元器物簿》), 200.

You(anxious, worried, concerned)(忧), 35, 40-41, 51.

583

You（friendship）（友），65，117，120; terms using（术语），117，118，120，126. See also Friendship（参见"友谊"）; Intimate friendship（参见"亲密友谊"）.

You yu ren（to be seduced by others）（诱于人），53.

Yu（amuse or be amused）（娱），44.

Yu（driving）（驭），48.

Yu（witless）（愚），53.

Yuan An（袁安），345，404.

Yuan Qiao（袁乔），123.

Yuan Taotu（袁涛涂），295.

Yuan Xian（Zisi）（原宪），404n. 5，404n. 7.

Yuanyou faction（元祐党人），365，369.

Yue（music）（乐），80. See also Le: graph shared with yue（参见"乐"）; Music（音乐）.

Yue（think well of）（悦），44.

Z

Zeng Gong（曾巩），365.

Zeng hou yi tomb bell set（曾侯乙墓编钟），63，76，77，85.

Zengzi, in "Illustrations of the Classic of Filial Piety" handscroll（曾子在《宋高宗书孝经马和之绘图》中），134.

Zhai of Xiagui（下邽翟公），122.

Zhang Chang（张敞），302–304.

Zhang Er, and Chen Yu（张耳与陈馀），129，131.

Zhang Heng（张衡），313.

Zhang Shao（张劭），117.

Zhanguo ce（《战国策》），281.

Zhanguo era treatises（战国时代的论著），22–23.

Zhao, Flying Swallow（赵飞燕），271.

Zhao Dun（赵盾），107.

Zheng Qiao（郑樵），83.

Zheng Xuan（郑玄），114.

Zhi（will or commitment）（志），48，53.

Zhi ji（self-understanding）（知己），115.

Zhile/yue（maximum pleasure/ultimate music）（至乐），80.

Zhi ren（fully present man）（至人），216–218，225–26.

Zhi sheng（construct a life worth living）（治生），113.

Zhi yin（know the tone）（知音），69–70，72，109.

Zhou, Duke of（Zhougong）（周公），266，292，295，297，313; album leaf illustration of（《历代圣贤半身像》的周公），267; "Be Not Idle" chapter of the Documents（《尚书·无逸》），267.

Zhou Yafu（周亚夫），95.

Zhou, Yanggui（周阳珪），411n. 2.

Zhu Kangshu（朱康叔），346.

Zhu Mu（朱穆）: "On Severing Unofficial Relations"（《绝交论》），125; "On Upholding Tolerance and Magnanimity"（《崇厚论》），124–25.

Zhu Xi(朱熹), 31, 82-84, 276.
Zhuang Bao(庄暴), 149.
Zhuangzi(庄子): agnosticism and embrace of uncertainty(不可知论与接受不确定性), 19, 56, 222-24, 231, 258-59; belief in inherent goodness of life(相信人生固有之美好), 250-53; curiosity of(好奇心), 252-53, 258-59; and Hui Shi(惠施), 90-91, 113; as imagined author and fictional protagonist(作为想象的作者和虚构的主角), 213, 261; mourning for his wife(悼念亡妻), 237-38. See also *Zhuangzi*(参见《庄子》).

Zhuangzi(《庄子》): allusions to (典故), 387n. 5, 414; assessed by Yang Xiong(扬雄评价), 306; "attaining Life and Vitality" chapter(《庄子·养生主》), 221-22; "Autumn Floods" chapter(《庄子·秋水》), 262; "balancing the faculties of the heart"("斋心"), 217, 218, 239, 248, 254; bleak assessment of the human condition(对人类状况的评价), 230, 231-32; commentaries and interpretations(注疏), 237, 239, 261; compared with Mencius and Xunzi(与孟子和荀子的比较), 120, 171, 178, 181, 214; dating and composition of(成书时间与撰写), 261; on death(关于死亡), 236-38, 240, 250-52; dreams in(《庄子》中的梦), 239-41; on duty to family and ruler(对家庭和国君的责任), 235-36; element of time(时间因素), 218; on exile(关于放逐), 422; on forgetting(关于遗忘), 254-55; Fully Present Man(至人), 19, 216-218, 225-26; "Inner Chapters" (《庄子·内篇》), 214, 261-62; interpretations of(解释), 19, 20, 214-15, 220, 235-36, 237, 252, 255, 261; on language and logic(关于语言与逻辑), 241-47; on laughter(关于笑), 255-56; "Let it be!" and "Let it be spring!"("已乎！或已矣！"与"与物为春"), 253; "Old Fisherman" chapter(《庄子·渔父》), 256; opening image of Kun fish and Peng bird(《庄子·逍遥游》中的鲲与鹏), 232-33, 262; "Outer and Mixed Chapters"(《庄子·外篇》与《杂篇》), 262; on pleasure(论乐), 178, 213, 252, 258; portrayal of friendship(友谊的写照), 90-92; "quieting the mind"("静心"), 217; on reputation(关于名声), 228; and resonance theory(《庄子》与共鸣理论), 224-25; "Return to basics/the source"("返本"), 214, 249, 257-58; "Seeing All as Equal" chapter(《庄子·齐物论》), 241, 351; story of the

585

piglets(小猪的故事), 237, 356; style of(风格), 214; "Supreme Pleasure" chapter(《庄子·至乐》), 215, 223, 227–31, 237, 239–40; Supreme Swindles("吊诡"), 226; Su Shi and(苏轼与《庄子》), 422; Tao Yuanming's admiration for(陶渊明的追慕), 323, 414; on the "true"(关于"真"), 256–57; view of life and vitality(养生观), 216, 220, 221, 229, 247–48, 258–59; view of the worthy man(君子观), 233–35; "Wandering in a Daze" chapter(《庄子·逍遥游》), 262; woodworker Qing and Butcher Ding(梓庆与庖丁), 215–21, 224–226, 425. See also Zhuangzi(参见"庄子").

Zichan of Zheng(郑国子产), 21–22.

Zide (self-possession)(自得), 62, 115.

Zigong(子贡), 90, 257, 404nn. 5, 7.

Ziqi of South Wall(南郭子綦), 247.

Ziran(self-propelling)(自然), 55.

Zithers(琴), 69, 70–71, 79, 82, 128.

Zuowang (sitting and forgetting)(坐忘), 254–55.

Zuozhuan(《左传》), 98, 103, 107, 120, 150, 296.

"海外中国研究丛书"书目

1. 中国的现代化　[美]吉尔伯特·罗兹曼 主编　国家社会科学基金"比较现代化"课题组 译　沈宗美 校
2. 寻求富强:严复与西方　[美]本杰明·史华兹 著　叶凤美 译
3. 中国现代思想中的唯科学主义(1900—1950)　[美]郭颖颐 著　雷颐 译
4. 台湾:走向工业化社会　[美]吴元黎 著
5. 中国思想传统的现代诠释　余英时 著
6. 胡适与中国的文艺复兴:中国革命中的自由主义,1917—1937　[美]格里德 著　鲁奇 译
7. 德国思想家论中国　[德]夏瑞春 编　陈爱政 等译
8. 摆脱困境:新儒学与中国政治文化的演进　[美]墨子刻 著　颜世安 高华 黄东兰 译
9. 儒家思想新论:创造性转换的自我　[美]杜维明 著　曹幼华 单丁 译　周文彰 等校
10. 洪业:清朝开国史　[美]魏斐德 著　陈苏镇 薄小莹　包伟民 陈晓燕 牛朴 谭天星 译　阎步克 等校
11. 走向21世纪:中国经济的现状、问题和前景　[美]D.H.帕金斯 著　陈志标 编译
12. 中国:传统与变革　[美]费正清 赖肖尔 主编　陈仲丹 潘兴明 庞朝阳 译　吴世民 张子清 洪邮生 校
13. 中华帝国的法律　[美]D.布朗 C.莫里斯 著　朱勇 译　梁治平 校
14. 梁启超与中国思想的过渡(1890—1907)　[美]张灏 著　崔志海 葛夫平 译
15. 儒教与道教　[德]马克斯·韦伯 著　洪天富 译
16. 中国政治　[美]詹姆斯·R.汤森 布兰特利·沃马克 著　顾速 董方 译
17. 文化、权力与国家:1900—1942年的华北农村　[美]杜赞奇 著　王福明 译
18. 义和团运动的起源　[美]周锡瑞 著　张俊义 王栋 译
19. 在传统与现代性之间:王韬与晚清革命　[美]柯文 著　雷颐 罗检秋 译
20. 最后的儒家:梁漱溟与中国现代化的两难　[美]艾恺 著　王宗昱 冀建中 译
21. 蒙元入侵前夜的中国日常生活　[法]谢和耐 著　刘东 译
22. 东亚之锋　[美]小R.霍夫亨兹 K.E.柯德尔 著　黎鸣 译
23. 中国社会史　[法]谢和耐 著　黄建华 黄迅余 译
24. 从理学到朴学:中华帝国晚期思想与社会变化面面观　[美]艾尔曼 著　赵刚 译
25. 孔子哲学思微　[美]郝大维 安乐哲 著　蒋弋为 李志林 译
26. 北美中国古典文学研究名家十年文选　乐黛云 陈珏 编选
27. 东亚文明:五个阶段的对话　[美]狄百瑞 著　何兆武 何冰 译
28. 五四运动:现代中国的思想革命　[美]周策纵 著　周子平 等译
29. 近代中国与新世界:康有为变法与大同思想研究　[美]萧公权 著　汪荣祖 译
30. 功利主义儒家:陈亮对朱熹的挑战　[美]田浩 著　姜长苏 译
31. 莱布尼兹和儒学　[美]孟德卫 著　张学智 译
32. 佛教征服中国:佛教在中国中古早期的传播与适应　[荷]许理和 著　李四龙 裴勇 等译
33. 新政革命与日本:中国,1898—1912　[美]任达 著　李仲贤 译
34. 经学、政治和宗族:中华帝国晚期常州今文学派研究　[美]艾尔曼 著　赵刚 译
35. 中国制度史研究　[美]杨联陞 著　彭刚 程钢 译

36. 汉代农业:早期中国农业经济的形成 [美]许倬云 著 程农 张鸣 译 邓正来 校
37. 转变的中国:历史变迁与欧洲经验的局限 [美]王国斌 著 李伯重 连玲玲 译
38. 欧洲中国古典文学研究名家十年文选 乐黛云 陈珏 龚刚 编选
39. 中国农民经济:河北和山东的农民发展,1890—1949 [美]马若孟 著 史建云 译
40. 汉哲学思维的文化探源 [美]郝大维 安乐哲 著 施忠连 译
41. 近代中国之种族观念 [英]冯客 著 杨立华 译
42. 血路:革命中国中的沈定一(玄庐)传奇 [美]萧邦奇 著 周武彪 译
43. 历史三调:作为事件、经历和神话的义和团 [美]柯文 著 杜继东 译
44. 斯文:唐宋思想的转型 [美]包弼德 著 刘宁 译
45. 宋代江南经济史研究 [日]斯波义信 著 方健 何忠礼 译
46. 山东台头:一个中国村庄 杨懋春 著 张雄 沈炜 秦美珠 译
47. 现实主义的限制:革命时代的中国小说 [美]安敏成 著 姜涛 译
48. 上海罢工:中国工人政治研究 [美]裴宜理 著 刘平 译
49. 中国转向内在:两宋之际的文化转向 [美]刘子健 著 赵冬梅 译
50. 孔子:即凡而圣 [美]赫伯特·芬格莱特 著 彭国翔 张华 译
51. 18世纪中国的官僚制度与荒政 [法]魏丕信 著 徐建青 译
52. 他山的石头记:宇文所安自选集 [美]宇文所安 著 田晓菲 编译
53. 危险的愉悦:20世纪上海的娼妓问题与现代性 [美]贺萧 著 韩敏中 盛宁 译
54. 中国食物 [美]尤金·N.安德森 著 马孆 刘东 译 刘东 审校
55. 大分流:欧洲、中国及现代世界经济的发展 [美]彭慕兰 著 史建云 译
56. 古代中国的思想世界 [美]本杰明·史华兹 著 程钢 译 刘东 校
57. 内闱:宋代的婚姻和妇女生活 [美]伊沛霞 著 胡志宏 译
58. 中国北方村落的社会性别与权力 [加]朱爱岚 著 胡玉坤 译
59. 先贤的民主:杜威、孔子与中国民主之希望 [美]郝大维 安乐哲 著 何刚强 译
60. 向往心灵转化的庄子:内篇分析 [美]爱莲心 著 周炽成 译
61. 中国人的幸福观 [德]鲍吾刚 著 严蓓雯 韩雪临 吴德祖 译
62. 闺塾师:明末清初江南的才女文化 [美]高彦颐 著 李志生 译
63. 缀珍录:十八世纪及其前后的中国妇女 [美]曼素恩 著 定宜庄 颜宜葳 译
64. 革命与历史:中国马克思主义历史学的起源,1919—1937 [美]德里克 著 翁贺凯 译
65. 竞争的话语:明清小说中的正统性、本真性及所生成之意义 [美]艾梅兰 著 罗琳 译
66. 云南禄村:中国妇女与农村发展 [加]宝森 著 胡玉坤 译
67. 中国近代思维的挫折 [日]岛田虔次 著 甘万萍 译
68. 中国的亚洲内陆边疆 [美]拉铁摩尔 著 唐晓峰 译
69. 为权力祈祷:佛教与晚明中国士绅社会的形成 [加]卜正民 著 张华 译
70. 天潢贵胄:宋代宗室史 [美]贾志扬 著 赵冬梅 译
71. 儒家之道:中国哲学之探讨 [美]倪德卫 著 [美]万白安 编 周炽成 译
72. 都市里的农家女:性别、流动与社会变迁 [澳]杰华 著 吴小英 译
73. 另类的现代性:改革开放时代中国性别化的渴望 [美]罗丽莎 著 黄新 译
74. 近代中国的知识分子与文明 [日]佐藤慎一 著 刘岳兵 译
75. 繁盛之阴:中国医学史中的性(960—1665) [美]费侠莉 著 甄橙 主译 吴朝霞 主校
76. 中国大众宗教 [美]韦思谛 编 陈仲丹 译
77. 中国诗画语言研究 [法]程抱一 著 涂卫群 译
78. 中国的思维世界 [日]沟口雄三 小岛毅 著 孙歌 等译

79. 德国与中华民国　[美]柯伟林 著　陈谦平 陈红民 武菁 申晓云 译　钱乘旦 校
80. 中国近代经济史研究:清末海关财政与通商口岸市场圈　[日]滨下武志 著　高淑娟 孙彬 译
81. 回应革命与改革:皖北李村的社会变迁与延续　韩敏 著　陆益龙 徐新玉 译
82. 中国现代文学与电影中的城市:空间、时间与性别构形　[美]张英进 著　秦立彦 译
83. 现代的诱惑:书写半殖民地中国的现代主义(1917—1937)　[美]史书美 著　何恬 译
84. 开放的帝国:1600年前的中国历史　[美]芮乐伟·韩森 著　梁侃 邹劲风 译
85. 改良与革命:辛亥革命在两湖　[美]周锡瑞 著　杨慎之 译
86. 章学诚的生平与思想　[美]倪德卫 著　杨立华 译
87. 卫生的现代性:中国通商口岸健康与疾病的意义　[美]罗芙芸 著　向磊 译
88. 道与庶道:宋代以来的道教、民间信仰和神灵模式　[美]韩明士 著　皮庆生 译
89. 间谍王:戴笠与中国特工　[美]魏斐德 著　梁禾 译
90. 中国的女性与性相:1949年以来的性别话语　[英]艾华 著　施施 译
91. 近代中国的犯罪、惩罚与监狱　[荷]冯客 著　徐有威 等译　潘兴明 校
92. 帝国的隐喻:中国民间宗教　[英]王斯福 著　赵旭东 译
93. 王弼《老子注》研究　[德]瓦格纳 著　杨立华 译
94. 寻求正义:1905—1906年的抵制美货运动　[美]王冠华 著　刘甜甜 译
95. 传统中国日常生活中的协商:中古契约研究　[美]韩森 著　鲁西奇 译
96. 从民族国家拯救历史:民族主义话语与中国现代史研究　[美]杜赞奇 著　王宪明 高继美 李海燕 李点 译
97. 欧几里得在中国:汉译《几何原本》的源流与影响　[荷]安国风 著　纪志刚 郑诚 郑方磊 译
98. 十八世纪中国社会　[美]韩书瑞 罗友枝 著　陈仲丹 译
99. 中国与达尔文　[美]浦嘉珉 著　钟永强 译
100. 私人领域的变形:唐宋诗词中的园林与玩好　[美]杨晓山 著　文韬 译
101. 理解农民中国:社会科学哲学的案例研究　[美]李丹 著　张天虹 张洪云 张胜波 译
102. 山东叛乱:1774年的王伦起义　[美]韩书瑞 著　刘平 唐雁超 译
103. 毁灭的种子:战争与革命中的国民党中国(1937—1949)　[美]易劳逸 著　王建朗 王贤知 贾维 译
104. 缠足:"金莲崇拜"盛极而衰的演变　[美]高彦颐 著　苗延威 译
105. 饕餮之欲:当代中国的食与色　[美]冯珠娣 著　郭乙瑶 马磊 江素侠 译
106. 翻译的传说:中国新女性的形成(1898—1918)　胡缨 著　龙瑜宬 彭珊珊 译
107. 中国的经济革命:20世纪的乡村工业　[日]顾琳 著　王玉茹 张玮 李进霞 译
108. 礼物、关系学与国家:中国人际关系与主体性建构　杨美惠 著　赵旭东 孙珉 译　张跃宏 译校
109. 朱熹的思维世界　[美]田浩 著
110. 皇帝和祖宗:华南的国家与宗族　[英]科大卫 著　卜永坚 译
111. 明清时代东亚海域的文化交流　[日]松浦章 著　郑洁西 等译
112. 中国美学问题　[美]苏源熙 著　卞东波 译　张强强 朱霞欢 校
113. 清代内河水运史研究　[日]松浦章 著　董科 译
114. 大萧条时期的中国:市场、国家与世界经济　[日]城山智子 著　孟凡礼 尚国敏 译　唐磊 校
115. 美国的中国形象(1931—1949)　[美]T.克里斯托弗·杰斯普森 著　姜智芹 译
116. 技术与性别:晚期帝制中国的权力经纬　[英]白馥兰 著　江湄 邓京力 译

117. 中国善书研究　[日]酒井忠夫 著　刘岳兵 何英莺 孙雪梅 译
118. 千年末世之乱:1813年八卦教起义　[美]韩书瑞 著　陈仲丹 译
119. 西学东渐与中国事情　[日]增田涉 著　由其民 周启乾 译
120. 六朝精神史研究　[日]吉川忠夫 著　王启发 译
121. 矢志不渝:明清时期的贞女现象　[美]卢苇菁 著　秦立彦 译
122. 纠纷与秩序:徽州文书中的明朝　[日]中岛乐章 著　郭万平 译
123. 中华帝国晚期的欲望与小说叙述　[美]黄卫总 著　张蕴爽 译
124. 虎、米、丝、泥:帝制晚期华南的环境与经济　[美]马立博 著　王玉茹 关永强 译
125. 一江黑水:中国未来的环境挑战　[美]易明 著　姜智芹 译
126. 《诗经》原意研究　[日]家井真 著　陆越 译
127. 施剑翘复仇案:民国时期公众同情的兴起与影响　[美]林郁沁 著　陈湘静 译
128. 义和团运动前夕华北的地方动乱与社会冲突(修订译本)　[德]狄德满 著　崔华杰 译
129. 铁泪图:19世纪中国对于饥馑的文化反应　[美]艾志端 著　曹曦 译
130. 饶家驹安全区:战时上海的难民　[美]阮玛霞 著　白华山 译
131. 危险的边疆:游牧帝国与中国　[美]巴菲尔德 著　袁剑 译
132. 工程国家:民国时期(1927—1937)的淮河治理及国家建设　[美]戴维·艾伦·佩兹 著　姜智芹 译
133. 历史宝筏:过去、西方与中国妇女问题　[美]季家珍 著　杨可 译
134. 姐妹们与陌生人:上海棉纱厂女工,1919—1949　[美]韩起澜 著　韩慈 译
135. 银线:19世纪的世界与中国　林满红 著　詹庆华 林满红 译
136. 寻求中国民主　[澳]冯兆基 著　刘悦斌 徐硙 译
137. 墨梅　[美]毕嘉珍 著　陆敏珍 译
138. 清代上海沙船航运业史研究　[日]松浦章 著　杨蕾 王亦诤 董科 译
139. 男性特质论:中国的社会与性别　[澳]雷金庆 著　[澳]刘婷 译
140. 重读中国女性生命故事　游鉴明 胡缨 季家珍 主编
141. 跨太平洋位移:20世纪美国文学中的民族志、翻译和文本间旅行　黄运特 著　陈倩 译
142. 认知诸形式:反思人类精神的统一性与多样性　[英]G.E.R.劳埃德 著　池志培 译
143. 中国乡村的基督教:1860—1900年江西省的冲突与适应　[美]史维东 著　吴薇 译
144. 假想的"满大人":同情、现代性与中国疼痛　[美]韩瑞 著　袁剑 译
145. 中国的捐纳制度与社会　伍跃 著
146. 文书行政的汉帝国　[日]富谷至 著　刘恒武 孔李波 译
147. 城市里的陌生人:中国流动人口的空间、权力与社会网络的重构　[美]张骊 著　袁长庚 译
148. 性别、政治与民主:近代中国的妇女参政　[澳]李木兰 著　方小平 译
149. 近代日本的中国认识　[日]野村浩一 著　张学锋 译
150. 狮龙共舞:一个英国人笔下的威海卫与中国传统文化　[英]庄士敦 著　刘本森 译　威海市博物馆 郭大松 校
151. 人物、角色与心灵:《牡丹亭》与《桃花扇》中的身份认同　[美]吕立亭 著　白华山 译
152. 中国社会中的宗教与仪式　[美]武雅士 著　彭泽安 邵铁峰 译　郭潇威 校
153. 自贡商人:近代早期中国的企业家　[美]曾小萍 著　董建中 译
154. 大象的退却:一部中国环境史　[英]伊懋可 著　梅雪芹 毛利霞 王玉山 译
155. 明代江南土地制度研究　[日]森正夫 著　伍跃 张学锋 等译　范金民 夏维中 审校
156. 儒学与女性　[美]罗莎莉 著　丁佳伟 曹秀娟 译

157. 行善的艺术:晚明中国的慈善事业(新译本)　[美]韩德玲 著　曹晔 译
158. 近代中国的渔业战争和环境变化　[美]穆盛博 著　胡文亮 译
159. 权力关系:宋代中国的家族、地位与国家　[美]柏文莉 著　刘云军 译
160. 权力源自地位:北京大学、知识分子与中国政治文化,1898—1929　[美]魏定熙 著　张蒙 译
161. 工开万物:17世纪中国的知识与技术　[德]薛凤 著　吴秀杰 白岚玲 译
162. 忠贞不贰:辽代的越境之举　[英]史怀梅 著　曹流 译
163. 内藤湖南:政治与汉学(1866—1934)　[美]傅佛果 著　陶德民 何英莺 译
164. 他者中的华人:中国近现代移民史　[美]孔飞力 著　李明欢 译　黄鸣奋 校
165. 古代中国的动物与灵异　[英]胡司德 著　蓝旭 译
166. 两访中国茶乡　[英]罗伯特·福琼 著　敖雪岗 译
167. 缔造选本:《花间集》的文化语境与诗学实践　[美]田安 著　马强才 译
168. 扬州评话探讨　[丹麦]易德波 著　米锋 易德波 译　李今芸 校译
169. 《左传》的书写与解读　李惠仪 著　文韬 许明德 译
170. 以竹为生:一个四川手工造纸村的20世纪社会史　[德]艾约博 著　韩巍 译　吴秀杰 校
171. 东方之旅:1579—1724耶稣会传教团在中国　[美]柏理安 著　毛瑞方 译
172. "地域社会"视野下的明清史研究:以江南和福建为中心　[日]森正夫 著　于志嘉 马一虹 黄东兰 阿风 等译
173. 技术、性别、历史:重新审视帝制中国的大转型　[英]白馥兰 著　吴秀杰 白岚玲 译
174. 中国小说戏曲史　[日]狩野直喜 张真 译
175. 历史上的黑暗一页:英国外交文件与英美海军档案中的南京大屠杀　[美]陆束屏 编著/翻译
176. 罗马与中国:比较视野下的古代世界帝国　[奥]沃尔特·施德尔 主编　李平 译
177. 矛与盾的共存:明清时期江西社会研究　[韩]吴金成 著　崔荣根 译　薛戈 校译
178. 唯一的希望:在中国独生子女政策下成年　[美]冯文 著　常姝 译
179. 国之枭雄:曹操传　[澳]张磊夫 著　方笑天 译
180. 汉帝国的日常生活　[英]鲁惟一 著　刘洁 余霄 译
181. 大分流之外:中国和欧洲经济变迁的政治　[美]王国斌 罗森塔尔 著　周琳 译　王国斌 张萌 审校
182. 中正之笔:颜真卿书法与宋代文人政治　[美]倪雅梅 著　杨简茹 译　祝帅 校译
183. 江南三角洲市镇研究　[日]森正夫 编　丁韵 胡婧 等译　范金民 审校
184. 忍辱负重的使命:美国外交官记载的南京大屠杀与劫后的社会状况　[美]陆束屏 编著/翻译
185. 修仙:古代中国的修行与社会记忆　[美]康儒博 著　顾漩 译
186. 烧钱:中国人生活世界中的物质精神　[美]柏桦 著　袁剑 刘玺鸿 译
187. 话语的长城:文化中国历险记　[美]苏源熙 著　盛珂 译
188. 诸葛武侯　[日]内藤湖南 著　张真 译
189. 盟友背信:一战中的中国　[英]吴芳思 克里斯托弗·阿南德尔 著　张宇扬 译
190. 亚里士多德在中国:语言、范畴和翻译　[英]罗伯特·沃迪 著　韩小强 译
191. 马背上的朝廷:巡幸与清朝统治的建构,1680—1785　[美]张勉治 著　董建中 译
192. 申不害:公元前四世纪中国的政治哲学家　[美]顾立雅 著　马腾 译
193. 晋武帝司马炎　[日]福原启郎 著　陆帅 译
194. 唐人如何吟诗:带你走进汉语音韵学　[日]大岛正二 著　柳悦 译

195. 古代中国的宇宙论　［日］浅野裕一 著　吴昊阳 译
196. 中国思想的道家之论:一种哲学解释　［美］陈汉生 著　周景松 谢尔逊 等译　张丰乾 校译
197. 诗歌之力:袁枚女弟子屈秉筠(1767—1810)　［加］孟留喜 著　吴夏平 译
198. 中国逻辑的发现　［德］顾有信 著　陈志伟 译
199. 高丽时代宋商往来研究　［韩］李镇汉 著　李廷青 戴琳剑 译　楼正豪 校
200. 中国近世财政史研究　［日］岩井茂树 著　付勇 译　范金民 审校
201. 魏晋政治社会史研究　［日］福原启郎 著　陆帅 刘萃峰 张紫毫 译
202. 宋帝国的危机与维系:信息、领土与人际网络　［比利时］魏希德 著　刘云军 译
203. 中国精英与政治变迁:20世纪初的浙江　［美］萧邦奇 著　徐立望 杨涛羽 译　李齐 校
204. 北京的人力车夫:1920年代的市民与政治　［美］史谦德 著　周书垚 袁剑 译　周育民 校
205. 1901—1909年的门户开放政策:西奥多·罗斯福与中国　［美］格雷戈里·摩尔 著　赵嘉玉 译
206. 清帝国之乱:义和团运动与八国联军之役　［美］明恩溥 著　郭大松 刘本森 译
207. 宋代文人的精神生活(960—1279)　［美］何复平 著　叶树勋 单虹泽 译
208. 梅兰芳与20世纪国际舞台:中国戏剧的定位与置换　［美］田民 著　何恬 译
209. 郭店楚简《老子》新研究　［日］池田知久 著　曹峰 孙佩霞 译
210. 德与礼——亚洲人对领导能力与公众利益的理想　［美］狄培理 著　闵锐武 闵月 译
211. 棘闱:宋代科举与社会　［美］贾志扬 著
212. 通过儒家现代性而思　［法］毕游塞 著　白欲晓 译
213. 阳明学的位相　［日］荒木见悟 著　焦堃 陈晓杰 廖明飞 申绪璐 译
214. 明清的戏曲——江南宗族社会的表象　［日］田仲一成 著　云贵彬 王文勋 译
215. 日本近代中国学的形成:汉学革新与文化交涉　陶德民 著　辜承尧 译
216. 声色:永明时代的宫廷文学与文化　［新加坡］吴妙慧 著　朱梦雯 译
217. 神秘体验与唐代世俗社会:戴孚《广异记》解读　［英］杜德桥 著　杨为刚 查屏球 译　吴晨 审校
218. 清代中国的法与审判　［日］滋贺秀三 著　熊远报 译
219. 铁路与中国转型　［德］柯丽莎 著　金毅 译
220. 生命之道:中医的物、思维与行动　［美］冯珠娣 著　刘小朦 申琛 译
221. 中国古代北疆史的考古学研究　［日］宫本一夫 著　黄建秋 译
222. 异史氏:蒲松龄与中国文言小说　［美］蔡九迪 著　任增强 译　陈嘉艺 审校
223. 中国江南六朝考古学研究　［日］藤井康隆 著　张学锋 刘可维 译
224. 商会与近代中国的社团网络革命　［加］陈忠平 著
225. 帝国之后:近代中国国家观念的转型(1885—1924)　［美］沙培德 著　刘芳 译
226. 天地不仁:中国古典哲学中恶的问题　［美］方岚生 著　林捷 汪日宣 译
227. 卿本著者:明清女性的性别身份、能动主体和文学书写　［加］方秀洁 著　周睿 陈昉昊 译
228. 古代中华观念的形成　［日］渡边英幸 著　吴昊阳 译
229. 明清中国的经济结构　［日］足立启二 著　杨缨 译
230. 国家与市场之间的中国妇女　［加］朱爱岚 著　蔡一平 胡玉坤 译
231. 高丽与中国的海上交流(918—1392)　［韩］李镇汉 著　宋文志 李廷青 译
232. 寻找六边形:中国农村的市场和社会结构　［美］施坚雅 著　史建云 徐秀丽 译
233. 政治仪式与近代中国国民身份建构(1911—1929)　［英］沈艾娣 著　吕晶 等译
234. 北京的六分仪:中国历史中的全球潮流　［美］卫周安 著　王敬雅 张歌 译

235. 南方的将军:孙权传 [澳]张磊夫 著 徐缅 译
236. 未竟之业:近代中国的言行表率 [美]史谦德 著 李兆旭 译
237. 饮食的怀旧:上海的地域饮食文化与城市体验 [美]马克·斯维斯洛克 著 门泊舟 译
238. 江南:中国文雅的源流 [日]中砂明德 著 江彦 译
239. 中国早期的星象学和天文学 [美]班大为 著 宋神秘 译
240. 中国乐书:从战国到北宋 [美]戴梅可 著 何剑叶 译